国家社会科学基金重大项目(12&ZD108)
"当代中国马克思主义哲学创新学术史研究"成果

当代中国马克思主义哲学创新学术史研究

任 平 等/著

A Study of the Innovative Academic History
on Marxist Philosophy
in Contemporary China

人民出版社

目　　录

上卷　创新学术史研究:方法论
自觉与创新范式叙史

第一章　以方法论自觉深描当代中国马克思主义哲学创新学术史的
　　　　范式图谱 ··· 5

　　一、深描图谱:研究的重大意义 ····························· 5

　　二、穿越表象:研究的主要对象 ···························· 19

　　三、方法论自觉:研究的主要方法 ·························· 22

　　四、范式图谱:研究的主要目标 ···························· 30

　　五、创新学术史:一项未竟事业 ···························· 33

第二章　马克思主义哲学教科书研究范式 ······················· 35

　　一、教科书研究范式的历史 ······························· 36

　　二、教科书研究范式的特点 ······························· 53

　　三、教科书研究范式的创新功能 ··························· 66

　　四、教科书研究范式的内在矛盾与叙述局限 ················· 75

　　五、教科书研究范式的创新与转换 ························· 80

第三章　马克思主义哲学原理研究范式 ························· 95

　　一、原理研究范式的历史 ································· 95

　　二、原理研究范式的特点 ································ 100

　　三、原理研究与多元体系的阐释 ·························· 111

　　四、原理研究范式的内在矛盾与话语局限 ·················· 125

五、原理研究范式的创新与转换 ………………………… 133

第四章 马克思主义哲学史研究范式 ……………………… 145

　　一、马克思主义哲学史研究范式的历史 ………………… 145

　　二、马克思主义哲学史研究范式的特点 ………………… 158

　　三、马克思主义哲学史研究范式的创新功能 …………… 162

　　四、马克思主义哲学史研究范式的内在张力与视域局限 …… 175

　　五、马克思主义哲学史研究范式的创新与转换 ………… 182

第五章 马克思主义文本文献学研究范式 ………………… 190

　　一、文本文献学研究范式的历史 ………………………… 191

　　二、文本文献学研究范式的阐释 ………………………… 200

　　三、文本文献学研究范式的特点 ………………………… 209

　　四、文本文献学研究范式的存在问题和视域局限 ……… 220

　　五、文本文献学研究范式的创新与转换 ………………… 229

第六章 对话范式 …………………………………………… 238

　　一、对话范式的创新学术史 ……………………………… 239

　　二、对话范式的特点 ……………………………………… 247

　　三、对话范式的创新功能 ………………………………… 253

　　四、对话范式的内在张力和局限 ………………………… 257

　　五、对话范式的创新与转换 ……………………………… 260

第七章 反思的问题学范式 ………………………………… 274

　　一、反思的问题学范式的历史与现状 …………………… 274

　　二、反思的问题学范式的特点 …………………………… 282

　　三、反思问题学范式的创新功能 ………………………… 283

　　四、反思问题学范式的内在局限 ………………………… 314

　　五、反思问题学范式的创新与转换 ……………………… 316

第八章 部门哲学研究范式 ………………………………… 318

　　一、部门哲学研究范式的兴起与发展 …………………… 318

　　二、部门哲学研究范式的特点 …………………………… 332

三、部门哲学研究范式的创新功能 …………………………………… 342

四、部门哲学研究范式的内在问题与潜在局限 ……………………… 356

五、部门哲学研究范式的创新与转换 ………………………………… 365

第九章　马克思主义哲学中国化研究范式 ………………………… 381

一、马克思主义哲学中国化研究范式的兴起与发展 ………………… 381

二、马克思主义哲学中国化研究范式的特征 ………………………… 396

三、马克思主义哲学中国化研究范式的创新功能 …………………… 409

四、马克思主义哲学中国化研究范式的内在问题与潜在局限 ……… 423

五、马克思主义哲学中国化研究范式的创新与转换 ………………… 431

第十章　马克思主义出场学研究范式 ……………………………… 448

一、马克思主义出场学研究范式的兴起与发展 ……………………… 448

二、马克思主义出场学研究范式的基本特征 ………………………… 460

三、马克思主义出场学研究范式的主要创新功能 …………………… 469

四、马克思主义出场学研究范式的未来 ……………………………… 481

五、努力推进当代中国马克思主义哲学创新事业 …………………… 483

下卷　当代中国马克思主义哲学创新学术史的范式图谱演化

第十一章　从抽象上升到具体:范式研究如何上升成为创新学术史

图谱 ……………………………………………………………… 489

一、范式呈现与范式竞争 ……………………………………………… 489

二、当代中国马克思主义哲学研究范式图谱的内在演进逻辑 ……… 497

第十二章　从研究范式到轴心范式及其纵横坐标 ………………… 500

一、研究范式竞争与轴心范式的崛起 ………………………………… 500

二、轴心范式的历史成因、基本规定、主要特征和创新功能 ……… 503

三、轴心范式的纵横坐标 ……………………………………………… 510

四、轴心范式的纵轴 …………………………………………………… 516

　　五、轴心范式的横轴 ·················· 520

第十三章　从轴心范式上升为学术图景 ·············· 522

　　一、轴心范式及其纵横坐标构建学术图景 ··········· 522

　　二、学术图景的基本特征和主要作用 ············ 527

　　三、学术图景的稳定机制和当代演变 ············ 529

第十四章　从学术图景上升为创新学术史图谱 ··········· 533

　　一、创新学术图景Ⅰ：教科书改革图景 ··········· 533

　　二、创新学术图景Ⅱ：文本文献学解读图景 ········· 540

　　三、创新学术图景Ⅲ：反思问题学图景 ··········· 547

　　四、创新学术图景Ⅳ：出场学图景 ············· 554

　　五、创新学术图谱：四种学术图景转换逻辑 ········· 560

第十五章　从创新学术史图谱上升为出场学逻辑 ·········· 566

　　一、创新学术图谱的语境 ················ 566

　　二、创新学术图谱的出场学逻辑 ············· 571

第十六章　创建21世纪中国马克思主义哲学 ··········· 576

　　一、40多年总结和评价：当代中国马克思主义哲学的出场史 ······· 577

　　二、21世纪中国马克思主义哲学的创建语境 ········· 586

　　三、21世纪中国马克思主义哲学的使命 ·········· 590

结语：努力建构当代中国马克思主义哲学研究的协同创新体系 ·········· 608

参考文献 ·························· 616

索　引 ·························· 634

后　记 ·························· 642

上　卷

创新学术史研究：
方法论自觉与创新范式叙史

研究"当代中国马克思主义哲学创新学术史（以下简称创新学术史）"具有重大意义。伟大的时代总是产生创新的思想。马克思说："任何真正的哲学都是自己时代的精神上的精华"，"文化的活的灵魂"①。如果说，一个时代的学术史展现这一时代学术发展的基本脉络和主要成就，那么，创新学术史则反映和体现以思想和学术创新为鲜明特征的伟大时代的学术理路。站在中华民族伟大复兴与全球百年未有之大变局的关键场域回望以往，新中国成立以来，特别是改革开放以来的马克思主义中国化、时代化、大众化进程不仅走出了实现中华民族伟大复兴的中国道路，同时在理论上也极大地推动了马克思主义哲学学术研究的繁荣和发展。这一繁荣和发展不仅表现在学界对马克思主义哲学原理研究的不断深入，以《马克思恩格斯全集》历史考证版（MEGA2）研究为标志的马克思主义文本文献学意义上的翻译、出版和解读成果的不断问世，马克思主义中国化问题反思和理论原创空间的蓬勃兴起，对国外马克思主义各类人物、思想和著作译介或评价的大量涌现，对中国特色社会主义重大理论问题的反思和部门哲学的阐释，更表现为理论自觉、文化自觉和方法论自觉，出现了丰富多样的研究范式和独特路径，以及致力于原创中国理论和中国话语的中国马克思主义的学术体系、学科体系、教材体系的建设与完善。因此，这一学术史所具有的鲜明时代特征就是理论创新，其演化逻辑凸显了这一伟大时代理论创新和学术繁荣、成果斐然和学派纷呈的基本样态，因而是创新学术史的典范。本书致力于研究的"当代中国马克思主义哲学创新学术史"，正是指新中国成立以来，特别是改革开放40多年来发生在中国大地上反映和指导中国特色社会主义伟大实践的中国化、时代化、大众化的马克思主义哲学在学术领域的创新发展的理论图景，是世界经历了新旧全球化时代大转换，中国进入社会主义建设、改革、发展时代并走向世界的中国马克思主

---

　　① 《马克思恩格斯全集》第1卷，人民出版社1995年版，第220页。

义哲学思想与学术的原创过程,是在复杂现代性语境中创造"新现代性"中国道路的马克思主义哲学的理论体系和话语体系形成演化逻辑。深描创新学术史的图景,厘清其在学术地理中的主要脉络和创新走向,概括和总结创新学术史的深刻经验,以范式图谱构变来反观和书写创新学术史谱系,以便同步、同态、同构地助推当代中国马克思主义哲学的学术创新,这一研究本质上是在一个伟大创新时代"思想创新出场的反思逻辑"。这不仅成为当代人治当代史、当代研究推动当代学术创新的典范,同时对学界自觉秉持文化自信和理论自信、推动中国原创学术走向世界具有重大价值。在某种意义上,这就是一部现代学术"青史",旨在为走向世界的中国学术作出重要贡献的中国学者留名,为他们的时代思想留痕,为这一创新时代的哲学伟业留下珍贵的历史记忆。

研究创新学术史,我们必须要穿越"人名和书名的历史"表象,抵达学术创新逻辑的底蕴,在深描马克思主义哲学中国化、时代化、大众化学术演化图景的同时,深刻把握作为"方法论自觉"的研究范式的创新与转换。研究范式作为研究群体自觉的行为规范、总体方法和基本路径,是时代思维方式的集中体现,是学术见解、观点和理论创新的根基与灵魂。每一个重要研究范式的变革,都引起创新学说史图景的整体转换。在解放思想、锐意创新的当代中国马克思主义哲学学术史图景上,教科书改革、原理研究、文本学——文献学解读、马克思主义哲学史、与中西方哲学对话、反思的问题学、部门哲学、马克思主义中国化、马克思主义出场学等相继成为推进理论创新的研究范式,成为这一时代理论创新的本真逻辑。① 多元范式之间关系是不均衡的。重要范式构成了学术图景的轴心。轴心范式通过支配其他研究范式构成纵横坐标,扩展为理论创新的学术图景。当代中国,由四大轴心范式构成的四大学术图景,经历三次转换,形成了范式图谱的演化逻辑。揭示这一演化逻辑,就展示了当代中国马克思主义哲学创新学术史的本真结构。只有认真考察各个范式以差异方式推动理论创新与马克思主义整体性发展之间的关系,才能把握这一时代创新学术史的演化规律。

---

① 本著作所指认的范式都是"研究范式",当需要全称时就必须加"研究范式",如"教科书研究范式""马克思主义中国化研究范式"等。当行文中为了简便,不需要加"研究范式"时,就直接表述为"范式",如"教科书范式""对话范式"等。

第一章 以方法论自觉深描当代中国 马克思主义哲学创新学术史 的范式图谱

研究创新学术史具有重大理论和实践意义。以方法论自觉深描创新学术史,揭示创新学术史演化中的各个范式的生成、发展、演变、特征、功能、局限,它们各自的历史地位和相互关系,即深描其创新学术史的范式图谱,才能深刻展现创新学术史的内在逻辑和规律性进程。

一、深描图谱:研究的重大意义

2020 年注定不平凡。新冠肺炎疫情全球肆虐正加速着世界百年未有之大变局,中华民族众志成城率先全球成功取得战疫的战略性胜利;中华民族伟大复兴进入承前启后、继往开来的新发展阶段:决胜全面建成小康社会,为新现代性的中国道路的第一次全面大考交上了一份彪炳千秋的优秀答卷,同时按照党的十九届五中全会决定的关于我国十四五规划和 2035 年发展目标的建议,迈入走向基本实现现代化的新发展阶段、新历史征程。奋进新时代、迈向新征程,作为马克思主义中国化、时代化、大众化的实践形态,中国道路创造的中国奇迹再一次证明马克思主义是我们这一时代不可超越的旗帜,她在催生全球新变局中焕发出耀眼的先锋气质和夺目光芒。站在"两个一百年"交汇点上,我们喜迎马克思主义创始人之一的恩格斯诞辰 200 周年,让中国共产党人和中国学者有充分的理论自信来回望马克思主义中国化的辉煌出场史,总结我们的成功经验,发展我们的创新理论。时间节点就是契机,构成了我们回望历史、研究创新学术史深刻的历史语境和思想坐标。党的十九大郑重宣告:中国特色社会主义进入新时代,这是新的历史方位。在新的历史方位上,在新发展阶段的历史起点上,在这一系列完整周期的时间节点上,我们回望新中国成立 70 多年、改革开放风雨兼程 40 多年的伟大历程,观察、研究创新学术史具有重大意义。

第一,以创新的哲学指引新时代创新实践的需要。时代是思想之母,实践是理论之源。在与伟大时代实践紧密关联的意义上,创新学术史就是改革开放时代开创中国道路、中国逻辑历史的思想表达,而研究创新学术史就意味着以创新的马克思主义哲学对中国道路和中国逻辑作更自觉的哲学表达和思想领航的需要。时代与哲学两极相通。黑格尔说过:哲学是在"思想中被把握到的时代"。马克思说:"任何真正的哲学都是自己时代的精神上的精华","文化的活的灵魂"。① 社会大变革必定带来哲学社会科学大发展。习近平总书记指出:"当代中国正经历着我国历史上最为广泛而深刻的社会变革,也正在进行着人类历史上最为宏大而独特的实践创新。这种前无古人的伟大实践,必将给理论创造、学术繁荣提供强大动力和广阔空间。这是一个需要理论而且一定能够产生理论的时代,这是一个需要思想而且一定能够产生思想的时代。"②如果说,一个时代的学术史展现这一时代学术发展的基本脉络和主要成就,那么,创新学术史则反映和体现以思想和学术创新为鲜明特征的伟大时代的学术理路。本书致力于研究的"当代中国马克思主义哲学创新学术史",其思想脉络正是由马克思恩格斯的《共产党宣言》所昭示、经历 170 多年历史创新的马克思主义哲学。其研究对象,正是指:新中国成立 70 多年来,特别是改革开放 40 多年来,发生在中国大地上深刻表达和指导中国特色社会主义伟大实践的中国化、时代化、大众化的当代中国马克思主义哲学在学术领域创新发生、创新发展的全景过程和理论图景;是以"真理标准大讨论"为起点、开启 40 多年改革开放和中国道路探索伟大进程的当代中国马克思主义哲学

---

① 《马克思恩格斯全集》第 1 卷,人民出版社 1995 年版,第 220 页。
② 习近平:《在哲学社会科学工作座谈会上的讲话》,《人民日报》2017 年 5 月 18 日。

学术体系、学科体系、理论体系和话语体系的演化逻辑。本书研究的主题,就是站在新时代的历史方位上,以马克思"从后思索"的眼光,以方法论自觉意义上的范式图谱深描和反思当代中国马克思主义哲学的创建过程和出场逻辑。我们需要深描创新学术史的图景,厘清其主要脉络和创新谱系,概括和总结其深刻经验,以便同步、同态、同构地助推当代中国马克思主义学术创新,成为"思想创新时代的反思逻辑"。

第二,基于当代中国在全球对话中迎接时代的挑战、理论自信地坚持和发展当代中国马克思主义哲学的需要。20多年前,"这是一个脱节的时代!"——《哈姆雷特》中的一句戏词,被法国后现代怪杰德里达用来指认一个并非完全没有戏剧性效果的事实:170多年前《共产党宣言》宣告出场的"共产主义幽灵",在新全球化时代的今天遭遇苏东剧变,使马克思主义当代性和在场性受到全球的严重挑战,马克思主义的话语权在被边缘化,甚至遭遇当代退场的危险。马克思在《资本论》中宣告"炸毁"的资本外壳不仅依然在场,而且仍然在世界范围内疯狂。相反,资本批判的话语及其后资本实践却由于苏东剧变而在制度上遭受重大挫折。在西方新自由主义思想家福山狂热的话语中,似乎"马克思已经死了,共产主义已经灭亡,确确实实已经灭亡了,所以它的希望、它的话语、它的理论以及它的实践,也随之一同灰飞烟灭"①。如何在一个"脱节的时代"重新回答"马克思主义向何处去"的问题,准确指认马克思主义言说新的时代语境,深刻反思当代问题谱系和理论前沿,"马克思主义向何处去""马克思主义能否重新出场"、探索马克思主义出场路径和出场形态,就成为全球左派学者深切关注的时代聚焦点。

然而,新自由主义所宣告的退场、"灰飞烟灭"的马克思主义,不仅没有退场,相反,思想的旗帜依然被世界人民所高扬。马克思依然被英国BBC评为"千年最伟大的思想家"。由2008年全球金融危机恰好证明马克思对资本批判的真理性,其时代性和在场性被实践证明。全球东西方关系正在发生逆转。全球金融危机在改写由西方主导的霸权史,不仅仅是以美国为代表的西方经

---

① 德里达:《马克思的幽灵》,何一译,中国人民大学出版社1999年版,第75页。

济霸权的危机,也同样是西方新自由主义思想霸权的危机。对资本本性作深刻批判的马克思主义再一次在西方世界出场并被热捧。当代中国正以不可遏止的创新态势开创伟大的改革开放的成功实践,并成功地走出了一条中国特色社会主义道路,在世界面前高高举起了中国特色社会主义伟大旗帜。全球思想和文化轴心正在东移。中华民族前所未有地靠近世界舞台中央,正在满怀信心地高举当代中国的马克思主义旗帜开创人类新文明道路。当代中国马克思主义哲学作为当代中国思想旗帜的标志,既是在中国当代语境中的马克思主义哲学的创新和发展,同时也是对马克思主义时代性、在场性之间的深刻解答。中国特色社会主义对中国道路的成功探索,正是唯物史观中国化的伟大效果史。揭示马克思主义哲学中国化在当代的理论逻辑,这一创新学术史进程,正是理论自信地向世界展示当代中国马克思主义哲学成长和发展图谱的需要。

第三,为了从方法论自觉的高度揭示当代中国马克思主义哲学出场逻辑和规律的需要。创新的时代总是创造伟大的思想。马克思主义中国化的历史,不仅是传播史、学术研究史,更是在革命、战争、建设、改革和发展实践中的不断创新史,是在把马克思主义与探索各个阶段的中国道路结合中不断重新出场的历史。尽管学术理性与实践理性不完全相同,但是两者演进的内在逻辑却是高度一致的。书写中国马克思主义学术史的方式也是多样化的。从目前研究的分类来看,它既可以包括通史研究(方松华等:《中国马克思主义学术史纲》,2011),也包括断代史研究(如吴汉全:《中国马克思主义学术史(1919—1949)》3卷本(2010),梅荣政:《马克思主义中国化史》,2010)以及分门别类的领域研究:中国马克思主义哲学史(黄楠森:《马克思主义哲学史》8卷本)、政治经济学史(张问敏:《中国政治经济学史大纲》;刘思华:《当代中国马克思主义经济学家:批判与创新》)、社会主义理论史(高放)、政治学史(王浦劬)、新闻学史(徐培汀:《中国新闻传播学说史(1949—2005)》)、社会学史(《新中国社会学》)、法学史(张静如,2008)等;既可以是对中国化代表人物做个案与专题的研究,也可以是对其文本—文献的解读研究;既可以是传播史(杨金海:《思想的历程》,2011)深描,更可以是理解史(王金福:《马克思主义哲学理解史》,2005)等。但是各种方式的重要性程度绝不是等价的。描述性学术史和传播史着眼于专题、人物、事件、活动、关系、文本解读等,其特点往往是介绍人物和著作,往往将学术史当作列宁所批评的"人名和书名的历史",或者如科林武德所批评的"剪刀+浆糊"的历史。这一研究只能达到马克思所说的"完整的表象"或黑格尔所指的"外史",难以到达思想对现实即本质性的那一向度的把握。理解史着眼于后人的理解,但是对前沿问题的穿透力则有不足。为此,我们必须上升到方法论自觉的高度。新中国成立以来,马克思主义哲学成为党和国家指导思想的理论基础,地位发生了根本变化,为其大普及、大繁荣、大发展提供了前所未有的政治条件和制度保证。如前所述,改革开放40多年来,马克思主义哲学中国化、时代化、大众化进程实现了新飞跃、新开拓、新发展,不仅在实践中走出了实现中华民族伟大复兴的中国道路,同时也极大地推动了毛泽东思想的发展,创造了中国特色社会主义哲学体系、习近平新时代中国特色社会主义思想体系,也极大地推动了当代中国马克思主义哲学学术研究的繁荣和发展。这一繁荣和发展不仅表现在马克思主义哲学研究的不断深入,以MEGA2(《马克思恩格斯全集》历史考证版)为标志的马克思主义文本文献学意义上的出版和解读成果的不断问世,马克思主义哲学中国化问题反思和理论原创空间的蓬勃兴起,对国外马克思主义各类人物、思想和著作译介或评价的大量涌现,中国特色社会主义重大理论问题的研究和阐释,更表现为理论自觉、文化自觉和方法论自觉,多元差异的研究范式和独特路径的形成,以及致力于原创中国理论和中国话语的中国马克思主义学派的破土涌现。这是一个理论创新和学术繁荣、成果斐然和学派纷呈的伟大时代。这是当代中国学术的伟大创造,不仅是马克思主义中国化的重大发展,也是世界范围内马克思主义哲学创新的重大思想成果。为了理论自信、文化自信和理论创新,我们需要全面梳理和盘点当代中国马克思主义哲学创新学术成果,深描这些前沿发展的图景,总结发展成果,这不仅是推动中国化马克思主义哲学发展的需要,更是中国学术自主走向世界的需要。本项目所谓"当代",就是指新中国成立以来,特别是改革开放以来的时间段;"当代中国马克思主义哲学",是指在这一历史时代中国大地上发生的学术界关于马克思主义哲学研究的所有学术行为、取得的学术成果和呈现的学术形态,而不是专指马克思主义哲学的中国化。"中国的马克思主义哲学"和"在中国的马克思主义哲学"是两个完全不同的概念。前者主要指中国化了的马克思主义哲学,后者则包括学界对于国外马克思主义的介绍和研究。本书研究范围显然包括后者。"马克思主义哲学范式"和"马克思主义哲学研究范式"也是两个不同的概念。前者主要是指马克思主义哲学本身的理论原则、构成体系和方法论规范,马克思主义既是世界观,也是方法论。后者则是指研究者对马克思主义哲学的研究行为所采取的路径、方法和方式。虽然后者要被前者所制约,但是本质上两者是不同对象。本书研究对象主要指后者,即研究者以何种方法、路径、规则、方式来从事对马克思主义哲学的研究。后者之所以仍然可以被称为研究范式,不是因为它约束对象本身(马克思主义哲学本身呈现的方法论),而是约束和规范作为研究、解读马克思主义哲学的学术群体的行为。他们在研究和解读中往往遵循统一的方法论路径。这一路径当然也制约着他们对马克思主义哲学本性的理解,更制约着学者对马克思主义哲学理解的创新与发展。因此,"当代中国马克思主义哲学创新学术史",就是要研究新中国成立以来,特别是改革开放以来,中国马克思主义哲学研究所采取的路径、方法、方式和规范的变迁史,借此深描当代中国马克思主义哲学研究的学术前沿图景,把握研究大势和创新理论的规律性趋势。多年来,虽然学界以各种方式(如《哲学年鉴》、教育部社科司和中国社会科学院等单位的社会科学年度发展报告,各刊物的有关学术领域的综述、评述和研究报告等)在关注着当代中国马克思主义哲学前沿状况,用以反映学术前沿动态、评价得失、提出某些建设性发展的意见,等等;但是就客观地评价而论,这些报告和评述都还难以从总体上对新中国成立以来,特别是改革开放以来中国马克思主义哲学的发展脉络和前沿图景做一个全面系统的梳理、评价和本质性把握。就总体而言,我们缺乏对当代中国马克思主义哲学创新学术史整体发展图景的深刻了解和把握。究其原因,是由于缺乏两个关键性因素,第一个关键性因素是没有在大数据条件支撑下建立关于当代中国马克思主义哲学研究学术成果的全方位的、系统的数据库,因而其研究和评价缺乏应有的科学数据支撑;第二个关键性因素是缺乏对材料和数据进行本质性穿透和分析的方法论视域。因而,研究和评述难以达到本质性的、严格的、应有的高度。本著作致力于研究的"当代中国马克思主义哲学创新学术史",正是基于高校"研究中心数据库"支撑下,运用范式这一本质性方法论工具,对于新中国成立70多年来,特别是改革开放40多年来发生在中国大地上反映和指导中国特色社会主义伟大实践的中国化、时代化、大众化的马克思主义哲学在学术领域如何以方法论自觉方式呈现的样态。这一呈现对从战争与革命转向建设、改革、发展时代的马克思主义哲学学术思路的创新阐释,是经历了世界新旧全球化时代大转换、中国进入改革开放与全球文明对话语境的马克思主义哲学学术话语的在场结构,是在复杂现代性语境中创造"新现代性"即中国特色社会主义道路的马克思主义哲学的学术表达。这一研究,本质上就是当代学者研究当代思想史,在场主体研究在场的哲学,对当代中国马克思主义哲学创新学说史做全面、系统、有特色的透视和扫描,全体展示其脉络和轨迹,路径、方式和方法。或者说,对于当代中国仍然活跃在理论创新领域的学者群落按照范式图谱分类勾陈画像,为当代和今后历史填补其学术空白,用同步、同态、同构的研究深度考察马克思主义哲学与时俱进、理论创新的逻辑,借以反哺理论创新和推动实践,服务于中华民族伟大复兴的历史进程,也为广大读者提供一把深度理解当代中国马克思主义研究状况的钥匙,增强理论自信、文化自信,具有重大的学术价值和理论意义。

第四,用范式图谱准确、全面、系统地反思当代中国马克思主义哲学研究的学术走向和前沿大势,总结创新成果,是本质性地深刻把握总体理论创新规律、全面提升当代中国马克思主义哲学学术、学科水平的需要。造就一流的中国马克思主义哲学研究的学术体系、学科体系和话语体系是习近平总书记所提出的"构建中国特色哲学社会科学"总战略题中必有之义。而方法论的自觉程度与学术、学科研究水准呈正相关。深度描述当代中国马克思主义研究的创新图景,寻找其学术地理中的主要脉络和创新趋向,从中探索在中国学术语境中马克思主义哲学研究创新的深刻经验和路径机制,需要有科学的方法。对当代中国马克思主义哲学创新学术史研究而言,系统梳理研究方式和发展脉络的多样性是必要的,但是各种方式的重要性程度却绝非等价,所代表的学术、学科研究水平是各不相同的。历史描述性研究是相对初始和基础的方式。

由于中国马克思主义哲学研究史以往主要散见于专题、人物、事件、活动、关系、文本解读等的分门别类研究中,历史描述性方法首要的任务就是要收集整理所有的学术史料,然后按照时间顺序和学术编年方式将其转化为一种首尾一贯的通史通论的前沿描述。建立相关的数据库并建立对各种相关数据的表象的基本联系,是做进一步深度挖掘其本真关系的重要基础和初始台阶,但绝不是其研究的完成形态。因为这一研究的基本特点,就是列数所谓相对重要的人物和著作的思想介绍,将学术史仅当作当年列宁所批评的"人名和书名的历史",或者如科林武德所批评的"剪刀+浆糊"的历史。这一历史只能达到马克思所说的"完整的表象"或"感性的具体",而无法达到"理性具体"。分列的学术史描述(如哲学史、经济史、社会主义史等等)之间根本不见思想的流动逻辑。"方法论自觉"需要超越记述史去寻找另一种重新书写方式,就是穿透"完整的表象"而达到"抽象的规定",即把握创新学术史所依赖的研究范式。

学术史叙事灵魂在于方法论自觉。学术史出场样态与方法论的关系,一如黑格尔在《哲学史讲演录》中所说的体系与方法的关系。即"体系=方法在内容中的展开",而"方法=抽象了内容之后的体系"。因此,方法论不是学术史出场样态外在的路标,而是构成学术史理论样态的逻辑结构。系统梳理发展脉络研究方法的多样性是必要的,但各种方式的重要性程度却绝非是等效的。创新学术史绝不等于列宁所批评的"人名和书名的历史",或者如科林武德所批评的"剪刀+浆糊"的历史;也不能满足于主张"述而不作",着重于对专题、人物、事件、活动、关系、文本解读等学术人物和事件进行"客观"记述的编年史或记述史。这一记述史仅仅建立了对各种相关数据外在历史表象的基本联系,但绝不是其研究的完成形态。它仅仅记述创新学术成果出场的时间历史,而没有抓住创新学术史内在的本质和规律,看不见思想创新的必然流动逻辑。因此,这一描述史方法只能达到马克思所说的"完整的表象"或"感性的具体",或者如黑格尔在《哲学史讲演录》导言中所说的只是哲学史的"外在路标",而无法达到由"抽象规定"综合而成的"理性具体"。

为此,穿越人名、书名的历史表象,需要从单纯关注创新学术史的结果形态回溯到前提反思,即方法论自觉。我们要援引马克思在《资本论》中运用的

"抽象上升到具体"的辩证方法。要穿透"完整的表象"和"感性具体"而达到"抽象的规定"或"本质规定",然后才能从"抽象上升到具体",即将当代中国马克思主义哲学创新学术史当作一个由若干本质性规定综合而成的"理性具体"来加以把握。

"方法论自觉"需要超越记述史去寻找另一种重新书写方式,就是穿透"完整的表象"而达到"抽象的规定",即把握当代中国马克思主义哲学创新学术史中次第出场的研究范式。研究范式之所以能够成为当代中国马克思主义哲学创新学术史的"抽象规定",源于以下理据。

其一,所有创新,都隐含和依靠着一种研究路径或范式。当代中国马克思主义理论创新,无论是就观点、理论、方法,还是就体系、形态,其成熟阶段都是方法论自觉的产物,都与一定的研究范式相关。范式就是在方法论自觉层次上的学术创新本质的主要标志。抓住了范式,就抓住了学术创新的本质和规律。"研究范式"就是一种研究视野、规范、规则和方法论,它是一种见解、观点和理论的根基与灵魂。研究范式就是在方法论自觉层次上的学术创新本质的主要标志。在所有当代中国马克思主义哲学创新的学术共同体行为中,都涌现出作为一种方法论自觉的研究范式。研究范式成为一定的学术共同体操持的主要思维工具、遵守的方法论路径和学术规范,也因此成为其主要方法论标志。抓住了研究范式,就抓住了这一研究共同体区别于其他群体、这一路径区别于其他路径的质的主要规定。研究范式对于研究共同体理论创新工作的推进具有极其重要甚至是决定性的作用。没有方法论自觉,任何理论创新都将是盲目的。相对于理论结论或成果的变革而言,研究范式的变革是作为前提和视域的变革,因而是更为深刻与根本的变革。研究范式的创新与转换,可以带动整个理论视域、理论形态的变革与创新。马克思曾经这样来阐释工具对于人类发展的重大作用:"各种经济时代的区别,不在于生产什么,而在于怎样生产,用什么劳动资料生产。劳动资料不仅是人类劳动力发展的测量器,而且是劳动借以进行的社会关系的指示器。"①马克思和恩格斯曾经将辩证法

---

① 《马克思恩格斯选集》第 2 卷,人民出版社 2012 年版,第 172 页。

称为是他们最好的思维劳动工具,研究范式也同样如此。通过研究范式的脉络,我们可以找到当代中国马克思主义哲学创新研究的测量器和指示器。

其二,哲学研究范式作为时代思维方式的集中体现,不仅是哲学见解、观点和理论创新的根基和灵魂,更是学术史坐标和图谱的轴心。以研究范式为切入点,准确把握学术史的范式图谱构变,就可以循此脉络深度理解和把握当代中国马克思主义哲学研究的创新学术史。范式研究也是学术思想解放、理论变革创新的必然产物。变革前的苏联与中国过去的计划经济体制为反思批判那种教条的马克思主义的种种特征提供了深刻的对象性实践基础,那么,这一导致思想解放的反思批判就不仅仅针对其教条的结论与见解,而且针对其僵化的视域和解答的范式。僵化教条的理论见解是其僵化教条的研究范式的结果形态。思想的解放、理论的创新不仅包括对一系列僵化教条结论和观点的破除,而且包括研究方法、研究范式与研究视域的转换。同样,"与时俱进"不仅是马克思主义的理论品质,也是马克思主义哲学研究的基本范式。相对于理论结论或见解的变革而言,范式的变革是更为深刻与根本的变革。研究范式的创新与转换,可以带动整个理论视域、理论形态的变革与创新。因此,当代中国学界提出的教科书范式,原理研究范式,马克思主义哲学史研究,文本—文献学解读,与中西方思想的对话,反思的问题学、出场学等等,都成为创新发展马克思主义哲学的研究范式。从过去单一视域、单一路径、单一模式转向多元视域、多种方法、多样范式。范式总是时代思维方式的集中体现,是学术见解、学术观点和理论创新的根基和灵魂,也是学术史坐标和图谱的轴心。以范式为切入点,准确把握学术史的范式图谱构变,就可以循此脉络深度理解和把握当代中国马克思主义哲学的创新学术史。毫无疑问,这些范式在多方面深刻破除苏联教科书对马克思主义哲学僵化的理解方式,极大地推动了马克思主义哲学理解的深化与发展。近年来,围绕这些研究范式的发生机理、相关内容和相互关系,研究范式、研究路径与国内各个相关的马克思主义哲学博士点的学科风格甚至学派的关联,也不断地引起学界的极大关注和热烈讨论。国外学者也从前些年重点关注我国中青年学者如何理解马克思主义哲学形态转向重点关注理解和研究的视域。哲学研究的范式总是时代思维方式的集中体现,把握了范式总体,就在方法论自觉层次上把握了当代中国马克思主义哲学创新逻辑的本质规律。系统回顾和总结马克思主义哲学研究范式的发生、发展的经验,关系到如何推动马克思主义哲学理论创新,进而关系到以怎样创新的马克思主义哲学科学指导中国发展实践、正确推进中国特色社会主义建设事业的大局。因此,为了客观地审视和评价这些范式的基本内涵、学术意义以及对马克思主义哲学研究独特的推动作用,科学考量研究范式之间的内在的学术关联,更好地引导学界全面准确地运用和完善研究范式,科学描述当代中国马克思主义哲学创新规律,我们必须要整体研究。

其三,根据马克思关于"从后思索"即"人体解剖对于猴体解剖是一把钥匙"的方法,站在创新学术史范式图谱构变的制高点上,就可以反观百年马克思主义哲学中国化学术史。每一种研究科学界分和评价这些研究范式,至今仍然是学界应当着力深度开展研究的领域。

"范式写史"体现着史学,特别是创新学术史学的一种方法论自觉。马克思主义哲学研究范式的创新已经成为新中国成立以来,特别是改革开放以来各个相关学术领域思想解放、理论创新、学术发展的原创动力和方法论前提。基于"方法论自觉",国内各马克思主义哲学博士点学科在推进马克思主义理论创新的过程中已经形成了"教科书改革""原理研究""马克思主义哲学史研究""文本—文献学解读""与当代中西哲学对话""反思的问题学""马克思主义哲学中国化""部门哲学""马克思主义出场学"九种研究范式,而且愈益自觉地反思、完善和使用自己秉持的研究范式。这些研究范式的形成和完善,以各自独特的路径、方法、规范和功能,从多元角度有力地推进着马克思主义哲学的学术创新,不仅极大地促进了学术成果的繁荣发展,而且在凝聚相关学术共同体乃至催生中国学派的形成、推动学科与学术平台的建设发展方面起着越来越重要的作用。以方法论自觉秉持研究范式推动学术创新,日益成为当代中国马克思主义哲学研究的主流趋势。科学辨识、界分和评价这些研究范式,系统考察各个研究范式的历史成因、基本特征、创新功能、内在局限和未来走向,至今仍然是学界应当着力深度开展研究的课题。然而,仅仅基于各个单一范式功能的研究,仍不足以整体准确勾画当代创新学术史的全貌。只有从研究范式整体出发,上升为学术图景甚至图谱的高度,转换为出场学视域,才能真正揭示当代中国马克思主义哲学与时俱进的创新逻辑。

第五,以范式图谱研究成果同步、同态、同构地助推当代中国马克思主义哲学理论创新发展的需要。马克思主义哲学研究范式的创新已经成为改革开放,进而成为各个相关哲学学术领域思想解放、观念进步、学术繁荣发展的原创思想动力和方法论前提。本书研究对象的最大特点之一就是它依然是"活态"在场,各种范式都在强力支撑着相关理论的创新,如最早出现的"教科书研究范式",在2004年以来中共中央提出"马克思主义理论研究和建设工程"的大力推动下,"马克思主义教材体系建设"作为其中重要战略任务,呈现出又一个编撰出版高峰。2009年由人民出版社和高教出版社联合出版的"马工程"教材《马克思主义哲学》,又将当代中国马克思主义哲学的研究、阐释和表达提高到时代的水平。党的十八大以来,以习近平同志为核心的党中央高度重视理论研究和创新工作,将理论创新作为治国理政的首要环节,尤其是将马克思主义哲学的原典和原理研究推向了一个前所未有的新高度,从而进一步推动了学术研究不断发展。因此,本书研究的对象是活生生的在场,每一个范式中的学者群体不断涌现,依据范式的研究活动如潮涌动,研究成果更如雨后春笋般呈现。在学界理论创新活动大潮中,本书研究团队也是创新者滚滚洪流中的一群。我们绝不可能扮作"超人",随意"脱域"而自由翱翔于创新洪流之上来为整个群体指明方向。然而我们却可能借助范式研究所得出的可靠结论本身,同步、同态、同构地为创新群体选择创新方向作重要参考,以大力协助理论创新。为此,我们研究团队与全国29个马克思主义哲学博士点保持最密切的联系。我们的特聘研究人员和支持人员遍布全国。我们建立全世界最完备的当代中国马克思主义哲学研究成果数据库,并开发了系列专业数据软件。我们建立了中国唯一的"研究中心"平台,并建立了专业网站。我们连续9年出版研究集刊,每年发表30万字关于各个范式进展研究报告,作者群来自全国各个博士点,而成果则为供全国各个博士点理论创新共享。我们与全国各个大学和研究机构的马克思主义哲学博士点结下深厚协作情谊,在共同研究中成为创新理论的发展共同体、生命共同体。我们研发创造了范式评价的创新指数。我们希望借助本书研究,发展为一个事业,即当代中国马克思主义哲学研究的协同创新体系,持续地伴随着当代中国马克思主义哲学创新进程。我们希望将研究项目平台化,平台建设体系化,体系建设持续化。这既是本书研究的重大意义所在,也是本书研究的创新之处。因此,本书研究就不仅仅是历史的兴趣,而本身就是当代中国马克思主义哲学创新总体不可或缺的智慧反思和评价反馈的一环。它就不再是孤立的,而是为创新大局服务的。没有创新大局,我们的研究就必然是空洞而无意义的。而大局没有本书研究建立的创新评价反馈体系,则必然是盲目的。我们相信:检验本书研究成效的最终标准,将是看当代中国马克思主义哲学创新研究是否因此进入了更自觉的快车道。我们的研究表明:每一个研究范式都是时代性理论创新需要的产物,因而都有其历史出场的深刻根据。我们需要对此加以反思和研究。我们也深知:每一个研究范式的发生、成长和成熟都有一个历史过程,都是在理论创新需要的激励中持续在场和不断完善的,都有它独特的历史原因、基本特点、创新功能,需要我们科学地加以辨识、命名,研究它存在发展的状态,从而为更好地发挥这一范式的理论创新功能服务。当然,每一个研究范式也都有其作用的边界和内在的局限,它们在推动创新的同时都有可能存在着偏颇或遮蔽,甚至成为新教条。因此我们不能盲目崇拜其中任何一个研究范式,而是需要实事求是地分析它们的创新功能与边界局限,并研究如何在一个范式图谱的协同创新系统中扬长避短,提请全国各马克思主义哲学博士点加以关注,将本研究效果最大化。

第六,本书研究更是支撑当代中国马克思主义哲学原创中国理论、中国话语和中国学派,成为中国学术摆脱"学徒状态"、理论自信地走向世界的重要进路。我们不仅要让世界知道"舌尖上的中国",还要让世界知道"哲学中的中国""学术中的中国"。全球金融危机也是西方经济秩序和文化危机;中国崛起带来的不仅是全球经济秩序重建而且是文化秩序的重建。中国道路需要中国价值、中国理论走向世界、影响世界。作为中国道路的主要指导思想的理论基础,当代中国马克思主义哲学的学术创新本质上将成为中国走向世界的学术主流。研究范式的成果,完全可以作为中国当代马克思主义哲学走向世界的学术标志。我们正面临百年未有之大变局,由近代以来"世界走向中国"的历史正在转向"中国走向世界"的时代。中国学术正在以原创学术开始走向世界。前所未有靠近世界舞台中央的中国马克思主义哲学正在被越来越多的世界学者所高度关注和倾心研究。国外学界十分关注中国马克思主义哲学的发展。美国、日本、欧洲、澳洲的左翼学者都有关于中国马克思主义哲学现状的评述论著。如美国俄勒冈大学的约翰·贝拉米·福斯特、克莱蒙-林肯大学的克莱顿、美国学者大卫·哈维、日本一桥大学的岩佐茂、法国巴黎大学的雅克·朗西埃等等,都有专门评述。中国学者的著作外文版也陆续在世界各国出版。但是,国外学者对于中国马克思主义哲学的理解,大多还停留在形态学研究上,就是"辩证唯物主义""历史唯物主义""实践的唯物主义"等等,还没有从形态学研究回溯到研究范式反思本身。因此,本书研究成果,作为当代中国马克思主义哲学理论创新的最新成果,可以为中国学术走向世界提供最新和最完备的学术资源。由本研究建立起来的某高校"范式中心"及其数据库,也完全可以成为国外学者初始了解中国马克思主义哲学研究现状的首站,以及进一步到国内各研究范式代表的博士点深度研究的中转站。在某种意义上,本书就是"追星图",刻画大批在大变局时代摆脱"学徒状态"而理论自信地走向世界、群星灿烂的中国学者们的奋斗身影和思想轨迹,为他们点赞;本书更是"原创谱",溯源创新学术的出场史及其流变,深描其主要脉系;本书还是"学派录":认为每一种研究范式,都在支撑着正在形成中的学术群体,即学派。"学派"无非是指秉承统一或相近的学术研究纲领、范式、路径、理论和规范的学术群体。学派的研究风格如出一辙,研究的规范彼此照应,研究范式近于一致。我们所研究和推动的各种范式,正在成为催生中国各本土学派发生和成长的核心。中国创新的理论、话语连同学派一起,形成当代中国的学术图谱和学派图谱,将成为中国学术走出去、影响世界的主要标识。

因此,开展"当代中国马克思主义哲学创新学术史"的研究,就是以"出场学"视域为中心对当代中国马克思主义哲学发展前沿问题加以反思,对其学术、学科的在场图景做深度描述,对形成的各种理论创新观点加以科学评价,对正在形成的研究范式谱系加以梳理。这一研究具有重要的学术价值和服务理论创新的意义。

二、穿越表象：研究的主要对象

本书的研究包括对应的两仪：方法论自觉与当代中国马克思主义哲学创新学术史。前者是方法，后者是对象。本书研究就是用方法论自觉的范式图谱去穿透、研究、分析和把握后者的过程。在方法论自觉穿透的意义上，后者即当代中国马克思主义哲学创新学术史这一研究对象显现为不同的层次规定。

最初呈现在我们面前的是作为感性表象层次的当代中国马克思主义哲学创新学术史。它首先是一个感性存在，是在新中国成立 70 多年来，特别是改革开放 40 多年来中国马克思主义哲学发生的无数学术事件、海量出版的论著、大量涌现的学者、不断变化的学术氛围、迅速成长的学科的汇集，对马克思主义哲学原理研究的不断深入，以《马克思恩格斯全集》历史考证版（MEGA2）研究为标志的马克思主义文本文献学意义上的翻译、出版和解读成果的不断问世，马克思主义中国化问题反思和理论原创空间的蓬勃兴起，对国外马克思主义各类人物、思想和著作译介或评价的大量涌现，对中国特色社会主义重大理论问题的反思和部门哲学的阐释，等等，呈现出马克思主义哲学学术研究的繁荣和发展完整的表象。如果我们对这一完整表象采取记述史、"剪刀+浆糊"方式来描述，那么，这一表象就是我们的直接研究对象，研究的最终结果就是"人名和书名的历史"或曰表象史。显然，表象史没有作穿透性、本质性的反思，击中现实的深层本质和规律，因而不能令我们满意。学术史叙事的灵魂在于方法论自觉。方法论不是学术史出场样态的外在路标，而是学术史样态的学术理路与内在逻辑。创新学术史绝不等于列宁所批评的"人名和书名的历史"，或者如科林武德所批评的"剪刀+浆糊"的历史。创新学术史也不能"述而不作"、仅成为有关学术事件和人物地记述史或编年史，我们的思维不能停留在"完整的表象"或"感性的具体"阶段，而没有抓住学术史的内在理路、脉络、本质和规律，看不见思想创新的必然流动逻辑，根本无法将创新学术史当作一个由若干本质性规定综合而成的"理性具体"来加以把握。

我们为了穿透本质,必须按照马克思"从完整的表象蒸发为抽象的规定"的思维逻辑,将触及本质性向度的"抽象的规定"——研究范式作为我们的第二个研究对象。研究范式之所以能够成为这一创新学术史的"抽象规定",源于以下理据。第一,研究范式作为研究群体自觉的行为规范、总体方法和基本路径,是时代思维方式的集中体现,是学术见解、观点和理论创新的根基与灵魂。每一个重要研究范式的变革,都引起创新学说史图景的整体转换。如前所说,当代中国马克思主义哲学基于"方法论自觉",国内各马克思主义哲学博士点学科在推进理论创新的进程中已经形成了马克思主义哲学的"教科书改革""原理研究""哲学史研究""文本—文献学解读""与当代西方哲学对话""反思的问题学""中国化""部门哲学""出场学"九种研究范式,并且日趋完善。以"方法论自觉"秉持研究范式推动学术创新,日益成为当代中国马克思主义哲学研究的主流趋势。以研究范式作为创新学术史的主要抓手,形成范式史学,这成为在本质性向度"抽象的规定"意义上把握当代中国马克思主义哲学创新学术史的重要尝试。

然而,以范式写史并不能呈现出一个碎片化、杂乱纷呈的景象,多元范式之间并不是各自孤立存在并独立发挥作用的,相反,是紧密地发生相互作用的历史过程。范式作为"抽象的规定",必然在向理性具体的上升通道中才能逐步展现为一个理性的、本质的和规律性的历史。因此,在理解各个范式的本性和创新功能之后,我们需要进一步从范式出发,沿着从抽象上升为具体的路径,把握创新学术史。

多元范式的相互作用,彼此矛盾,必然催生作为主导范式的"轴心范式"的出场。因而,轴心范式就作为本书研究所必然面对的第三层次的研究对象。轴心范式是一般范式的抽象规定上升为范式图谱过程中的重要支点,它的主导地位决定了在一个时期创新学术史采取何种方式来呈现。轴心范式一旦进入我们的研究视野,必定是范式写史的主角。

每一个轴心范式都是通过纵横两轴来呈现自己的主导地位,进而构成一个时期的学术图景。学术图景是源于轴心范式,但是作为轴心范式与纵横两轴的整合结构,系统质或功能又不能完全还原于,而是高于轴心范式,因此又进一步成为我们的研究对象,这构成第四层次的研究对象。而轴心范式是有一定时期限制的,每一个时期的轴心范式主导学术图景的情形只是暂时的、有条件的,因为理论创新冲动(知识生产力)一旦超出轴心范式及其所成形式即相应的学术图景(知识生产形式)的容纳范围,必定会要求变革,那么,新轴心范式就会成长起来主导形成新的学术图景,来顺应知识生产力发展的新要求。因此,轴心范式和学术图景就发生变革性的新旧更替。当然,在后起的学术图景中,就不只一个轴心范式,或者说,新的、在学术图景中占主导地位的轴心范式的出场,并没有消灭旧的轴心范式,相反,却容纳和保留着旧的轴心范式,只是将它们作为被新轴心范式支配的次一级轴心范式。新学术图景中不仅有占主导地位的轴心范式支配着自己的纵横两轴,而且还支配着被替代主导地位的那一个或几个旧的轴心范式。因此,学术图景成为创新的主要机制,也成为范式写史研究的对象。

在时代创新冲动的不断推动下,新旧轴心范式发生替代,相应的学术图景也发生新旧更迭。改革开放40多年来一共呈现出4种学术图景,进而展现出一幅学术图景的转换史,这就是范式图谱。只有整体的范式图谱才能代表创新学术史的全部,而单个的学术图景只是这一范式图谱的一个阶段或一种阶段性形式。范式图谱是由学术图景构成的,但是其总体的创新史却不能简单还原为单个的学术图景。因为学术图景的历史转换也呈现出由简单到复杂、低级向高级的辩证发展历程。后继的学术图景不仅包括着自身占主导地位的轴心范式及其纵横两轴,还包括着前此以往的所有出场的轴心范式及其纵横两轴,甚至还包含着以往由旧轴心范式所呈现的学术图景。因此,后起的新学术图景不仅支配着旧轴心范式,还支配着旧学术图景。因而其内在的矛盾结构远比前此以往的学术图景要复杂。知识生产内部的矛盾推动着学术图景的新旧更迭,直至展现出所有的范式图谱。分析范式图谱的内在矛盾结构变化的逻辑,阐释其整体的创新史,这就构成了本书第五个研究对象。

最后,范式图谱所呈现的仅仅是创新学术史的思想流变,而要用社会存在来说明社会意识,还必须穿越思想层面达到背后的历史—实践场域,即用出场学来深刻阐释创新学术史的出场史。从社会存在出发去具体阐释社会意识的发生发展进程,观察研究它们的具体出场机制和出场史逻辑,就成为出场学研究。每一个范式、每一个轴心范式、每一个学术图景、每一个学术图景的新旧更迭都是源于时代变化、实践发展,源于产生思想、决定思想、推动思想创新发展的历史场域。因此,将范式图谱与历史场域关联起来分析、观视和把握,我们才能最终得到一个完整的关于当代中国马克思主义哲学创新学术史的图景。因此,这一完整图景,作为本书研究的最终对象,也作为最初对象,就在结果中合一。

三、方法论自觉:研究的主要方法

如上所说,本书就是方法论自觉的产物,在研究的过程中,主要着力在方法论工具上创新。这一创新,主要表现在以下几个方面:

第一,本着马克思在《资本论》中所采用的辩证法,即从"完整的表象蒸发为抽象的规定"的研究方法,以及"从抽象上升为具体"叙事方法。为此,我们对当代中国马克思主义哲学创新学术史的研究首先需要全面梳理其整体表象的种种现实,以方法论自觉穿透表象而达致本质性抽象,即作为创新学术史根本规范、路径和方法的研究范式,将作为"人名和书名"、事件与人物汇集的当代中国马克思主义哲学创新学术表象史转换为范式史,完成从完整的表象蒸发为抽象的规定的思维行程。

在文本文献收集、整理、解读基础上,建立大数据条件支撑下的资料中心,成为国内第一家用大数据分析来研究范式创新与转换的项目。我们首先在数据采集上采取多元的和综合的方法,其中数据来源包括专业数据库("超星现代发现""万方数据知识服务平台"和"维普期刊资源整合服务平台"三大数据库)以及347家图书馆的馆藏数据;网购图书、向全国29个马克思主义哲学博士点索取赠予和收藏(个人学术专著,每个博士点年度发表论文索引,学术会议资料等),现场访谈纪要和录音、录影,等等。数据库经过5年建设,到2015

年底,藏有新中国成立以来中国马克思主义哲学研究领域最为齐全的论文
(361962 篇)、著作(2728 种)、教科书(272 种)、参考书(94 种)、学术会议资
料(116 本)、访谈纪要录音(37 人次)资料库,并按照研究范式进行归类整理,
开发了范式关键词、范式创新指数等数据库,并与大学大数据中心联网,形成
支撑本书研究的重要数据平台。2016—2020 年度,数据库继续增加数据,但
是作为计算单位,目前对数据处理未达到完成状态,故本书研究对象所采纳的
统计截至 2015 年底。这些数据足以供本书研究作出充分的判断。对 2016—
2020 年呈现的相关信息,本书也部分给予追踪采纳。如现有的无论是对各个
以往国内研究成果的范式归类,还是考量其创新指数,都是在数据计算基础上
形成的,因而有着实证的、相对可靠的数据分析方法支持。对马克思主义研究
领域(含马克思主义哲学、马克思主义政治经济学、科学社会主义、马克思主
义中国化、国外马克思主义等)各个研究范式归类下的文献统计。数据分析
结果见表1:

表1　对马克思主义研究领域各个研究范式归类下的文献统计

研究范式/学派	学派名称	发表论著:图书(种)/论文(篇)		
		1949—1989	1990—1999	2000—2015
教科书	教科书学派	378/12718	179/16671	325/25215
原理研究	体系学派	118/12677	365/78076	385/93152
马克思主义哲学史	历史学派	139/1121	176/3520	217/4212
文本文献学	经典学派	57/260	61/725	146/2127
对话	文化学派	167/2329	278/7263	352/11369
反思的问题学	批判学派	216/211870	337/252712	498/41768
部门哲学	分析学派	126/12190	229/22317	376/22913
马克思主义中国化	本土化学派	174/22750	236/35998	762/58249
出场学	辩证学派	0/0	1/4	33/1274
总　计	9	1375/275915	1862/417282	3094/260279

　　表 1 数据来源:某高校研究中心数据库,根据中心收集资料和对"超星现
代发现""万方数据知识服务平台"和"维普期刊资源整合服务平台"三大数据

库,论著形式主要包括全国 347 家图书馆及范式研究中心数据库所收藏的数据:图书、期刊、报纸、学位论文、会议论文等。由于数据库赖以识别的数据模型采取模糊识别等原因,其中各个范式类别的统计数据可能有部分交叉(大约不超过 10%)。此外,文本文献学解读类别中将历年来出版的"经典原著解读"本也计算在内,仅作为一个参照。"与当代西方思潮对话"也包括了"文化大革命"前对西方实用主义、语义分析、存在主义、人道主义、国外马克思主义的批判和对苏联、东欧国家的马克思主义研究的思想介绍文章在内。应为马克思主义哲学研究与马克思主义政治经济学、科学社会主义、马克思主义中国化和国外马克思主义研究领域有视域和方法论的交叉,如马克思《资本论》既是政治经济学批判文献,也是唯物史观的经典文本;而张一兵的《回到马克思——经济学语境中的哲学话语》(江苏人民出版社 1999 年版)一书,正是在经济学语境中研究马克思唯物史观的著作。因此,以更广阔视野统计包容上述数据,应当是合适的。不过如果读者在转引时请务必注明,审慎鉴别使用。前表转换为柱图见图 1。

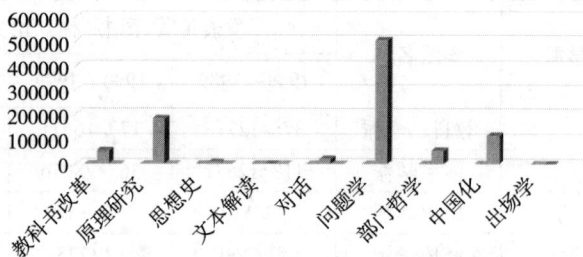

图1　马克思主义九大研究范式各自知识生产情况

根据研究范式归类的主要特征(成为某一研究群体主要研究方式、话语表达主属领域等)进行分类,然后,再进行分类切割,使各个研究范式成为特色鲜明、规范明确、功能确定的研究路径和方法。

第二,历史追踪和理论分析法。运用文献和数据分析结果,从理论研究和实证分析的结合上对各个研究范式的历史成因、基本特征、创新功能、内在局限等逐一进行辨识疏正。所谓历史成因,即对每一个研究范式提出的历史演化过程进行全面梳理,对其出场的原因加以仔细分析。客观地说,研究范式的历史出场的时间长短不一,成长的成熟程度也大相径庭。教科书范式和原理研究范式是最早出场的两种范式。而马克思主义中国化只有在中国传播马克思主义并形成方法论自觉之后才逐渐形成。部门哲学范式是在改革开放大潮涌动中马克思主义哲学面向现代化的产物。出场学范式的提出不足 20 年。本书需要用历史追踪法考证其历史发生过程和演化过程,更要深度分析其出场的原因。所谓基本特征,就是每一个研究范式之所以成为它自己并区别于其他范式的基本规定。如教科书范式的基本特征,一是理论话语表达方式的教科书化,语言阐释的原理化(直言式或断言式),直接用确定无疑、普遍统一的概念、范畴、判断、原理等组成的体系性教材语言表达"什么是"以及"如何是"马克思主义哲学。因此,在话语形式上,教科书研究范式的最高成果形式是被人们普遍认同、广泛使用的教科书。二是理论内容的创新呈现出变化的历史成果需要通过不断地修订教科书才能被合理合法地阐释,因此教科书改革成为教科书研究范式推动理论创新的经常性存在方式。三是教科书遵循人们的学习和接受理论的规律,由浅入深、由低到高、由简入繁,对于理论普及和求得共识尤其重要。而原理研究范式的基本特征则有所不同,它可以对某一个概念、范畴、问题、原理等进行单独深入的阐释,而不必考虑整体的体系;它也可以对不同于教科书表达的马克思主义哲学体系作出另外的阐释。如在改革开放之初,肖前、李秀林、汪永祥主编《辩证唯物主义》《历史唯物主义》被教育部列为大学哲学系本科生推荐教材时,其他学者用原理研究范式阐释的"实践哲学""实践的唯物主义"就可以不以教科书形式出现,而是表现为"后教科书"方式的论文或专著,等等。马克思主义哲学史则是从马克思主义哲学思想史的发生、发展、中国化、时代化的角度研究和阐释的方式。这一方式最大特点是历史性阐释原则,即与教科书和原理研究的逻辑表达或原理表达方式不同,它对于马克思主义经典作家的每一个理论观点的阐释都将之回溯到历史发生和历史出场的过程中加以考察。历史性、变化性、差异性成为这一范式关注的重点。这一研究虽然没有如教科书和原理研究那样对马克思主义哲学"是"和"如何是"下定义、直接判断那样直截了当,但是坚持了历史的原则,更科学和全面。当然,统一的马克思主义哲学史的阐释是建立在对各个时期经典作家的文本文献解读基础上的。因此,文本文献学研究范式是更扎实地理解经典作家原意、准确把握"什么是马克思主义哲学"的研究方法。这一解读当然需要在思想史的长河关联中理解文本意义,但是其研究最切近的基础是每一个独立的文本文献本身。文本文献的编纂、版本考订(如 MEGA1 与 MEGA2)、文字的考据辨识和意义疏正、文本结构拼接和意义阐释等许多技术性工作就是文本文献学研究范式区别于其他范式的独特之处。这是最具有学院派风格的研究范式。文本文献学解读究竟希望通过"回到马克思"来成就一个"崇古意识"还是为了返本开新,这就是关于这一范式研究的理论旨趣的讨论。对话的基本特征则是通过与西方当代思潮的对话和争辩来激活马克思主义的思想资源,展示其当代价值,推进其关注当代问题而创新发展。对话、互文、交往和论辩,成为这一范式独有的标识。反思的问题学将时代重大问题作为哲学反思的主要对象,将借助解答问题而推进思想理论创新作为研究的主要路径。部门哲学则将反思问题学与部门领域的体系阐释结合起来,从而在关注现实的同时注重分门别类地建构部门哲学体系。马克思主义中国化是自觉地将研究路径定格在瞄准中国问题、坚守中国立场、形成中国视域、创造中国理论和中国话语作为发展和创新中国化马克思主义哲学的主要方式。出场学则是以历史语境的变化来阐释哲学思想出场形态变化的研究方法,因而是马克思主义与时俱进的研究逻辑,等等。所谓创新功能,则是基本特征的一部分,因为各自的特点和内在规定性决定了各个研究范式对于新概念、新范畴、新理解、新阐释、新原理乃至新领域和新体系的开拓方式、成效和能量大小是不同的。我们可以从创新指数(见表 2)看出这一点。历史性出场的不同研究范式,在不同历史阶段上所起的创新作用是不同的。虽然它们的创新功能是可持续的,但是角度、路径、方式不尽相同,我们对其分析和评价也就不同。所谓内在局限,就是指每一个研究范式,都有自己的独特视域和创新边界,受这一特征和边界限制,也都有自己内在的局限性。例如,教科书研究范式的内在局限正是把某一个时期对马克思主义哲学的理解当作唯一解释,把相对的绝对化,因而容易造成教条化。此外,为了证明原理的正确性,教科书在引证经典作家的话语时难以历史地去把握,把经典作家某一时期的话语当作一成不变的论据加以引证使用,因而被学界批评为"非法引证"。这是教科书研究范式本身难以避免的局限。正是因为有这一"相对与绝对"矛盾的存在,才推动教科书不断改革修订。原理研究的内在局限来源于教科书范式,追求逻辑化阐释、非历史性是其主要问题所在,等等。因此,我们在实事求是地肯定各个研究范式的创新功能的同时必须科学分析其各自的内在局限,绝不能将其中某一个范式当作是万能的而加以崇拜。只有扬长避短,将各个范式各展其长的创新功能合理互补,而又尽可能规避其各自的局限,那么,我们才能使范式图谱组成科学的协同创新体系。

关于创新功能的分析,需要在数据分析中,创造范式创新指数,借以从创新度角度来作为评价尺度。各个范式的理论创新功能是不一样的。为了说明这一点,可以用"创新指数"(CI)来表示。所谓创新指数,就是指某一研究范式所推动、包含、催生的新概念、新思想、新原理、新领域、新理解方式与这一范式涵盖的全部论著基数之比。$CI = (c_1 + c_2 + c_3 + c_4 + \cdots + c_n) t_0 / S_n (t_0) \cdot 1/100$。其中 CI 为创新指数,c 系列为各个类别的创新数量,t_0 是时间段,S_n 是某一范式影响下全国发表的论著数量总和,而 1/100 是系数比。也就是说,在某一时间段中,某一范式推动、催生、提供的创新内容数量与同期范式支配下的论著数量之百分比。如果我们用这一个公式来表达新中国成立以来,特别是改革开放以来各个研究范式的理论创新指数,那么,我们可以大致看到下列情形(见表 2):

表 2①

研究范式	创新总量 C (1978—2015)	T(1949—2015)	$S_n(t_0$,即同一时期该范式发表论著总量)	创新指数
教科书	8998	T(1949—2015)	942/54604	0.162
原理研究	62268	T(1949—2015)	868/183905	0.337

①　资料来源:根据表 1 数据,再根据江苏师范大学马克思主义哲学范式研究中心对各个范式创新总量的计算,加以数据处理而来。因为上述关于各个范式发表总量数据中可能存在着10%左右的相互交叉的模糊地带,因此,上述数据计算结果仅作参考。转引时请慎重使用。

续表

研究范式	创新总量 C (1978—2015)	T(1949—2015)	$S_n(t_0$,即同一时期该范式发表论著总量)	创新指数
马克思主义哲学史	2055	T(1949—2015)	532/8853	0.219
文本文献学	1154	T(1949—2015)	264/3112	0.286
对话	9378	T(1949—2015)	797/20961	0.431
反思的问题学	170486	T(1949—2015)	1051/506350	0.336
部门哲学	18783	T(1949—2015)	731/57420	0.323
马克思主义中国化	34505	T(1949—2015)	1172/116997	0.292
出场学	396	T(1949—2015)	34/1278	0.302
范式平均	34224		710/105942	0.298

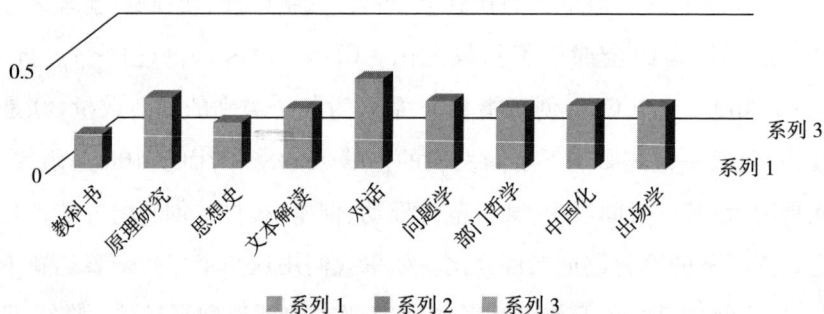

图2 马克思主义九大研究范式创新指数

可见,上述数据大致表明:对话范式的创新指数最高,为0.431,意味着在对话范式意义上发表的论著中有超过43%的文献中涉及新人物、新问题、新概念、新思想、新原理中的一种或数种。与之相反,教科书研究范式创新指数最低,为0.162,也就是说,在942部著作(其中教科书712种,其他论文集和教科书研究专论等230种)和54604篇各种论文(刊物、会议、学位等论文)中,只有16%左右的论著中有新东西。大多教科书和相关论著都没有真正意义上的理论创新。但是,教科书宣传和普及功能又是其他范式所难以企及的。九大范式创新指数的平均值为0.298,其中创新指数超过平均值的有五个范式,分别是与当代西方思潮对话(0.431)、原理研究与体系创新(0.337)、反思的问题学(0.336)、部门哲学(0.323)、出场学(0.302)。而其余低于平均数的四个范式分别是教科书改革(0.162)、马克思主义哲学史(0.219)、文本—文献学解读(0.286)、马克思主义中国化(0.292)。需要补充说明的有以下两点:一是各个范式中都有非常出色和优秀的论著,它们的学术影响因子(评价、他引等因素)很高,但无奈的是归之于这一范式中的许多论著创新系数不高,直接影响了学界对这一范式的全面评价。如文本—文献学解读范式,既有影响中国马克思主义学术研究走向的著作如张一兵教授的《回到马克思——经济学语境中的哲学话语》一书,但是也有历史上延续而来的许多"原著选读"类和简介选编类图书,综合起来创新指数就偏低。又如马克思主义中国化范式,既有如陶德麟、许全兴、李景源等教授非常专业、造诣高深的学术论著,也存在着一些大而化之、缺少学术见解的文章对这一范式的"注水",因而使总体上的创新指数不高。二是新出现的研究范式如出场学等,正在成长中,客观上发表论著数量偏少,因此现有的评价还不足以充分说明问题。

第三,轴心范式分析法。在深描多元范式研究相互竞争机制的基础上,对轴心范式的成因、主导地位和创新功能进行分析,以深描轴心范式创新学术的历史来阐释创新学术史。在多元范式并存的条件下,范式之间相互作用,总有一个范式脱颖而出,成为主导范式,而起主导的和支配的作用,这就是轴心范式。轴心范式需要其他范式作为它的纵横两轴。这一轴心范式于是具有了内在的范式结构和矛盾关系。当然,轴心范式是为了适应学术创新力发展的需要。时代不断进步,实践不断发展,学术创新永无止境。当一种学术形式适应学术创新力发展需要的时候,就会促进其发展;而不能适应时,则会阻碍发展,因而学术创新力就会突破旧形式的束缚,创造新的形式。因此轴心范式也会呈现历史发展。

第四,学术图景分析法。在轴心范式分析的基础上,进一步探索学术图景的成因、历史地位和创新功能。占主导地位的轴心范式及其纵横两轴构成一个时代的学术图景。学术图景作为整体机制发挥着创新功能,不能简单地还原于轴心范式。学术图景也经历着从抽象上升为具体、简单上升为复杂的过程。随着轴心范式的历史发展,学术图景也不断发展。最初的学术图景只包括一个轴心范式;而复杂的学术图景就包括了多个轴心范式,其中必有一个轴心范式是占据主导、支配地位,不仅支配着自己的纵横两轴,而且支配着其他轴心范式。学术图景的整体创新功能因而大于轴心范式。

第五,范式图谱分析法。学术图景必将随着学术创新力的驱动而新旧更替,这一更替的总体转换就呈现一个范式图谱。之所以称之为"范式图谱",是因为范式图谱是由学术图景新旧转换构成的,而学术图景又是由轴心范式构成的,而轴心范式是由多元的范式构成的。因此,学术图景转换本身仿佛展现为一个范式发展的不断流变的长廊。范式图谱展现了创新学术史的思想总体,既是学术思想的创新历史,又是其创新成果本身。从抽象的规定——范式到范式图谱,完成了在思想层面的上升为具体的历程。

第六,用出场学方法分析范式图谱的出场逻辑。范式图谱作为方法论自觉穿透的思想史,其出场进程和出场逻辑一直是在时代和实践发展的驱动下实现的。因此,要达成深度理解范式图谱,进而把握创新学术史的目标,就要穿透范式图谱的思想史层面,进入社会存在层面,用出场学方法来阐释范式图谱即创新学术史的出场逻辑。

第七,成果反馈、闭环持续改进法。依托笔者建立的高校研究中心及其数据库,与全国 29 个马克思主义哲学博士点建立闭环信息反馈系统,将年度研究成果通过年度集刊和全国会议方式直接反馈,借以推动全国马克思主义哲学研究的创新进程,同时听取各大博士点单位对于本书研究团队开展的范式研究进展的意见和建议,形成良性回路,共同改进,不断推进当代中国马克思主义哲学的创新协同体系建设。

四、范式图谱:研究的主要目标

本书研究目标是以范式图谱的方法论自觉全面系统把握当代中国马克思主义哲学创新学术史的本真性逻辑和规律性过程。由于方法论自觉是一个从完整的表象蒸发为抽象的规定、从抽象上升为具体的总体辩证过程,在最终目标实现之前,目标系统也展现为一个动态的、由若干节点和阶段性子目标构成的过程性集合。在这一动态的进程中,本书重点研究递进的三个层次的目标。

第一个目标:穿透以往记述史或编年史那种表现为"人名和书名"事件集成的表象史,将完整的表象蒸发为抽象的规定,达成在研究范式层面上阐释创新学术史。为此,本书在上卷全面分析、辨识、梳理和归纳新中国成立70多年来,特别是改革开放40多年以来中国马克思主义哲学创新学术史中涌现出的9种研究范式:教科书范式、原理研究范式、马克思主义哲学史范式、文本—文献学解读范式、反思的问题学范式、部门哲学范式、马克思主义中国化范式以及出场学等范式的历史成因、基本特征、创新功能与内在局限。将当代中国马克思主义哲学创新学术史的深描定格在方法论自觉的原则高度,把握在本质性向度和规律性趋势上。为此,本书的研究进程中呈现出第一个系列成果即为项目研究的报告。这些报告主要围绕9个研究范式,连续9年,《马克思主义哲学教科书研究范式创新研究报告》《马克思主义哲学原理研究范式创新研究报告》《马克思主义哲学史研究范式创新研究报告》《马克思主义文本文献学研究范式创新研究报告》《对话研究范式创新研究报告》《反思的问题学研究范式创新研究报告》《部门哲学研究范式创新研究报告》《马克思主义中国化研究范式创新研究报告》《马克思主义出场学研究范式创新研究报告》每年在同一范式领域中跟踪研究并提交,这些成果最终对应地形成了本书上卷的相关内容。

第二个目标:根据从抽象上升为具体的辩证进程,全面系统分析从多元范式向轴心范式、轴心范式向学术图景、学术图景向范式图谱的转化过程等内容,即构成本书下卷的主要内容。在这里,目标进一步展现为一个过程,包括四个节点。

第一个节点环节是轴心范式。多元范式之间的矛盾的相互作用,必然导致占主导地位的范式崛起,它决定着和支配着相关其他范式,因而成为轴心范式。研究轴心范式的历史成因、基本性质、主要特点、创新功能、内在局限,成为把握这一节点目标的主要任务。分析轴心范式需要有一个完整的视角。马克思主义哲学范式的出现是为了更充分地适应自己的时代、表达这一时代创新需要。随着时代实践的发展,马克思主义哲学学术创新力也随之发展,进而不断推动一般范式向更具有创新功能的轴心范式转变。轴心范式一经产生,必将起支配作用,支配着相应的纵横两轴,一起发挥着整体创新的作用。因此,轴心范式的创新功能优越于一般范式。当然,任何学术形式都是为了一定的学术创新服务的。而形式一旦出场,总是相对稳定,而学术创新力却是不断发展、经常变动的。作为学术形式之一,轴心范式适合学术创新力发展则起推进作用,而不适合则起阻碍作用,那时,轴心范式的新旧更替时代就到来了。阐释这一节点环节的叙事,成为完整把握创新学术史的最终目标的重要组成部分。

第二个节点环节是学术图景。学术图景呈现为"抽象上升为具体"目标系统的第二个节点环节。因为轴心范式主导纵横两轴构成一个时期的学术图景,学术图景作为源于轴心范式、又是创新整体功能大于轴心范式的环节,特别值得研究。学术图景是创新学术史某一个时期的主要样态和整体风貌,同时也是学术创新的阶段形式,它包含着的内在矛盾由简而繁,呈现着内在的演化和发展。阐释清楚学术图景的内在矛盾如何推动着学术图景的历史形成和新旧更迭,深刻分析其内在包容的创新力与学术图景这一学术创新形式之间的矛盾运动,是理解学术图景创新功能和新旧更迭的主要路径。学术图景因此在学术创新力推动下发生着由简单到复杂、低级向高级的转变。最初的教科书轴心范式支撑起来的学术图景仅仅包含着一个轴心范式,学术图景内部的矛盾也就是轴心范式自身与两轴之间的矛盾。而当这一轴心范式及其支撑的学术图景不能满足学术创新力的需要时,新的轴心范式就取而代之,成为构建新的学术图景的主导范式,而旧的轴心范式依然存在,但是在新学术图景中其地位却下降为被新图景中的新主导轴心范式所支配的次等轴心范式。也就是说,新学术图景中起主导作用的轴心范式不仅支配着自己的纵横两轴,而且同时支配着原先的旧的轴心范式。因此,矛盾就较以往旧的学术图景要来得更为复杂。描述学术图景这一递进的结构历程,是达成最终以范式图谱来描述创新学术史非常重要的基础。

第三个节点环节是由学术图景转换而构成的范式图谱。在学术创新力的强力推动下,轴心范式新旧转换,由此导致被轴心范式支撑的学术图景的新旧转换。改革开放40多年以来,先后呈现出四个学术图景:教科书图景、文本—文献学图景、反思问题学图景和出场学图景。四个图景历时态地展现为范式图谱。范式图谱才真正完整地展现出本质性向度和规律性结构的创新学术史,同时也是第二个子目标的终点。

第三个研究目标:用出场学视域来考察范式图谱的出场逻辑。这一目标最大的特点是突破了单纯思想内部史(内史),而要穿过思想层面,深入思想背后,考察决定思想出场、发展、演化的历史场域。用社会存在史说明、阐释社会意识史,这是历史唯物主义的一项基本原则,也是出场学的基本原则。我们不仅要说清范式图谱是什么,更要阐明范式图谱为什么如此展现。

五、创新学术史:一项未竟事业

时代在变化,实践在发展,理论创新永无止境。本书以方法论自觉深描当代中国马克思主义哲学创新学术史的范式图谱、揭示其本质性向度和规律性趋势,仅仅是对新中国成立,特别是改革开放以来的中国马克思主义哲学创新学术史的断代研究,而无论就这一研究的对象还是研究的使命来说,都不可能终结,恰好相反,需要有更好的继续。

就对象而言,党的十九大郑重宣告:经过长期努力,中国特色社会主义进入了新时代,这是我国发展新的历史方位。以建立社会主义现代化强国、实现中华民族伟大复兴为目标新时代新征程新实践,必然不断出现新情况、新矛盾、新问题,这是一个需要中国马克思主义创新,也能够实现创新的伟大时代,因而理论创新正在迎来一个高潮。就方法论自觉而言,我们的认识和研究方法也将不断变化,不可能成为一经出场就永恒在场的形而上学。许多新的适应学术创新力的新范式、新轴心范式、新学术图景将不断酝酿出场,因而需要我们更加聚焦对象,推动我们的方法论图景的创新。正如恩格斯所指出的:"科学从认识的较低阶段向越来越高的阶段上升,但是永远不能通过所谓绝对真理的发现而达到这样一点,在这一点上它再也不能前进一步,除了袖手一旁惊愕地望着这个已经获得的绝对真理,就再也无事可做了。"①实践、认识、

---

① 《马克思恩格斯选集》第4卷,人民出版社2012年版,第223页。

再实践、再认识,循环往复以至无穷。每一个循环,都比较地进入高一级的层次,这是毛泽东同志在《实践论》中得出的关于马克思主义认识论的基本逻辑。今天,我们站在新时代的历史方位上,回望和总结新中国成立 70 多年、改革开放 40 多年来中国马克思主义哲学创新学术史的经验,正是为了同步、同态、同构地推动当代中国马克思主义哲学更好地创新,逐步形成和建立当代中国马克思主义哲学协同创新体系,以在新时代理论自信地坚持和发展创新事业,真正建设好 21 世纪马克思主义哲学、当代中国马克思主义哲学的学术体系、学科体系和话语体系。这是一项未竟事业。

第二章 马克思主义哲学教科书研究范式①

　　对于新中国成立 70 多年来,特别是改革开放 40 多年来当代中国马克思主义哲学创新学术史所形成的各种研究范式做科学辨识、细致界分和总体评价,是深描该创新学术史的必要前提和逻辑起点。如上所说,目前所形成的基本研究范式大致可分为九种:马克思主义哲学教科书改革研究范式、马克思主义哲学原理研究范式、马克思主义哲学史研究范式、文本文献学解读研究范式、对话研究范式、反思的问题学研究范式、部门哲学研究范式、马克思主义中国化研究范式、马克思主义出场学研究范式。这九大范式依次出场,相互补充关联,构成了一个马克思主义哲学创新研究范式的图谱,这一范式图谱的结构和内容不断随着时代发展而动态变化,各研究范式在这一图谱中具有自身的基本规定、历史成因、基本特征、创新功能、内在局限、未来走向。研究范式,就是在本质结构上构成中国马克思主义哲学创新学术史的微观基础;而中国马克思主义哲学创新学术史则成为多元范式合力作用的宏观表现。每一个范式在推动中国马克思主义创新学术史过程中都既有成功的经验,也有或多或少的深刻教训。

　　"马克思主义教科书改革研究范式"(以下简称"教科书范式")一直是中国研究与普及马克思主义哲学的主要方式。教科书范式的形成有三个原因:实现马克思主义大众化、巩固马克思主义哲学在意识形态领域指导地位、反映

---

　　① 在本书研究中,"马克思主义哲学教科书研究范式"是全称,而"教科书研究范式""教科书范式"是简称。"教科书改革范式"当然是"教科书研究范式",但是这一表述突出了学界用教科书改革和体系重编的方式来表达马克思主义哲学理论创新进展的时代特点,以及在内容把握与结构安排上都力求超越苏联教科书的教科书中国化、时代化努力。

时代创新发展。教科书最大特点即内容原理化、逻辑体系化、表达教科书化。其内在矛盾是：内容时代化与表达原理化、教科书化之间存在着历史性与原理性、相对性与绝对性、变化性与稳定性的矛盾，前者是不断变化的，后者则是相对稳定的，易于导致体系的教条化甚至僵化的结果；教科书话语原理化与时代变化的矛盾冲突；原理的共识与个体创新表达的冲突。原理研究范式就是因克服这一局限的需要而产生。

一、教科书研究范式的历史

新中国成立以来，"教科书热"大致出现在三个时段：第一时段是 20 世纪 60 年代，在教育部倡导和精心组织下，在先后编出 6 种教科书的基础上，教育部委托艾思奇主编，集 6 本教科书的主创人员组织起来精心编写出版了《辩证唯物主义 历史唯物主义》，成为马克思主义哲学中国化最为经典的教科书。第二时段则在改革开放之初，由中国人民大学肖前、李秀林、汪永祥主编的《辩证唯物主义》《历史唯物主义》为标志，创教科书改革路径的先河。据不完全统计，40 多年间全国出版了各类马克思主义哲学教科书超过 700 种，发行量累计突破 12000 万册。第三时段从 2004 年开始，作为中央实施马克思主义理论研究和建设工程重要内容，新编出版了《马克思主义哲学》(2009)，一直延续到党的十九大以后，中宣部组织专家对"马工程教材"全面修订。这一次修订主要增加了关于习近平新时代中国特色社会主义思想中的哲学内容。教科书改革始终成为我国创新马克思主义哲学研究的主要方式之一，成为培养和造就几乎所有新生代马克思主义哲学学者的摇篮。深度描画教科书改革的历史图景，我们的追问旨在以下几点：第一，这一范式出场的深层原因；第二，这一范式的基本特点和创新成就；第三，这一范式的内在问题和基本出路。

教科书研究范式之所以作为马克思主义哲学知识普及和理论创新的重要范式而出场，主要原因在于适应新时期冲破苏联和中国本土"左"的教条禁锢、不断解放思想、推动改革开放伟大实践的需要。这一范式改革的主要对象，就是苏联和中国以往把马克思主义哲学原理僵化、教条化的教科书。

马克思主义哲学阐述方式的教科书化是一个历史过程。作为工人阶级解放的"头脑"，马克思恩格斯在新世界观原初出场时的阐释文本，虽然包括了《雇佣劳动与资本》《共产主义原理》等直接面向工人大众的普及性读本，但并没有采取"教科书"方式。一直到恩格斯在《反杜林论》中借"积极批判"杜林的机会，对"共产主义世界观"作"系统而比较连贯的阐述"，才有了原理的基本雏形。此后，狄慈根、拉布里奥拉、考茨基、梅林等第二国际理论家为了进一步完整准确地宣传马克思主义哲学，撰写了类似"教科书"的专门性著作，如考茨基的《唯物主义历史观》、拉布里奥拉的《论历史唯物主义》等。真正实现教科书化的是苏联。普列汉诺夫《论一元论历史观之发展》（1895）、《唯物主义历史观》（1901），列宁的《卡尔·马克思》《马克思主义的三个来源和三个组成部分》等，都为全面阐释马克思主义哲学原理奠定了最重要的思想基础。列宁甚至称赞普列汉诺夫的著作"培养了一整代俄国马克思主义者"。1921年布哈林的《共产主义 ABC》《历史唯物主义理论——马克思主义社会学通俗教材》也曾经在过渡时期成为武装全党，教育干部的普及教材。在斯大林时期，为了巩固执政党指导思想的主导地位，统一国家意识形态，武装全党，教育人民，有必要以教科书"标准"话语、完整体系方式阐释、宣传和普及马克思主义"哲学原理"。以批判德波林为契机，斯大林撰写《联共（布）党史》四章二节，奠定了"辩证唯物主义和历史唯物主义"框架，苏联学者出版了最早版本的权威性马克思主义哲学教科书：米丁、拉祖莫夫斯基主编的《历史唯物主义》（1932），《辩证唯物主义》（1934）。1933 年底，全苏共产主义学院哲学研究所出版了《辩证唯物主义和历史唯物主义》高校哲学教科书，标志着教科书话语体系范式的形成。由于苏联的领导地位，这一教科书对中国马克思主义哲学产生巨大的影响。李达的《社会学大纲》，延安整风时期曾编写过的授课大纲，都应当是我国马克思主义教科书的早期雏形。新中国成立初期，由于政治战略"一边倒"的需要，我国在中国人民大学大规模培养马列师资，请苏联一批专家讲学，因此苏联教科书思想就从此通过中国知识界途径向整个社会普及。学界也陆续翻译出版了一批苏联教科书，如《联共（布）党史》（包括其论述哲学的四章二节），康斯坦丁诺夫主编的《马克思主义哲学教程》（上下编),米丁主编的《辩证唯物主义》《历史唯物主义》,罗森塔尔主编的《马克思主义哲学基础》等。在人民大众中普及"苏联教科书版"的同时,就将苏联教条解释深深嵌入中国读者心灵,成为长期禁锢思想的框架。对此,毛泽东同志也有所警惕,反对无条件做思想地理平移,要求"教科书中国化",体现中国化的理论创新。6本教科书和艾思奇主编的《辩证唯物主义 历史唯物主义》就成为这一时期最重要的成果。这体现了毛泽东时代的中国化研究水平。哲学原理研究的教科书化,对提炼马克思主义哲学思维成果,推进马克思主义哲学的中国化、大众化,武装全党、教育人民,巩固全国人民的共同思想基础产生了巨大的历史作用。

新中国成立70多年来,教科书方式始终是马克思主义哲学知识普及和理论传播的主要方式,也逐渐成为理论发展的话语方式。新中国成长起来的马克思主义哲学家,无不研究马克思主义哲学教科书范式,而且很多哲学家也写过教科书。比如,艾思奇、李达、肖前、孙叔平、李秀林、陶德麟、陈先达、高清海、陈晏清、袁贵仁、杨耕等。这就是说,教科书范式在新中国哲学史上,具有极其重要的位置,或者说,教科书范式一度是中国哲学的标志性成果。但不可忽视的是,教科书范式并不是一成不变的,因其自身的内在矛盾性,它不仅促使着自身的"创新",也促使马克思主义哲学研究的新型范式"诞生"。这一"创新"和"诞生"背后的原因,即为教科书范式深层的问题意识。全面梳理和深层梳理教科书范式的发展历史,就是试图通过对教科书范式历史逻辑认识,以寻找教科书范式背后的深层问题意识,从而为能够发现当代中国马克思主义哲学研究的正确道路,提供方法论意蕴上的支持。教科书范式发展史十分复杂,不可能从时间史的视角进行分期,因为教科书范式的各个时期和阶段并不存在明确的边界。也就是说,只能从教科书的体系结构和本质内容的视域进行分期和划界。据此,教科书范式的历史经历了三个发展期,即教科书范式的形成期、发展期和创新期。

(一)教科书研究范式形成期

从20世纪30年代开始到60年代初,是教科书范式的形成期。在这个时期,由于社会革命和社会建设的需要,人们迫切需要一种成熟的和科学的意识形态理论作指引,与之相适应,学校开设相关课程,就显得极为必要。之所以把这一时期视为教科书范式的形成期,主要有三个方面的原因。

1919 年,苏州籍的北京大学教授陶履恭就在北京大学开设"社会学大意"课程,系统讲授唯物史观,发给学生的讲授提纲,可视作中国第一个在高校系统开课的马克思主义哲学教科书框架。① 1935 年,李达(1890—1966)在北平大学法商学院讲授和印行了《社会学大纲》。从该著作的内容看,该著作可以被视为宣讲马克思主义哲学的"教材",即《社会学大纲》开启了马克思主义哲学的教科书时代。1982 年第 3 期的《哲学研究》刊登了《李达文集》编辑部的一篇短文——《李达的〈社会学大纲〉最早版本的发现》,文中说,《社会学大纲》早在 1935 年就已经作为法商学院的讲义被印发了。1935 年出版的《社会学大纲》,是一部为国立北平大学法商学院使用的 50 万字的教材。此后,多次再版,如 1949 年的新华书店翻印版,2007 年的武汉大学出版社版,2008 年的湖南教育出版社版等。从内容上看,《社会学大纲》是一部阐释"马克思主义哲学"的著作。在 20 世纪三四十年代,该书就有了重要影响。比如,1978 年第 12 期的《哲学研究》刊登了石曼华等人的一篇文章——"珍贵的文献,亲切的教导——重读毛泽东给李达的三封信",文中指出:关于《社会学大纲》,毛泽东"看了十遍,作了许多眉批,并向当时延安哲学研究会和抗日军政大学的同志推荐这本书,指出这是中国人自己写的第一本马列主义的哲学教科书"。毛泽东之所以如此判断,应该是源于《社会学大纲》的内容。《社会学大纲》由 5 个部分组成,即唯物辩证法、当作科学看的历史唯物论、社会的经济构造、社会的政治建筑、社会的意识形态。"唯物辩证法"部分由"当作人类认识史的综合看的唯物辩证法""当作哲学的科学看的唯物辩证法""唯物辩证法的诸法则""当作认识论和论理学看的唯物辩证法"4 章内容组成;"当作科学看的历史唯物论"部分由"历史唯物论序说""资产阶级社会学及历史哲学

---

① 参见《国立北京大学学科课程一览:八年度至九年度》,其中"八年度至九年度"即 1919 年至 1920 年。

之批判"2章内容组成;"社会的经济构造"部分由"生产力与生产关系""经济构造之历史的形态"2章内容组成;"社会的政治建筑"部分由"阶级""国家"2章内容组成;"社会的意识形态"部分由"意识形态的一般概念""意识形态的发展"2章内容组成。基于以上分析,以及纵观《社会学大纲》(注:根据2007年武汉大学版的《社会学大纲》)可知,该著作是一本明显的马克思主义哲学教科书,即它不是一本从"问题意识"出发的专论性学术著作,而是以培养学生的世界观和认识世界的方法论为主要目的的教材,并且该著作的思想内容和逻辑体系,对其后形成的"教科书范式"教材的编写产生了明显的影响。比如,它们都是以唯物辩证法"开篇",都是把历史唯物论当作"科学"和"主要内容"。需要说明的是,也有学者认为,于1924年出版的瞿秋白的《社会哲学概论》是中国第一本马克思主义哲学教科书。

1957年,艾思奇(1910—1966)编写的《辩证唯物主义讲课提纲》在人民出版社出版发行,从该著作的功用看,它的出现意味着教科书开始走向"范式化"道路,即《辩证唯物主义讲课提纲》开启了马克思主义哲学在新中国的"教科书体系"时代。艾思奇是中国最早的马克思主义哲学家之一,他所主编的《辩证唯物主义 历史唯物主义》被后人誉为教科书范式的开山之作。其实,在《辩证唯物主义 历史唯物主义》写作之前,艾思奇还写过许多重要的马克思主义哲学著作,其中最具影响的就是《大众哲学》(原名叫《哲学讲话》,1934年11月开始在《读书生活杂志》连载,1936年发表单行本)。认真研读《大众哲学》不难发现,尽管《大众哲学》出版了32版之多,但其逻辑体系并没有发生变化,即主要由本体论、认识论和方法论三部分组成。从一定意义上说,《大众哲学》也是教科书,因为它的读者对象主要是学生,更进一步说,它影响的是在校大学生。关于这种影响,在《清华周刊》第44卷第1期里有着如下评述,"这本书很流行,不用我再来介绍它内容的大概。流行的主要原因并不如有人所想的一样,在它写得通俗,而是因为它出现在这学生运动的时候。受了友邦的恩赐,学生不能安心埋头开矿。他们在皇宫里的金色梦被打断了"[1]。但

---

[1] 《艾思奇全书》(1),人民出版社2006年版,第592页。

《大众哲学》又确实"不是"教科书，充其量只能说它有着教科书般的功用；再者，《大众哲学》的逻辑结构和主要内容，也与其后的教科书范式有着重大区别，比如，教科书范式主要关注哲学的"马克思主义"指导，而《大众哲学》则主要关注哲学的"通俗"理解。不过，提到教科书范式，就不能不提到《辩证唯物主义 历史唯物主义》，而提到《辩证唯物主义 历史唯物主义》，就不能不提到《辩证唯物主义讲课提纲》，提到《辩证唯物主义讲课提纲》，就不能忽视《大众哲学》的思想。因为，作为教科书范式形成标志的《辩证唯物主义 历史唯物主义》是艾思奇主导下的成果，也就是说，该书融入了艾思奇的哲学思想，而《辩证唯物主义讲课提纲》和《大众哲学》都是艾思奇哲学思想的主要体现，尤其是《辩证唯物主义讲课提纲》，它也是马克思主义哲学的"教科书形式"，只不过不是"教科书范式"。《辩证唯物主义讲课提纲》是艾思奇于1956年写成的，并于1957年在人民出版社出版，1959年修改定名为《辩证唯物主义纲要》。该教材主要包含8个方面的内容①，即(1)哲学是什么哲学的根本问题。为什么要研究哲学？(2)哲学史是科学的唯物主义世界观的萌芽、发生和发展的历史，是唯物主义和唯心主义两军对战的历史。(3)马克思主义的产生是哲学上的革命的变革。学习辩证唯物主义哲学的基本方法。(4)世界的物质性、物质的存在形式及其规律性。(5)物质和意识。(6)认识过程的辩证规律性。(7)唯物辩证法是关于事物的联系和发展的科学。(8)辩证法的基本规律。从这一体系，以及该教材的功用和其后的教科书范式看，《辩证唯物主义讲课提纲》已经具备方法论意蕴上的"范式"形式，即《辩证唯物主义讲课提纲》开始重视马克思主义哲学教学的"体系化"。这就表明，虽然《辩证唯物主义讲课提纲》还不是教科书范式意蕴中的教材，但足以说明它已经成为开启马克思主义哲学教科书体系时代的重要著作。

1961年，人民出版社出版了由艾思奇署名的《辩证唯物主义 历史唯物主义》，从该著作的体系结构看，它的出现标志着教科书范式已经形成，即《辩证唯物主义 历史唯物主义》开启了教科书在新中国语境内的"范式化"时

① 参见《艾思奇全书》，人民出版社2006年版。

代。从本质上说,教科书范式的形成,不是一个学者个人的行为,也不是哪一个学校或组织的行为,而是一个国家行为。也就是说,在教科书范式形成之前,无论是李达的教材,还是艾思奇的教材,抑或是其他马克思主义哲学家书写的教材,充其量只能被当作教授或普及马克思主义哲学的教材,而不能被称为"教科书范式"。1959 年 11 月,中央文教小组遵照中央书记处指示精神,布置编写马克思主义哲学(和政治经济学)教科书,这可以被视为教科书范式正式启动的伊始。按照中央文教小组的要求,艾思奇(中央高级党校副校长)、冯定(北京大学教授兼党委副书记)、肖前(中国人民大学哲学系副主任)、李达(武汉大学校长)、冯契(华东师范学院政教系主任兼上海社会科学院哲学所副所长)、宋振庭(吉林省委文教部、宣传部部长)和匡亚明(东北人民大学党委书记兼校长)等提交了 6 本书稿。1960 年夏秋,中央理论小组作出决定,教科书由胡绳、艾思奇共同主持和组织编写。但胡绳强调自己不熟悉教学,故新组成的编写组成员以高级党校教师为主。党校除艾思奇外,还有韩树英、王哲民、方文、艾力农、李公天、耿立、马清健以及艾思奇的秘书卢国英等 8 人。北大是高宝钧,人大是肖前、米路及李秀林,中国社会科学院哲学所是邢贲思等。① 书稿完成后,已是 1961 年夏,被定名为《辩证唯物主义 历史唯物主义》,由人民出版社出版。此后,在 1962 年和 1978 年又分别出版第二和第三版。艾思奇作为主编,"不仅提出了编写的指导原则,拟定了编写纲目,而且反复修改了编写的初稿,有些章节几乎重写"②。从该教材的体系看,该书由 3 部分组成,即第一部分是绪论,第二部分是辩证唯物主义,第三部分是历史唯物主义。三个部分共有 16 章,分别是:(1)绪论;(2)世界的物质性;(3)物质和意识;(4)对立统一规律;(5)质量互变规律;(6)否定之否定规律;(7)唯物辩证法的基本范畴;(8)认识和实践;(9)真理;(10)历史唯物主义和历史唯心主义的根本对立;(11)生产力和生产关系;(12)经济基础和上层建筑;(13)阶级和国家;(14)社会革命;(15)社会意识及其形式;(16)人民群众和

---

① 参见胡为雄:《新中国第一本马克思主义哲学教科书的编写》,《中国人民大学学报》2008 年第 2 期。

② 《艾思奇全书》(7),人民出版社 2006 年版,第 537 页。

个人在历史上的作用。在该书结构形成和确立之后出版的每个版本教科书，都围绕着这一体系展开。也即是说，《辩证唯物主义 历史唯物主义》不仅标志着教科书范式已经形成，而且还开启了教科书书写和研究的时代。需要说明的是，尽管《辩证唯物主义 历史唯物主义》是新中国第一本真正的马克思主义哲学教科书，但它在体系结构上并没有真正超越苏联教科书的体系结构。比如，由苏联科学院哲学研究所编写、苏联国家政治书籍出版社 1958 年出版的《马克思主义哲学原理》，其体系为：(1)哲学的对象；(2)马克思主义产生以前哲学史上唯物主义和唯心主义的斗争；(3)马克思主义哲学的产生和发展；(4)物质及其存在形式；(5)物质和意识；(6)现实中各种现象的合乎规律的联系；(7)辩证法的基本规律；(8)量变到质变的转化规律；(9)对立面的统一和斗争规律；(10)否定的否定规律；(11)认识过程的辩证法；(12)历史唯物主义是关于社会发展规律的科学；(13)物质生产是社会生活的基础；(14)生产力和生产关系的辩证法；(15)社会的基础和上层建筑；(16)阶级、阶级斗争，国家；(17)社会革命是社会经济形态更替的规律；(18)社会意识及其在社会生活中的作用；(19)人民群众和个人在历史上的作用；(20)现代资产阶级哲学和社会学的主要流派；(21)结论。这就是说，中国的教科书范式，一开始就没有摆脱苏联教科书的影响，或者说，没有超越苏联教科书模式。然而，《辩证唯物主义 历史唯物主义》毕竟是当时的一缕春风，该书于 1961 年 11 月由人民出版社出版后，很快销售一空。1962 年 8 月又出了修订后的第 2 版。至第 5 次印刷时，它的销量已达 93.7 万册，此外解放军系统内部亦印制了数十万册。①

　　教科书研究范式的三个本质性标志，即教材性、体系性和范式性，应该是判断教科书研究范式形成的重要标准和依据。以上的分析表明，在 20 世纪 30—60 年代初这一时期，马克思主义哲学教科书的发展逐渐展现出教科书研究范式的这些本质性特征。所以，这一时期即可界定为教科书研究范式形成

---

①　参见胡为雄：《新中国第一本马克思主义哲学教科书的编写》，《中国人民大学学报》2008 年第 2 期。

期。至于,有些学者认为,李达的《社会学大纲》才应该作为马克思主义哲学教科书诞生的标志。在我们看来,这些学者的观点与本书的论点并没有冲突。一定意义上说,他们的判断也是正确的,因为,他们的命题是对"教科书最初版本"的判断,即对教科书的"教材性"判断,而本书则是对"教科书研究范式形成"的界定。换言之,对教科书研究范式的分期要更为重视教科书背后的"深层问题意识",而不是单纯注重教科书发展的"时间史"。

(二)教科书研究范式发展期

从理论意蕴上讲,自标志教科书研究范式形成的《辩证唯物主义 历史唯物主义》出版之后,中国马克思主义哲学教科书就应该进入教科书研究范式发展期。但实际上,出于种种原因,教科书范式发展期却开始于 20 世纪 80 年代初,即开始于中国的改革开放时期。具体而言,教科书研究范式发展期又可分为如下三个阶段。

从 20 世纪 60 年代初至 70 年代末,出于意识形态的原因,国家对教科书的研究和出版有所限制,即教科书只能使用国家指定教材,所以,教科书范式没能进入快速发展期,但就《辩证唯物主义 历史唯物主义》普及的程度和广度而言,这一时期也是属于教科书研究范式发展期。众所周知,中国近代第一所大学诞生于 1895 年,即北洋大学堂;1898 年戊戌变法后,又兴办了中国近代第一所国立大学和综合大学——京师大学堂;直到 1902 年,共设立京师、北洋、山西三所国立大学堂。纵观新中国成立前的中国高等教育史,很容易发现,这一个时期中国现代高等教育的发展,为国家走向民主和富强的道路作出了巨大贡献。新中国成立初期,党和政府十分重视高等教育的发展,不仅在高校配备了党委书记,而且许多高校的校长也由参加过无产阶级革命运动的学者担任(注:如武汉大学校长李达、中国人民大学校长吴玉章、山东大学校长华岗,等等)。在 1952 年,为了保障中国高等教育的健康发展,党和政府决定调整高校的专业设置,即把民国时代的现代高等院校系统改造成"苏联模式"的高等教育体系。在这种背景下,高校数量由 1952 年之前的 211 所下降到 1953 年后的 183 所,社会学、政治学等人文社科类专业被停止和取消,高校不再享有教学自主权。取代这些学科和专业意识形态功能的课程由国家统一确定，所以才有了由艾思奇主编的《辩证唯物主义 历史唯物主义》的诞生。其后，《辩证唯物主义 历史唯物主义》成为全国高校统一的马克思主义哲学教科书。然而，虽然党中央给艾思奇及其主编的教科书以很好的评价，但政府以及学术界对其主编的教科书也有不满意的声音。正是基于这样的背景，才有了毛泽东叮嘱李达进行教科书的改写。遗憾的是，李达准备撰写的《马克思主义哲学大纲》（上下卷）还没有得以出版，就因"文化大革命"而被迫中断。在"文化大革命"时期，高等教育受到了极大的冲击，正常的马克思主义哲学教学几乎不复存在。20世纪70年代末，中国重新恢复高考制度，因高考对政治课的要求，《辩证唯物主义 历史唯物主义》得以被再版和大量印刷。这个阶段的教科书范式发展，只是就教科书普及的程度和广度而言的，不但没有形成教科书百花齐放的局面，更没有形成百家争鸣的局面。这种《辩证唯物主义 历史唯物主义》一统天下的局面，直到教育部委托肖前等新编的马克思主义哲学教材面世（1981），才得以真正改变。

从20世纪80年代初到80年代中叶，为配合高等教育体制改革对马克思主义哲学教科书广泛需求的要求，诸多学者热情地加入研究和撰写教科书的队伍中去，但其研究逻辑却被牢牢地限制在艾思奇所设立的教科书范式之中。从哲学的本质和学科性质看，任何民族都不能离开哲学的教育，不能没有哲学的思维，所以，"文化大革命"刚结束，许多学者就积极地投入马克思主义哲学教材的编写之中。比如，1979年，中国人民大学哲学系哲学教研室就"印刷"了肖前、李秀林、汪永祥等主编的《辩证唯物主义原理》（注：本书中称为《辩证唯物主义原理》印刷版）。对于"印刷"的目的，教材扉页上做了这样的说明，即"《辩证唯物主义原理》的出版，一是为应教学之急需；二是为高等学校哲学原理专业教材的编写提供一份讨论的稿子"。这不仅表现在时间意蕴上，而且从教材中附设的"勘误表"中也可以看出（注：如在第56页，把"广延性"印刷成了"广诞性"；在第129页，把"人脑"印刷成了"人头"，等等），教材"印刷"是为了更好地配合高等教育体制改革对马克思主义哲学教科书广泛需求的要求。那么，为什么《辩证唯物主义原理》印刷版的面世在1979年，而我们却从20世纪80年代开始计算教科书范式的发展期呢？原因有两个方面，其一，《辩证唯物主义原理》印刷版没有出版社和出版编号，即没有公开发行；其二，《辩证唯物主义原理》印刷版只是作为中国人民大学的应急教科书，并没有在全国范围内造成重要影响。这种局面很快被打破，即1981年就由人民出版社正式出版了《辩证唯物主义原理》。《辩证唯物主义原理》(1981)与《辩证唯物主义原理》印刷版有着众多的不同之处，仅从结构上看，就有着一定的差别。从结构上看，《辩证唯物主义原理》印刷版由11章内容组成：(1)绪论；(2)世界的物质性；(3)意识的起源、本质和作用；(4)对立统一规律；(5)量变质变规律；(6)否定之否定规律；(7)唯物辩证法的基本范畴；(8)实践及其在认识中的作用；(9)认识的辩证运动；(10)真理；(11)辩证逻辑。《辩证唯物主义原理》(1981)则由12章内容组成：(1)绪论；(2)世界的物质性；(3)意识的起源、本质和作用；(4)唯物辩证法是关于联系和发展的科学；(5)质量互变规律；(6)对立统一规律；(7)否定之否定规律；(8)唯物辩证法诸范畴；(9)实践及其在认识中的作用；(10)认识的辩证运动；(11)真理；(12)辩证思维的形式和方法。肖前等主编的《辩证唯物主义原理》(1981)只是这一时期的一个代表。在这一时期里，大量的马克思主义哲学教科书应运而生，但其研究逻辑却被牢牢地限制在艾思奇所设立的教科书范式之中。能够代表这个时期最高水平的教科书大约有6个之多。比如，由武汉大学陶德麟等主编的《辩证唯物主义与历史唯物主义》(湖北人民出版社1980年版)，由李秀林等主编的《辩证唯物主义与历史唯物主义》(中国人民大学出版社1982年版)，由韩树英主编的《马克思主义哲学纲要》(人民出版社1983年版)，由肖前等主编的《历史唯物主义原理》(人民出版社1983年版)，由陈晏清主编的《马克思主义哲学纲要》(中央广播电视大学出版社1983年版)，等等。

从20世纪80年代中叶到21世纪初，学术界自觉意识到艾思奇所设立的教科书研究范式存在诸多理论困难，于是，开启了所谓教科书研究范式改革但又没能超越传统教科书研究范式的教科书范式发展期。无论是从理论研究，还是从社会实践的角度理解，学术界一直都认为传统教科书范式存在诸多困境，概括而言就是，马克思主义哲学中国化的困境。但这种观念在20世纪80

年代中叶以前,主要还是一种思想层面的认识,直到 20 世纪 80 年代中叶,这种认识才从自发的状态过渡到自觉的阶段。据高清海陈述,1980 年冬,教育部在昆明召开的哲学原理书稿讨论会上,有关领导决定由他主持编写一部在内容和体系上有所改革和创新的马克思主义哲学原理。① 这就是说,在 20 世纪 80 年代初,从国家意蕴上理解,传统教科书范式就存在着理论困难,否则,就不需要明确提出"改革"和"创新"。但这次研讨会并不能算作是学术界自觉意识到艾思奇所设立的教科书范式存在诸多理论困难,充其量只能从一定意义上说,这次会议表达了国家相关部门对于理论上改革和创新教科书范式的支持。之所以说,这次会议不能算作是学术界自觉意识到艾思奇所设立的教科书范式存在诸多理论困难,是因为在 20 世纪 80 年代中叶以后,才出版与《辩证唯物主义　历史唯物主义》有较大差别的马克思主义哲学教科书,尽管它们在本质上依然没有超越传统教科书范式的理论与逻辑。比如,这个时期的教科书——由辛敬良主编的《历史唯物主义教程》(浙江人民出版社 1985 年版),由陈先达等主编的《马克思主义哲学原理》(中国人民大学出版社 2003 年版),无论是在体系上,还是在内容上,都与传统教科书范式有所区别。从体系上看,《历史唯物主义教程》(浙江人民出版社 1985 年版)由 11 个部分组成:(1)绪论;(2)社会物质生活条件;(3)生产力和生产关系;(4)经济基础和上层建筑;(5)家庭、氏族(部落)、部族、民族;(6)阶级;(7)国家;(8)社会革命;(9)社会意识及其形式;(10)人民群众和个人在社会历史中的作用;(11)人的社会本质和人类解放。《马克思主义哲学原理》(中国人民大学出版社 2003 年版)由 8 部分组成:(1)马克思主义哲学是科学的世界观和方法论;(2)世界的物质统一性;(3)人对物质世界的实践把握;(4)联系与发展的基本规律、基本环节;(5)认识的本质和过程;(6)人类社会的本质和基本结构;(7)社会发展规律和历史创作者;(8)坚持以人为本和促进社会发展。这就是说,由于这些新的马克思主义哲学教科书力图展现马克思主义哲学中国化的研究成果,才表明教科书范式改革已经真正开启。但正如陈先达等在《马克

---

① 参见高清海:《论现有哲学教科书体系必须改革》,《文史哲》1985 年第 5 期。

思主义哲学原理(第二版)》(中国人民大学出版社 2004 年版)的说明中所讲的那样,无论是第一版还是第二版的《马克思主义哲学原理》,都把马克思主义哲学命名为辩证唯物主义和历史唯物主义。这就是说,这个时期的教科书范式依然没有实现真正意义上的传统教科书范式改革。据不完全统计,这一时期的马克思主义哲学教科书至少出现上千种,仅国家图书馆就收藏了 400本左右。①

　　马克思主义哲学教科书诞生之后,每一个学者都能感受到马克思主义哲学教科书的存在和教科书存在的意义。也即是说,在教科书研究范式形成之后,教科书研究范式得到了迅速的传播和发展,但这种传播和发展,在不同的历史阶段,展现出不同的传播速度和发展内涵。以上的分析表明,从 20 世纪60 年代初到 21 世纪初,教科书范式先后经历了以快速传播为主、以被动发展为主和以自觉变革为主 3 个发展阶段。这就是说,教科书范式发展期的"第一个阶段"是指"传播意蕴"上的发展(即突出教科书普及的需要),某些学者的被动发展和个别学者的自觉变革,只是这一阶段的非主要特征;教科书范式发展期的"第二个阶段"既是指"功能意蕴"上的发展(即突出教科书教化作用的需要),也是指"传播意蕴"上的发展,至于个别学者的自觉变革,依然没有成为教科书范式发展的主要特征;教科书范式发展期的"第三个阶段"既是指"改革意蕴"上的发展(即突出教科书体系和内容的变革),也是指"传播意蕴"上的发展。总之,无论是从教科书的读者人数,还是从教科书出版的数量和种类,以及教科书的影响等来看,这一时期理应归属为教科书范式发展期。

(三)教科书研究范式创新期

　　相对于苏联教科书范式而言,尽管并没有从本质上超越苏联教科书范式,中国传统教科书范式也是一种创新。本书所指代的教科书范式创新,并不是

---

　　① 参见胡为雄:《新中国第一本马克思主义哲学教科书的编写》,《中国人民大学学报》2008 年第 2 期。

指与苏联教科书范式相比较,而是指与中国传统教科书范式相比较。纵观教科书范式的变迁史,教科书范式从来都没有因"理论上"的教条化而停步不前,随着传统教科书范式的产生,同时也酝酿着教科书范式的改革或创新。从实践上看,教科书范式创新期可以分为 3 个阶段——酝酿阶段、改革阶段和创新阶段。这就是说,教科书范式创新期主要是指第三个阶段——创新阶段。酝酿阶段只是表明主观上的动机,改革阶段表明对马克思主义哲学教科书的改革成为了现实,但就其理论深度和实际影响看,依然不能超越传统教科书范式。

从 20 世纪 60 年代初到 80 年代中叶,应毛泽东的要求,李达及其学术团队开始构思马克思主义哲学的新教材,出版了《唯物辩证法大纲》(人民出版社 1978 年版)等,这一时期即为教科书范式创新期的萌芽阶段。教科书范式形成的同时,也开启了教科书范式的改革与创新。换言之,教科书范式的形成期,一定意义上又是教科书范式创新期。也就是说,从教科书范式发展期视角理解的阶段,与从教科书范式创新期理解的阶段,几乎是同一个阶段。前文已经提及,应毛泽东的要求,李达开始组建有陶德麟等参加的自己的学术团队,拟出版《马克思主义哲学大纲》(上下卷)。1965 年,在李达主持下,排印出上册《唯物辩证法大纲》,以作为内部讨论稿征求意见。毛泽东收到并阅读该著作后作了诸多批注,提出"有些地方不要抄袭苏联的东西"等修改意见。但因种种原因,该教材的下卷并没有完成,上卷也没有能够在李达在世时得以出版。李达去世后,该学术团队由陶德麟主持和组织编写,在 1978 年出版了李达的《唯物辩证法大纲》。从结构上看,李达的教科书与艾思奇的教科书有着些许的不同。李达的《唯物辩证法大纲》由引言和 5 篇内容所组成,每篇又包含多章内容,分别是:(1)引言;(2)第一篇　马克思主义哲学是无产阶级革命的精神武器:a. 马克思主义哲学是唯一科学和彻底革命的哲学,b. 哲学的基本问题的第一方面,c. 哲学的基本问题的第二方面,d. 辩证法与形而上学的对立,e. 唯物辩证法的对象及其一般特征;(3)第二篇　马克思主义哲学是人类认识史的唯物的辩证的综合:a. 马克思主义哲学是人类认识史的积极成果的批判的总结,b. 唯物辩证法的前史,c. 唯物辩证法的创立和发展;(4)第三

篇 世界是物质统一体的无限发展过程:a. 唯物辩证法是彻底的物质一元论,b. 物质、运动、空间与时间,c. 世界的物质统一性和发展的无限性;(5)第四篇 唯物辩证法的规律和范畴:a. 唯物辩证法的规律是自然、社会和思维发展的普遍规律,b. 对立统一规律,c. 量变质变规律,d. 肯定否定规律,e. 唯物辩证法的诸成对范畴;(6)第五篇 当作认识论和逻辑学看的唯物辩证法:a. 辩证法、认识论和逻辑学的同一性,b. 唯物辩证法的认识论是科学的革命的认识论,c. 认识对实践的依赖关系,d. 认识的低级阶段——感性认识,e. 认识的高级阶段——理性认识,f. 认识的检验和发展,g. 真理论。从这一体系可以很明显地看出,《唯物辩证法大纲》与《辩证唯物主义 历史唯物主义》有着诸多的不同,但这种不同只是结构性的差异,两者在内容和思想上并没有实质性差别。所以,这个阶段只能被称为教科书范式创新期的萌芽阶段。

从 20 世纪 80 年代中叶到 20 世纪末,高清海等部分学者撰写出区别于传统教科书范式的马克思主义哲学教科书(如由高清海主编的《马克思主义哲学基础》),但由于此类教材的影响没有得到国家层面的推广而渐渐远离人们的视野,亦即没有成为广泛意蕴上的教科书,因此,这一时期还只能被称为教科书范式的改革阶段。1985 年,高清海在《文史哲》杂志上发表《论现有哲学教科书体系必须改革》一文,为他主编的《马克思主义哲学基础》(上、下)(人民出版社 1985、1987 年版)的出版造势。此后,高清海继续致力于教科书范式改革的研究,换言之,高清海一生都在批判起源于苏联的教科书范式。吉林大学孙利天曾对此作出评价:"高清海一生的努力都是为了创造中华民族自己的哲学理论,即彻底摒弃传统教科书范式。"《马克思主义哲学基础》(上)(人民出版社 1985 年版)出版后,引起学术界不小的震动。因为,该教材不仅仅要革新教科书范式的体系,而且要革新理解哲学的思维方式。高清海对此观念的概括是,"原先的教科书尽管处处要同旧哲学对立、处处在批判旧哲学观点,它却并未跳出旧哲学思考问题的框架,它用以批判旧哲学的那个思维方式恰恰是传统哲学用以建立他们世界观理论的哲学模式,我称它为从两极对立出发的思维方式即'本体论化'模式。这是造成教科书在很多问题上同旧哲学总是划不清界线的深层原因"①。基于这种"革命性"(相对于传统教科书范式的意义)的理解,《马克思主义哲学基础》在体系上作出了重大变革。《马克思主义哲学基础》(上)由绪论和2篇内容组成,每篇又包含多章内容:(1)绪论:马克思主义哲学是科学的世界观方法论认识论的统一;(2)意识与存在的关系——认识的基本矛盾:a. 人类认识的基本矛盾及其历史发展,b. 马克思主义哲学对存在与意识关系的科学解决;(3)客体——世界的统一性和多样性:a. 客体的规定性,b. 客体的规律性,c. 世界统一于运动着的物质。《马克思主义哲学基础》(下)由两篇内容组成,每篇也包含多章内容:(1)主体——人作为主体的规定性及其主体能力的根据和发展:a. 人作为主体的基本规定性,b. 主体能力的自然基础,c. 主体的社会规定性;(2)主体与客体的统一:a. 主客体统一的规定性,b. 实践,c. 认识,d. 自由。以上的分析表明,以高清海的《马克思主义哲学基础》为标志,真正的教科书范式改革阶段已经开启。但遗憾的是,由于种种原因(比如:内容过于哲学抽象化、语言过于专业化、缺乏官方的推动,等等),该教科书所产生的巨大影响只是存在于学术界,而没能辐射到众多的高校和学生。需要说明的是,许多学者继高清海之后开始写作改革版的教科书,而且也在一定意义上实现了传统教科书范式变革,如辛敬良的《马克思主义哲学导论——实践的唯物主义》(复旦大学出版社1991年版)。但直到今天,在改革意蕴上,还没有哪本教科书能够超越高清海的《马克思主义哲学基础》。

从21世纪初直到当下,出于巩固和加强马克思主义在意识形态领域指导地位的需要,中央实施了马克思主义理论研究和建设工程,即在国家意志层面上组织编撰和出版马克思主义哲学教科书。袁贵仁等为主编的《马克思主义哲学》的出版,标志着教科书改革已经进入教科书范式创新期的第三个阶段——创新阶段。2004年1月,中共中央发出《关于进一步繁荣发展哲学社会科学的意见》,明确提出实施马克思主义理论研究和建设工程。该工程的

---

① 　高清海:《走哲学创新之路——关于哲学教科书体系改革的心路历程》,《开放时代》1996年第3期。

主要任务是:把邓小平理论、"三个代表"重要思想和科学发展观作为研究重点,以重大现实问题为主攻方向,把马克思主义在中国发展的最新理论成果贯穿到哲学社会科学的学科建设、教材建设中,进一步加强马克思主义理论队伍建设。从重要性来讲,这是继 1959 年以后第一次从中央层面上对教科书给予重大关注。根据中央宣传部和教育部的指示,决定出版马克思主义理论研究和建设工程重点教材。马克思主义哲学的讲授被分在两本教科书之中,一本是由袁贵仁等任首席专家编写的《马克思主义哲学》,另一本是由逄锦聚等任首席专家编写的《马克思主义基本原理概论》。《马克思主义哲学》主要作为马克思主义哲学的专业教材,供学习人文社科类专业的学生使用;《马克思主义基本原理概论》作为普及和宣传马克思主义理论的教材,供包括学习理、工、农、管、医等所有专业的本科生使用。但《马克思主义基本原理概论》不像《马克思主义哲学》那样,即只讲授马克思主义哲学的知识,它还要讲授马克思主义政治经济学和科学社会主义的内容。从《马克思主义基本原理概论》来看,该教材有一个最为重要的指导思想——马克思主义是一个整体,即不能割裂马克思主义哲学、政治经济学和科学社会主义三者之间的联系。基于这种理解,该教材被设立为 8 个部分。以《马克思主义基本原理概论》(高等教育出版社 2010 年版)为例,该教材的 8 个组成部分是:(1)绪论:马克思主义是关于无产阶级和人类解放的科学;(2)世界的物质性及其发展规律;(3)认识世界和改造世界;(4)人类社会及其发展规律;(5)资本主义的形成及其本质;(6)资本主义的发展进程;(7)社会主义社会及其发展;(8)共产主义是人类最崇高的社会理想。客观地讲,《马克思主义哲学》虽然是一个集体智慧的结晶,实现了体系和内容上的"诸多创新",但它并没有突破传统教科书范式的思维方式,即依然是以本体论思维为出发点,把马克思主义哲学看作科学,等等。而这一切,仅从《马克思主义哲学》(2009 年,高等教育出版社)的体系中就能够加以证实。该教科书由 15 个部分组成:(1)哲学及其发展规律;(2)马克思主义哲学的创立和发展;(3)世界的物质性;(4)实践与世界;(5)世界的联系与发展;(6)联系与发展的基本规律;(7)社会历史运动的规律性;(8)社会基本矛盾运动及其规律;(9)生产力在社会发展中的作用;

（10）人民群众在社会发展中的作用；（11）文化在社会发展中的作用；（12）认识活动及其规律；（13）真理及其检验标准；（14）价值与价值观；（15）人类解放与人的自由全面发展。综上所述，教科书改革虽然已经进入教科书范式创新期的第三个阶段——创新阶段，但它将与教科书范式创新期的第二个阶段——改革阶段，长期并存下去。也就是说，只要马克思主义哲学依然是中国道路的指导原则，传统教科书范式的存在和改革就会是一个永恒的问题和话题。

从词源学意义上理解，"创新"就是指对旧事物的否定，即创造新事物；"发展"则是指事物大小、数量和空间等的变化，即事物自身的改变。从哲学上理解，任何新事物的诞生，本质上都是旧事物的自我否定，即新事物的产生也是旧事物的"发展"。教科书研究范式的发展史，正是体现了这种哲学逻辑，也就是说，哲学意义上理解，教科书研究范式形成期、创新期与发展期，在时间节点上，都有着诸多重叠之处。以上的分析，既表明了教科书研究范式分期的这一特点，也表征了教科书研究范式创新期不同于教科书研究范式发展期的三个主要方面，即教科书研究范式创新期的第一个阶段更为重视教科书体系与苏联教科书研究范式的差别，教科书研究范式创新期的第二个阶段更为重视中华民族自己教科书的建立，教科书研究范式创新期的第三个阶段更为重视教科书内容与时代精神的统一。总之，通过本文对教科书研究范式分期和划界的论证，至少可以得出两个基本结论：其一，创新教科书研究范式是一项未竟的事业；其二，创新教科书研究范式是一项艰难的工作。也就是说，学术界对教科书研究范式进行研究和创新，不仅具有重要的学术价值，也极具现实意义。

二、教科书研究范式的特点

教科书研究范式的演变史表明，不论教科书的书写原则、教材内容等发生怎样的变化，每种教科书研究范式的教材之间都会有着许多共同之处，即能够表现出教科书研究范式共同拥有的范式性特点。长期以来，何为教科书研究范式的特点,从怎样的视角界定和把握教科书研究范式的特点,一直是困扰学术界的重要理论困难。究其原因,主要有三点。其一,是不是可以对作为马克思主义哲学理论权威解释的教科书的相关理论或原理进行质疑? 其二,是不是对普及中国主流意识形态观念的教科书的相关理论或原理进行质疑就是质疑马克思主义的意识形态? 其三,是不是对教科书相关理论或原理进行质疑就是对马克思主义哲学理论研究学术权威的学术水平的否定? 事实上,直到当下,这三个问题也没有得到很好的解决,究其原因,不是源于理论逻辑上多么难以理解,而是源于人们心理和情感上对传统教科书的认同。本书从历史影响和理论逻辑的视角理解,即从教科书的理论逻辑、社会影响等要素归纳教科书研究范式的特点,教科书研究范式在马克思主义哲学的普及和传播之中,既具有占据主流的积极意蕴特点,也包含些许的消极意蕴特点。这就是说,教科书研究范式具有积极意蕴的根据在于教科书的实际社会影响,即教科书的社会影响是积极的;教科书研究范式具有消极意蕴的根据在于人们对教科书理论逻辑理解上的局限性,即教科书书写者存在学术水平和书写能力的局限。

(一)积极意蕴和特点

教科书研究范式的积极意蕴,就是指教科书具有良性的社会价值,或者说,教科书传播的知识和思想能够促进社会进步。社会价值的表现形式是多方面的,最为明显的特征之一就是能够说服较为多数的人民群众。教科书对马克思主义哲学原理的阐释,坚持意识形态的一元化,不仅通俗易懂、简明扼要,而且旗帜鲜明,被人们誉为"大众的哲学",也就是说,教科书阐释的马克思主义原理,武装了人民群众的头脑。本研究把教科书研究范式具有的哲学原理通俗化、哲学思想简明化、意识形态一元化等能够"说服大众性"的特点,称为具有积极意蕴的教科书研究范式特点。

哲学应该是什么? 哲学思维和非哲学思维之间的区别究竟是什么? 为什么人们对于哲学家十分崇拜? 这些问题触及的核心理念是人民群众能否掌握哲学,或者说,哲学是否仅仅是属于个别喜爱哲学的人独有的学问。从马克思主义哲学教科书的内容看,教科书范式的作者和支持者,都认可人民群众能够学习哲学、理解哲学和掌握哲学。但中外哲学史的发展表明,哲学史上根本没有令哲学家达成共识的哲学前提和哲学结论,也就是说,人们只能把哲学理解为哲学史。需要说明的是,尽管马克思主义的哲学家和教育家们要面对如此不利的社会现实,但还必须完成在人民群众中传播马克思主义哲学的历史使命和社会责任。所以,马克思主义哲学教科书范式的书写原则之一就应该是哲学原理的通俗化,或者说,马克思主义哲学教科书范式的书写原则之一就是要通过哲学原理的通俗化来达到掌握人民群众的目的。众所周知,哲学的专业知识需要系统学习,然而,绝大多数的人民群众没有条件接受哲学的专业教育。既然如此,人民群众究竟能不能掌握哲学呢? 教育家李公朴在评论艾思奇的《哲学讲话》(后从第四版起更名为《大众哲学》)时提出:"哲学就在人的生活中,每人都有他自己的哲学,本没有什么神秘的,不过因为多数的哲学家都是用高深的词句来谈哲理,所以使一般人反倒糊涂起来,以为哲学太艰深难解了,没有办法可以和它接近。这种错误的观念,似不能不说是由过去谈哲学的人所造成的。"①用艾思奇的话说就是:"提起哲学,有的人会想到旧社会大学校教室里的一种难懂的课程,也有的人会想到算命。许多人总以为哲学是一种虚无缥缈的学问,或者说是一种谈命运说鬼神的神秘思想,以为哲学和我们的日常生活是隔得天地一样的远,普通人绝难过问。其实,哲学和人类社会生活的关系,是非常密切的。在我们的日常生活里,随时随地都可以找到哲学的踪迹。"②正是按照这样的理解,艾思奇等马克思主义哲学教科书范式的开创者,选择用通俗的马克思主义哲学原理诠释马克思主义哲学。比如,只要有人提及何为马克思主义哲学,人们的头脑中就会闪现"辩证唯物主义""历史唯物主义""物质与意识""三大规律""五大范畴""辩证唯物主义认识论""价值观""社会存在决定社会意识""人民群众是历史的创造者""阶级斗争是阶级社会发展的直接动力"等属于马克思主义哲学原理的内容。而我们之所以说这些教科书中的哲学原理实现了马克思主义哲学原理的通俗化,从根本上

---

① 艾思奇:《大众哲学(修订本)》,人民出版社2009年版,"序"第1页。
② 艾思奇:《大众哲学(修订本)》,人民出版社2009年版,第1页。

理解,至少有三大根据。其一,哲学概念采取数量上的从简原则,以避免哲学原理理解上的困难。哲学理论是由诸多哲学概念,围绕既定的哲学逻辑,系统构筑的理性思维体系。以德国古典哲学的集大成者黑格尔为例,他的思辨哲学体系就是以预构的绝对精神概念为逻辑前提,以正反合的逻辑原则为框架构筑原则的哲学理论。现实地看,黑格尔哲学体系的逻辑之严密,至今哲学界没有人能够超越。黑格尔哲学体系之所以具有极强的严密性,根本原因是其哲学体系建立在概念体系之上,即是以诸多概念的相互铺垫为前提。面对着哲学体系的概念之笼,没有受过专门哲学训练的人民群众,只能敬而远之,所以,马克思主义哲学教科书吸取以往哲学的这一教训,力争在数量上实行从简原则,即用最少和最精的概念来表征相应的哲学原理。比如,把"马克思主义哲学"解释为"辩证唯物主义与历史唯物主义",把"历史唯物主义"理解为"唯物主义的历史观",等等。其二,哲学原理之间力争其相对独立性,以避免"系统性"给理解哲学带来的障碍。从本质上看,任何一个哲学体系之中的哲学原理都是这个哲学体系中的一个要素,即每个原理都是其他原理存在的理由或根据,但事实上,因为每个原理针对的问题不同,所要解释的事物或过程也不同,所以,马克思主义哲学教科书之中的哲学原理都具有相对独立性,也就是说,马克思主义哲学教科书中的哲学原理虽然在本质上都从属于马克思主义哲学体系,或者说,都是马克思主义哲学这一整体思想体系中的基本要素,但都可以自我解释,自成"体系"。比如,"辩证唯物主义"被理解为"唯物主义"与"辩证法"的统一,"历史唯物主义"被理解为"唯物主义"与"历史观"的统一。其三,哲学原理阐释采取现实生活世界化,以增进人们对哲学原理的理解和认同。教科书的实践目的就是要实现人们对教科书原理的掌握,进而将其运用到社会实践之中。换言之,哲学原理应该能够指导人们的社会实践。在我们看来,用现实生活世界的实践案例来阐释教科书中的哲学原理,不但能够令人们更为容易地理解哲学原理和更为准确地把握哲学原理,而且能够直接指导人们的生活体验和社会实践。比如,为了让人们增进对"正确发挥意识能动作用"的理解和认同,在《辩证唯物主义和历史唯物主义原理(修订本)》的教科书中就做了如下现实生活世界化解释:"党的十二大提出的任务和方针,深刻地反映了社会主义建设的客观规律,因而是正确地、充分地发挥群众主观能动性的可靠指南……我们在全面开创社会主义建设新局面的伟大实践中,特别需要坚持和发挥这样的思想和行动,坚持和发扬这种符合客观实际的自觉能动性"①。

从人类思想发展史的历程看,思想家和思想者的思想不仅仅是深刻的,而且也是复杂的。或许正因如此,人们经常会感慨很难寻觅思想的知音,尤其是哲学家们经常会感慨很少有人能够理解自己。在马克思的历史唯物主义看来,不论思想家的思想多么复杂,在其复杂思想的背后都有着共同的遵循原则,即物质利益,因为,不论思想者如何标榜自己思想的深刻,"'思想'一旦离开'利益',就一定会使自己出丑"②。当然,为了说明思想与利益的关系,马克思撰写了大量的论证著作,最为典型的就是宏大巨著《资本论》。这就是说,就是在马克思那里,其哲学思想也是通过大量的著述来阐释的,即没能实现马克思主义哲学思想的简明化。前文已经提及,马克思主义哲学的目的之一就是武装群众的思想,所以,马克思主义哲学教科书为了完成传播马克思主义哲学基本理论的使命,就必须保证教科书中的马克思主义哲学思想的表述简单明了,即实现马克思主义哲学思想的简明化。从教科书的书写内容看,马克思主义哲学思想简明化至少应该体现在三大方面。其一,教科书语言表达大众化。马克思主义哲学在中国的传播成果表现为马克思主义哲学的大众化,也就是说,广大的人民群众能够掌握马克思主义哲学的基本内涵和思想精髓。从传播学的视角看,尽管思想传播者的传播的方式决定着传播效果,但传播方式中最为重要的条件之一的语言形式则更为重要,或者说,只有传播者使用受众喜闻乐见的传播语言传播思想,才能获得人民群众的支持,进而取得预期的传播效果。比如,关于对世界的认知,叔本华在其《作为意志和表象的世界》一书中的表达就极具抽象性、晦涩性,即与马克思主义哲学教科书的表达不一致。以《辩证唯物主义和历史唯物主义原理(修订本)》为例,教科书对世界的阐释是:"在说明世界的本原,说明物质和意识关系的时候,只能把物质

① 李秀林、王于、李淮春:《辩证唯物主义和历史唯物主义(修订本)》,中国人民大学出版社1984年版,第88页。
② 《马克思恩格斯全集》第2卷,人民出版社1957年版,第103页。

定义为'标志客观实在的哲学范畴',除'客观实在'外不能再给物质附加任何其他属性"①,而《作为意志和表象的世界》一书的阐释是,"作为表象的世界,也就是这儿我们仅在这一方面考察的世界,它有着本质的、必然的、不可分的两个半面。一个半面是客体,它的形式是空间和时间,杂多性就是通过这些而来的。另一个半面是主体,这却不在空间和时间中,因为主体在任何一个进行表象的生物中都是完整的,未分裂的"②。从这两段话中我们可以看出,前者较后者的语言更为通俗,所传播的观点比后者更加容易理解,理解是思想得以传播的基础,因而,语言的大众化或通俗化对于思想能够广泛地传播具有极其重要的作用。其二,教科书逻辑结构简单化。哲学的最大特点之一是逻辑的复杂性和严密性。比如,从黑格尔的哲学看,如果不理解黑格尔的《精神现象学》,就无法理解黑格尔的《逻辑学》和《哲学科学全书纲要》,而如果不理解《逻辑学》和《哲学科学全书纲要》,就无法把握黑格尔的《历史哲学讲演录》《哲学史讲演录》《宗教哲学讲演录》《自然哲学》,以及《法哲学原理》。事实上,任何哲学体系的逻辑结构都是十分严密的,也即是说,并不仅仅是黑格尔等少数哲学体系的逻辑结构才是复杂的。既然如此,马克思主义哲学教科书的逻辑结构能够实现简单化吗?需要说明的是,本书所指代的逻辑结构简单化是相对于诸如黑格尔等复杂哲学体系而言的,也就是说,教科书哲学的逻辑结构的简单只是相对的,即并不是说教科书的结构没有逻辑性。比如,不论每一种具体的马克思主义哲学教科书的结构多么不同,其本质上都围绕着"唯物论、唯物辩证法、辩证认识论、马克思主义价值观和唯物主义历史观"的结构形式进行书写,比如,李秀林等的《辩证唯物主义和历史唯物主义原理(修订本)》的逻辑结构:第一章绪论;第二章世界的物质性,第三章意识的起源、本质和作用,第四章物质世界的普遍联系和永恒发展,第五章唯物辩证法的基本规律,第六章唯物辩证法诸范畴,第七章认识和实践,第八章真理,第九章人类社会发展是自然历史过程,第十章社会基本矛盾,第十一章阶级、国家、革

---

① 李秀林、王于、李淮春:《辩证唯物主义和历史唯物主义(修订本)》,中国人民大学出版社 1984 年版,第 43 页。

② [德]叔本华:《作为意志和表象的世界》,商务印书馆 1982 年版,第 29 页。

命,第十二章社会意识,第十三章人民群众和个人在历史上的作用,第十四章社会进步和人类解放。陶德麟等编写的《辩证唯物主义与历史唯物主义》的逻辑结构:第一章世界的物质性,第二章意识的起源、本质和作用,第三章唯物辩证法是关于联系和发展的科学,第四章对立统一规律,第五章质量互变规律,第六章否定之否定规律,第七章唯物辩证法的基本范畴,第八章认识与实践,第九章科学的思维方法,第十章真理,第十一章历史唯物主义是科学的历史观,第十二章社会基本矛盾,第十三章阶级、国家、革命,第十四章社会意识及其形式,第十五章人民群众和个人在历史发展中的作用,第十六章社会文明和人类解放。其三,教科书思想内涵通俗化。所谓通俗,按照百度百科的解释,就是指浅显易懂,适合或体现大多数人理解水平的东西。据此解释,通俗化就应该是指能够令大多数人理解和掌握的语言、思维、文字和思想等。从本质上看,教科书思想内涵的通俗化是为了能够保证马克思主义哲学思想在更大意蕴上的有效传播,以及受众之间能够进行深度的交流。根据这一原则,教科书思想内涵的通俗化至少表现在三个方面。其一,基本概念的解释通俗化。基本概念是哲学原理构成最为基本的元素,能否实现基本概念解释的通俗化,是衡量教科书范式是否成功的关键要素之一。从教科书的实际状况看,具有一定影响的教科书大多实现了基本概念解释的通俗化。比如,《辩证唯物主义和历史唯物主义原理(修订本)》对运动的解释就是如此,它认为,"辩证唯物主义认为,运动是标志宇宙间一切事物、现象和过程的变化的哲学范畴。运动同物质一样,具有最大的广泛性和普遍性"①。其二,原理自身的表述通俗化。每个哲学原理都是马克思主义哲学体系的主题,如何实现对哲学原理自身的表述,是每本教科书都特别重视的重要问题。从马克思主义哲学教科书诞生以来的几代教科书,都在一定意蕴上实现了马克思主义哲学原理自身表述的通俗化。比如,《辩证唯物主义和历史唯物主义原理(修订本)》对运动观的表述就是如此,它认为,"物质和运动不可分割地联系着,物质是运动的承

---

① 李秀林、王于、李淮春:《辩证唯物主义和历史唯物主义(修订本)》,中国人民大学出版社1984年版,第46页。

担者,是一切运动、变化和发展的实在基础;运动是物质所固有的根本属性,是一切物质形态的存在方式。不存在没有运动的物质,也不存在没有物质的运动;无运动的物质或无物质的运动都是不可想象的。全部科学都证明了这个辩证唯物主义的运动观"①。其三,原理运用的阐释通俗化。为了满足教科书是为社会实践服务的要求,教科书最为重要的任务之一是对哲学原理如何在社会实践中运用予以阐释,即要达到马克思主义哲学原理运用阐释的通俗化。从教科书的实际状况看,所有的教科书都或多或少地实现了马克思主义哲学原理运用阐释的通俗化。比如,《辩证唯物主义和历史唯物主义原理(修订本)》对马克思主义哲学运动观的阐释就是如此,它认为,"在社会生活中,运动和物质的联系也是非常明显的。整个的社会运动就是建立在生产方式这个物质基础上的,社会的政治运动、思想文化运动等等,归根到底总是社会存在,即现实的客观的社会物质关系、物质生产方式的反映"②。

从词源学意义上理解,意识形态(Ideology)是指观念的集合。在马克思主义哲学意蕴上理解,意识形态是指统治阶级的思想观念和行为方式的指南。众所周知,马克思主义哲学是马克思主义者的世界观和行动指南,是无产阶级革命和社会主义建设的指导思想。这就是说,马克思主义哲学具有鲜明的政治立场。从马克思主义意识形态的视角理解,这种鲜明的政治立场,具有强烈的一元化倾向,或者说,马克思主义哲学反对其他任何非马克思主义哲学的思想体系。当然,这里所说的"反对"也是相对的,即马克思主义哲学反对其他思想体系,并不是要彻底否定其他思想体系中一切成分,它反对的只是与其理念相冲突的部分。比如,马克思主义哲学反对资产阶级倡导的自由、民主,但马克思主义哲学并不反对自由、民主,而是提倡社会主义的民主和自由。对待中国传统文化亦是如此,即马克思主义哲学反对中国文化中的糟粕部分(如儒家文化中的"三从"等),但尊重和承认中国传统文化中的优秀基因(如中国

---

① 李秀林、王于、李淮春:《辩证唯物主义和历史唯物主义(修订本)》,中国人民大学出版社1984年版,第46页。

② 李秀林、王于、李淮春:《辩证唯物主义和历史唯物主义(修订本)》,中国人民大学出版社1984年版,第48页。

传统文化中的"百善孝为先"等）。作为宣传马克思主义哲学思想的马克思主义哲学教科书，必然要坚持意识形态的一元化，这主要体现在两个方面。其一，在书写原则上，坚持教科书是代表最广大人民群众立场的思想体系。任何一个哲学体系都有着自己的思想前提和逻辑前提，教科书范式的思想前提就是保障其哲学原理能够反映和能够代表广大人民群众的利益。从马克思主义的产生看，马克思主义理论从它的诞生之日起，就明确表明自己的理论是为人民群众服务的，比如，在其著作《共产党宣言》中，马克思和恩格斯明确指出："共产党人同其他无产阶级政党不同的地方只是：一方面，在无产者不同的民族的斗争中，共产党人强调和坚持整个无产阶级共同的不分民族的利益；另一方面，在无产阶级和资产阶级的斗争所经历的各个发展阶段上，共产党人始终代表整个运动的利益。"①从马克思主义理论的政治实践看，无论是苏联的社会主义探索，还是中国的社会主义建设，共产党人都坚持人民的利益高于一切的指导原则，从教科书作者的表述看，教科书作者在撰写或修订教科书时，始终强调要牢记马克思主义哲学的世界观和方法论，比如，在《辩证历史唯物主义和历史唯物主义》第三版的修订说明中，作者提出如下的修订原则，"马克思主义是现时代的时代精神的精华。学习、宣传和掌握马克思主义的科学世界观和方法论不仅在当前具有特殊的和重大的意义，而且是人们认识世界和改造世界的永恒需要"②。其二，在哲学原理上，坚持教科书中的马克思主义哲学原理是唯一正确的哲学理论。在资本主义国家，由于人们对生产资料占有的方式不同，资本主义国家存在着两大对立的阶级，即作为剥削阶级的资产阶级和作为被剥削阶级的无产阶级。同时，根据分配方式的不同，每个阶级内部又存在着不同的阶层。从宏观上看，不同的阶级有着不同的意识形态；从微观上看，不同的阶层都有属于自己阶层的意识形态。所以，资本主义国家统一的意识形态，有时表现出多元分裂的情形。以马克思主义理论指导的社会主义国家，明确坚持意识形态的一元化原则。因为，马克思主义哲学的真理观认

---

① 《马克思恩格斯选集》第 1 卷，人民出版社 1995 年版，第 285 页。

② 李秀林、王于、李淮春：《辩证唯物主义和历史唯物主义原理（第五版）》，中国人民大学出版社 2004 年版，"第三版说明"。

为,真理是一元的,即就某个确定的问题和对象而言,真理只能有一个,即与客观事物及其规律相符合的客观真理。真理多元论是站不住脚的。① 按照这种观念理解,教科书范式认为,马克思主义哲学就是当今唯一正确的真理或唯一正确的意识形态。比如,《辩证唯物主义与历史唯物主义原理(第五版)》明确表明,"马克思主义哲学是19世纪中叶社会发展的必然产物,它在科学实践观的基础上实现了对旧哲学的全面清算和批判继承,使唯物主义和辩证法、唯物主义自然观和历史观达到高度统一,使科学性和革命性达到高度统一。马克思主义哲学的这一基本特征,充分表明了哲学史上这一革命变革的实质和意义"②。

(二)消极意蕴特点

按照马克思辩证法的思维理解,任何理论体系都不是终极的真理,即所有的理论充其量只能是自己时代精神的精华,不可能是永恒的真理,也就是说,任何理论体系都只能是实现了绝对真理与相对真理的统一。这就意味着,任何理论体系都可能会因为理论工作者的个人能力、时代条件等因素而表现出理论或逻辑的局限性。从教科书内容的理论逻辑看,教科书对马克思主义哲学原理的阐释,不仅没有摆脱历史思想的非历史性判断、相对的条件性判断绝对化,而且将对马克思主义哲学原理的阐释教条化、固化,本书把教科书范式具有的这些特点称为具有消极意蕴的教科书范式特点。

教科书历史思想非历史化,"就是教科书显现的'原理'是理论空间结构,与思想的历史性('每个原理都有它出现的世纪')之间存在矛盾,思想不断出场的历史图景、变化和发展性被原理严重遮蔽,把原初属于不断在场、基于'历史的科学'变成了相对凝固、脱域和永恒在场的'历史哲学'即僵化和形而上学"③。根据该理解,教科书历史思想非历史化应该体现在三个方面。其一,对思想的

---

① 参见李秀林、王于、李淮春:《辩证唯物主义和历史唯物主义原理(第五版)》,中国人民大学出版社2004年版。

② 李秀林、王于、李淮春:《辩证唯物主义和历史唯物主义原理(第五版)》,中国人民大学出版社2004年版,第13—14页。

③ 任平、曹典顺、李惠斌:《当代中国马克思主义哲学研究(2012)》,中央编译出版社2012年版,第5页。

历史背景不经仔细分析而直接采取拿来主义。思想不是人本身的构建，它是以一种事先在场的形态存在的。因此，反映其时代精华的思想，则表现出对特定历史事实的依赖性，即是说，任何思想都有其自身的历史时代背景。在宏大的历史背景下，思想者的思想必定会受到历史条件的制约，即该思想打上了特定历史内涵的烙印。这就意味着，作为试图给大众普及哲学理论的教科书，要实现自己的理想，就要试图与当时的历史语境相交融，通过对第一手文本文献的真实解读，即在历史发生学意义上进行深入的文本学解读，或者说，要在大量文本基础上，构建历史本身的时间与空间的结构，即将原哲学思想的原初语境呈现出来。事实上，教科书范式的诸多版本中，都或多或少存在着没有适当结合当时历史而直接将原观点作为普遍结论来认识和传播的内容，其结果就是"非法引用"，其影响就是将遮蔽了相关理论的历史局限性。其二，忽视思想的历史形成过程。每一个人的思想都是要变化发展的，即在不同时期、不同语境、不同文本中，每一个人对同一事物的看法、表述是不尽相同的。教科书范式中的一些版本的内容还存在着不能贯彻这一原则的现象，即为了表征某种观念的正确，就直接将某一具有特定历史性的原理作为普遍意蕴的论据，即背离了原经典作家本来的思想意蕴。这样的"非法"引证就使得某些教科书中原理、思想缺乏规范性和科学性，从而使原本很简单的问题变得错综复杂起来。这即是说，教科书不仅要对第一手文本进行历史性的分析，还要研究经典作家思想形成的历史。只有如此，才能从文本和文献中探求出其背后的、深层的理论旨趣。其三，在思想运用方面，未能考虑是否符合实际。每一个历史时代的生存状态和文明程度等方面都不尽相同，代表某一特定历史内涵的意识形态有其自身理论前提。教科书如若对理论生成的前提不作"历史的"分析而直接运用到当下的社会实践中，原先设想的结果就可能不会出现。造成这样或那样的偏差，原因之一就是对原本历史性的思想进行了非历史的表达。对当下时代的理论和思想，要采取辩证的、批判的态度，即要对原有的理论和思想辩证分析且不断创新，以避免思想的非历史性运用。

绝对化只承认事物的绝对性与无条件性，不承认事物的相对性与可变性，不承认结论的过程性、开放性与发展性。绝对化排除了差异性，坚持认为结论是不变的、唯一的,即是一种机械的、形而上学的思想方法。从这种意蕴上理解,任何教科书结论都是研究者在一定的社会条件下,依据客观事物的发展程度、个人实践经验和个人知识储备等得出的个体性结论。这种结论受自己的时代特点、民族特征以及个人能力的影响,得出的结论是带有个人见解与时代特征的相对性理论,而非绝对化结论,或者说,这些结论是需要不断发展与完善的。教科书相对结论绝对化主要表现在两个方面。其一,马克思主义哲学教科书将马克思主义哲学本土化的具体结论绝对化。例如,斯大林时期,马克思主义思想成为苏联共产党的指导思想,为了让人民群众了解马克思主义的基本观点,斯大林于1938年主编了《辩证唯物主义与历史唯物主义》一书。该书为了适应苏联的社会经济发展需要,十分重视历史唯物主义中经济基础知识的论述,关注生产力与生产关系的理论,探究对"社会物质生活条件"究竟是什么的理解。可以说,这是苏联在当时的国内外环境背景下产生的教科书范式,这种范式在一定程度上实现了马克思主义哲学的苏联本土化,适应了当时苏联社会主义模式的需要。然而,这一教科书范式主要关注的是马克思主义哲学对无产阶级政党的指导作用,过分注重对历史唯物主义阶级斗争理论的论述,相对忽视了马克思主义哲学的认识论观点与实践论观点,即得出的结论只是反映当时苏联社会发展特征的相对结论。所以,中国要建构自己的马克思主义哲学教科书体系,必须要联系中国国情,实现马克思主义哲学中国化,不能照搬照抄苏联的本土化研究结论,这样才不至于远离马克思主义哲学的实践论方向。其二,马克思主义哲学教科书将研究者对马克思主义基本原理的理解的个性化结论绝对化。"教科书要求准确表达马克思主义哲学的基本概念与基本原理,将人们普遍认同的'成熟'的观点编入教科书体系,遵守同一律、排除歧见,按照同一性准确表述原理,是教科书编写的主要职责之一。在众多差异性理解中,哪种理解能构成'基本原理',不同时代的研究者对马克思主义哲学基本原理有不同的见解"①。不同研究者撰写的教科书基本原

---

① 任平:《当代中国马克思主义哲学学术史的创新与发展——以张一兵的〈回到马克思〉中心》,《河北学刊》2013年第2期。

理的结论都是带有个人思维特点的,具有相对性与发展性。比如,在基本原理的理解方面,恩格斯指出:"全部哲学,特别是近代哲学的重大的基本问题,是思维和存在的关系问题"①。由此理解,哲学应该着眼于思维与存在二者之间的关系问题,然而,个别教科书却割裂思维与存在的关系,将思维与存在分开研究。教科书范式相对结论绝对化的消极意蕴,不仅在于它违背了马克思主义哲学本身的批判性与发展性特征,而且削弱了马克思主义哲学教科书的创新意蕴。

创新理论就是指教科书展现出的马克思主义哲学理论,创新理论教条化是指人们将教科书的理论视为不可撼动的教条,或者说,所谓教科书理论的教条化,是指每一个时期、每一个学者编写的教科书都有一种企图,即利用教科书而造就一个时代占统治地位的绝对真理体系。② 当然,这并不是说,整个教科书理论都是教条化,而是指教科书在某些方面存在教条化。教科书理论的教条化主要表现在以下三个方面:其一,体系的教条化。从艾思奇署名主编的《辩证唯物主义　历史唯物主义》,到肖前等人主编的《辩证唯物主义原理》,再到李秀林等人主编的《辩证唯物主义和历史唯物主义原理》,这一系列的教科书,第一部分几乎都是以"物质"作为基本概念来引入马克思主义哲学的唯物论;第二部分讲述了对立统一规律、质量互变规律、否定之否定规律为主线的马克思主义哲学的辩证法;第三部分讲述了马克思主义哲学中的以"真、善、美"为核心的认识论和价值观;第四部分是历史唯物论。这样的体系至今仍然占据教科书范式的主流。也就是说,一系列的教科书的理论体系都没有质的突破,因为其体系被固化了。其二,逻辑框架的教条化。所谓逻辑框架,既是指从理论待解决的核心问题入手向上逐级展开,从而得到理论的影响及其后果;向下逐层推演找出理论引起的原因,从而得到所谓理论问题的关键点。将理论问题进行转换,也就是将问题的关键点描述的因果关系转换为相应的手段,进而推演出相应的理论结论。表面上看,教科书创新理论的逻辑框

①　《马克思恩格斯选集》第4卷,人民出版社1995年版,第219页。
②　参见任平、曹典顺、李惠斌:《当代中国马克思主义哲学研究(2012)》,中央编译出版社2012年版,第5页。

架十分完整,即存在着理论的核心问题、原因、结果、影响等,但需要指出的是,这些原因、结果、影响都是在这个逻辑框架下得到的,即一完整化反而导致了该理论被教条化,因为思考的方式都在同一逻辑框架内进行的。其三,思想的教条化。不容置疑,教科书中的许多理论本身都有其"合理性",再者,任何一种理论都有着历史传承性,即在人们的认知活动中,社会心理中的惰性因素无疑更倾向于维护自己已经熟悉,并被大多数人所认同的知识。换言之,人们的社会心理和文化结构对旧思想、旧理论起到了不自觉的认同效应。即使在许多情况下,原有的理论已经暴露出其巨大的弊端性,甚至已经明显地不能表征社会生活的现实,但它却仍能为人们支持。

三、教科书研究范式的创新功能

马克思主义哲学教科书形成范式后,诸多书写原则相对确定化。这种确定化不但容易导致教科书脱离时代精神,而且容易僵化那些显现出积极意蕴的优秀教科书内容,即夸大教科书积极意蕴的方面。但不可忽视的是,教科书的撰写者都是马克思主义者,他们深知教科书内容的发展、变化和创新的意义。所以,从教科书的发展历程看,教科书从来没有放弃过自身的创新,也就是说,教科书研究范式自身内含创新的功能。从内涵看,教科书研究范式的创新,不是表相的变化,而是有着深层意蕴的全面创新。这一创新既表现在自己时代的哲学研究水平之上,也表现在具有时代精神的思想逻辑和理论逻辑之上,或者说,马克思主义哲学教科书研究范式,既是哲学研究时代水平的体现,也是新的时代精神精华和人们理论思维能力的反映。

(一)学术水平创新

马克思主义哲学的故乡德国属于西方国家,也就是说,马克思主义哲学的逻辑架构的思想资源是西方哲学。中华民族开始学术化地研究和传播西方哲学是从新文化运动时期开始,而真正意义上的深度研究和传播却是开始于20世纪80年代。这就意味着,马克思主义哲学教科书必须解决两大理论难点,即既要准确理解马克思哲学的本真思想,也要将马克思主义哲学理论中国化。所以,从哲学研究的时代水平看,教科书必须体现哲学研究的当下水平。从教科书范式的实际发展历程看,教科书的学术水平创新体现在教科书撰写者学术水平的创新、中国马克思主义哲学研究水平的创新和中国哲学研究水平的创新3个方面。

　　哲学教科书的思想本身是一个不断发展、不断丰富和不断深化的体系,所以,教科书在基本观点、基本原理等诸多方面呈现出发展、创新的特点。由于人们对事物的认识,也是随着时间的变化、实践的发展、科学的进步,以及个人能力水平的提升等因素,实现不断提高,教科书的撰写者,就会在自身思想的不断发展、创新的过程中丰富教科书中的思想和理论。例如,在《辩证唯物主义和历史唯物主义原理(第五版)》中,编者着重介绍了当下的发展与现状:"从国际看,世界进入科技信息化、经济全球化和政治格局多样化这样一个新的历史阶段;从国内看,中国社会主义实践也进入到新的历史时期,社会主义市场经济体制的初步建立,建设社会主义政治文明历史任务的提出,以人为本、科学发展观的确立……向我们提出了一系列新问题,并为我们提供了一个广阔的思维空间"①。这段话表明,当今发生着重大变化的国内外形势,不仅给马克思主义哲学理论体系提出了新的理论问题,更是启发了教科书编写者的理论思维,即在教科书范式创新时,要切实根据实践和科学的发展提供的新的经验、知识、思想等,全面准确体现出当下时代的"时代精神"。这也可以理解为,教科书作者思想的认识转变与理论创新,在其教科书的理论体系中应该得到充分体现。比如,在《辩证唯物主义和历史唯物主义原理(第五版)》中,编者就创造性地提出了一些新的观点:"《原理》第五版对有关问题做了如下处理:第一,对于像物质统一性、决定论、反映论这样一些已成为'常识'的基本观点,应结合当代科学的新成果讲出新内容。所以,《原理》第五版增加了物质形态的层次性和同构性、物与物的关系和'为我而存在的关系'、认识与

---

① 李秀林、王于、李淮春:《辩证唯物主义和历史唯物主义原理(第五版)》,中国人民大学出版社 2004 年版,"第五版说明"第 1—2 页。

虚拟这样一些内容……第二,有些观点本来就是马克思主义哲学的基本观点,只是由于种种原因,原有的马克思主义哲学教科书没有涉及或未重视这些观点。为此,《原理》第五版增加了这方面的内容,如实践是人的存在方式、交往关系及其制度化、人的异化及其扬弃等"①。这种理论上的创新,一方面是时代发展和理论深入的必然阶段,另一方面也离不开教科书作者自身理论水平的提升。新版本不仅仅是把当前哲学研究的新成果中的知识简单的堆积,而且反映出了作者自身一种源于生活、反思生活、总结生活的智慧,即教科书撰写者学术水平的创新。

创新是利用现有的知识和物质,为满足社会需求而改进或创造新事物的行为,也可以说,创新是以现有的思维方式提出不同于常规或常人思路的见解。中国马克思主义哲学研究水平的创新是将马克思主义哲学基本原理同中国具体实际情况相结合,进而促进和实现马克思主义哲学中国化。中国马克思主义哲学研究水平的创新,有两个路径,即既要求正确理解马克思主义哲学的本质思想,同时也要求根据中国实践的发展与具体国情的需要,运用马克思主义哲学解决中国的革命、建设和改革的实际问题,不断实现马克思主义哲学的中国化。纵观马克思主义哲学研究的当代变化,中国马克思主义哲学研究,随着改革开放的不断深入,经历了从"体系意识"到"问题意识"的转变,中国马克思主义哲学研究的"问题意识"越发凸显,研究者通过对教科书体系的改革、经典文本解读、研究方法的转变等方式,逐步实现了中国马克思主义哲学研究水平的创新。这种创新首先表现为研究主题的创新,即传统的马克思主义哲学研究主题主要是马克思主义哲学史、辩证法、历史唯物主义等,而随着社会不断发展,社会新问题与新情况不断涌现,文化哲学、价值哲学以及人类学研究逐渐成为中国马克思主义哲学研究的新领域,这些研究领域的拓展深刻体现了中国马克思主义哲学研究水平的创新。其次,中国马克思主义哲学研究水平的创新还表现在对重大问题的探索。在对马克思主义哲学研究中一

① 李秀林、王于、李淮春:《辩证唯物主义和历史唯物主义原理(第五版)》,中国人民大学出版社 2004 年版,"第五版说明"第 3 页。

些重大问题的研究与探讨方面,许多著作极具价值。比如,孙正聿主编的《当代中国马克思主义哲学专题研究》就是其中之一,"该书除了'导论'部分对当代中国马克思主义哲学研究和发展的概况进行了总体梳理和介绍外,分别具体研究和讨论了'马克思主义哲学研究的范式转换'、'马克思主义哲学经典著作研究'、'马克思主义哲学的理论来源研究'、'马克思主义哲学中国化研究'等十个涉及当代中国马克思主义哲学研究与发展的重大理论问题"①。这一研究成果全面系统地梳理了中国马克思主义哲学的研究现状与研究水平。此外,中国马克思主义哲学研究水平的创新还表现在理论范式的转化方面,即由"本体论范式"不断向"认识论范式"以及"社会哲学范式"转化,由理论哲学逐步走向实践哲学。在中国马克思主义哲学的研究过程中,虽然许多创新理论和优秀成果不断涌现,一定意义上实现了中国马克思主义哲学研究水平的不断创新,需要说明的是,这些创新研究理论并不是固化的,它同时是在为更深层意蕴上的创新研究提供准备与铺垫,进而不断提升中国具体问题的解决能力,促进马克思主义哲学中国化进程的不断深入。

哲学的研究能力和研究成果是综合国力的重要组成部分,没有繁荣发展的哲学,也就没有文化的凝聚力、影响力,体现不出国家的强大,因此,必须不断创新哲学理论,即实现中国哲学研究水平的创新。

(二)思想观念创新

哲学思想的根据是现实生活世界,所以,教科书研究范式的书写离不开当下中国的社会主义建设实践。也就是说,马克思主义哲学教科书的内容应该体现出时代精神,即必须反映与时代精神相一致的思想观念的创新。思想观念的创新包括基本原理的创新、基本观念的创新和新思想等三个方面。纵观教科书范式的演变史,马克思主义哲学教科书的思想观念创新既是多方面的,也是深刻的,因为教科书范式的演变史表明,教科书范式不仅不断实现着基本

---

① 任平、曹典顺、李惠斌:《当代中国马克思主义哲学研究(2012)》,中央编译出版社 2013年版,第 236 页。

原理和基本观念的创新,而且不断融入新的思想内容。

由于时代的发展、社会的进步,教科书中的理论体系不仅力求更好更全面地反映当下时代的时代精神,而且追求更为准确地表征马克思主义哲学的思想内容和内在逻辑。所以,在进行教科书的撰写过程中,作者们从未停止过反思当下、创新原理的努力。面对日新月异的国内外形势,人们的认识随着社会科学的发展、实践活动的开展不断深化和创新。也即是说,如果原版本的教科书无法体现哲学研究所取得的新成就时,或者说,无法再适应当前的实践活动需要时,教科书编写者就会根据哲学理论研究的新发展和新成果,在基本原理上进行重新梳理和理论创新,新的基本原理便应运而生。当代马克思主义哲学原理的思想创新之处,集中体现在了各种教科书版本的革新之中。教科书改革范式就成为教科书研究范式发展创新理论的一种常态。比如,以"唯物辩证法的范畴"一章为例,在《辩证唯物主义和历史唯物主义原理(修订本)》第二版中,该章节的结构是"第一节原因和结果:一、原因和结果及其辩证关系,二、因果联系的客观普遍性和多样性;第二节必然性和偶然性:一、必然性和偶然性的含义,二、必然性和偶然性的辩证关系;第三节可能性和现实性:一、可能性和现实性的含义,二、可能性和现实性的辩证关系;第四节内容和形式:一、内容和形式的含义,二、内容和形式的辩证关系;第五节现象和本质:一、现象和本质及其辩证关系,二、科学的任务是透过现象认识本质。"简言之,该教科书的"唯物辩证法诸范畴"就是"五大范畴"。在改革开放新时期,出版的《辩证唯物主义和历史唯物主义原理(第三版)》,则将第二版中"唯物辩证法的范畴"一章作了较大改动,其结构体系是"第一节原因和结果:一、原因和结果及其辩证关系,二、原因和结果的方法功能;第二节必然性和偶然性:一、必然性和偶然性及其辩证关系,二、必然性和偶然性的方法功能;第三节可能性和现实性:一、可能性和现实性及其辩证关系,二、可能性和现实性的方法功能;第四节内容和形式:一、内容和形式及其辩证关系,二、内容和形式的方法功能;第五节现象和本质:一、现象和本质及其辩证关系,二、透过现象认识本质;第六节结构和功能:一、结构和功能及其辩证关系,二、结构—功能方法在科学认识中的作用;第七节系统和要素:一、系统和要素及其相互关系,二、把握复杂事物的科学方法。显然,作者是将第二版的"五大范畴"丰富成了"七大范畴",是在对马克思主义哲学理论体系的深刻理解上,又结合当下时代精神的"精华"进行的基本原理的创新,也就是说,这种原理创新并不是简单的章节结构上的增减和变动,而是包含了内在思想的创新和丰富。

教科书研究范式创新的形式是多样的,有教科书基本观念创新、教科书体制创新和教科书研究方法创新等。一定意义上理解,基本观念的创新是其他一切创新的基础和前提,即任何创新都首先依赖于基本观念的创新,不能与基本观念相冲突,教科书改革范式的创新也不例外。教科书改革范式基本观念的创新,就是对马克思主义哲学中的一些基本概念或基本原理的创新。教科书改革范式的撰写者,一直秉承着实践理念与创新意识,在深入理解马克思主义哲学真实观念的基础上,依据个人经验、实践发展水平以及时代精神等主客观条件,对马克思主义哲学的基本观念不断进行创新与丰富。例如,不同版本的马克思主义哲学教科书在对"生产力要素"这一基本观念的表述中存在差异性理解,在陶德麟、黎德祥、郝侠君主编的《辩证唯物主义与历史唯物主义》一书中,把生产力定义为社会的生产和再生产过程中一切生产要素的总和。它的基本要素是:具有一定生产能力、生产经验和劳动技能的劳动者;以生产工具为主的劳动资料;在生产过程中加工、改造的劳动对象。在李秀林、王于、李淮春主编的《辩证唯物主义和历史唯物主义原理》第一版教科书中,对生产力的理解是:生产力的构成是参与社会生产和再生产过程的一切物质的、技术的要素综合,劳动对象、以生产工具为主的劳动资料和从事社会劳动实践的劳动者是构成生产力的基本要素。在李秀林等主编的《辩证唯物主义和历史唯物主义原理》第五版中,对生产力的解释是:生产力是指在物质生产活动即劳动中形成的,是人们在物质生产活动中形成的解决社会同自然之间矛盾的实际能力、是人类改造自然使其适应社会需要的物质力量,劳动对象、劳动资料和劳动者构成了生产力的基本要素。由此可以看出,不同的社会时代背景下,马克思主义哲学的基本观念有所创新与丰富,李秀林等主编的《辩证唯物主义和历史唯物主义原理》第一版的时代背景,正值中国改革开放进入全面深化时期,社会高度重视社会经济发展,进而高度重视与经济发展紧密相关的技术力量,始终坚持科技是第一生产力,努力将科学的力量融入社会生产过程,以便于大大提升社会劳动生产率水平。依据中国改革开放的国情,以及马克思关于"科技是生产力"的基本原理,教科书《辩证唯物主义和历史唯物主义原理》第一版将技术的、物质的要素纳入教科书"生产力要素"这一基本观念的范畴,这是适应当时社会发展需求的基本观点,这种观点与传统观点相比有一定的创新性。

马克思主义哲学教科书的思想观念不是一成不变的,即随着科学的发展不断丰富和充实,新思想的收录就是其中的一个方面。比如,"科学技术是第一生产力"这一思想。在李秀林主编的《辩证唯物主义和历史唯物主义原理(第三版)》中并不存在"科学技术是第一生产力"的思想,而在《辩证唯物主义和历史唯物主义原理(第五版)》中就收录了这一新思想。科学技术在生产力发展中的作用发生质的突变,成为决定生产力总体水平高低的首要因素,因此,邓小平提出了"科学技术是第一生产力"的著名论断。① 这一著名论断后被收入马克思主义哲学教科书中,极大地丰富和发展了马克思主义哲学,使得马克思主义哲学更加丰富和科学。再者,从物质形态的层次性和同构性理论看,在李秀林主编的《辩证唯物主义和历史唯物主义原理(第三版)》书中并不存在"物质形态的层次性和同构性"这一思想,而在《辩证唯物主义和历史唯物主义原理(第五版)》收录了这一新思想,即物质形态的层次性以及新层次的产生,表明物质形态各层次的机构和功能各有其特殊性,因而不能把各个层次、各个结构简单等同起来。但是从最低级的层次到最高级的层次,从最简单的结构到最复杂的结构,又存在着同构性,不同层次和不同结构有着相同性和相似性,它们是物质世界统一性的普遍证明。② 这一新思想的收录,能够促进人们更好地理解"物质"这一马克思主义哲学中最为基本的概念之一。当然,

---

① 参见李秀林、王于、李淮春:《辩证唯物主义和历史唯物主义原理(第五版)》,中国人民大学出版社 2004 年版,第 210 页。

② 参见李秀林、王于、李淮春:《辩证唯物主义和历史唯物主义原理(第五版)》,中国人民大学出版社 2004 年版,第 58 页。

随着世界形式的变化，自然科学、人文科学的研究都会有所发展，一系列的新思想还将被收录进教科书，以不断丰富和发展马克思主义哲学理论，充实马克思主义哲学教科书的内容。

（三）理论体系创新

马克思主义教科书的功能不应该仅仅是个"知识体系"，因为，"哲学不仅是知识，更重要的是一种智慧，一种生活的智慧、反思的智慧和批判的智慧。所以，马克思主义教科书不能仅仅局限于传授'知识'，仅仅适应教学，更重要的是，它应激发学生的反思态度和批判精神，从而拓宽理论视野，提升理论境界，实现自我超越和自我发展"①。这一切的实现，离不开教科书理论体系的创新。从理论体系的内涵逻辑看，理论体系的创新，至少包含思想主旨和逻辑结构两个方面的创新。

教科书的思想主旨就是指作者在说明问题、发表自己对马克思主义哲学原理的理解时，通过教科书内容表达出的基本态度和基本观念。教科书理论体现着作者思想主旨的转变，即体现着思想主旨的创新。也就是说，在认识的不断深入、理论的不断创新过程中，作者的某些思想和理论会在不断超越自身的基础上越来越深刻。例如，在《辩证唯物主义和历史唯物主义原理（第五版）》中，"又把实践的观点贯穿于辩证唯物主义和历史唯物主义之中。实践的观点是辩证唯物主义和历史唯物主义首要的和基本的观点。从哲学史上看，马克思之所以能发动一场震撼人类思想史的革命，关键就在于，他确立了科学的实践观，并以此为基础正确地解答了人与自然、人与社会的关系问题，从而实现了唯物论和辩证法、唯物主义自然观和历史观的统一。在这个意义上，马克思主义哲学又是实践唯物主义……马克思主义哲学是一个以科学的实践观为基础，唯物论和辩证法、唯物主义自然观和历史观'一体化'的理论体系。力求全面而又科学地阐述实践以及人与世界的关系，系统而又准确地

---

① 李秀林、王于、李淮春：《辩证唯物主义和历史唯物主义原理（第五版）》，中国人民大学出版社 2004 年版，"第五版说明"第 4 页。

阐释马克思主义哲学的基本观点,是贯穿《原理》第五版的指导原则"①。作者明确把实践观作为教科书的思想主旨。把科学的实践观作为全书的思想主题和书写原则,不仅实现了马克思主义哲学的思想内容及其各个部分的相互关系的融合贯通,并且能够利用实践观和物质观的辩证统一来解释说明哲学体系中的各个问题。这一创新,较为清晰地显现出了马克思主义哲学的内在逻辑,即马克思主义哲学并不是"辩证唯物主义"和"历史唯物主义"两个彼此分离、区别的"两个主义",而是包含了历史观的辩证唯物主义,也就是如书中所说,"实践唯物主义与辩证唯物主义(历史唯物主义)不是两种不同的哲学形态,而是同一种哲学形态——马克思主义哲学的不同表述。马克思的唯物主义重在改变世界,而实践活动本身就是'否定性地辩证法',全部社会生活在本质上又是实践的。在马克思主义哲学中,科学的实践观是和'合理形态'的辩证法以及唯物主义历史观有机结合的"②。该教科书通过把实践观贯穿于整个教科书的方式,实现了对实践观的正确把握,从而实现了辩证唯物主义和历史唯物主义的"一体化"。

逻辑是指思维的规律性或规则,无论说话或者写文章都要符合一定的逻辑结构。恰当的逻辑结构会让教科书体系鲜明,更加容易被读者理解和掌握,逻辑结构不严谨则会导致教科书体系混乱不清,难以把握。系统的逻辑结构是对整个教科书从思想上的分类,即把教科书分成若干个逻辑单元,分别展现各单元的观点与理论。根据时代发展需要调整教科书的逻辑结构,其调整的依据必然是研究者本人对基本原理的理解程度。马克思主义哲学有自身的内在逻辑性,马克思主义哲学教科书的撰写应该遵循马克思主义哲学自身的内在逻辑,即依据一定的逻辑规则、个人理解以及社会发展需求撰写马克思主义哲学教科书的理论体系。例如:艾思奇主编的《辩证唯物主义 历史唯物主义》一书的主要内容有:绪论、世界的物质性、物质与意识、对立统一规律、质

---

① 李秀林、王于、李淮春:《辩证唯物主义和历史唯物主义原理(第五版)》,中国人民大学出版社2004年版,"第五版说明"第2页。
② 李秀林、王于、李淮春:《辩证唯物主义和历史唯物主义原理(第五版)》,中国人民大学出版社2004年版,"第五版说明"第2页。

量互变规律、否定之否定规律、唯物辩证法的基本范畴、认识和实践、真理、历史唯物主义和历史唯心主义的根本对立、生产力和生产关系、经济基础和上层建筑、阶级和国家、社会革命、社会意识及其形式、人民群众和个人在历史上的作用、后记。这本教科书的逻辑结构是从"物质本体论"出发的"辩证唯物主义与历史唯物主义"范式，是"以物质为逻辑起点，以物质本体论为论域的编撰范式"①，是传统中国马克思主义哲学教科书的代表性逻辑结构。由李秀林、王于、李淮春主编的《辩证唯物主义和历史唯物主义原理(第五版)》的逻辑结构则有所调整，这本教科书的主要内容为：科学的世界观与方法论、物质与世界、实践与世界、社会及其基本结构、个人与社会、联系与发展、发展的基本规律、历史规律与社会形态的更替、认识与实践、认识形式与认识过程、认识活动与思维方法、真理与价值、社会进步与人的发展。这本教科书的逻辑结构不同于艾思奇编写的《辩证唯物主义与历史唯物主义》的逻辑结构，这本教科书是从核心范畴"实践"出发的"实践唯物主义"范式。这本教科书将实践的观点看作是辩证唯物主义和历史唯物主义首要的和基本的观点，并把实践的观点贯穿于教科书的逻辑结构中，即通过对马克思主义哲学教科书逻辑结构的调整，实现了马克思主义哲学教科书改革研究范式理论体系的创新。由此可知，教科书的逻辑结构不是一成不变的，它是按照马克思主义哲学的内在逻辑和教科书撰写者的研究水平等不断调整与改变的，是随着社会发展以及理论进展不断修改与完善的。

四、教科书研究范式的内在矛盾与叙述局限

马克思主义哲学的理论和思想是丰富的，但马克思主义哲学的创始者马克思并没有专门撰写过论述马克思主义哲学原理的著作，甚至没有撰写过一部纯粹的哲学著作。而我们却要在薄薄的马克思主义哲学教科书中阐释清楚马克

---

① 任平、曹典顺、李惠斌：《当代中国马克思主义哲学研究(2012)》，中央编译出版社2012年版，第8页。

思主义哲学的基本理论和基本精神,进而实现武装人们头脑的理想,这不能不说是一个伟大的创举。教科书研究范式的这种历史使命的完成并不是一个简单的过程,因为,教科书研究范式与其他的研究范式一样,都会因自身的特点和独特的逻辑而遭受来自自身的障碍。从教科书研究范式的特点和创新驱动等内在逻辑来看,这种障碍至少表现在教科书研究范式的内在矛盾和叙述局限之上。

（一）教科书研究范式的内在矛盾

从学术性逻辑看,教科书研究范式的内在矛盾至少体现在 4 个方面,即哲学原理的普适性(亦可称之为抽象性、概念性或原理性)与原理阐述的历史性之间的矛盾,哲学话语表达的真理的相对性与绝对性之间的矛盾,教科书作者个体对教科书理论的理解与人民群众对教科书普遍认同之间的矛盾,教科书书写的学术性与党和政府对教科书意识形态性要求之间的矛盾。

教科书话语表达的原理性与内容的历史性间存在着矛盾。哲学原理的原理性,是指其理论逻辑上的抽象性、概括性和正确性等。作为教化大众的哲学教科书,其根本任务是向受众传授马克思主义哲学的基本观点,所以,在基本观点、哲学原理的书写上,哲学教科书应该遵循的是理论逻辑的正确性和原理的通俗性等原则,即书中主张的哲学原理要始终保持其确定性和一元性。就如孙正聿在《三组基本范畴与三种研究范式——当代中国马克思哲学研究的历史与逻辑》一文中所理解的那样,"在以某个核心范畴为逻辑基础和逻辑起点,以某些基本范畴为主要内容构成的逻辑结构和概念体系中,其中的任一范畴、概念都不是孤立的存在,而是在由其构成的概念框架中获得自我规定和相互规定、自我理解和相互理解。这种概念框架的'自洽性'及其所蕴含的解释原则,使得构成这种概念框架的哲学理论自身具有了'研究范式'的意义;或者反过来说,一种哲学理论之所以是具有'研究范式'的意义,就在于它以自己的核心范畴和基本范畴而构建了特定的、自洽的概念框架"①。孙正聿的这

---

① 孙正聿:《三组基本范畴与三种研究范式——当代中国马克思哲学研究的历史与逻辑》,《社会科学战线》2011 年第 3 期。

一理解表明,马克思主义哲学在保障其理论逻辑正确性的基础上,为了满足普及大众的需要,应该将理论体系中的某些范畴、原理按照一定的原则确定下来,以便大多数受众能够理解、掌握和运用。然而,不能忽视的是,哲学原理还具有其自身产生的历史性。所谓历史性,即指时代性和实践性。时代是哲学之基,实践是思想之源。任何教科书内容,都必然要随着时代的变化而变化,随着实践发展而发展。这就与教科书的"原理表达"追求的稳定性、确定性之间产生变与不变、相对与绝对的矛盾。所以,依赖于某一个特定历史条件下的哲学原理,就具有相对真理属性。比如,从马克思的"资本理论"来看,当下时代的"资本理论",就不应该完全按照《资本论》所处时代的"资本逻辑"理解,因为,在当下时代,资本已经有所创新。比如,任平在《论马克思主义出场学研究的当代使命》一文中提到:"无论鲍德里亚等人如何用'仿象'来描述工业资本生产过程及其社会关系,但是当代历史场景依然是资本创新的产物。我们既不能用低于历史水平的教条主义对待当代,否认资本创新所造就的历史场景变化;更不能跟着后马克思主义抛弃马克思的历史观的精髓。问题的解答归结为一点:就是需要有从当年马克思资本批判到当代资本创新之间的历史逻辑的深度阐释,进而呼唤当代的资本批判理论,即新的时代唯物主义历史观的出场"①。这段话表明,马克思的资本批判是对当年历史场景下的"资本逻辑"的批判,这种依赖与自身历史所创造出的理论思想,就明显地带上了原理时效性的特点,即原理的相对正确。教科书中的马克思主义哲学原理也是按照以上的原则进行界说的,意即教科书中的思想理论的原理性和阐释原理的历史性之间,也不可避免地存在着一定的矛盾。

教科书话语表达真理的绝对性与相对性的矛盾是客观存在的。教科书的目的性,使得教科书的哲学原理呈现出了真理的绝对性方面,即真理的确定性、至上性。然而任何真理都是绝对真理与相对真理的统一。"绝对真理是由发展中的相对真理的总和构成的;相对真理是不依赖于人类而存在的客体

---

① 任平、曹典顺、李惠斌:《当代中国马克思主义哲学研究(2014)》,中央编译出版社 2015 年版,第5页。

的相对正确的反映;这些反映愈来愈正确;每一个科学真理尽管有相对性,其中都含有绝对真理的成分"①。按此理解,在历史、社会的发展和实践活动的基础上,人类对具体事物的认识始终是一个在不断趋近事物本质的过程,虽然包含了绝对真理,但它依旧是此历史阶段的特殊的认识。时代是理论之母,实践是思想之源。时代、实践的不断变化发展,促使教科书内容要不断更新、教科书话语表达的真理内容要与时俱进,这就与教科书追求绝对性、稳定性的原理话语形式之间必然发生矛盾。解决矛盾的方式之一就是教科书改革。因此,教科书不断修订、改革、完善,就变成解决这一矛盾的常态。

教科书思想与话语表达的个性与共性之间也存在着矛盾。当代马克思主义哲学教科书要向普通人民大众阐释清楚马克思哲学的基本理论和观点,必须从马克思浩瀚的哲学思想中抽象和概括出适合教科书表达的基本观点和基本原理。这一概括,充斥着诸多方面的复杂性和困难性。因为,马克思主义哲学教科书中的哲学原理,是作者根据自身对马克思主义哲学的理解而总结的。从教科书的发展史可以看出,因个体理解能力的不同,教科书中的哲学原理在深度、广度以及传播影响等方面,都存在诸多差异。首先,这种差异体现在教科书作者理论高度与普通群众理解能力之间的矛盾之上。能够撰写出哲学教科书的人,其学术水平应该达到是马克思主义哲学研究的优秀学者程度。这即是说,一定意义上说,教科书撰写者书写的教科书是建立在自身理论水平基础上的学术著作,即教科书在思想、逻辑、语言等方面就显示出深刻的理论性。然而,绝大多数没有受过专门哲学训练的人民群众则不能达到作者的哲学水平。这就意味着,广大的人民群众可能无法准确把握教科书的思想,甚至可能因不能理解教科书的内容而对马克思主义哲学产生极大的误解和片面的认识。比如,在哲学原理的理解上,教科书作者对马克思主义哲学的原理和范畴等方面的高度抽象、概括,无论是在思想表述形式上还是理论内容上,都对普通大众的思维能力、认知能力等提出了较高要求。这即是哲学教科书的个体理解与普遍认同之间的矛盾。

---

① 《列宁全集》第18卷,人民出版社1988年版,第323页。

教科书话语表达的学术性与意识形态性之间也存在着辩证矛盾。从根本上说,马克思主义哲学是科学性与革命性的统一。但是教科书话语表达是在不断发展中才能达到统一。在教科书中,学术思想的科学性、创新性、发展性有超越一定时期意识形态宣传普及口径的冲动、形成两者的矛盾。所谓学术性,即采用专门的研究方法对事物的合理性及规律性进行学科化论证。教科书始终承担着用马克思主义哲学理论武装全党教育人民的意识形态功能。教科书意识形态化是通过教科书内容的选择来实现的,即党和国家通过教科书的宣传普及作用将马克思主义哲学传播于大众。需要说明的是,学术性与意识形态性的矛盾是教科书研究范式的内在矛盾,本身是不可避免的,但这两种矛盾在教科书之中却是有机联系的整体,即学术性是构建教科书科学体系的基础,意识形态性是教科书满足社会统治需求的保证,二者是有机地联系在一起。在教科书中,应该以学术讲政治,以意识形态性推动学术性,不能割裂二者的相互关系,将二者完全对立起来。

(二)教科书研究范式的叙述局限

教科书研究范式的叙述局限主要表现在教科书话语表达的原理性与内容的时代性和发展性之间、话语表达真理的绝对性与相对性之间、引证原典话语的确定性与原典思想变动性之间存在着矛盾。因此,教科书研究范式的叙述存在着非历史性的根本局限。教科书话语表达的原理性与教科书内容的时代性和发展性之间存在矛盾,使教科书话语叙述存在局限。一方面,教科书承载着宣传、普及马克思主义哲学基本原理,基本理论的功能,而且受教材本性的规定,教科书最大特点就是思维话语原理化、逻辑体系化。表达确定话语表述的每一个概念、范畴、原理,乃至整个教科书体系都必须采取原理式、断言式、确定性的话语,概念明晰,定义准确,论证周延,语言简练,章节层次分明,内容循序渐进,由浅入深,由简而繁,逐步深化。符合学习理解规律。因此,教科书表述的概念、范畴、判断、原理、理论体系都必须是唯一的、完整的、确定的、绝对真理性的表述。然而,教科书的内容必然随着时代的变化而变化,实践的发展而发展,表现为历史性、变化性、发展性。因此话语表达的原理性与内容的时代性之间存在的矛盾,使教科书话语叙述产生了如何实现"历史性"的困境。此外,教科书话语具有普遍性和共同性,以编者和读者的共识为基础,然而不同学者对于马克思主义哲学的内容的理解又可能各不相同,因而就会产生教科书话语追求普遍性原理与编者理解个性化之间的矛盾。教科书话语表达真理的绝对性与相对性的矛盾,也造成叙述局限。教科书话语本性是要原理性、绝对性、稳定性,体现真理的绝对性;但是内容的变革性、变化性、发展性又呈现真理的相对性。因此,真理表达的绝对性与相对性之间的矛盾,就使叙述呈现矛盾,教科书研究范式始终用"教科书改革"的方式来不断解决这一矛盾。教科书话语叙述局限还源于"非法引证"原典话语的困境。为了论证教科书原理的真理性和"言出有据",教科书撰写需要不断引证马克思主义经典作家的原典语录。但是,经典作家的文本思想也是随着时代的变化、实践的发展而与时俱进的,具有历史性的根本品格。因此,教科书引证原典将其历史性变化中的某一阶段的文本思想当作不变的原理根据,这就显露出其非历史性、非法性。这一矛盾,只有回归马克思主义哲学史研究范式才能解决。

五、教科书研究范式的创新与转换

当代中国马克思主义哲学教科书范式的创新探讨,不仅是反思教科书研究成果的需要,更是提升中国学者文化自觉、增强中国道路理论自信的需要。当代中国马克思主义哲学教科书研究的反思,主要有两种路径,即形态研究和范式研究。范式研究作为研究马克思主义哲学教科书的理论逻辑,是以马克思主义哲学研究的问题意识为理论根据的,是 21 世纪后才逐渐被学术界接受的研究方法。人们之所以质疑或否定马克思主义哲学范式研究,其原因不是根源于"范式"本身,而是认为范式只是研究方法的表征,无法取代形态作为哲学表征的哲学本性。事实上,当下主流的马克思主义哲学研究的"范式"概念,已经不是仅仅指代研究方法的意蕴,而是指包含形态等要素、具有"综合意蕴"的创新研究,即当下马克思主义哲学研究中的范式是指蕴含形态要素的范式。纵观哲学教科书研究的历史,作为形态存在的当代中国马克思主义哲学教科书,经历了3次大的范式转换,4次大的范式创新。3次大的范式转换是指,从"辩证唯物主义与历史唯物主义"范式向"实践唯物主义"范式转换,"辩证唯物主义与历史唯物主义"范式向"实践观点的思维方式"范式转换,以及"辩证唯物主义与历史唯物主义"范式向"历史唯物主义"范式转换。而4次大的范式创新则是指,"辩证唯物主义与历史唯物主义"范式创新,"实践唯物主义"范式创新,"实践观点的思维方式"范式创新和"历史唯物主义"范式创新。在我们看来,每一种范式创新,必定有着产生该创新的思维前提和属于该创新的逻辑建构。从思维前提看,不论是理论哲学,还是实践哲学,其哲学理论都应该是一种以概念为理论细胞的逻辑体系。这就是说,每一种不同的哲学理论,都应该有属于自己的概念体系,而概念体系的设立,不同的哲学理论有着不同的思维标准,我们把这种思维标准称为思维前提。在此种意蕴上理解,每一种教科书范式的创新都应该有着属于自己的思维前提。但是,思维前提与世界观前提和理论前提等有所不同。世界观前提主要指该理论研究的价值观基础,理论前提主要指该理论合法性存在的"理论假设",而思维前提则是从该理论的研究目标出发的理论本质定位。所以,准确把握教科书范式的思维前提,也是系统研究教科书范式不可逾越的理论领域。从逻辑架构看,教科书范式经历了4次大的创新,划分每一次创新的依据是每一种范式不同的思维前提。但思维前提是一个十分宽泛的概念,这就是说,依据宽泛依据确立的范式形式必定也是宽泛的,即每一种宽泛意义上的教科书范式应该还具有多种不同的逻辑架构。限于本书研究的主题,我们不能逐一细化四大教科书范式之中的多种不同的逻辑架构,只能就四大教科书范式的理论性逻辑架构进行学理分析。所谓理论性逻辑架构,就是指可能的架构逻辑,或者说,是符合理论合法性的架构。

(一)"辩证唯物主义与历史唯物主义"范式

从思维前提的视角理解,"辩证唯物主义与历史唯物主义"范式创新是一个相对的概念,因为,它的创新只是内容上的创新,在理论框架上并没有明显的创新。在"辩证唯物主义与历史唯物主义"教科书研究范式的框架下,马克思主义哲学创新也经历了 3 个阶段:以艾思奇《辩证唯物主义 历史唯物主义》为代表的第一阶段,以肖前、李秀林、汪永祥主编的《辩证唯物主义原理》《历史唯物主义原理》为标志的第二个阶段,以袁贵仁等主编的马克思主义理论研究和建设工程项目成果《马克思主义哲学》为标志的第三个阶段。

三个阶段教科书研究范式秉持的体系框架基本相似,但其内容上的创新是毋庸置疑的。艾思奇主编的《辩证唯物主义 历史唯物主义》将马克思主义哲学中国化的成果纳入教科书,其中关于毛泽东思想中的"实践论""矛盾论"思想的阐述较为充分,因而成为马克思主义哲学教科书中国化的一个标志性成果。肖前、李秀林、汪永祥主编的教科书以"现代化的哲学""哲学的现代化"为宗旨,充分吸纳了改革开放之初时代发展给予马克思主义哲学理论阐述的创新内容,成为中国教科书改革的标志性成果。而袁贵仁等主编的《马克思主义哲学》将马克思主义哲学表述为"以科学实践观为基础的辩证唯物主义与历史唯物主义统一"体系,充分吸纳了"三个代表"重要思想科学发展观和习近平新时代中国特色社会主义思想的哲学内容,成为当代的教科书标志性成果。

自 1961 年"辩证唯物主义与历史唯物主义"范式确立以来,这种范式经历了无数的荣誉,也受到了诸多的责难,但 50 多年过去了,该范式依然是马克思主义哲学教科书中的主流范式。前文已经提及,"辩证唯物主义与历史唯物主义"范式创新主要指逻辑架构的创新,但需要说明的是,所谓逻辑架构的创新,也是指理论表达和逻辑顺序中的创新,即"辩证唯物主义与历史唯物主义"范式并没有实现体系逻辑上的创新,或者说,都没有突破"物质本体论"的思维逻辑。"辩证唯物主义与历史唯物主义"范式,从构筑逻辑看,由四大部分组成。其一,唯物论。唯物论亦可称之为哲学逻辑的物质本体论,是指从物质与意识的关系出发确定自己的哲学党性原则,即界定自己的哲学是唯物主义哲学,还是唯心主义哲学。从已经出版的"辩证唯物主义与历史唯物主义"范式教科书看,诸多教材都是在教科书的第一章即展开"唯物论"叙述。比如,艾思奇 1961 年版的《辩证唯物主义 历史唯物主义》第一章是"世界的物质性";李秀林 2004 年版的《辩证唯物主义与历史唯物主义(第五版)》第一章是"物质与世界"。这就是说,每一个"辩证唯物主义与历史唯物主义"范式教科书,尽管叙述的话语有所不同,但必须要阐释马克思主义哲学的"唯物论"立场。其二,唯物辩证法。唯物辩证法是辩证唯物主义另一种形式的表达,是指唯物主义与辩证法的有机统一。在"辩证唯物主义与历史唯物主义"范式教科书看来,唯物辩证法是马克思主义哲学的核心内容。尽管黑格尔辩证法的核心观点——"普遍联系"和"永恒发展"被借鉴到了马克思主义哲学,但马克思主义哲学的核心内容是唯物辩证法,不同于黑格尔哲学的唯心辩证法。"辩证唯物主义与历史唯物主义"范式教科书对唯物辩证法的三大规律,以及对立统一规律的核心地位都是认同的。其差别之处在于,不同的教科书介绍三大规律的逻辑顺序有所不同,一般教科书首先介绍对立统一规律,但也有首先介绍其他规律的教科书,比如,李秀林 2004 年版的《辩证唯物主义与历史唯物主义(第五版)》就首先介绍"质量互变规律"。其三,认识论和价值观。所谓认识论,就是指马克思主义哲学所主张的认识世界的方法。在"辩证唯物主义与历史唯物主义"范式教科书看来,作为以改造世界为己任的马克思主义哲学,必须阐述自己认识世界和改造世界的认识论原则。价值观是标志人们为何要坚定马克思主义信仰的终极价值所在,所以,认识论和价值观也是"辩证唯物主义与历史唯物主义"范式教科书不能忽视的重要内容。然而,由于不同时期的哲学发展的水平不同,因此,每一个不同时期的教科书对认识论和价值观的介绍也就不同。比如,艾思奇 1961 年版的《辩证唯物主义　历史唯物主义》用两章内容介绍,一章是"认识和实践",另一章是"真理";李秀林 2004 年版的《辩证唯物主义与历史唯物主义(第五版)》用至少 4 章内容介绍,即"认识与实践""认识形式与认识过程""认识活动与思维方法""真理与价值"。其四,唯物史观。按照"辩证唯物主义与历史唯物主义"范式教科书的理解,唯物史观亦可称之为历史唯物主义,或者唯物主义历史观,被视为马克思主义哲学关于人类社会发展规律的阐述,是马克思主义哲学不可分割的主要组成部分。关于唯物史观的介绍,不同的"辩证唯物主义与历史唯物主义"范式教科书有不同的介绍逻辑。比如,艾思奇 1961 年版的《辩证唯物主义　历史唯物主义》,集中在后 7 章介绍唯物史观;李秀林 2004 年版的《辩证唯物主义与历史唯物主义(第五版)》则是分开介绍了唯物史观的内容,用第三章、第四章、第七章和第十二章介绍。

(二)"实践唯物主义"范式

在对以《关于费尔巴哈的提纲》为标志的马克思经典著作研究的基础上,学者们认为,马克思哲学是对以往理论哲学的革命性创造,本质上是"历史唯物主义",所以,"实践唯物主义"范式的思维前提应该是马克思主义哲学,是以现实生活世界为认知根基的世界观体系。众所周知,世界观与方法论、认识论不好分割,那么,我们为什么说"实践唯物主义"范式是世界观体系,而不说是认识论体系呢? 这主要是从"实践唯物主义"范式的侧重点来理解的。用北京师范大学杨耕在《北京社会科学》1998 年第 1 期发表的《"实践唯物主义"的由来及其与"辩证唯物主义"的关系》一文中的话讲就是:"实践唯物主义不仅是一种实践观,更重要的是一种世界观"[1]。随着中国的改革开放的深化,包括现代西方马克思主义哲学的现代西方哲学,迅速在学者们中间传播,即便是被视为传统马克思主义哲学代表人物的学者也开始研究这些西方哲学,并且建议将西方现代哲学相关研究成果融入马克思主义哲学,用黄楠森在《更完整严密构建马克思主义哲学体系的必要性与可行性》一文中的语言表达即是:"西方哲学,特别是当代哲学中哪些理论、哪些观点可以经过改造而融入马克思主义哲学之中"[2]。正是在这些马克思主义哲学前辈的支持下,中国哲学界一度热衷于生存论哲学研究。在我们看来,马克思主义哲学教科书的研究者和著述者,不但没有置身生存论哲学研究热的事外,恰恰相反,其将生存论哲学的成果融入了马克思主义哲学教科书的创新之中,其成果就是"实践唯物主义"范式的诞生。也就是说,在马克思主义哲学教科书融入围绕人的生存而展开的生存论哲学研究理念,把马克思主义哲学教科书的思维前

---

[1] 杨耕:《"实践唯物主义"的由来及其与"辩证唯物主义"的关系》,《北京社会科学》1988 年第 1 期。

[2] 黄楠森:《更完整严密构建马克思主义哲学体系的必要性与可行性》,《北京大学学报(哲学社会科学版)》2007 年第 6 期。

提定位为,马克思主义哲学是以现实生活世界为认知根基的世界观体系。对于马克思主义哲学是以现实生活世界为认知根基的世界观体系,可以从三个视角理解。其一,"实践唯物主义"范式以能否反映时代精神作为教科书是否具有合法性的根据。马克思把真正的哲学视为自己时代精神的精华。当然,马克思所理解的时代精神是对根源于现实生活世界的人类社会实践的概括,不是黑格尔理解的抽象和思辨的绝对精神。传统的马克思主义哲学教科书范式(即"辩证唯物主义与历史唯物主义"范式)把是否能够准确把握马克思的哲学思想视为教科书是否具有合法性的根据,而此种观念是不利于人们更好地把握中国改革开放的哲学根据,即改革开放的实践使得以现实生活世界为根据的时代精神发生了变化。所以,"实践唯物主义"范式把能否反映时代精神作为教科书是否具有合法性的根据,就体现了"实践唯物主义"范式有其产生的哲学根据。其二,"实践唯物主义"范式把对现实生活世界的认识理解为具有本体意蕴的实践。实践是个抽象的概念,也是一个可操作性的现实性概念。正因为实践概念具有的这种二重性意蕴,实践一词就很难予以把握,但实践一词并不是现代哲学家才使用的,古代哲学家(如亚里士多德)、近代哲学家(如康德、黑格尔)都曾经使用实践概念。或许有学者认为,这些哲学家也是实践哲学家。但在我们看来,他们的实践不是对现实生活世界认识意蕴上的实践,而"实践唯物主义"范式中的具有本体意蕴的实践,则是指代现实生活世界认识意蕴上的实践。其三,"实践唯物主义"范式更为关注作为主体的现实生活世界中的人的能动性。中国改革开放以前的教科书,特别强调尊重经典作家的观点,这种认识严重阻碍了中国社会的创新性发展。改革开放非常需要提供尊重现实生活世界体验的哲学根据,于是,实践是检验真理的标准这一尺度被重新提及。实践是检验真理的标准的一个核心问题是谁来掌握实践。这就意味着,必须更为关注作为实践主体的人,而且这个人是感性的人,即来自现实生活世界中的感性的人。

许多学者发表文章论证"实践唯物主义"范式,在理解马克思主义哲学中的准确性和价值性的基础上,甚至有学者写出了研究专著,如陆剑杰的《实践唯物主义理论体系的历史逻辑分析》(河南人民出版社1994年版),肖前、李淮春、杨耕主编的《实践唯物主义研究》(中国人民大学出版社 1996 年版),于洪卫:《实践唯物主义研究概述》(石油大学出版社 1990 年版)等。但在我们看来,真正意义上的"实践唯物主义"范式教科书,只有辛敬良的《马克思主义哲学导论——实践的唯物主义》一书。这就是说,到目前为止,只有辛敬良的马克思主义哲学教科书是真正把实践作为思维前提的。或者说,只有此书是将"实践唯物主义"理论写成高校的教科书形式。所以,其"实践唯物主义"范式的逻辑架构也就比较清晰。从构筑逻辑上看,"实践唯物主义"范式由四大部分组成。其一,实践观。辛敬良之所以书写《马克思主义哲学导论——实践的唯物主义》一书,是因为辛敬良认为,既然马克思恩格斯在《德意志意识形态》一文中明确把自己的哲学称为"实践唯物主义",那么,还不如用"实践的唯物主义"取代"辩证唯物主义与历史唯物主义"。辛敬良的这一观点并不是根源于辛敬良对经典作家原著的简单推崇,而是源于其认为马克思恩格斯《德意志意识形态》的这种理解,的确是对马克思主义哲学最准确的表达。所以,辛敬良在"实践唯物主义"范式教科书中,首先论证马克思主义哲学的实践观。其二,自然过程观。在辛敬良看来,自然过程并不是纯粹的客体,也就是说,自然界虽然具有客观性和对人的优先地位,但它可以通过对象性向人呈现,即自然界可以通过其历史性的一面而与社会相统一。这种理解,不仅是"实践唯物主义"范式教科书在书写逻辑上的创新,也突破了"物质本体论"的解释原则。辛敬良的《马克思主义哲学导论——实践的唯物主义》教科书,用了第二编(以实践为中介的自然过程)的全部内容阐释马克思主义哲学的自然过程观。第二编包含三章内容,即"第四章自然界的客观性及对人的优先地位""第五章自然界的对象性及向人的呈现""第六章自然界的历史性及与人在社会中的统一"。其三,社会历史过程观。任何范式的教科书都把马克思的唯物史观视为马克思主义哲学的核心内容,"实践唯物主义"范式教科书也不例外。但在辛敬良看来,人类社会的历史更应该是一个过程,而且是一个以人的实践为本质的历史过程,为此,他把该部分内容命名为"以实践为本质的社会历史过程"。在构架唯物史观内涵体系上,"实践唯物主义"范式教科书更多地突出人的社会实践意蕴,而不是诸如"辩证唯物主义与历史唯物主义"范式教科书那样突出社会发展规律。对社会历史过程观的论述,"实践唯物主义"范式教科书用了整整 8 章内容阐述,即"第七章社会有机体""第八章历史的主客体和历史过程""第九章社会物质生产""第十章人自身生产和人群共同体""第十一章社会精神生产""第十二章精神产品的两大类型——意识形态和科学""第十三章社会形态及其演进序列""第十四章人、人性和人的全面发展"。其四,认识过程观。哲学既是世界观,也是方法论,也即是说,阐述认识逻辑也是马克思主义哲学不能回避的内容。"实践唯物主义"范式教科书认为,人的认识是一个有着自己规律的过程,它被赋予了全新的逻辑架构。"实践唯物主义"范式教科书还把价值观的内容囊括在了认识过程观之中,即专门设立了"实践与真理"一章。在我们看来,"实践唯物主义"范式教科书或许只是想阐释认识真理的路径,并不是真正想表述马克思主义哲学的真理观。对认识过程观的论述,"实践唯物主义"范式教科书用了 4 章内容阐述,即"第十五章意识的发生和结构""第十六章认识过程""第十七章实践与真理""第十八章思维的规律和方法"。

(三)"实践观点的思维方式"范式

"实践观点的思维方式"范式与"实践唯物主义"范式一样,都认为马克思主义哲学是以"实践"为逻辑基点的哲学,不同的是,"实践观点的思维方式"范式不是把现实生活世界作为"实践"的开端,而是以认知"实践"的思维方式作为"实践"的开端,这就是说,"实践观点的思维方式"范式的思维前提是,马克思主义哲学是不同于思辨哲学思维方式的认知和改造世界的方法论体系。之所以将"实践观点的思维方式"范式称为方法论体系,并不是说"实践观点的思维方式"范式不论及世界观,而是因为它没有不表征自己世界观的哲学逻辑,这里之所以把"实践观点的思维方式"范式称为方法论体系,是因为该范式特别强调哲学思维方式和其他思维方式的不同。"实践观点的思维方式"范式发起人高清海对此曾有个解释,即高清海认为,哲学理论最重大、最根本的变化,不是"世界观"的变革,而是哲学思维方式的变革,因为"不同的世界观表现的主要是人们对待世界的态度、看待世界的方式、理解世界的观点的不同,这在实质上就是对待世界和事物的哲学思维方式"①。纵观哲学史,"实践观点的思维方式"范式的产生背景与"实践唯物主义"范式产生有着相似之处,也就是说,"实践观点的思维方式"范式也与改革开放有关,即以与改革开放需求相应的哲学理论作为根据。换言之,中华民族是一个崇尚"敦行"的民族,而"敦行"的根据即为与世无争的儒家思维方式,所以,要想改革开放获得成果,必须改变人们传统的思维方式。马克思主义哲学是不同于思辨哲学思维方式的认知和改造世界的方法论体系,可以从三个视角理解。其一,"实践观点的思维方式"范式用"感性的人的活动"与"直观的人的活动"做了哲学本性上的切割。马克思在《关于费尔巴哈的提纲》一文中明确表明了自己的哲学与以往一切形式的哲学都有所不同。马克思在论及自己的哲学与费尔巴哈的哲学的不同时指出,自己的哲学对现实生活世界的理解是"感性的人的活动",而费尔巴哈的哲学对现实生活世界的理解是"直观的人的活动"。"实践观点的思维方式"范式之所以要用"实践观点"与其他形式的哲学做切割,本质上是要表征马克思哲学是更为具有合理性的思维方式。其二,"实践观点的思维方式"范式始终贯彻"主客统一"的认识论原则。在"实践观点的思维方式"范式看来,马克思哲学之所以能够被称为真正意义上的"实践哲学",不仅是因为马克思哲学更为关注现实生活世界,还是因为马克思哲学能够消解"主客二分"的矛盾,即马克思哲学能够通过独特的"实践观点"理论,将主体的能动性与客体的对象性联系在一起。其三,"实践观点的思维方式"范式始终坚持使用认识世界的方法论原则书写教科书。从一定意义上理解,不同的教科书范式的差别就在于教科书书写的差别。所以,衡量一本教科书的优劣与否,就要看该教科书使用的书写原则。与诸多教科书直接采取陈述相应的世界观理论方式不同,"实践观点的思维方式"范式坚持使用认识世界的方法论原则分析相关理论。因为,在该范式看来,无论是认识世界,还是改造世界,都是以认识世界为前提的,或者进一步讲,改造世界也可以理解为是一种宏观的认识。

---

① 高清海:《哲学的创新》,吉林人民出版社 1997 年版,第 82 页。

1985年,由人民出版社出版的高清海的《马克思主义哲学基础》,令学术界为之一振,该书的出版让人们看到了一个不同于传统教科书的马克思主义哲学教科书,但该书的影响也主要在学术界,即该教科书并没有在众多的高校或高校的学生中得以传播。需要说明的是,该书被视为"实践观点的思维方式"范式的教科书,是根据高清海的哲学思想所做的概括。也就是说,高清海起初只是要反对从"主客二分"出发理解马克思主义哲学的模式,并没有表明自己的教科书是"实践观点的思维方式"范式。比如,高清海在《走哲学创新之路——关于哲学教科书体系改革的心路历程》一文中提及,"原先的教科书尽管处处要同旧哲学对立、处处在批判旧哲学观点,它却并未跳出旧哲学思考问题的框架,它用以批判旧哲学的那个思维方式恰恰是传统哲学用以建立他们世界观理论的哲学模式,我称它为从两极对立出发的思维方式即'本体论化'模式。这是造成教科书在很多问题上同旧哲学总是划不清界线的深层原因"①。从教科书的书写历史看,迄今为止,也只有高清海的《马克思主义哲学基础》一本教科书真正属于"实践观点的思维方式"范式。"实践观点的思维方式"范式,从构筑逻辑上看,由四大部分组成。其一,认识观。这里所指代的认识观不是指哲学内涵意蕴上的认识论,而是指"实践观点的思维方式"范式教科书对"认识"范畴的本质性把握。高清海把"认识观"放在教科书的第一篇,而且这一篇还是四篇之一,即高清海把"实践观点的思维方式"范式教科书的四分之一篇的内容都用在了阐述"认识的本质"上。高清海之所以这样构筑教科书逻辑,在我们看来,正是要告诉人们,哲学就是思维方式,马克思主义哲学就是实践观点的思维方式。也就是说,高清海的"实践观点的思维方式"范式教科书,开篇就清晰阐释了自己的基本观点和基本立场。这一篇包括2章内容,即"第一章意识与存在的关系——认识的基本矛盾""第二章马克思主义哲学对存在与意识关系的科学解决"。其二,客体观。客体和主体的关系究竟是什么? 和主体的关系如何? 许多研究者不自觉地把客体与主

---

① 高清海:《走哲学创新之路——关于哲学教科书体系改革的心路历程》,《开放时代》1996年第3期。

体进行了划分,但它们本质上是不可分割的,所以,"实践观点的思维方式"范式教科书就摒弃了主客二分的客体观。"实践观点的思维方式"范式教科书的客体观只是要阐明"概括人类认识客体的一般进程和一般规律",用高清海的解释就是,客体观"就是马克思主义哲学对人类认识客体的一跃进程和一般规律所作的哲学的概括和总结,对人类认识客体所表现出的一般逻辑进程的说明"①。这一篇包括"第三章客体的规定性""第四章客体的规律性""第五章世界统一于运动着的物质"。其三,主体观。所谓主体观,在高清海看来,就是研究人的逻辑。"实践观点的思维方式"范式教科书之所以把"主体观"视为马克思主义哲学教科书所要研究的主要内容,用高清海的话讲,是因为两点:一点是人是人一切活动的出发点和归宿的原因,另一点是主体表现着思维与存在、精神与物质、主观与客观的矛盾,换言之,"只有对主体——人有了一个正确的了解,才能切实地掌握思维与存在的关系问题上的唯物主义和辩证法观点"②。需要说明的是,"实践观点的思维方式"范式教科书对主体的阐述与任何其他范式教科书对主体的阐述,在逻辑结构上都有所不同,即它不仅详细阐释了作为主体的人的规定性,还详细论证了主体能力的根据和发展。这一篇包括"第六章人作为主体的基本规定性""第七章主体能力的自然基础""第八章主体的社会规定性"。其四,主客体统一论。主客体统一论是"实践观点的思维方式"范式教科书最为特别的地方,因为,它所理解的所谓的统一,已经不仅仅是主体、客体和实践三者之间的关系,而是(被)赋予了价值内涵的综合性的统一。或者说,"实践观点的思维方式"范式教科书已经不仅仅把主客体的统一看作逻辑意蕴上的统一,而且还将其看作了哲学最高使命上的统一——人自由的实现。正因如此,高清海把主客体统一论命名为"在实践基础上真善美的统一与自由的实现"。这一篇包括 4 章内容,即"第九章主客体统一的规定性""第十章实践""第十一章认识""第十二章自由"。

---

① 高清海:《马克思主义哲学基础(上)》,人民出版社 1985 年版,第 206 页。
② 高清海:《马克思主义哲学基础(下)》,人民出版社 1987 年版,第 10—11 页。

（四）"历史唯物主义"范式

21世纪以来,尤其是近年来,"历史唯物主义"范式一度成为学者们关注的研究对象,仅中国社会科学院的《哲学研究》杂志就发表了40余篇关于"历史唯物主义"范式的研究论文,以吉林大学孙正聿为代表的学者的论文,非常清晰地阐明了"历史唯物主义"范式的思维前提,即马克思主义哲学是以历史唯物主义表征人的存在的逻辑。如果说"实践唯物主义"范式和"实践观点的思维方式"范式是从哲学理论是否具有现实合法性的视角进行的创新,那么,"历史唯物主义"范式的创新则又有所不同,即"历史唯物主义"范式创新的出发点是回到原著中去寻找马克思哲学的本质特征。在马克思主义哲学的研究中,有学者认为马克思哲学就是辩证唯物主义,或者是历史唯物主义、实践唯物主义、辩证唯物主义和历史唯物主义等,但也有学者认为马克思哲学就是社会理论或社会哲学。基于这些研究成果,以孙正聿为代表的一些学者,主张从马克思哲学的本质特征表征马克思主义哲学,应该是更为准确的研究视角。那么,马克思哲学的本质特征不是实践吗? 如果是实践,马克思哲学不就是实践唯物主义吗? 有的学者认为马克思哲学的本质特征是实践,但还有许多学者从马克思哲学的历史使命和基本内涵等视角理解马克思哲学,也就是说,马克思哲学的本质特征还有其他解释,包括"历史唯物主义"范式的解释。孙正聿在《历史唯物主义的真实意义》一文中,对此问题的解释是,"历史唯物主义关于'世界观'的解释原则,集中地、深切地体现了马克思的'解放何以可能'的哲学使命和马克思的'现实的人及其历史发展'的哲学内涵"①。孙正聿的观点很明确,马克思主义哲学是表征人的存在的逻辑。马克思主义哲学是以历史唯物主义表征人的存在的逻辑,可以从三个视角理解。其一,"历史唯物主义"范式围绕人的活动展开逻辑框架构筑。马克思认为:"历史不过是追求着自己目的的人的活动而已"②。这就是说,历史唯物主义亦可称之为"人的

---

① 孙正聿:《历史唯物主义的真实意义》,《哲学研究》2007年第9期。
② 《马克思恩格斯文集》第1卷,人民出版社2009年版,第295页。

活动逻辑"。与之相对应,"历史唯物主义"范式的逻辑框架构筑,就不能不围绕人的活动而展开。人的活动又可称之为人的社会历史活动,所以,围绕人的活动展开的逻辑框架,就应该是人类认识和改造世界的生产方式和生存方式。其二,"历史唯物主义"范式强调社会历史规律的研究价值。历史唯物主义是一种决定论的哲学逻辑,即建立在历史决定论的基础之上。历史决定论与各种非历史决定论的差别在于,历史决定论认为人类社会历史发展是有规律的,而各种非历史决定论认为社会历史发展是偶然因素的集合,人类社会的发展没有规律可言。所以,从一定意义上理解,"历史唯物主义"范式就是要阐释人类是按照哪些社会发展规律从事社会活动的,或者说,"历史唯物主义"范式就是要阐释人类应该按照怎样的规律从事社会活动。其三,"历史唯物主义"范式把论证人的自由自在存在状态作为理论终点。既然"历史唯物主义"范式把"人的存在"视为最为根本的哲学问题,那么,它就必定要阐释自己的理论是如何规定人类自由的实现路径和实现状况。纵观哲学史,任何哲学理论都有自己对人存在状态的设想。比如,中世纪的神学理论,不论是哪种形式的神学理论,都把人的自由存在理解为彼岸世界的特权,即在此岸的现实生活世界,人类是不可能存在真正自由状态的。

将历史唯物主义作为马克思主义哲学的核心内容,学术界对此没有争议,并且倾向于认为马克思主义哲学就是历史唯物主义的学者也愈来愈多,但把历史唯物主义作为教科书范式进行书写的著作几乎不存在,或者说,按照"历史唯物主义"范式的思维前提加以对照,"作为'历史唯物主义'范式的当代中国马克思主义哲学教科书,严格意义上并没有出现,勉强有所接近的也就算赵家祥 1999 年出版的《历史唯物主义教程》,因为该版的逻辑起点是'人'(第一编是《人·自然·社会》),结论还是'人'(第六编是《人的本质和人类解放》),实现了以'人的观念'逻辑对'物质本体论'逻辑的取代"①。"历史唯物主义"范式,从构筑逻辑上看,由 7 编内容组成。其一,人、自然、社会。与"历

---

① 曹典顺:《语境与逻辑:当代中国马克思主义哲学教科书范式嬗变》,《马克思主义与现实》2012 年第 2 期。

史唯物主义"范式的思维前提相适应,该教科书首先把握人的存在。赵家祥认为,"人、自然、社会构成一个相互联系的整体"①。这就是说,人是不能单独存在的,或者说,人不能离开自然和社会而独立存在。为此,"历史唯物主义"范式教科书设计了 3 章内容来阐释人为什么要和自然、社会统一存在,即"第一章人和自然""第二章人和社会""第三章实践——人、自然、社会统一的基础"。其二,社会生产。在论证了人是社会中的存在之后,"历史唯物主义"范式教科书转向论述"社会生产"。之所以要论述社会生产,用赵家祥的话说就是,"社会生产是人类创造社会财富的活动和过程,是人类和人类社会得以存在和发展的前提和基础"②。这即是说,之所以要论述社会生产,目的还是要阐释人的存在,只不过前者是描述人存在的本质,这里是描述人的存在方式。根据社会生产所包含的要素和社会生产的功能,"历史唯物主义"范式教科书设计了 4 章内容,即"第四章社会的物质生产""第五章人类自身生产""第六章社会的精神生产""第七章社会生产的整体结构和功能"。其三,社会结构。社会结构也是人的存在论述的延续,因为,如果说社会生产反映的是人的存在方式,那么,社会结构反映的则是人的存在状态。为此,"历史唯物主义"范式教科书虽然专列了"社会结构"整编的内容,但在赵家祥看来,这一编依然没有能够囊括所有"社会结构"的内容,即有些在其他篇章论述的内容,也是属于社会结构的内容。这一编,共有 4 章内容,即"第八章经济基础和上层建筑""第九章人群共同体的历史形式""第十章阶级和国家""第十一章社会意识及其形式"。其四,社会运行机制和社会发展动力。如果说第二编、第三编描述的是社会发展的静态系统,那么,社会运行机制和社会发展动力描述的则是社会发展的动态形态,即"历史唯物主义"范式教科书依然围绕人的存在展开逻辑架构。社会运行机制十分复杂,其是社会学的重要研究对象,马克思主义哲学教科书对其的把握只能是宏观层面(上)的,赵家祥认为,"社会运行机制包括需要和物质利益、分工协作、社会管理和社会预测、决策等。我们重点

---

① 赵家祥:《历史唯物主义教程》,北京大学出版社 1999 年版,第 45 页。
② 赵家祥:《历史唯物主义教程》,北京大学出版社 1999 年版,第 107 页。

叙述需要和物质利益、分工及其在社会发展中的作用"。据此,这一编,共有 6 章内容,即"第十二章需要与利益在社会发展中的地位和作用""第十三章分工在社会发展中的作用""第十四章革命和改革在社会发展中的作用""第十五章科学在社会发展中的作用""第十六章人民群众和个人的历史作用""第十七章社会发展的动力系统"。其五,社会形态及其发展过程。在赵家祥看来,马克思主义哲学的社会形态理论,"在历史唯物主义体系中占有十分重要的地位。讲清马克思主义的社会形态理论,对于理解历史唯物主义的其他原理,对于解释当代现实中向历史唯物主义提出的一系列重大研究课题,具有十分重要的意义"①。为此,"历史唯物主义"范式教科书单列了这一部分内容,这一部分共有 3 章内容,即"第十八章社会形态的划分""第十九章社会形态的发展是一种自然历史过程""第二十章社会形态发展的统一性和多样性"。其六,人的本质和人类解放。前文已经论及,论述人的本质和自由自在的存在应该是"历史唯物主义"范式教科书的终极目标。用赵家祥的话说,"人的本质是一个哲学范畴,实际上是指什么是人? 人有哪些主要属性"②。这一编,共有 3 章内容,即"第二十一章人与人道主义""第二十二章人的价值和人生观""第二十三章社会进步及人的解放"。其七,历史认识论。"历史唯物主义"范式教科书把历史认识论单列一编,不仅是逻辑的需要,用赵家祥的话说,还是因为,"本编所讲的历史认识论是以历史认识为对象,研究人们历史认识的结构、过程及其发展规律的一门哲学学科"③。这一编,共有 3 章内容,即"第二十四章历史认识论在唯物史观中的地位""第二十五章历史认识的客观性是历史认识论的中心问题""第二十六章历史认识的主体性与客观性"。

---

① 赵家祥:《历史唯物主义教程》,北京大学出版社 1999 年版,第 443 页。
② 赵家祥:《历史唯物主义教程》,北京大学出版社 1999 年版,第 497 页。
③ 赵家祥:《历史唯物主义教程》,北京大学出版社 1999 年版,第 549 页。

第三章　马克思主义哲学原理研究范式

　　教科书研究范式简明和通俗的特点,对于人们迅速了解和掌握马克思主义哲学的基本理论,对于迅速将其转化为社会实践的指导思想,起到了不可磨灭的贡献。然而,伴随着改革开放的深入,"教科书研究范式"的话语体系和思维方式容易导致教条主义的特点日益显现,即"教科书研究范式"的负面性特点开始引起学术界的关注。为了解释诸多在改革开放过程中遇到和面临的理论困难,学者们开始以专题的形式阐释和研究诸如马克思主义哲学新的体系表述、马克思主义价值哲学、马克思主义人学等马克思主义哲学的原理。这种研究范式即为马克思主义哲学原理范式(以下简称"原理研究范式")。这就是说,所谓"原理研究范式",就是指为了更加深度地把握马克思主义哲学的"相关原理",用专著的形式阐释该原理的"研究模式"。原理研究始于马克思、恩格斯,但是作为一种把原理研究看作是超越教科书范式的理论创新范式,即将原理研究"范式化",还是从中国改革开放以来开始的。纵观改革开放 40 多年来的"原理研究范式",它始终处在不断变化或深化之中。具体而言,马克思主义哲学"原理"的多样化和"原理表述"的差异化,始终是理解这一范式的历史主线。从逻辑思维的角度看,"原理研究范式"的理论思维实现了对马克思哲学的发展和创新。

一、原理研究范式的历史

　　就内容来说,"教材"和"专著"的相似之处在于,它们都是对相关"原理"的阐释。"教材"和"专著"的不同之处在于,"教材"具有"普遍教育"的功用,它关涉的"原理"必须具有普遍性和权威性;"专著"具有"创新"的意蕴,它关涉的"原理"具有特殊性和创新性。与此逻辑相适应,"教科书研究范式"与"原理研究范式"的相似之处在于,它们都是对马克思主义哲学"原理"的阐释,"原理范式"中的"原理表述"可以上升成为"教科书研究范式"中的"原理表述","教科书研究范式"中的"原理表述"也可以退出"教科书研究范式"而进入"原理研究范式"的研究视域。"教科书研究范式"与"原理研究范式"的不同之处在于,"教科书研究范式"中的"原理"代表它所处的时代所能达到的最高学术水平,即关涉原理具有"相对彻底性";"原理研究范式"中的"原理"是学者们对马克思主义哲学"原理"的"创新性认识",即为了发现马克思主义哲学更大价值所做的研究。以上的分析表明,"原理研究范式"的最大特征莫过于认可"原理"的"差异性"。这个"差异性"表现为两个方面,一方面是指在"原理研究范式"的视域中,马克思主义哲学的"原理"并不仅仅局限于"教科书研究范式"所涉及的"原理",它所涉及的"原理"可以无限多,即具有"多样性"。马克思主义哲学从本质上说是"实践哲学",而"实践"是社会发展中最为活跃的因素之一,所以,为了保证马克思主义哲学在"中国道路"践行中不会"缺场"或"空场",必须拓宽它的研究领域,并将每一研究领域所涉问题都逐步提升到"原理研究"的高度。另一方面是,在"原理研究范式"的视域中,任何"原理"都可以有着不同的表述,即不存在"原理表述"的"绝对权威","原理表述"具有"差异性"。马克思主义经典作家的著作十分丰富,有些还十分学术化,不利于中国化,所以,"教科书范式"被视为马克思主义经典作家著作和思想的概括或"教材化"。但教科书体系并不是马克思创设的体系,诸多"原理"也都有特殊的"语境"。比如,针对人的本质问题,马克思在不同文本中就做过不同的表述,如在《1844年经济学哲学手稿》中指出:"人的类特性恰恰就是自由的有意识的活动"①,而在《关于费尔巴哈的提纲》中指出:"人的本质不是单个人所固有的抽象物,在其现实性上,它是一切社会关系的

---

① 《马克思恩格斯选集》第1卷,人民出版社1995年版,第46页。

总和"①。"原理范式"的几十年发展,就是要通过"原理"背后的"语境"研究,来创新、丰富和完善马克思主义哲学的"原理"。但是,正如教科书范式发展史十分复杂,不可能从时间史的视角进行分期,原理研究范式的发展史也是十分复杂,即原理研究范式的各个时期和阶段也不存在明确的边界。也就是说,只能从马克思主义哲学"原理"的多样化和"原理表述"的差异化的视域对原理研究范式进行分期和划界。据此,"原理研究范式"的历史发展可以概括为三个时期,即教科书体系化期、哲学学术化期和原理中国化期。

（一）原理研究范式的"教科书体系化期"

就当代中国马克思主义哲学发展出现的案例而言,试图弥补"教科书研究范式"没有涉猎或关注不够的"原理"的教育功用而撰写的"专著性教材",即以教科书的形式出现,却又实为专著研究体系而非"教科书范式"体系的研究,或者说,是具有"教科书意蕴"的"原理研究范式",这一时期即为原理研究范式的(被称为)教科书体系化期。马克思在总结以往哲学家的研究主旨时指出,"哲学家们只是用不同的方式解释世界,问题在于改变世界"②。这就是说,马克思主义哲学研究者的使命之一就是,通过学术研究的形式参与到改变世界的社会实践之中。撰写具有"教科书意蕴"的"原理范式"专著就是其中最为重要的参与形式之一。比如,陈先达撰写的专著《马克思主义基础理论若干重大问题研究》、安启念撰写的专著《马克思恩格斯伦理思想研究》、孙正聿撰写的专著《哲学通论》、赵剑英与俞吾金撰写的著作《马克思的本体论思想》,等等,它们虽然都是以专著的形式出现,但都可以作为"教材"使用。孙正聿对这种具有"教科书意蕴"的专著的使用状况,以《哲学通论》为例,做过一个总结。他认为,"先是高校哲学专业陆续开设'哲学通论'或'哲学导论'课程,后是部分高校的非哲学专业把'哲学通论'或'哲学导论'作为人文素质教育课程而予以普及推广;与此同时,《哲学通论》这部专著性教材,在'哲学

①　《马克思恩格斯选集》第 1 卷,人民出版社 2012 年版,第 135 页。
②　《马克思恩格斯选集》第 1 卷,人民出版社 2012 年版,第 136 页。

通论'课程的普及推广中得以广泛使用,并作为哲学基础理论研究成果而得到学界和哲学爱好者的广泛关注"①。这就是说,孙正聿也认为,"原理研究范式"的专著,完全可以作为"教材"加以使用。需要指出的是,"原理研究范式"就是"原理范式",它只是具有"教科书意蕴",而不可能取代"教科书"。也就是说,虽然"原理研究范式"与"教科书研究范式"的功用有所交叉,但由于逻辑体系的不同,两者之间只能是一定限度的互相补充,不可能互相取代。而"原理研究范式"之所以能够对"教科书研究范式"予以补充,主要是因为"原理研究范式"所论及的"原理"亟待上升到"教科书研究范式"的"原理",或者说,虽然"教科书研究范式"非常需要"该原理"的支撑,但当下的学术界还没有对"该原理"的可行性和准确性等(特性)达成共识。当然,随着时代精神或学术研究的发展和进步,既定的"原理研究范式"的专著很快就会从"教科书"的行列"退场",即它不再具有"教科书意蕴",而"教科书研究范式"的"教科书",则具有相对稳定性,即不会轻易"退场"。

(二)原理研究范式的"哲学学术化期"

对于"教科书研究范式"中没有展开论证的诸多"原理",有必要通过专著进行深入探讨,以发现这些"原理"更为宽泛的价值和意义,我们称之为具有"哲学意蕴"的"原理范式"研究,这一时期即为原理研究范式的哲学学术化期。打开马克思主义哲学的教科书,很容易看到和掌握马克思主义哲学的诸多"基本原理"和诸多"根本性结论",但对于在社会实践中如何践行和验证这些结论,教科书中却没有提供具体的操作方法。正因如此,马克思主义哲学遭到了众多的误解和责难。这其中有三种情况,第一种情况是因故意曲解而遭受的责难,第二种情况是因对马克思主义哲学的无知而产生的责难,第三种情况是因马克思主义哲学自身的表述不够准确或研究成果不够彻底而遭遇的责难。从中国改革开放的发展历史来看,三种责难的情况都有所发生。就当下中国而言,前两种责难的状况也相当严重。因为,不论是否定改革开放的极左

①　孙正聿:《哲学通论》,复旦大学出版社 2012 年版,序。

派学者,还是否定社会主义的极右派学者,以及因不学习马克思主义哲学而盲目反对马克思主义哲学的人,都会对马克思主义哲学产生不同程度的曲解。比如,"教科书范式"中有两个基本的原理,其一是,"辩证法"是自然、社会和人类思维发展颠扑不破的规律;其二是,"实践"是马克思主义哲学最为本质的特征。"辩证法"和"实践"虽然都是马克思主义哲学中不可或缺的重要概念,但它们都不是马克思的发明和创造。无论是中国古代的哲学思想,还是古希腊的哲学研究,都证明了"辩证法"和"实践"所具有的意义。但在当下的现实生活世界里,"辩证法"和"实践"这两个"原理",有时被人们视为空洞的"教条"。对于学术界而言,其有责任和义务反思自己的学术成果,也就是说,马克思主义哲学的研究者应该反思自己对马克思主义哲学的表述是否准确、研究成果是否彻底。在这种意义上,对"原理"的"拓展研究"(即不局限于"教科书研究范式"所规划的"原理",认可"原理"多样化)和"深度研究",就显得格外重要。因为,只有通过"原理研究范式"的这种"学术化研究"(即"哲学意蕴"的研究),才可能发现"教科书研究范式"表述的"原理"所具有的更大价值和意义。从学术史的角度看,具有"哲学意蕴"的"原理范式"专著非常广泛。比如,仅仅围绕"辩证法"和"实践"两个"原理"所展开的研究,就不胜枚举,如陈晏清、阎孟伟等撰写的专著《辩证的历史决定论》、王南湜撰写的专著《辩证法:从理论逻辑到实践智慧》、赵光武撰写的专著《辩证法的历史与逻辑》、孙利天撰写的专著《论辩证法的思维方式》、贺来撰写的专著《辩证法的生存论基础马克思辩证法的当代阐释》、肖前等撰写的著作《实践唯物主义研究》、陆剑杰撰写的专著《实践问题与矛盾问题新论》、张汝伦撰写的专著《历史与实践》、任平撰写的专著《交往实践与主体际》,等等。

(三)原理研究范式的"原理中国化期"

"中国道路"的构筑和建设离不开马克思主义哲学的中国化,对涉及"中国道路"构筑和建设的相关马克思主义哲学"原理"进行合理性和可行性论证的专著,即为马克思主义哲学中国化的理论性保障,我们称之为具有"现实意蕴"的"原理范式"研究,这一时期即为原理研究范式的原理中国化期。从苏东剧变看,仅有马克思主义哲学的世界观和方法论体系或知识的灌输,显然是不够的,必须走马克思主义哲学的基本原理与所在国的具体国情相适应的国家发展道路,人们才能够相信和支持"社会主义道路",即相信马克思主义哲学"原理"具有合理性和可行性。因此,在"中国道路"的理论构筑和现实建设中,一个迫切需要解决的问题是,一定要吸取相关国家发展道路的教训,努力实现马克思主义哲学的中国化。从"学术意蕴"和"现实意蕴"的双重视角看,"中国道路"的总设计师邓小平,应该是当代中国"原理研究范式"的缔造者。因为,学者们在邓小平理论的启发下,积极探索马克思主义哲学的"现实"合理性和可行性,出版了诸多属于"原理范式"的专著。比如,黄楠森的《邓小平理论的哲学基础研究》、叶汝贤的《当代中国建设的哲学》、陶德麟的《回答现实的呼唤——哲学与当代社会实践》、欧阳康的《在观念激荡与现实变革之间——马克思实践观的当代阐释》、何萍和李维武的《马克思主义中国化探论》、郭建宁的《马克思主义哲学中国化的当代视野》,等等。也正是因为这些具有"现实意蕴"的"原理范式"研究成果,一定意义上支持了"中国道路"的构筑和建设,使得中国社会的物质产品极大丰富,众多学者(包括外国学者)的研究兴趣转向"中国道路"。

二、原理研究范式的特点

相对于马克思主义哲学研究的教科书研究范式,马克思主义哲学研究的原理研究范式,因研究内容的差异或不同,很难对其研究特点进行概况和总结。如果不能发现原理研究范式的特点,就不能更好地总结和引导原理研究范式的创新。原理研究范式的特点很难概括最为根本的原因是,原理研究范式的不同时期的研究特点差别较大。所以,我们根据原理研究范式的三个发展期,把原理研究范式的特点概况为三个方面,即隐形的教科书思维、自觉的问题意识和明显的学术逻辑。在此基础上,我们再详述这三大特点的内在逻辑。

（一）隐形的教科书思维

原理研究范式的研究者，一般又是经历过教科书教学的学者。也就是说，在这些研究者的价值观、人生观和世界观形成的过程中，已经内化了马克思主义哲学教科书的内容。这就意味着，原理研究范式虽然试图解决的是教科书研究范式没有解决或不适合解决的理论问题，但教科书范式的积极意蕴的特点深深地影响了原理研究范式的研究者。所以，在原理研究范式的书写过程中，不可避免地带有教科书思维的特征。但由于原理研究范式有着自己的书写方式，这一教科书思维就成为隐形的特点，即不能遮蔽原理研究范式的其他特征。纵观原理研究范式的研究成果，其隐形的教科书思维特征至少表现为三个方面，即原理表述的通俗化、原理选择的现实化和原理阐释实践化。

马克思主义哲学要实现其理论的有效传播，离不开哲学原理阐释的通俗化。检验马克思主义哲学传播的效果，就是要让广大的人民群众能够了解马克思主义哲学的基本内涵和思想精髓，即要增进人民群众对哲学原理的理解与认同。所以，原理研究范式就应同哲学教科书研究范式一样，其书写原则要追求哲学原理表述的通俗化。在我们看来，哲学原理表述的通俗化至少表现在三个方面。其一，哲学原理中概念数量的精简化。哲学理论体系是由诸多哲学概念构成，不仅理论体系庞大、复杂，思维逻辑严密而抽象，哲学概念也繁多且难理解。有机地将哲学概念进行精简、整合，有利于人民群众对马克思主义哲学形成一个整体性的理解。比如，以"实践唯物主义""历史唯物主义"来理解"马克思主义哲学"，以"唯物主义的历史观"来理解"历史唯物主义"，等等。其二，哲学原理语言表述的大众化。只有当哲学原理被理解、把握和运用，才能实现其自身的价值。哲学原理要实现这一过程，就应该在阐释哲学原理时，注重语言表述上的大众化，只有如此，原理才能够被人民群众所接受和掌握。在《哲学通论（修订本）》中，孙正聿将黑格尔关于"花蕾、花朵和果实"的哲学比喻，作了深入浅出的阐释，并以此来揭示哲学的"否定之否定"原理。"这就像花朵否定花蕾，花朵又被果实否定一样，是概念自身处于生生不已的流变之中，并不断地获得愈来愈充实的内容。而这种概念自我否定的辩证运动,正是深刻地展现了人类思想运动的逻辑,哲学发展的逻辑"①。其三,哲学原理运用的表述通俗化。在社会生活中,人民群众总是不自觉地将某些哲学原理作为自身实践的指导思想。因此,为了使更多人民群众正确运用这些原理,哲学原理专著便或多或少地与哲学教科书一样,力求达到对马克思主义哲学原理运用的通俗化阐释。例如,在《论辩证法的思维方式》一书中提到的,辩证法不仅是一种学说,在实际生活运用中,它还是"一种崇高的人生态度和人生境界。真正掌握辩证法理论和思维方式,要有追求高尚精神生活和追求真理的持久热情和顽强毅力,要有超越狭隘功利目的的哲学态度,要有自我教化、灵魂升华的自觉,这也许是掌握辩证法的更主要的困难"②,这即是将辩证法原理在人们社会、生活中的运用意义——辩证思维方式,通过简明、清晰的表述阐释了出来,有利于人民群众更好地使用该原理指导其实践活动。

"任何真正的哲学都是自己时代的精神上的精华"③,这即是说,哲学思想有其自身的历史背景,来源于当时代、从属于当时代、服务于当时代,所以,原理研究范式选择研究的原理必须要现实化。当代马克思主义哲学研究者,不仅要通过对经典作家的文本文献进行深入、细致的考订研究,更要着眼于现在,思考哲学原理的现实化转变,从而使哲学原理服务于当下时代。因而,为传播马克思主义哲学理论服务的原理研究范式的研究就应该要把握住时代脉搏,在当下时代的语境下,不断创新和发展马克思主义哲学原理。这一特征完全是继承了教科书研究范式的特征。比如,在李秀林等主编的《辩证唯物主义和历史唯物主义原理(第五版)》哲学教科书中,编者就在日新月异的国内外发展形势下,注重社会、历史的变化和实践、科学的发展,增加和创新了诸多哲学思想,如:"有些观点在经典作家那里有所论述,但又未充分展开、详尽论证,而当代实践和科学的发展又日益突出了这些问题,使之成为迫切需要解答的'热点'问题。对这样一些观点,应以当代实践和科学为基础,深入探讨、充分展开、详尽论证、使之成熟、完善,上升为马克思主义哲学的基本观点。为

---

① 孙正聿:《哲学通论(修订本)》,复旦大学出版社 2005 年版,第 12 页。
② 孙利天:《论辩证法的思维方式》,吉林大学出版社 1994 年版,第 34—35 页。
③ 《马克思恩格斯全集》第 1 卷,人民出版社 1995 年版,第 220 页。

此,《原理》第五版增加了传统文化与社会现代化、非理性因素在认识中的地位和作用这样一些内容"①。纵观原理研究范式的学术成果,很多马克思主义哲学研究者的研究专著,十分重视现实生活,并根据新的社会实践总结重新阐释相关的马克思主义哲学原理,即重新总结和反思马克思主义哲学的本真意义和马克思主义哲学的当代意蕴。这些研究成果不仅有助于人们对马克思主义哲学原理的深入探索,更有助于丰富和创新马克思主义哲学原理,从而指导我们当下的社会实践。比如,由陈先达等著的《马克思主义基础理论若干重大问题研究》一书中就提到,"对于理论和实践中的种种问题,从马克思主义经典作家的著作中不可能找到现成答案,照抄照搬西方的经济理论不可能得出科学正确的结论,坚持马克思主义的方法,探索和创立与不断变化的现实相适应的新理论,是发展马克思主义经济学的根本途径。本篇各章分别从历史唯物主义方法论、劳动价值论、资本主义劳动过程和剩余价值论、资本积累理论以及社会主义市场经济理论等不同方面,概括地反映国内马克思主义经济学界近年来取得的理论上的新进展"②。这即是说,处在社会历史发展新阶段以及站在当下时代的新高度上,原理研究范式与教科书研究范式一样,都在不断推进马克思主义哲学的哲学原理现实化。

在对哲学原理的阐释上,每个人因理论水平、生活经历、理解能力等方面的差异,使得哲学原理的个体性阐释不尽相同,尽管如此,每一个原理研究范式的研究者都有着共同的特征,即关注现实生活实践,换言之,研究范式的研究者都要将自己关注的哲学原理与现实联系在一起阐释。这种强调实践意义的原理研究范式的特征,根据可以追溯到教科书研究范式的学术成果中。比如,在《辩证唯物主义和历史唯物主义原理(第五版)》中,编者把实践观作为全书的思想主旨,并以此展开论述,"《原理》第五版又把实践的观点贯穿于辩证唯物主义和历史唯物主义之中。实践的观点是辩证唯物主义和历史唯物主

---

① 李秀林、王于、李淮春:《辩证唯物主义和历史唯物主义原理(第五版)》,中国人民大学出版社2004年版,"第五版说明"第3页。

② 陈先达等:《马克思主义基础理论若干重大问题研究》,经济科学出版社2009年版,"摘要"第2—3页。

义首要的和基本的观点。从哲学史上看,马克思之所以能发动一场震撼人类思想史的革命,关键就在于,他确立了科学的实践观,并以此为基础正确地解答了人与自然、人与社会的关系问题,从而实现了唯物论和辩证法、唯物主义自然观和历史观的统一。在这个意义上,马克思主义哲学又是实践唯物主义","马克思主义哲学是一个以科学的实践观为基础,唯物论和辩证法、唯物主义自然观和历史观'一体化'的理论体系。力求全面而又科学地阐述实践以及人与世界的关系,系统而又准确地阐释马克思主义哲学的基本观点,是贯穿《原理》第五版的指导原则"①。在原理研究范式的学术成果中,作者大多也采用此种方式对原理进行深刻阐释,以方便读者理解和掌握。例如,在陈先达等著的《马克思主义基础理论若干重大问题研究》一书中的第四篇摘要中提到,"在社会主义的理论和实践中,从分析马克思主义科学社会主义理论在苏俄最初实践而形成的'新经济政策'和'斯大林模式'入手,阐释了马克思主义科学社会主义理论在改革开放后中国的实践中形成的社会主义本质理论、社会主义市场经济理论、'三个代表'重要思想、科学发展观等重大理论,特别对社会主义本质与公平、效率的关系,深入贯彻落实科学发展观,以及民主社会主义与中国特色社会主义的本质区别等问题作了深入分析"②。作者们在社会实践基础上,结合中国的特殊国情,深入分析和阐释了科学社会主义理论,使得读者能够更加清楚又深刻地理解科学社会主义理论的本质,从而实现科学社会主义理论对社会建设和实践活动等方面的指导意义。

(二)自觉的问题意识

哲学又称反思之学,也就是说,哲学用反思的思维,展现出了智慧的思想。哲学的智慧是多方面的,智慧之一就是它有着深邃的问题意识,即哲学能够不断地促使一切事物和过程,包括它自己,不断地反思自己,这个反思就是问题

---

① 李秀林、王于、李淮春:《辩证唯物主义和历史唯物主义原理(第五版)》,中国人民大学出版社 2004 年版,"第五版说明"第 2 页。
② 陈先达等:《马克思主义基础理论若干重大问题研究》,经济科学出版社 2009 年版,"摘要"第 3 页。

意识。改革开放以后,中国社会的各行各业充满了建设的热情,马克思主义哲学的研究也不例外,许多的马克思主义哲学研究专家积极投身到马克思主义哲学的研究之中。有的马克思主义哲学研究专家把精力投入教科书的修改之中,但也有的马克思主义哲学研究专家自觉地反思中国社会主义革命和建设的经验和教训,并从中发现了亟待重新阐释的马克思主义哲学原理。这种自觉的问题意识,就是他们创新的原理研究范式的特征之一。归纳起来,当代中国马克思主义哲学原理研究范式的自觉的问题意识有三大特征,即思想前提的政治感、理论架构的逻辑感和学术研究的责任感。

　　思想前提是指思想构成自己根据的原则,也就是思想构成自己的逻辑支点,人的任何思想,都蕴含着构成自己的前提,具有普遍性;对思想前提的批判,就是思想的逻辑层次的跃迁①。思想前提具有普遍性,表现在三个方面。其一,任何思想的构成,都有其构成的依据。也就是说,思想的构成总是在某种特定世界观和方法论的指导下进行的。其二,思想的构成也总是遵循一定的思维方法。如,直觉行动思维法、形象思维法、抽象逻辑思维法、辩证思维法等这些思维方法都是思想构成所遵循的一些思维方法。其三,思想前提的普遍性突出地表现在"理论思维的前提性"。恩格斯曾经特别强调,在人的全部思想中,隐含着一个最普遍的、"不自觉的"的和"无条件的前提",这就是思维与存在的统一性,即"我们的主观思维和客观世界遵循同一些规律,因而两者的结果最终不能互相矛盾,而必须彼此一致,这个事实绝对支配着我们的整个理论思维。这个事实是我们理论思维的不以意志为转移的和无条件的前提"②。恩格斯所讲"理论思维的前提",也就是思想前提。按照恩格斯以上的思想理解,思想前提即是普遍存在的。按照意识形态的思维理解,在人类进入共产主义社会之前,任何思想都具有意识形态性,即具有政治感。换言之,思想前提的政治感就是指,所有的思想观念都要为所坚持的政治理念服务。很显然,任何思想、理论、著作,包括现在研究的马克思主义哲学原理也都有其

---

① 参见孙正聿:《哲学通论(修订本)》,复旦大学出版社2005年版,第106页。
② 《马克思恩格斯选集》第3卷,人民出版社2012年版,第977页。

思想前提的政治感,即思想前提的政治感具有普遍性。任何一种思想都是为自己的政治所服务的。所以,原理研究范式中的马克思主义哲学原理必然也包含政治感。当代中国马克思主义哲学研究中政治感不同于为资本服务的资产阶级政治感,原理研究范式中的政治感就是坚持马克思主义和坚持共产主义理想,即主张人民群众的利益高于一切。

在阐释和论证任何哲学原理的过程中,为了更好地论证这一原理,学子们都要设计其理论框架,所以理论架构必须具有逻辑感。需要指出的是,理论架构必须具有逻辑感,一定意义上是通过研究者解决现实问题的使命意识体现出来的,即通过使命感体现出来的。原理研究范式也是为了论证原理而设计的理论框架,这个理论框架是为了解决社会主义现代化建设中存在的问题。如马克思主义哲学的价值观原理研究,起初就是为了完成向人民群众解释为什么要进行改革开放的历史使命。据此,马克思主义哲学价值观研究的理论架构就是为了解决现实问题,即归根到底是要寻找正确的价值观。价值观作为一种价值导向机制,为人们的思想、行动提供价值坐标,指明目标方向,以此增进社会的认同感,规约人们的行为方式,激发人们的创造原动力。马克思主义哲学价值论思想植根于现实生活世界,它的核心问题在于对社会主义价值的普遍关注,研究的根本目的在于反思现实世界对社会主义价值的“遮蔽”,并树立起正确的价值观,对当代人的生存和发展以及价值的实现给予方法论上的指导,以正确的价值标准来判断各项改革与发展举措的成败,这正是马克思哲学价值论所关注的现实意义①。在中国特色社会主义事业建设中,出现了许多新问题,如自然资源日益枯竭,人口不断增长,生态平衡遭到破坏,生态环境日益恶化等,这些问题已经威胁到人类的生存,威胁到中国特色社会主义的发展。要缓解生态危机,摆脱生存困境,就要坚持正确的价值观理论。所以,诸多的原理研究范式要关注这些社会生活实践,比如,在研究生态文明建设时,要关注人与自然的关系,提倡人与自然的和谐。当然,提倡人与自然的

---

① 参见王卫华:《马克思主义哲学价值论的当代意义》,《唐山职业技术学院学报》2009年第4期。

和谐,既不是回归早期社会的自然适应人,也不是恢复工业社会的片面强调人适应自然,而应该是人与自然互相适应的辩证统一。① 原理研究范式关于价值观的深化研究,很好地补充了教科书因内容与体系局限不能展开论述价值观的弊端。

如所有的哲学形式一样,马克思主义哲学也具有逻辑性,而且学术逻辑非常严密。正是马克思主义哲学强烈的逻辑性,使得人们可以更好地理解马克思主义哲学,进而用马克思主义哲学来指导社会主义现代化建设。为了保证哲学的逻辑性,原理研究范式的研究者必定要具有学术研究的责任感,因为责任感是完成其使命的世界观前提。我们认为,学术研究的责任感,就是学术研究的群众路线,即在经济建设、社会建设和文化建设中坚持群众路线。从经济建设的视角理解,人民群众在“静悄悄的劳动”中推进着历史的车轮②。从社会建设的视角理解,解放生产力,首先是将劳动、劳动者从旧的生产关系束缚中解放出来,社会制度的历史大趋势必然表现为人民群众的某种自发或自觉的需要,这种需要正是社会发展客观趋势的主观表现③,所以,原理研究范式的研究者要注意概括何为社会发展的客观趋势,以便为中国特色社会主义建设找到现实道路。从文化建设的视角看,一切精神财富的最初源泉,存在于人民群众的生活、实践之中④,所以,原理研究范式的研究者要深入社会主义建设的实践,学术研究的责任感就是为中国特色的社会主义现代化建设所服务。

(三)明显的学术逻辑

从中国学界原理研究范式的实际状况看,当代中国马克思主义哲学原理

---

① 参见王卫华:《马克思主义哲学价值论的当代意义》,《唐山职业技术学院学报》2009 年第 4 期。
② 参见肖前、黄楠森、陈晏清:《马克思主义哲学原理》,中国人民大学出版社 2005 年版,第 320 页。
③ 参见肖前、黄楠森、陈晏清:《马克思主义哲学原理》,中国人民大学出版社 2005 年版,第 322 页。
④ 参见肖前、黄楠森、陈晏清:《马克思主义哲学原理》,中国人民大学出版社 2005 年版,第 320 页。

研究范式的学术逻辑有三大表现,即原理前提本体化、原理根据终极化和原理论证辩证化。

本体是关于存在的一般理论,是探究存在本质的哲学问题,本体思维是人们运用理智直觉才能把握的对象,是哲学思维区别于经验常识的根本性标志。本体不是人们利用感官所观察到的事物本身,而是作为事物存在基础的超验的存在,即关于存在之所以存在的学说。本体问题是哲学中的根本问题,是任何哲学都不能逃避的问题,本体问题构成了马克思主义哲学基本原理体系的前提,对本体问题的研究就是对马克思主义哲学原理的前提研究,通常而言,本体问题常常与世界的本质问题挂钩,其实,本体问题不仅仅局限于世界的本质问题,它还涉及认识领域、实践领域和生活领域等许多方面的种种问题。概括地讲,"马克思的哲学思想包含着深刻的本体论意蕴:他的实践哲学是迄今为止最自觉地体现人自由和超越本性的哲学,是人之存在的本质性文化精神的自觉展现;他的哲学通过对现代哲学的深刻影响,在超越以过去为定向的、还原式的、决定论的传统本体论范式和确立以未来为定向的、开放式的、生成论的本体论范式的哲学转折中起到了决定性的作用。这也正是我们坚持实践哲学的本体论意义的根本所在"①。根据该理解,马克思主义哲学原理从实践本体原则出发,具有人的活动特性的实践是马克思主义哲学原理的本体原则,这加深了对马克思主义哲学原理的创新性理解。马克思主义哲学原理研究范式从原理的本体前提出发,对原理本体前提的差异性理解,促进了原理研究的进步与发展,换句话说,对马克思主义哲学"本体"前提的不同理解和阐述,构成了马克思主义哲学原理研究的不同理论框架。例如,在肖前、李淮春、杨耕主编的《实践唯物主义研究》一书中,编者从实践的本体前提出发,将实践的观点贯穿于本书的每一章节中,第一章是"马克思主义哲学是实践唯物主义",第二章是"实践唯物主义是现代唯物主义",第三章是"马克思主义哲学体系的新构想",等等,这一实践的本体化前提使这一原理研究带有了浓厚的实践意蕴。此外,还有专门论述马克思主义哲学原理的本体问题的著作,如赵

---

① 衣俊卿:《重建马克思主义哲学的本体论》,《求是学刊》1988 年第 4 期。

剑英、俞吾金主编的《马克思的本体论思想》一书,此书收集了诸多哲学家对马克思主义哲学原理本体化前提研究的理论成果,充分体现了"原理范式"的本体化前提研究。由上可知,本体是隐藏于现实存在物之后的抽象存在,是人类思想对世界存在本源的终极追求,是对哲学的根本前提的追问,马克思主义哲学是建立在实践生活基础上的哲学,对马克思主义哲学原理本体化前提的理解应该从人类的实践活动出发,即应该从"人的活动"出发去探寻马克思主义哲学的本体化前提,在实践发展中不断发展与完善原理本体化前提。

任何理论的建构都具有自身的原理根据,都遵循自身的学术逻辑体系,马克思主义哲学原理也不例外,马克思主义哲学原理的根据是终极化思想,这种终极化思想不是各个时代背景下具体的、静止的某种观点,而是立足于现在、展望于未来的对人类的终极关怀。马克思主义哲学原理根据的终极化基于人性的终极追求,即哲学家们在一定实践水平条件下对终极存在的不懈追问,进而实现对实践活动中的人类的终极关怀。这种终极追求表面上是对世界统一性的终极追求,即对具有规定性存在的终极解释的追求,但根本上看来,这种终极追寻是对人类自身意义与价值的终极寻求。简单地讲,哲学既追求与事实相符合的真,也追寻人的行为合理性的善,"哲学对'真'的寻求,并不仅仅是为了某些'普遍必然性'的知识,从而对世界上千差万别、千变万化的事物作出理论解释;哲学对'真'的寻求,更重要的是为了获得规范人的思想与行为的'根据'、'标准'和'尺度',从而奠定人类自身在世界中的'安身立命之本'或'最高的支撑点'。因此,在哲学的意义上,对'真'的寻求,深层的是对'善'—人自身的幸福与发展—的寻求"①。原理根据终极化就是在真与善的基础上达成二者的和谐统一,即达成对人类生存的总体性、精神性和动态性的关怀。这种终极关怀建立在实践基础上,并时刻将人类生存作为最根本的问题,是对人生前途、民族命运以及人类历史走向的追问,指导人们在认识世界与改造世界的过程中,找到人类最根本的生存目标,找到人类安身立命的根据,以解决人类的生存命运问题。人类根本区别于动物,动物只是消极被动地

---

① 孙正聿:《哲学通论》,复旦大学出版社 2014 年版,第 171—172 页。

适应环境的变化,而人类却可以发挥主观能动性,实现对现实的超越,即透过事物现象抓住事物的本质。对人类来说,比起物质性需求,人类更加注重自身的精神需求,即更加注重对人类存在意义的终极性追求。就马克思主义哲学原理范式的终极性根据而言,"'原理范式'是一种从'中国道路'所关涉的'终极价值'出发来实现对马克思主义哲学'原理'的反思性理解,'终极价值'即为马克思主义哲学反思的'存在意义','存在意义'的'当代意蕴'仍然是'自由',但其更为强调'自由'的可操作性"①。有此理解,自由成为当下时代最根本的存在意义和终极价值追求,当然这种自由并不是漂浮于空中的自由,而是建立在现实生活基础上的、可操作性的、可以实现的自由。总之,原理根据终极化是存在论与价值论的统一,深层上看,原理最根本的终极化根据是对人类生存活动的关怀,原理根据终极化应该源于现实生活世界,脱离或过分重视现实生活世界都是不可取的,因为脱离现实生活将导致终极追求的空洞化,过分强调现实存在则可能造成原理的庸俗化,对原理根据终极化的追寻不是静止的、一成不变的,而是随着实践发展不断深入与发展的。

所谓辩证,简单地说就是用一分为二的观点看事情,既自我肯定又自我否定,即对事物肯定性的理解过程中包含着对事物的否定性理解。辩证法不崇拜任何东西,它在本质上是批判的、革命的,联系与发展的观点是唯物辩证法的总特征,唯物辩证法的实质与核心是矛盾的观点。所谓论证辩证化,就是利用唯物辩证法的基本观点来论证文章的论点,原理论证辩证化就是运用辩证思维方式,采用辩证法的基本观点论证马克思主义哲学原理的合理性,即运用联系的、发展的、矛盾的唯物辩证法观点论证原理的合理性。马克思主义哲学作为辩证唯物主义哲学,其辩证法思想贯穿于原理论证的始终,原理论证辩证化主要体现在两方面:一方面,原理基本概念论证的辩证化。以"真理"这一基本原理概念为例,真理是认识中与客观实际相符的内容,真理具有绝对性特点,即真理是与谬误有根本的区别界限,是客观的、绝对的。但是,由于受事物

---

① 任平、曹典顺、李惠斌:《当代中国马克思主义哲学研究(2013)》,中央编译出版社 2013 年版,第 31 页。

发展情况、社会实践水平以及个人经验思维的影响,一定社会背景下产生的真理也具有相对性特点,即真理的认识只是对世界一个部分的真实反映,或者是对事物某一方面、某一程度的真实反映,这种真理有待进一步的扩展与深化,具有相对性特点。真理是相对性与绝对性的统一,真理是由相对真理向绝对真理不断发展的过程,真理的相对性和绝对性是相互渗透、相互转换的辩证统一关系,即绝对真理在一定条件下会变成相对真理,相对真理在一定条件下也是绝对真理。真理这一原理基本概念的论述反映了原理论证的辩证化。另一方面,原理中基本关系论证的辩证化。在马克思主义哲学中,量变和质变的关系是原理众多关系之一,原理对这一关系的论证也带有辩证化色彩。具体来讲,量变和质变是事物变化的两种状态,量变是指事物数量的增减和场所的变更,是不显著的变化,质变则是根本性质的变化,是事物由一种质态向另一种质态的飞跃,是显著的变化。量变和质变既存在区别又具有联系,量变根本不同于质变,但量变是质变的必要准备,质变在自身的基础上又引起新的量变,如此循环往复、不断交替,构成了事物永恒发展的过程,简单地讲,"质变和量变的关系是辩证的,它们的辩证关系可以简要地概括为:量变是质变的必要准备,质变是量变的必然结果,质变引起新的量变,为新的量变开辟道路"①。总之,马克思主义哲学原理带有明显的原理论证辩证性,即运用辩证法的基本观点来论证马克思主义哲学基本原理,运用联系、发展、矛盾的观点来辩证地论证原理观点,拒斥运用孤立的、静止的、绝对的形而上学的观点来论证马克思主义哲学基本原理,这一原理论证的辩证性体现了明显的学术逻辑,构建了马克思主义哲学原理的基本学术逻辑体系。

三、原理研究与多元体系的阐释

在对当代中国马克思主义哲学研究范式进行梳理时,许多马克思主义哲学史研究的专家,很少提及原理研究范式。其中最为主要的原因就是,原理研

---

① 肖前、李秀林、汪永祥:《辩证唯物主义原理》,人民出版社 1981 年版,第 177 页。

究范式涉及的原理太多,以至于很难总结和归纳。换言之,原理研究范式的研究内容丰富,是一个多元的体系。需要说明的是,直到今天,许多学者依然不承认原理研究范式的存在。在他们看来,多元体系的原理研究,应该划分至部门哲学的范式之列,没必要单列出原理研究范式。但在我们看来,虽然宽泛意义上理解,原理研究范式的某些成果可划分为部门哲学成果之列,但原理研究范式的研究特点表明,它与部门哲学的研究还是存在差别的。这种差别的最大之处就在于原理研究范式的立足点是哲学原理,而部门哲学的立足点是涉及原理的学科。简言之,原理研究范式的视域较小,而部门哲学研究范式的视域相对宽泛。从原理研究与多元体系的关系理解原理原研究范式,至少要涉及三个方面的内容,即原理选择的差异化,原理体系构筑的差异化和不同原理体系之间的差异化。

(一)原理选择差异化

与教科书范式的教科书特征明显相比较,原理研究范式的原理特征不够直观。原因有两个方面:其一,教科书的序言或后记中都标注了此著作为教科书,而原理研究的著作几乎没有标注自己属于原理研究范式的著作;其二,从著作名中即可判定出该著作是否为教科书,但从著作名中不容易判定该著作是否是原理研究范式的著作。无论是第一种原因,还是第二种原因,背后的根据都是相同的,即根据原理研究范式难于辨析的根源是可供原理研究范式选择的原理众多。那么,应该选择怎样的原理进行研究呢? 根据有两个,其一,时代发展的背景决定了哪些原理更具有现实意蕴;其二,当下时代的学术热点和学者们的学术兴趣决定了学者们选择哪些原理更具有学术价值。基于这两大原因,当代中国马克思主义哲学原理研究范式原理选择至少主要体现在五大领域,即发展哲学的原理、政治哲学的原理、社会哲学的原理、价值哲学的原理和经济哲学的原理。

发展哲学是一种以研究中国现代化发展问题为主旨的哲学理论研究,发展哲学的问题亦可称之为发展问题。"发展问题是在发展实践中各种矛盾的精神表现。问题是哲学之端,'发展问题中的哲学'是'发展哲学中的问题'的来源和基础"①。哲学总是在不断地反映时代精神的精华,也总是在不断地总结实践活动经验和解决时代发展问题。在时代的发展进程中,社会、政治、生活等各个方面出现诸多新情况和新问题。发展哲学对发展过程中的社会、自然、人的相互关系的终极关怀,以及对发展实践、发展问题的哲学反思,表征了发展哲学立足于社会现实问题,接受来自现实发展问题的挑战,并以此为契机不断发展、创新自身理论和思想。具体而言,"21世纪是全球与中国大发展的时代,也必然是发展哲学嬗变创新的时代。走向当代中国的发展哲学建构必须面向中国本土经验,以'一体两翼'的路径布展创新格局,既需要对接当年马克思关于发展与资本现代性批判的思想传统,返本开新地'接着讲';也需要在与全球发展理论积极的对话中实现发展哲学的本土化转换;更需要在对当代中国发展问题的解答中,对'中国经验'与'北京共识'的哲学反思中,对中国本土发展文化的提升中凝聚为特色鲜明、风格独创的中国发展哲学"②。这即是说,只有站在中国国情和人民根本利益的立场上选择发展哲学的问题进行研究,中国的发展哲学才能实现真正的发展与创新,才能真正解决中国现代化发展实践中的发展问题。

政治哲学是一种以政治改革和政治发展为中心的哲学理论研究,政治哲学的问题亦可称之为正义和自由的问题。随着中国社会、经济、生活的高速发展,个人与个人、个人与国家、个人与社会之间的关系问题逐渐突出。因此,诸多哲学家们开始从政治哲学的视域重新审视和理解马克思主义对社会公平、社会正义、阶级剥削、政治制度、政党关系等一系列涉及正义和自由问题的方面进行探讨。这些成果不仅批判地吸收了国外政治哲学的理论和思想,更着眼于中国当前的实际情况,为中国特色社会主义政治建设提供了大量理论资源。"在一定意义上,我们可以将重新复兴的政治哲学看作是一种典型样式的当代哲学,因为它的问题域切入生活世界的独特视角,以及对现实世界的理想性关怀,使它成为反思当代人类生存问题的最佳方式之一。作为对于政治

---

① 任平:《走向中国本土的发展哲学建构》,《江海学刊》2009年第1期。
② 任平:《走向中国本土的发展哲学建构》,《江海学刊》2009年第1期。

的内在本性和应然价值的哲学反思,政治哲学关注的是政治价值观、理想的政治模式和政治规范的理论基础"①。这即是说,政治哲学并不是远离人们现实生活的奇思异想,而是来源于人们的社会生活实际,从而指导人们的社会改革和建设实践,只有选择与现实政治生活实践相联系的政治哲学的问题进行研究,才能更好地为中国道路的建设服务。从思维方式的视角理解,政治哲学创新的是人们把握世界的思维方式和指导实践的方法论,此即是政治哲学与政治学等的根本区别所在。因为,"政治学关注的是作为经验事实存在的政治事物,是政治事物的具体表现、政治活动的具体过程,是通过对政治事物的经验性研究而把握政治活动的过程、公共权力的存在形式及运作规则等。政治哲学则是关注政治事物的内在本性、价值指向和政治活动的应然规范。它主要是通过对政治事物总体性特征的反思而把握它的内在本性,通过对涉及公平、平等、正义、自由等基本社会价值的研究而把握政治评价的基本准则"②。

社会哲学是一种以社会变革和社会建设为中心的哲学理论研究,社会哲学所研究的问题亦可称之为当代中国社会转型期的问题。改革开放以来,中国的社会、经济、生活等各个方面发生了巨大变化,中国社会进入了社会转型期。在社会主义改革和社会主义建设方面,社会转型期的中国,无论是在理论上还是实践上都取得了巨大的成就,围绕社会变革和社会建设为中心的社会哲学亦是呈现出一片百花齐放的景象。按照著名社会哲学研究专家陈晏清的理解,"社会哲学不同于实证的社会学,社会哲学是从社会和人的相互关照中研究社会结构。社会哲学应着重研究社会转型,而我国目前正处在由社会主义市场经济的建立所推动的社会转型时期,因此,亟待建构一个既体现时代精神,又富有中国特色的社会哲学理论体来"③。这即是说,社会哲学从根本上关注的是处在社会转型期的社会生活关系中的人的社会、文化结构,即国家、法律、经济、宗教等。在我们看来,在社会变革和社会建设的实践过程中,根据

① 陈晏清、王新生:《政治哲学的当代复兴及其意义》,《哲学研究》2005 年第 6 期。
② 陈晏清:《政治哲学的当代使命》,《求是学刊》2006 年第 3 期。
③ 陈晏清:《关于社会哲学研究的几个问题》,《湘潭大学学报(哲学社会科学报)》1998 年第 4 期。

本国国情,中国建立了具有中国特色的社会主义道路,即"中国道路",所以,当下最重要的社会哲学的原理,应该是围绕"中国道路"和"中国价值"展开的原理。之所以如此认识,曹典顺做过详细的论述,即在他看来,"从本体论的视角看,'社会主义'贯穿'中国道路'的始终,是具有'本体意蕴'的社会存在。从认识论的视角看,'中国道路'具有'主体意蕴',是中国人民的'道路自觉'。从价值论的角度看,'社会主义核心价值'是'中国道路'的价值自觉,即'中国道路'具有'价值意蕴'"①。

价值哲学是一种把哲学的对象归结为价值的哲学理论研究,发展哲学的问题亦可称为价值问题。价值哲学兴起于 19 世纪中后期,其先驱者是洛采与尼采,主要代表是文德尔班和李凯尔特。价值哲学创新了一条不同于其他以往哲学的研究路径,其实质是"价值"根植于何处的问题。而中国的价值哲学研究,是在实践标准的深入讨论基础上,充分发挥了哲学的理性批判和辩证吸收,使得价值哲学的理论意义逐渐凸显。从学科发展史的视角看,当代中国的马克思主义的价值哲学,是随着实践标准的讨论和思想解放运动的深入而兴起的,且在中国现代社会建设、社会发展的进程中取得快速发展。与国外的价值哲学的问题相比,当代中国的价值哲学表现出一个重要的特点——关注现实问题。马俊峰和李德顺对此有一个详细的总结,即他们认为,"与当代中国社会转型时期价值观念呈现错综复杂、动荡冲突的现实情况相联系并受之规定,当代中国价值哲学研究表现出很强的关注现实的理论旨趣和倾向,并意识到自己的历史使命,直接参与到促进价值观念转变和文化变革的过程当中。正因为这个缘故,其受到社会关注的程度、其社会影响与社会作用也就更为明显和突出。价值哲学研究在理论上极大地促进了对实践、主体性等重要哲学问题的认识,极大地促进了思想解放运动的深入,促进了整个社会的思维方式和价值观念的转变"②。时代的发展与社会的变革,不仅促进了中国哲学界对价值问题的关注,而且成为当代中国价值哲学能够得以发展和繁荣的一个重

---

① 曹典顺:《"中国道理"的哲学意蕴》,《马克思主义与现实》2013 年第 6 期。
② 马俊峰、李德顺:《当代中国人的文化觉醒——国内价值哲学研究三十年述评》,《社会科学战线》2009 年第 3 期。

要因素。

经济哲学是一种围绕"以经济建设为中心"而展开的哲学理论研究,经济哲学的问题亦可称之为经济建设问题。对于何为经济哲学问题,余源培和俞吾金撰文认为,"20世纪下半叶,面对市场实践的严峻挑战,西方经济学突破原有的研究视域,导致了西方经济哲学的兴起。近年来,随着我国改革开放的进一步深化和市场经济体制的逐步建立,实践中涌现的种种新问题和新情况需要进行跨学科的综合研究。于是,有关经济哲学的讨论引起了众多学者的关注。可以说,经济哲学的兴起不仅有其深刻的学术背景,而且反映了时代的呼声,迎合了市场经济的需求。就目前国内的研究现状来看,尽管学者们对经济哲学的学科定位、理论生长点、研究途径等问题众说纷纭、观点不一,但对问题关注本身就表明,经济哲学研究是发展社会主义市场经济的客观要求"①。这即是说,中国的经济哲学问题不仅是在对西方经济学的理性批判基础上兴起的,在更深层意蕴上,是学者们响应时代要求,创新属于中国所特有的经济哲学问题研究上建立起来的。所以,中国当下的经济哲学原理的研究,必然会依托社会转型和经济发展的时代形势快速发展。这即是说,当代中国社会主义市场经济建设不但为经济哲学的出场提供了理论契机,而且还为经济哲学的发展提供了创新路径。中国的经济哲学正是在这样肥沃的"土壤"上迅速发展、创新,并取得了巨大的进展。"如上海财经大学的张雄团队所开展的经济哲学研究,从货币哲学入手,进展到资本批判,进而再行进展到财富哲学研究,步步深入,形成了国内经济哲学研究的演化逻辑"②。这种对经济哲学问题的深入研究,极大地丰富了马克思主义哲学的中国化,为中国的社会主义经济建设提供了理论指导。

(二)体系构筑差异化

从马克思主义哲学学术史的视角看,很少有学者愿意把精力放在原理研

---

① 余源培、俞吾金等:《关于经济哲学的笔谈》,《中国社会科学》1999年第2期。
② 任平、曹典顺、李惠斌:《当代中国马克思主义哲学研究(2012)》,中央编译出版社2012年版,第18页。

究范式的深入研究之上,因为,如果说原理的归纳就已经十分复杂,那么,每一个原理研究范式的学术成果的体系亦存在差别则更为加重了深度探讨原理研究范式的难度。换言之,如果说原理选择的差异化是原理研究范式复杂性的一个方面,那么,作为原理研究范式的范式体系的构筑的差异化,依然是原理研究范式复杂性的方面。而且,相较于原理选择的差异化,体系构筑的差异化则更为复杂,因为,体系构筑的差异化,不仅表现在相同原理体系构筑的差异化之上,还存在于不同原理体系构筑的差异化和交叉原理体系构筑的差异化之中。

体系构筑差异化,首先表现在相同原理体系差异化。所谓相同原理体系差异化是指,不同的作者在论述相同的原理时采用不同的逻辑结构,所以逻辑表达也是不尽相同的。比如,无论是孙正聿的《哲学通论》,还是彭新武的《哲学导论》都是在论述同样一个原理,即"哲学"这个原理如何认识和如何阐释。不同的是,在论述"哲学"这个原理的过程中表现出体系构筑具有诸多的差异性。如《哲学导论》在论述哲学涵义时采取逻辑和思想多重分析的思辨结构,即从认为哲学起源于"惊讶"来引入哲学概念,哲学的本性就是"爱智慧"等引入什么是"哲学"问题,进而说明哲学是对世界的"深层追问"、哲学的本质特征是"反思",最后强调哲学是一种自由的学术探讨,哲学的探索是一个永恒的过程①。同样是在论述哲学涵义,但《哲学通论》则是以"哲学"的本性问题为基点,以对哲学是什么的逻辑推理作为体系构筑原则,即从"哲学"是"爱智"的学问和对"自明性"的分析入手,详细阐述黑格尔对哲学的理解——"庙里的神""厮杀的战场""花蕾、花朵和果实""密涅瓦的猫头鹰""消化与生理学""同一句格言""动物听音乐会"等,并进而通过哲学的自我理解、哲学的思维方式、哲学的生活基础哲学的主要问题、哲学的历史演进、哲学的修养与创造7个方面对哲学进行阐释。不仅《哲学通论》和《哲学导论》论述的同一个原理,存在着体系构筑的差异性,其他原理研究范式的成果亦是如此。比如,同是论述马克思本体论原理,结构体系也是有区别的。王南湜在论述"马克

---

① 参见彭新武:《哲学导论》,首都经济贸易大学出版社2008年版,第4页。

思的本体论"原理时,从三个问题入手,一是本体论问题,二是决定其形态的因素,三是引出马克思的本体论问题。具体阐述原理时又是从如何理解人本体的存在方式考量,进而指出在马克思看来,每个个人都具有一种"不可归结为'类'""作为主体的社会"的独特的个体性,即从马克思对于个人的不可归结性的肯定,我们能够得出马克思的本体论不属于历史的本体论,而是属于现实的本体论的结论来。① 而吴元梁也论述过马克思本体论思想,但他则是从马克思对本体论的表述出发,分析"马克思的本体论"原理。吴元梁认为,马克思所理解的本体论就是关于本体存在的理论,即本体是否存在,如何存在,以及本体与非本体相互关系的理论②。也可以说,同样是在论述"马克思的本体论"原理,吴元梁是从文本入手架构体系,即与王南湜的从问题入手架构体系的原理论述存在着差别。

体系构筑差异化还表现在不同原理体系构筑的差异化,即在原理研究范式不同的原理论证著述中,有不同的论证体系。如韩庆祥的《马克思人学思想研究》与彭新武的《哲学导论》研究这两个原理体系就存在差异。从问题结构看,《马克思人学思想研究》是从马克思人学思想来源的人道主义、马克思人学思想的形成和发展、马克思人学思想的总体图景、马克思关于人的本体论、马克思关于人的社会观、马克思关于人的历史观、马克思关于人的价值观、马克思人学的历史命运以及社会主义市场经济与人的发展九个方面对马克思主义的人学思想进行了详细的论述和阐释。从方法论结构看,《马克思人学思想研究》的原理的论述,力求从马克思原著的"文本出发",避免主观臆断,以及力图采取历史考察和逻辑分析相结合、整体把握和结构分析相结合、观点和材料相结合、叙述和评议相结合、重点分析和一般叙述相结合等一系列研究方法,围绕"马克思人学思想及其当代意义"这一中心线索,按照问题本身的内在逻辑从思想来源、思想的形成和发展、总体布景、内容结构和实践意义等

---

① 参见赵剑英、俞吾金等:《马克思的本体论思想》,社会科学文献出版社 2006 年版,第 44 页。

② 参见赵剑英、俞吾金等:《马克思的本体论思想》,社会科学文献出版社 2006 年版,第 74 页。

方面展开分析研究的①,寓论于史,史论结合;凸显"生活",张扬"个性";科学
与哲学的相融合;彰显时代,关注现实;内容全面,可持续性强②。这样的原理
构筑体系,有助于我们全面地研读所涉原理的历史和全貌。《哲学导论》则不
同于《马克思人学思想的研究》,其原理是按照自然观("静谧"与"和谐"、神
学化的世界图景、世界观的机械化、辩证的世界图景)、社会历史观(社会演化
及其规律、发展进步、发展的目标与模式、和谐、公正与秩序)、人生观(人性与
人生、自由与责任、道德与幸福、超越与不朽)、认识论(心灵与认知、真理的追
求、人类思维的足迹)等教科书范式的构筑体系,推动读者结合自己的人生经
历,即更好地实践相关的原理。再如,袁贵仁的《价值观的理论与实践》中讲
述马克思主义价值观的原理是从马克思的人道主义理论,邓小平的价值观思
想、"三个代表"重要思想的价值内涵、科学发展观的价值核心、马克思主义的
人权观、马克思主义功利观、马克思主义效益观、马克思主义自由观、马克思主
义民主观、马克思主义平等观、马克思主义公正观、坚持解放思想价值观、坚持
实事求是价值观、坚持集体主义价值观、坚持爱国主义价值观、坚持艰苦奋斗
价值观、坚持诚信价值观,这 17 个方面展开的原理论述。这一原理体系构筑
也不同于上面提到的原理,即这一原理体系构筑建立在强烈的时代需求与实
际相结合的体系构筑方式上,有助于帮助我们更好地解决在中国特色社会主
义事业建设中遇到的相关理论困难。

　　交叉原理就是指虽然原理研究成果的主题原理不仅相同,但研究成果中
的相关子原理有所交叉和重合,很显然,因为研究视角和子原理关涉的内容有
着共同之处,但是他们的构筑论证体系仍然存在差异。比如,意识形态原理和
价值观原理的研究就属于交叉原理的原理研究范式之列。因为,人类社会的
实践活动都是在某种意识形态和价值观下所进行的,所以,无论是意识形态原
理还是价值观原理,它们都应该属于某种上层建筑方面的原理研究。交叉原
理体系构筑的差别有多种形式。众所周知,在"意识形态"原理的论证上,国

---

① 参见韩庆祥:《马克思人学思想研究》,河南人民出版社 1996 年版,"序"第 2 页。
② 参见彭新武:《哲学导论》,首都经济贸易大学出版社 2008 年版,第 1 页。

外学者和当代中国的学者有所差别,外国学者注重从"形而上学体系"上构筑原理体系,如巴拉达特著的《意识形态起源和影响》,他首先是从意识形态概念入手,意识形态概念又是从四个特征来进行表述的,即第一,虽然"意识形态"一词经常被用在其他背景中,但是它首先而且主要是一个政治术语。第二,意识形态包含了对现状的看法,以及对未来的憧憬。第三,意识形态是行动导向的。第四,意识形态是群众导向的。① 中国学者则注重从隐形的教科书思维把握意识形态,如俞吾金的《意识形态论》(人民出版社 2009 年版)。俞吾金从 13 个子原理阐释了"意识形态"原理,即"这个时代的哲学主题,意识形态:一个新研究领域的出现,马克思意识形态学说形成的前提,马克思意识形态学说发展的线索,马克思意识形态学说论析,意识形态批判的哲学意义,马克思主义意识形态学说的传播与演化,列宁、斯大林和毛泽东的意识形态学说,西方意识形态研究的复兴,当代西方对意识形态问题的新思考,当代中国的意识形态理论,意识形态研究中的若干问题,意识意识形态:哲学之谜的解答"。很明显,《意识形态论》蕴含着教科书思维。价值原理的原理研究范式的学术成果,有的是体系构筑是从宏观到微观的论述,如,首先是从价值谈起,而后是价值观、马克思主义价值观,最后是我国的价值观理论。价值作为哲学范畴,表示客体对于主体所具有的积极或消极的意义。② 也有的学术成果不是从宏观到微观,而是直接从微观论证,比如,直接阐释"价值观念"。之所以重视价值观念,是因为价值观念是一定社会群体中的人们所共同具有的对于区分好与坏、正确与错误、符合与违背人们愿望的观念,是人们基于生存、享受和发展的需要对于什么是好的或者是不好的根本看法,对于某类事物是否具有价值以及具有何种价值的根本看法,是人所持有的应该希望什么和应该避免什么的规范性见解,表示主体对客体的一种态度。③

① 参见利昂·P.巴拉达特:《意识形态起源和影响》,世界图书出版公司 2010 年版,第7页。
② 袁贵仁:《价值观的理论与实践》,北京师范大学出版社 2006 年版,第4页。
③ 参见袁贵仁:《价值观的理论与实践》,北京师范大学出版社 2006 年版,第130页。

（三）原理表述多元化

马克思主义哲学的原理是多元的，也是宽泛的，也就是说，原理研究范式没有明显的规律性，那么，它用什么方法才能保证其存在的生命力呢？对此问题的回答，可以从原理研究范式对原理表述的书写选择来理解。纵观原理研究范式的学术成果，其对原理的书写有三大原则，即原理书写的文本化，原理书写的个性化和原理书写的中国化。

原理阐释文本化，就是指研究者从涉及经典作家的某个或某几个文本出发，来研究和阐述相关"原理"。近年来，随着"重读马克思"热潮的兴起，原理阐释文本化的研究路径研究越来越受到研究者的重视，重视的原因主要有两点，第一，随着我国马克思主义哲学原理研究者研究的深入，许多研究者发现自己研究的哲学文本主要来自苏联或日本，受社会意识形态的影响，其中许多原理阐释并不忠实于马克思主义哲学本身，要研究真正的马克思主义哲学原理，必须重回马克思主义哲学文本，进行文本解读。第二，随着中国马克思主义哲学原理研究者与西方马克思主义哲学研究者的对话交流，我国原理研究者渐渐意识到自己对文本解读的误区，呼吁通过对马克思主义哲学经典文本的研究，还原马克思主义哲学原理的本来面目。在当下中国的马克思主义哲学原理研究范式的研究中，有三种主要的路径：其一，以张一兵为代表的原理阐释文本化。张一兵认为，"任何文本的生成，都必然与作者历史的文化背景和写作背景密切相关，并且，由于作者本身的认知系统在创作文本的过程中是随着思想的动态语境而改变的，这就必然决定了一个作者的文本本身不是一个静止同一的对象。文本自它诞生之日起，作者就已经'消隐'了（福柯在同一意义上说'作者死了'），我们所能遭遇和对话的永远是历史性的文本而非作者本人"①。由此理解，这一文本化原理研究强调通过对马克思第一手文献的仔细研读，达到对马克思主义哲学原理的真实理解。其二，以丰子义为代表

---

① 张一兵：《马克思哲学的当代阐释——"回到马克思"的原初理论语境》，《中国社会科学》2001 年第 3 期。

的原理阐释文本化。丰子义注重将文本研究与现实问题相结合,他认为,"同样的文本研究往往打上不同时代的烙印,不可能有固定不变的模式。这也是由马克思主义哲学的性质决定的。马克思主义哲学不是经院哲学,而是生活哲学、群众哲学、实践哲学,这样的性质决定了对马克思主义哲学不能进行'纯文本'的研究。必要的版本学考证、分析固然是必不可少的,但真正作为基本理论研究的文本研究,必然离不开对现实问题的观照"①。其三,以聂锦芳为代表的原理阐释文本化。聂锦芳强调,对马克思文本意旨的把握,既要关注马克思本人的思想,探究马克思的心灵世界,也要关注马克思文本的实践要旨,倾听时代的呼声,通过对马克思文本意旨的理解,促使原理阐释文本化,增强原理研究准确性。不论哪种形式的原理阐释文本化,都应注重将文本研究与现实生活相结合,运用马克思主义哲学真实原理与基本观点来指导社会实践。这既是为了保障马克思主义哲学原理研究范式的发展与繁荣,还可以保障原理研究范式的强大生命力,从而促进原理研究的深入与发展。

原理阐释个性化,就是指任何原理研究范式的学术成果都烙有研究者独特的学术符号和学术习惯。原理既是带有普遍意义的道理,也是探究和阐述客观规律的理论,所以,马克思主义哲学的原理作为论述世界观和方法论的学说,必然具有共识性和统一性。但不可忽视的是,每一个研究者个体的实践经验、研究方法、根本立场,以及受与其他研究者互动交流的影响等因素的存在,研究者对马克思主义哲学原理的阐释,又必然带有个性化倾向,即面对同一个马克思主义哲学的相关原理,研究者因不同的学术个性而对该原理的表述不同。这即是说,"在坚持和发展马克思主义哲学中,各个哲学家从不同角度进行创造性的哲学研究,必然在方式、方法、过程和结果上展示出个性。正是凭借于此,马克思主义哲学才能获得自己的时代性和个性,才能得到丰富、充实和发展"②。或者说,不同研究者对相关原理进行个性化阐释,构筑具有鲜明个性特征的原理研究体系,这不仅有利于社会文明多样化的发展,而且有利于

---

① 丰子义:《如何看待文本研究与现实问题研究》,《学术月刊》2003 年第 1 期。
② 欧阳康:《欧阳康自选集》,华中理工大学出版社 1999 年版,第 71 页。

对马克思主义哲学原理研究的不断深入。原理阐释个性化成果包含马克思主义哲学的不同领域,如:实践论、本体论、认识论、历史观、价值观等,原理阐释个性化促使研究者对实践问题、辩证问题和人的问题都得到了新的阐释发展。从当下的研究状况看,主要研究领域有三个。其一,对马克思主义哲学"实践"原理阐释的个性化。学者们从涉及马克思主义哲学实践原理的相关著作出发,探究实践的内涵和本质,加强对马克思主义哲学实践观的重点论述,将实践观原理同中国具体实际相结合,提出了许多建设性意见和建议,例如,"孙民指出,马克思主义实践观,不仅具有当下的现实性,而且还寄寓着超越当下的理想性,马克思主义实践观开创的新文明,在当代中国体现在以国家富强、民族振兴、人民幸福为宗旨的中国梦之中,它内在地包含马克思主义与中国道路的辩证统一"①。其二,对马克思主义哲学"辩证法"原理阐释的个性化。辩证法作为马克思主义哲学的重点问题,在马克思主义哲学原理中占有重要地位,关于辩证法原理的个性化研究在哲学所有研究成果中占有很大比重,许多学者对马克思主义哲学辩证法原理都作了个性化阐释。例如,王庆丰所写的《如何理解马克思辩证法的"批判"本质》一文就是依据个人认知水平对辩证法原理所作的个性化阐释。其三,对马克思主义哲学"人的主体性"原理阐释的个性化。马克思主义哲学强调人的主体性地位,认为人是实践活动的主体,在尊重客观规律的基础上,人发挥自身的主观能动性能够正确地认识世界与改造世界,人的发展不是片面的发展,而是全面的、完善的发展,关注人的主体地位,不能忽视人民群众的决定性作用。郭湛撰写的《主体性哲学:人的存在及其意义》从人的主体地位出发,阐释原理要加强对人生命的关怀、对人生命价值的关注、对人的现实性的重视。马克思主义哲学不同原理阐释的个性化学术成果不断涌现,既为具体的哲学原理发展提供了直接成果,也为马克思主义哲学原理更深层次的研究奠定了理论基础,保障了原理研究范式的生命力所在。

---

① 任平、曹典顺、李惠斌:《当代中国马克思主义哲学研究(2014)》,中央编译出版社2014年版,第143页。

原理阐释中国化，就是指从中国特色社会主义的实践理解和阐述马克思主义哲学的相关原理。伴随着中国改革开放的开展和深入，马克思主义哲学原理阐释不断变革，既有意识形态化的阐述，也有学术性和中国化意蕴的论证，即原理阐释单一化的局面不断被打破。在马克思主义哲学相关原理的多元化阐释中，马克思主义哲学原理阐释的中国化成为重要的方式之一。马克思主义哲学原理虽然具有真理的普遍性，但马克思主义哲学原理要在中国落地生根，不能照搬照抄国外马克思主义哲学的基本原理，必须实现原理阐释中国化，否则会导致原理理解的教条化。这就是说，原理阐释中国化就是为了更好地把马克思主义哲学的一般原理与中国具体实际情况相结合，以促进马克思主义哲学原理对中国改革、发展的指导作用。原理阐释中国化的学术成果众多，就改革开放以来的状况来看，主要有四个方面。其一，邓小平理论。邓小平理论是在发展毛泽东哲学思想的基础上，进一步推进了马克思主义哲学原理阐释中国化的进程，邓小平理论依据物质和意识的辩证关系原理，强调一切从实际出发，解放思想，实事求是，将实践作为检验真理的唯一标准纳入理论体系之中。除此之外，邓小平理论基于中国科技发展的最新成果，深化了马克思主义哲学中关于生产力原理的阐释，提出"科学技术是第一生产力"的创造性命题，把原理与中国具体实际相结合，促进了原理阐释的中国化发展。其二，"三个代表"重要思想。"三个代表"重要思想体现了马克思主义哲学原理阐释中国化的又一次与时俱进，中国共产党基于对马克思主义哲学生产力原理的中国化阐释，提出中国共产党必须始终代表中国先进生产力的发展要求，基于对马克思主义哲学社会意识原理的中国化阐释，提出中国共产党必须始终代表中国先进文化的前进方向，基于对马克思主义哲学人民群众原理的中国化阐释，提出中国共产党必须始终代表中国最广大人民的根本利益。其三，科学发展观。科学发展观的提出根据是物质与意识的关系原理、实践与认识的关系原理、人民群众是历史创造者的原理、辩证法原理等，是这些原理与中国发展实际相结合的具体产物。科学发展观的第一要义是发展，核心是以人为本，基本要求是全面协调可持续，根本方法是统筹兼顾，实现了原理阐释中国化。其四，习近平新时代中国特色社会主义思想。党的十八大以来，习近平总书记围绕改革发展稳定、内政外交国防、治党治国治军等方面,发表了一系列讲话,以巨大的理论勇气和政治智慧,提出了许多富有创见的新思想、新观点、新论断、新要求,深入阐释了党的十八大精神,深刻回答了新的历史条件下党和国家发展的重大理论和现实问题,丰富和发展了党的科学理论,进一步深化了我们党对中国特色社会主义规律和马克思主义执政党建设规律的认识,为我们在新的历史起点上实现新的奋斗目标提供了基本遵循。总之,原理阐释中国化体现了原理与时俱进的理论品质,将原理阐释紧密结合中国实际,不断推进马克思主义哲学中国化的历史进程,使中国化的马克思主义哲学原理成为中国改革开放和社会主义现代化建设强有力的思想武器。马克思主义哲学原理阐释中国化起源于中国的社会建设实践,立足于现实生活的原理阐释,较好地保证了原理研究范式的生命力。

四、原理研究范式的内在矛盾与话语局限

原理研究范式作为"后教科书"范式,并不能说明这一范式就没有自身的矛盾和局限。按照马克思主义辩证法的观点,原理研究范式的内在矛盾与话语局限也必定是存在的。这一存在有三层意蕴。其一,虽然原理研究范式是建立在教科书研究范式之上的新的范式形式,但它并没能够彻底解决教科书范式未能完成的使命;其二,原理研究范式内在矛盾与话语局限的被发现,表征了原理研究范式的学术成果已经被认可,即原理研究范式的存在已经是客观实际;其三,伴随着对原理研究范式内在矛盾与话语局限的深层次把握,马克思主义哲学研究的其他范式自然就会出现。所以,对原理研究范式内在矛盾与话语局限进行专门研究,既是对原理研究范式成果的总结、对教科书范式发展的促进,也是对新的范式的呼唤。

(一)原理研究范式的内在矛盾

无论原理研究范式如何超越教科书阐释体系,但是其学术思路和治学方式依然没有摆脱教科书。教科书研究范式的固有矛盾在原理研究范式之中依

然大部分存在。从哲学的话语方式看,原理研究范式最大的内在矛盾是原理话语逻辑与其他哲学逻辑的矛盾。从哲学的历史使命看,原理研究范式最大的内在矛盾是原理原初语境与原理现实意蕴的矛盾。从马克思主义哲学研究的目的性看,原理研究范式最大的内在矛盾是原理研究与原理教化的矛盾。从研究者的敬业精神看,原理研究范式最大的内在矛盾是原理研究的意识形态性与学术性的矛盾。

原理话语逻辑与其他哲学逻辑的矛盾所指代的哲学原理话语逻辑指的是原理范式的原初话语逻辑,即在 20 世纪 80 年代,马克思主义哲学开始原理范式研究时所使用的话语逻辑。其他哲学逻辑是指从哲学发展历史上形成的三大哲学话语逻辑,即古代形而上学的话语逻辑,近代哲学的话语逻辑和现代哲学的话语逻辑。古代形而上学的话语逻辑体现在"是"动词用法的普遍性上,开始于赫拉克利特与巴门尼德的不同哲学思想的碰撞与冲突中,在经过柏拉图的批判后,由亚里士多德最终确立的古代形而上学话语逻辑。近代哲学的创始人是笛卡尔,集大成者是康德,大致是指 15 世纪中期至 19 世纪 40 年代这个时期。在这一时期里,"文艺复兴"促使了人的自我觉醒,资本主义得到进一步发展,自然科学中出现了分门别类的研究倾向。因而,近代哲学的研究对象主要集中在对主体与客体的关系、思维与存在的统一等问题上,换言之,近代哲学开始向认识论转向。现代哲学是指 19 世纪中叶以来主要流行的各种哲学学派的总称,一般是指黑格尔之后至今的西方哲学。较之古代哲学与近代哲学,现代哲学与现代科技、人文等众多学科的联系变得更加密切,致使现代哲学的思维方式发生了深刻变化,而且现代哲学学派众多,大多学派的影响也比较广泛。从当代中国的原理研究范式的发展看,在很大意蕴上,原理范式的原初话语逻辑就与当时教科书的话语逻辑表现出诸多相似性,即它们都注重意识形态的话语逻辑和政治思维方式,即沿袭了苏联的马克思主义哲学话语逻辑。从客观上分析,这种苏联的哲学话语逻辑,无论是在中国的教科书研究范式之中,还是在原理研究范式之中,抑或在改革开放前的中国社会主义革命和社会主义建设的实践之中,并没有出现"水土不服"的现象,但伴随着改革开放的深入,尤其是 20 世纪 80 年代末以后,大量的西方哲学经典原著开始在中国传播,很多高校不仅仅是哲学专业开设西方哲学课程,而且其他文科甚至理科专业也开设西方哲学为选修课。在大学老师和大学生开始具备了现代哲学的话语逻辑之后,原理研究范式中的原理表述的话语逻辑就遇到了始料不及的挑战。直到当下,原理话语逻辑与其他哲学逻辑的矛盾不仅没有被消解,而且,在媒体的不断介入下,显得更为错综复杂,甚至尖锐。

原理原初时境与原理现实意蕴的矛盾,其原理原初时境是指马克思主义哲学产生时的时代语境,原理现实意蕴指代的是原理研究范式对相关哲学原理的阐释。马克思主义哲学原理同一般哲学一样,来源于产生它的那个时代,是产生它的那个时代精神的精华。这即是说,哲学原理会表现出对当时时代语境的依附性。或者说,原初时境下的哲学原理可能只能够反映出当时关于社会、历史、人等相互关系的普遍规律和最高水平的认识,却无法反映和解决现时代语境下的诸多现实问题,如当下时代下的社会主义建设等。所以,即使通过对哲学经典文本、文献的深入研究,也可能只是在原理原初时境下的原理研究和阐释。这就是马克思主义哲学原理原初时境与原理现实意蕴的矛盾。从中国特色的社会主义道路建设来看,中国改革的社会实践,使得马克思主义哲学的许多原理,需要融入新的内涵,否则,对许多现象已经不能解释,同时,相关原理也不能再继续指导中国社会改革、社会建设进程中的新事物和新问题等,甚至某些哲学原理可能成为中国社会主义改革和建设探索过程中的理论障碍,如阶级斗争理论。对于能否继续阶级斗争实践,曹典顺曾经对此有过论述。在曹典顺看来,"在社会存在与社会意识的关系问题上,能不能突出社会存在的决定性作用;在生产力与生产关系的关系问题上,能否考虑生产力具有优先发展的'地位';在社会主义建设的过程中,阶级斗争是否可以不再被视为社会发展的直接动力或主义矛盾;在社会发展的历史形态问题上,中国是否可以跨越物质产品极大丰富的资本主义阶段而直接进入社会主义阶段;在本质特征上理解马克思主义哲学,马克思所指代的'实践'与其他哲学家所指代的'实践'有何根本的差别,等等。这些理论困难或理论障碍之所以会出现,其原因并不是出在相关'概念'的构筑之上,而是由于诸多概念未能被赋予与新的时代精神相统一的'时代内涵'"①。从本质上看,哲学研究的目的性,即为社会建设的实践服务,哲学原理应该把解决现实实际问题作为其出发点和落脚点,也就是说,为了实现这一根本性的目标,对马克思主义哲学相关原理的原初时境作出深入分析,对哲学原理的内在本质进行辩证的诠释与创新,是原理研究范式必须面对的现实。只有如此,才能令哲学原理适应时境的变化,从而获得现实的意蕴。这就意味着,马克思主义中国化成功的关键要素之一,就应该是要克服原理原初时境与原理现实意蕴的矛盾。

原理研究与原理教化的矛盾所指代的原理研究就是指原理研究范式成果中的原理的研究,而原理教化则是指原理研究范式成果中的原理对读者或受众的影响。尽管马克思主义哲学从诞生之时就已表明自身是为无产阶级服务的,旨在为全人类的自由解放事业提供一个科学的理论,然而,学者们对何为当代真正的马克思主义,却存在着不同的认识。在原理研究与原理教化存在矛盾的时候,为了实现国家的安定、社会的团结,党领导的社会主义建设过程中,还是需要一个统一的意识形态作为其领导方针和指导思想,这就是当代的马克思主义。以上的分析表明,原理教化要达到实现其统治地位和影响大众的目的,就必须使原理研究范式中的原理真实地表征着当代的马克思主义,或者说,必须与当代马克思主义精神相统一。

原理研究的意识形态性与学术性的矛盾中的原理研究的意识形态性是指原理研究要坚持正确政治方向和站稳政治立场,坚决贯彻执行党的理论路线和方针政策。原理研究的学术性是指原理研究要遵循既定的学术规范,按照严密的逻辑结构和话语范式构建自身的原理研究体系,即拥有严密逻辑的理论结构体系,强调对事物规律性的严谨论证,具有严密的知性思维特征。毫无疑问,马克思主义哲学研究的原理范式研究,既不能忽视意识形态性,也不能不具有学术性,意识形态性和学术性是原理研究范式与生俱来的一对矛盾。关注马克思主义哲学原理意识形态性,不能忽视其原理的学术性,因为"马克

---

① 任平、曹典顺、李惠斌:《马克思主义哲学研究(2013)》,中央编译出版社 2013 年版,第 22 页。

思主义愈是体现无产阶级和人民群众变革现实创造未来推动人类社会向前发展的意识形态性,就愈要正确地反映现实事物的本质及其发展规律,就愈具有严格的科学性,而这科学性的实现离不开马克思主义学术性的不断深入和扩展,只有二者不可分割地统一在一起,马克思主义才能充当无产阶级和人民群众进行革命实践的理论武器"①。原理研究的意识形态性和学术性是统一的。既然意识形态性和学术性是马克思主义哲学的内在矛盾,那么,它必定是原理研究范式不可避免的内在矛盾。但这一内在矛盾又不是绝对分裂、不可调和的,而是相互联系、相互渗透的,即学术性研究也是以意识形态性研究作为理论支撑和前提条件,意识形态性研究也能够推动学术性研究的进一步深化发展,换言之,要以学术的创新性研究促进意识形态性研究的宣传力度,以意识形态性研究的感召力推进学术性研究的深入开展,二者相辅相成。总之,在原理研究中既应该避免过分夸大研究的意识形态性,以免研究结果的教条化或庸俗化,也应该避免过分夸大研究的学术性,以免研究结论脱离社会实践,不能有效指导现实生活。

(二)原理研究的话语局限

原理研究范式的原理研究,是在马克思主义哲学的思想前提和逻辑前提下的研究。从这种意义上理解,原理研究范式的原理研究的创新不同于任何新的形式哲学的哲学原理创新。任何新的形式的哲学原理创新都是思想前提和逻辑前提的创新,原理研究范式的原理研究的创新只是对原版马克思具体结论的解释创新或阐释创新,即并不触及马克思主义的思想前提和逻辑前提。众所周知,哲学从某种意义上亦可理解为前提批判,如果不进行前提批判,哲学的发展就将受到制约。从当下原理研究范式的学术成果看,由于原理研究范式很难突破既定的马克思主义的思想前提和逻辑前提,原理研究范式的原理研究不能不受到经典作家原理阐释的限制、教科书思维束缚的限制和意识

---

① 陈兆芬、黄明理:《马克思主义学术性与意识形态性统一的历史风格及现实意义》,《广西社会科学》2013 年第 3 期。

形态制约的限制。当然,原理研究范式的原理研究还要受到哲学学科发展水平的限制。这些限制,一定程度上构成了原理研究的局限,即限制了原理研究范式成果的创新发展水平。

马克思主义哲学的教科书以它传播的广度和深度,深深地影响着当代中国人的思维方式,在当下中国,无可争议地存在着教科书思维。教科书思维,就是指人们在认识或改造事物的活动过程中,自觉或不自觉地运用具有教科书倡导的世界观和方法论来分析和判断事物。众所周知,思维对个体的行为选择具有决定性作用,拥有怎样的思维模式,就会实施怎样的行为活动。如果研究者运用教科书思维模式进行原理研究,那么,原理研究的结果必然会带有教科书思维的色彩。原理研究的教科书思维主要来源于斯大林对马克思主义哲学原理的个人理解,这种思维倾向于对原理四大模块的研究,即对唯物论、辩证法、认识论和历史观原理的研究。从教科书的特点看,教科书思维指导下的原理研究最为关注的问题是,相关原理是否能够满足社会意识形态的需要,即教科书思维指导下的原理研究,而不是要对原理进行哲学的学术性反思。这就是说,教科书思维指导下的原理研究,只是借鉴马克思主义经典作家对原理的阐释和论述,而不是对原理进行新形势下的学术层面的解释和论证。随着改革开放的深入和开展,国家越来越重视思维层面的变革创新,倡导研究者在实践生活的基础上树立问题意识和创新思维,将马克思主义哲学原理同中国具体实际相结合,促进马克思主义哲学原理中国化的研究。这就意味着,原理研究范式中的原理研究要尽可能地摆脱传统教科书思维的约束,尽可能坚持创新思维而非教科书思维,即树立问题意识而非教条化意识。从某种意义上理解,体系化意识是导致教条化意识的重要原因,所以,要培养马克思主义哲学研究的问题意识。也就是说,问题意识与体系意识是绝不相同的,问题意识强调树立创新思维,体系意识则强调固守理论框架;原理的理论框架可以虚构,但原理问题却不能虚构,因为原理问题要在现实生活中被提出、被分析、被解决。换句话说,"对一个哲学来说,体系往往是相对的、暂时的,如果成为一个固定结构,就往往容易僵化为束缚思想的桎梏,重要的是对问题的研究。一个哲学家的思想珍品不是体系,而是体系中所蕴含的内容。少点体系意识是指不要动不动就搞一个主观的思辨结构,找一个所谓的逻辑出发点,弄成一个首尾相接的圆圈式的东西。这种东西除了能满足思辨的爱好和吓吓外行以外是没有用处的"①。总之,运用创新思维和问题意识指导马克思主义哲学原理研究的具体开展,避免受到教科书思维束缚所带来的不良影响,是马克思主义哲学原理研究适应中国具体社会实践的需要。

"意识形态"的意义众多,当下马克思主义哲学意蕴上的意识形态解说,根源于马克思和恩格斯合著的《德意志意识形态》。在《德意志意识形态》一书中,经典作家们反驳了特拉西的意识形态观点,提出意识形态不是什么"理念的科学",它只不过是特定的一群人用来自我辩护的一种虚构,即意识形态中的概念完全是主观的,都是用来为社会中的统治阶级辩护,任何社会中的支配性政治理念,或者说意识形态,均反映了统治阶级的利益,而且是依据对政治本质的错误诠释。② 当下原理研究范式中的原理研究也会受到当代中国主流意识形态的制约,即马克思主义哲学的原理研究要坚持为人民民主专政的社会主义建设服务。比如,在政治民主和政治自由原理的研究上。资产阶级的学者主张,资本主义民主的本质是资产阶级的民主和专政的统一,是有史以来民主内涵最为合理和民主机制最为完备的民主形式。在几百年的历史中,资本主义国家为了维持和巩固资产阶级在经济上、政治上的统治地位,在根本体现资产阶级利益这一本质不变的前提下,注意采取多种形式推行资本主义的民主制度,并逐渐形成了一套适合自己特点的民主政治体系,如普选制、议会制、三权分立制和多党制等,这些政治形式就其外在表现看来,确实与以往的奴隶制和封建制有很大不同,它似乎更接近于"民主"的一般涵义。资产阶级往往借此掩盖资本主义民主的阶级实质,宣扬这是"真正的"民主,是超阶级的"普遍民主",并把它标榜为民主的唯一的最高模式。③ 按照马克思对意

①　陈先达:《陈先达自选集》,学习出版社 2007 年版,第 401 页。

②　参见利昂・P.巴拉达特:《意识形态起源和影响》,世界图书出版公司 2010 年版,第7 页。

③　参见肖前、黄楠森、陈晏清:《马克思主义哲学原理》,中国人民大学出版社 2010 年版,第300 页。

识形态的上述理解,不可能有所谓超阶级的民主,因为原理的话语要受到意识形态的制约。马克思主义哲学的原理研究范式,必须在民主问题上坚持无产阶级的民主观。马克思主义哲学认为,无产阶级的民主观是实现社会主义民主的根基,它的基本观念是,工人阶级和全体劳动人民掌握国家政权,并通过经济领域的社会主义改造和建设,确立起以公有制为主导的经济基础,从根本上创造了人民当家作主的现实条件。无产阶级的民主观决定了社会主义民主必然具有最广泛、最全面的性质,民主不再仅仅表现在政体形式上,而且成为国体本身的内在实质。① 需要说明的是,任何制约都是会有反作用的,虽然原理研究受社会主义意识形态的制约有其合理性的意蕴,但也不可避免地限制着研究者思想前提和逻辑前提的创新。

随着自然科学和社会科学的不断发展,以及社会时代精神的不断演变,哲学学科的研究也要有新的发展,尤其是当代中国的马克思主义哲学。尽管如此,由于种种原因,当代中国的哲学学科的整体发展还有待进一步加强。从马克思辩证法的普遍联系原理可知,马克思主义哲学的发展必然与整个哲学学科的发展水平相适应。纵观当代中国哲学发展的整体水平,因哲学学科发展整体水平不高,至少会在两个方面影响到原理研究的创新。其一,很难突破哲学语言趋同的局限。许多哲学研究都采用模板式语言,这样一来,语言的独特性就显现不出来。马克思主义哲学原理的表述也存在采用模板式的语言局限。如,在表述物质和运动的关系原理时,都采用模板式的表述,即认为物质和运动不可分割地联系着。物质是运动的担当者,是一切运动和发展的实在;运动是物质固有的属性,是一切物质形态的存在方式。② 显然,这种统一化的原理表达,是受到了当下哲学学科发展水平的影响。其二,理论架构创新力度不足。从当下原理研究范式的学术成果看,其理论架构依然很难突破教科书的理论架构。比如,在教科书中关于认识论的结构框架主要是,"实践—认

---

① 参见肖前、黄楠森、陈晏清:《马克思主义哲学原理》,中国人民大学出版社 2010 年版,第 300 页。

② 参见李秀林、王于、李淮春:《辩证唯物主义和历史唯物主义原理(第五版)》,中国人民大学出版社 2004 年版,第 41 页。

识—实践""从感性认识上升到理性认识""理性认识指导实践""透过事物的现象看到事物的本质"。当然,也有的原理研究范式的学术成果突破了这一传统的结构。《认识论新论》一书就是如此。这本书提及了一些新的原理范畴,即它认为,根据认识反映对象的深浅程度,认识可以划分为经验认识和理论认识两个层次。经验认识是人对客观对象的现象和外部联系的反映。理论认识是人对客观对象的本质和内部联系的反映。经验认识、理论认识同感性认识、理性认识是不等同的。① 这即是说,只要哲学学科发展得越好,马克思主义哲学原理话语受到的局限性也就越小,原理研究范式研究成果创新的可能性才会更大。从这种意义上理解,中国学术界不仅要发展马克思主义哲学,也要发展中国哲学、西方哲学和宗教学等所有的哲学形式。

五、原理研究范式的创新与转换

原理研究范式脱胎于教科书范式,但已经呈现出三个超越性创新功能。第一,能够更及时、更充分地反映时代精神,强化马克思主义哲学的创新功能。如反映和表达新科技革命的系统辩证法研究以及反映新时期时代精神的价值论研究、现代化研究、文化研究等,拓展了原先教科书暂时难以包容的重大领域的创新内容,进而发展为部门哲学。第二,更加方便学者对马克思主义哲学本性与体系的个性化理解和表达。在 20 世纪 80—90 年代,学者们提出了有别于"辩证唯物主义与历史唯物主义"体系的新理解,强调历史、实践、人等因素在马克思主义哲学中的地位,提出了诸如"历史唯物主义一体化""实践的唯物主义""实践本体论""人学""实践哲学""交往实践的唯物主义"等理解模式。第三,话语方式表现为"后教科书方式",以论文和专著为主,而不再是教科书。② 从原理研究的历史来看,其主要经历了三大范式创新,即原理的教科书化范式创新、原理的学术化范式创新和原理的中国化范式创新。在创

---

① 参见吴向东:《走进现实:马克思主义哲学学科五十年》,《北京师范大学学报(人文社会科学版)》2002 年第 5 期。

② 参见任平:《当代中国马克思主义哲学创新范式图谱》,《中国社会科学》2017 年第 1 期。

新形式的转换上,原理研究范式的创新转换与教科书研究范式的创新转换明显不同,即教科书范式的转换几乎是不可逆的,而原理研究范式的创新转换却是可逆的,即原理研究范式的创新转换不是按照原理研究范式的形成历史来持续发展,而是可以交叉转换。比如,尽管原理的中国化范式形成在后,但现在依然有学者重视的是原理的学术化范式研究,甚至有学者还在进行原理的教科书范式研究。需要指出的是,这是原理研究范式不同于教科书范式的特别之处,或者说,不论原理研究范式的学者们现在进行怎样形式的创新研究,都是原理研究范式的应有之义,即都具有重要的理论意义和现实意义。

(一)"原理的教科书化"范式创新

原理研究范式是在教科书范式基础上产生的马克思主义哲学研究范式。从思维方式的发生学来理解,这就意味着,两种研究范式是处在同一种形式或同一个"时代水平"的思维范式,其差别则在于研究的内容和研究的侧重点有所不同。所以,"原理的教科书化"范式成为原理研究范式的形式有着其时代背景的本因,或者说,归根结底意义上理解,作为原理研究范式的"原理的教科书化"范式,没有能够超越教科书的思维逻辑和理论逻辑。当然,这种没能超越不是绝对的,只是从哲学前提视角判断,即如果从具体的研究内容理解,还是有着诸多的创新结论。之所以"原理的教科书化"范式不追求思维逻辑和理论逻辑的创新,根本原因在于其研究者认同教科书思维的世界观前提,或者说,其研究者认为教科书的世界观前提是不能超越的,否则就是背离了马克思主义哲学研究的正确方向。综合而言,"原理的教科书化"范式处处体现着教科书范式的烙印,归纳起来,至少要三大方面。其一,"原理的教科书化"范式以其学术成果是否具有教科书式的权威性作为其写作动因。中国改革开放,不仅对世界的经济、政治和文化都产生了重大影响,而且开启了中国学术界的创作欲望,大批的学术成果开始涌现。对于大量出现的学术成果,应该如何梳理,在陈先达等主编的具有"原理的教科书化"范式意蕴的《马克思恩格斯哲学思想总览》的出版说明中,提出了应该给时下的学术研究提供权威性指导的思想。用该书的语言表达就是,"《学术研究指南》丛书,是以介绍哲学和社会科学各分支的概况、研究成果、研究动态和发展趋势为主要任务的书籍。它是大学生、研究生跨入学术殿堂的基础读物，也是学术界、文化界、新闻出版界的必备参考书"，因为，一些学术界的学者"常常接触自己并未作过深入研究的科学领域，但却需要对其成果作出某种判断，也往往翻了好些书而难得要领"。① 其二，"原理的教科书化"范式以教科书的基本原理作为其学术成果立论的世界观前提。前文已经提及，教科书范式的学术发展已经40多年，但即使是最新的研究成果也没有背离原初教科书论及的基本原理。从这种意义上理解，教科书所论述的马克思主义的基本原理或理论不仅依然是"原理的教科书化"范式的世界观前提，甚至可以表述为，"原理的教科书化"范式只是教科书范式的创新形式，其本质仍然从属于教科书范式。孙正聿在《哲学通论》中就如何讲授好马克思主义哲学课时提及，"我在讲授马克思主义哲学的过程中，深深地感到，讲好这门课程，不仅要求教师具有坚实的理论功底、广博的知识背景和灵活的教学艺术，而且要求教师具有融理想、信念、情操和教养于一身的强烈的人格力量"②。我们认为，孙正聿所论及的坚实的理论功底和广博的知识背景就包含教科书的基本原理。其三，"原理的教科书化"范式以教科书的书写方式作为其学术成果的话语表达逻辑。马克思主义哲学的教科书特别强调书写方式的有效传播能力，即力争教科书所论证的哲学理论能够被读者接受，并且愿意内化为读者的世界观和方法论。众所周知，孙正聿最初出版的《哲学通论》（辽宁人民出版社1998年版）并不是想写作为教科书式的专著，但在观察到学术界对《哲学通论》的关注度很高以后，才改变了写作的初衷，即从学术化为主转向了以教科书思维为主。对此，孙正聿在《哲学通论（修订版）》中作了一个说明。书中提及："高校哲学专业陆续开设'哲学通论'或'哲学导论'作为人文素质教育课程而予以普及推广；与此同时，《哲学通论》这部专著性教材，在'哲学通论'课程的普及推广中得以广泛

---

① 陈先达、张康之、黄行：《马克思恩格斯哲学思想总览》，天津教育出版社1989年版，"出版说明"。

② 孙正聿：《哲学通论（修订版）》，复旦大学出版社2014年版，第337页。

关注"①。这就是说，《哲学通论》之所以以教科书的书写方式作为其学术成果的话语表达逻辑，根源于高校对"哲学通论"教科书的需要。

从教科书的发展和演变史看，教科书范式的官方化意识浓厚。也即是说，不论教科书的撰写者如何强调自己撰写的教科书的理论价值和现实意义多么巨大，但如果官方不认可其撰写的教科书，那么，其教科书不仅无法进入学校教材的系列，更没有办法进入学校的课堂，即使以选修课的形式也无法进入。从这层意义上理解，教科书的确制约了许多学术成果的出现，也就是说，许多研究成果虽然不具有教科书的价值，但的确具有理论价值和现实意义。显然，"原理的教科书化"范式成果的理论价值和现实意义从属于后者的序列，也就是说，它的相关学术成果没有达到教科书成果的水平。尽管如此，一些"原理的教科书化"范式的成果撰写者，还是渴望自己的学术成果能够作为教科书或作为教科书的参考读物。所以，从构成逻辑看，"原理的教科书化"范式，就具有了隐形教科书思维的逻辑。其一，确立与教科书关涉的"原理"为研究对象。从词源学意义上理解，"原理的教科书化"范式之所以被冠之以"教科书化"，意味着"原理的教科书化"范式最为根本的内涵必定与教科书有关。纵观"原理的教科书化"范式的学术成果，我们认为，之所以其被称为"原理的教科书化"范式思维学术成果，首先的因素就是该成果的研究对象应该是教科书关涉的"原理"。比如，我们之所以把《哲学通论》视为"原理的教科书化"范式的学术成果，原因之一就是《哲学通论》的研究对象是"哲学"，而"哲学"也是马克思主义哲学教科书的重要研究对象。其二，对作为研究对象的"原理"进行专业化界定。教科书范式的学术成果就是要对相关原理进行界定，那么，"原理的教科书化"范式的学术成果与教科书范式的学术成果有什么不同呢？事实上，在"原理的教科书化"范式的学术成果创设初期，这个问题已经被解决。它们的差别之处在于，"原理的教科书化"范式的学术成果是学术研究。所谓学术研究，即专业化研究，它的研究范围和解释逻辑都可以更为宽泛，不必被教科书的高要求所限制。从"原理的教科书化"范式的这一特点

---

① 孙正聿：《哲学通论（修订版）》，复旦大学出版社 2014 年版，修订版序。

看,研究者一方面渴望自己的学术成果可以成为教科书,另一方面也希望自己的学术成果立论在专业化的领域。因为,相对于教科书的学术成果需要多方面审查和论证的检验手段,专业化学术成果的研究周期就相对较短,即出版的速度较快,发行的范围较广。其三,论述相关"原理"的学术史表达。专业化的研究,之所以被称为学术性研究,最为根本的表现形式之一是引述本专业已经形成的学术成果,即有学术引文。所以,"原理的教科书化"范式的学术成果也像其他学术成果一样,都要涉及和论证相关原理在学术史上的表述,即要么对其进行批判或者改造,要么用其佐证自己的学术观点。以孙正聿的《哲学通论》为例,该成果不仅整个著作都在贯彻引述哲学史思想资源的写作原则,而且专门用两章内容论述自己的研究对象,即第五章的"哲学的派别冲突"和第六章的"哲学的历史演进"。其四,阐释学习相关"原理"的意义、路径和方式。许多学者认为,无论是学习一门课程,还是阅读一本书籍,都要阐释清楚作者对这门课程或书籍关涉"原理"的基本态度,即研究者要将自己得出相关"原理"的结论的意义、路径和方式告诉人们。因为,"原理的教科书化"范式的学术成果都是专业化、学术化的成果,理解的难度相对较大,如果研究者不论及自己得出相关"原理"的结论的意义、路径和方式,人们不但可能无法理解研究者的写作目的,而且可能错误地理解该成果相关的学术结论。《哲学通论》用了一个部分——附录一,阐释了重新理解"哲学"的意义、路径和方式。

(二)"原理的学术化"范式

从文化哲学的视角理解,任何哲学形式的著作都应该具有或必然具有意识形态性。这一观点显然是马克思主义哲学的观点,是正确的观点。但这是从哲学著作的根本属性上界定的,如果从具体的哲学著作看,每一本哲学著作的意识形态的强弱程度是不同的。也正因为此种现象的客观存在和大量存在,才使得哲学研究的"百花齐放,百家争鸣"尤为明显。从人生哲学的角度看,每个人的人生追求不同,其中,诸多的研究者把自己一生能够为人类贡献一些学术专著视为人生最大的价值。所以,改革开放后,"原理的学术化"范式取得了诸多的学术成果，根本原因就在于学者们树立了这样的价值观。从"原理的学术化"范式的学术成果看，该学术成果之所以从属于"原理的学术化"范式，有三个根本的原因。其一，研究者明确自己就相关"原理"作为研究对象的学术成果为学术化成果。徐长福针对马克思主义研究的相关"原理"，出版了学术著作《马克思主义研究的学术化探索》。在这本"原理的学术化"范式著作中，作者不仅说明了自己的著作为学术化著作，而且以相关"原理"为例阐明了何为"原理"的学术化研究。针对前述观点，徐长福认为，"编这本论文集，不是为了把零散的文章凑到一起，而是为了集中说明一下自己作为高校马克思主义哲学学科的研究者的一种专业追求，即：把马克思主义研究变成一门严格意义上的学问。我把这种追求叫作'马克思主义研究的学术化'"①。对于后述的观点，徐长福以"马克思主义哲学"为例认为，"不管你赞成马克思主义哲学，还是反对马克思主义，也不管你认为马克思主义哲学是辩证唯物主义和历史唯物主义，还是认为是实践唯物主义抑或别的什么主义，更不管你是编教科书，还是写著作，只要你在解释马克思主义哲学，你就必须遵守共同的学术规范"②。其二，相关"原理"研究的逻辑结构符合自己设定的学术逻辑。学术之所以为学术，其突出的特点之一就是有属于自己的学术逻辑。即使是同一学术研究学派的研究者之间，其学术成果也都要属于各自的学术逻辑。徐长福鼓励形成中国马克思主义哲学研究的学派意识，也正是源于此种理念，即他认为，"学派式解释才能突破某种特定框架的局限而走向繁荣，从而生产出日益丰富的文本化合物，更好地满足现实生活的需要，一句话，才能在马克思主义哲学文本和解释之间形成足够的张力"③。从"原理的学术化"范式的学术成果看，每一本著作都很好地贯彻了"逻辑结构符合自己设定的学术逻辑"这一理念。比如，陈晏清和阎孟伟的专著《辩证法的历史决定论》就贯彻了这样的理念，即该著作在第一章"辩证的历史决定论的实践论前

---

① 徐长福：《马克思主义研究的学术化探索》，社会科学文献出版社 2010 年版，"作者说明"。
② 徐长福：《马克思主义研究的学术化探索》，社会科学文献出版社 2010 年版，第 3 页。
③ 徐长福：《马克思主义研究的学术化探索》，社会科学文献出版社 2010 年版，第 13 页。

提"中,表明了自己设定的学术逻辑是实践论。其三,对相关"原理"进行研究的学术成果主要在学术界传播。马克思在历史唯物主义原理的阐释时提出了阶级的观点,现代中国的马克思主义者根据马克思的这一原理,提出了阶层论的观点,即当下中国存在着不同的阶层。在我们看来,阶层论虽然有其道理,但确切而言,当下中国也存在着诸多不同的群体,学术圈就是其中的一种形式。当然,不同的专业研究存在着不同的学术圈。从学术圈的角度理解,学术成果的传播主要是在适合自己专业方向的学术圈进行。比如,一个研究中国文学的学者,不可能专研核能方面的物理学著作。这就是说,"原理的学术化"范式的学术成果,主要在马克思主义哲学研究的学者们中间交流、研究和收藏等。

思想不等于学科,也就是说,有思想的东西并不一定能形成学科。从这种意义上理解,人们经常讲的中国哲学、西方哲学和马克思主义哲学,就出现了差别,即人们通常意义上所讲的哲学逻辑是建构在西方的古希腊时期,或开始于亚里士多德的《形而上学》的哲学逻辑。这即是说,从西方哲学逻辑的视角看,古代中国的哲学只有思想,不存在学科。当然,当下中国的主流哲学形式——马克思主义哲学,不同于传统的中国哲学,它根源于西方哲学,所以,它有着西方哲学的逻辑论证方式。从当下中国的"原理的学术化"范式的学术成果来看,这些成果都极具专业化逻辑结构。这一结构,主要有四个方面的表现。其一,学术成果有专业化的研究视角。从学术本身的视角理解,"原理的学术化"范式之所以可以称作为"学术化",是因为该类范式的学术成果都必须有专业化的研究视角。比如,王南湜撰写的专著《辩证法:从理论逻辑到实践智慧》,作者在著作的题目中就明确标注了自己对"辩证法"原理的专业化研究视角——实践哲学的视角,即王南湜在构筑论证逻辑的时候,不仅"上篇"七个部分的内容是专业化的阐释——"作为理论逻辑的辩证法","中篇"十三个部分的内容是专业化的论证,而且"下篇"九个部分的内容亦被明确标注为"实践哲学的视域"。总之,"原理的学术化"范式的学术成果,不论学术性、专业性的程度如何,都必定要选择专业化的研究视角,否则,就不可以称之为"原理的学术化"范式成果。其二,学术成果有自己预设的前提批判。学术研究有两类方法,一种方法是用某种学术观点审视既定的学术成果,另一种方法是用某种研究者预设的前提对以往相关研究的前提进行批判。"原理的学术化"范式成果属于创新性研究成果,不可能采用第一种研究方法,即只能使用研究者自己预设的创新逻辑或思想前提。当然,并不是每一本"原理的学术化"范式的学术成果都使用同一种前提批判的叙述逻辑。因为,前提批判的叙述逻辑形式是多样的,既有直接表明自己思想前提或逻辑前提的方式,也有首先反思相关"原理"思想前提或逻辑前提的方式,亦还有先审视相关"原理"思想前提或逻辑前提,接下来再论证自己的前提的合理性的方式,等等,方式很多。王南湜的专著《辩证法:从理论逻辑到实践智慧》采取的就是是第三种,即它首先反思"辩证法"理解的相关哲学类型的前提,接下来阐明自己的前提——实践哲学前提的合理性,即"中篇"开篇的第一部分——"马克思主义哲学在何种意义上是一种实践哲学"。其三,学术成果使用史论结合的论证逻辑。哲学中的史论结合,不同于政治学、社会学、历史学等学科中的史论结合。因为哲学从一定意义上理解就是哲学史,所以,哲学中的史论结合是指不同哲学理论逻辑之间的比较。从学术圈的视角理解,判定一部学术著作是否优秀,很大意蕴上要看该学术成果中的史论结合程度是否较高,或者说,要看该著作运用不同哲学理论逻辑之间比较的比重是否较大。从王南湜的《辩证法:从理论逻辑到实践智慧》来看,整个近 43 万字的著作,全部章节都是使用的史论结合论证逻辑。比如,从"下篇"9 个部分的标题即可看出这一逻辑,即"当代中国'马学'的一种自我理解""马克思主义哲学中国化:从现实性到理想型""面向中国文化的实情""我们能够从康德哲学学什么""马克思主义哲学中理想性与现实性的界分""马克思主义哲学阐释中的黑格尔主义""卢卡奇与马克思哲学中黑格尔主义传统的起源""历史唯物主义阐释中的历史目的论批判""广松涉的物象化理论"。其四,学术成果有属于研究者本人的学术标识。近年来,学术界越来越重视学术符号和学术标识。因为,在学术界看来,一个学者是否能够成为相关领域的学术权威或学术骨干,不仅要看他创造了多少数量的学术成果,更为重要的是这个学者有没有独属于自己的学术标识。在当代中国马克思主义哲学的学术圈,有许多学者都有自己的学术标识,比如,北京大学黄楠森的学术标识是《马克思主义哲学史》,中国人民大学肖前的学术标识是《辩证唯物主义与历史唯物主义》,吉林大学孙正聿的学术标识是《哲学通论》,等等。从学术标识的意义上理解,"原理的学术化"范式的学术成果亦越来越向这个方向努力,前文提及的陈晏清、阎孟伟等撰写的专著《辩证的历史决定论》、王南湜撰写的专著《辩证法:从理论逻辑到实践智慧》、赵光武撰写的专著《辩证法的历史与逻辑》、孙利天撰写的专著《论辩证法的思维方式》、贺来撰写的专著《辩证法的生存论基础——马克思辩证法的当代阐释》都应该视为这种努力下完成的著作。

(三)"原理的中国化"范式

中国近代发展的历史表明,中国之所以选择马克思主义,不是对中国传统文化的不信任或放弃,而是中国人民社会实践的结果,即中国共产党践行马克思主义成功的反映。事实上,无论在新文化运动时期,还是在 21 世纪的当下,即在马克思主义已经成为中国主流意识形态的今天,许多中国学者依然对中国传统文化进行了深度研究,并高歌中国传统文化。中国社会主义革命和社会主义建设的实践表明,马克思主义不可能拒斥中国传统文化中的优良基因。在我们看来,马克思主义中国化并不是"原版马克思"的中国实践,甚至在一定意义上是中国传统文化的现代化,即当代中国的马克思主义是中国话语的马克思主义。换言之,毛泽东思想、邓小平理论、习近平新时代中国特色社会主义思想等,都是具有"中国价值"的中国马克思主义。从以上理论理解,当代中国马克思主义哲学研究的范式,必定要包含"原理的中国化"范式。因为,从哲学意蕴上深度把握具有"中国价值"的中国马克思主义理论,是中国哲学界无法回避的责任。从"原理的中国化"范式的学术成果看,该学术成果之所以从属于"原理的中国化"范式,亦有两个根本的原因。其一,学术成果涉及对当代中国特色社会主义道路的审视。中国特色社会主义道路即中国道路。伴随着改革开放程度的深入,中国道路的建设不断出现新的实践困难和理论困难。从马克思辩证法的视角看,这些困难都是社会发展过程中的正常表现,只要不畏困难,不断进行理论反思和实践检验,困难都会被及时解决。

这一理解就是当代中国马克思主义哲学发展的思想前提,即邓小平深度剖析的"解放思想,实事求是"的思想路线。从"原理的中国化"范式的学术成果看,所有该范式的学术成果都涉及了对当代中国特色社会主义道路的重新审视。比如,黄楠森的《邓小平的哲学研究》中的 12 章内容有 10 章审视了当代中国特色社会主义道路,即第二章"解放思想、实事求是的思想路线的辩证唯物主义"、第三章"中国社会主义初级阶段论与历史发展阶段论"、第四章"社会主义的根本任务与生产力论"、第五章"中国的改革与社会主义基本矛盾和主要矛盾理论"、第六章"中国的对外开放政策与世界历史论"、第七章"四项基本原则与马克思主义政治哲学"、第八章"社会主义的领导力量和依靠力量与阶级观点和阶级分析方法"、第九章"中国特色社会主义建设与马克思主义文化哲学"、第十章"中国特色社会主义建设的辩证法"、第十一章"中国特色社会主义建设与人的哲学"。其二,学术成果注重反思马克思主义哲学传播的中国视野。从 19 世纪马克思主义哲学在中国传播起,马克思主义哲学在中国的传播既广泛,也曲折。其广泛性已经众所皆知,曲折性则表现在,直到当下,哲学界并没有完全解释清楚马克思主义哲学的相关原理如何与当代中国的实践相结合问题。从马克思的哲学理念看,理论只要彻底就能说服人,就意味着不是一部分人不相信马克思主义哲学,而是因为马克思主义哲学的研究者没有发现解释马克思主义的当代准确话语。当然,这并不能否认哲学界学者的努力。实际上,"原理的中国化"范式的学术成果都体现出了对马克思主义哲学传播的中国视野研究。比如,郭建宁在《马克思主义哲学中国化的当代视野》中的所有内容都是围绕中国特色社会主义道路而展开,即每一章内容都在反思马克思主义哲学传播的中国视野,第一章"马克思主义哲学在中国传播的背景、途径和特点"、第二章"马克思主义哲学中国化的历史进程"、第三章"马克思主义哲学中国化的理论内涵"、第四章"马克思主义哲学中国化的若干思考"、第五章"马克思主义哲学中国化与中国文化的现代转型"、第六章"马克思主义哲学中国化与中国社会主义建设道路"、第七章"马克思主义哲学中国化与当代中国的发展"。

当下中国的学者们已经不再停留在中国道路的"问题与主义"之争阶段,

而是已经进入"问题研究为主"的阶段。这么判断,也许一部分学者不能够同意,因为他们会从意识形态安全的视角理解"主义"的重要性。在我们看来,当下中国,既不可能走西方社会的资本主义发展道路,也不可能回到中国的传统社会(即封建社会的中国),中国只能走马克思主义指导的社会主义的"主义"的道路,即在"主义"问题上不存在可以争论的可能性。从哲学的视角理解,对"问题研究为主"就是讲马克思主义哲学进行"原理的中国化"范式进行的研究。从当下中国的"原理的中国化"范式的学术成果来看,这些成果都极具应用哲学的逻辑结构。这一结构,主要有三个方面的表现。需要说明的是,许多中国学者往往把马克思主义哲学与马克思主义作为同一个范畴的概念理解,所以,我们在"原理的中国化"范式的结构分析中应使用更为宽泛的马克思主义,即这里的马克思主义等同于前文的马克思主义哲学。其一,学术成果注重表征传统马克思主义依然具有当代意蕴。从广大人民群众理论水平的非专业化程度来看,只要人民群众能够坚持马克思主义就能很好地建设中国特色的社会主义。但作为学者而言,研究者必须能够向人民群众证明马克思主义在当今时代依然具有价值,即马克思主义理论没有过时。尤其对于"原理的中国化"范式的研究者而言,这是最为基础性的研究。从"原理的中国化"范式的学术成果看,研究者从多重的角度反思了传统马克思主义在时下中国依然具有意义和价值,即传统马克思主义依然具有当代意蕴。比如,何萍和李维武在《马克思主义中国化探论》的第一章就探讨了这一问题——第一章"马克思主义的东方社会理论及其当代价值",即作者从马克思"东方社会理论"的视角反思传统马克思主义依然具有当代意蕴。之所以从这一视角出发,作者的说明是,"如果把马克思、恩格斯从早年到晚年的哲学思想作一比较研究,我们就会看到,马克思、恩格斯的世界历史研究是由资本主义理论和东方社会理论两个部分构成的"①。其二,学术成果注重阐释马克思主义与中国文化融合的可能性。马克思主义辩证法告诉我们,任何事物的发展,尽管外因可以起到促进或阻碍作用,但起决定性作用的必定是事物发展的内因。所以,马

---

① 何萍、李维武:《马克思主义中国化探论》,人民出版社2002年版,第2页。

克思主义中国化必定与中国文化有着内在的关联。从这重意蕴上理解,"原理的中国化"范式必然要交代马克思主义与中国文化之间的关系,即马克思主义与中国文化能否融合和怎样融合的问题。纵观"原理的中国化"范式的研究成果,许多成果都关注到了这一基础性的问题。比如,何萍和李维武的《马克思主义中国化探论》与郭建宁的《马克思主义哲学中国化的当代视野》就阐释了马克思主义与中国文化的关系。《马克思主义中国化探论》在著作的第二章论证了这一问题,其第二章的标题是"马克思主义与中国文化传统的结合"。《马克思主义哲学中国化的当代视野》在著作的第五章论证了这一问题,其第五章的标题是"马克思主义哲学中国化与中国文化的现代转型"。其三,学术成果注重对中国现实道路践行的马克思主义哲学原理进行梳理。客观地判断,马克思主义在中国广泛传播的原因并不主要归功于学术界,而应主要归功于政治家和思想家。之所以这么判断,是因为迄今为止,马克思主义中国发展的重要成果都是来源于政治家和思想家的哲学思想。基于这样的现实,对中国现实道路践行的马克思主义哲学原理进行梳理,就成了"原理的中国化"范式不容回避的重要内容。从"原理的中国化"范式的研究成果看,该范式的每一项研究成果都很好地践行了这一原则。

第四章　马克思主义哲学史研究范式

一、马克思主义哲学史研究范式的历史

中国马克思主义哲学史研究范式的形成和发展肇始于 20 世纪 70 年代末 80 年代初。1979 年在桂林成立了中国马克思主义哲学史学会。1981 年人民出版社出版了我国第一部马克思主义哲学史著作——《马克思主义哲学史稿》，它由中山大学刘嵘、高齐云、叶汝贤等人为主编、中国人民大学马列所庄福龄等人为副主编，由全国 20 余所高校集体编撰而成。学界普遍认为，上述两个事件标志着马哲史作为一个新学科和新研究范式的诞生。

应该看到，这个研究范式正式诞生并非从天而降，无中生有，而是经过了一个较长时段的准备期，这一准备期，最早可以追溯到 20 世纪 50 年代中期北京大学、中国人民大学的一些老一辈学者的理论积累、艰辛开拓，以及 70 年代中山大学等一批学者进行的理论准备。第一，翻译出版了一批苏联在马克思主义哲学史领域的权威性著作，这些著作包括：敦尼克等主编的《哲学史》第 3 卷（生活·读书·新知三联书店 1963 年版），《国际研究》杂志 1960 年的"论青年马克思"专刊《马克思早期思想研究》（生活·读书·新知三联书店 1963 年版），科尔纽的《马克思恩格斯传》第 1 卷（生活·读书·新知三联书店 1963 年版）、第 2 卷（生活·读书·新知三联书店 1965 年版），弗兰尼茨斯基的《马克思主义史》（生活·读书·新知三联书店 1964 年版），奥伊则尔曼的《马克思主义哲学的形成》（生活·读书·新知三联书店 1964 年版）等。第二，在潜心对马列原著进行理论积累、消化苏联和东欧学者成果基础上，初步形成了马克思主义哲学史的学科观念，并初步形成了一些研究成果，为马克思主义哲学

史学科诞生创造了条件。1972年北京大学朱德生、黄楠森等人编写油印了我国历史上第一本《马克思主义哲学发展史》，它凝聚了我国第一代马克思主义哲学史家们十余年的辛勤工作。1973年，中山大学哲学系在马列哲学原著选读课程的基础上，开设了马克思主义哲学史课程，高齐云、叶汝贤、何梓焜等任课教师在积累丰富教案的基础上，拟定了马克思主义哲学史教材详细提纲，为第一本马克思主义哲学史著作的问世奠定了厚实的理论基础。[①]

在创立和发展的进程中，中国马克思主义哲学史研究首先形成了一批代表性的研究中心和著名的专家学者、研究群体，他们主要集中在一些高校和科研单位，具体为北京大学（以施德福、黄楠森、许全兴为代表，以及宋一秀、赵常林、余其铨、张翼星等学者）、中国人民大学（以陈先达、庄福龄、靳辉明等为代表，以及马绍孟、徐琳、冯景源、金羽等知名学者）、中国社会科学院（以马泽民、徐崇温、林利、易克信、吴仕康等为代表）、南京大学（以孙伯鍨等为代表）、中山大学（以刘嵘、高齐云、叶汝贤等为代表）、复旦大学（以余源培、金顺尧等为代表）。此外，在20世纪80年代，黑龙江大学的张奎良，安徽大学的金隆德、任吉悌，武汉大学的王荫庭、徐瑞康、雍涛，厦门大学的商英伟，吉林大学的张念丰，中央编译局的杜章智等，都为该学科的发展作出过重要贡献。[②] 随着马克思主义哲学史研究的进一步发展，该学科的研究队伍不断壮大，研究人员的地域分布也日益普遍化，各大高校哲学系普遍开设了马克思主义哲学史课程。但是从总体上看，上述研究机构仍然是当前中国马克思主义哲学史研究具有代表性的主要中心重镇。

就马克思主义哲学史范式的具体研究方式而言，尽管学者们努力的方向各有侧重，但都围绕马克思主义哲学创立和发展的历史逻辑这一根本目标展开。概括而言，中国马克思主义哲学史研究形成了通史研究、断代史研究和分类史或专题史研究等几种主要的研究方式和研究领域。

通史研究是以某种整体性的逻辑线索全面地把握马克思主义哲学创立和

---

① 参见张亮：《我国马克思主义哲学史学科的历史之路》，《学术月刊》2009年第1期。

② 参见张亮：《我国马克思主义哲学史学科的历史之路》，《学术月刊》2009年第1期。

发展的历史进程。尽管各种通史类著作在叙述马克思主义哲学发展史的分期时间和标志不尽相同,但都力图阐明马克思主义哲学发展的整体历史线索而不是局限于马克思主义哲学发展的特定历史阶段;以一种整体性的逻辑线索去贯穿马克思主义哲学的发展历程,揭示其发展的本质逻辑,而不是局限于某一种角度、某一种线索去揭示马哲史的发展过程,通史中所采用的逻辑线索必须是能够贯穿马哲史发展的所有历史阶段,而不是仅仅适用于某种特定历史阶段的特定逻辑线索;也不是仅仅局限于某一种特殊角度、特殊视野去看待马哲史发展全过程的专题史逻辑,通史中的逻辑必须能够统领和解释其他各种特殊断代史的特定逻辑、必须能够统领和解释其他各种专门视角去看待某种马哲史专题的特殊逻辑。它最能全面反映和代表中国马哲史研究的水平,它对于其他马哲史研究形式的影响最大。我国最先出版的几部马克思主义哲学史著作都是通史类著作。通史类研究也贯穿了中国马克思主义哲学研究范式目前为止的全部发展历史。各个时期代表性的作品主要有:20世纪80年代的如中山大学哲学系编写的《马克思主义哲学史稿》,中国人民大学马列主义发展史研究所主编的《马克思恩格斯思想史》,孙伯鍨主编的《马克思主义哲学史》,七所大学联合编写的《马克思主义哲学史》,叶汝贤、何梓焜的《马克思主义哲学发展史》,黄楠森等主编的3卷本《马克思主义哲学史》等;90年代的如李恒瑞等撰写的《马克思主义哲学史新编》、孙伯鍨和侯惠勤主编的3卷本《马克思主义哲学的历史与现状》、黄楠森等主编的8卷本《马克思主义哲学史》、庄福龄等主编的《马克思主义史》等;21世纪以来的如余源培的《马克思主义哲学的理论与历史》、孙伯鍨和侯惠勤主编的《马克思主义哲学的历史与现状》、何萍的《马克思主义哲学史教程》、吴元梁的《马克思主义哲学形态的演变》等。其中1996年出版齐全,由黄楠森、庄福龄、林利主编的8卷本《马克思主义哲学史》是我国老一代马克思主义哲学史家创立的一座丰碑,也是迄今为止世界上篇幅最长、内容最为丰富、最为齐全的马克思主义哲学史著作。

断代史研究以马克思主义哲学发展史上某个特定时期为研究界限,从而在研究方式上带有专题研究的某种特点。从现有的著作状况来看,断代史研究的直接目的有二:一是整体呈现某一经典作家的哲学思想状况或者经典作家思想发展的特定阶段的哲学思想状况。前者比如徐琳的《恩格斯哲学思想研究》，陈先达的《走向历史深处——马克思历史观研究》，李砚田、杨庭芳、涂赞墟合著的《列宁哲学思想概论》；后者如陈先达和靳辉明合著的《马克思早期思想研究》、孙伯鍨的《探索者道路的探索——青年马克思恩格斯哲学思想研究》。二是针对以往马克思主义哲学史研究中被忽视、遮蔽、误解、扭曲甚至背离的部分给予断代性的重新整理，或者是针对由于时代发展的原因在以往的马哲史著作中没有涵盖的历史时代进行断代性的建构和呈现。前者比如姚顺良主编的《马克思主义哲学史：从创立到第二国际》，后者比如刘怀玉、张传平主编的《当代马克思主义哲学史》。两种研究目标都是在尽可能全面占有思想材料的基础上形成并贯彻著者本人的特定理解，坚持史论结合。比较而言，第一种研究更侧重于著者本人的独特观念和理解，第二种则更侧重于已有研究观念和材料的汇集，侧重于事实材料的整理和呈现。

分类史或专题史研究是以马克思主义哲学特定理论部分、理论方面为研究对象，全面呈现这一理论部分、理论方面总体面貌和历史发展进程。分类是认识的条件，分类史或专题史研究是马克思主义哲学史研究的专门化和细致化。关于分类史或专题史研究，我们需要注意以下几个方面：第一，专题史研究是大多数研究者所致力研究的基本方向，已出版的马克思主义哲学史研究范式著作大多属于分类史或专题史的著作。第二，与其他两种研究方式相比较，专题史研究方式出现稍晚。1981年中山大学哲学系编写的《马克思主义哲学史稿》是我国第一部马克思主义哲学史著作，1983年陈先达和靳辉明合著的《马克思早期思想研究》不仅是我国学者研究青年马克思的开山之作，也是我国马克思主义哲学史研究中的第一部断代史著作，1984年黄楠森的《〈哲学笔记〉与辩证法》和1985年叶汝贤的《唯物史观发展史》则是比较早的马克思主义哲学史研究中的专题史著作。在整个20世纪80年代，专题史研究在马克思主义哲学史研究中并不占主流地位，只有《唯物史观发展史》《〈哲学笔记〉与辩证法》以及王东的《辩证法科学体系的"列宁构想"》等少数几部代表性的著作。90年代以后，专题史研究占据了马克思主义哲学史著作的主要部分，不仅第一代马克思主义哲学史家留下了一大批专题史类的力作，新生代马克思主义哲学史研究者更是把主要精力投向了专题史的研究。代表性著作有：俞吾金的《意识形态论》、吴晓明的《历史唯物主义的主体概念》、张奎良的《马克思的哲学历程》、韩庆祥的《马克思人学思想研究》、张一兵的《马克思历史辩证法的主体向度》、杨耕的《"危机"中的重建——历史唯物主义的现代阐释》、高齐云的《马克思主义哲学的原生形态探微》、张一兵的《回到马克思——经济学语境中的哲学话语》、任平的《交往实践与主体际》等。第三，进入 21 世纪以后，专题史研究更强调立足于当代问题对马克思主义哲学发展史上的有关理论和问题进行新的解读。这在新一代马克思主义哲学史研究学者中更为明确地表现出来。典型的作品诸如丰子义等的《马克思"世界历史"理论与全球化》、刘森林的《马克思发展理论的当代价值》、任平的《当代视野中的马克思》、吴晓明的《形而上学的没落——马克思与费尔巴哈关系的当代解读》、俞吾金的《问题域的转换——对马克思和黑格尔关系的当代解读》，等等。第四，专题史的研究具有明显的综合性、交叉性特征。这里的"交叉性"不仅指专题史研究方式与通史、断代史研究方式的交叉——比如，马泽民的《马克思主义哲学前史》、赵仲英的《马克思早期思想探源》、高齐云的《马克思主义哲学的原生形态探微》等著作，既可以视为专题史研究著作也可以看作是断代史研究的著作，更要注意的是与马克思主义哲学其他研究范式的交叉性——比如黄楠森的《〈哲学笔记〉与辩证法》就同时可以看作是文本文献研究范式类的著作，韩庆祥的《马克思人学思想研究》既可以当作专题史类著作看待又可以视为创新领域范式的代表性作品。这种"交叉性"一方面表明马克思主义哲学史范式中这几种主要的研究方式并不是截然分开，而是相互联系、相互补充，不能对它们进行绝对化理解；另一方面也暗示了当代马克思主义哲学研究的一个基本走势：当代马克思主义哲学研究中每一种研究范式都具有各自的优势和欠缺，只有互相取长补短才能更加合理地深入推进马克思主义哲学研究的当代发展。

改革开放 40 多年来，中国的马克思主义哲学史研究范式发展经历了从无到有、从学习模仿苏联模式到自主创新、从封闭教条到开放发展的历史进程。大致上说，每个 10 年构成了一个具有较为明显特点的发展阶段，20 世纪 80

年代的兴起与繁荣、90 年代的困境与探索、21 世纪的复兴与 2010 年后的自主创新,成为这一研究范式发展历程的基本写照。

第一阶段,20 世纪 80 年代中国马克思主义哲学史研究范式的兴起与蓬勃发展。由于特定历史时代的影响,新中国成立以后相当长一段时期内,渊源于苏联的教科书研究成为研究、理解和宣传马克思主义哲学的唯一方式,其他研究方式都附属于教科书原理体系研究,只充当教科书原理的论证工具,没有独立存在的地位。随着对苏联教科书体系问题和矛盾的深入反思,马克思主义哲学史研究范式应运而生。80 年代,涌现了一大批马克思主义哲学史研究的理论家,他们诠释了马克思主义哲学史研究的基本问题域,阐明了马克思主义哲学史研究的基本理路,构建了马克思主义哲学史范式的基本理论体系、基本的观点体系和分期体系。从哲学史的视角审理和反思马克思主义哲学研究成为一种潮流。许多高校先是在研究生中接着在哲学专业和政治教育专业的本科生中开设了马克思主义哲学史课程,马克思主义哲学史学科呈现出一派蓬勃发展欣欣向荣的景象。这一时期该领域的研究论文数以千计,各种通史、断代史、专题史、人物研究等上百本,译著、译文集、论文集、资料汇编、原著注释与解读、教材出版物等几百本。这些研究成果基本覆盖了马克思主义哲学史的各个发展阶段、各个理论侧面,另一方面其研究领域不是很均衡,主要成果集中在马克思和恩格斯的早期思想发展、《资本论》及其手稿、马克思晚年思想、列宁的《哲学笔记》、毛泽东的《实践论》和《矛盾论》等主题上,而其他领域的研究则显得相对薄弱,还有些领域的研究如第二国际思想家研究则基本无人问津。就研究方式而言,20 世纪 80 年代以通史和断代史研究为主,着眼于马克思主义哲学发展的整体历史进程,力图呈现马克思主义哲学发展的整体历史概貌,在此基础上以断代史的形式深化特定阶段的研究,比如青年马克思恩格斯思想的研究。尽管中国马哲史研究范式是在批判教科书原理基础上产生,虽然它力图突破教科书体系、苏联马哲史研究模式的影响,摆脱过度政治化、政策化的弊端,在一些具体观点上也得出了许多确实不同于苏联马哲史研究的结论,马哲史研究作为一种独立的研究范式,也不再是附属于教科书范式的工具,但是在深层的研究模式和基本的方法论、在马克思主义哲学史观、在对待西方马克思主义哲学思潮的评价等方面,这一时期的中国马克思主义哲学史理论体系的建构仍然处于苏联研究模式的影响之中,并没有实现根本突破。具体表现在:第一,领袖中心的理论立场。马克思恩格斯之后,政治领袖人物的马克思主义哲学观念成为马克思主义哲学的唯一合理形态,与之不同的其他各种马克思主义哲学理论总体上被排除在马克思主义哲学史视野之外。马克思主义哲学发展史仅仅成了经典作家思想演变、发展和继承的历史。第二,形成了单一发展或单线进化的理论观念。虽然也强调马克思主义哲学随时代而发展,却忽视和否定了马克思主义哲学发展的多元性,不承认国外马克思主义、北美生态学马克思主义属于马克思主义哲学的形态,在通史研究中也不把它们纳入马克思主义哲学发展史的范围中,马克思主义哲学史变成了一元、线性的发展史。第三,经典著作解读的研究模式影响过重,由于没有纳入国外马克思主义等多种哲学思潮,因而缺乏马克思主义哲学发展内在逻辑和叙述主线的挖掘。第四,重政治历史因素而轻哲学内在逻辑的理论倾向。在坚持以历史与逻辑统一、理论与实践统一的原则来研究和叙述马克思主义哲学发展史的时候,国际共产主义运动的线索被过分突出,过多地强调政治社会现实对马克思主义哲学的影响,冲淡和忽略了对马克思主义哲学发展的内在逻辑的清理和呈现。

这一阶段通史类的主要著作有:中山大学哲学系主编的《马克思主义哲学史稿》(人民出版社 1981 年版)、中国人民大学马列主义发展史研究所主编的《马克思恩格斯思想史》(上海人民出版社 1982 年版)、孙伯鍨等著的《马克思主义哲学史》(山西人民出版社 1982 年版)、庄福龄的《马克思主义哲学史纲要》(中国青年出版社 1983 年版)、韩树英主编的《马克思主义哲学史纲要》(人民出版社 1983 年版)、孟宪鸿的《马克思主义哲学史简编》(湖北人民出版社 1983 年版)、7 所大学联合编写的《马克思主义哲学史》(福建人民出版社 1984 年版)、蒋士逵等主编的《马克思主义哲学史教程》(甘肃人民出版社 1985 年版)、叶汝贤与何梓焜的《马克思主义哲学发展史》(中山大学出版社 1986 年版)、黄楠森等主编的 3 卷本《马克思主义哲学史》(北京大学出版社 1987 年版)、王复三的《马克思主义哲学史教程》(山东大学出版社 1989 年版)、祝大征和马润清的《马克思主义哲学史:从诞生到当代》(陕西师范大学出版社 1989 年版)。这一阶段断代史的主要著作有:陈先达、靳辉明的《马克思早期思想研究》(北京出版社 1983 年版),孙伯鍨的《探索者道路的探索——青年马克思恩格斯哲学思想研究》(安徽人民出版社 1985 年版),徐琳的《恩格斯哲学思想研究》(北京出版社 1985 年版),陈先达的《走向历史深处——马克思历史观研究》(上海人民出版社 1987 年版),李砚田、杨庭芳、涂赞墟合著的《列宁哲学思想概论》(湖北人民出版社 1988 年版)。专题史著作有:叶如贤的《唯物史观发展史》(吉林人民出版社 1985 年版)、《〈哲学笔记〉与辩证法》(北京出版社 1984 年版)、冯景源的《马克思异化理论研究》(中国人民大学出版社 1987 年版)、鲁夫等的《社会、群体、个性——恩格斯早期思想研究》(浙江人民出版社 1986 年版)、孙承叔和王东的《对〈资本论〉历史观的沉思——现代历史哲学构想》(学林出版社 1988 年版)、张战生等的《唯物史观基本范畴史纲》(湖北教育出版社 1989 年版)、王东的《辩证法科学体系的"列宁构想"》(中国社会科学出版社 1989 年版)。

第二阶段,20 世纪 90 年代马克思主义哲学史研究的困境与探索。80 年代中国马克思主义哲学史研究的特点是由当时马克思主义哲学的研究水平和认识水平决定的。一方面,马克思恩格斯的许多著作并没有整理出版,马克思主义哲学史研究缺乏充分的文献基础,而苏联理论界在这方面则有着巨大的优势;另一方面,从历史上看苏联东欧的马克思主义研究对于我们一直保持着领先的优势,我们总是在学习、追踪苏联东欧社会主义阵营的研究成果。尽管我们也一直强调马克思主义哲学的中国化,在马哲史研究领域也突破苏联的研究模式,在一些具体观点上得出了许多确实不同于苏联马哲史研究的结论,但是,在深层的研究模式和基本的方法论、在马克思主义哲学史观、在对待西方马克思主义哲学思潮的评价等方面,基本还是沿用着苏联模式。苏东解体动摇了这一研究模式的合法性基础,暴露了这一研究模式的弊端,使我们的研究一度陷入巨大的理论困境。[①] 比如,在一元线性进化的马哲史观和领袖中

---

① 参见徐俊忠等:《深化中国马克思主义哲学史学科研究的思考——马克思主义哲学史与马克思主义哲学研究方法论学术研讨会纪要》,《现代哲学》2002 年第 1 期。

心论的影响下,我们缺乏与西方学界真实有效的互动与交流,通常是片面否定一切西方哲学、对西方马克思主义也是一概批判,同时过度的政治化、政策化、意识形态化又使它缺乏真正的学术独立性、学术规范性,因此,在其进一步发展中潜藏着危机,一旦外部环境发生重大变化,就可能直接导致危机成为现实。20 世纪 90 年代前后外部环境的确出现了大变动,从国际上讲,苏东剧变这一重大历史事件对整个马克思主义哲学研究造成重大冲击,使传统苏联马哲史研究模式失去了合法性基础;从国内上讲,20 世纪 90 年代初我国社会发生重大转型,马哲史研究中,许多研究人员流失,队伍严重萎缩,研究成果减少,质量降低。另一方面,对西方哲学、西方马克思主义过分崇拜,使得西方哲学、西方马克思主义,甚至西方"马克思学"成为马哲界的主流话语,或隐性的支配性视野。从苏联教科书体系作为马克思主义哲学的唯一形态,转变到把西方马克思主义奉为真正的马克思主义哲学形态,从对西方马克思主义的一味批判,转向盲从,这让我们在两个极端间剧烈变换,不知所措。对苏联马哲史研究模式的追随与失落,对西方马克思主义由批判到盲从,巨大反差造成了一段时期内中国马克思主义哲学史研究的困惑、迷茫、彷徨与挣扎,然而又正是这样的困境促使新、老马克思主义哲学史家们不断反思以往研究模式的弊端,努力探寻一种新的哲学史研究和叙事类型。实际上,这些问题在 20 世纪 80 年代已经引起了第一代马克思主义哲学史家的关注和思考,因此在 90 年代伊始他们就完成出版了突破 80 年代研究特点的开创性著作,代表作品是 1990 年陈先达等的《被肢解的马克思》和孙伯鍨等的《西方"马克思学"》。张一兵在 90 年代末出版的《回到马克思——经济学语境中的哲学话语》一书,自觉地从方法论角度对流传于我国马哲史研究中的苏联研究模式进行了系统反思,着重批判了其目的论预设、线性进化论、领袖中心论的方法论,强调马哲史研究的学术规范性,并且运用新的理论资源、采用新的研究方法、开拓出新的研究领域,一方面它是文本文献学这一新的研究范式创立的标志,另一方面也是马哲史研究范式走出困境,迎来新阶段的标志。纵观整个 90 年代,新、老两代马克思主义哲学史家在困境中的探索可以从三个方面给予描述,这也构成了 90 年代马克思主义哲学史研究的基本特点:第一,深刻反思了苏联研究模式的弊端。苏东剧变颠覆了苏联马克思主义哲学史研究模式的合法性基础,也打破了意识形态的禁锢,传统研究模式的弊端得到了逐步的洗涤和清理。第二,进行学术与政治关系的重思,优化学术生态。学者们普遍意识到马克思主义哲学史研究不能陷入狭隘政治实用主义窠臼,不能把马哲史研究作为现实政策注解的工具,学术研究和现实政治行动的边界需要得到有效澄清,需要辩证看待学科研究的现实感与学科自身独立的学术定位的关系。第三,学科视野逐步打开,学术包容性不断增强。特别是随着对国外马克思主义以及现代西方哲学研究的深入,该学科的研究获得了新的推动力。也正是在这样的发展进程中,新一代马克思主义哲学史学者逐步成长起来。在新、老两代马克思主义哲学史家的努力下,中国马克思主义哲学史研究逐步走出了困境。这一时期,我国马哲史通史类著作主要有:余源培、虞伟人主编的《马克思主义哲学的理论与历史》(复旦大学出版社 1990 年版),李恒瑞等撰写的《马克思主义哲学史新编》(中共中央党校出版社 1990 年版),孙伯鍨、侯惠勤主编的 3 卷本《马克思主义哲学的历史和现状》(南京大学出版社 1992 年版),杨春贵主编的《马克思主义哲学发展史概要》(中共中央党校出版社 1995 年版),黄楠森、庄福龄、林利主编的 8 卷本《马克思主义哲学史》(人民出版社 1996 年版),中国人民大学马克思列宁主义发展史研究所集体主编的 4 卷本《马克思主义史》(人民出版社 1997 年版)。专题史方面的主要著作有:陈先达等著的《被肢解的马克思》(上海人民出版社 1990 年版)、孙伯鍨等著的《西方"马克思学"》(江苏人民出版社 1990 年版)、瞿铁鹏的《马克思社会研究方法论》(上海人民出版社 1991 年版)、余其铨的《恩格斯哲学思想新探》(北京大学出版社 1992 年版)、张翼星的《列宁哲学思想的历史命运》(重庆出版社 1992 年版)、谢霖的《东方社会之路——马克思关于东方社会非资本主义发展的理论》(中国社会科学出版社 1992 年版)、江丹林的《马克思的晚年反思——东方社会发展道路与中国社会主义实践》(北京出版社 1992 年版)、俞吾金的《意识形态论》(上海人民出版社 1993 年版)、吴晓明的《历史唯物主义的主体概念》(上海人民出版社 1993 年版)、张奎良的《马克思的哲学历程》(上海人民出版社 1993 年版)、马泽民的《马克思主义哲学前史》(重庆出版社

1993 年版)、徐琳主编的《恩格斯与现时代》(中国人民公安大学出版社 1994
年版)、赵仲英的《马克思早期思想探源》(云南人民出版社 1994 年版)、侯才
的《青年黑格尔派与马克思早期思想的发展——对马克思哲学本质的一种历
史透视》(中国社会科学出版社 1994 年版)、韩庆祥的《马克思人学思想研究》
(河南人民出版社 1995 年版)、张一兵的《马克思历史辩证法的主体向度》(河
南人民出版社 1995 年版)、杨耕的《"危机"中的重建——历史唯物主义的现
代阐释》(中国人民大学出版社 1995 年版)、丰子义的《现代化的理论基
础——马克思现代社会发展理论研究》(北京大学出版社 1995 年版)、徐亦让
的《人道主义到唯物史观——马克思世界观的飞跃》(天津人民出版社 1995
年版)、叶险明的《马克思的世界历史理论与现时代》(清华大学出版社 1996
年版)、徐俊忠的《道德理解的解构与重建——自由、人权与价值观念研究》
(广东人民出版社 1997 年版)、高齐云的《马克思主义哲学的原生形态探微》
(广东人民出版社 1998 年版)、张一兵的《回到马克思——经济学语境中的哲
学话语》(江苏人民出版社 1999 年版)、任平的《交往实践与主体际》(苏州大
学出版社 1999 年版)。

第三阶段,21 世纪以来的复兴与创新。在经历了 20 世纪 90 年代的彷徨
与挣扎之后,进入新的世纪,我国马克思主义哲学史研究借鉴当代西方各种社
会思潮,吸收马克思主义哲学研究最新成果,以研究方法论的创新为突破口,
以此带动并形成 21 世纪我国马克思主义哲学史研究新的模式、机制、格局。[1]
首先,进一步突破苏联一元化的马哲史研究模式,在马哲史研究范式内部,建
构多种马哲史的研究范式,如人学范式、危机与重建范式、实践诠释学范式、生
存论存在论范式、文化哲学范式、逻辑分析范式、文本逻辑与历史分析范式等,
呈现为多元研究范式并存的局面[2]。其次,传统模式的弊端被进一步清理,以

---

[1] 参见刘怀玉、马振江:《苏联化、西马化与中国化——我国马克思主义哲学史研究 30 年
的简要回顾与反思》,《教学与研究》2010 年第 11 期。
[2] 参见张亮:《中国马克思主义哲学史研究的范式生成与转换》,《中国社会科学》2006 年
第 4 期。此处的范式指马哲史范式内部的二级范式,它的含义主要指哲学核心理论观点、哲学形
态,兼有研究方法和路径的含义。——笔者注

原理反注文本的局限逐步被克服,传统研究方法论上的目的预设论痕迹被清除,真实地再现了马克思主义哲学的发生史。再次,以一种更加开放的视野来审视马克思主义哲学发生和发展的历史,对西方学界的观念不仅不再是简单否定或进退失措,研究方式上也不再局限于翻译、介绍和评述,而是以更加合理的姿态来借鉴、消化、利用并创新和超越西方学界的马克思主义哲学观念,把马克思主义哲学史研究推向了一个新的阶段。复次,马克思主义哲学史研究中的本土性和时代性特征被进一步突出。尽管存在着"回到马克思"和"让马克思走入当代"之间的争论,但实际上殊途同归,都意在强调在新的时代条件下重新理解和建构马克思主义哲学发生和发展历程。最后,值得一提的是,文本文献学研究范式的出现及其对马克思主义哲学史研究的意义。文本文献范式突破了简单地依靠翻译的二手文献和公开出版的马克思的基本著作来进行马克思主义哲学研究的框架,越来越多地关注马克思生前没有发表的手稿、笔记中的哲学思想,这不仅开阔了马克思主义哲学史研究的视野和思路,也进一步地夯实了马克思主义哲学史研究的学术基础。

21 世纪以来我国马哲史范式研究在通史方面的主要著作有:孙伯鍨、张一兵主编的《走进马克思》(江苏人民出版社 2001 年版),庄福龄主编的《简明马克思主义史》(人民出版社 2004 年版),安启念主编的《新编马克思主义哲学发展史》(中国人民大学出版社 2004 年版),孙伯鍨和侯惠勤主编 2 卷本的《马克思主义哲学的历史与现状》(南京大学出版社 2004 年版),侯才、阮清、薛广州主编的《马克思主义哲学史论》(中共中央党校出版社 2005 年版),何萍的《马克思主义哲学史教程》(上、下册)(人民出版社 2009 年版),吴元梁的《马克思主义哲学形态的演变》(中国社会科学文献出版社 2010 年版)等,"马工程"教材《马克思主义哲学史》(人民出版社、高等教育出版社 2012 年版),侯才主编的《马克思主义哲学形态演变史》(黑龙江人民出版社 2013 年版),王仲士等《中国马克思主义哲学当代史》(上、下册)(四川人民出版社 2006 年版)。

断代史方面的主要著作有姚顺良主编的《马克思主义哲学史:从创立到第二国际》(北京师范大学出版社 2010 年版),刘怀玉、张传平主编的《当代马克思主义哲学史》(北京师范大学出版社 2010 年版),李尚德主编的《20 世纪马克思主义哲学在苏联》(社会科学文献出版社 2009 年版),刘林元、姚润皋主编的《中国马克思主义哲学史》(上、下)(江苏人民出版社 2008 年版)、何萍的《20 世纪马克思主义哲学:东方和西方》(人民出版社 2012 年版)。

21 世纪以来,专题史成果异常丰富,主要有:张云飞的《跨越"峡谷"——马克思晚年思想与当代社会发展理论》(人民出版社 2001 年版)、丰子义等著的《马克思"世界历史"理论与全球化》(人民出版社 2002 年版)、唐正东的《从斯密到马克思》(南京大学出版社 2002 年版)、刘森林的《马克思发展理论的当代价值》(人民出版社 2003 年版)、任平的《当代视野中的马克思》(江苏人民出版社 2003 年版)、王金福的《马克思的哲学在理解中的命运——对马克思哲学的解释学考察》(苏州大学出版社 2003 年版)、孙正聿的《思想中的时代——当代哲学的理论自觉》(北京师范大学出版社 2004 年版)、杨耕的《为马克思辩护——对马克思哲学的一种新解读》(北京师范大学出版社 2004 年版)、孙荣的《恩格斯与马克思主义哲学》(黑龙江人民出版社 2004 年版)、吴家华的《理解恩格斯——恩格斯晚年历史观研究》(安徽大学出版社 2005 年版)、魏小萍的《追寻马克思——时代境遇下马克思人类解放理论逻辑的分析和探讨》(人民出版社 2005 年版)、俞吾金的《重新理解马克思——对马克思哲学的理论基础与当代意义的反思》(北京师范大学出版社 2005 年版)、吴晓明和王德峰的《马克思的哲学革命及其当代意义——存在论新境遇的开启》(人民出版社 2005 年版)、聂锦芳的《清理与超越——重读马克思文本的意旨、基础与方法》(北京大学出版社 2005 年版)、仰海峰的《形而上学批判——马克思哲学的理论前提及其当代效应》(江苏人民出版社 2005 年版)、吴晓明的《形而上学的没落——马克思与费尔巴哈关系的当代解读》(人民出版社 2006 年版)、陈学明的《永远的马克思》(人民出版社 2006 年版)、王东的《马克思学新奠基——马克思哲学新解读的方法论导言》(北京大学出版社 2006 年版)、王南湜的《追寻时代的精神——走向实践哲学之路》(北京师范大学出版社 2006 年版)、俞吾金的《问题域的转换——对马克思和黑格尔关系的当代解读》(人民出版社 2007 年版)、梁树发的《社会与社会建设》(人民

出版社 2007 年版)、张一兵主编的《马克思哲学的历史原像》(人民出版社
2008 年版)、任平的《创新时代的哲学探索》(北京师范大学出版社 2009 年
版)、杨学功的《超越同质性神话——马克思哲学的当代解读》(北京大学出版
社 2010 年版)、孙正聿等著的《当代中国马克思主义哲学专题研究》(吉林人
民出版社 2010 年版)、田子渝的《1918—1922 马克思主义在中国初期传播史》
(学习出版社 2012 年版)、倪邦文的《马克思主义在青年中的传播——历史视
野与哲学思考》(中国社会科学出版社 2014 年版)。

二、马克思主义哲学史研究范式的特点

虽然我们把在之前的相关研究称为"准备和草创期",但严格地讲,在 20
世纪 80 年代以前马哲史研究范式还没有真正产生,只能称之为"前马哲史研
究",在高校课程中开设的是"原著选读",没有马哲史课程,围绕这一课程所
进行的研究部分具有思想史研究的功能,个别学者虽然也做了许多前期思想
资料的准备,也在思想史方面进行了一些探索,但是这些准备和探索并没有直
接促使这一研究范式诞生,马克思主义哲学原著研究只是徒有思想史外观的
研究,缺乏真正的"历史意识",其研究存在着一系列深层缺陷,主要体现在其
性质和作用的附属性、理论形态的封闭性和神圣性、文本引用中的同质性、研
究方法的局限性、解释学视野的封闭性、思维的僵化性。

第一,性质的非独立性和作用的附属性:教科书原理体系具有绝对真理性
质,其地位是神圣的、不可动摇的。原著研究不具有独立存在性质,其地位是
附属性的,不能和教科书原理相冲突,其功能是论证教科书原理体系的真理
性,因而不具有独立研究的价值,不可能成为独立的研究范式。

第二,理论结论、理论形态的封闭性和神圣性:苏联教科书中提出的辩证
唯物主义和历史唯物主义哲学形态是唯一正确的马克思主义哲学,它是神圣
的,是普遍的终极真理,是跨时间、跨地域的。在这一终极真理诞生之前,允许
马克思主义理论存在一个孕育、形成、发展的历史过程,这一理论一经诞生,就
只能允许它传播,而不能允许它随着时代的变动而历史性发展、历史性创新,

历史性出场了,也不可能存在多种马克思主义哲学的创新理论、创新形态,后人也不可能研究马克思主义哲学不同发展形态的规律,马克思主义哲学随之也就蜕变为封闭的、永恒在场的"终极真理",体现历史性研究特点的马哲思想史研究丧失了存在可能性。

第三,文本引用的同质性、同一性。在教科书原理体系研究中,为了证明某个原理的正确性、合法性,常常将马克思、恩格斯、列宁等人在不同时代、不同语境、不同性质、解决不同问题文本中表述的话语都平行地、非历史性地加以引证,对他们的思想进行完全同质化理解、同质化裁减和同质化表述。掩盖了表面结论的背后隐藏的时代背景、问题意识、文本上下文语境、论证方式、总体思想性质的不同和差异,看不到相似表述的话语之间可能存在的实质性差异,甚至对立。由于原著选读和思想史研究的附属性质,赋予它的根本任务是服务于对原理教科书结论的论证,不能与之发生冲突,因而教科书原理"同质性引用文本"的做法也自然会延伸进原著选读研究中,虽然在具体研究中也能够发现教科书这一做法的某些错误,但不能提出根本批评、进行彻底矫正,只能坐视教条主义之风盛行。

第四,研究方法的局限性:由于原著选读和思想史研究对于教科书原理的附属性,以及单纯作为工具手段作用,势必认为既成的马克思主义教科书原理体系具有逻辑在先性,是理解马克思主义哲学原著和思想史的根据,在研究方式上用教科书原理反过来注解马克思主义思想的形成、发展历史,我们阅读文本的过程只是在不同的经典文本中寻找"原理"和"观点"的焦点式标注,这是一种倒果为因的研究。按本性来说,教科书原理只是后人对马克思主义哲学思想的理解结果和结论,历史性呈现出来的马克思主义哲学文本和思想史应该具有时间上、逻辑上的在先性,应该根据原著和思想史来阐释原理、发展原理。而当时的研究却颠倒了这一关系,把作为一种特定理解结果的理论形态作为最后根据,而把真正的根据作为手段和例证,这样就人为肢解了经典文本的完整历史语境和总体性意义,掩盖了它和时代背景、历史图景、民族文化的深刻关系,无视马克思思想与同时代其他思想成果的继承关系、马克思主义哲学自身形成和发展创新的历史逻辑,把本来属于某一特定历史时代、特定民族

159

文化精神体现的特定理解成果,作为马克思哲学思想的前提、普遍适用的和固定不变的真理性原理,强加到马克思哲学身上,马克思主义哲学随历史图景、时代问题变化而历史性变化、历史性出场的本性消失了,成为一种在场的形而上学和封闭的体系哲学,因而是一种倒果为因的研究方法。

第五,视野的封闭性:指缺乏自觉的解释学意识,不能合理地看待各经典作家本人不同时期思想的关系、经典作家之间思想的关系,忽视了经典作家思想之间的历史间距和差异,无法真正以"史"的眼光来审视马克恩、恩格斯、列宁、斯大林、毛泽东的思想关系。

虽然我们分析了在"准备期和草创期"的思想史研究、原著选读研究中存在的种种弊端和缺陷,但并不能完全抹杀其工作的意义,正是在这一阶段所做的种种准备为独立的马哲史研究范式的创立奠定了研究基础、形成了一支从事这一范式研究的主体力量。随着 1981 年我国第一本《马克思主义哲学史稿》的问世,宣布了马哲史作为一种独立研究范式的诞生,它一经诞生,就引起了强烈反响,释放出埋藏已久的研究热情,迎来了我国马哲史研究的繁荣局面。马哲史研究范式根本性、总体性的研究特点是历史性,它包括马克思某一思想与文本整体思想语境之间的联系、某一文本与其他文本之间的历史联系、马克思哲学思想与其他思想(经济学、政治学、社会主义、历史学等思想)之间的历史性联系、每一文本背后历史性的提问方式和思考方式、马克思各种文本与时代背景和历史图景的联系、马克思主义哲学自身的创立和发展创新的历史过程性,马克思哲学思想整体与时代图景之间的历史性联系。历史性这一根本特点成为其独特的研究优势,使它与其他研究范式区别开来,也与处于"前马哲史"阶段的原著选读研究方式相区别,历史性这一总体性特点表现在以下具体特点之中。

第一,性质的独立性和作用的主导性。马哲史研究是一种独立的研究范式,具有独立的研究价值、研究意义,它并不是教科书原理研究的附庸,它的历史性的研究方式优于教科书的非历史研究方式。它的功能不是论证教科书原理的手段和工具,而是作为马克思主义哲学理解和创新的活水源头,推动着马克思主义哲学创新,对于其他各类型、各领域马克思主义哲学研究发挥着辐射和带动作用。

第二,教科书理解形态和理论形态的非神圣性:它只是马克思主义哲学形成、发展、创新历史过程中的一个特定理解形态、理论形态,并鲜明地打上了当时历史特点、民族文化的烙印,它既作出了突出的历史贡献,又具有明显的历史局限性。它不应该成为其他时代、其他民族探索马克思主义哲学真谛、进行马克思主义哲学创新的障碍和禁锢,而应该成为理论创造的借鉴和资源;不应该成为衡量其他理论创新形态的唯一标准、绝对标准,而应该成为理论反思、理论批判的内容之一。

第三,研究方法上强调马哲史的优先性:马哲史研究范式在研究方法上根本反对教科书原理反注思想史的做法,认为教科书原理只是后人对马克思主义哲学思想的理解结果和结论,马哲史研究和教科书原理研究二者相比较,马哲史研究具有历史的在先性、逻辑的在先性,更具有基础意义,应该根据马思文本和思想史的阐释来论证原理、发展原理,而不能倒果为因。

第四,文本引用的非同质性、差异性。在教科书原理以及原著选读研究中,为了证明某个原理的正确性、合法性,它常常将马克思、恩格斯、列宁等人在不同时代、不同语境、不同性质、针对不同问题文本中表述的话语都平行地、非历史性地加以引证,可以任意从《马克思恩格斯全集》第1卷同质性引用到最后一卷。马哲史研究范式认为这种撇开文本具体历史语境,同质性任意引用不同文本的做法是"非法引证",认为应该结合经典作家文本和语段的历史语境进行解读,在引用文本时应该区别相似语段出现的不同文本语境、不同性质、不同意义,注意不同文本之间的实质上的差异性、非同质性,以历史的态度对待不同历史时期的文本。

第五,强调历史间距性的解释学视野:马哲史研究范式秉持合理的解释学意识,实事求是地承认政治领袖思想之间的历史间距性、差异性、个性化特点,主张以历史的眼光、辩证的视野来看待历史上不同政治领袖思想之间的差异性统一。

第六,全面性:马哲史研究范式本身坚持全面性原则,这一原则在某一阶段会发展为自觉的反思,使我们更加全面客观地看待、评价包括所有政治领袖、专业哲学家、不同国家和民族马克思主义哲学家的理论或者贡献。

第七,叙述方式上:注重以"史"带"论","史论"结合的研究特点、反对经验历史主义的外在描述研究方式。历史性是马哲史范式研究的根本特点,这一特点使其具有了不同于教科书原理范式的研究优势。思想史的历史性又不是对各时期著作思想的外在描述,不是把不同历史时期马克思主义思想家的著作汇总起来,使马哲史成为"人名和书名的历史"。马哲史研究范式认为,马克思主义哲学作为"思想中的时代",一方面包含其"时代性",即历史性、发展性;另一方面又强调其作为时代性的"思想",呈现出一种基于历史变化的思想性、逻辑性、理论性特点,这一特点会摒弃外在经验描述的研究方式,把马克思主义哲学史视为思想史、观念史、逻辑史,突出"论"(内在逻辑和理论)的阐释,通过"史"的眼光重新发现一个不同于苏联僵化教条地理解的马克思主义哲学本性,把马克思主义哲学理解为一个不断基于当时历史实践、历史背景、历史语境而不断出场、不断提出问题和解答问题的创新理论,并且为基于当代历史实践、历史背景、历史语境而提出问题解答问题,建构再次出场的创新理论,以此对当代实践进行深层的理论穿透。

三、马克思主义哲学史研究范式的创新功能

马哲史范式研究在马克思主义哲学整体创新中发挥着独特的创新功能,其总体创新功能表现在历史性的阐释方式、避免经验主义的历史叙述,注重逻辑挖掘、理论提升、史论结合的研究方式,在多学科、多门类知识的整体关联性中重新阐释和创新马克思主义思想的整体性。

首先,阐释的历史性,由此激发出来基于历史图景转变产生的理论创新意识。

相对于原理教科书范式而言,马哲史范式研究的最大特点是"以史为基",严格地以马克思主义哲学思想的历史性发展作为研究根基,打破对马克思主义原典作家各种理论结论的平面化、表层化、现成化的理解方式。马克思主义哲学作为"思想中的时代",作为一门"唯一的历史科学",作为"时代精神的精华",时代性、历史性、生成性、发展性是其本质,马克思主义哲学就是马克思主义哲学的历史,就是一部思想理论随现实历史发展而出场的思想史。

"历史性"原则就是强调马克思主义哲学的发展性、开放性和与时俱进的特色。马哲史研究范式根本反对无历史、非历史、反历史的马克思主义哲学观，把历史性作为马克思主义哲学的第一本性，具有鲜明的历史视域，在历史场域中阐释，将马克思主义哲学看作是一个历史发展着的思想体系。它着力强调马克思主义思想本身历史发展的过程性：不仅强调其孕育、形成、传播的历史过程性，而且强调其理论发展、理论创新的历史过程性；不仅强调某一历史文本的整体性，而且强调它与其他历史时期马克思哲学发展的历史关联性；强调某一文本语境的多重性、思想的探索性、与其他理论思想的复杂关联性；努力结合各种思想产生的历史背景、时代差异来揭示各种思想理论的深层本质，强调其思想理论对于历史背景、时代特点的依存性，把马克思主义哲学看作是一个随着时代特点、历史图景的变化而不断出场、不断改变理论形式、不断创新形态的过程，看作是一个历史发展着的思想体系。

其次，注重理论挖掘，以"史"带"论"，以历史性为基础进行"史论"结合的研究，反对经验历史主义的外在描述研究范式。凸显马克思思想的历史性是马哲史范式研究的根本特点，也是它不同于教科书原理范式的研究优势。另一方面，思想史的历史性又不是对各时期著作思想的表层描述，不是把不同历史时期马克思主义思想家的著作汇总起来，使马哲史成为"人名和书名的历史"。马哲史研究范式认为，马克思主义哲学作为"思想中的时代"，一方面包含其"时代性"、历史性、发展性的一面；另一方面又强调其作为时代性的"思想"，是一种基于历史变化、时代变迁的思想性、逻辑性、理论性，摒弃外在经验描述的研究方式，把马克思主义哲学史视为思想史、观念史、逻辑史，突出"论"（内在逻辑和理论）的阐释。因而这一研究范式的创新功能在于，通过"史"的眼光重新发现一个不同于苏联教条主义的理解方式，力求把马克思主义哲学理解为一个不断提出问题和解答问题而不断创新的理论史、思想史、逻辑史。

最后，整体关联性和历史相关性。马哲史强调马克思主义理解的整体性。原来的马克思主义哲学原理内容中不涉及经济学、政治学、历史学、民族学内容，仅仅是单纯的马克思主义哲学原理内容表述。如果承认其他内容的作用，也只是承认其在马克思主义哲学形成过程中的影响作用，而在马克思创立马克思主义哲学之后,经济学内容、政治学内容、文化学内容、历史学内容都是独立的研究领域,它们与哲学的联系只表现在它们都是哲学世界观、方法论原则的外在应用,只是已有哲学原理的丰富和证实,而不去揭示其他内容对于马克思主义哲学的创新和发展的作用、马克思主义哲学随着其他领域知识的发展而创新的本性。在哲学自身方面,传统研究只重视德国古典哲学对马克思主义哲学创立的作用,而不承认其他哲学阶段、哲学形态对马克思主义哲学的积极影响。而马哲史研究范式则根本克服了这一研究弊端:其一,在研究内容方面,马哲史研究范式可以不受狭隘学科分工限制,打破学科壁垒,能够同时包含哲学以外的经济学内容、社会主义思想的内容、政治和社会内容、文化传统等方面的内容。对马克思主义哲学自身而言,在德国古典哲学之外,可以更加深入探讨古希腊哲学、近代经验论和唯理论哲学、法国唯物主义哲学的积极影响,不仅重视其主导线索的研究,还可以进行支援背景的研究,从而深化对马克思主义哲学创立、发展的研究。其二,在各领域之间关系的理解上,既可以同时包含不同领域的思想理论,进行外在并列理解;也可以深入理解他们彼此之间的内在有机联系,揭示不同领域思想的相互依存性,尤其是其他内容对推动马克思主义哲学发展和创新的巨大意义。其三,在研究对待同一文本时,马哲史范式不是以单一学科的态度进行研究,而是深度挖掘表面上属于其他学科文本的哲学基础、哲学内涵,以及这些哲学基础对于某种学科知识的指导作用;更为重要的是,还可以反过来挖掘某一学科理论完善对马克思主义哲学发展的推动作用,消除教科书原理研究中的哲学理论终结论、目的预设论的弊端,比如传统研究一直视《资本论》为纯粹的经济学著作,对于其哲学意义要么不予承认,要么只是承认它是已有哲学思想的运用,没有独立的哲学意义。而马哲史研究则可以从经济哲学的视野打开其哲学、经济学的深层关联意义,剖析出经济学理论对于马克思主义哲学发展、哲学创新的不可或缺作用,从而彰显出对马克思主义哲学创新理解的独特优势。①

---

① 参见张一兵:《马克思主义历史辩证法的主体向度》,南京大学出版社 2002 年版,第三章。

马哲史研究范式的上述三点创新功能在总体上发挥着推动马克思主义哲学发展、创新的作用,它也具体表现于各阶段、各类型的马哲史研究中,带动着各阶段、各类型的马哲史研究的创新发展。

马哲史的创新功能首先表现在 20 世纪 80 年代和 90 年代,尤其是 80 年代,它推动了我国马哲史研究范式在这一阶段取得一系列突出的成果。伴随着中国学界对苏联教科书体系反思、马克思主义哲学史学科的建立,马哲史范式研究繁荣一时,各种通史著作喷涌而出。粗略统计,从 1981 年第一本马哲史著作问世起,至 20 世纪末共有近 100 余种马哲史通史著作产生,其中通史著作在前十几年中占据了大半,直到 1996 年出版完整的 8 卷本《马克思主义哲学史》为止,标志着我国马哲史通史著作达到了一个高峰。同时,还有一些有深入研究的断代史、专题史著作不断问世,在 20 世纪最后 10 年中,随着西方马克思主义等西方思潮的传入,专题史的探讨又成为马哲史研究的主导形式。总起来讲,这一时期我国马哲史范式研究的创新之处表现在:第一,突出了马克思主义哲学思想发展的历史性、原著思想的本源性特点,初步克服了马克思主义哲学研究中的非历史性、同质性的独断性。深入研究马克思主义哲学创立、形成、传播、发展的一般历程,马克思哲学中某些重要范畴、原理形成和成熟的历史,基本确立了马哲史学科的基本定位、基本分期体系、基本观点体系、研究方法上的基本特点。与当时的教科书改革大潮相呼应,马哲史研究范式积极参与、引领当时争论的热点问题,如异化与人道主义问题、实践唯物主义问题、主体性原则问题、社会发展理论与东方道路问题、生产力标准问题,学者们都试图回到经典作家那里寻找解决争论的方法和思路,马哲史范式所独有的历史性特点、文本文献的本源性功能发挥了积极的引领作用,能够激励新问题的产生、推动争论的深化,随着自身研究的深入,常常充当判定各方讨论是非的标准,起到终止争论的作用。第二,相对于教科书原理研究范式而言,开始凸显马哲史范式研究的综合性优点,不是仅仅把哲学内容作为独立的、区别于其他理论的领域,打破“三分天下”(哲学、经济学、社会主义)各自独立的学科壁垒,能够结合经济学、政治学、社会主义学说、社会学、美学、民族学、军事学等内容。这一时期马哲史通史著作、专题史著作大都注意把上述各方面的内容结合进来,同时,这种研究的交叉性优势还在某种程度上推动了当时历史学、文艺学、政治学等学科的发展。比如当时的社会形态理论、亚细亚生产方式理论影响了史学理论,马克思恩格斯与拉萨尔的现实主义争论影响了文艺学,列宁的民主集中制学说影响了政治学。不仅如此,马哲史研究还超越了学术领域,积极影响政治、社会发展,80年代甚至90年代,许多党的重大路线方针的制定往往都以对经典作家的基本思想的解释、发展为基础,使得它的某些研究影响到党员干部和群众。

进入21世纪以后,我国马哲史范式研究的创新功能有了新的体现,新的突破,达到了一个新阶段。这一阶段的研究以方法论反思作为突破口,自觉到前20年我国马哲史研究中存在的问题,更好地消除了传统苏联教科书对马哲史研究的消极影响,清理了苏联马哲史研究模式的缺陷。另一方面也避免了20世纪90年代研究中对西方马克思主义的崇拜情绪,不再简单照搬西方马克思主义的现成结论和观点,而是开始真正立足于当代中国特色社会主义建设现实这个中心,以探索建构中国化马克思主义哲学形态为目标,在将国外马克思主义哲学研究、纳入马克思主义哲学发展史的学科范围内,自觉采用新的研究方法论,以新的视野、新的问题意识、新的提问方式探索新的马克思主义哲学史观、新的叙述原则、新的叙述方式、新的问题域,从各个角度、各个方面深入反思马克思主义哲学发展的内在逻辑,开辟出若干新的研究领域,取得许多创新性研究成果。

21世纪我国马哲史范式研究的创新开始于20世纪末张一兵的开拓性研究,在《回到马克思——经济学语境的哲学话语》这一专题史研究中,张一兵以方法论的反思为切入点,深度剖析了传统马哲史研究中的方法论缺陷,作者认为传统马哲史研究一直受错误的方法论支配,导致一系列研究缺陷,远离了马克思主义哲学的本真意义。应该看到,20世纪我国马哲史研究中虽然在学科独立意义上,在对马克思主义哲学历史性的阐发上,在梳理马克思主义重要概念、原理的历史演变上取得积极成果,在一定意义上批判了苏联教科书研究范式的某些缺陷,也批判了传统教科书的某些错误结论,有力配合了教科书改革的时代大潮,但是其研究模式并没有摆脱教科书影响下的苏联马哲史研究模式,支配其研究的深层方法论也是有偏颇的,这一研究模式存在三大错误的方法论:目的论预设、领袖中心论、一元线性进化论,①这些方法论本质上并没有真正体现马克思主义哲学历史性、发展性、创新性的本质特征,因而总体而言,在其支配之下的马哲史创新研究具有内在局限性。这本书在方法论的深度批判,导致了对苏联马哲史研究模式的超越,迎来了对马克思哲学历史性创新理解的新阶段,因而也成为开创我国马哲史范式研究新阶段的标志。

21 世纪以来,我国马哲史研究范式创新的基本特点是:其一,消除了哲学、经济学、社会主义理论分科叙述的弊端,从不同角度将其作为一个互相关联的有机整体,在各领域理论的相互作用和关联中揭示马克思主义哲学发展的内在逻辑,与之相对应,20 世纪我国马哲史研究虽然能够做到将不同领域的理论内容纳入其中,但却仍然是分科叙述,它们之间仍然处于外在关联之中,没有揭示出其内在联系的有机性。这一方面最有代表性的创新成就是张一兵的《回到马克思——经济学语境的哲学话语》、何萍的《马克思主义哲学史教程》。前者从经济学语境出发,把马克思主义哲学革命视为一个经济学、哲学一直处于相互激发、相互促进的不可分割的整体,没有经济学研究的发展和成熟,其哲学理论不可能真正成熟,无论其广义唯物主义、狭义唯物主义、历史现象学都是由经济学理论的突破引发的,离开经济学理论的发展,其哲学不可能最后完善。后者则从文化哲学、实践哲学视野审视马克思主义哲学的发展历程,把马克思主义哲学发展看成由文化学、政治学、经济学、哲学共同作用,共同推动的结果,表现为马克思主义哲学不同的时代性特点、多元的民族文化特色、多样哲学家个性化风格的发展历程。其二,马哲史历史性特点的深度揭示。20 世纪我国马哲史范式研究虽然初步克服了马克思主义哲学研究中的非历史性、同质性、教条主义,但是其层次不高,深度不够,仍然残留着大量的非历史性、同质性、教条主义的痕迹,其研究模式并没有根本摆脱苏联马哲史研究模式,历史性仅仅停留在马克思主义哲学形成和传播发展的历史性、

---

① 参见张一兵:《何以真实地再现马克思主义哲学的发生史》,《学术月刊》2005 年第 10 期。

马克思哲学中某些重要范畴、原理形成和成熟的历史性。没有集中到立足我国自身的历史条件,揭示我国当代历史语境下马克思主义哲学创新问题,没有自觉到创新是否可能、如何创新、创新道路的问题,对于马克思主义哲学整体创新形态的历史性、创新形态的历史规律缺乏深入研究。

21世纪,我国马哲史范式研究的创新功能在方法论反思基础上进入了新阶段、新层次。

这里主要介绍几种重要的创新研究成果,它们有的是已完成的成果,有的还在过程之中;有的是以专著的形式呈现,有则以论文、论文集的形式出现;有的是对已有领域的重新研究,有的则是开辟了某种研究的新领域。这些创新研究的共同特点是有着新的视野、新的研究范式、新的方法论,因而带来的是新的问题意识、新的提问方式、新的研究方式、新的研究领域、新的研究结论。在通史研究方面,何萍的《马克思主义哲学史教程》创造了马哲史通史研究的阶段。在断代史研究方面,何萍的《20世纪马克思主义哲学:东方和西方》,开辟了"20世纪马克思主义哲学"这一断代史研究领域,孙正聿的当代中国哲学史研究、何萍的1949年以来中国马克思主义哲学史研究、任平的当代中国马克思主义哲学创新学术史研究共同开始了"当代中国马克思主义哲学史"领域研究。在专题史方面,吴元梁主编的《马克思主义哲学形态的演变》一书,开始了对马克思主义哲学形态演变领域的整体研究,这一研究专题史研究具有通史意义。张一兵主编的《当代资本主义理解史》是对这一重要领域最为全面、深入的研究。黎学军的《当代中国马克思主义哲学史学史发微》一文,开始了对当代中国马哲史重要通史类著作的反思和总结。

在通史研究方面,21世纪以来总体上较为沉寂,没有20世纪那样繁荣,有突出影响的通史著作寥寥无几,何萍教授的《马克思主义哲学史教程》①在为数不多的通史著作中最为突出,它在研究方法、叙述体例、叙述原则、研究范围等方面全面突破了以往马哲史通史著作的模式,较彻底地消除了苏联马哲史研究模式的影响和痕迹,取得了较大创新成就。其一,遵循历史与逻辑相一

---

① 参见何萍:《马克思主义哲学史教程》,人民出版社2010年版。

致方法论,强调历史优先原则。过去用辩证唯物主义的逻辑优先的方法论原则,把马克思主义哲学史看成辩证唯物主义和历史唯物主义线性进化论的形成史、传播史。这一研究立足于20世纪马克思主义哲学发展的现实历史,把西方马克思主义等思潮纳入马克思主义哲学史研究叙述之中,在此基础上进行重新进行深入的逻辑抽象,创新阐述马克思主义哲学史的内在逻辑和叙述主线。其二,区分研究方法和叙述方法,在确立历史优先原则基础上,着重探讨和建构马克思主义哲学史的叙述方法。传统马哲史研究中经典著作解读模式只能归入研究方法,只是属于经验的材料,历史的东西,而非逻辑的东西、思想的联系。如果没有建立起叙述的逻辑和方法,经验材料不同,叙述出来的各个内容必然不协调。虽然马哲史的叙述方法只有在研究工作结束之后才能确立,但是这一方法的确立本身是一个艰苦的抽象工作,必须找到叙述的逻辑起点、建立驾驭和叙述材料的基本原则。其三,以文化哲学为具体研究范式(指范式的第二层含义,即核心理论内容和方法论的统一),确立马哲史的基本研究方法。作者将马克思主义哲学的本性作为历史理性的文化哲学,而将时间纵向顺序的描述转变为重视不同国家和民族哲学传统、叙述哲学发展的世界化和多元化的空间向度。基于文化哲学特有的逻辑,摆脱了此前马哲史研究中存在的目的论预设、线性进化论的缺陷,这一范式要求重视哲学家群体对马克思主义哲学发展的贡献,因而给予深入论述,避免了领袖中心论的缺陷,此前马哲史研究中的意识形态化、政治化的色彩得以弱化。其四,确立马哲史的内在逻辑和叙述主线以及相应的叙述原则,解决了马克思主义哲学史构造的内在机制问题,使西方马克思主义、第二国际马克思主义哲学家、英美分析的马克思主义哲学、生态学马克思主义哲学等内容合乎逻辑地进入马克思主义哲学史的叙述。马克思主义哲学发展史的内在逻辑是实践和辩证法的批判精神与多元化的哲学传统和理论形态之间的相互作用,这也是马哲史的叙述主线,同时作为马哲史叙述原则。其五,按照马克思主义哲学史的内在逻辑和叙述主线确立新的叙述体例、叙述结构。突破了过去按照国际共产主义运动史的发展进程来编排章节结构的叙述体例、改变了以原著写作的先后顺序划分章节的做法。其六,区分马克思主义哲学的内史与外史。马克思主义哲学的内史就是上述马克思主义哲学发展的主线和内在逻辑展开过程中创造的历史,即马克思实践和辩证法的批判精神与多元化的哲学传统和理论形态之间的相互作用及其所创造的历史;马克思主义哲学的外史是由其内史所决定的。它具体包含两方面内容:第一,马克思主义哲学是建立在大机器生产为标志的工业和对资本主义社会形态的分析基础之上,因此应当用实践和辩证法的批判精神看待工业状况和资本主义生产方式的变化对马克思主义哲学产生、发展的作用,说明二者之间的内在关联。第二,马克思主义哲学具有世界性,它是融合各民族文化传统、改造各民族的思维方式而实现其世界性发展的,因此必须研究马克思主义哲学与各民族文化传统之间的关系。

何萍在《20世纪马克思主义哲学:东方和西方》①一书中提出了"20世纪马克思主义哲学"这一断代史研究领域,这一领域是基于新的提问方式、叙述方式、研究范式和哲学史观而建立的。其创新之处表现在:其一,在提问方式上,由于将西方马克思主义纳入其中,因而自然提出对20世纪马克思主义哲学进行整体研究的任务。其二,在叙述方式上,由于进一步采取"哲学概念的叙述方式",反对"时间概念的叙述方式",因而避免了采取单纯经验描述的方式对待这一领域,注重深入挖掘20世纪马克思主义哲学的内在结构、逻辑、本质、哲学总观念,以及它们与19世纪马克思主义哲学之间的区别。其三,在研究范式上,采取现代哲学"文化哲学"的研究范式,反对近代哲学"绝对理性主义"非历史性、生成性的弊端,又能够避免忽视内在逻辑、本质的经验主义的问题。其四,在哲学史观上,破除理性主义研究范式所造成的一元线性进化论观念、领袖中心论弊端,以特殊性和民族化观念为主导,树立多元、开放、创造的马克思主义哲学史观,清理20世纪的马克思主义哲学传统、派别、形态,把20世纪马克思主义看成是一个由内部的诸多哲学传统和形态构成、不断共同创造着的哲学,展示它的完整风貌。其五,深入比较了20世纪与19世纪马克思主义哲学在哲学总观念、思维方式上的区别。提出二者的根本区别在于对哲学总观念的不同理解,前者缺乏哲学总观念的理解,使马克思主义哲学陷入

---

① 参见何萍:《20世纪马克思主义哲学:东方和西方》,人民出版社2012年版。

危机,最终走向改良主义、庸俗马克思主义;后者认为"马克思主义本质上是哲学",是革命的辩证法,其思维方式和逻辑结构都是现代哲学。最后,厘清了研究的研究方式和重点问题。以哲学传统和哲学形态为核心范畴,总体研究20世纪马克思主义哲学在空间上的拓展、时间上的变革。开展东西方马克思主义哲学的比较研究。以此为基础,探讨马克思主义哲学从西方而东方,又从东方而西方的发展的规律。开展20世纪马克思主义文化哲学理论研究,深入分析它与19世纪马克思主义哲学文化研究的区别。虽然这本著作只是一本论文集,而不是系统、完整、严密的断代史专著,目前它还只是一个雏形,但它已经确立这一领域研究的基本原则、内容、问题域、方法论,从而开辟了一个有远大发展前景研究领域。

在断代史方面,近年来许多学者集中于"当代中国马克思主义哲学史"研究,这一研究领域出现的背景是,在新中国成立70多年、改革开放40多年前后,现实要求结合时代发展的历程,深入比较前30年和后30年两个不同的发展阶段,进行理论发展逻辑的全面研究和系统总结,因而它不同于此前的类似研究。孙正聿的"当代中国哲学史"研究、何萍的"1949年以来中国马克思主义哲学史研究"、任平的"当代中国马克思主义哲学创新学术史研究"是三种代表性的研究方式。它们都是为了繁荣和发展马克思主义哲学研究,推动中国马克思主义哲学的整体创新,建构中国马克思主义哲学形态,为中国深化改革、社会主义现代化建设提供更好的理论依据和理论指导,因而三者具有共同的研究领域、根本宗旨、基本目标,在一些内容上也会相互交叉;但是它们作为各自独立的、路径不同的研究方式,在总体特点、针对问题和提问方式、基本原则和书写方式、具体使用的二级范式上又各有特色。

"当代中国哲学史研究"①直接针对两方面问题,一方面是基于我国哲学学科内部二级学科发展不平衡,西方哲学处于强势话语,马哲学者普遍对西哲研究较为深入,而对中哲了解比较薄弱。另一方面,在哲学教学中,全面反映

---

① 参见孙正聿:《研究和撰写〈当代中国哲学史〉的几个问题》,《吉林大学社会科学学报》2012年第1期。

当代中国哲学学者理论成果和内在发展逻辑的教材还是空白,极大影响了哲学教学和学科建设。这一研究方式的基本特点是全面性、整体性,这一全面性、均衡性体现在政治性和学术性的均衡性、形式和内容的总体性、研究内容和论域的全面性、史与论统一的全面性、史料与逻辑的均衡性。其研究的基本原则是客观性,即以当代视野客观呈现新中国成立以来中国马克思主义哲学发展的原貌,具体描述不同阶段中国哲学论争、理论建构、学科建设的成就和问题,突出当代中国哲学史的性质是在上述成果中坚持和发展马克思主义哲学的历史,马克思主义哲学中国化、时代化、大众化的历史。它不秉持某种特殊的研究范式,而是将不同的研究范式隐含于其中,也就不存在某种二级研究范式。

"1949 年以来中国马克思主义哲学史研究"针对中国马哲史研究中任意套用西方马克思主义的现象,而结合中国的历史和现实,深入研究中国马克思主义哲学的特点、内在机制、发展规律。其基本特点是个性化,研究范式和框架的专一性,使用新的专一研究范式——马克思主义哲学中国化研究范式进行个性化创新研究,认为这一断代史研究的创新之处,不在于内容,而在于研究形式、研究框架创新,即研究范式创新;把这一断代史定位为中国哲学思潮的一个部分,"1949 年以来的中国马克思主义哲学史的课题只能在马克思主义哲学中国化的研究中提出,而不可能在马克思主义哲学史的研究中提出"①,其研究宗旨是揭示中国哲学的当代形态及其发展,展示中国人的新精神、新的价值理念和新思维;在学术性和政治性的关系上,强调在马克思主义哲学中国化这一研究范式基础上,实现学术性和现实性的统一;并不全面论述哲学各个二级学科的理论成果,只是着眼于马克思主义哲学、中国哲学的内容。书写方式体现出高度个性化特点,以学术结构及其走向作为具体书写方式,实现学术性和政治性在某一研究范式中的统一。这一研究持文化哲学研究范式,视价值因素为学术理性的精髓,重视意识形态作用的分析。

---

① 何萍:《如何书写 1949 年以来的中国马克思主义哲学史》,《武汉大学学报》2013 年第 3 期。

　　"当代中国马克思主义哲学创新学术史研究"①针对中国马克思主义学术史存在的问题:历史描述性研究方式,"剪刀+浆糊"研究的方法,停留于"感性具体"的表象;另一方面,马克思主义哲学研究中多种创新理论形态和体系自说自话、彼此之间相互冲突和抵触,"学科壁垒"现象严重,马克思主义哲学失去了应有的统一性,导致现实的迷茫。作者采用统一的方法论研究,深度追问各种创新的马哲理论形态的方法论前提、研究路径和研究方式,实现对当代中国马克思主义哲学各种理论创新的统一把握。这一研究的基本特点是专题性、系统性。它专题性地集中于马哲方法论、研究路径和视野问题;在学术性和政治性的关系上,它突出表现为学术性的一面;在形式与内容的关系上,它属于形式研究,舍去了众多具体内容;强调方法论研究的总体性、系统性;强调这一断代史的马克思主义哲学的根本性质。在研究方式、书写方式上,它采用"从后思维"的书写方式、质逻辑的书写方式、范式图谱构变的书写方式,"多元创新范式之间既竞争又互补,共同构成范式图谱,因而总体展现理论创新的学术图景"②。在具体的二级研究范式上,采用出场学即"范式学"的研究范式,以学理方式整体、动态揭示当代中国马克思主义哲学与时俱进的出场逻辑。也就是"基于当代范式图谱构变的高度,可以追溯、透视和总结近百年马克思主义中国化学术史"③。

　　在专题史方面,吴元梁主编的《马克思主义哲学形态的演变》一书开辟了"马克思主义哲学形态演变史"领域。由于各阶段、各民族的哲学形态具有全局性、总体性,探索哲学形态的演变和更替具有通史的意义。这一研究的直接现实意义在于为构建我国中国化马克思主义哲学形态提供方法论指导,因而具有重要的现实意义和理论意义。它通过哲学史的研究,阐发哲学形态范畴,建构哲学形态分析的理论框架,它把马哲发展史中哲学形态及其演变分为四种:"马恩创立的原生形态、马克思主义哲学形态在苏联的演变、马克思主义

①　任平:《当代中国马克思主义哲学学术史的创新与发展》,《河北学刊》2013 年第 2 期。
②　任平:《论马克思主义出场学研究的当代使命》,《江海学刊》2014 年第 2 期。
③　任平:《论马克思主义出场学研究的当代使命》,《江海学刊》2014 年第 2 期。

哲学形态在西方的演变、马克思主义哲学形态在中国的演变"①。它从哲学形态角度,研究总结马克思主义哲学发展史,从哲学问题、主要观点、理论逻辑体系、话语系统、哲学与实践、哲学与政治等方面分析马克思主义经典作家以及西方马克思主义流派的基本哲学理论,揭示各自的形态特征。通过提炼、回答当代人类社会发展中面临的时代性哲学问题,尤其立足于中国特色社会主义实践,探索建构马克思主义哲学的当代形态。虽然这一研究刚开始,需要进一步深入,但这一具有通史意义的专题史研究具有广阔的发展空间。

张一兵主编的6卷本《资本主义理解史》是21世纪专题史研究的重要创新成果,它是关于马克思主义和西方左派的资本主义理解史,围绕资本主义理解和批判这一主题展开研究,这一研究的重要性在于,马克思的历史唯物主义理论是基于对当下资本主义社会现实的深刻批判而创立的,面对资本主义社会的不断发展和变化、对马克思主义的各种各样的理解思潮,如何坚持马克思主义理论,怎样对待、判定各种理解的正确性,直接关系到马克思主义理论的生命力和解释力,对资本主义如何批判直接关系到马克思主义哲学如何重新出场和创新。其创新之处表现在:其一,在视野上,充分体现马哲史历史性的研究优势,以历史和逻辑的顺序全面展现了马克思主义对资本主义理解的思想历程,探究了上从马克思恩格斯开始,中经第二国际、苏联,下至西方马克思主义、当今国外马克思主义左派学者关于资本主义理解和认识的发生、发展的思想史,长达160余年,绘制了一幅马克思主义的资本主义理解史的全景图。这种宏观全景式的专题性研究,在中国甚至世界范围内的马克思主义发展史上尚属首次,为正面探讨马克思主义哲学发展的历史逻辑提供了厚实的基础。其二,在方法论上打破了传统研究预定论模式的窠臼,采用文本学和历史分析的方法,立足于马克思恩格斯的文本,回归经典作家思想的历史语境,将每一时期的资本主义理解都还原到具体的社会环境和理论逻辑进展之中,厘清了每一种资本主义理解模式形成的内在依据,揭示了不同时期马克思恩格斯对资本主义理解的差异、在资本主义理解上的成就与不足。其三,在内容上正本

---

① 吴元梁:《马克思主义哲学形态的演变》,中国社会科学出版社2010年版,第10—13页。

清源,重新评价、恢复第二国际理论家的贡献,全面呈现、客观评价西方马克思主义理论家的当代资本主义批判理论,体现了马哲史研究对于教科书原理研究的优势,为重新理解马克思主义哲学本质提供借鉴。它从资本主义批判视角出发,对第二国际史料进行整理挖掘,对考茨基、伯恩斯坦、卢森堡、希法亭等第二国际理论家经典文本进行深层解读,第一次全面论述了第二国际理论家们的理论贡献,恢复了传统"妖魔化"第二国际理论家的本来面目。它还全面研究了 20 世纪以来资本主义批判理论的内容,将其归纳为国家资本主义批判、消费社会批判、晚期资本主义批判和全球资本主义批判、资本主义的国家及其意识形态霸权批判 5 种模式,揭示了这一理论在主要发达资本主义国家的整体形象及其历史演变的逻辑。其四,在研究特点上,充分体现了马哲史多学科、领域交叉研究的优势。立足于经济哲学的视域,打破学科边界,第一次详细考察了西方左派经济学界主要代表在当代资本主义批判理论方面的最新成果。呈现出 20 世纪资本主义国家左派马克思主义的资本主义批判理论的历史变迁与内在逻辑。

四、马克思主义哲学史研究范式的
内在张力与视域局限

虽然马哲史研究范式有诸多创新功能,它在不同的阶段中也产生了不同创新成果,但同时这一范式也自身存在着内在张力,带有难以克服的视域局限。

首先,按照时间逻辑、还是问题逻辑或思想逻辑来展现马哲史,是马哲史研究中的一个内在张力。作为思想史研究,马哲史研究存在的一个根本问题就是如何展现思想史,是按照时间在先原则,还是按照问题逻辑或思想逻辑在先原则来叙述? 这是马哲史范式研究中存在的一个难以解决的问题,也是其研究的一个视域局限。按照时间逻辑来叙述马哲史就会要求时间在先原则,其叙述方法就会侧重历史描述性方法,恪守时间先后的顺序,收集整理所有的学术史料,以学术编年方式,列举相对重要的人物和著作的思想介绍,对人物、著作、事件、活动等方面进行专题性研究。这种做法的好处是忠实于历史发生的先后顺序,力求客观呈现思想发生、发展、传播的历史。而其带来的缺陷是经验性、表象性、外在性,其研究方法很容易陷入"剪刀+浆糊"的经验主义做法,收集、罗列马哲史中的人物、著作、事件、活动,进行外在地焊接、缝合,最终只能达到马克思所说的"完整的表象"或"感性的具体",将思想史变成列宁所批评的"人名和书名的历史",是"一大堆在时间中产生和表现出来的哲学意见的罗列和陈述"①,根本无法到达"理性具体",也无法回应和反驳其他思想史叙述方式的批评,无法深层呈现思想逻辑的在内流动和贯通。与此相反,按照问题逻辑或思想逻辑来叙述思想史,则要求理论逻辑在先、理论问题在先,其研究方法是暂时撇开思想发生的时间先后顺序,以某种思想中建构的理论逻辑、理论形态作为逻辑线索,这一理论形态本身可能导源于对现实问题的理论思考、理论建构,也可能仅仅由理论问题引发的理论家建构的观念形态。理论逻辑是第一位的,甚至带有先验性,客观的思想发展的先后顺序是不重要的,次要的,至少是第二位的。这种研究方式的优势是能够透过经验的表象去探寻思想历史背后的理论逻辑,避免经验主义研究方式的弊端,经验主义的做法是单纯堆积和罗列思想史材料,把思想史研究淹没于大量思想史材料之中、无法揭示思想史发展中的内在逻辑。其带来的问题是这种逻辑建构可能是主观的和先验的、脱离思想发展的实践逻辑和思想文本的客观意义、脱离思想史本来面貌,易于陷入主观主义、多元主义。即使研究者力图结合思想发展的时间逻辑、文本的客观意义、思想史本来的面貌,反对主观主义和多元主义的研究态度,但是在不同思想史逻辑的抽象和建构中,究竟如何判定其客观性、一元性?谁才是判定这一思想史逻辑客观性的标准?思想史本身无法回答,这是马哲史研究范式存在的一个难以解决的内在问题。

其次,马哲史始终存在着解释学循环,面对马克思和恩格斯等经典作家留下的文本,面对由这些文本中的思想所组成的思想发展历史,后人的研究也是一种理解和诠释,而马哲史的理解和诠释同样存在着一系列解释学循环,这些

---

① 黑格尔:《哲学史讲演录》,商务印书馆1997年版,第16页。

循环也是马哲史研究范式内在张力的具体表现。

第一，史论结合的循环。这是理解主体和理解对象之间的循环，历史上的马恩思想、马恩思想的历史就是理解的对象，关于对象理解的理论形态属于理解主体的理论建构。马哲史是思想理论的历史，而思想理论的历史都离不开书写者的解释，书写者的解释又总是基于一定理论立场、理论观点、理解的"前结构"，离开解释者的前结构和理论立场理解就不发生，纯粹"中立"的客观解释是不存在的，那样做就把人等同于动物，从而取消了理解本身。理解者的前结构和理论立场不同，所理解出来的马哲史就会不同，比如具有辩证唯物主义、实践唯物主义、历史唯物主义、实践人道主义等不同的理论立场的研究者，所书写的马哲史就存在极大差异，甚至完全相反。另一方面，又必须承认文本思想的客观性、马克思主义哲学思想史的客观性。思想史的研究必须以文本的客观思想为基础、以整体思想史的客观性为基础，不能歪曲客观思想，任意建构背离客观思想的主观主义解释，因而必须反对相对主义、主观主义的解释学态度。尽管我们反对相对主义和主观主义的解释学态度，反对苏联马哲史研究模式完全用辩证唯物主义来解释马哲史，反对这种政治实用主义做法，但这并不等于否定理解者理论立场的作用，我们只是反对把这一前结构和立场唯一化、绝对化、教条化，排斥其他解释理论存在的可能性，反对这种意识形态教条主义的同质性解释。约言之，在马哲史研究和理解中，一方面它离不开理解客体对象，就是对客体对象的理解；另一方面又离不开理解主体，是理解主体的理解，主体理解的"前结构"制约了关于对象的理解。这样就形成了一种循环和矛盾：马哲史理解和研究是关于对象内容的理解，而不是主观任意理解，而对象理解的前提又是主体具有自身的"前理解"，否则关于对象的理解就不会发生，所以要理解对象就必须有主体的前理解，而主体的理解又必须是关于对象的理解，马克思恩格斯思想的客观性、一元性和研究者的主体性、多元性、时代性之间的矛盾与循环就一直伴随着马哲史研究。

第二，方法论视域与对象本性的循环。这是研究主体的研究方法和对象之间循环、主客体之间的中介和对象之间的循环，前一方面的解释学循环是理解主体与理解对象的循环，它表明理解主体在面对理解对象时，并不是一块白板,而是具有理解的前结构、前理论。具有一定理论立场和结构的理解者,在理解马哲史对象时,还必须采用一定的研究方法和工具,视域、方法影响着理解的结果,理解主体如果不采取一定的方法论,理解就是盲目的。理解者理解的前结构与采用的方法论之间存在相互作用,一方面,理解者的前结构、理论立场规定着理解者所采用的方法论、视域,有什么样的前结构就会采用什么样的方法论;另一方面,理解者持有什么样的方法论,就会形成与之相适应的理解前结构、理论立场。理解者持有的方法论也直接影响和规定着理解的结果:面对同样的马哲史对象,不同时代,甚至同一时代的不同主体总会采用不同的研究方法论、视野,而方法论和视野不同,理解的结果就会不一样,比如我们采用苏联马哲史研究模式,采用目的论预设、线性进化论、领袖中心论的方法论,就会形成我们所熟悉的传统的马哲史的面目,如 20 世纪八九十年代的马哲史通史著作。而如果我们采用动态出场论、多元发展论、学者与领袖共同作用的方法论,就会呈现与之不同的马哲史面貌,如何萍的《马克思主义哲学史教程》《20 世纪马克思主义哲学史:东方和西方》、吴元梁的《马克思主义哲学形态的演变》、张一兵的《资本主义理解史》等。任何理解和研究都持有一定的方法论立场,但是研究者并不一定自觉,如果不能实现对旧的研究方法论自觉,就不能有效实现马哲史研究的深层创新。虽然理解主体的理解前结构、持有的方法论直接影响着理解的结果,影响着对马哲史理解的面貌,但另一方面,作为理解对象的马克思主义哲学思想发展史有其客观的逻辑、客观的规律和本性。不能无视马哲史对象的客观本性,背离马哲史的本性,任意采用一种方法论视域来书写马哲史,这样马哲史范式研究就带来了另一种循环:马哲史方法论视域和对象本性之间的循环。因此必须正视这种循环,既要看到任何思想史的解释理论都离不开思想史客观性,否则就是主观性的任意书写;又要看到任何思想史都离不开一定的解释者的方法论视域,否则就是一大堆经验材料的堆积,或者对于前理解结构和理论缺乏自觉。这种循环给马哲史提出了一个难题,如何判定自己的研究方法论是正确的、最符合对象本性的? 依据哪种方法论书写的马哲史最符合马哲史的本性?

第三,微观文本解读与整体通史阐释的循环。这是关于理解对象中存在的循环。马哲史研究和理解的对象是马恩等经典作家留下的文本、这些文本中包含的思想,以及由这些文本中的思想所组成的思想发展历史,在这一研究对象中,单一的文本思想是马哲史研究的基本单位,整体的通史是由不同历史时期、不同文本思想构成的。这里存在着一个解释学循环:一方面思想史是由不同文本思想构成的,马哲史研究离不开微观文本解读,微观文本解读是基础,脱离对微观文本解读就不可能阐释马哲史通史;另一方面,对各单一、具体的文本的解读又离不开对整体通史的阐释,没有通史的阐释以及它带来的理论视野和方法论,就不可能解读微观具体文本的思想,宏观通史的阐释模式不同,面对同一文本解读的结果会完全不同。比如张一兵在《回到马克思》一书中系统分析了西方"马克思学"解读模式、西方马克思主义人本学模式、阿尔都塞的模式、苏联学者的模式、孙伯鍨的解读模式对于《1844 年经济学哲学手稿》《关于费尔巴哈的提纲》《德意志意识形态》等马克思早期文本截然不同的解读结果。① 也就是说马哲史研究中,要阐释马哲史通史,就必须首先解读微观文本,微观文本是宏观通史的基础,否则就是抽象的;而要解读微观文本,又离不开对整体通史阐释,以及它所带来的视野和方法论前提,整体通史阐释模式不同,对同一文本的解读就不一样。究竟是先解读单一文本,还是先阐释整体通史马哲史? 马哲史研究范式存在着这一循环带来的内在张力和矛盾。

　　总起来讲,马哲史研究范式中存在着时间逻辑和思想逻辑之间的矛盾,存在着史论循环、对象本性与方法论视域之间的循环、微观文本与整体通史阐释之间的循环。马哲史研究范式无法根本解决这些循环和张力,而只能在这些张力中进行,这些循环与张力构成马哲史研究范式的视域局限。

　　我国马哲史研究范式在不同阶段上也存在着阶段性的视域局限。在我国马哲史研究范式前 20 余年发展中存在以下问题和局限:首先,以论带史,思想的历史服从理论逻辑的倾向。虽然在 20 世纪 80 年代之初,马哲史范式已经作为一个学科、一个研究范式从苏联教科书原理中独立出来,其产生的初衷就是为了反对教科书理论的弊端:原著选读和思想史研究对于教科书原理的附

---

① 参见张一兵:《回到马克思》,江苏人民出版社 1999 年版,第 2—12 页。

属性、理论结论和形态的终极性和神圣性、"原理体系+事例+辩护"的叙述方式,在传统教科书主导下没有真正的马哲史研究,处于"有论无史"状态。马哲史研究范式以历史性为创新功能,在一定程度上摆脱了教科书理论的垄断,结束了"有论无史"状态,取得了许多创新成果,表明了自身的独立研究价值。但是,应该看到其叙述逻辑中仍然存在着教科书原理的影子,在展现马克思主义哲学史时,仍然把辩证唯物主义理论,最多把实践唯物主义理论作为优先逻辑,不符合这一逻辑的其他内容统统不予关注,理论逻辑是第一位的,客观的思想发展事实和顺序是次要的、第二位的。史论结合的张力、时间逻辑和理论逻辑之间的张力在此表现为以论带史、思想的历史服从理论逻辑的局限。

其次,马哲史的深层研究模式并没有真正彻底摆脱苏联的影响,对苏联马哲史研究模式中实际存在的问题与局限缺乏必要的反思与批判,在深层的研究模式和基本的方法论、在马克思主义哲学史观、在对待西方马克思主义哲学思潮的评价等方面,基本还是在沿用着苏联模式。具体表现在:第一,领袖中心论的理论立场。马克思恩格斯之后,政治领袖人物的马克思主义哲学观念成为马克思主义哲学的唯一合理形态,与之不同的其他各种马克思主义哲学理论总体上被排除在马克思主义哲学史视野之外。马克思主义哲学发展史仅仅成了经典作家思想演变、发展和继承的历史。第二,形成了单一发展或单线进化的理论观念。虽然也强调马克思主义哲学随时代发展而发展,却忽视和否定了马克思主义哲学发展的多元性,不承认西方马克思主义、北美生态学马克思主义属于马克思主义哲学的形态,在通史研究中也不把它们纳入马克思主义哲学发展史的范围中,马克思主义哲学史变成了一元、线性的发展史。第三,经典著作解读的研究模式影响过重,由于没有纳入西方马克思主义等多种哲学思潮,因而缺乏马克思主义哲学发展内在逻辑和叙述主线的挖掘。第四,重政治历史因素而轻哲学内在逻辑的理论倾向。在坚持以历史与逻辑统一、理论与实践统一的原则来研究和叙述马克思主义哲学发展史的时候,国际共产主义运动的线索被过分突出,过多地强调政治社会现实对马克思主义哲学的影响,冲淡和忽略了对马克思主义哲学发展的内在逻辑的清理和呈现。比如,在前20年我国马哲史范式研究中,黄楠森等主编的8卷本《马克思主义哲学史》是其研究成果集大成者和杰出代表,这本书依然没有消除上述缺陷,基本上仍然是革命领袖的思想发展史,很少写专业工作者的贡献,回避了政治问题①,一元线性进化论的问题也比较突出,而同一时期其他马哲史通史著作也大都存在着上述缺陷。

21 世纪以来,我国马哲史研究从方法论上清理和批判了苏联马哲史研究模式的影响、僵化教条的教科书原理对马哲史的影响,但是马哲史研究范式的内在张力和视域局限仍然以另一种方式存在着。

首先,"有史无论""趋史避论"②的倾向。21 世纪,我国马哲史研究批判了 20 世纪马哲史研究方法论的错误,基本消除了"有论无史"、"以论驳史"、思想的历史服从理论逻辑的局限,但其基本面貌仍然未摆脱"以苏解马"(指苏联马哲史研究模式)状态,虽然在 20 世纪 90 年代夹杂着"以西解马"思潮(即简单盲从西方马克思主义),但这一状态还没有在通史中呈现,其成果只是以专题史形式出现,没有以通史形式出现。21 世纪的研究则自觉转变为"以我解马""以时解马",即以现时代中国化社会主义道路建设为现实依托、以中国化马克思主义哲学形态为理论目标而进行马哲史研究。但由于受现实历史发展程度的限制(我国社会主义市场经济尚未发展成熟),也受马哲史研究内在张力和视域局限的限制,马哲史研究又走到了另外一端,由过去"有论无史"和"以论驳史"倾向转变为"有史无论""趋史避论""史强论弱"局面。重实际的历史问题、轻理论逻辑建构,在近十余年的马哲史年会上总是直接以当下现实、操作性的实际问题为主题,忽视和缺乏对这些具有经验性、操作性的现实问题进行深入的学理分析、理论逻辑穿透,不能把这些问题有效提升为理论逻辑问题,除何萍的《马克思主义哲学史教程》外,马哲史通史研究总体上处于低潮状态,失去了 20 世纪的通史研究的辉煌。

其次,一方面,马哲史范式研究中存在"趋史避论""史强论弱"现象;另一方面,又存在着轻视理论逻辑创新与轻视现实历史同时并立的怪象,标榜"价

---

① 参见章绍武:《专家学者座谈马哲史的研究》,《哲学动态》1995 年第 6 期。
② 参见杨学功:《在范式转换的途中》,中央编译出版社 2012 年版,第 142 页。

值中立"、进行纯文本研究的问题。应该说,在马哲史范式研究中重视文本文献研究是其题中之义,这一研究作为马哲史研究的基础,构成马哲史研究的前提。但是对待马克思文本文献的态度却在不同阶段存在着不同缺陷。在马哲史研究范式诞生之前,马列"原著选读"课程及其相应研究应该作为其前身,但是这一研究却没有独立性,完全附属于教科书原理体系,成为论证其真理性的工具,失去了文本文献研究的本来意义,并且某种程度上阻碍了马哲史研究范式的诞生。20世纪80年代以后,随着马哲史学科和研究范式的出现,这一状况得到一些改变,但是由于马哲史研究中解释学循环的内在张力,微观的文本研究仍然附属于总体通史的叙述逻辑,而后者并没有从根本上避免苏联的研究模式及其逻辑主线,因而文本研究的创新意义充分展现。21世纪以来,张一兵等学者积极倡导"文本学"研究,反思和批判传统原著研究的方法论前提之误,"廓清理论地平",以哲学解释学立场、新的方法论,站在新的时代土壤上,回归马恩文本的历史语境,从而释放出研究和创新的活力,推动了马克思哲学的创新,也宣布它作为研究范式从马哲史研究范式中独立出来。但是,在文本文献研究中,也存在着另一种消极倾向,部分研究者一味沉醉在纯粹文本解读的象牙塔中,无限崇拜、神话 MEGA2 研究,认为马哲史研究中如果不进行 MEGA2 的文献学研究,就不是马克思主义哲学研究、就不能获得马克思主义哲学的真理,由此使马克思脱离现实生活,鄙视现实生活,丧失了当代性意义。另外还有一部分学者无原则推崇"西方马克思学",标榜"价值中立",反对马克思主义哲学的意识形态性,有些学者提出建立"中国的马克思学"的目标,把马克思主义哲学中性化、纯学术化,取消它的现实性和当代性。应该看到,文本文献研究只是马克思主义哲学研究中的一个基础性工作,它不是理解马克思主义哲学的最重要的方法,更不是唯一根据,也不是理解当代问题的根本途径,马克思主义哲学不是马克思学,马克思主义哲学史也不是马克思学的历史。

五、马克思主义哲学史研究范式的创新与转换

马克思主义哲学史范式研究的创新历程大致可以分为20世纪的创新、21

世纪的创新两个阶段,一方面,这两个阶段都取得了突出成果,另一方面,在创新的同时又都存在着局限与不足,而21世纪研究中的缺陷也隐含了下一阶段进一步创新的趋势。

首先,继承和深化马哲史研究已有的创新观念和方法论,进一步转变观念,根本突破传统思维的束缚,不断推进马克思主义哲学史研究的科学化程度。第一,树立明确的解释学视野与合理的解释学意识。马克思主义哲学史首先是马克思主义哲学理解史,然后才是发展史,是理解基础上的创新与发展。因此,应当以合理的解释学视野来审理马克思主义哲学发展史上各个人物、各种观念。以往教条主义的一个根本失误就在于不能以解释学的眼光来看待马克思主义哲学的历史发展,王金福的《马克思的哲学在理解中的命运》一书已经开始在这方面作出了努力和尝试。第二,摆脱单纯领袖中心的研究方法,并且把哲学史与社会运动史、社会发展史区别开来。马哲史研究不仅要重视对领袖人物思想的研究,同样要重视对马克思主义哲学发展史上专业哲学家思想的研究。单纯以领袖人物的历史线索建构马克思主义哲学史必然导致对马克思主义哲学真实发展历史的偏失。另外,需要努力呈现马克思主义哲学发展的内在逻辑,避免堆积客观历史事实,何萍的《马克思主义哲学史教程》一书在这方面作出了探索。

其次,坚持辩证法,在历史与现实、历史叙述与理论逻辑、政治与学术之间保持基本的张力平衡,以避免前两个阶段"以论驭史"和"趋史避论"、片面的一元性和片面的多样性、唯政治论和唯学术论两种片面性。第一,继承21世纪马哲史研究的创新成果,保持强烈的现实感和鲜明的针对性,虽然它研究的对象是历史,研究的目标则恰恰在于现时代,以中国当下的现实问题为立足点,以中国道路为中心,突出中国化特征。同时又要注重"论"的建设,以中国化马克思主义哲学形态建构为目标,在此基础上着力探索重建马哲史的叙述逻辑,建构具有中国风格、特点的马克思主义哲学史,这一哲学史需要在内容上侧重中国问题,为中国社会发展服务,采用民族化的形式来表达理论成果。第二,马克思主义哲学史的建构应处理好统一性和多样性之间的关系,20世纪马哲史研究曾经片面强调马哲史逻辑的统一性、唯一性,21世纪在突破创新过程中又不自觉地片面强调多元性,以致忽视和弱化统一性。下一步的马哲史研究范式创新需要处理好二者之间的关系,一方面深入研究马克思主义哲学的民族化、地方化、多元化发展,重视本土化语境的影响,既遵循历时性线索,而且兼顾马克思主义哲学在空间上的拓展;另一方面,又要在深入研究马克思主义哲学发展多元形态的基础上着力探讨统一的马克思主义哲学发展规律,探讨马克思主义哲学发展统一的内在逻辑。在这一方面,吴元梁的《马克思主义哲学形态的演变》、侯才的《马克思主义哲学形态演变史》两本著作已经初步作出了努力。第三,在学术性与政治性、现实性之间保持平衡,在改革开放前,我国马哲史研究中只讲政治导向不讲学术规范的偏向,妨碍了马哲史研究;21世纪,在批判前一阶段错误时,又在某种程度上走向另一个极端——唯学术化,出现 MEGA 研究崇拜、推崇西方"马克思学",标榜"价值中立",反对马克思主义哲学的意识形态性和现实性,使马克思在某种程度上脱离现实生活,失去了当代性意义。下一步研究需要处理好二者关系,在继承和消化文本文献研究成果基础上,努力增加马哲史研究的现实感,使之服务于中国化马克思主义哲学形态和马克思主义哲学史建构。

再次,在理论内容上进一步深化、拓展和创新理论论域,这包括四个基本方面:第一,立足于当代视野对于马克思主义哲学史上的基本问题进行新视角的理解和阐释,虽然这些问题很多是一直反复讨论的问题,但在新的时代条件下必然要求有新的审视。比如马克思主义哲学创立的意义、马克思主义哲学发展史的历史分期、马克思主义哲学与德国古典哲学的关系、马克思主义发展的历史线索、苏联马克思主义与经典马克思主义哲学关系,马克思哲学的一些基本概念等。第二,挖掘、整理、重塑、呈现在以往的马克思主义哲学史研究中被遮蔽、压抑、遗忘、误解、扭曲的理论问题、理论思潮、理论派别以及理论阶段,这些问题、思潮、派别和阶段是马克思主义哲学史不可或缺的有机构成部分。一方面要把它们的状况呈现出来以丰富马克思主义哲学史的理论躯体,另一方面要对僵化思维条件下被严重扭曲和妖魔化的内容给予重塑,还其实际的历史面貌。比如第二国际时期的马克思主义哲学这一断代史的重新研究,姚顺良的《马克思主义哲学史:从创立到第二国际》、张一兵主编的《资本主义理解史》已经开始了这方面研究,但前者还不够深入全面,后者则属于专题史形式,下一步需要深入、立体、全面地进行这一断代史研究。第三,继承已有的文本文献学研究成果,继续重视对由于马克思主义文献史的新发现或者文本文献研究所引发的新问题、新思想的研究,在偶然性的历史连接关系中发现新的创造性思想。弥补马克思主义哲学进化史上材料和论据链条的断裂,借以实现对马克思主义哲学某些思想进程的反思、重构和重叙。第四,强化对新的社会思潮、社会实践以及当代重大时代现象的研究,在此基础上建构和创新马克思主义哲学的新的专题史。强化对把马克思主义基本方法、观点与新的社会思潮、社会实践、资本主义最新的现实问题结合起来所形成的新的思潮、流派、观点的研究。令人欣喜的是张一兵主编的 6 卷本的《资本主义理解史》已经在这一领域取得较为突出的成绩。

最后,通史领域的创新研究具有特殊重要的意义。21 世纪我国马哲史范式研究虽有一定的复兴,但是由于时代原因、自身理论发展程度的原因,就其在马克思主义哲学研究中的总体影响力而言,相对 20 世纪 80 年代的辉煌,还存在着很大距离,一个重要表现是通史研究相对衰落,马哲史范式研究对于其他马克思主义哲学研究范式的带动力下降,因此,下一阶段马哲史研究范式的创新也会将一部分重点瞄准于通史研究,在通史研究中取得某种突破,当然这还取决于时代的发展、马克思主义哲学其他范式研究成果的带动和支撑,这方面何萍的《马克思主义哲学史教程》已率先取得了很大成绩。

站在马哲史研究范式的角度,审视马克思主义哲学创新研究,可以将其分为两个层面:一是马哲史研究范式内部的创新,主要是指其本身的阶段性创新与其成果;二是指对马哲史研究范式的超越性创新,也就是马哲史研究范式的转换层面,这是因为马哲史研究范式本身存在着内在张力和视域局限,如按照时间逻辑还是按照理论逻辑来展开的张力,存在着史论循环、对象本性与方法论视域之间的循环、微观文本与整体通史阐释之间的循环,这些张力和视域局限不是单靠马哲史研究范式本身所能解决。就马克思主义哲学范式研究整体状况而言,单一的马哲史研究范式对于马克思主义哲学研究是必要的,但又是不够的,需要其他研究范式的补充,马哲史研究范式中的张力和局限可以在其他范式研究中得到有效解决。在马克思主义哲学研究中,某一范式会在某一阶段发挥主导作用,成为轴心范式,引领和带动着其他研究范式的发展。而随着时代发展、现实主题的变化、理论问题的变化,就会导致马克思主义哲学研究范式的转换,创造出新的研究范式,或者由某一轴心范式转换到其他轴心范式,发生轴心范式的转换,使马克思主义哲学范式研究呈现出阶段性特点。

马哲史研究范式就曾经在20世纪80年代成为轴心范式,随着"文化大革命"的结束,改革开放历史新时代的开启,传统教科书理论研究不适应这一历史,而需要进行改革,马克思主义哲学研究出现了"教科书改革"大潮,而如何反思传统教科书研究的弊端,如何改革教科书理论体系,一方面要面对现实历史,另一方面需要在理论上反思和批判教科书理论的非历史性、教条化理解、简单的意识形态化的缺陷,回到马克思主义经典作家那里寻找思路和方法,恢复马克思主义哲学作为历史科学的原貌,推进马克思主义哲学研究,而马哲史研究范式以其历史性、原著思想的本源性、研究的交叉性、学科的综合性的特点和优势,自然成为80年代马克思主义理论创新的中心,在当时理论各种理论热点的讨论中,它都积极参与,发挥引领带头作用,能够激励理论问题产生、推动理论争论深化,甚至在争论中作为判定标准,起到终止争论的作用。比如在异化与人道主义问题、实践唯物主义问题、主体性原则问题、社会发展理论与东方道路问题、生产力标准等问题讨论中它都起到关键作用。而到20世纪90年代,我国社会发生了深刻转型,由计划经济全面转变为市场经济,国际上苏东剧变,社会主义实践遭受重大挫折,传统马克思主义理论失去了合法性基础,马克思主义哲学的当代性、在场性受到严重挑战,西方一部分自由主义者宣称"历史的终结"、马克思主义彻底退场。在这种背景下,马克思主义哲学是基本沿用既有形态,进行简单修补,使马克思主义哲学丧失解释力? 还是在新的历史条件下,直面挑战,以当下现实问题与理论问题为中心,与时俱进,积极创新,激发其当代活力,探索马克思主义哲学与时俱进的新形态? 时代的选择当然是后者,这一道路形成了90年代到21世纪马克思主义哲学创新的基本线索。而在其中,马哲史研究一度陷入低潮,21世纪以来则借力其他研究范式的成果实现了一定复兴和创新,但是,应该看到,马哲史自身的创新是有限的,它的历史性优势,虽然能力求结合现实历史变化深度描述理论出场的历史逻辑,但是毕竟仍然属于思想的出场史、属于思想史,不能超出思想史的界限,而思想出场史的深度描述是不够的,思想终止的地方,才是真正历史的开始。在激活马克思主义哲学当代性,实现马克思主义哲学面向现实历史创新的过程中,对重大现实历史问题的反思是创新的直接源头,借助当代西方哲学研究成果并进行有效对话是创新的时代视野和理论资源,以当代视野回到马克思文本并激活其思想是创新的基础。因而,20世纪90年代以后,在马克思主义哲学研究中,相继造就出与西方哲学对话研究范式、问题的反思学研究范式、文本学研究范式,并且将创新的轴心范式由马哲史研究范式、教科书改革研究范式相继转换为上述三种研究范式。

首先,"与西方哲学对话的研究范式"出现于20世纪80年代,兴盛于90年代,成为90年代的轴心范式。其出场的原因在于马克思哲学必须面向当下的理论问题,面向马克思主义今天受到的挑战,新审视当代西方思潮的时代性价值,激发它具有的"切中时代现实"的思想资源。具体来讲,一方面,当代有重大影响的西方哲学家大多深刻地表征了时代问题;另一方面,他们又都提供了对这一时代问题的解答方案,具有积极的启示作用,虽然当代西方哲学不是时代精神的精华,但却是时代精神的表征、时代问题的表现。当年马克思思想就是在批判地汲取德国、法国和英国的古典思想,对当时各种思潮批判性对话过程中才能出场。当代形态的马克思主义,也需要与当代一切主要思潮展开对话,汲取一切思想合理因素,激活自己的批判思想资源,创造出当代形态。这一对话进而扩展为与当代一切中西哲学思想的对话,并取代马哲史作为轴心研究范式的地位,成为引领和带动20世纪90年代马克思主义哲学创新的轴心范式。

其次,"反思的问题学研究范式"出现于20世纪90年代中期,在世纪之交对马克思主义哲学研究产生了重大影响,并延续至今。较之马哲史研究范式,这一研究范式可以走出理论史,以问题为中心展开研究,更好地体现马克思主义哲学的时代性、历史性,更加直接面对世界、面对时代、面对实际生活,面对它们不断提出的问题,打破教条主义的束缚,不断将现实问题转化为理论问题,重新反思批判既有的理论,重新寻求对问题的解答。这一研究范式所面对的重大问题主要是指当代出现的重大全球问题和国内市场经济发展中出现的问题:在国际层面,以知识经济为主导的新全球化时代对全球生产方式的深刻变革、知识资本化成为全球主宰、重写现代性、全球格局变化、多元文化冲突等;在国内层面,中国建设社会主义市场经济中出现的生态问题、伦理问题、社会分配不公问题、政治哲学问题,这些问题对马克思主义哲学在场性形成了当代挑战,需要马克思主义哲学重新回答,成为其出场的主要领域和当代在场的主要方式。同时这一研究范式又反对"问题的实证主义"。"问题的实证主义"停留于感性直观的外在描述,是一种资本拜物教,是在资本化的物质世界中遮蔽生活本质的"物化意识"。"反思的问题学"问题视域和提问方式则是批判地反思来自现实表象的问题,对问题进行本质层面的反思批判。这一研究反思以其深入的历史性、直接的现实性,在21世纪里产生主导作用,一度成为继马哲史范式之后的轴心范式,对马哲史范式研究产生了积极影响。

再次,"文本—文献学研究范式"在21世纪强势崛起,从马哲史研究范式中独立出来,成为一种重要的创新研究范式。1999年张一兵《回到马克思》一书的出版是这一研究范式诞生的主要标志,虽然这一研究范式属于马哲史研究领域,但较之马哲史研究范式,其独立出场的原因和意义在于:清理了此前马哲史研究的方法论错误,消除了苏联马哲史研究模式的消极影响,更好地打破教科书和原理研究的教条主义,更深入地体现马克思哲学的历史性质,注重文本深度耕耘和意义探索,着眼于出场的变化和差异,着眼于与我们今天的当代马克思主义理解可能很不一样的当年马克思原初语境,着眼于我们今天的特殊语境去激活马克思文本的意义。所以,"返本"不是作为"原教旨主义"的还原,而是一个创新地理解马克思恩格斯思想的范式。第二,文本文献学深化了对马克思、恩格斯、列宁等人的文本文献的版本学、目录学、编撰学、意义结构的考订、研究、解读。这一研究范式带动了21世纪以来对经典作家全集、文集的重新翻译和出版,目前已完成《马克思恩格斯文集》10卷、第二版《马克思恩格斯全集》近30卷新版的出版,我国已经成为世界上翻译出版马克思主义经典著作最多、最全的国家。全面、系统的翻译和研究马克思主义经典著作,为马克思主义中国化提供了坚实的文本基础,为理论创新提供了源源不断的思想资源、理论基础。正是由于上述原因,这一研究范式在 21 世纪对其他研究范式产生很大的辐射作用,尤其是带动了马哲史范式的研究,使其克服了前一阶段的缺陷,实现了相当程度的复兴,21 世纪以来,文本—文献学研究范式在较长时间成为马克思主义哲学创新研究的轴心研究范式。

第五章　马克思主义文本文献学研究范式

马克思主义哲学教科书范式的内在矛盾与叙述局限催生了马克思主义哲学的原理研究范式，马克思主义哲学原理研究范式的内在矛盾与话语局限催生了马克思主义哲学史的研究范式，马克思主义哲学史的研究范式的内在张力与局限又催生了马克思主义哲学的文本文献学研究范式。从本质上看，之所以说是马克思主义哲学史的研究范式催生了马克思主义文本文献学研究范式，是因为马克思主义哲学史研究范式的合法性需要文本文献学的考订和佐证。所谓文本文献学的研究范式，就是指对文本和文献的考订与研究。有学者认为，文本文献学研究范式是不准确的表达。因为，这些学者认为，文本文献学研究范式实际上是文本学研究范式和文献学研究范式的机械相加。在我们看来，关于马克思主义哲学的文本研究范式，很难不涉及文献的内容，同样，关于马克思主义哲学的文献研究范式，也很难不涉文本的内容，这即是说，马克思主义哲学研究文本学研究范式和文献学研究范式是相互交融、相互渗透的，因此，简单地把二者看成各自独立的两部分，把文本文献学研究看成是二者的机械相加的观点是有失偏颇的。准确地理解，马克思主义哲学研究的文本文献学范式的形成应该是在中国改革开放以后，经历了形成期和发展期。虽然马克思主义文本文献学研究范式是马克思主义哲学研究中不可回避的重要研究范式，但因其内在问题和视域局限，亦不可避免地催生新的研究范式。为了更好地发现何种研究范式被催生，有必要对马克思主义文本文献学研究范式进行深入探索。从原初的经典著作选读之"成熟文本解读"到文本文献解读之"手稿热""早期文献热"再进展到以"资本逻辑批判"为中心的成熟文本思想研究，改革开放40多年其走过了一个学术创新的辩证历程。

一、文本文献学研究范式的历史

改革开放以前的中国马克思主义哲学研究专家对马克思主义文本文献的掌握,相对而言还是比较贫乏的。但这丝毫没有影响到学者们对马克思主义经典作家文本和文献的关注;相反,这些老一辈的马克思主义学者,翻译和阅读了自己那个时代能够读到的诸多经典作家的文本和文献。直到今天,中文第一版的《马克思恩格斯全集》依然是马克思主义研究专家必备的工具书之一。从学术成果的视角理解,改革开放以前的中国马克思主义哲学研究专家的学术成果主要局限在对马克思主义基本原理的概括和总结之上,即注重教科书范式的书写之上。改革开放以后,伴随着马克思主义哲学史研究范式的兴起和深入,为了能够为马克思主义在当代中国的理论创新提供源源不断的思想资源、源头活水和理论根据,系统、全面和深入地研究经典作家的文本和文献,就成了时代发展的需要。相对于十分复杂的教科书范式发展史,文本文献学研究范式的形成期和发展期就显得简单明了。

(一)文本文献学研究范式形成期

翻译、出版马克思恩格斯等人的著作,是马克思主义传播史的主要研究对象,同时也是文本文献学解读需要做前史研究的主要对象。之所以称之为文本文献学前史,是因为翻译出版马克思恩格斯著作行动本身还不能称之为文本文献学解读,在严格意义上只能归于传播史的范畴。以《共产党宣言》的翻译出版为例。百年传播史中的主要事件有:1899年,蔡尔康根据英国传教士李提摩太对英国社会学家本杰明·基德的《社会进化》一书节译所撰的《大同学》一文部分章节,在上海基督教广学会主办的《万国公报》上发表,首次以中文介绍马克思并援引《共产党宣言》的内容。1905年,朱执信(署名蛰伸)在《民报》第2号上发表"德意志社会革命家小传"一文,第一次简要介绍《共产党宣言》的写作背景、基本思想和历史意义,并节译了部分《共产党宣言》,包括第二章中的十条纲领。1906年,宋教仁在《民报》第5号上发表"万国社会党大会略史",把《共产党宣言》视为"平民的武器"。叶夏生在《民报》第9号上发表"无政府党与革命党之说明"一文,把革命党的社会主义和无政府主义区分开来,同时援引《共产党宣言》中的十条纲领,以此说明社会主义之说并非乌托邦。1907年,刘师培等留日学生在东京创办的《天义报》第13—14期合刊发表的《女子革命与经济革命》一文,译引了《共产党宣言》中批判资产阶级婚姻制度的内容。1908年,《天义报》第15期刊登由民鸣翻译的恩格斯于1888年替《共产党宣言》英文版写的序言,第16—19期合刊登载《共产党宣言》正文第一章全文。1912年6月,中国社会党支部绍兴支部机关刊物《新世界》第2期刊登朱执信(署名蛰伸)翻译、日本作家煮尘重治所著《社会主义大家马尔克之学说》一文,对《共产党宣言》作了概要介绍,译载了《共产党宣言》中的十条纲领,重点介绍阶级斗争与十条纲领。1919年,五四运动爆发前,李大钊、陈独秀主编的《每周评论》第16号"名著"专栏刊登成舍我节译的《共产党宣言》第二章的最后部分及十条纲领全文。《新青年》第6卷第5号载源泉翻译、河上肇所著《马克思的唯物史观》一文,摘要介绍了《共产党宣言》第一章。李大钊在《新青年》第5、6号上刊登的《我的马克思主义观》一文,节译了《共产党宣言》的部分内容。1920年,陈望道在浙江从日文版翻译《共产党宣言》,由社会主义研究社在上海出版刊行。此版只有正文,没有序言,采用竖排版。到1926年,此版已经印行了17次。1930年,上海中外社会科学研究社出版华岗根据恩格斯亲自校阅的1888年英文版译成的《共产党宣言》,采用中英对照本,首次翻译了1872年、1883年、1890年3个德文版的序言。第一次准确译出"全世界无产阶级联合起来!"的口号。1938年,延安解放社出版成仿吾、徐冰根据德文版翻译的《共产党宣言》,成为我国首次根据德文原版翻译出的《共产党宣言》译本。①

可见,中国在民主革命时期,就通过对由俄文、日文翻译过来的马克思著作,把中国的实践与马克思主义理论相结合,建立和发展了适合中国国情、指导中国实践的马克思主义理论。到了社会主义建设时期,成立了专门从事翻

---

① 参见文爱艺编:《共产党宣言》(影印本),江苏人民出版社2018年版。

译和出版马克思主义经典作家著作的机构——中共中央编译局。机构的主要工作是将马克思主义经典作家的著作的俄文版翻译成中文版。但由于现实的诸多因素的限制，国内对马克思主义经典作家著作的学习和研究还存在着一定的局限。主要就表现在文本文献研究的残缺和不全面等方面，因而难免会造成对马克思主义学说的片面性研究与理解。直到 20 世纪 80 年代，这一情况才得以缓解。因为在这一时期，马克思的许多原始手稿及与他人的来往书信等相继被介绍到中国。在这个时期，许多国家的诸多学者根据个人对马克思的原稿的理解与认识，对已经出版的马克思原始手稿再次进行了编排，如在日本，马克思主义经典文本《德意志意识形态》一书就出现了诸多不同的版本。与此同时，经由西方学者研究和翻译的马克思主义的著作和文章也大量传播到中国。这些大量而丰富的资料，在很大程度上拓宽了我国学者对马克思主义哲学研究的视野和思路。也正是在这一时期，国内学者逐渐展开了对传统教科书范式的批判，即对马克思主义经典作家著作的非法引用等提出了质疑。换言之，国内学术界开始了对马克思主义研究的前提批判。在这一批判的过程中，马克思主义文本文献学研究范式开始逐渐兴起和发展。从居于从属教科书主导的"原著选读"转向独立自主的"文本文献学"研究范式，最初萌发于马哲史学科的建立，由中国人民大学马列所（1956 年建立）开端，由老一辈学者如北京大学黄楠森，中国人民大学陈先达、庄福龄、靳辉明，南京大学孙伯鍨，中山大学刘山荣、高齐云等首倡，而在"关于异化与人道主义"大论辩中凸显这一主题。虽然，国内学术界还对马克思主义文本文献学的核心词——"文本"和"文献"存在诸多不同的理解，但是，大多数学者认为，马克思主义文本文献学研究范式的开端是以张一兵的《回到马克思——经济学语境中的哲学话语》一书为标志。从逻辑上看，该书体系为：第一章青年马克思初次面对经济学的支援背景、第二章经济学语境中哲学话语的沉默与凸现、第三章人本学劳动异化史观与走向客观经济现实的复调语境、第四章马克思主义哲学革命前夜的实验性文本、第五章马克思哲学新视域建构的重要理论参照系、第六章马克思科学世界观的理论建构、第七章马克思主义哲学革命的最后视域、第八章《1857—1858 年经济学手稿》与历史唯物主义、第九章经济学语境中的历史现象学。"这本书与张一兵先前出版的《历史辩证法的主体向度》一书(张一兵:《马克思历史辩证法的主体向度》,河南人民出版社 1995 年版、南京大学出版社 2002 年版)相比较,自觉利用了马克思主义哲学研究的文本文献学研究范式和方法,从多种文本、多学科、多重历史和逻辑的视角勾画了马克思哲学的大概全貌,尤其是对马克思经济学语境的历史唯物主义进行了翔实的历史考察和全景勾画"①。该研究范式是将文本文献的作者与读者之间的历史联系以及新历史条件下的两者的统一作为线索和基础,在新的历史语境下,用多学科的视野对马克思主义哲学进行深刻解读和把握,从而重新理解和建构马克思主义哲学。张一兵把自己的这种文本文献学研究范式的方法称作"深度历史解读的文本学方法",是在马克思经济学研究的深层语境中重新探索其哲学话语的转换。通过对研究方法、文本精度解析等方面的创新,用一种不同于以往的马克思主义研究范式的全新的方法和情境,去重新梳理和把握马克思哲学的思想史,从而更好地为今天中国马克思主义研究提供思想资源,这也是当今马克思主义理论研究者无法推卸的历史责任。

需要说明的是,在张一兵本人看来,马克思主义哲学文本文献学研究范式是由其导师孙伯鍨首先开创的,其标志是《探索者道路的探索》。该书体系为:绪论、第一章黑格尔哲学的解体和青年黑格尔运动、第二章青年黑格尔时期马克思恩格斯哲学思想的形成和发展、第三章完成向唯物主义的转变、第四章异化劳动理论和对黑格尔唯心辩证法的批判改造、第五章历史唯物主义诞生的前夜、第六章历史唯物主义的创立、第七章对历史唯物主义原理的进一步阐发、第八章无产阶级新世界观的宣告、附录。张一兵认为,"孙伯鍨的《探索者道路的探索》是其结合马克思恩格斯'历史语境'和思想资源进行马克思主义经典作家文本思想研究的开山之作,是马克思主义哲学史、思想史研究的成功典范,只不过他没有以此言说他的研究范式和方法而已"②。孙伯鍨对马克

---

① 任平、曹典顺、李惠斌:《当代中国马克思主义哲学研究(2012)》,中央编译出版社 2012 年版,第 37—38 页。

② 任平、曹典顺、李惠斌:《当代中国马克思主义哲学研究(2012)》,中央编译出版社 2012 年版,第 38 页。

思恩格斯的著作的研究,能够生动、具体地再现马克思恩格斯思想的起源、发展和形成过程,同时给人们展现出人类认识史上的深刻的思想变革过程,因为,孙伯鍨"在该书中指认马克思思想的'两次转变'说和1845年之前的马克思有'两个逻辑'的理论颠覆了苏联'马克思一次思想转变、一个逻辑贯彻始终'的理论,他指出人的现实的历史性社会存在及其物质生产是马克思哲学的出发点,马克思主义哲学的建构重在方法论建构而非体系哲学建构等观点,开创了从马克思主义经典作家的文本出发来研究马克思主义哲学史并进行马克思哲学研究的新局面,其理论贡献至今仍为学界所称赞"①。因而一定意义上理解,注重对马克思恩格斯第一手文献的研究,并以此为研究方法的孙伯鍨,的确可称作是马克思主义文本文献学研究范式的开创者之一。除此之外,孙伯鍨、侯惠勤主编的《马克思主义哲学的历史和现状》,也是以马克思主义经典作家的文本研究为出发点,来研究马克思主义理论的早期代表作。该书分为上下两卷,上卷为马克思主义哲学的产生、验证和传播(1837年至第一次世界大战前夕),包括第一章马克思恩格斯最初的政治和哲学观点、第二章马克思恩格斯哲学世界观的第一次转变、第三章马克思恩格斯哲学世界观的第二次转变、第四章马克思主义哲学的公开问世及其和工人运动的结合、第五章马克思主义哲学在1848年欧洲革命风暴时期的验证和发展、第六章《资本论》对历史唯物主义的发展、第七章《资本论》中的科学方法论、第八章马克思恩格斯在巴黎公社时期和70年代前期对历史唯物主义的发展、第九章辩证唯物主义自然观的系统阐发和马克思主义哲学的系统化、第十章把历史唯物主义推广应用于原始社会史的研究、第十一章19世纪80年代和90年代恩格斯对马克思主义哲学的捍卫和发展、第十二章19世纪末马克思主义哲学在欧洲的传播和发展、第十三章列宁早期对马克思主义哲学的捍卫和发展。下卷为马克思主义哲学在实践中的运用和发展(第一次世界大战至今),包括第十四章《哲学笔记》与唯物辩证法研究、第十五章列宁对马克思主义哲学的运用和

---

①　任平、曹典顺、李惠斌:《当代中国马克思主义哲学研究(2012)》,中央编译出版社2012年版,第38页。

发展、第十六章第二次世界大战前苏联的哲学研究进程、第十七章战后苏联东欧哲学演变概述、第十八章解体前的苏联马克思列宁主义哲学、第十九章东欧"新马克思主义"哲学思潮、第二十章毛泽东哲学思想的形成、第二十一章毛泽东哲学思想在抗日战争和解放战争时期的深入发展和全面展开、第二十二章建国初期毛泽东哲学思想的运用和发展、第二十三章邓小平中国特色社会主义理论的哲学思想、第二十四章跨越世纪的伟大旗帜和马克思主义在中国发展新阶段的哲学思想、附录。在孙伯鍨和侯惠勤的这一著作中,对相关原著的解读是与马克思主义哲学史研究联系最为密切的。这即是说,马克思主义文本文献学研究范式,在对经典原著的研读过程中要特别注重对文本文献的解读的本真性,即根据文本文献和最贴切的译本,尽可能地占有第一手文本文献材料,把研究的问题与当时具体的历史和时代背景联系起来进行研究与把握。所以,我们认为,应该把孙伯鍨的《探索者道路的探索》,视为马克思主义文本文献学研究范式形成的标志。

(二)文本文献学研究范式发展期

马克思主义文本文献学研究范式正式进入快速发展时期,是以南京大学马克思主义哲学家张一兵 1999 年编著的《回到马克思》一书为重要标志,但实际上,文本文献学研究范式的发展期可以最早追溯到以孙伯鍨为核心的研究团体对马克思主义文本文献的研究。综合而言,马克思主义文本文献学研究范式的发展期可以分为三个阶段。

第一阶段是以孙伯鍨为代表的研究者对马克思主义文本文献的研究,这一发展阶段可以表述为马克思主义文本文献学传播意蕴上的发展期,也可以称为初步发展时期,即通过引进外国马克思主义文本文献的翻译,或者引进外国的马克思主义文本文献相关研究,将马克思主义文本文献学研究引入中国哲学的研究领域中,促进马克思主义文本文献研究与中国实际建设相结合的文本文献学研究进程。20 世纪 80 年代以来,随着理论界对马克思主义哲学研究的不断深入开展,马克思主义教科书范式中存在的机械化、教条化弊端显露无遗,受意识形态与学术水平的影响,教科书范式倾向于运用教科书思维研究马克思主义相关理论,而不是以马克思主义文本本身为基础来理解马克思主义理论,这导致了马克思主义理论研究绝对化、教条化的结果。以孙伯鍨为代表的马克思主义文本文献学研究团体关注了教科书范式的这一研究弊端,提倡理论研究应该以文本文献研究为依据,关注对马克思恩格斯第一手文献资料的研究,将马克思不同时代的思想活动与马克思主义文本文献相结合,在具体实践中对马克思主义文本文献进行分析解读,推进马克思主义文本文献学研究进程,从而构建真正的马克思主义理论体系。针对马克思主义文本文献学的研究,孙伯鍨还提出,马克思主义哲学不是体系哲学,而是方法论哲学;不是从学科内容出发,而是从其实质出发,从文本文献的基本理论和基本方法出发,在充分论证文本依据和理论逻辑的基础上构建的马克思主义理论体系。这些研究开创了马克思主义研究的新局面,促进了马克思主义文本文献学研究的传播与发展。

　　第二阶段是20世纪末到21世纪初以张一兵为代表的研究者对马克思主义文本文献学研究。这一时期,国际上对《马克思恩格斯全集》的历史考证版开始编辑出版,《马克思恩格斯全集》中文第二版也已经编辑出版,对马克思文本文献的研究越来越得到研究者的关注和重视,这一时期成为马克思主义文本文献学研究迅速发展时期。这一阶段的文本文献学研究往往将历史与逻辑相结合,被简称为"马克思主义哲学历史的文本学研究范式和方法"。在这一时期,众多的马克思主义文本文献学研究成果中,张一兵所著的《回到马克思》就是其中之一。该书主要包括九个部分的内容,即第一章是青年马克思初次面对经济学的支援背景,第二章是经济学语境中哲学话语的沉默与凸现,第三章是人本学劳动异化史观与走向客观经济现实的复调语境,第四章是马克思主义哲学革命前夜的实验性文本,第五章是马克思哲学新视域建构的重要理论参照系,第六章是马克思科学世界观的理论建构,第七章是马克思主义哲学革命的最后视域,第八章是《1857—1858年经济学手稿》与历史唯物主义,第九章是经济学语境中的历史现象学。依据以上所列的书本目录不难发现,本书与张一兵之前创作的《历史辩证法的主体向度》著作相比,自觉使用了马克思主义文本文献学研究范式和研究方法对马克思主义理论进行科学解读,从多种文本文献资料出发,采用多种历史的、逻辑的、学科的视角,尤其是将马克思经济学语境与历史唯物主义结合起来进行考察研究,构建了马克思主义理论的整体框架,成为这一时期马克思主义文本文献学研究的代表作品。这一时期是文本文献学研究范式迅速发展时期,除了张一兵的相关研究成果,其他研究者也结合自身的实践经验,对马克思主义经典作家的文本文献进行个人解读,其形成的研究成果也大大推动了马克思主义文本文献学研究范式的不断向前发展。例如北京大学聂锦芳的理论著作《清理与超越——重读马克思文本的意旨、基础与方法》(北京大学出版社 2005 年版),以"马克思研究到底是一种什么性质的研究"为焦点,"利用丰富的文献资料对马克思手稿、笔记、藏书的保存、流传情况进行了梳理,从'书志学'方面对马克思一生撰写的著述和书信进行了统计,从中选取了部分最能表征马克思思想特质、内涵以及发展历程的重要著述,对其写作与出版情况进行了考证"①,最终形成了作者所理解的马克思主义文本文献研究的当代方式,促进了马克思主义文本文献学研究范式的迅速发展。当然,除了以上两位研究者对马克思主义文本文献学研究范式的贡献,其他文本文献学研究成员,例如丰子义、王东、杨学功等一大批优秀研究者,对马克思主义文本文献学研究范式的迅速发展都具有不可忽视的推动作用。

第三阶段是 21 世纪之后的马克思主义文本文献学研究范式的多元发展阶段,这一时期是马克思主义文本文献学研究的多元化、差异化发展时期,不同的文本文献学研究学者根据自身的知识结构,将马克思主义文本文献的理论知识与具体实践需要相结合,对马克思主义文本文献进行创新性的、新的理论阐释。众所周知,我国马克思主义文本文献学研究有几大重镇,它们分别是:"以南京大学哲学系孙伯鍨、张一兵为学科带头人的马克思主义哲学南京大学历史文本研究学派,他们在回到马克思哲学原始语境条件下对马克思创立的马克思主义哲学进行全新的理解和阐述;以中共中央编译局为核心的马

---

① 任平、曹典顺、李惠斌:《当代中国马克思主义哲学研究(2012)》,中央编译出版社 2012 年版,第 39 页。

克思恩格斯列宁手稿研究、版本研究及西方学者有关马克思主义的研究介绍；以中国社会科学院、复旦大学、南京大学、黑龙江大学的哲学系为代表的国外马克思主义著作文本研究；还有北京大学聂锦芳、王东、丰子义、杨学功的马克思主义哲学文献学研究等"①。文本文献学研究范式的全面发展阶段也是以上述这些研究重镇为依托，进行马克思主义文本文献学研究范式的多元研究。在文本文献学研究多元化、差异化、全面化发展阶段，南京大学涌现了一大批文本文献学研究学者，比如唐正东、仰海峰、刘怀玉、杨思基、胡大平等优秀学者，这些学者在继承孙伯鍨以及张一兵的理论基础上，结合自身的思维逻辑与理论理解水平推进了马克思主义文本文献学研究性的发展进程。例如刘怀玉编著的《现代性的平庸与神奇：列斐伏尔日常生活批判哲学的文本学解读》（中央编译出版社 2006 年版），该书以马克思主义文本文献研究资料为基础，回到马克思主义理论的原初语境，采用精细的文本文献学解读方法进行编著，在国内文本文献学研究学术界产生了重大反响。此外，北京大学的杨学功在其文章《论马克思主义哲学经典的解释——解释学方法及其在马克思主义哲学文献研究中的运用》的论述中，从"解释学的视角探讨了马克思主义哲学经典著作中'问题意识'的可能性、现实性、选择性、主体性、客观性以及'视阈融合'和'解释循环'问题，说明了我们在理解马克思主义哲学经典著作中的'前见'与理解、主体的价值取向和文本的客观意义以及整体和部分、'源'和'流'、'一'与'多'、'返本'和'开新'等对立统一的关系和方法论意义"②。杨思基认为，由南京大学哲学系张一兵发起并影响全国的马克思哲学文本文献学研究取得一系列重要成果，《走进马克思》（孙伯鍨、张一兵主编，江苏人民出版社 2001 年版、2008 年修订版）、《重读马克思》（王荣栓撰著，人民出版社 2007 年版）、《走近马克思》（由陈学明等著，东方出版社 2002 年版）以及《问题视域的转换：对马克思和黑格尔关系的当代解读》（俞吾金著，人民教育

---

① 任平、曹典顺、李惠斌：《当代中国马克思主义哲学研究（2012）》，中央编译出版社 2012 年版，第 36 页。

② 任平、曹典顺、李惠斌：《当代中国马克思主义哲学研究（2012）》，中央编译出版社 2012 年版，第 42 页。

出版社 2007 年版)等重要研究著作先后出版,"集中体现了进入 21 世纪中国马克思主义哲学文本文献学研究的新进展"①。

二、文本文献学研究范式的阐释

从发生学的视角理解,准确把握马克思主义文本文献学研究范式,仅仅关注文本文献学研究范式形式和发展的历史是远远不够的,或者说,梳理文本文献学研究范式形式和发展的历史,对于深度研究文本文献学研究范式意义巨大,但从有利于人民群众掌握马克思主义哲学的理论视角理解而言,对文本文献学本身的内在逻辑进行阐释,才是更为重要的方面。这就是说,深度把握文本文献学本身,即回答马克思主义文本文献学的思想主旨和研究方式是什么,是准确把握马克思主义文本文献学研究范式不可逾越的理论视域。

(一)马克思主义文本文献学以发现马克思主义思想逻辑为思想主旨

马克思主义文本文献学研究范式是以实践的、现实的和历史的研究态度,分析与马克思主义经典作家相关的原始文本和文献,将他们写作与出版时的历史背景,人物及事件,著作的思想来源、发展、形成过程,理论论据,论证方式,思维方式,甚至著作的编译者的思想和认识等诸多因素,结合起来进行深入研究的。"以把握他们的哲学立场、哲学思维方式和思想方法、研究方法及他们思想演变、文本文献逻辑结构体系的变化之相互关系;准确地把握马克思主义经典作家每一思想观点和理论学说在人类思想学术史上的历史地位和价值;最终实现客观如实地把握马克思主义经典作家思想演变发展的历史实际,从中发现他们马克思主义哲学世界观形成、逐步完善发展的思想轨迹,鉴别和确认他们在这一动态的思想演变过程最终确立的马克思主义基本立场、基本

---

① 任平、曹典顺、李惠斌:《当代中国马克思主义哲学研究(2012)》,中央编译出版社 2012 年版,第 41 页。

思想路线、基本思想观点和基本方法及其完整系统的科学理论,从而掌握马克思主义最为本质的思想精髓和精神"①。这就是说,马克思主义文本文献学研究范式,是以发现马克思主义的思想逻辑为主旨的研究方法。无论是孙伯鍨所著的《探索者道路的探索》,还是张一兵所著的《回到马克思——经济学语境中的哲学话语》,抑或其他文本文献学研究著作,都很好地诠释了这一思想。

从孙伯鍨写作的《探索者道路的探索》第四章的内容不难看出孙伯鍨对马克思主义的思想逻辑的准确把握。此章节的目录为:

第四章　异化劳动理论和对黑格尔唯心辩证法的批判改造

第一节　异化劳动理论的提出及其在马克思思想发展中的意义

一、《1844 年经济学哲学手稿》的写作及其在马克思主义哲学形成中的地位

二、从政治异化理论到劳动异化理论

三、异化劳动理论和黑格尔、费尔巴哈哲学的影响

四、异化劳动理论和古典政治经济学的关系

五、异化劳动和对象化劳动

第二节　对共产主义的论证及其方法论特点

一、共产主义是私有财产的积极扬弃

二、费尔巴哈的"人类概念"在《手稿》中的运用和发挥

三、《手稿》是怎样接近历史唯物主义的

第三节　第一次系统地批判和改造黑格尔辩证法

一、《手稿》是在怎样的基础上批判和改造黑格尔辩证法的

二、批判黑格尔的"无批判的唯心主义"和"无批判的实证主义"

三、《手稿》中辩证法思想的局限性

通过对《1844 年经济学哲学手稿》(以下简称《手稿》)的详细研究,孙伯

---

① 任平、曹典顺、李惠斌:《当代中国马克思主义哲学研究(2012)》,中央编译出版社 2012 年版,第 36—37 页。

鍨发现《手稿》中存在着两种截然不同的逻辑,一种是以抽象的人的本质为出发点的思辨逻辑和一种以现实的经济事实为出发点的科学逻辑。在孙伯鍨看来,"在《手稿》中,马克思不是像费尔巴哈那样仅仅只批判了宗教,而是批判了私有制和雇佣劳动,批判了工人、资本家和土地所有者之间的现实关系;他研究了工人阶级的生存条件和他们在资本主义制度下所受到的非人待遇;他把劳动规定为人的本质,把私有财产的扬弃看作人类解放的根本条件"①。这种以"人的本质"为出发点的抽象思维逻辑,其实仍是思辨逻辑。然而,同时,在《手稿》中还存在着另一种逻辑,即以现实的经济事实为出发点的科学逻辑。但是在当时而言,这种逻辑暂时还没有占据马克思思想逻辑中的支配地位。"马克思通过对于对象化劳动的分析,已经接近于提出物质生产力的发展在人类历史中起决定作用的观点。他看到,人的自由的实现离不开工业的发展"②。这种区别于费尔巴哈自然主义的人本主义的思想,已经接近于生产力决定社会关系的思想了。孙伯鍨在强调社会物质生活条件是人的本质力量的同时,也强调了社会物质生活条件对人的制约和决定作用,此种观点已接近了主体与客体、人与社会环境之间的辩证关系。由此,我们可以看到,孙伯鍨在对《手稿》文本的深入研究基础上,得出了马克思思想的思想逻辑。

张一兵在《回到马克思——经济学语境中的哲学话语》一书中,在对马克思主义经典文本的分类和深刻研究过程中,提出了马克思的哲学建构存在着三个理论创造高峰期,"一是 1844 年,其最重要的文本是青年马克思所建构的人本主义社会现象的《巴黎笔记》中的《穆勒笔记》和《1844 年手稿》;二是 1845 年 1 月到 1846 年 12 月,其最重要的文本是马克思的第一批马克思主义哲学文献,即创立广义历史唯物主义的《关于费尔巴哈的提纲》《德意志意识形态》和《马克思致安年柯夫》;三是 1847 年到 1858 年,其最重要的文本是马克思建立的马克思主义狭义历史唯物主义学说和历史认识论之上的历史现象

---

① 张一兵:《回到马克思——经济学语境中的哲学话语》,江苏人民出版社 2009 年版,"导言"第 19 页。

② 张一兵:《回到马克思——经济学语境中的哲学话语》,江苏人民出版社 2009 年版,第 448 页。

学的《1857—1858 年经济学手稿》"①。这就是说,在研究马克思的世界观的理论形成问题时,张一兵从《德意志意识形态》文本出发,通过对文本与话语结构的深入研究,厘清了马克思科学世界观的理论与思想。在《回到马克思——经济学语境中的哲学话语》一书的第六章则进行了详细论述,其结构是:

第六章　马克思科学世界观的理论建构

第一节　《德意志意识形态》的文本与话语结构

一、《德意志意识形态》的特定对象性语境

二、《德意志意识形态》写作及其文本的一般情况

三、关于《德意志意识形态》第一卷第一章手稿的文本结构

四、《德意志意识形态》复杂的话语重组

第二节　马克思哲学新视域中的历史性存在及本质

一、马克思的"历史科学"话语和历史规定

二、人类历史性存在的四重原初关系

三、现实的个人与历史性存在

第三节　分工与现实的世界历史:一种经济学的现实批判话语

一、分工在马克思科学批判话语中的地位

二、分工与历史发生的四种社会所有制形式

三、一个简短的理论评述

张一兵通过对《德意志意识形态》文本的具体的、历史的分析,结合当时的特殊理论背景,呈现出了马克思科学的新世界观的形成与发展过程。在张一兵看来,《德意志意识形态》是这个新世界观的第一次系统而具体的阐发,尤其是《德意志意识形态》第一卷的第一章,将马克思主义哲学基本理论的初始形态完整地表述了出来。通过对《德意志意识形态》第一卷第一章的深入解读,张一兵提出了《德意志意识形态》该部分内容中有两个逻辑思路的观点,即逻辑思路一是对一般社会存在和本质的抽象表述,逻辑思路二是以科学

---

① 孙伯鍨:《探索者道路的探索》,南京大学出版社 2002 年版,第 178 页。

的认识论尺度对现实经济的历史批判。张一兵认为,这两个逻辑思路即是《德意志意识形态》第一卷第一章的主要理论逻辑。所以,我们可以由此得到这样一个结论,即张一兵运用的马克思主义哲学文本文献学研究方法,绝不是单纯的、表面的对马克思主义经典著作的文本、文字的研究,而是深入马克思主义理论之中,力图把握到马克思主义哲学思想逻辑的发展变化,即"马克思在从哲学人本主义转换到历史唯物主义的过程中,其理论逻辑的基础是经济学而不是传统旧哲学,但是马克思又科学地超越了资产阶级政治经济学的局限性,因为历史唯物主义从它诞生的那一刻起就是一种历史的科学抽象,历史唯物主义哲学的出发点是历史性的社会本质(一般)"①。或者说,由此可以认为,在张一兵看来,《德意志意识形态》中马克思确立的广义历史唯物主义,主要是揭示了物质生产才是人类生存的一般基础。所以,可以说,张一兵的文本文献学研究正是以发现马克思主义思想逻辑为主旨的。

(二)运用文献考订和文本研究相结合的研究方式

文本文献学研究范式的研究既要研究文本又要研究文献,即在研究文本的同时也不能忽略对文献的研究。这即是说,在文本文献学看来,只有对文本和文献做深入研究才能对马克思主义哲学思想有深入的理解。当代中国的诸多文本文献学著作中,许多著作涉及马克思主义哲学的文献。比如,一些著作选编了马克思恩格斯的书信。在许多学者看来,马克思恩格斯的书信是研究其思想的重要文献,所以要对书信进行深入的研究。比如,杨耕与仰海峰的《马克思主义哲学文本导读》中提出,"马克思、恩格斯自 19 世纪 50 年代到 90 年代的 10 封信,其中,马克思、恩格斯对自己思想的说明与解释,包括 1852 年 3 月 5 日的《马克思致约·魏德迈》、1862 年 6 月 18 日的《马克思恩格斯》、1867 年 8 月 24 日的《马克思致恩格斯》、1865 年 3 月 29 日的《恩格斯致弗里德里希·阿尔伯特·朗格》、1877 年 11 月左右的《马克思致〈祖国纪事〉杂志编辑部》、1881 年 3 月 8 日《马克思给维·伊·查苏利奇的信》7 篇书信;二是

---

① 孙伯鍨:《探索者道路的探索》,南京大学出版社 2002 年版,第 178 页。

恩格斯晚年关于历史唯物主义的论述包括 1890 年 9 月 21 日至 22 日的《恩格斯致约·布洛赫》、1890 年 10 月 27 日的《恩格斯致康·施米特》、1894 年 1 月 25 日《恩格斯致瓦·波尔吉乌斯》3 封信"①。从这些经典作家的通信中可以得出许多文本中发现不了的内容,比如,我们可以从通信中得知《资本论》的写作特点等,可以通过文献了解文本,理解其思想。当然,也不可以忽略文本学的序言研究,因为,文本的序言基本都要介绍该文本写作的原因和要实现的目标。在我们看来,运用文献考订和文本研究相结合的研究方式,除了"返本""出新"外,还包括文本文献的当代化、中国化研究。

虽然不同研究者都采用文本文献的研究视域,但由于不同研究者的知识结构不同,对马克思主义文本文献的关注点不同,侧重点不同,理解也不同,所以,其构筑的马克思主义理论创新形态也不尽相同。其中,以张一兵、魏小萍为代表的研究群体侧重于从马克思主义理论的原初历史语境入手,主张回到马克思原本精神开展研究活动,即所谓的"返本"研究。这种研究是对马克思主义理论文本进行的学术性研究,强调马克思主义理论研究必须"要以历史唯物主义的态度和方法对马克思主义经典作家的原始手稿、正式出版文献进行研究,并结合其写作与出版的历史背景、有关历史人物、历史事件、批判对象、话语对象、有关思想资源和材料,以及作者的论据、论证方式、思维方法和编译者的思想倾向、认识局限等多重因素进行系统研究,这样才能把握他们的哲学立场、哲学思维方式及其思想演变等"②。由此理解,张一兵主张对马克思主义经典作家的经典文本进行分析解读,从历史视角出发把握经典作家的思想轨迹,从而为准确理解马克思主义理论的学术性内涵打下坚实基础,以实现在分析文本文献的基础上结合个人理解,构筑马克思主义理论的创新形态。对马克思主义理论体系的创新性构筑,除了张一兵从马克思主义经典文本出发来理解马克思主义理论的学术性内涵,中国社会科学院魏小萍也是"返本"研究的代表人物,其编著的《探求马克思——〈德意志意识形态〉原文

---

① 杨耕、仰海峰:《马克思主义哲学文本导读》,北京师范大学出版社 2013 年版,第 179 页。
② 梅艳玲、杨思基:《马克思主义哲学文本文献学研究范式回顾与展望》,《江苏师范大学学报》2013 年第 3 期。

文本的解读与分析》(人民出版社 2005 年版),"以《德意志意识形态》原文文本、文献为基础,通过原文本手稿与各种翻译文本的对比与研究,介绍了《德意志意识形态》原本文献和结构,叙述了马克思、恩格斯的创作过程和合作方式,说明了马克思、恩格斯的研究思路和他们在创作《德意志意识形态》过程中的相互补充和修改情况"①。魏小萍对马克思主义文本文献非常重视,认为构建马克思主义理论新的体系框架,或者是构筑马克思主义理论的创新形态,必须要回到马克思主义文本文献的原始语境,关注对马克思主义文本文献的甄别、解读,进而在文本文献解读的基础上形成马克思主义理论的创新形态。北京大学聂锦芳认为:研究者主张回到马克思的原初语境进行理论研究,并不意味着研究者对马克思主义文本文献的照搬照抄,研究者在运用文本文献视域进行马克思主义理论研究时,要依据研究者的个人理解以及客观实际对文本文献进行研究,在研究过程中应该倾注研究者个人的思想与见解,以形成包含个人学术见解的马克思主义理论研究成果,建筑文本文献学视域下的马克思主义理论创新形态。清华大学韩立新在《〈巴黎手稿〉研究——马克思思想的转折点》(北京师范大学出版社 2014 年版)中强调要切入马克思思想演化的真实进程,必须要深读文本文献。以南京大学张一兵、中国社会科学院魏小萍、北京大学聂锦芳、王东、清华大学韩立新等为代表的研究者关注对马克思主义原始文本文献的研究,即回到马克思主义文本的原初语境去理解马克思主义理论,这种研究在一定程度上可以称为"返本"研究。

由于对马克思主义文本文献研究的差异性理解,研究者们对文本文献的关注点各不相同。其中一些研究者的研究重点不是回到马克思主义理论的原初语境中去理解文本文献,而是更加注重从现实意蕴出发理解马克思主义文本文献,即主张与"返本"研究相对的"开新"研究。在他们看来,文本研究的最终归宿是思想研究,研究者不能只表述文本文献的具体内容而没有个人思想建树,即研究者在研究过程中除了要展现个人的思想见解外,还要立足于现

① 任平、曹典顺、李惠斌:《当代中国马克思主义哲学研究(2012)》,中央编译出版社 2012 年版,第 40 页。

实生活,让文本文献视域下的马克思主义理论研究成果面向当代,在当代现实世界中开启新的马克思主义理论创新形态。针对文本文献视域下的马克思主义理论"开新"研究,彭启福认为,"研读马克思的文本的目的是让马克思的文本在当代生成新的意义,主张运用对文本诠释中的'文本语义关联性原则'、'作者语境关联性原则'和'读者语境关联性原则'分析文本,从而'回到马克思',让马克思走向当代的现时代生活……王东、林峰则从文本研究与理论创新的关系的视角来探讨,认为只有将文本研究和现实问题研究有机结合起来,才能真正做到'回归马克思'与'发展马克思'的统一,开源与创新的统一"①。北京大学的聂锦芳也是"开新"研究的代表人物,其发表的相关文章如《近年来国内马克思文本研究的回顾与省思》《"现实的个人"与"共同体"关系之辨——重温马克思、恩格斯对一个重要问题的阐释与论证》《文本与思想的理解和叙述——重温马克思、恩格斯对格律恩的批判》《文本研究与对马克思哲学的新理解》等,这些研究成果都是利用丰富的文献资料,通过对马克思的专著、手稿、笔记等进行梳理和考察,从社会现实出发,思考马克思主义文本文献的现实意义,从而构建马克思主义理论创新形态。当前社会要实现对马克思主义文本文献的"开新"研究,需要将文本文献视域下的马克思主义理论面向现实中的具体问题,与具体实际生活相结合,在现实中指导人们发现问题、分析问题和解决问题。将文本文献视域下的马克思主义理论研究面向现实社会,不仅有利于构建文本文献视域的马克思主义理论创新形态,而且有利于推进文本文献视域的马克思主义理论的多元化发展。

在文本文献视域下的马克思主义理论研究,除了包括研究者对文本文献的"返本"研究,以及研究者对文本文献的"开新"研究,还不能忽视研究者对文本文献的当代化、中国化研究,即立足于马克思主义文本文献,结合中国社会主义实践经验,将文本文献研究与中国现实问题有机结合起来,以推进马克思主义理论更好地解决实际问题,促进文本文献视域的马克思主义理论创新

---

① 任平、曹典顺、李惠斌:《当代中国马克思主义哲学研究(2012)》,中央编译出版社2012年版,第42页。

形态的建构。在对文本文献视域的马克思主义理论当代化研究中,北京大学哲学系赵家祥、丰子义合著的《马克思的东方社会理论及其当代意义》(高等教育出版社 2002 年版),仅仅依据马克思有关文本和逻辑,对马克思理论视野中的东方社会问题,特别是对近年引起学界较大争议的"亚细亚生产方式""跨越卡夫丁峡谷"等问题作出符合原意的梳理和甄别,并阐明了这些思想所具有的当代意义。杨学功在《马克思主义与全球化——〈德意志意识形态〉的当代阐释》(北京大学出版社 2003 年版)一书中,对马克思恩格斯合著的《德意志意识形态》中从社会分工和商品贸易角度所阐释的有关"资本主义生产方式的全球化发展历史趋势"的思想作了系统解读①。在对文本文献视域的马克思主义理论中国化研究中,许冲写作了《文本阅读视域中的马克思主义中国化省思——以〈联共(布)党史简明教程〉为中心》一文,许冲认为在马克思主义中国化进程中,应该关注对马克思主义经典作家文本文献的阅读,强调研究应该立足读者、立足文本、立足阅读方法,开展对马克思主义中国化主体、客体以及方法的分析,从而在文本文献的视域中考察马克思主义中国化,推进文本文献视域的马克思主义理论中国化和马克思主义理论创新形态的建构。针对文本文献对理论研究中国化的推动作用,作者强调"阅读经典文本是马克思主义中国化的重要基础,通过对中共阅读《党史》史实的微观考察,在获得一次解读马克思主义中国化要素历史契机的同时,也启示着当代中国马克思主义者,唯有真正实现马克思主义文本阅读的读者自觉、文本明辨和方法科学,才能切实推进马克思主义中国化"②。这一分析表明,许冲关注对马克思主义文本文献的阅读理解,试图通过读者的仔细阅读,深入理解马克思主义的文本文献,恰当运用各种科学方法,进而从文本文献视角推进马克思主义当代化、中国化进程,最终形成文本文献视域的马克思主义理论创新形态,达到对马克思主义文本文献研究的最终目的,即运用文本文献的手段,达成构筑文本

---

① 参见任平、曹典顺、李惠斌:《当代中国马克思主义哲学研究(2012)》,中央编译出版社 2012 年版,第 38 页。

② 许冲:《文本阅读视域中的马克思主义中国化省思——以〈联共(布)党史简明教程〉为中心》,《现代哲学》2014 年第 6 期。

文献视域的马克思主义理论创新形态的根本目的。

三、文本文献学研究范式的特点

任何一种马克思主义哲学研究的范式都会呈现出自身所具有的共同特征,文本文献学研究范式也不例外。但长期以来,人民群众对文本文献学研究范式并不熟悉,绝大多数人认为,文本文献学解读马克思主义哲学的目的就是,从经典作家的文本和文献中感知经典作家的真实思想。按照这种理解,就会极大地遮蔽文本文献学研究范式的意义和价值。因为,文本文献学研究范式的根本目的是通过对经典作家的文本和文献研究,实现为马克思主义中国化服务,而不仅仅是对马克思主义经典作家原初思想的还原。当然,还原马克思主义经典作家的原初思想也是文本文献学研究范式的任务之一。纵观文本文献学研究范式的著作,我们认为,文本文献学研究范式的特点主要体现在四个研究视域之上。

(一)文本的视域

所谓文本文献学研究范式的文本视域,即是指以文本为依据进行的马克思主义哲学研究。文本是经典作家理论和思想的物质载体,亦可理解为典籍,是马克思主义思想在场和出场的载体。文本或典籍的意义重大,因为"典籍所蕴含的思想是理论研究和创新的前提和基础。随着理论创新的深化,人们必然会越来越重视典籍考订和文本研究。典籍研究是马克思主义中国化的基本前提,也是与西方抢夺马克思主义著作话语权的主要阵地,牵涉到我国意识形态安全"①。马克思主义经典文本很多,比如,《资本论》《1844年经济学哲学手稿》《德意志意识形态》等。文本很好地记载和表达了经典作家们的理论观点。所以,研究者只有着眼于经典作家的文本的研读,并在此基础上,对经

---

① 任平、曹典顺、李惠斌:《当代中国马克思主义哲学研究(2012)》,中央编译出版社2012年版,第9页。

典文本中理论和思想发生、发展、完成的整个过程加以理解和把握,才可能深刻理解和正确阐释经典作家的思想、理论。从文本的视域出发来研究马克思主义哲学,是对马克思主义哲学进行重新理解和阐释的内在要求。由此可见,中国要推进马克思主义哲学的研究进程,抢夺马克思主义研究的话语权,文本视域的文本文献学研究有着重要的意义。在一定意义上,抢夺马克思主义研究的话语权,就是要实现对马克思主义经典文本的"中国化"。而要实现马克思主义经典文本的中国化,引进和翻译马克思主义经典作家的文本是最为基础的工作,即只有在此文本基础上,才可能实现马克思主义哲学中国化的可能性和正确性。"中国共产党从成立之时起,就高度重视马克思主义经典著作的编译事业。针对王明等人所犯的以'洋教条'误导工农干部和革命大众的教条主义错误,1938 年,中央在延安成立了马列学院,设立专门的翻译部组织翻译马恩经典著作;1949 年,中央决定成立中共中央俄文翻译局,主要翻译俄文的经典文献;1953 年,中共中央编译局正式成立,开始系统地翻译马克思主义经典作家的全部著作"①。改革开放以来,又对马克思主义经典文本编译和研究提出了更高的要求。这即是说,经过无数人长期的努力,中国马克思主义经典文本的翻译事业得到了快速发展,取得了举世瞩目的成就,一跃成为世界上翻译和出版马克思主义经典文本著作最多、最全的国家,如《马克思恩格斯全集》(50 卷)、《马克思恩格斯选集》(第一、二版各 4 卷)、《马克思恩格斯文集》(10 卷)、《列宁全集》(第一版 39 卷、第二版 60 卷)、《马列主义文库》(21 种)、《列宁选集》(第一、二、三版各 4 卷)等。如此丰富、全面的著作翻译文本,为我国马克思主义哲学研究者的马克思主义理论研究提供了深度研究的文本基础。

从文本文献学研究范式学术成果角度看,许多著作都体现了以文本为视域的特点。由孙伯鍨、侯惠勤主编的《马克思主义哲学的历史和现状(上卷)》中以《资本论》文本为依据,分析了马克思的历史唯物主义思想和科学方法论

---

① 任平、曹典顺、李惠斌:《当代中国马克思主义哲学研究(2012)》,中央编译出版社 2012 年版,第 9 页。

（主要见于第六章、第七章）。在该书中,作者着重分析了《资本论》创作的过程以及文本的结构,以此来阐发《资本论》的主题和思想。比如,作者认为,"《资本论》四卷结构的形成,使马克思经济学著作的写作计划有所缩小:不再专门写作六册计划中的后三册(国家、对外贸易和世界市场),而第二和第三册(土地所有制和雇佣劳动)并入了第一册(资本)。但是,另一方面,'资本一般'的研究范围却得到扩展,不仅地租和工资问题被包容进去,而且原定为第一册后第三篇的内容'竞争'、'信用制度'和'股份资本'也被囊括进'资本一般'的框架结构中去了,甚至原定最后三册的有关内容,在《资本论》中也往往随时随地得到探讨"①。《资本论》最后形成的 4 卷结构,完整地表达了其理论和思想,使得其经济理论得到进一步深化和发展。这即是说,对《资本论》文本结构的分析,既有利于对马克思经济理论的形成、发展过程的梳理和把握,更有利于对马克思的思想和理论的理解与阐释,因为,"马克思在《资本论》中不以通常意义的'经济理论'为限,他并不仅仅局限于从经济学的角度研究资本主义生产关系,以此来说明该社会经济形态的结构和发展,还随时随地探究适合于这种生产关系的上层建筑,使骨骼有血有肉。他不但研究了以'集中地有组织的社会暴力'为主要特征的'法律的和政治的上层建筑',而且研究了法律观念、政治观念、宗教、艺术、哲学等资产阶级意识形态的各种形式"②,作者从《资本论》文本出发,对当时的历史背景、文本的结构等方面进行了细致而深入的研究,从而使得马克思理论和思想的分析有理有据,论证严明,逻辑清晰。不仅如此,作者还从文本的内容方面进行了历史的、具体的分析,整理和总结出《资本论》中马克思关于社会结构、历史过程的理论,并以相关文本的研究为线索,勾勒出其思想、理论的形成、发展和最终确立的过程。如此研究成果,极大地便利于人们更好地理解和掌握马克思主义理论。由此可见,准确和真实把握经典作家的思想和理论,对其经典文本进行深入分析和探索

---

① 孙伯鍨、侯惠勤:《马克思主义哲学的历史和现状(上卷)》,南京大学出版社 2009 年版,第 169 页。

② 孙伯鍨、侯惠勤:《马克思主义哲学的历史和现状(上卷)》,南京大学出版社 2009 年版,第 171 页。

是不容回避的。

(二)文献的视域

马克思主义哲学文本文献学研究范式的文献视域,就是指以文献为依据进行马克思主义哲学的研究。这里的文献是指马克思主义经典作家的相关笔记、记录、来往信件等材料,如《克罗茨纳赫笔记》《致安年科夫的信》《巴黎笔记》等。通过对经典作家的笔记的辨别、书信的考察、版本的对照等研究方式,研究者可以更好地观察和全面、真实地把握马克思主义经典作家们的思想形成和演变,从而为深入理解马克思主义理论的思想来源和逻辑体系奠定文献基础。当然,文献的视域也有利于帮助我们更进一步接近马克思主义理论的本真意义,从而消解对马克思主义理论的有意或无意的歪曲和误解等。

在当代中国,以文献的视域对马克思主义理论进行研究的学者人数众多,成就非凡。比如,如果从文献学的视域研究《克罗茨纳赫笔记》,就可以发现许多理解马克思主义的新线索。张一兵通过对《克罗茨纳赫笔记》的深入分析,发现"《克罗茨纳赫笔记》的主要内容是马克思以法国革命为主线的历史学摘录资料,这是他自己独立走向社会历史本体的极重要的一个方面。同时,也正是在这一研究中,马克思在现实生活真实层面上确认了费尔巴哈唯物主义哲学(不是历史唯物主义)的革命意义,这集中表现为费尔巴哈对黑格尔哲学的主谓语再颠倒的肯定"①。这个对青年马克思的思想演进过程的认识,就是作者从文献的视域出发,对马克思主义理论进行文本文献学研究的结果。张一兵还就《克罗茨纳赫笔记》的五册笔记本进行了内容分析,梳理了每一册笔记本的大致内容和中心思想。通过这样的分析和梳理,作者发现了"青年马克思在步入历史学领域时,他那种刚在《莱茵报》经受了现实打击的哲学话语——唯心主义观念论还没有全面崩溃,所以他的主体性思考

---

① 张一兵:《回到马克思——经济学语境中的哲学话语》,江苏人民出版社 2009 年版,第134 页。

在新的历史事实面前并没有积极地在场,而是悄然隐匿在大段的文本摘录和零星评述之后"①。通过比对,张一兵还注意到此时马克思的理论风格与以往有所不同,并将其称为"失语状态"。在对《克罗茨纳赫笔记》的继续分析、研究中,作者发现马克思的这种"失语状态"情况直到笔记的最后才发生了改变,即"马克思的最重要的哲学理论变化发生在笔记第四册的后半部分。当马克思在对兰克主编的《历史政治杂志》第一卷中发表的(也是兰克自己撰写的)《论法国的复辟时期》一文进行摘录时(此书第41页第28—32行间),他写下了在全部《克罗茨纳赫笔记》中篇幅最长的非常性评论。在这里,我们看到了一种哲学话语的重要转变。因为,这里出现的已经明显不是青年黑格尔式的自我意识的理性原则,而是在社会现实中对这种唯心主义原则的否定"②。通过对这一文献的研究,作者发现马克思已经看到社会历史结构的基础是所有制,并转向了社会唯物主义立场,即与费尔巴哈的自然唯物主义相区别和切割。

很多学者还从文献视域对马克思主义哲学的相关理论作了具体而历史的研究。杨耕、仰海峰编著的《马克思主义哲学文本导读(上册)》就是其中的代表。在这一著作中,作者对马克思给俄国文学家巴·瓦·安年科夫的回信作了细致分析,通过对当时的写作背景、篇章结构、文本节选等方面的阐述,揭示了马克思《哲学的贫困》一书与蒲鲁东《经济体系的矛盾,或贫困的哲学》(简称《贫困的哲学》)一书之间的关系,以及马克思《哲学的贫困》与《致安年科夫的信》的关系,清晰地呈现出了马克思的思想和理论的发展变化过程。书中提及,俄国文学家巴·瓦·安年科夫致信马克思,询问对《贫困的哲学》的看法。马克思于12月28日写了回信,对蒲鲁东的哲学—经济学思想进行了简要的批判,《致安年科夫的信》实际上成为《哲学的贫困》一书的纲要。《哲学的贫困》全书名为《哲学的贫困。答蒲鲁东的"贫困的哲学"》,写于1847年

---

① 张一兵:《回到马克思——经济学语境中的哲学话语》,江苏人民出版社2009年版,第136页。
② 张一兵:《回到马克思——经济学语境中的哲学话语》,江苏人民出版社2009年版,第139页。

1—4月,同年7月在布鲁塞尔和巴黎出版。这一对相关文献的关系的考证与梳理,对我们深入理解和认识马克思的思想、理论有着重要的作用。张一兵在其著作《回到马克思——经济学语境中的哲学话语》中也对《致安年科夫的信》的篇章结构、书信内容等作了更深入的分析,认为其主要是从唯物主义历史观及其方法论的视角来对蒲鲁东的思想进行批判。张一兵认为,"换个方式说:蒲鲁东不是直接肯定资产阶级生活对他来说是永恒的真理。他间接地说出了这一点,因为他神化了以观念形式表现资产阶级关系的范畴。既然市民社会的产物被他想象为范畴形式、观念形式,他就把这些产物视为自行产生的、具有自己的生命的、永恒的东西。可见,他并没有超出资产阶级的视野"。作者通过对该书信的研究,进一步深化了对马克思唯物主义历史观的理解和认识,即"文本的第三个理论层面,也是最重要的理论质点,就是马克思从社会历史动态发展的角度,进一步说明了历史进步的必然性,并导引出科学批判理论的真实出发点。在文本的最后一部分中,马克思主要批评蒲鲁东总是在谈论所谓'永恒的规律',这就使他在面对资产阶级社会生产方式时,错误地将其中许多历史的经济范畴假想成永恒的天然的东西"①。

(三)历史的视域

历史的视域,即研究者在文本文献范式的研究过程中,从历史的视角出发,考察理论成果形成过程的时代背景或历史环境,分析理论成果形成的原初语境,回归本真的理论形态。需要注意的是,历史的视域并不是落后的、复古的视域,而是一种与社会实践相结合的视域。文本文献学研究范式的特点之一是历史的视域,要求研究者在研究马克思主义的文本和文献时,历史地分析马克思主义文本文献的思想和理论内涵,着眼于马克思主义文本文献出场的变化,结合当下社会与马克思主义理论原初语境,科学地、与时俱进地分析并运用马克思主义文本和文献,这种历史视域的文本文献学研究不是所谓的

---

① 张一兵:《回到马克思——经济学语境中的哲学话语》,江苏人民出版社2009年版,第465页。

"原教旨主义",也不是所谓的"顽强的崇古意识",而是回到马克思主义文本文献的出场语境,创造性地理解马克思主义的文本文献学研究范式。综合而言,马克思主义文本文献学研究范式的历史视域,主要指从文本文献形成的历史背景进行文本和文献研究和从研究者理论研究的思想变化进行文本和文献研究。

从马克思主义文本文献形成的历史背景着手,有利于准确地认识真正的马克思主义文本文献。研究者想要通过文本文献研究来解释马克思主义理论体系,必须首先弄清楚马克思主义文本文献的真实面目,即深入马克思主义哲学产生的具体的、特殊的历史背景,研究历史视域的马克思主义文本文献。联系我国文本文献研究的具体实际,我国研究者研究的马克思主义文本文献大都从苏联引进。毋庸置疑,这些引入的许多文本文献不仅带有浓厚的阶级斗争特征,还掺杂着许多研究水平不高的研究者的认知理解。但这种状况,长期以来被忽视和遮蔽,许多中国学者在研究马克思主义文本文献时,并不关注这些问题,只是把从国外引进的马克思主义文本文献作为研究资料直接拿来使用,以至于研究结果往往偏离了马克思主义的基本理论。要想达到对马克思主义文本文献的准确研究,马克思主义文本文献研究者应该从其理论形成的历史背景出发进行研究,即让研究回到马克思主义文本文献的历史诞生地,在相应的历史背景中对马克思主义文本和文献进行研究和解读。张一兵对于直接拿来的文本和文献研究进行了解读,他认为那是失却历史语境的马克思主义,而"对于我们来说,失却历史语境融合的马克思必然成为外在的、对象化的无思的现成物。这种情况的出现,排除政治意识形态的原因,更主要的是源于方法论前提上的错误预设,即马克思是可以现成地'居有'的,似乎只要翻译一套全集,打开一部文本,马克思的思想便毫无遮蔽地在一个平面上全盘展开,剩下的只是根据我们现实的需要,任意地对其中的片段进行同质性(从第一卷的第一页,到最后一卷的最后一页)的抽取,拿它'联系实际',拿它来与当代对话,拿它作为'发展'的前提。马克思学说的历史性生成在这里荡然无存。人们甚至根本意识不到苏东传统教科书解释框架对马克思文本先在的结构性编码作用。其实,所谓'回到马克思'不过是对此进行祛魅的一种策略罢了"①。按照张一兵的理解,马克思主义的文本和文献是在一定的历史时代背景中产生的,这一历史背景特指 19 世纪 40 年代欧洲的资本全球化时代,当时西方资本主义已经得到相当发展,作为马克思主义思想的发源地,英国、法国、德国等国家已经完成或者正在进行工业革命,无产阶级和资产阶级的矛盾也愈演愈烈,最终导致了三大工人运动的爆发,无产阶级作为一支独立的政治力量从此正式登上历史的舞台。马克思所写的《1844 年经济学哲学手稿》这一经典文本就是在这样的历史背景中诞生出来的。《1844 年经济学哲学手稿》作为马克思主义思想的重要标志,也是马克思主义文本文献的经典作品。由此理解,研究者对马克思主义的文本和文献的研究,应该回到马克思主义的文本和文献产生的历史语境,从其思想产生的历史背景出发,具体分析文本文献所带有的浓厚历史意蕴。

从马克思主义文本文献形成的思想变化着手,有利于准确地研究马克思主义的文本和文献。关注马克思主义文本文献学研究范式的历史视域,研究者除了要关注马克思主义文本文献产生的历史与时代背景,还要关注作者在文本和文献过程中的思想变化和发展,因为任何文本和文献都是作者思想的阐述与表达,都代表作者自身的思想观念,或者说,作者在文本文献创作过程中,其思想历程并不是一成不变的,而是随着自身的认知结构、实践经验以及写作背景的变化而变化。就马克思而言,马克思作为一名"千年思想家",其思想的形成不是一蹴而就的,而是经历了一定的变化过程,这要求研究者在对其文本和文献进行分析研究时,应该关注马克思的思想发展历程,从马克思思想历程变化的角度分析马克思的文本和文献,进而推进文本文献学历史视域的研究进程。在历史视域的研究中,一些学者对马克思思想的变化作了十分认真和准确的理解,孙伯鍨所著的《探索者道路的探索》就是其中之一。该书是对青年马克思恩格斯哲学思想研究的代表作品,该书的第二章和第三章具体论述了马克思恩格斯思想两次转变的过程,第二章是青年黑格尔时期马克

---

① 赵剑英、叶汝贤:《马克思主义哲学的当代意义》,社会科学文献出版社 2006 年版,第 124 页。

思恩格斯哲学思想的形成和发展,具体包括3节内容,第一节是马克思《博士论文》中的哲学思想,第二节是《莱茵报》时期马克思哲学思想的发展,第三节是青年黑格尔时期恩格斯的哲学思想;第三章是完成向唯物主义的转变,具体包括2节内容,第一节是《克罗茨纳赫笔记》和《黑格尔法哲学批判》,第二节是马克思恩格斯发表在《德法年鉴》上的文章。从孙伯鍨对这部分内容的论述可以看出,从马克思《博士论文》时期到马克思恩格斯发表《德法年鉴》时期,在费尔巴哈哲学的影响下,马克思在批判黑格尔法哲学的基础上,结合大量的社会实践活动,完成了从革命民主主义到共产主义的思想转变,从唯心主义到唯物主义的思想转变,为科学社会主义和辩证唯物主义的形成奠定了基础。在著作的第五章,作者论述了异化劳动理论,及对黑格尔唯心辩证法的批判改造,这一章包括3节内容,第一节是异化劳动理论的提出及其在马克思思想发展中的意义,第二节是对共产主义的论证及其方法论特点,第三节是第一次系统地批判和改造了黑格尔辩证法。在这一章中,孙伯鍨通过分析马克思经典文本《1844年经济学哲学手稿》,提出了在马克思主义的两次思想转变过程中,尤其是在第二次思想转变中,实现了从思辨逻辑向科学逻辑的突进。由此理解,马克思、恩格斯等经典作家在创作马克思主义文本文献时,其理论思想并不是始终不变的,而是随着自身认知结构的调整不断完善,随着自身实践经验的积累不断发展,随着与不同思想不断深入的碰撞交流而不断发展变化的。所以,研究者在进行马克思主义文本文献学研究时,应该注重马克思等经典作家的思想变化。

(四)当代的视域

文本文献学研究的当代视域,就是指按照当下时代背景重新解读马克思主义的文本和文献。许多经典的文本文献研究,都是基于当时的历史背景来做的解读,即"从中国的马克思主义发展过程来看,直到改革开放前,中国的马克思主义者基本上是沿着阶级斗争的阅读视界去解读马克思主义的。这一阅读视界的形成有其复杂的背景,它既与中国共产党人所接受的马克思主义文本首先来自以高度突出阶级斗争的意义为基本特点的俄文版本有关,也与中国共产党人长期处于残酷的阶级斗争过程及在这一过程中所形成的惯性有关。在中国的新民主主义革命实践中,借助这一阅读视界,曾经在马克思主义充分地指导下,显示出巨大的威力"①。现在的时代背景不同了,自从党的十一届三中全会以后,我国开启了一个新的发展篇章,这就是改革开放。"中国的改革开放既起源于迅速改变中国经济和文化落后状况的要求,又是总结世界社会主义运动的经验教训的产物"②。"改革开放确实使中国获得了发展的机遇,它带来了社会的繁荣和富强。中国的改革开放首先开始于经济领域,这种选择是依据于对经济在社会发展中的基础地位的认识,又是依据于中国的国情而作出的。但是社会生活从来都不是孤立的。经济既然是社会发展的基础,经济领域的改革开放就必然要引起社会生活其他领域的变革,它的进一步发展也需要其他领域的变革来提供配套和支持"③。那么,从当代视域去理解马克思的文本文献就是这一领域的变革。我们要以当代视域来重新解读经典作家的文本和文献。虽然我们强调要"回到马克思",要以原初语境的方式去解读马克思的文本文献。以原初语境的方式来解读马克思的文本文献,可以恢复马克思主义哲学的历史性质,可以更好地研究马克思主义哲学理论。正如张一兵所说:这一解读模式就是要还历史的马克思本真面貌和原初语境。"摆脱对教条体制合法性的预设,消除现成性强制,通过阅读文本,实现中国人过去所说的'返本开新'"④。但是对文本文献的研究,还必须从当代的视域来研究,因为"哲学解释学已经揭示,任何理论研究都无法完全摆脱源于当下社会和思想的视域,研究的过程实际上是将当下的视域与研究对象的视域相融合的过程。这表明,对前人思想的研究离不开对当下社会和思想的深入考察,它们之间构成了一种总体性的相互关联。只有走进当代社会和思想的深处,我们才能在解读马克思主义文本时更好地理解马克思主义哲学,并揭示

---

① 赵剑英、叶汝贤:《马克思哲学的当代意义》,社会科学文献出版社 2006 年版,第 112 页。
② 赵剑英、叶汝贤:《马克思哲学的当代意义》,社会科学文献出版社 2006 年版,第 113 页。
③ 赵剑英、叶汝贤:《马克思哲学的当代意义》,社会科学文献出版社 2006 年版,第 114 页。
④ 任平、陈忠:《当代视野中的马克思主义哲学》,人民出版社 2010 年版,第 369 页。

马克思主义哲学走向当代的途径"①。很多学者都是从当下视角对《德意志意识形态》这一经典著作重新解读的,比如,聂锦芳的《思想的传承、决裂与重构——〈德意志意识形态〉创作前史研究》(《河北学刊》2006 年第 4、5 期)、《〈德意志意识形态〉在文本学研究的视野内》(《光明日报》2006 年 8 月 14号)、《离开思辨的基地来解决思辨的矛盾——〈德意志意识形态〉中的"圣布鲁诺"章解读》(《学术月刊》2007 年第 2 期);夏凡的《〈德意志意识形态〉第一卷第一篇的文本结构问题》(《学术月刊》2007 年第 1 期);魏小萍的《〈德意志意识形态〉的文献学问题探讨》(《哲学动态》2006 年第 2 期)、《词汇选择与哲学思考:财富的来源、性质与功能——〈德意志意识形态〉中马克思、恩格斯与施蒂纳分歧的原文本解读》(《哲学研究》2008 年第 2 期)、《〈德意志意识形态〉研究的两个方向》(《光明日报》2006 年 12 月 11 号);鲁克俭的《"马克思文本解读"研究不能无视版本研究的新成果》(《马克思主义与现实》2006 年第 1 期)、《〈德意志意识形态〉研究的几个问题》(韩立新《新版〈德意志意识形态〉研究》,中国人民大学出版社 2007 年版);姚顺良的《论马克思在〈德意志意识形态〉写作中的主导作用——析广松涉"恩格斯主导论"的文献学依据》(《马克思主义研究》2007 年第 5 期);《论马克思在〈德意志意识形态〉写作中的指导作用——析广松涉"恩格斯主导论"的文献学依据》(《马克思主义研究》2007 年第 5 期)等论文。这些都是基于当下的视角,对文本重新进行的解读。用当代的视域来解读文本与文献,有利于培养哲学研究的问题意识。在当代中国,不仅要从当代视域来研究文本文献,还要重视文本文献的当代价值。换言之,我们对马克思主义哲学研究要更加重视它的当代意义,重视对当代马克思主义的哲学研究。因为我们所处的时代与马克思写原著的时代背景不一样了,马克思与我们已经有一个多世纪的历史间距了,许多经典的文本文献不可能穷尽我们现在面对的所有的问题,更不可能解决我们当下所有的问题,其所解决的问题,只是当时的社会问题。马克思主义哲学的当代发展无疑

① 杨耕、仰海峰:《马克思主义哲学文本导读(上册)》,北京师范大学出版社 2013 年版,第 6 页。

离不开马克思的思想资源,但马克思哲学却不应当是我们在今天研究和发展马克思主义哲学的唯一思想资源。马克思哲学不应当也不可能是马克思哲学在新世代的简单照搬和原样放大,而是其本真精神在现时代的锻炼、提升、发挥和再创造。而且,自马克思恩格斯以来,人类在实践、科学和哲学等各个方面从来没有停止过自己的探索与创造,并取得极为丰硕的理论实践成果,它们都应当成为马克思主义哲学当代发展的现实基础和思想资源。正是立足于当代实践、大科学和大哲学,并回答它们所提出的种种问题,马克思主义哲学才获得了自己的坚实基础,展示出自己的特别功能,发挥出自己的当代价值,并发展出自己的时代内容。总之,研究者不仅要以历史视域研究马克思的文本文献,还要以当代的视域来研读这些文本文献,这样才能发现文本文献的当代价值。

四、文本文献学研究范式的存在问题和视域局限

无论是对于学术研究,还是对于意识形态,文本文献学都是马克思主义哲学研究不可回避的重要范式之一。但从辩证法的视域理解,我们也不可忽视文本文献学自身存在的问题。从文本文献学的内在逻辑看,文本和文献何者更为重要,文本和文献中的什么文本和文献更为重要,以及其他问题,都是文本文献学研究范式自身无法消解的难题。从研究视域看,似乎文本文献学的研究范式没有什么问题,但如何掌控历史的视域与现代的视域的关系,是十分困难的事情,即如果偏向历史的视域,就容易回到教条,如果偏向当代的视域,就容易背离马克思主义。深度剖析文本文献学研究范式的存在问题和视域局限,就是要为寻找能够弥补文本文献学研究范式缺陷的范式提供理论资源。

(一)文本与文献何者更为重要

在文本文献学研究范式的研究者的学术著作之中,有的从文本出发对马克思主义理论进行研究,有的从文献出发对马克思主义理论进行论证,当然,也有的著作既选择了文本也融入了文献。从文本文献学研究的成果来看,诸

多著作选择了文本研究,但近年来,选择文献研究的著作也在增加。众所周知,人们之所以重视文本研究,其逻辑前提是——文本具有真实性。从历史学的角度看,许多东西,包括文本,都有可能是赝品,即使是真迹,也可能存在作者有意或无意隐藏真实思想的可能。所以,在进行马克思主义文本文献学研究过程中,是文本的意义更为重要呢,还是文献的意义更为重要,就成了一大理论困难。对此问题,学术界的观念很难统一。而我们之所以将其称为马克思主义文本文献学,就是因为我们认为文本与文献具有同等重要的地位。从文本、文献视域出发,历史地分析、看待马克思主义经典作家的思想和理论,是力图在最大程度上接近经典作家的原初语境,从而增强对马克思主义哲学研究的可信度和有效性,所以,在进行马克思主义理论研究的过程中,既不能忽视文本的意义,也不能忽视文献的意义。然而,在实际研究过程中,任何一个研究者在处理两者之间的关系时,都不可能实现两者之间的平衡,即要么侧重文献,要么侧重文本。

从当代中国学者的研究成果看,文本研究、文献研究和文本文献研究的著作都很多,无法判断何者更为重要,但从处理文本与文献的关系来看,有些著作力争既重视文本也重视文献。聂锦芳的著作《批判与建构:〈德意志意识形态〉文本学研究》一书,就是既重视文本研究,也融入了文献的思想。聂锦芳在其著作《批判与建构:〈德意志意识形态〉文本学研究》一书中,"依据《德意志意识形态》原始手稿、新的《马克思恩格斯全集》历史考证版(MEGA2)编辑的最新进展和研究动态,从文献学的角度,对这一文本的产生背景、写作过程、版本源流进行了翔实的梳理和考证;按照原书写作的先后顺序,对其各个组成部分,特别是学界研究非常薄弱而又占全书绝大部分篇幅的第一卷中的《圣麦克斯》《圣布鲁诺》部分以及第二卷进行了详尽的释读,对过去相对来说较为熟悉的《费尔巴哈》章的内容重新进行了认真的辨析;根据作者自己的理解,对其中各章节关涉到的重要问题和思想一一进行了深入讨论"①,通过对

---

① 聂锦芳:《批判与建构:〈德意志意识形态〉文本学研究》,人民出版社2012年版,"内容简介"第1页。

文本、文献方面的研究,从总体上建构了《德意志意识形态》一书的理论逻辑,并结合当代社会实践活动,阐释了该马克思主义经典文本的当代价值和现实意义。然而,作者在对某些问题和思想等具体方面的理解和阐发时,其所依据的文本、文献的侧重点则有所不同。例如,在研究马克思恩格斯对鲍威尔的反批评的回应时,作者就从发表在《社会明镜》上的一篇名为《对布鲁诺·鲍威尔反批评的回答》的短评文献开始入手,进行了深层解读和分析。在此基础上,作者发现马克思恩格斯对鲍威尔的反批评的批判主要集中在其所引证的材料的不实之上。鲍威尔对《神圣家族》的反批评依据的材料不是《神圣家族》,而是以《威斯特伐里亚汽船》评论员对《神圣家族》的概括为引证对象进行反批评,换言之,鲍威尔把别人对《神圣家族》的概述作为自己对《神圣家族》反批评的引证依据,认为其概括的即是马克思恩格斯的《神圣家族》一书的主要思想,并将此思想和理论强加给马克思和恩格斯,但实际上却未能理解马克思恩格斯思想与理论的本质。这样一来,鲍威尔对马克思恩格斯合作完成的《神圣家族》的反批评就显得特别无力、荒唐。在《对布鲁诺·鲍威尔反批评的回答》中,马克思恩格斯就对《威斯特伐里亚汽船》评论员的概述和鲍威尔引证的材料与《神圣家族》作了细致对比,有力地回击了他们对《神圣家族》的批评。聂锦芳依据该短评文献,梳理了马克思恩格斯所比较的3组材料以及其主要思想和理论。在对第一组材料进行了深入分析后,聂锦芳发现"《威斯特伐里亚汽船》评论员用极为简单的语言概括了《神圣家族》对鲍威尔的指责,涉及他对犹太人问题和政治解放问题的态度。对法国革命、社会主义和共产主义的评论,对黑格尔、费尔巴哈等人思想的理解,以及'对法国革命、唯物主义和社会主义进行批判斗争的结果和趋向'所进行的论述,等等;但这些概括都曲解了马克思恩格斯本人的原始思想"[①]。然而,鲍威尔对该概括却没有作任何考察,直接拿来作为自己的引证材料,以此对马克思恩格斯的思想和理论进行批评。所以,我们即可知道聂锦芳通过对文献《对布鲁诺·鲍威

---

① 聂锦芳:《批判与建构:〈德意志意识形态〉文本学研究》,人民出版社 2012 年版,第 171 页。

尔反批评的回答》的研究,指出了鲍威尔对《神圣家族》反批评的依据材料,以及马克思恩格斯在《神圣家族》一书中所要表达的思想。在其著作中,聂锦芳对这种不正当的引证和批判也表达了自己的观点,"本来,原处于同一阵营中的人们,后来在理论观点、政治倾向等方面出现意见不一致的情形,是完全可以理解的,论敌之间的批判和反批评亦属于正常现象,但据以批评和反批评的材料却应当是从对象的文本本身来的,而不能依据第三者的转述和概括,更不能是错误或荒谬的转述和概括。上面三组材料表明,尽管回应《神圣家族》的批评本来是鲍威尔正当的权利,但他却征引了别人对《神圣家族》的概括来陈述《神圣家族》的观点,这就使得他的反批评很难服人,甚至有些荒诞了"①。由此可见,聂锦芳认为从文本本身出发研究马克思主义理论是极具重要意义的。在研究马克思恩格斯对青年黑格尔派部分成员的思想清理的问题时,聂锦芳就侧重从《神圣家族》文本方面来进行理解和阐释。依据《神圣家族》文本,作者分析、整理了马克思恩格斯对布鲁诺·鲍威尔及其伙伴的批判,"在鲍威尔的批判中,我们所反对的正是以漫画形式再现出来的思辨。我们认为这种思辨是基督教日耳曼原则的最完备的表现,这种原则通过把'批判'本身变为某种超验的力量来作自己的最后一次尝试"②。马克思恩格斯认为鲍威尔等人所主张的"自我意识"代替了现实的个体的人,即否定了整个现实的自然世界。"自我意识从人的属性变成了独立的主体。这是一幅讽刺人同自然分离的形而上学的神学漫画。因此,这种自我意识的本质不是人,而是观念,因为观念的现实存在就是自我意识。自我意识是变成了人的观念,因而也是无限的。人的一切特性就这样秘密地变成了想象的'无限的自我意识'的特性"③。这即是说,鲍威尔将人的自我意识绝对化了,夸大了人的自我意识的作用,认为人的自我意识才是推动历史发展的动力。"马克思在揭露'批判的批判'的历史观的思辨性质时,通过具体历史事实的分析发展了唯物主义历

---

① 聂锦芳:《批判与建构:〈德意志意识形态〉文本学研究》,人民出版社2012年版,第173页。

② 《马克思恩格斯文集》第1卷,人民出版社2009年版,第253页。

③ 《马克思恩格斯文集》第1卷,人民出版社2009年版,第340页。

史观。例如,鲍威尔把法国革命的不成功解释为这次革命所产生的思想没有超出革命所推翻了的那个制度的范围,而马克思则与此相反,认为在任何情况下思想都只能超出旧秩序的思想范围,而不能超出这种旧秩序本身的范围。法国革命无疑地产生了超出旧世界秩序范围的思想,但只有当思想代表现实的阶级利益的时候,它才能取得胜利"①。在马克思看来,人的全部实践、社会关系都在揭示着其与外部世界的联系,通过对鲍威尔及其追随者的批判,马克思发展形成了区别于其他人的唯物主义历史观。"马克思在描述资本主义社会中对立阶级的不同状况时,认为它们的同一性就在于它们二者即有产阶级和无产阶级都是人的自我异化,只有有产阶级在这种异化中感到自己是心满意足的,把异化看作自身强大的证明,而无产阶级则在这种异化中感到自己是被毁灭的,把异化看作自己无力和非人生存的现实。无产阶级是反抗无权状态的力量,而这种反抗是无产阶级的人类性和它的生活状况之间的矛盾所必然引起的"②。由此可知,在《神圣家族》一书中,马克思已经意识到无产阶级要想获得自身的解放就必须起来反抗,消灭私有制。无产阶级的现实生活条件以及社会阶级的划分就预示了其历史使命。聂锦芳正是通过对《神圣家族》这一文本的深入研究,厘清了马克思恩格斯对青年黑格尔派部分成员的思想清理问题,并以此阐明了马克思恩格斯唯物主义历史观的发展过程。

以上分析表明,在马克思主义哲学研究的现实过程中,学者或以文本,或以文献为出发点进行深入研究,总是能够产生研究成果的。从这种意义上理解,在马克思主义理论研究中,文本的意义和文献的意义同等重要,即都有利于对马克思主义理论的理解和阐释。但还有一个不可忽视的问题,即怎样确定哪一本文本或哪一种文献更为重要的问题。因为,马克思的一生写作了诸多的文本,贡献了丰富的文献。仅从文本而言,人们熟知的就有《青年在选择职业时的考虑》(1835 年 8 月)、《黑格尔法哲学批判导言》(1843 年)、《1844

---

① 聂锦芳:《批判与建构:〈德意志意识形态〉文本学研究》,人民出版社 2012 年版,第 60 页。
② 聂锦芳:《批判与建构:〈德意志意识形态〉文本学研究》,人民出版社 2012 年版,第 62 页。

年经济学哲学手稿》(1844年)、《关于费尔巴哈的提纲》(1845年)、《德意志意识形态(节选)》(与恩格斯合著)(1845—1846年)、《罢工和工人同盟》(1847年上半年)、《工人联合会》(1847年12月底)、《关于自由贸易的演说》(1848年)、《共产党宣言》(1848年)、《中国革命和欧洲革命》(1853年5月31日)、《伦敦交易所的恐慌——罢工》(1853年9月27日)、《给工人议会的信》(1854年3月9日于伦敦)、《〈政治经济学批判〉导言》(1857年8月)、《鸦片贸易史》(1858年8月3日和9月3日)、《〈政治经济学批判〉序言》(1859年)、《国际工人协会成立宣言》(1864年9月28日)、《工资、价格和利润》(1865年)、《资本和劳动之间的斗争及其结果》(1865年5月底—6月27日)、《工会(工联)它们的过去、现在和未来》(1866年8月底)、《资本论》第一卷(1867年)、《国际工人协会总委员会致社会主义民主同盟中央局》(1869年3月9日)、《法兰西内战》(1871年4月)、《哥达纲领批判》(1875年4—5月)、《资本论》第二卷(1885年)、《资本论》第三卷(1894年),等等。面对浩瀚的文本和文献,如何确定哪一种文本或文献更能准确表征"当年马克思"的真实思想,的确是十分困难的事情。

(二)如何弥补原版马克思与当代马克思的历史间距

原版马克思是指当年的马克思,即原初语境中的马克思,当代马克思是指与当代社会实践相结合的马克思,如邓小平理论。原版马克思与当代马克思之间,有着100多年的历史间距。与原版马克思相比,当代马克思面临世界百年未有之大变局、工业化时代向信息化时代的转变、"战争与革命"的时代主题向"和平与发展"的时代主题变更。这即是说,原版马克思侧重于解决当年历史情境中的具体问题,不可能穷尽我们当代面临的所有问题,也不可能解决我们当代世界的所有理论需求。既然原版马克思与侧重于解决当代问题的当代马克思有一定的历史间距,那么这种历史间距是马克思主义文本文献学研究范式不可回避的视域局限。所以,所谓弥补原版马克思与当代马克思的历史间距的努力,只能是尽可能缩小其历史间距,即尽可能实现两者的统一。

要弥补原版马克思与当代马克思的历史间距,首先应该回归原版马克思,即回归原版马克思的原初历史语境,这是发展当代马克思的前提条件和必要手段,也是重建马克思主义理论体系的桥梁与纽带。当我们讨论马克思的当代意义时,不能忽视马克思的原初语境或者历史原像,因为总有一个历史前提在支配我们的当代视野,这便是通常所说的原版马克思,原版马克思不是现成的,而是开放的、不断上手的,原版马克思提供给我们的只是启迪智慧的方法论,而不是无须改变、直接拿来就用的理论资源。想要弥补原版马克思与当代马克思的历史间距,利用原版马克思主义的文本和文献解决当代社会问题,研究者需要在版本马克思研究的基础上,结合当代视域,对马克思主义文本文献进行提升与再创造。在弥补原版马克思与当代马克思的历史间距的问题上,张一兵认为,"假如没有一个对马克思哲学文本(特别是 MEGA2)的第一手精心解读,没有对马克思思想发展脉络的科学的全面把握,就可能真正实现马克思哲学的当代性言说,即使强制性地生造出马克思与某种当代思潮的'对话',就会出现诸如将《1844 年经济学哲学手稿》中的人本主义话语误识成马克思最重要的哲学理念,并将其与新人本主义之后的各种资产阶级意识形态混为一谈之类的非法性言谈。这些所谓的'对话'看起来似乎颇具'当代'意味,但实际上无不是在现成性教条体制统摄下的一种非法的外在链接。这难道不已经是一种值得关注的理论灾难了吗?还不应该让青年一代认认真真地把学问建立在踏实的马克思哲学文本的历史解读之上吗"①。由此可知,研究者应该回到原版马克思的历史原像中,仔细研究原版马克思产生的具体的、特殊的历史背景,深入马克思的思想体系与知识结构中研读原版马克思,以促进原版马克思与当代马克思的有机结合,弥补原版马克思与当代马克思的历史间距。

为了弥补原版马克思与当代马克思的历史间距,研究者应该增强原版马克思与当代社会现实的联系,凸显其与时俱进的理论特性,推进原版马克思向当代马克思转变,反对分裂二者的研究视域,在时代语境中实现原版马克思与

① 赵剑英、叶汝贤:《马克思哲学的当代意义》,社会科学文献出版社 2006 年版,第 126 页。

当代马克思研究视域的科学统一。关于马克思主义的与时俱进特征,任平在其文章《论马克思主义研究视域的统一性——对马克思主义当代出场路径的反思》中论述道:"与时俱进贯穿着出场学视域,它将人们对'原版'或者'当代'马克思主义的本真意义、思想形态的追问转换为一个'出场学问题':任何马克思思想形态都不是现成在场、永恒不变的。它本质上是由一定时代语境造就、对出场路径深度依赖的出场形态。作为问答逻辑,马克思主义的思想形态会随着历史语境的变化而变化。我们不仅要考量'原版'或'当代'的马克思主义形态,更要追问马克思思想出场形态背后的历史语境,将出场形态看作出场语境的时代性结果"①。由此理解,研究者既要关注原版马克思资本全球化的历史语境,又要关注当代马克思经济全球化深入发展的历史语境,推进原版马克思与当代语境结合,与时代一同进步,弥补原版马克思与当代马克思之间历史语境与出场路径的历史间距,采用与时俱进的出场学视域,将原版马克思与当代马克思都作为具体历史的产物看待,而不是作为一成不变的理论结果看待,灵活推进马克思主义研究的当代性,应该做到与时俱进地看待马克思主义的文本文献,而非教条地、僵化地看待马克思主义具体的理论成果。习近平新时代中国特色社会主义思想就是马克思主义与时俱进的成果。总之,与时俱进是马克思主义的理论品格,坚持马克思主义的与时俱进,就是坚持马克思主义的不断发展与创新,就是"重新准确指认马克思主义言说的时代语境,深刻反思当代问题谱系和理论前沿,探索马克思主义出场路径和出场形态。只有与时俱进的出场学视域,才能,打破'当年'与'当代'马克思主义研究范式的对立,在新全球化时代背景下'接着讲',与时俱进地创新中国马克思主义"。②

弥补原版马克思与当代马克思的历史间距,研究者除了要在宏观层面回归马克思的原初语境,增强马克思主义理论的与时俱进,拉近原版马克思与当

---

① 任平:《论马克思主义研究视域的统一性——对马克思主义当代出场路径的反思》,《马克思主义研究》2007年第7期。

② 参见任平:《论马克思主义研究视域的统一性——对马克思主义当代出场路径的反思》,《马克思主义研究》2007年第7期。

代马克思的历史间距,还要在研究领域上弥补二者的历史间距,即打破当代马克思主义研究的学科壁垒,建立以问题意识而非以学科意识为中心的统一研究视域。众所周知,马克思主义是马克思主义哲学、马克思主义政治经济学与科学社会主义的统一,但由于研究者对马克思主义研究分类化、研究话语封闭化,造成了马克思主义研究的学科壁垒,统一的马克思主义被割裂为完全不同的三个部分,马克思主义哲学、马克思主义政治经济学以及科学社会主义之间完全分离,这三个部分又被分为许多不同的学科门类,例如马克思主义哲学就包括许多学科,如马克思主义基本原理、马克思主义发展史、马克思主义中国化研究、国外马克思主义研究等,这些学科之间自成体系,只是追求自身逻辑的严谨性,相互分离,自说自话,从而造成了严重的话语封闭结果,致使马克思主义研究领域学科林立,壁垒森严,马克思主义学科体系意识浓厚,问题意识则相对薄弱。此外,"学科壁垒彻底颠倒了理论与实践、学科视域与研究对象的关系,走上了学科话语自我中心、自我表现和自我膨胀的旧形而上学之路。正如马克思反复强调的:哲学家用各种不同的方式解释世界,而问题在于改变世界。'改变世界'需要以综合统一的实践问题为中心,而不是以分门别类的学科为中心"①。由此理解,马克思主义研究若以学科体系为研究焦点,容易导致研究的教条化和僵硬化,阻碍研究的进一步深化。马克思主义研究若以问题意识为研究中心,即以反思当今时代重大问题为研究中心,则会促进研究与具体实际的结合,拉近原版马克思与当代马克思的距离,增强马克思主义研究视域的创新力和生命力,有利于促进马克思主义理论对解决当代重大问题的指导意义,促进马克思主义研究的深化发展。"因此,我们决不能仅仅根据僵化的学科视域就作出马克思主义理论形态一劳永逸的结论。我们不能将在特定的出场语境和出场路径中形成的学科领域奉为学科的永恒。我们不仅需要深刻地解读学科结论、把握学科结构,更重要的是要深度考察学科赖以出场的历史语境和路径。学科领域、理论形态实际上只不过是解答问题的出场形

---

① 任平:《论马克思主义研究视域的统一性——对马克思主义当代出场路径的反思》,《马克思主义研究》2007 年第 7 期。

态,是受问题中心的出场语境和出场路径决定的"①。也就是说,马克思主义研究者要弥补原版马克思与当代马克思的历史间距,应该努力打破马克思主义的学科壁垒,不断加强对当代重大问题的研究与关注,即在科学解读原版马克思的基础上,将当代马克思与社会实践结合起来,促进马克思主义理论对当代实践的指导作用,以弥补原版马克思与当代马克思之间的历史间距。

五、文本文献学研究范式的创新与转换

"忠实原著"是文本学和文献学研究的基本原则,马克思主义文本文献学研究范式也不能例外。既然如此,为什么还会出现文本文献学研究范式的创新和转换呢? 其一,本书所指代的创新是指研究方式方法的创新;其二,本书所指代的转换是指研究视域侧重点的转换。也就是说,马克思主义文本文献学研究范式并没有逾越"忠实原著"的文本学和文献学研究原则。根据以上理解,我们认为,马克思主义文本文献学研究范式经历了两大范式创新,若干次转换。文本文献学研究范式的两大范式创新,即"文本文献考订"的范式创新和"文本解释学"的范式创新,十分明确,但若干次转换却不容易理解。前文的分析已经表明,"文本文献考订"范式和"文本解释学"范式,没有孰重孰轻的区别,只是存在侧重点的差异。所以,从马克思主义文本文献学研究的实际状况看,"文本文献考订"范式和"文本解释学"范式经常处在转换之中,所以,我们说马克思主义文本文献学研究范式经历着若干次转换。

(一)"文本文献考订"的范式创新

"考订",依据百度百科的解释,即是指考据订正。"文本文献考订",也就是指以文本、文献为依据进行对比、考证研究。对于历史上传承下来的经典文本、文献本身,是需要作出历史的、具体的鉴别和考证的,以求最大限度上地恢

---

① 任平:《论马克思主义研究视域的统一性——对马克思主义当代出场路径的反思》,《马克思主义研究》2007 年第 7 期。

复文本、文献的真实原貌,接近经典作家的原始思想。所以,对马克思主义文本文献研究进行"文本文献考订"范式研究就十分必要,而且意义重大。随着马克思主义经典著作文本的多种版本的问世,尤其是《马克思恩格斯全集》历史考证版(MEGA2)的翻译和出版,国内关于马克思主义理论的文本文献学的考订研究越来越受到关注,并在此方面取得了重大突破与创新。限于篇幅,本书只选择《德意志意识形态》进行研究。

不少学者对马克思恩格斯合著的《德意志意识形态》一书的写作时间以及整个完成过程进行了大量的考订工作。张一兵在《回到马克思——经济学语境中的哲学话语》一书中,表达了自己关于《德意志意识形态》的文本研究中的一些观点,"在原先的研究中,《德意志意识形态》一书开始写作的时间被确定为 1845 年 9 月,而最新的资料显示,手稿的动笔时间应为 1845 年 11 月。恩格斯关于该书第二卷所作的补充(《真正的社会主义者》一文),于 1847 年初完成"①。之所以张一兵会这么认为,是因为这一结论是建立在他对《德意志意识形态》一书写作的历史背景、直接导因等一系列文本、文献考订的研究结果上的。在张一兵看来,马克思和恩格斯写作《德意志意识形态》与《维干德季刊》第 3 期的发表有关,即是马克思恩格斯决定写作《德意志意识形态》的直接导因。张一兵分析指出,马克思所写的《神圣家族》一书,出版后并没有立即得到鲍威尔等人直接的回应。直到《维干德季刊》第三卷发表,才出现马克思恩格斯所期待的鲍威尔等人的文章,如布鲁诺·鲍威尔的《评路德维希·费尔巴哈》、施蒂纳的《施蒂纳的评论者》以及《布·鲍威尔或当代神学的人道主义的发展、批判和特点描述》等文章。鲍威尔等人批评马克思恩格斯所主张的思想实际仍是对费尔巴哈自然唯物主义哲学的发展,而费尔巴哈也并没有与黑格尔思想真正划清界限,实质与黑格尔所倡导的"绝对精神"没有多大区别。然而,实际上马克思此时的思想已经转向了以物质生产为基础的历史唯物主义立场上。在这样的理论争战中,马克思恩格斯意识到他们"不

---

① 张一兵:《回到马克思——经济学语境中的哲学话语》,江苏人民出版社 2009 年版,第 391 页。

得不重新直面旧哲学,一方面通过自我反思和批判,辨明是非,弄清问题,清算'从前的哲学信仰';另一方面全面建构新世界观的理论逻辑,从而彻底地将自己与'德意志意识形态'界划开来。所以,马克思恩格斯决定写一本书来实现这个目的,这就是《德意志意识形态》的直接导因"①。因而,在这种历史性的分析和对文本、文献的考订基础上,张一兵认为《德意志意识形态》的开始写作时间是在《维干德季刊》第3卷发表之后,而《维干德季刊》第三卷是在第四季度发表的,大概是在1845年10月16—18日出版。马克思恩格斯此前写成了一篇批判鲍威尔《评路德维希·费尔巴哈》这篇文章的小文,后经过马克思的深入研究,起草了一篇深入批判性的文章,而这篇文章是打算发表出来的。赫斯在1845年11月带回消息说鲁道夫·雷姆佩尔和尤里乌斯愿意资助其出版,因而,这一消息可能促使马克思和恩格斯把已写成的草稿性文章最终写出来。因此,通过对这一历史事件、文本文献的考订,可以确定《德意志意识形态》的写作时间应是在1845年11月,订正了以往关于写作时间的观点,不得不说这是文本文献考订研究的一个创新和突破。

诸多学者也对《德意志意识形态》一书的理论逻辑、编排顺序等方面进行了深入的考订研究。聂锦芳在所著的《批判与建构:〈德意志意识形态〉文本学研究》一书中,对马克思主义理论的经典文本《德意志意识形态》投入了大量精力和时间进行研究。书中认为"对于《德意志意识形态》来说,不仅写作过程断断续续,几经周折,最终作者留下一部由若干写法不同、各章篇幅不均的手稿、誊清稿和刊印稿等构成的相对松散的著述;进一步的考察还会发现,这些遗稿在以后的岁月中保存地点多次转换,有的散落,有的受到'老鼠的牙齿的批判',有的字迹也变得模糊不清,尤其是经过不同保管者的手之后,他们都进行过不同方式的编码、归档以及对其内容的逻辑处理,手稿从零散发表到全书出版,费时近90年,其中的《费尔巴哈》章更出现了多种结构编排不同的版本,近年MEGA2《德意志意识形态》研究小组又提出新的编排设想以及

---

①　张一兵:《回到马克思——经济学语境中的哲学话语》,江苏人民出版社2009年版,第391页。

编排顺序"①,因而,聂锦芳着力对《德意志意识形态》一书的保存、整理、翻译、编排顺序以及刊布情况等方面的分析和研究,在书中也单独用了一章来说明对该文本的一些考证成果。该章结构与内容为:

第四章　文本命运与版本源流

一、马克思、恩格斯在世时的刊布情况

二、遗稿的保存、归档情况

三、从零散刊布到全书出版

四、《费尔巴哈》一章的不同版本

五、MEGA2 的编排设想以及编排顺序

六、版本考证与文本解读、思想阐释的关系

附录:《德意志意识形态》发表情况一览表

从此章节的结构和内容看来,作者对《德意志意识形态》的文本、文献的各方面情况进行了深入的探索和分析,为我们进一步了解历史背景、文本情况、思想逻辑等方面奠定了基础。在研究《德意志意识形态》一书的编排顺序的过程中,聂锦芳发现不同版本之间虽然有所不同,但是除第一卷的第一章《费尔巴哈》以外,其他章节的编排顺序差别并不大。因此,聂锦芳首先着重对《费尔巴哈》一章的探索和分析。经过对原始手稿的整理,聂锦芳发现,"除《序言》外,《费尔巴哈》章由 5 个相对独立的部分组成,即有 5 份手稿。第一、二、三手稿是全章的未誊清稿,第四、五两个手稿是两个誊清稿,即第一誊清稿和第二誊清稿。就《费尔巴哈》章手稿留存的情况看,有 3 种笔迹的编码,即恩格斯、马克思和伯恩斯坦的编码,有几张没有编码。恩格斯的编码,被马克思在校订手稿时划掉了。这 5 个手稿的编码情况如下,第一手稿,恩格斯的编码是第 6—11 页,马克思的编码是第 1—29 页,其中缺 3—7 页,恩格斯的 1 页相当于马克思的 4 页。第二手稿,恩格斯的编码是第 20、21 页,马克思的编码是第 30—35 页。第三手稿,恩格斯的编码是第 84—92 页,马克思的编码是第

---

① 聂锦芳:《批判与建构:〈德意志意识形态〉文本学研究》,人民出版社 2012 年版,第124 页。

40—72 页,其中缺 36—39 页。第四手稿,即第一誊清稿,共 5 页,这个手稿的第 1、2 页的文字和第二誊清稿的相应部分相同(只有个别不重要的词不同)。第五手稿,即第二誊清稿,共 16 页,恩格斯的编码第 1—5 页"①。因遗稿复杂的流传情况,导致对该章的编排顺序上出现了诸多版本,聂锦芳整理和总结出了影响力较为突出的 7 个版本,分别是:梁赞诺夫版、阿多拉茨基版、巴加图利亚版、新德文版、MEGA2 试编版、广松涉版、英文版,并对各个版本的具体编排情况进行了说明、比较。这个对文本、文献的考订研究,为《德意志意识形态》的文本研究提供了翔实的证明材料。聂锦芳着重分析、总结了 MEGA2 版本的编排设想和编排顺序:"2003 年出版的《马克思恩格斯年鉴》收录了按照上述思路编辑的《德意志意识形态》的第 1、2 章。它被视为 MEGA2《德意志意识形态》正式版的'先行版'。在排版方式上它遵照原始手稿的对折模式,并且使用不同字体凸显马克思加的着重号。在页码上在每一段文字的相应部位只是标注了马克思的原始页码,对于恩格斯标注页码和马克思标注页码的关系放在文章后面的解释中加以说明"②。聂锦芳正是基于对此版本的《费尔巴哈》一章排序问题的考订研究,认为这一版本相较于以往的各个版本,最大可能地维持了原始手稿的本来面貌,即不再以编译者的认识意向来进行编排,便于马克思主义理论研究者能够在尊重和把握文本真实性的基础上,使研究更有说服力和有效性。此外,聂锦芳还承担国家社科重大项目,用 12 卷来仔细研读马克思一生的文本文献。与此相对应,2017 年以来,南京大学张一兵团队正在做大型、多卷本的多种研究丛书。如张一兵、唐正东主持的"基于文本阐释的马克思主义哲学通史研究"(20 卷),20 卷文本解读,将更为细致地解读马克思恩格斯的文本思想,将文本文献学解读延伸到马哲史,下卷我们还要再深入分析,这是轴心范式向纵轴的延伸。"数字化支持下的马恩典藏收集整理与研究",这是自中共中央编译局之后,又一个将典藏收集整理与研究结

---

① 聂锦芳:《批判与建构:〈德意志意识形态〉文本学研究》,人民出版社 2012 年版,第146 页。

② 聂锦芳:《批判与建构:〈德意志意识形态〉文本学研究》,人民出版社 2012 年版,第159 页。

合起来的学术文库中心。此外还有"马克思恩格斯思想流传史研究"(6卷)"中国视域中的国外马克思主义研究"(10卷),等等。

以上分析表明,当代中国诸多学者通过坚持不懈的努力,不仅在文本、文献方面力图符合历史原意,而且在文本文献考订方面的创新研究极具价值和意义。这既是马克思主义理论研究的一个重要突破,也是进行马克思主义理论创新研究的内在要求。

(二)"文本解释学"的范式创新

文本解释就是指读者依据个人理论背景及知识结构对作者所写文本进行分析、理解和诠释。据此,马克思主义文本解释就是指马克思主义研究者通过对马克思主义文本文献进行分析理解,形成带有研究者个性特征的文本解读模式,主要包括背景解读范式、读者范式、对话范式等,具有历史性、生成性、现实性、开放性和多元性等特征。按照张一兵的理解,当今时代,对马克思主义的解读存在"五大解读模式",即西方马克思主义人本学的模式、西方马克思学的模式、阿尔都塞的模式、我国学者孙伯鍨的模式以及苏东学者的模式。不可否认的是,马克思主义文本解释学范式不仅已经成为马克思主义文本文献学研究的重要范式,也已经成为马克思主义研究的重要途径。

研究者要实现文本解释学范式的创新,就应该关注马克思主义文本的历史语境,恰当地解读马克思主义文本文献结构,对文本和文献进行精工细作的解读,推进文本解释学的范式创新。在如何深入解读马克思主义文本文献的问题上,张一兵认为:"这一解读模式就是要还历史的马克思本真面貌和原初语境。摆脱对教条体制合法性的预设,消除现成性的强制,通过解读文本,实现中国人过去所说的'返本开新'。与马哲史相比,启封文本解读范式,将更加重视文本深度耕耘和意义探索,更加关注文本结构、作者心灵、思路的意义,更加注重从客观解释学'向前进'到'思想构境'的挖掘"①。由此理解,研究

---

① 任平、曹典顺、李惠斌:《当代中国马克思主义哲学研究(2012)》,中央编译出版社 2012年版,第8页。

者要加强文本解释学的范式创新研究,应该关注马克思主义文本文献的具体内容结构,从马克思主义作者的写作思路出发,仔细分析文本文献的思想形成历程;当然,从著作本身出发进行文本解读,还要深刻关注对文本文献的思想建构,以此推动马克思主义文本解读范式的不断创新。张一兵在其写作的《文本的深度耕犁与研究范式的断裂——国外马克思主义研究的理论走向》一文中,论述道:"回首自《历史与阶级意识》为起点的众多西方马克思主义经典,我们的研读水平大都停留在资料性的评述阶段,即便是已涉足一定的专题性研究,也远未能达到精耕细作的深度。触目可见的是众多二手资料的客观描述再冠以'主义'的大帽子,缺乏以驾驭性的哲学话语真正进入言说者语境的深入研究"①。这就是说,一些研究者缺乏对马克思主义文本文献的深入解释,主要原因是研究者没有真正认真面对马克思文本文献,也没有精心解读马克思主义相关的文本文献,研究者对马克思主义文本文献理解不深,难以把握马克思主义文本的思想脉络和文本结构,故而造成文本解读的表面性,即研究者不能从文本客体语境向作者主体语境转化,研究者无法进行对文本的深入批判,进而也无法进行对文本解释学范式的不断创新。

文本解释学的重要特点之一是,对文本的解释要依赖解释者的个人知识结构,即研究者不仅要关注当年马克思主义思想,还要强调文本解释者的时代视域,实现由客观解读语境向主观解读语境的转变。当然,也绝不可夸大文本和文献解释学的作用。传统的马克思主义文本解释学范式研究就是夸大了文本和文献解释者的作用,即强调以作者为中心,以作者所著的学术背景为研究焦点,强调作者的研究范例、个性化术语以及研究方式都是研究的重点,而阅读则处于的附属地位,即过分强调了解释者的个性特征,忽视了文本和文献的时代背景。"客观主义文本理解论主张文本有不依赖于读者,甚至不依赖于作者的原意,而读者的理解有相对性,但是文本意愿并不因为读者甚至读者的主观意图而改变。在此,这一主张区分两种意义的含义:一是文本的原意,二

① 张一兵:《文本的深度耕犁与研究范式的断裂——国外马克思主义研究的理论走向》,《求实学刊》2001年第4期。

是文本对读者的意义。文本的原意是相对不变的,而对读者的意义却是不断变化的。读者以自己的时代的前理解构成的主体图式来解读对象文本,就造成了差异化解读,这一过程,对读者来说,就不是一个在手过程,而是一个上手过程。即对读者说来的成长"①。由此理解,研究者在进行马克思主义文本解释学范式研究时,应该从解释者的时代背景着手,将马克思主义看成是一个上手状态,而不是一个永远不变的在手状态,即应该根据解释者的历史背景不断调整文本解释结论,不再把马克思或其他经典作家预设的先验存在作为权威,进而不再背离时代背景,不再绝对服从经典作家的个人意识,而是根据解释者的主体解读语境进行文本解释,促进文本解释学的多元创新发展。例如,由朱贤和杨金洲编著的《回到文本:马克思主义经典文献解读》一书,主要关注的是对马克思主义经典文本的解读,本书主要包括 6 章内容,即第一章是马克思主义的真正诞生地和秘密——《1844 年经济学哲学手稿》解读,第二章是新世界观天才萌芽的第一个文件——《关于费尔巴哈的提纲》解读,第三章是创建新唯物主义——《德意志意识形态》解读,第四章是科学社会主义原理完整而系统的阐述——《共产党宣言》解读,第五章是对资本主义生产方式的毕生探索——《资本论》解读,第六章是最高的视界——马克思晚年人类学笔记解读。由本书内容结构可知,本书侧重于对经典文本文献的解读,以经典作家的文本文献为研究中心,深入开展了文本解释学范式研究。然而,文本解释学的价值是实现作者与读者之间的沟通交流,即通过解释者的具体实际情况走进马克思主义文本文献,关注解释者的理论背景、实践经验和时代语境,最终形成具有解释者个性特征和时代特征的文本解释结果,避免解释的模式化、意识形态化或者功利主义倾向,充分彰显文本解释学范式以人为本特性,推动马克思主义文本解释学范式的不断创新发展。

研究者对马克思主义的文本解释学研究应该充分挖掘马克思的思想资源,不断推进文本解释学研究范式的中国化,推动文本解释的当代视域,即在

---

① 任平、曹典顺、李惠斌:《当代中国马克思主义哲学研究(2012)》,中央编译出版社 2012 年版,第 11 页。

联系中国具体实践情况的基础上,不断促进马克思主义文本解读与中国具体实际相结合,以加强马克思主义对中国具体问题的解决效度。在马克思主义文本解释学中国化研究方面,许多研究者通过著书立说提出了自己理论观点,例如陶德麟和汪信砚共同主编的《马克思主义哲学的当代论域》一书,共包括4编23章内容,即第一编是面向当代实践,第一章是马克思主义实践观及其当代发展,第二章是当代人与自然的对立与和谐,第三章是历史向世界历史的转变,第四章是人性及其合理实现,第五章是当代实践的主体性条件;第二编是面向当代科学,第六章是马克思主义科学观及其当代发展,第七章是当代科学体系中的自然科学,第八章是人文社会科学的可能性及其实现过程,第九章是当代科学的思维方式,第十章是当代科学的功能;第三编是面向当代哲学,第十一章是马克思主义哲学观及其当代发展,第十二章是自然哲学的当代命运,第十三章是社会历史哲学的当代命运,第十四章是人的哲学的当代命运,第十五章是科学哲学的当代命运,第十六章是道德哲学的当代命运,第十七章是宗教哲学的当代命运,第十八章是艺术哲学的当代命运,第十九章是中国传统哲学的当代发展;第四编是马克思主义哲学的自我反思,第二十章是马克思主义哲学的基本规定,第二十一章是马克思主义哲学的当代发展,第二十二章是面对非马克思主义哲学的诘难与挑战,第二十三章是我国马克思主义哲学研究的未来走向。由以上对书本内容结构理解可以得知,本书立足于当代社会实践,深入探索了马克思主义哲学与当代实践之间的关系,把马克思主义文本解释学指向当代化、中国化视域,试图通过文本解释当代化、中国化的研究理解,不断加强马克思主义中国化的研究与深入发展。推进马克思主义文本解释当代化与中国化,不仅是我国马克思主义不断发展的必然要求,也是文本解释学研究范式创新的重要途径,因为马克思主义理论的形成必然依据一定的历史背景,是一定时代精神的产物,不可避免地带有一定历史语境的局限性,研究者想要利用马克思主义思想指导中国具体实践取得成功,必然要求马克思主义理论与中国的具体国情相结合,与当代社会"和平与发展"的时代主题相结合,使马克思主义与中国具体的革命、建设和改革的实际情况相结合,促进马克思主义中国化进程,推进马克思主义文本解释学中国化的创新研究。

第六章　对话范式

汲取了人类以往的优秀思想成果是马克思主义得以产生的重要条件和途径,与中西方哲学、最新的人文思想展开广泛深入的对话并汲取其营养是马克思主义与时俱进、不断发展的根本要求。对话范式作为一个专门的学术问题进入马克思主义哲学研究视野有着并不太长的时间。很长一段时期以来,国内马克思主义研究往往聚焦于文本文献的解读、思想内容的理解以及哲学原理体系的建构,而对研究方法本身缺少足够的自觉和反思。今天,面对世界政治经济全球化,特别是资本全球化以及中国社会现代化转型这一全新的时代主题和现实语境,马克思主义哲学研究也要"与时俱进"以回应时代要求。这里,我们应该以何种方法"走近"与"走进"马克思,而马克思又如何从"当年"到"当代"就成为一个首要的问题。应该说,不断变化的现实语境总是对马克思的出场路径与研究范式提出新的要求,换言之,不同时代人们对于马克思的解读方式总是存在着这样或那样的差别。在当代马克思的解读中,对话范式的开启和深化就是近些年来国内马克思主义哲学研究的一个重要事件。因为这一研究范式的普及不仅使马克思主义哲学的时代意义和价值在今天变化了的物质语境中充分绽出,更推动着马克思主义哲学的"中国化"有效进行。任何思想、文化的生存、发展和强大都离不开对话这一路径,这正是对话范式得以产生和发展的内在驱动力。对话范式是各种思想、文化得以共存、共生的重要范式,它具有创新功能和巨大的内在张力,这也正是马克思主义不断中国化的重要推动力量。通过厘清和分析对话范式的由来发展、特征、功能以及存在的张力与局限,来促进在对马克思主义哲学的研究中对对话范式的有效合理利用。

一、对话范式的创新学术史

(一)对话范式的由来

对话范式作为一种致思方式,在思想史上源远流长、清晰可辨。《圣经》中"太初有言"的启示,苏格拉底真知与异见的对话和柏拉图所开启的对话体例都呈扬和体认了对话范式,传统意义上的辩证法实质上就是对话范式的最明显体现,是一种通过在对话、辩论中揭露和克服对方议论中的矛盾以取得胜利的艺术与方法。虽然自哲学发端之日起,这一范式以一种犹抱琵琶半遮面的方式缓步出场,但自哲学的语言学转向以来,这一范式则以一种逢人说项的方式阔步前行、独超众类。它不仅辐射影响至其他学科领域,而且还弥漫、渗透与消融于诸多哲学流派以及哲学问题之中。

在西方哲学史上,维特根斯坦消解私人语言的"语言游戏说"、后现代主义的"去先验""去中心""反本质"和"反基础"的立场,阿伦特"公共领域"的开显,罗尔斯"重叠共识"的倡导,伽达默尔"视域交融"与"问答逻辑"的表白,现象学宗师胡塞尔晚期为回应欧洲科学的危机而提出的主体间性思想、马丁·布伯的"对话主义"以及当代与"割裂主义"相对立的"情景主义"和"脉络主义"等思想同对话范式还保持一种若即若离的关系,到了哈贝马斯,其"交往行为理论"是对话范式最好的体认与利用。哈贝马斯的交往行为理论与后现代主义语境中的对"相对主义"和"文化多元论"尤为推崇截然不同,其更多地显示出一种综合的努力。在哈贝马斯看来,以理性为基础、视语言为主体间相互理解的中介和以交往与沟通为相互协调的机制可以克服社会的各种危机以及各种冲突,人类社会可以凭借这样的方式朝向民主、公正与自由的方向发展。唯如此方能最终建立"无统治的、民主、公正、和谐的"社会秩序。①常被人们称作"相对主义者"的罗蒂也以反基础主义者的姿态用哲学消解权

---

① 参见章国锋:《关于一个公正世界的"乌托邦"构想》,山东人民出版社 2001 年版,第152 页。

威话语,主张拒斥镜式哲学,走向文化共同体,从"理性独白"走向"文化对话"。对话范式不仅具有学科意义上的普遍性,同时也具有世界范围内的普遍性,并非属于西方思想的专利。在古老的东方,在中国传统哲学的诸多思想中我们也能清晰地看到对话范式婀娜多姿的诸多影子,而且还发现中国传统的儒释道都无例外地把"对话范式"作为自身生生不息的思想因子。例如,周礼中"礼尚往来"的思想,表达了一种人伦社会领域中人与人之间"对话原则",周易中"阴阳互补"的思想体现了一种贯彻于自然的宇宙秩序之中"协和原则",这两者无一不是对"独白思想"的批判与对对话范式的弘扬。不仅如此,儒家的"仁爱"思想和中恕之道的宽容与互让,《论语·学而》中的"礼之用,和为贵",与《论语·子路》中"君子和而不同,小人同而不和"所体现的尊重差异的共识诉求,佛学中的"缘起说""缘集则有,缘散则无""全体交彻""事事无碍"所体现的关系主义,以及老子"有无相生"的辩证法,"道"之沟通与交流的对话意蕴,《庄子·田子方》中的"交通成和而万物生焉"的思想都可视之为对话范式的生动诠释。与西方思想把对话范式主要聚焦于主体间的我你关系上不同,中国传统哲学则把对话范式普泛于宇宙万物的各个方面。

随着人类社会经济的发展,"对话范式"业已成为一种全新的哲学范式,它凸显与渗透于人类社会生活的方方面面。这样一种对话范式不仅体现在科学的探究方式上,而且体现在教育学、经济学、政治学、伦理学、宗教学、文艺学等诸多领域。如马克思主义哲学与经济学相联姻,就会促成马克思主义经济哲学的产生。在中国,改革开放以及社会主义市场经济体制的建立,为经济哲学的确立与发展提供了现实土壤。而马克思主义自身所包含的深刻的经济学思想也为同经济学的对话提供了理论资源。

在马克思主义哲学研究与解读的历史上,长久以来都存在着差异,甚至是相互对立与冲突的立场和观点,尽管如此,促使马克思主义从"当年"走向"当代"、走向中国特殊的实践语境,仍然是国内马克思主义哲学研究者共同的理论夙愿和使命。应当说,不断变化的时代主题与现实情境是对话范式在当下马克思主义哲学研究"出场"的真正动力。

从当代历史来看,人类生活无论是在深度还是广度上都发生了深刻的变化:经济发展与文化冲突并存、资本扩张与资源浩劫的矛盾无法调和、金融危机的威胁、后现代思潮形形色色的文化解构与重构等,我们正经历着一个多元且断裂的时代。面对这些日益凸显的时代问题,马克思主义哲学如何彰显出自身的力量,它的生命力如何体现都是当下马克思主义哲学研究所需要着重思考的。这里,对话显然成为缩小马克思主义同当今时代历史间距以释放理论活力的有效途径,而马克思主义"当代化"的现实需要则是研究方式发生对话转向的重要背景和动力。

从当代中国现实来看,中国特色模式的社会实践本身也从根本上推动了对话范式的当代生成。特别是改革开放以来,在思想方面我们打破了马克思主义哲学长久以来封闭、单一和教条化的研究环境,为学术对话的自由开展提供了良好的条件。今天,对话无疑是推动马克思主义哲学观照现实,解答中国问题的重要途径,它成为马克思主义哲学"当代在场"与"中国化"的重要环节和逻辑必然。只有持久而有效地开展对话,才能不断促进马克思主义哲学在当代的创新发展,建构中国马克思主义哲学独特的学术图景,从而为本土社会发展提供精神动力和理论支持。随着社会实践的不断发展,马克思主义如何"中国化"、如何才能与时俱进而不至于成为书斋里的理论,就将成为当下理论研究需要解决的重要任务。

当然,一切对话总要在多元对象的参与下才能展开。正是在与多元思想文化的激荡和交锋中,众多国内学者有效地推进与丰富了当代马克思主义哲学的研究。在开展马克思主义哲学对话方面,与西方马克思主义学者的"对话"无疑是重要的部分。首先,在研究方法上,西方马克思主义给予了我们诸多有益的启示。西方马克思主义学者们在自己时代的问题域中解读、发展与丰富了马克思,在一定程度上打破了以往教条化的解读模式,从而使马克思主义研究真正以开放的姿态面对时代问题。同时,西方马克思主义理论家普遍重视马克思主义哲学与西方哲学的对话,寻求二者的融会贯通以构建马克思主义哲学新的理论生长点。例如,面对资本逻辑主导下的各种社会危机和现实问题,如现代化进程所引发的生态危机、消费社会所带来的物化异化、人们心理结构畸形、精神虚无以及信仰危机等,西方马克思主义学者在吸收西方哲学思想(如存在主义哲学)的基础上,以马克思主义哲学为理论基石给出了自己的回应和解释。他们的马克思主义哲学理论运作不仅给予了现实以理论回应,更促使着马克思思想走进当代。此外,由于我国的现代化进程与西方相差约半个世纪,西方马克思主义的社会批判理论,如科学技术批判、异化劳动批判、消费主义批判、大众文化批判、心理机制批判等所指向的现象有很多正在中国现代化过程中上演,从这一意义上说,西方马克思主义的理论探索不仅为我们提供了研究方法,同时也为我们提供了重要的学术资源和理论参照。可见,广泛而深入地同西方马克思主义的对话是非常必要的。

不仅仅是西方思想资源,中国本土优秀的文化遗产与"兼容并包"的学术氛围也为马克思主义哲学对话视野的拓宽与境界的提升奠定了基础。不可否认,中国哲学与马克思主义哲学从生成背景、治学理路、精神指向到哲学形态,都存在着本质性的差异。但是马克思主义哲学本身作为 20 世纪传入中国的众多思想思潮之一,它的"中国化"绝不单纯是概念上的"在中国",相反,它深入参与了中国哲学的建构。因为一种理论或思潮在一个国家生根,必然具有其本土文化的特征,任何一种哲学在传播、建构的过程中大都离不开本土思想文化对它的塑造。当代马克思主义哲学的学术图景,无论是研究路径、结构体系还是概念表述无一不是在中国文化氛围中所生成的,因此与中国文化的融合与对话也必然是马克思主义中国化的路径之一。同时,马克思主义哲学与中国哲学在哲学旨趣上的相似,即二者都关注当下人们的现实生活本身,而不诉诸于"形而上"概念体系的建构,使得二者之间的对话进行得更为顺利。可以说,对话是当代马克思主义哲学构建的主要出场路径。

(二)对话的主要类型

1. 独白式的哲学"对话"

中国思想界在进行中国哲学、西方哲学、马克思主义哲学之间的哲学比较与对话研究的历史进程中,经历过一个独白式的"对话"阶段。独白式的对话作为早期形式,还不能称之为完整意义上的深层次的、理论化的对话形式。在独白式的对话阶段,中西马及其中的各个流派首先预设自己的哲学已经包含了部分的真理或全部的真理,各个哲学传统在对话中秉持一种绝对化的态度,扬己抑他,甚至主张排他主义,以致各自均按既有的脉络独自发展。由此可见,独白式的对话形式比较近乎"发言"而非真正的对话,各方只注重宣讲自己的哲学理念,他方则只是作为听众聆听与接受。在这种情况下,哲学对话就基本上成为一种宣扬本身某种哲学立场、排斥其他哲学理念的独白。从对话的心态看,此种"对话"的对话者各方都有一种自足的优越感;从对话的结果看,单就基本对话形式而论,它没有符合正常对话最起码的相互性要求,所以不能称之为合法合理的对话形式,而真正的哲学对话也不会在这种形式中出现。可以用中西哲学的对话来说明此种对话形式的特点。中西哲学的对话可以追溯到西方文艺复兴时期。西方学者首先展开中西方哲学之间的比较与互动,表现为两种理路:一是仅仅停留于对中国古老文明的向往而对中国哲学并无意进行实质性的了解;一是在误读的情况下表述对中国哲学或东方文化的不同理解。需要指出的是,西方知识界对中国哲学的关注并不直接就是中西哲学对话的有效实现,中国哲学能够进入当代西方人的思想视野最初无非出于西方学人对民族中心主义的批判与反省,而并非对中国哲学在思想与学理层面的探讨。中国哲学在西方思想家的眼里更多的只是"西方中心论"之外的一个"他者",并未真正进入西方哲学的话语系统。因为在许多西方思想家看来,哲学即是"盎格鲁-欧洲大陆哲学",所谓"中国哲学"是一个自相矛盾的说法,不能称为"真正的哲学"。实际的情况亦是如此,到目前为止,西方哲学界一直"无视"中国哲学,而很少参与向西方学术界介绍中国哲学的工作。

中国学术思想界在中国哲学、西方哲学、马克思主义哲学对话中的情况尽管与西方有所不同,但本质上仍无法脱离独白式的对话形式,表现为:中国学人在理论上对于中西哲学各自的特质尚不具有清楚的认识,在实践上对于自己原有的哲学尚持一种自足的或基本上自足的态度。这种状态存在于中西哲学的早期对话中:一方面,中国学人对于西方哲学缺乏基本的了解,同时在没有对照的情况下,对自己原有哲学的特质也不具有清楚的认识;另一方面,西方哲学在实践上尚未对中国哲学构成一种冲击,因而参与对话的中国学人对于自己原有的哲学仍能够持一种自足或自信的态度。典型的对话范例有张之洞的"中体西用"说和谭嗣同的"仁学"理论。前者表明了最早参与中西哲学对话的中国人对于传统的中国文化、中国哲学仍然存有的一分自信,后者则表明了当时中国哲学家对于西方哲学认识的缺乏。这种处境下的哲学对话是非常浅层的,可以说是一种与他种哲学初次遭遇时的本能反应,从而也谈不上有什么重要的思想成果可言,在学术史上也不可能有太大的意义,但它毕竟是中西哲学对话的一个开端,因而仍然有其历史的认识价值,而不可站在今日的立场上去贬斥它。

2. 工具式的哲学对话

如果说独白式的哲学对话只是恪守自己的哲学立场,那么另一种哲学对话形式,则是在彼此承认和相互尊重对方哲学的独立价值和意义的前提下进行交流与研讨。表面看,这种对话试图建立一种互动的对话环境,以消除彼此间可能存在的误读和曲解,达到互相了解。但此类对话却主要发挥了一种"工具"的功能,对话的目的是使各种哲学形态都能殊途同归,回到一个统一的哲学,因此这种对话形式可称为"工具式"的哲学对话。在中西马哲学早期对话中种出现过的所谓"兼容论",就是这种工具式对话的突出表现。因为"兼容论"者的特征是表面上强调兼容,肯定各哲学间有连贯性,但实际上却坚持只有自己的哲学才具有最绝对的真实即完整的真理。因此,工具式的哲学对话不符合正常对话中双方平等的要求,从而也不能被接受为恰当的对话形式。

全盘西化派的哲学观念也可包含在这一对话形式之中。胡适、早期的陈独秀等的思想理路基本都遵循了此种脉络发展。在面对现代与传统、中国与西方的复杂关系时,西化派的基本思路是把中西之争归结为古今之争,即一方面将中国的归为传统的,又将传统的归为落后的;另一方面将西方的归为现代的,又将现代的归为中国的目标。于是,复杂的问题就被简单化了。

值得注意的是,特定时期的某些中国马克思主义哲学学者的研究思路也秉承了这一对话形式(比如苏联模式的马克思主义哲学体系)。他们在对中、西方哲学的认识上,是以马克思主义哲学的主导地位这一前提出发的,认为现代西方哲学是腐朽没落的资产阶级意识形态,已经失去了曾有过的先进性;而中国传统哲学也已经失去了它的社会意义,成为落后的哲学形态;只有作为无产阶级之理论代言人的马克思主义哲学才代表着人类先进文化的发展方向,从而也才是中国文化和中国哲学的未来发展方向。因此,把马克思主义哲学与中国哲学的关系归结为古今之争。于是从更严谨的理论层次看,在对中国哲学和西方哲学各自的特质未有清楚的认识,并认为中国文化、中国哲学相对于现代社会而言不具有自足性这一点上,此一时期的中国马克思主义哲学大致上也属于工具式的对话形式。现代新儒学某些代表人物的某些方面的哲学活动,比如冯友兰、牟宗三通过吸收西方哲学的分析方法来重建中国哲学的哲学观念,也可归入这一对话形式之中。他们对于中国传统哲学都极其尊崇,其哲学活动的目的是要在新的时代条件下重建儒家的思想体系,却陷入了一种观念的悖论中,即尽管这些哲学家在理论建构的前提层面上,认为中国哲学在某些方面高于西方哲学,是中国传统哲学的守护者,其学术旨向也是要弘扬中国传统哲学,然而在理论推演的方法层面上,却在无意识中受制于西方的评价准则,以西方的标准来评价中国的东西。

当然,指出以上这些思想史的事实,并非完全否定在特定时期先贤们所进行的理论创造,而是希望通过对对话形式的历史反思充分认识中西马哲学的各自特质,从而更为有效地弘扬中国哲学的精神。事实上,工具式的对话形式对中国哲学的发展已经并将继续产生重大影响。这一对话形式的功过得失,很难用一种简单的方式表述。从积极的方面看,它将一种全新的思维方式引进了中国传统哲学的研究,使得中国人能够在一种比较深入的意义上接近西方文化及其哲学,在中国文化及其哲学中加进了异质的因素,从而形成了一种有利于推动哲学发展的内在张力。而从消极的方面看,这种对话形式以一种强制性的方式将传统中国哲学纳入西方哲学的体系中进行解释,使得中国哲学变成了一种与西方哲学同质的,且只是其较低级阶段的样本的东西,这样就不仅曲解了中国哲学,而且也使西方哲学失去了一种异质的对话者,从而失去了一种通过与异质者对话而发展自身的可能。

工具式的哲学对话不符合正常对话中双方平等的要求,从而也不能被接受为恰当的对话形式。

3. 叙事—阐释式的哲学对话

真正相互性且具有平等地位的对话,首先必须承认彼此的哲学形态具有独立的价值和意义式和工具式的哲学对话都不可能达到这种境界。因此,寻求一种更为合理而有效的哲学对话形式独白,就成为哲学创造的前提。近年来,中国哲学界正在兴起一种对于中西马哲学相互关系的新解释,并导致一种新的对话形式产生。这单称它为"叙事—阐释式"的哲学对话形式。它具有下列特征:(a)自觉进行自我反省与自我认识,展开理性的批评与自我批评。对话者在对话中要不带任何先决预设地进入对方的哲学理念和立场中,避免误读或曲解对方的哲学观念的描述与表达;要在对方的哲学立场冲击之下,对自己的哲学传统作出反思与自我批判,思考自己的哲学立场与理解有无修正的必要;同时,又以自己的哲学视角为立足点向对方提出批评,但目的不是否定对方,而是在一种建设性的批判精神中肯定、接受对方。(b)正确对待"他者"的肯定与接受。对话者从关系的建立去理解哲学对话的本质,充分了解到"他者"与"我"的关系的建立与持续的基础性意义,同时避免将"他者"变为"己",将"异"变为"同",将"众"变为"一"。在此意义上,对话者通过对话所要寻求的哲学框架,应是在坚持自己的立场、观点的同时,仍能肯定"他者"的"合理性"与"合法性"。

近年来,哲学界在叙事—阐释式哲学对话方面做了许多工作,包括:(a)文本研究与现实研究的结合。近年来,在中西马三大学科中进行的以"回到哲学自身"为主题的讨论等,都是叙事—阐释式哲学对话形式的展开。如果说在文本的研究中叙事是对中西马哲学原貌的揭示,那么阐释则是对中西马哲学的发展方向和未来形态的研究。这体现了本源性与发展性的结合,也是哲学对话走向内在的表征。这样的对话才能回归各哲学的真实形态(包括扬弃不同哲学传统的理论局限),也才能赋予哲学对话以更具体、更实质的内涵。(b)开始充分重视哲学解释学的作用。中国传统哲学的许多概念、范畴、观点,必须经由现代哲学话语的全新阐释,才能获得再生而展现出旺盛生命力。在此认识基础上,一些中国哲学的研究者试图通过对西方哲学的重新阐释,达到对中国哲学的独到的解释;一些西方学者和海外的汉学家也在各自的知识背景下对中西马哲学的各自特质进行了深入研究。此外,一些马克思主义哲学研究者也在试图将中国传统哲学理解为一种古代实践哲学,和将马克思哲学理解为一种现代实践哲学,以此重新考察马克思主义哲学与中国传统哲学的关系,建构一种新的中国化的马克思主义哲学。(c)面向社会现实进行哲学对话。人们认识到:中西马哲学的对话应避免陷入认识内容、概念范畴、人物流派的机械比附,或只是表现在纯粹的范畴演绎与体系构架方面。只有生活、实践、社会、历史才是哲学对话的真实本体,才是未来中国哲学形态的最终决定因素。只有扬弃哲学的理论化、知识化倾向,把哲学建立在现实社会的基础上,哲学才具有生命力,哲学家才能以哲学的方式有效地解决现实问题。总之,这些理论都以某种方式较为深刻地揭示了中西马哲学思维方式的独特之处,从而在此基础上希望探索并发展出一种新的哲学对话形式来。

哲学对话形式的发展还在呈现多样化的趋向。独白式与工具式的哲学对话属于两种在将中西马哲学间的关系做简单化理解基础上的极端立场。这两种极端立场的消解需要时间。叙事—阐释式的对话形式能够发展起来,并获得越来越多的认同,是哲学对话由初期的表浅日益走向深刻的标志。在今后的研究探讨中,或许还会出现第四种或更多的哲学对话形式,但无论哪种对话形式,其着眼点都应是思想和哲学的创造。这种创新不可能通过一种外在地将不同哲学要素配合在一起的方式来实现,而只能通过一种哲学思维方式内在地吸收别种思维方式的方式来实现。因而,中国学人需要在哲学活动中保持一种异质思维方式的张力,以便长时期的对话有可能进行,并有可能通过内在的对话促进对于异质思维方式的吸收,从而发展中国哲学。这也就是探讨哲学对话形式的重要意义之所在。

二、对话范式的特点

(一)对话范式的一般特征

"对话"与"独白"相对应,无疑"对话"的思维范式与"独白"的思维范式相对峙,所以,它是对"独白"的思维范式的一种反拨与纠偏。"所谓'独白',就是以主、客二体为中心,并迷执于主客二元、非此即彼的一种思想探究方式。其最终的结果必然导致形形色色的绝对主义、客观主义、先验主义、本质主义、基础主义、独断主义、本本主义、各类中心主义的大行其道。相反,'对话'的思维范式则是人类思想探究方式上的一场类似于康德以主体中心取代客体中心的革故鼎新的哥白尼式革命:它从主体性转向主体间性,从默默独语的工具理性转向声情并茂的沟通理性,从对本质主义、基础主义的情有独钟转向对'去中心'、'去先验'、'反本质'、'反基础'的推崇备至。"①与"独白"相对应,对话有着本身的显著特点。

第一,平等协商。在对话的思维范式那里,没有"君临万物"的先验理性,唯有平等协商的对话精神,没有永恒自在的绝对本质,唯有你说我也说、你听我也听的共识诉求。没有以一驭万的绝对中心、我为中心你为边缘的权力话语,唯有相互依存、不分轩轾的共在谋划以及消解基础的动态互文。因此,"对话"之为"对话",顾名思义,就在于它以主体间、思想间的"双向互动""一问一答""平等认同""和谐共在""视域融合"与"真诚沟通"为基本旨趣。换言之,真正的"对话"所追求的不是你死我活的相互对立,而是彼此契合的水乳交融,并以"汇百川于一流"、虚怀若谷的心胸宽容互让、尊重差异、融合异见、博采众长。

第二,真诚沟通。在对话的范式里,明确了对话的平等身份,还要求对话双方的真诚沟通。只有真诚的沟通,对话双方才能表达出自己的本意,才能让对方明白自己真正想法的来龙去脉,对话才能继续进行。这是对话范式所要求的基本对话态度。所以,真正的"对话"不允许任何一方带有其他的目的或者主观的情绪来进行。

第三,悬置中心。对话的双方在开始对话时,通常是陷在自己的思维里,围绕着自己的逻辑和思路来表述自己的观点。即使双方都耐心的倾听对方的

① 胡军良:《从哲学的对话范式看构建和谐社会的三个维度》,《青海社会科学》2007年第2期。

表述,但由于跳不出自己的思维,往往也会使对话难以进行。所以,对话的双方在对话的过程中,需悬置自己的思维,只有这样能够做到搁置己见,学会站在对方的立场看问题,以更好地了解对方的理论、观点,达到对话的目的。

第四,和而不同。真正"对话"的目的不是一方非要战胜另一方,或者一方非要消灭另一方,而是要双方达成统一,又保持不同,即和而不同。不管是东西方的对话、当代与历史的对话、还是理论与现实的对话,都是将某种理论"带入"当下,而不是一种教条主义的"返回",更不是用多元话语简单地"座架"某种理论。对话中,差异对象的介入使对话在达到共识的同时也往往带来争论,但平息争议的标准不是对话的某一方,而是对话所面对的实践本身。

(二)马克思主义哲学对话范式的特征

以复旦大学"国外马克思主义研究中心"为主要学术重镇,北京大学、中国人民大学、南京大学、中国社会科学院、清华大学、黑龙江大学为学术载体,马克思主义哲学在与中西方哲学对话中实现创新,使对话范式成为马克思主义哲学当代发展的创新路径。从具体层面来看,当前国内马克思主义哲学研究中的对话范式具备这样几个特征:

第一,对话视野广泛。在对话对象和范围的选择上,许多研究者都力求做到多元而广泛。这体现在与马克思主义哲学对话的对象不仅有马克思主义、西方马克思主义、后马克思主义等,先当代西方哲学、中国传统文化也参与其中。除此之外,经济学、法学、历史、文学和政治学等众多学科和部门哲学也加入了对话行列。但是从总体来看,西方哲学往往成为首选的、热点性对话对象。这不仅由于马克思主义哲学与西方哲学有着天然的"亲缘性",更因为西方哲学独特的问题兴趣和操作路径对马克思主义哲学发展的巨大影响。

当代学者们按照问题、人物和著作等形式进行专题分析和比较研究。在中国学界研究马克思主义哲学时,积极开展了同西方马克思主义、后马克思主义和西方马克思主义的对话。在开展马克思主义哲学与西方哲学对话的过程中,以复旦大学为代表的从生存论的角度对于马克思主义哲学的解读与讨论独具特色,以西方哲学,特别是以海德格尔哲学理解马克思主义哲学的路径受到广泛关注。从生存论角度阐发马克思主义哲学的当代意义是一些学者长期以来坚持的学术焦点。在他们看来,"马克思在哲学上所实现的革命性变革首先是——存在论(ontology,或译本体论)性质的。"①"就马克思而言,超感性世界神话的破产以及由此产生的'历史科学'都是从其深刻的存在论革命发源的。"②这种理解试图揭示马克思主义哲学变革的存在论根源和意义。

在这种对于马克思的生存论解读中,德国古典哲学、海德格尔哲学以及现当代哲学构成了对于该种解读马克思思想的显性支援。可以说,德国古典哲学与当代西方哲学一直以来都是复旦大学马克思主义哲学研究的重要理论基础,其中,康德、黑格尔以及费尔巴哈都是焦点性的对话人物。对此,学者们相继撰写多篇论著讨论马克思与康德、黑格尔的关系,旨在澄清对于马克思主义哲学本质问题认识上的一系列误解。有学者尖锐地指出,国内学界在叙述马克思主义哲学思想来源和本质时存在着一个"权威性"理解,即将马克思主义哲学看作是黑格尔辩证法的"合理内核"加上费尔巴哈唯物主义的"基本内核",但是,这种"权威"理解是不符合历史现实的。从根本上看,马克思方法论确实主要来自黑格尔辩证法,但辩证法的载体并不是费尔巴哈而是康德。不仅"马克思从康德实践理性中剥离出实践概念,赋予它以新的含义,并在这一概念的基础上创立了实践唯物主义",③同时马克思的自由概念与物质生产概念也都来自康德,"总之康德是通向马克思的桥梁"④。在 2011 年,俞吾金教授撰写了《马克思对黑格尔的方法论的改造与启示》等论文继续了这一主题的对话讨论。在德国古典哲学的视域中解读马克思思想,并不只是为了回到马克思或是康德,对于现实问题的关注并没有淡出学者们的视野。事实上,对于社会现实问题的高度关注恰恰是沟通马克思与黑格尔对话的桥梁,也是我们当代学术研究的目的之一。"马克思与黑格尔哲学的关系,无论是肯定

---

① 吴晓明:《马克思的存在论革命与超感性世界神话学的破产》,《江苏社会科学》2009 年第 6 期。
② 吴晓明:《马克思的存在论革命与超感性世界神话学的破产》,《江苏社会科学》2009 年第 6 期。
③ 俞吾金:《康德是通向马克思的桥梁》,《复旦学报》2009 年第 4 期。
④ 俞吾金:《康德是通向马克思的桥梁》,《复旦学报》2009 年第 4 期。

性的联系还是否定性的联系，都是从这一根本之点起源的，都是围绕社会现实的真正发现而开显出来的。正是通过对主观思想的全面批判，黑格尔把深入社会现实的要求当做一项根本的哲学任务揭示出来了。就此而言，马克思乃是黑格尔这一哲学遗产的真正继承人；也正是因为如此，在社会现实这个主题上，恢复并重建黑格尔与马克思思想之间的内在联系，就成为一项紧要的哲学任务。"①可见，社会现实一直是马克思主义哲学关注的主题，那么这一主题在当代如何彰显呢？显然持久而开放的对话是马克思主义哲学走进当代的途径之一，正是从这一意义来看，马克思与海德格尔的对话也很必要，因为"在这种对话中形成的永远不是结论，而是某种揭示的'作为'，它使在形而上学视界中被全然遮蔽的东西得以显现出来。"②围绕马克思主义哲学的生存论解读模式，不仅仅德国古典哲学和海德格尔哲学，当代哲学思想也进入了这些学者们的对话视野。对此，吴晓明说："广泛而批判性的对话应该深入于存在论的根基处，以便使一种寻根究底的阐释能够通达马克思哲学之当代意义的敞开状态。"③"真正当代性质的思想只有在不断的重新开启中才能保持其本己的意义；而此种不断的重新开启恰恰居留于与当代思想之切近的对话中。马克思哲学具有且能够具有进入此种对话的开放性特征，并藉此彰显其当代意义。"④

　　第二，对话程度和水平日益深化并提升。近年来，对话已经不仅仅停留于对国外学术热点、理论前沿和著述进行简单的翻译与介绍，而是更关注内在的逻辑线索、历史演变、合理性程度、理论是地位和意义等问题的研究和思考，在批判吸收与综合创新的基础上进行具有中国特色的原创性哲学的建构，这一

---

① 吴晓明：《立足社会现实，阐扬马克思哲学的当代意义——访吴晓明教授》，《哲学动态》2011年第1期。
② 吴晓明：《立足社会现实，阐扬马克思哲学的当代意义——访吴晓明教授》，《哲学动态》2011年第1期。
③ 吴晓明：《立足社会现实，阐扬马克思哲学的当代意义——访吴晓明教授》，《哲学动态》2011年第1期。
④ 吴晓明：《立足社会现实，阐扬马克思哲学的当代意义——访吴晓明教授》，《哲学动态》2011年第1期。

点在于西方马克思主义哲学的对话研究中尤为明显。20 世纪 80 年代,对于西方马克思主义,学界主要是在总体批判基调下进行一些有选择性的原著翻译和综述。自 90 年代开始,国内学界研究在合理批判和科学吸收的基础上转向了理论逻辑的把握。2000 年前后,西方马克思主义研究已经不仅仅局限于"西方马克思主义"本身,而是开始了其与"后马克思主义"以及"晚期马克思主义"的比较性研究。同时,在思想内容和理论逻辑的把握上,国内学界也做得更为系统和详细,出现了专门的著作和教材。尤其值得一提的是,这个时期的西方马克思主义研究开始走出理论"象牙塔",具有了强烈的现实关怀色彩。学界对于贴近时代主题和中国现实的思想理论给予了特别关注。最后还应指出,这一时期开展的对话并不局限于各种思想理论本身,也包括在理论与现实之间对话、在不同研究范式(教科书范式、马克思主义哲学史范式、文本文献学范式以及出场学范式等)之间展开有效对话。唯有深层次、多角度的对话,才能将对话推向深处,从而真正达到我们在马克思主义哲学研究中进行范式创新的意图和效果。

第三,对话在不同研究范式之间展开。随着理论研究的推进与现实的迫切需要,对话范式不仅在马克思主义哲学与非马克思主义哲学之间展开,同时还在各种研究范式之间展开。在马克思主义哲学的研究中,除了对话范式以外还存在着教科书范式、马克思主义哲学史范式、文本文献学范式以及出场学范式等。唯有深层次、多角度的对话,才能将对话推向深处,从而真正达到我们在马克思主义哲学研究中进行范式创新的意图和效果。

从马克思主义哲学研究发展历程来看,对话范式在当下中国学界的崛起与学者们对教科书范式的反思与批判密不可分。众所周知,在马克思主义研究中教科书范式长久以来占据主导性支配地位。对此一些学者指出,教科书在世界观和哲学基本问题等方面远没有达到马克思主义哲学所应有的高度,因此在马克思主义研究中对教科书的固守就会导致教条主义的盛行。正是由于教科书范式在变化了的现实语境中不断暴露问题与不足,更多新的研究范式"呼之欲出"。而围绕对传统教科书的反思,国内马克思哲学研究范式本身之间的对话才被真正拉开,这种研究范式自身之间的对话对于马克思主义哲学研究的深化发展而言无疑具有重要意义。事实上,对于教科书体系完全支持或批判都是一种非理性的治学态度,在马克思主义哲学研究中既要看到教科书体系所曾起到积极作用,也要认识到它存在的问题。但是,不管围绕教科书范式的争论究竟产生了多少对立和矛盾,这种争论本身都是马克思主义哲学研究"方法论"意识觉醒的一种标志,因而它所带来的推动意义将毋庸置疑。在 2011 年,以对教科书范式的反思为起点,国内学术界尤为关注开展研究范式本身之间的对话。其中,针对马克思主义中国化研究范式学者们展开了热烈讨论。例如,汪信砚教授撰写了《马克思主义中国化的丰富内涵》等文,赵士发教授发表了《马克思主义中国化研究范式的新视野和问题域》,李佃来教授撰写了《论马克思主义哲学中国化研究范式方法论的两个问题》《马克思主义哲学中国化研究范式中的"中国问题意识"》等论文,这些论文的发表代表了马克思主义"中国化"理论研究范式的最新动向和成果,同时也是学术界在各种研究范式中开展对话的一个良好开始。

三、对话范式的创新功能

对话范式作为中国马克思主义哲学研究众多范式中的一种,并非是唯一有效的研究路径,但是这种研究范式无疑为当代中国形成自己的哲学体系提供了可能。如果我们的研究总是停留在对于文本解读和翻译上,或者是紧随西方学者的后面而前进,那么就很难形成我们自己独立的哲学。对话范式自由、开放与灵活的特性决定了对话范式的展开必显示出其特有的创新功能。

(一)打破学界壁垒、开创创新氛围

对话范式打破了学界僵化、教条、封闭的学术局面,开创了多元、灵活与创新的学术氛围。对话范式具有自由、开放与灵活性的特性,主张马克思主义哲学与多元思想主体展开对话交锋;学术研究与时代发展和中国社会发展现实相对话,无疑有助于为新思想的诞生注入新鲜的血液。

改革开放 40 多年来,中国学者逐渐认识到中、西、马进行沟通和对话的必要性和紧迫性,开始有意识地突破学科壁垒,积极探索并构建中国化和时代化的当代新哲学的可能路径。对此,赵敦华教授提出了"大哲学"的哲学理念。他认为当代中国学界应该从更为广泛的意义上来理解中国哲学,中国哲学应该是"指在现代中国发生的或用现代汉语写作的一切哲学形态"。① 他指出,传统意义上的中国哲学在当代已经不存在了,当代中国哲学的建构显然已经无法排除西方文化思想以及马克思主义哲学的影响,毋宁说它就是各种思想文化交流贯通的结果。这里,对话为中、西、马三家哲学的融会贯通提供了平台,正是借助这一平台的建构,当代中国新哲学也才得以生成。建构广泛意义上的真正观照中国社会现实、使当代中国人得以"安身立命"的中国新哲学,是学者们开展当下马克思主义对话范式的终极旨归和美好愿望。

(二)凸显问题意识与现实关怀

对话范式寻求学术研究与中国现实社会的对话,这无疑激活了理论研究中的问题意识与现实关怀,推动了马克思主义哲学中国化。思想对话只有立足于中国现实才有价值,这首先要求我们将马克思主义中国化,即通常讲的把马克思主义基本原理同中国实际相结合,以指导中国实践,并在实践中发展马克思主义,获得理论上的创新成果。但在对话范式研究视野里,仅仅这样还不够,我们还需要在全球化语境和世界视野中审视马克思主义同中国实际相结合的问题。众所周知,中国正处于现代化建设的关键时期,社会发展在取得巨大成就的同时也遭遇诸多困难。如何在社会深刻转型过程中解决发展难题并找到解决出路,是当代马克思主义哲学研究的重要工作。而对话范式彰显出来的强烈现实性与问题意识,将会带动本土理论研究从抽象的"云端"下降到具体的"现实",为中国现实发展提供精神动力和智力支持。在现实面前,我们"不仅要坚持马克思恩格斯的经典马克思主义理论同中国实际的对话,而且必须建立起中国特色社会主义理论与同时代世界上各种有影响的马克思主

---

① 赵敦华:《回到思想的本源——中西哲学与马克思哲学的对话》,北京师范大学出版社2006年版,第436页。

义和非马克思主义的社会历史理论的直接的和积极的对话,这样才能确保马克思主义与时俱进的理论品格、宽广的理论视野和现时代的理论价值"。①

当然,在全球化的背景下,仅仅关照中国现实发展还不够,我们还需要置身于全球发展语境,使普遍的"世界问题"能够听到特殊的"中国解答"之回声,针对这一问题,有学者指出,当下马克思主义哲学研究一项重要任务就是拓宽视野,形成"中国向度"与"世界向度"紧密结合的学术视野。② 所谓"中国向度"是指"把马克思主义基本原理同中国的实际相结合,用以指导中国实践,并获得理论上的创新成果"。③ 所谓"世界向度"是指"要在全球化语境和世界视野中审视马克思主义同中国实际的结合问题,并强调中国经验的开放价值和中国形态的马克思主义理论在世界马克思主义研究中的话语权。"④ "中国向度"与"世界向度"的双重开启落实到具体的对话层面,就需要我们"不仅要坚持马克思恩格斯的经典马克思主义理论同中国实际的对话,而且必须建立起中国特色社会主义理论与同时代世界上各种有影响的马克思主义的和非马克思主义的社会历史的直接的和积极的对话,这样才能确保马克思主义与时俱进的理论品格、宽广的理论视野和现时代的理论价值。"⑤

(三)呈现当代价值,实现与时俱进

通过对话呈现出马克思主义哲学的当代语境与价值。在不断、持久的对话与交锋中,马克思主义哲学当代语境不断被呈现和建构。只有通过对话,才能呈现出马克思主义哲学的当代形态。马克思主义哲学从诞生起,正是在批判吸收各种思想资源基础上才得以形成的,并在对话中持续发展。

针对当前日益凸显的环境问题,国内以陈学明教授、王雨辰教授等为代表的学者们开始的生态学马克思主义研究就是对这一现实的回应,运用西方的

---

① 衣俊卿:《探索马克思主义中国化研究的一个新向度》,《哲学研究》2008 年第 12 期。

② 参见衣俊卿:《探索马克思主义中国化研究的一个新向度》,《哲学研究》2008 年第12 期。

③ 衣俊卿:《探索马克思主义中国化研究的一个新向度》,《哲学研究》2008 年第 12 期。

④ 衣俊卿:《探索马克思主义中国化研究的一个新向度》,《哲学研究》2008 年第 12 期。

⑤ 衣俊卿:《探索马克思主义中国化研究的一个新向度》,《哲学研究》2008 年第 12 期。

生态学马克思主义理论展开与现实的对话。不同于其他环境理论,生态学马克思主义并不局限于人与自然的层面来看待当下日益严重的环境危机,而是更多地立足人与人关系来理解人与自然的危机。他们指出,生态问题很大程度上是由人与人的危机关系所引发的,甚至社会制度的偏差。当代人往往以"占有"和"掠夺"的姿态去面对自然,所以才导致了日益紧张的人与自然关系。要改变人与自然的危机首先应该改变这种"占有"的生存方式,建立一种"存在"的生活方式,即以主动性、创造性和爱而不是对他物的占有来表现。除了环境问题,学者们还运用马克思主义哲学理论与包括社会公平公正问题在内的现实问题的对话。面对这些严峻的社会矛盾,尽管各种文化思潮都提供了认识与解决问题的思想资源,但是"马克思主义哲学仍然是当今中国人民认识和解决这些矛盾的主要思想武器。马克思主义哲学对处于改革开放新起点上的中国有着不可估量的、其他任何思潮都不能替代的现实意义。"①针对以上这些社会矛盾,马克思的公平理论、生态世界观以及人的全面自由发展理论都蕴含着巨大的理论解释力和实践规划力。值得一提的是,以任平领衔的苏州大学在开展与现实对话上也颇具特色,他们对当前中国社会的城市化、资本统治、空间生产等现实问题进行了批判性研究,形成了以城市与空间哲学为主要内容与西方马克思主义城市学派代表如亨利·列斐伏尔、曼纽尔·卡斯特、大卫·唯维、爱德华·索亚等人展开的对话模式,开创了马克思主义城市哲学学科方向。

可见,正因为持久高效的对话,才使得马克思主义哲学以其巨大的理论解释力和开放性历经岁月的洗礼,展现其当代的价值,并促进具有中国特色的马克思主义哲学体系不断发展。改革开放以来,在马克思主义哲学研究领域,对话范式的成果创新指数在所有研究范式中是最高的,国外马克思主义学科研究队伍的增长是最迅速的。这充分表明对话范式的创新功能是无可怀疑的。

---

① 陈学明:《马克思主义哲学对处于改革开放新起点上的中国的现实意义》,《复旦学报(社会科学版)》2011年第6期。

四、对话范式的内在张力和局限

尽管对话范式为马克思主义哲学研究以及中国当代新哲学带来了新的气象和可能,但是我们也应该注意到,对话范式并非是唯一有效的研究路径,作为马克思主义哲学研究众多范式中的一种,对话范式本身存在着内在的张力和局限,只有与其他研究范式形成互动互补:如"教科书与原理"范式、"马克思主义哲学史研究"范式、"反思的问题学"范式、"马克思主义中国化"范式等,厘清对话范式的内在张力和存在缺陷,形成多元研究范式的"同生并存",才能把握马克思主义哲学的整体形象,更好地彰显马克思思想的生命力。

(一)对话范式的内在张力

对话产生于人类交往的需要。人是社会性的动物,不能孤立的存在。为了生存、发展和自我更新,人必须在交往中进行对话。通过对话,既可以满足物质交换的需要,也可以满足精神的需求,使人类的意志通过物质手段现实化。由于对话的展开是具有独立思想和能动性的人来进行的,对话中就难免带有对话主体的主观性和利益性,以致产生对话中的冲突和矛盾。如果是在一个稳定明确的社会框架中,冲突和矛盾不会扩大,反而会启发对话主体通过加强对话来缓解冲突和矛盾,使价值取向趋于一致,维持社会的稳定。但当随着社会的发展变化,原来稳定的社会框架变得滞后,来自不同个体、群体的多元对话体现出来的精神能量同时释放到公共空间时,多数情况下会导致混乱。这种混乱直接表现为对话主体间的利益碰撞,要消除利益的碰撞只有通过对话。这种情景下的对话就可能构建一种共同体生活,因为通过对话,一方面可以协调利益冲突,谋求共同利益;另一方面可以协调不同的价值观,在平视中寻找彼此的共同点,形成一种新的精神力量和一套价值标准。

对话范式作为哲学研究的一种全新范式,推动了马克思主义哲学的中国化和中国特色的马克思主义哲学体系不断发展。

（二）理论与现实之间的张力

与各种在场的思想展开批判性对话，曾经是当年马克思新世界观出场的基本方式之一；今天，这种方式也应当成为当代马克思主义哲学的出场路径。对以文本—文献解读为主要路径而力图"回到马克思"可能导致放弃对当代重大思想和实践问题的反思而回到故纸堆的担忧，使俞吾金教授认为必须指认"马克思是我们同时代人"，应当致力于消灭历史间距而"让马克思走向当代"，并在当代实践和思想语境中创新发展。因此，与西方当代思想家展开对话，在对话中使马克思的思想"当代在场"，就成为另一种马克思主义哲学创新的研究范式。对话范式的基本逻辑主要包括以下几个环节：第一，核心环节是把马克思哲学理解为一种真理，而不是作为一种考古的对象。不能像西方"马克思学"那样，以所谓"价值中立"的超然态度对原初文本意义做纯粹考古，而应是对一种仍然活的真理思想作理解和阐释。因此，马克思的思想必须超越历史的间距走向当代，成为一种当代在场、活的思想资源、创新发展的理论。因此，重要的不是面对历史的过去，而是面向当下和未来，看马克思主义究竟在今天受到哪些挑战，它的思想资源是否还具有"切中时代现实"的穿透力和影响力。第二，需要重新审视当代西方思潮的时代性价值。这表现在两个方面：一是当代有重大影响的西方哲学家大多深刻地表征了时代问题；二是当代西方哲学是对时代问题的解答。因此，展开与西方重大思想家的对话，进而扩展为与当代一切中西思想的对话，就成为当代中国马克思主义哲学创新研究的一种范式。马克思主义"改变世界"的实践旨趣强调：只有在解答时代的系列重大问题中，只有在与各种当代在场的思想的对话中，才能打磨出犀利的思想光芒，才能成为时代的思想。

如上所述，当代西方思潮中具有时代问题和时代解答这两个合理方面。它们虽然不是时代精神的精华，却是时代精神的表征、时代问题的表现。因此与它们的对话，可以激活马克思主义的时代精神本质。然而，这种对话绝不是将西方的思想简单嫁接到马克思主义身上。对话是围绕时代问题而展开的，是时代精神的精华与时代精神的表征之间关于时代底板的问题的对话。检验这一对话的标准不在于对话双方,而在于对话必然围绕的时代实践和历史底板本身。以罗蒂为代表的后现代哲学强调打破单一话语的独白,强调多元思想、多元话语之间的对话,却反对有真理性的标准——时代实践的客观底板。因此,取得共识只是多元主体间的相互协调与合约,而绝不等于符合底板的真理。所以,马克思主义与非马克思主义的中国思想或西方思想的对话,需要对时代实践这一问题的底板有深切的理解和准确的把握。于是,从对话创新的范式走向反思的问题学范式便势在必行。

（三）对话范式的局限

第一,把对话等同于论争。对话者没有充分树立通过对话加深相互理解和沟通的意识,而是试图借助于对话说服对方,让对方放弃自己的观点转向本方的立场,使对话演变为一种冲突。第二,把对话作为自我辩护。对话者虽然充分认识到可以通过对话为自己所从事的学科研究进行呼吁,但在实际的哲学对话中,则囿于专业背景,以某一门类甚至某一学派的观点对哲学做单一、狭隘的理解,从而在对话中使各自的学科特点和优势流为自我辩护的论据。第三,把对话局限于观念的陈述。没有正确认识学术性与现实性的关系,缺乏直面现实、解决问题的理论责任,从而使对话更多地放在概念和观点的区分和陈述上,缺乏必要的哲学创造。

但问题正出在对话的双重身份上,这也是一个人同时作为行动者和真理讲述者时的困境:作为价值的对话很可能要屈从于操作,并被操作篡改。当单纯讨论价值时,没有人会否认真理的重要和绝对;然而一旦从价值进入操作,对话就可能受到谎言的侵蚀。所谓"话语构筑世界",要看这个世界怎么被定义。真理之所以为真,乃因为有假与之对立。真正的世界只被真理构筑,并且它一直存在,不容被篡改和颠覆。虚妄的、别有用心的谎言家们并没有什么力量构筑世界,他们有限的伎俩便是在既有的真实世界表层不断制造幻象和迷雾。而处在这个时代的人们,就漂浮在假象的云雾里,远离真实世界的核心,并日益丧失判断和去伪存真的能力。这个世界正被不断集中的政治和商业权力以更大的虚谎"构筑"。这种虚谎表现在巨大和隐蔽上:因为铺天盖地,所以规模巨大;因为无所不在,以致无限隐蔽。为了权力的巩固,欺骗成为正当的手段。服务于统治者的智囊团向容易上当的群众兜售预先包装好了的政治王国,他们以精心策划的宣传和各种花哨的广告为手段,制造一种官方指定的世界图像。而为了维护这个形象,政府要不断投入大量的人力物力,以最新的意见管理技术来武装自己,从而努力使自己的那套现实合法化。在这个过程中,他们创造了一套欺骗网络,全体国民因此都找到了各自的位置,仿佛找到稳定的家园。

毋庸置疑,自19世纪中期西方文化进入中国以来,哲学理论界在中国哲学、西方哲学、马克思主义哲学三大哲学思想体系的对话中进行了卓有成效的研究;在当代,哲学理论界则把哲学对话作为在进行哲学创造、创建当代形态的中国哲学的活动中不可或缺的环节,以不同方式、在不同层面深化了哲学对话研究的层次,提高了哲学对话的境界。但其中存在的问题也显而易见,表现在:首先,把对话等同于论争。对话者没有充分树立通过对话加深相互理解和沟通的意识,而是试图借助于对话说服对方,让对方放弃自己的观点转向本方的立场,使对话演变为一种冲突。其次,把对话作为自我辩护。对话者虽然充分认识到可以通过对话为自己所从事的学科研究进行呼吁,但在实际的哲学对话中,则囿于专业背景,以某一门类甚至某一学派的观点对哲学做单一、狭隘的理解,从而在对话中重树学科壁垒,使各自的学科特点和优势流为自我辩护的论据。最后,把对话局限于观念的陈述。没有正确认识学术性与现实性的关系,缺乏直面现实、解决问题的理论责任,从而使对话更多地放在概念和观点的区分和陈述上,缺乏必要的哲学创造。这些问题的存在有观念和现实方面的原因,也有对话机制方面的原因,它们彼此纠缠在一起,最终通过对话形式体现出来。这是试图通过对哲学对话形式的历史检讨,来梳理出哲学对话为哲学创造提供思想资源的发展脉络。

五、对话范式的创新与转换

对话在不同研究范式之间展开。随着理论研究的推进与现实的迫切需要,对话范式不仅在马克思主义哲学与非马克思主义哲学之间展开,同时还在各种研究范式之间展开。在马克思主义哲学的研究中,除了对话范式以外还存在着教科书范式、马克思主义哲学史范式、文本文献学范式以及出场学范式等。目前,国内学界通过各种形式,展开了在各种研究范式之间的高效对话,对提高马克思主义哲学的研究水平,焕发马克思主义哲学的生命力亦具有重要作用。

可以说,对话范式在马克思主义哲学研究中的确立与开展,是中国马克思主义哲学研究在方法论层面上主体意识的一次巨大觉醒。纵观中国马克思主义哲学研究发展,我们在相当长时期内没有形成独立的研究范式。无论是对马克思主义哲学思想内容的研究,还是对学科教学与教材编写,我们长久以来都照搬苏联教科书体系,从而丧失了理论研究的独立性与创新性。随着马克思主义哲学中国化、时代化、大众化进程的发展,马克思主义哲学研究方法也要自觉变革与创新。当然,这种变革与创新唯有在高效开放的对话过程、在对多元思想资源的反思批判中才会形成。

一是通过对西方哲学文本的细致解读,注重文本研究方法的创新和应用,并就这一研究方法在学界同仁中展开积极对话,促进问题的澄清。

在这方面,引人注意的是南京大学的张一兵。他在核心刊物上连续发表了数篇文章,集中探讨了海德格尔、福柯以及当前在国际学术舞台上具有重要影响的西方左翼激进学者如朗西埃、阿甘本等人的文本和思想。具体言之,张一兵对福柯的《规训与惩罚》《词与物》《认知考古学》、海德格尔的早期著作《存在论:实际性的解释学》、朗西埃《政治的边缘》、阿甘本的《论潜能》等进行了细致的文本解读,在这些解读中,不仅体现了张一兵对他们文本思想的深刻把握和阐释,同时也潜在地贯穿了他阐释文本的新方法——构境论。

构境论是张一兵在 2007 年提出的,按照我的理解,它是指面对文本的一种特定研究方法。在张一兵看来,不同于以往的文本学方法,它"至少在文本学基础上往后走了一步"。这"一步"之差体现了面对文本的不同旨归,即如果说以往的文本学研究旨在还原解读对象的原初语境、直接达及作者的客观思想的话,那么构境论则不以此为旨归,它强调"任何一种思想研究都是特定思想家在特定的历史条件下,面对一个文本所产生的特定研究结果",承认相对和有限的客观性,承认主体解读本身具有无法消除的生产性,所以,"我们的主体性解读永远不可能完全达到认识论上的逼真……大写的绝对真理在今天已经不存在了"。因此,构境论具有两个非常明显的特征,即历史性和生产性,这与历史唯物主义具有逻辑承袭关系,是对马克思主义文本理解的推进。

然而,"构境论"自提出以来,一直受到学界的普遍质疑。在 2013 年,苏州大学的王金福对此再次提出了激烈的批评意见。他围绕张一兵的"回到"(《回到马克思》《回到列宁》《回到海德格尔》等,尤其是《回到列宁》)系列哲学思想史研究著作,连发文章,在肯定张教授在马克思主义哲学研究方面重要学术贡献的基础上,对其"思想构境论"提出了强烈质疑。王金福认为从《回到马克思》到《回到列宁》,张一兵的解释学立场从原来的文本学解读过渡到思想构境论,实际上是从"客观主义"变成了"主观主义",并批评说,"一兵自己把'思想构境论'看作是他的'哲学创新',我则认为,一兵在文本解读理论上没有什么进步,反而是在后退"。思想构境论的提出,制造了文本解读理论和文本解读实践的割裂和矛盾,形成了"张一兵难题"。对此,张一兵给予了回答。他认为王金福"并没有进入我所讨论的理论对象的特定'场境'"。他并没有如王金福所说的否定文本及其意义的客观存在,陷入"主观主义",只是承认主体理解的有限性、历史性和相对性,由此来展现文本解读的新的客观性。他认为,二者的解释学立场是有所不同的。为了更好地说明构境论,张一兵通过与周嘉昕的对话做了进一步说明。他指出构境论不是主观论,"不是一种主体的随意论,它都是建立在一个非常准确的客观条件的基础上,依据对列宁文本的更精细的分析,在特定条件下对列宁文本的分析,而我本身所具有的主观认知条件也造成了我的认知前提,它实际上在一定历史条件下所产生的东西,但是我把这种产生的东西视为某种必然的结果,而不是一种随意的乱说或理解"。它的基础是马克思历史唯物主义中的非实体关系场境。它是在解释学基础上更高的一个层次,是在主体生成新理解的过程中,推进文本研究的深入。

由于构境论思想的复杂性、缺乏完整性等,目前还难以得到学界的完整理解和认同。张一兵通过与王金福的对话,以及他同周嘉昕的对话,对构境论思想做了进一步说明。当然,为了更好地为学界所理解,理论往往也要采取迂回道路。张一兵在 2013 年发表的一系列关于福柯、海德格尔等人思想研究成果,目的就是通过寻找在思想的某一方面与他具有共同点同时又为学界所熟识的思想同盟者,来说明其构境论,摆脱就构境谈构境的枯燥和生硬。这是继回到列宁、回到海德格尔之后,他对构境论思想的说明和阐释。

二是在对马克思主义文献、文本进行详尽考证和研究的基础上,促进马克思主义的世界化、时代化,确立经典文献、文本的思想史价值,突出其现实意义。

首先,在文献考证方面,国内学者始终关注国外 MEGA2(《马克思恩格斯全集》历史考证版)的研究情况和研究成果,产生了一些值得注意的研究成果。中国社会科学院的魏小萍对此进行了梳理,指出"这些成果主要体现在对马克思早期手稿文献、《德意志意识形态》文本和文献的研究之中,除此之外,《资本论》之前的政治经济学研究也已经取得了初步的成果,《资本论》文本、文献的研究正在进入学者们的视野"。但是,MEGA2 提供了大量文献材料,在此基础上形成了重新解读和研究,必然会对传统的马克思主义研究产生冲击,或者对其盲目拒斥、或者过度拔高。魏小萍认为,这两种态度都是不可取的,"MEGA2 的基本特征是呈现原文本、原创作过程,以及马克思和恩格斯的阅读资料、通信等能够收集到的全部信息。借助于 MEGA2 提供的文本文献资料研究马克思和恩格斯思想,有其独特的理论价值,这点不可忽视,但是对 MEGA2 加以无限拔高或者使其神秘化的做法也是不可取的"。中国人民大学的陈浩对 MEGA2 在日本的编辑现状和编辑工作的特点进行了专门介绍,肯定了日本学界深厚的文献学积累以及在此过程中形成的问题意识,为"MEGA 编辑工作印上了独特的日本'烙印'……相比'MEGA2'众多纯粹的文献学编辑,附带有更强的问题意识色彩,因而也更能引发研究者的认同与共鸣"。我认为,在对国外 MEGA2 的研究问题上,我们既要肯定他们严谨的学术态度和扎实的文本研究,重视其研究成果,但是也要防止陷入"文本陷阱",为文本而文本,失去立场。

其次,在文本研究方面,马克思主义经典的政治经济学著作成为理论研究热点。学者们通过对文本的学术史研究、文本内容的深度挖掘等,突出了文本研究的现实关注和当代价值。

文本的学术史研究主要针对马克思的《资本论》。北京大学的聂锦芳对《资本论》的哲学思想进行了学术史梳理,认为可以把《资本论》第一卷发表近一个半世纪以来的哲学思想研究分为如下类型:"战友和学术的阐释和宣传""政治领袖的理解和推动""《资本论》研究中的'苏联模式'""西方马克思主义的'嫁接'和东欧'新马克思主义'的'发现'""'马克思学'的旨归""MEGA版的编纂原则"。在肯定国内学界研究所取得的成果的基础上,聂锦芳进一步指出研究中存在的几点问题,如"没有形成一支《资本论》研究专家队伍,出现有世界影响的论著"、在文献考据方面不足,"缺乏真实、完整而权威的文献基础""与国际《资本论》研究界的状况严重脱节"等,他提出自己的研究观点,"权威的文献材料的准确把握、文本结构的完整理解、思想内容的详尽解读、论证过程和逻辑的完整梳理和深刻揭示、问题和观点的到位提炼与概括、思想内涵的深度分析和客观评价"。南京大学的孙乐强从《资本论》的政治形象、学术形象等方面梳理了西方学界对《资本论》形象的认知变化。他认为,"在西方学术界,《资本论》的形象出现了四重'分裂':首先,由原来的'工人阶级的圣经'转化为一种'失效的旧约',政治影响力日益衰退;其次,由原来集哲学、经济学于一体的《资本论》,被解读为各自独立的哲学或经济学著作,在整体形象上出现了重大分裂;再次,由原来作为有机整体的'完整著作'被解构为各自独立的'手稿片段',实现了由'科学著作'到'虚构伪书'的全面退化;最后,在资产阶级经济学家眼中,《资本论》的形象也由原初的'资产阶级的判决书'转变为资本主义均衡发展的'科学指南',抹杀了《资本论》的党性原则"。对此,他提出我们必须重构《资本论》形象,捍卫马克思主义在中国的指导地位,这具有重大的理论和现实意义。

在文本内容的深度解读方面,主要集中于《巴黎手稿》《1857—1858年经济学手稿》《资本论》等文本。聂锦芳发表了三篇研究《巴黎手稿》的学术论文,在对《1844年经济学哲学手稿》整体内容、文本结构细致分析中,推敲笔记本Ⅱ的思想内容和构架;指出其中重要的思想主题,如异化、自在自然和人化自然、人的本质等,揭示它在马克思哲学研究中所达到的思想高度;以及具体探讨重新研究《巴黎手稿》的路线图等。《1857—1858 年经济学手稿》的文本研究,在学者中形成了理论研究的一个热点。他们充分肯定了它在马克思思想发展中的独特地位,并从不同的角度挖掘、阐释其思想及其当代价值。如复旦大学的孙承叔从资本与历史唯物主义的角度对《马克思恩格斯全集》中文第二版 30、31 卷进行了解读,指出它具有独特的学术地位,"是马克思的历史唯物主义与经济思想相结合的最经典表述,它的明晰度要远远超过《资本论》正版和以后的马克思著作",在这里马克思系统研究了资本与现代社会的关系,第一次提出了三大社会形态理论,这是马克思深入研究第二大社会形态(即资本主义)的结果,"从理论的深刻性和正确性讲,马克思是研究市场经济的第一人",指出马克思对资本的思考在哲学方面也取得了突破性进展,认为资本是一个哲学范畴,现代社会的根本问题是正确对待资本,既要看到其对现代社会发展的积极方面,又要防止资本原则的滥用,避免其消极影响。中国人民大学的安启念强调从时代需要出发重新解读《1857—1858 年经济学手稿》,打开为历史所遮蔽的思想资源。他从文本依据的角度,着重分析了马克思在《手稿》中关于"自动的机器体系"的思想,指出"随着自动机器体系的出现,工人在生产中的地位边缘化,传统意义上的劳动价值理论和阶级剥削理论受到冲击"等,但随着个人自由时间的增加,也为人的解放提供了条件,这些变化实际上是"科学技术发展的产物,科学的发展使生产力的性质发生重大变化",这些思想为马克思主义的时代化提供了思想资源,具有重要的现实意义。南京大学的孙乐强从马克思经济哲学的视角认为《1857—1858 年经济学手稿》在马克思经济哲学思想发展中的重要作用,结合文本分析,指出马克思在价值理论、剩余价值理论等方面的突破与存在的理论不足,深化了对《手稿》的研究。当然,作为理论研究最大热点的《资本论》得到了学界的高度重视。对《资本论》的文本研究从多个方面展开。北京大学的赵家祥从基本概念和基本理论的角度展开对《资本论》及其手稿的分析,如他对生产方式概念、生产关系理论、三大社会形态理论、自由王国与必然王国等问题的研究;北京大学的聂锦芳从"当代"视角出发,展开对《资本论》文本和思想的研究,强调必须在扎实的文本研究的基础上,结合新的时代境遇和资本当代发展重新解读《资本论》,推进理论研究的高度,凸显其思想史地位和当代价值。他特别强调,不能简单地"从现实问题出发去文本中寻求解决方案,或者单纯靠一个外在的理论框架或当代流行的思潮和方法去'挖掘'和'阐释'其思想",必须以扎实的文本研究为依托,站稳理论立场,结合资本的当代发展态势来研究。复旦大学的孙承叔以"现代史观"的视角解读《资本论》,他认为《资本论》的核心是马克思的现代史观,马克思的现代史观实质就是马克思对现代社会(即资本主义社会)的根本看法,"深刻揭示资本、市场经济、现代社会的关系构成马克思现代史观的主要内容",指出现代史观是历史唯物主义思维方法的革命,马克思历史观的真正确立是在现代史观形成之后。还有学者从政治经济学批判的角度展开对《资本论》的解读,如吉林大学的白刚等。

应该看到,在对文本文献研究中,我国学者重视文献的收集、关注国际相关研究的进展,强调踏实、严谨的研究风气,既注重研究的思想史价值,更突出研究的现实观照,这是文本文献学研究中值得肯定的,更为进一步的国际交流与对话,促进马克思主义的国际互动奠定了良好的基础。

三是在与国内外马克思主义学者的对话中,促进历史唯物主义相关研究的深化和发展。

首先,在公平、正义问题上,国内学者进行了充分研究,并展开了积极的交流与对话。公平、正义可以说是国内学界研究的一个热点。从目前学界的研究状况来看,对公平、正义问题的研究主要体现在以下几个问题上,即历史唯物主义是否具有正义理论(武汉大学李佃来认为历史唯物主义与正义不是互相对立的,而是互相兼容的,必须在历史唯物主义理论基础上开显马克思的正义思想)、马克思的正义理论是关于事实性的理论还是关于价值性的理论(中国人民大学的段忠桥认为正义在马克思著作中是价值判断而不是事实判断。李佃来认为必须对此进行澄清,即历史唯物主义不是单纯的事实性理论,是具有强烈价值承诺的价值性理论)、马克思的社会公正观研究(中山大学的徐俊忠认为马克思社会公正观虽然不否定社会公正观念的积极意义,但是基本上不属于肯定性和倡导性的,而是建立在对社会不公正的基础和源头清除的基础上,因此是属于批判性和否定性的;南京大学的唐正东结合马克思文本,详细论证了公正观的历史唯物主义方法论基础,认为马克思的公正观具有生产关系的基础和社会历史过程的基础,只有深化对这两种方法论基础的认识,马克思才能解答资本主义社会的不公正之谜)、马克思的正义理论与西方理论家的正义理论的关系如何(李佃来主要比较了马克思与自由主义正义理论在理论旨趣等方面的差异,说明二者是有根本分殊的,难以形成实质性的对话)、中国社会发展中的公平正义的问题(复旦大学余源培认为公平正义是社会主义的要求,没有公平正义就没有科学发展,公平正义的发展必然要坚持以人为本的发展,从百姓的现实需要出发,以收入分配作为促进公平正义的突破口;段忠桥结合马克思《哥达纲领批判》的相关论述推动了马克思主义对现实问题的回答),以及以西方政治哲学的研究为基础,探讨正义问题,如吉林大学的姚大志对桑德尔、沃尔策等人正义思想的研究等。

可以看到,学界从多方面对公平、正义问题展开探讨,并已经形成了较多的理论成果,但研究中的分歧也较大。在此基础上,针对共同问题,学界同仁间进行了积极的理论交锋。中国人民大学的段忠桥与吉林大学的姚大志就分配正义问题多次交流,形成了学术争鸣。段忠桥认为姚大志在 2012 年《再论分配正义》的文章中,没有直接回应他的不同意见,并对他的不同意见有一些误解,因此,他发表了《也谈分配正义、平等与应得》的文章,进一步说明二者的分歧,力图促进问题的澄清。在分配正义问题上,他认为姚大志没有直接回应他的观点,反而错误地推断他的观点"依赖于一种外在的分配正义观念"。关于平等的分配,段忠桥认为姚大志对他的观点存在误解,同时没有阐明自己的观点。关于应得,段忠桥同意姚大志反对以"拉平"解决中国贫富差距问题,却错误地把他引用的西方学者的观点当成了他的观点,即把"应得当作分配正义的原则"视作段忠桥的主张,这也存在着误解。姚大志在《三论分配正义》中对批判意见作出了回应,集中在"外在的(客观的)分配正义观念""平等的分配"和"应得"三个问题上。针对双方都根据文章判断对方具有一种外在的分配正义观念,姚大志承认对段忠桥可能会有一定的误解,并阐明自己在此问题上持一种"建构主义"的观点,否认自己主张存在外在的分配正义观念。关于"平等的分配",姚大志指出二者的分歧在于对"平等的分配"具有不同理解,并认为段忠桥对此的理解是不清楚的,段忠桥认为平等的分配是把人当作平等者来对待,但这只是程序性标准,无法界定什么是平等的分配,无法解决分配正义这样的实质性问题。关于"应得",姚大志认为段忠桥在应得问题上引用了西方学者的观点,但没有明确阐明他的观点,这是问题所在。就实质性的分配正义问题,姚大志认为二者讨论和交锋的核心问题是"平等的观念",导致双方分歧的一个重要因素就是对平等理解的不同,指出二者应进一步澄清平等含义。可以说,二者都是从中国社会现实出发,从学理上探讨分配正义问题,通过双方的争论,有助于问题的澄清和理解的深入,对我们深入思考和解决中国社会的正义平等问题具有重要的理论和现实意义。在对正义问题的探讨上,我国学者也有意识地推进同国外学者的交流和对话。中国人民大学的臧峰宇在对英国伦敦国王学院教授亚历克斯·卡利尼科斯的访谈中,提出"作为平等的正义何以可能?"卡利尼科斯指出,"正如马克思在《哥达纲领批判》中所指出的,个人的需求是不同的。这是他所完全认同的共产主义分配原则的部分理由——各尽所能,按需分配。在我看来,这种关于平等获得幸福机会的观点为实现这种原则指明了路径。这个观点在论述平等主义正义论的哲学文献中得到了彻底的讨论,它的一个优势在于,提供了自由和平等的范围:正义包括机会均等,然后由个人来判断如何实现这些机会"。① 自觉促进同国外学者就理论热点的探讨,是我国学者在研究中值得肯定的方面。

其次,通过与西方马克思主义及俄罗斯学者的对话,廓清了历史唯物主义的方法论,促进了对列宁等人马克思主义理论的理解,推进了历史唯物主义认识的深化。

对历史唯物主义方法论的研究是马克思主义理论中的一个重要课题。南京大学的唐正东从对西方学界的几种社会批判理论的批判入手,阐释了历史

---

① 亚历克斯·卡利尼科斯、臧峰宇:《经典马克思主义作为平等的正义——亚历克斯·卡利尼科斯教授访谈录》,《江海学刊》2013 年第 6 期。

唯物主义的方法论视角及其学术意义。在他看来,历史唯物主义有两个基本的方法论视角,即历史的和社会关系的。这两个视角是内在统一的,"历史的方法论"是社会关系的历史的方法论,"社会关系的方法论"是历史性的社会关系方法论。尤其值得注意的是历史性的社会关系方法论不是停留于历史经验层面,而是深入社会发展的本质层面,以生产力和生产关系的矛盾运动作为揭示私有制社会历史发展的本质线索。但是,随着资本在经济、政治等多方面的成功殖民,以及西方社会发展带来的阶级结构等方面的变化,西方左派学者对这种历史唯物主义的方法论视角产生了质疑,转而以文化范式批判为入口解读马克思哲学并展开对资本主义的批判。如英国的卡弗、美国的吉布森、澳大利亚的格雷汉姆等都持此种观点。不过,以文化范式批判为入口建构社会批判理论,尽管具有一定的深刻性,但由于没能进一步追问文化范式的来源等,在学理逻辑上还具有明显的局限性。唐正东指出"他们在微观话语权力的层面在展开对资本主义的批判,却在宏观话语权力的层面陷入了资产阶级的意识形态",必须"深入到资本主义社会历史过程的内部去寻找其内在矛盾的根源,去寻找社会危机的真正可能性,去寻找文化批判或文化反击的社会经济基础并梳理出文化反击的现实可能性路径,这才是我们基于历史唯物主义视角来思考文化批判问题时所应该持有的方法论立场"。他进一步指出,这一方法论立场是我们准确把握马克思主义思想以及马克思主义经典作家的学术思路的前提条件,同时也能使我们更好地坚持自己的学术立场,审视西方学术思潮,构建自己社会批判理论的前提条件。当前,政治经济学批判成为当今世界马克思主义理论研究热点,对于政治经济学批判何以可能,唐正东再次指出,这恰恰在于它能够超越经验主义、人本主义的方法,而立足于历史唯物主义方法,这"不是简单的生产关系批判理论,而是生产力生产关系的矛盾运动理论"。

结合落后国家如何对待资本主义、如何建设社会主义等现实问题,国内学者对苏联时期的资本主义、帝国主义理论进行了研究。如南京大学的刘怀玉在《俄国民粹主义的资本主义观:一个历史的述评》一文考察了俄国民粹主义对资本主义批判的历史过程;在《论布哈林在帝国主义理论发展史上的重要地位》一文指出布哈林的帝国主义理论是列宁帝国主义理论的重要思想资源,并论证了其理论的贡献与不足等;武汉大学汪信砚、周可在《列宁的资本主义理论及其当代意义》当中分析了列宁的资本主义理论,并指出它对当代发展中国家如何看待资本主义、如何发展等具有重要意义。可以看到,列宁思想仍是研究的重点。在对列宁思想的研究中,国内学者已经不再停留在苏联时期的相关研究上,而是关注俄罗斯哲学的发展,关注他们的新成果,并展开对话,进行理论探讨,推进了相关学术进展。中国人民大学的安启念对俄罗斯著名的马克思主义哲学家 T.N.奥伊则尔曼关于列宁的认识问题展开了批评,表达了不同的见解。奥伊则尔曼认为马克思恩格斯在早、晚期关于无产阶级革命的思想是不同的,列宁一生坚持马克思早期思想(暴力革命论),从这点看,他是一个教条主义者;列宁无视或曲解马克思恩格斯晚期思想(议会选举获得政权),从这点看,他同样是个修正主义者。安启念认为,他的看法是站不住脚的。他认为,列宁是坚持从实际出发的辩证法大师,他选择了马克思早期的思想,是从现实出发,而且也不是完全照搬。奥伊则尔曼指责列宁是修正主义者,有一个未经言明的前提,即把马克思恩格斯的晚期思想视作马克思主义的正统,这是成问题的。实际上,马克思恩格斯早晚期思想都是正确的,之所以不同,是因为客观情况发生了变化,即"马克思早期思想与晚期思想分别客观地反映了资本主义早期阶段与日趋成熟阶段的不同情况"。另外,对于列宁的苏联社会主义与马克思恩格斯的设想不完全一致,招致了众多批评。对此,安启念认为列宁的批评者过于强调理论、普遍性,而列宁则是实践家,注重俄国的国情,尽管与马恩的设想不尽相符,却是当时唯一符合俄罗斯实际的制度,所以列宁不是教条主义者,而是真正的辩证法大师。

最后,在对话中,马克思主义研究的新的理论增长点获得了进一步发展,如政治哲学、空间城市哲学、政治经济学批判等。在政治哲学方面,围绕正义、公平等问题展开了集中探讨,在此不再赘述。值得注意的是,学者们不再完全依赖西方学术资源,而是结合中国问题,在马克思主义理论当中深入挖掘学术思想,系统阐释相关问题,这充分体现了学者们的理论自觉和现实意识。空间城市哲学近年来在学界获得了长足发展,成为吸引众多学者研究的热门领域。国外学者如亨利·列斐伏尔、大卫·哈维、爱德华·索亚等在空间哲学方面的探讨成为国内对此问题探讨的重要理论资源。以教育部人文社会科学重点研究基地"苏州大学中国农村城镇化研究中心"为平台,创始主任任平教授领衔开拓空间生产与空间正义研究,进而与陈忠、庄友刚、车玉玲一道,在与国外马克思主义城市学派的大卫·哈维、爱德华·索亚思想对话中创立了马克思主义城市哲学博士点。苏州大学的车玉玲从空间和文化关系的角度,探讨了空间变迁的文化表达以及给当代都市人带来的生存焦虑问题,提出要重视空间的文化特征,为人们提供合理的生存空间,使人惬意生活。苏州大学的庄友刚探讨了历史唯物主义视野中空间生产研究应遵循的原则与理路,他认为,空间生产研究应既要遵循一般唯物主义原则,更要突出历史唯物主义的原则和要求。可以从空间生产与物质生产逻辑关系的理论阐释、空间生产视角的生产方式分析图式的重构、当代空间生产视域中资本批判三个基本方面展开历史唯物主义空间研究的理路。另外,他还从空间和资本关系的角度探讨空间生产问题,提出资本空间化和空间资本化是社会发展的需要,是从现代性向后现代性发展的转换,都根源于资本的本性,是资本自身的逻辑创新。南京大学的刘怀玉立足当今世界的全球化、城市化和跨国的区域化发展趋势的现实,从历史唯物主义视野中探讨空间化问题及其本质。南京大学孙乐强立足于《资本论》文本,详尽阐释了其中的空间理论,评价了西方学者列斐伏尔、索亚等在空间理论上的贡献与不足,推动了对历史唯物主义空间理论的认识。政治经济学批判无疑成为当今世界马克思主义新的学术生长点。学界围绕当代资本批判问题,在资本创新形态、资本剥削形式等方面进行了研究,推进了马克思主义的时代化。任平就资本创新逻辑进行了当代阐释,他认为资本之所以能够一次次度过危机,持续在场,根本原因在于资本具有创新功能,从而推动资本形态的变革,即"资本的主导形态从当年马克思面对的工业资本,经过工业资本与银行资本的结合而转向金融资本,进而再转向知识资本和文化资本,拓展为社会资本、人力资本、消费品资本等等"。但不管资本形态如何变化,马克思在《资本论》中对资本本性和资本主义基本矛盾等的分析依然是正确的,所以必须反对否定或背弃马克思的各种后马克思主义思潮,随着时代的变化,我们必须建构资本批判理论的当代出场。南京大学的唐正东教授对西方学者麦克尔·哈特和安东尼奥·奈格里的"非物质劳动"观点进行了批判性解读,指出这一概念反映了资本主义劳动范式的转型,即从工业时代的物质劳动转向后工业时代的"非物质劳动",显示了他们较强的理论思辨能力,但以此来证明资本外在于劳动过程,劳动者之间是合作关系,无视劳资关系的重要性,并在此基础上提出劳动者的主体解放的可能性,却是不成立的,充其量只能是一种缺乏现实历史纬度的伦理呼唤。

四是在与各种思潮的对话中,马克思主义理论研究者应坚持原则,坚定立场,立足中国实际,关注中国问题,推进马克思主义发展。

针对近年来马克思主义研究中出现的试图以非意识形态化方式创新马克思主义哲学的倾向,以及企图用西方生存论等哲学取代马克思主义认识论的倾向,中国社会科学院的侯惠勤指出马克思主义哲学是具有共产主义内核的,这在马克思主义哲学的两个标志性文本《德意志意识形态》和《共产党宣言》当中都有体现。在中国,马克思主义研究不能陷入纯粹的文本研究,不能以苏解马,更不能以西解马。他指出,中国的马克思主义研究是具有意识形态性的,我们应该正视这一点,任何时候,共产主义信念不能丢。马克思主义哲学的创新要坚持共产主义理想信念,要在二者的统一中实现创新。在马克思主义哲学创新上,要坚持马克思主义的应用,即坚持中国立场、关注中国现实,他批评了"时下出现的那种鄙视中国现实问题、热衷于在西方话语圈子讨生活的倾向",认为这对马克思主义的创新是极为有害的。当然,关注现实问题要以勇于正视现实为前提,如何增强理论自信,侯惠勤提出要有正确的思想方法,"关键是正确看待马克思关于两个'必然'和两个'决不会'判断间的关系。两个'必然'是马克思主义的战略思想,即从历史的发展规律和当今历史的总趋势上,资本主义的灭亡和社会主义的胜利同样是不可避免的;两个'决不会'是一个战术思想,就具体的国家或地区以及具体的历史发展阶段而言,资本主义不但还有自我调整的空间,而且在科技和经济上的优势地位也不会立即丧失。两者不能错位。如果把战略变成了战术,就可能犯超越历史阶段的错误；而如果将战术变成战略，则可能犯迷失方向、悲观失望的错误。用两个'决不会'去否定两个'必然'，就是犯了用战术思想取代战略思想的错误"。复旦大学的陈学明也认为，马克思主义与共产主义是有内在关联的，《共产党宣言》中所揭示的人类历史发展规律以及确立的共产主义信念是不能动摇的，它们在今天显得尤为重要。中国人民大学的陈先达认为我们应重视以科学态度对待马克思主义的学者，不能一概把他们（包括西方马克思主义、后马克思主义、左翼学者等）的研究视为异类，衡量马克思主义的标准是"贯穿全部马克思和恩格斯著作中反复论述且不断出现的具有规律性的论断"，共产主义理想就是其中之一。同时，针对马克思主义在中国的发展现状，陈先达教授指出，马克思主义理论研究者应该具有理论自尊、自强和自信，这才能更好地促进马克思主义的研究和传播。中国社会科学院的崔唯航进一步提出理论自觉与马克思主义哲学中国学术话语体系的当代建构问题，并认为这是近年来我国马克思主义哲学研究最有价值的进展。他充分肯定了我国国外马克思主义研究的较大发展，但在繁荣表象背后也存在问题，如研究总体上还处于简单的介绍和综述阶段，停留在纯理论研究，对重大的现实问题表现淡漠，缺乏对中国问题的反思与回应等。对国外马克思主义研究的理论自觉是对其进行前提批判，并立足中国实际推进国外马研究。这必然导致中国学术话语的建构。他认为"中国马克思主义哲学研究必须从流行的西方话语体系中解放出来，从抽象空洞的教条主义中解放出来，而代之以新鲜活泼的、为中国人民所喜闻乐见的马克思主义哲学的中国学术话语体系"，即要让马克思主义说"中国话"，关注中国实际，应答中国问题。这已经成为近年来学界共同关注的问题。

　　总的来看，在面对西方思潮和国外马克思主义的研究中，我们既要重视他们的研究成果，注重吸收、借鉴，同时也不能为学术而学术，沉迷西方话语。我们必须坚持马克思主义的理想信念、基本理论，承认其在中国的意识形态领导地位，不能盲目地去意识形态化。在此基础上，关注中国问题，积极推进中国学术话语体系的构建，实现马克思主义的创新和发展。

第七章 反思的问题学范式

一、反思的问题学范式的历史与现状

"反思的问题学"指涉实践论和"问题学"立场,强调哲学本质上是问答逻辑。[①] "反思的问题学"是马克思主义哲学研究的一种具体路径和形式,也是马克思主义理论与实践紧密结合的重要体现。"反思的问题学"具有"以问题为中心展开研究""反对'问题的实证主义'""反思的问题学是理论创新的范式"三个基本特点。[②] 问题是时代的声音、体系的根据、创新的源泉。如果离开"问题意识",就背离了马克思主义哲学的本义和实质。因此,作为马克思主义哲学"反思的问题学"研究范式,就是通过反思和解答全球化时代带来的种种问题对马克思主义哲学在场性的当代挑战。马克思主义哲学永远需要在历史的和地域的差异境遇中不断出场,因而造就了新的出场形态。[③]

"反思的问题学"范式起源于对破除教条主义的新路径的探索。"反思的问题学"范式以问题为中心展开哲学研究。生活不断提出问题,引导哲学打破教条,重新反思问题、解答问题,不断引导理论创新。问题视域打破以往的范式壁垒,成为引导理论走向时代、走向实际的主要路径。反思的问题学在解答问题过程中包括哲学但不限于哲学视域,其多学科知识特点使问题解答在

---

① Cf.Ren Ping, The theory of question-oriented reflection and its contemporary significance, *Social Sciences in China*, Vol. XXIX, No. 2, May 2008.

② 参见任平:《当代中国马克思主义哲学研究范式的创新与转换》,《哲学研究》2012年第3期。

③ 参见任平:《创新时代的哲学探索》,北京师范大学出版社2009年版,第11页。

转化为"学"的过程中可能大多没有上升到哲学反思的高度。"反思的问题学"研究范式呼唤领域哲学或部门哲学的研究。通过领域创新路径来推进马克思主义哲学研究,成为反思问题学的必然逻辑。① 反思现实问题不仅是马克思哲学研究的重要内容,而且是实现马克思哲学当代出场的重要路径选择。问题研究就是通过捕捉和回答现实问题,开展马克思哲学研究,丰富和发展马克思哲学。基于问题范式的马克思哲学,始终是对现实问题的解答,永远指向未来的时代性思想。这样,马克思哲学才具有时代性和强大生命力,才可能不断出场。② 在全球化的大背景下,文化的多元化使得各种思想相互交融碰撞,开展有效对话、占领文化高地已经成为当代马克思主义出场路径的重要方式,我们要丰富载体,创造平台,拓展马克思主义哲学出场的路径。

对马克思主义哲学研究的"问题转向"既是马克思主义内在哲学本性使然,更是社会的深刻变革推动哲学发展、呼唤哲学观照的现实需求。

(一)反思的问题视域是马克思主义哲学的深层指向

强烈的"问题意识"一直是马克思哲学革命出场的主要导向。在马克思看来,作为自己时代精神的精华,真正的哲学总是时代生活问题的解答。时代问题和提问方式,直接决定了哲学解答的理论旨趣和理论形态。因此,马克思在自己新世界观出场时对时代问题和提问方式一直抱有深刻的敏感性。在解读马克思早期著作时,人们会惊讶地发现:"以问题为中心"几乎成为马克思突破僵化的体系哲学、走向哲学革命的重要路径。"问题就是公开的、无畏的、左右一切个人的时代声音。问题就是时代的口号,是它表现自己精神状态的最实际的呼声。"③不断追问时代的重大问题,从"德国式的现代问题"到"法哲学和国家哲学批判",从"私有制异化"问题分析到国民经济学批判,进

---

① 刘德中:《论我国马克思主义哲学研究的基本样式》,《当代中国马克思主义哲学研究》2012年。

② 任政:《问题反思与理论建构——面向"中国问题"的马克思哲学研究范式》,《中共天津市委党校学报》2013年第4期。

③ 《马克思恩格斯全集》第40卷,人民出版社1982年版,第289—290页。

而对资本全球化本性及其后果问题的深刻反思,是马克思新世界观出场的基本路径。

进而,马克思在《关于费尔巴哈的提纲》中以"感性人的感性活动"即实践为新唯物主义的原初基础,彻底颠覆了抽象思辨的唯心主义和诉诸感性直观的旧唯物主义的形态哲学和体系哲学,宣布"旧哲学"的死亡,这是马克思哲学革命的重大意义之所在。但是,更深刻的意义是:马克思的哲学革命的锋芒不仅指向旧哲学体系,而且针对旧哲学的问题本身和提问方式。在这一方面,马克思既颠覆了"问题的形而上学",又消解了"资本拜物教"意识带来的"问题的实证主义",进而在"改变世界"的实践观的基础上形成了"反思的问题视域"。

在马克思看来,新世界观对旧形而上学的颠覆,必然地、更深刻地表现为对旧哲学问题和提问方式的变革上。马克思说:"关于离开实践的思维的现实性或非现实性的争论,是一个**纯粹经院**哲学的问题。"①这不仅宣告了"形态的旧形而上学"的非法性,而且宣告了"问题的形而上学"的非法性。进而,马克思实现了问题的根本变革和转换:"哲学家们只是用不同的方式解释世界,而问题在于改变世界。"②"对实践的唯物主义者即共产主义者来说,全部问题都在于使现存世界革命化,实际地反对并改变现存的事物"。③ 在某种意义上,哲学问题和提问方式的形而上学,构成了旧哲学的核心、灵魂和一以贯之的主旨;对这一问题的解答,形成了形而上学的理论体系和形态。因此,旧形而上学包括了内在关联、不可分割的两个系列:问题本身和提问方式,或问题与解答体系。问题本身构成了旧形而上学的前提。当然,问题又受制于形而上学的提问方式和视域。有什么样的提问方式和提问视域,才可能呈现什么样的问题。虽然这里出现了非线性的自我相关、自我缠绕的解释学循环,但是两者相比,问题更具有根基性和前提性。如果马克思的哲学革命仅仅颠覆了旧哲学体系而全盘接收旧问题,那么,旧体系也必将借助旧问题而全面恢复。

---

① 《马克思恩格斯选集》第1卷,人民出版社2012年版,第134页。
② 《马克思恩格斯选集》第1卷,人民出版社2012年版,第136页。
③ 《马克思恩格斯选集》第1卷,人民出版社2012年版,第155页。

对体系的形而上学的批判属于结果批判;而对问题和提问方式形而上学的消解,才属于哲学的前提批判。因此,在马克思的哲学革命中,彻底颠覆"体系的形而上学"与彻底颠覆"问题的形而上学",至少是同样重要的,甚至是更为深刻的变革。

那么,在马克思看来,什么是"问题的形而上学"呢?那就是一种先验提问视域、方式、问题及其解答路径的总和。

首先,"问题的形而上学"是一种先验的提问视域。它从经院哲学"解释世界"的先验理论视域出发,表现为一种"无人身的理性"。马克思在《哲学的贫困》中对蒲鲁东"政治经济学的矛盾体系"进行批判时就曾经指出,他不是从现实的资本矛盾,而是从盗版的黑格尔思辨哲学出发,使现实经济矛盾和问题服从思辨哲学需要。"他提出的问题是:保存这个经济范畴的好的方面,消除其坏的方面。"①但这恰好是政治经济学的形而上学的问题本身,或者说是典型的"问题的形而上学",恰好是反辩证法的:"谁要给自己提出消除坏的方面的问题,就是立即切断了辩证运动。"②根据同样的观点,恩格斯在《反杜林论》中也批判杜林哲学问题"从原则出发",将"原则看作是现实世界的强制法"。③

其次,"问题的形而上学"是一种先验的提问方式。从先验思辨哲学理论旨趣出发,考察概念与概念、原则与原则、理论与理论矛盾,就成为他们面临的哲学问题。他们的提问方式总是原则在先。他们提问的出发点是消灭理论解释内部的矛盾,构造一种虚幻的意识形态。脱离了先验形而上学的视域和原则,就没有所谓的矛盾,因而就没有问题的存在。"这些哲学家没有一个想到要提出关于德国哲学和德国现实之间的联系问题,关于他们所作的批判和他们自身的物质环境之间的联系问题。"④因此,提问方式总是先验的。

再次,"问题的形而上学"表现为虚假问题的集合,最终成为一种虚幻的

---

① 《马克思恩格斯选集》第 1 卷,人民出版社 2012 年版,第 224 页。
② 《马克思恩格斯选集》第 1 卷,人民出版社 2012 年版,第 225 页。
③ 《马克思恩格斯选集》第 3 卷,人民出版社 2012 年版,第 409 页。
④ 《马克思恩格斯选集》第 1 卷,人民出版社 2012 年版,第 145—146 页。

意识形态。马克思在《德意志意识形态》中曾经这样来批判鲍威尔等人:他们的革命最终不过是词句的斗争,一切革命都发生在精神领域。问题和矛盾的发生,不过是他们形而上学思辨哲学的必然结果,从而又在外观上表现为这一哲学体系的必然前提。

最后,对待哲学问题只能达到一种理解和解释,因而是对现实的"无批判的假批判",只是在词句、观念上"解决问题"。因此,解构"问题的形而上学",是消解"体系的形而上学"进而实现哲学革命的关键环节。问题视域和提问方式的变革,既是实现哲学革命的核心要求,也构成哲学革命的基本前提。

批判资本拜物教、消解"问题的实证主义",是马克思"反思的问题视域"的又一基本向度。从时代现实出发,而不是从抽象的思辨出发来确定哲学问题,这构成马克思问题意识的一个基点。但是,这还不够。如何看待所谓现实问题的哲学表达,仍然存在着如何"对对象、现实、感性"的哲学态度问题。"从前的一切唯物主义(包括费尔巴哈的唯物主义)的主要缺点是:对对象、现实、感性,只是从**客体**的**或者直观**的形式去理解,而不是把它们当作**感性的人的活动**,当作**实践**去理解,不是从主体方面去理解。"①从感性直观出发,我们不可能真正科学理解来自现实生活的问题本身,只能导致一种对真正的现实生活问题遮蔽的"问题的实证主义"。

"问题的实证主义"的提问视域就是一种旧唯物主义的"感性直观",它不加分析和批判地从现实生活的表象中截取矛盾的片段,将深刻的本质矛盾变成颠倒的片面环节,并使之成为哲学问题。因此,"问题的实证主义"本质上是一种资本拜物教,因而是在资本化的物质世界中充当遮蔽生活本质的"物化意识"。马克思在《资本论》中就曾经深刻地分析了资本作为与一种生产方式相适应的生产关系,即人与人之间的关系问题演变成为一种物象关系,变成一种由天然的物象掩盖而成为物的关系问题。商品、货币、资本天然地具有超自然的美丽灵魂,商品交换、"惊人的跳跃"似乎是物象本身固有的交换比例关系。资本不转化为物的生产和生活资料,就不能表现自己的存在;资本问题

---

① 《马克思恩格斯选集》第 1 卷,人民出版社 2012 年版,第 133 页。

不变成物象的问题,就不可能成为现实问题。现象与本质之间往往采取颠倒的方式存在着,这一颠倒不仅是异化,而且就是资本问题的存在方式。因此,马克思深刻地强调:如果现象与本质完全一致,那么任何科学都会变得多余。对社会经济的分析,既不能用化学试剂也不能用显微镜,而是要用"抽象力",即科学反思。因此,批判地反思来自现实表象的问题,对现存的一切进行无情的批判,构成了"反思的问题意识"。这正是马克思的问题视域和提问方式。①

(二)中国改革开放的伟大实践是反思问题学出场的时代语境

实践提出问题,哲学反思问题并给出形而上的方向指引,这是理论发生发展所遵循的问答逻辑。中国 40 多年改革开放的伟大实践,深刻改变了中国社会的发展层级、系统结构和精神样态,一系列诸如和谐社会建设、新型城市化道路、文化强国、生态文明等重大的时代问题、时代课题在实践中布展,呼唤着哲学的观照。特别是创新型国家的提出,使创新成为时代精神最显著的标识。作为时代精神的马克思主义哲学回应这些重大课题,成为马克思主义学者的时代责任。

中国的改革开放是前无古人的事业,变革发展过程总是从观念破除起步、解放思想展开的。实践变革不断叩问理论,最终总是叩响作为具体理论的深层基础的哲学的大门,推动哲学关注现实、研究现实,进而使哲学观念在顺应实践变革中与时俱进。反思的问题学因此就成为哲学反过来以自己高度聚焦实践、反思现实、推动变革、引领发展的方法论自觉形式。反思的问题学主张打破以往理论自身脱离现实的封闭状况,打破以学术、学科话语的自我指涉为中心,而是要求理论研究必须要以问题为中心,首先关切问题中的哲学,然后才能研究哲学中的问题。要善于把握时代的重大现实问题,用理论聚焦、关切、穿透现实,要善于把一个重大实践问题转化为哲学问题,然后在哲学上加以回答,再回到实践。改革开放之所以发生,正是源于马克思主义哲学聚焦、

---

① 参见任平:《论马克思"反思的问题视域"及其当代意义》,《中国社会科学》2006 年第 6 期。

关切中国重大现实。《实践是检验真理的唯一标准》这一雄文,就已经为"反思的问题学"开了思想先河。而实践每前进一步,都是哲学破除旧的僵化观念、推动思想解放、以适时创新理论引领创新实践的产物。

(三)对原有研究范式考察反思问题学出场的理论语境

直面深刻的社会实践是马克思主义研究的优良学术品格,面对中国社会的深刻实践,马克思主义哲学研究迅速作出回应。哲学教科书改革是 20 世纪80 年代起步最早、成效最为显著的研究范式,该范式在系统地传播马克思主义哲学的新观点、新见解、新运用方面起到了不可替代的历史作用,直到今天仍然是马克思主义哲学研究的一个重要范式。但是这一范式的缺陷也非常鲜明:易于"非历史"地对待各个不同历史时期产生的马克思主义经典文本和思想,易于造成对"原理"的僵化理解,此外其"原理体系+事例"的叙述方式也不断遭人诟病。

针对教科书范式的缺陷,文本文献学研究范式兴起,这一范式是为了从历史发生的角度看待马克思主义经典文本思想的发展,主张"回到马克思"的学者批判以往教科书的"非法(非历史)"引用文本的方法,主张从历史发生的角度从文本文献学范式去重新解读马克思的文本,进而重新理解马克思哲学的本真意义。① 这一范式正如这一范式的提出者所言:为了今天的理论创新必须"首先廓清理论的地平线",以时代的视野去重新理解马克思哲学思想的原初语境。在其视野中,马克思的文本不是"现成在手",而是尚需"重新上手"和"重新打开";对马克思哲学原初语境的分析是一种渐次展开的"历史现象学"。这一阐释范式借助当代解释学方法,取得了许多有重要价值的成果。但是,"回到马克思"的原初语境不可能仅仅通过回到马克思的文本考订与解读、仅仅通过文本学—文献学研究来达到。正如任平教授指出的:"马克思的文本思想形态对出场语境与出场路径具有深度的依赖性,因而是历史的出场形态。要科学深刻理解马克思文本思想,必须要穿越文本,深入其背后去把握

---

① 参见张一兵:《回到马克思》,江苏人民出版社 1999 年版。

历史语境、出场路径与文本形态的关联。"①也就是说,把握马克思文本思想的原初意义,仅仅回到文本还是不够的,要回到文本产生的语境。

回到文本本身更需要一种时代的视野,而这种视野来源于当代实践和当代对话,以此衍生出马克思主义研究中的另一主要范式——"对话范式"。本着"马克思是我们同时代人"和"让马克思走入当代"的基本判断和根本定位,这一范式认为:通过与当代西方马克思主义等一系列思想的对话,马克思主义的时代性与在场性才能够彰显。事实上,马克思主义从来没有离开人类文明大道。对话既是打磨马克思主义思想之锋的砺石,更是马克思主义批判地汲取一切优秀思想成果实现与时俱进的重要路径,正因如此,对话范式成为马克思主义当代研究的重要范式之一。但是,对话不能仅仅限于文本层面、理论层面的对话,而是需要历史的底板、时代的基础和实践的尺度。离开的这些基础的对话就会变成抽象法则的较量,也就失去了时代真理的标准。

抓住时代问题,以"问题反思"为中心的"反思的问题学"的研究范式主要涉及两个基本层面的相互关系:一是"问题中的哲学",就是将时代实践问题转换为哲学问题,即实践问题的哲学抽象;二是"哲学中的问题",也就是考察哲学的问题意识,看哲学如何反映、把握时代问题,并在哲学中加以解答,即实践问题的哲学解答。两者的结合,实际上就是时代实践与哲学与时俱进的关系,本质上就是如何从(变迁的)历史语境出发去看待问题与哲学的关系。该范式抓住了哲学的时代性、问题性,但该范式同样需要从时代的重大实践即理论产生的语境才能作出深刻的哲学反思。

作为马克思主义哲学研究的一种范式,"反思的问题学"研究范式具有两大使命。一方面通过不断聚焦、反思时代重大现实问题而追溯问题的根源、探寻问题的本质,直至解决问题;另一方面,又以这些时代重大现实问题为中心,拓展马克思哲学研究的视域,丰富马克思主义哲学研究的方式方法,不断创新马克思主义哲学研究。致力于反思、解决时代重大问题,同时又促进马克思主义哲学研究的创新,这是同一个过程的两个方面。两者相互影响、相互促进,

---

① 任平:《论马克思主义哲学研究的出场学视域》,《中国社会科学》2008年第4期。

是一种紧密的有机互动关系。这也可以说是"反思的问题学"研究范式未来发展的方向和需要重点解决的问题。

二、反思的问题学范式的特点

哲学是问答逻辑。但是,"反思的问题学"将这一问答逻辑从抽象的哲学自身还原于现实与哲学之间,生活、现实提出问题,哲学解答问题,哲学是现实生活的解答。从现实出发走向哲学批判,这是马克思早年创立新世界观进程一开始就坚定秉持的立场。

以改造世界为宗旨的马克思主义哲学具有强烈的"问题意识"。在解读马克思早期著作时,人们会发现:"以问题为中心"几乎成为马克思突破僵化的体系哲学、走向哲学革命的重要路径。"问题就是公开的、无畏的、左右一切个人的时代声音。问题就是时代的口号,是它表现自己精神状态的最实际的呼声。"①不断追问时代的重大问题,从"德国式的现代问题"到"法哲学和国家哲学批判",从"私有制异化"问题分析到国民经济学批判,进而对资本全球化本性及其后果问题的深刻反思,是马克思新世界观出场的基本路径。马克思在《关于费尔巴哈的提纲》中以"感性人的感性活动"即实践为新唯物主义的原初基础,彻底颠覆了抽象思辨的唯心主义和诉诸感性直观的旧唯物主义的形态哲学和体系哲学,宣布"旧哲学"的死亡,这是马克思哲学革命的重大意义之所在。但是,更深刻的意义是:马克思的哲学革命的锋芒不仅指向旧哲学体系,而且针对旧哲学的问题本身和提问方式。在这一方面,马克思既颠覆了"问题的形而上学",又消解了"资本拜物教"意识带来的"问题的实证主义",进而在"改变世界"的实践观的基础上形成了"反思的问题视域"。

马克思的"反思的问题视域"具有怎样的内容和特点?

首先,根本改变了提问视域和提问方式,认为"提问"的根本出发点是改

---

① 《马克思恩格斯全集》第 40 卷,人民出版社 1982 年版,第 289—290 页。

变世界的感性实践而不是理论解释。从人们实践的、历史的生活条件出发,用
"纯粹经验的方法来确认"问题。马克思既反对从抽象思辨形而上学出发的
"问题的形而上学",也反对只是从客体的、感性直观出发的旧唯物主义的"问
题的实证主义",坚持实践的、批判反思的提问方式。批判物象逻辑和资本拜
物教,需要一种批判的抽象力和反思性。

其次,根本转换了问题和问题域。在马克思看来,根本"问题在于改变世
界",从变革世界的对象中获得问题。马克思时代的根本问题在于资本批判
与后资本道路的探索。全面解剖资本全球化本性,将资本所表现的生产力与
生产关系扩展为两大阶级的历史对抗和社会的全面冲突,这一历史矛盾及其
运动所表现出来的问题就是如何历史地打破资本的统治,促使后资本社会的
来临。这是当年马克思反思批判的问题域。

问题是现实社会的哲学提升,以改造社会为宗旨的马克思主义哲学本身
就是问题的哲学,以问题的反思为路径是打开马克思主义哲学的"本源"路
径,也就是这一路径就是其哲学本性的方法论再现。

三、反思问题学范式的创新功能

把日新月异的社会实践提升为哲学问题,马克思主义哲学正是在回答这
些问题中不断走进当代,这既是马克思主义的当代化,也是马克思主义哲学对
当代实践的观照。比如近年来在对中国道路、政治现代性、文化发展等领域的
剖析在深刻分析这些重大现实问题的过程中,马克思主义哲学的时代性不断
彰显。

(一)对"中国道路"研究的反思

党的十八大以来,以习近平为核心的党中央始终把正确把握、坚持和发展
中国道路作为政治和学术的关键。道路关乎党的命脉,关乎国家前途、民族命
运、人民幸福。因此,对中国道路问题的研究至关重要。有学者也指出:"如
何通过科学地阐释中国道路和中国模式的意义和价值,通过更有针对性地批

判资本主义的制度,并促使西方发达国家对体制进行自我反思和自我批判,以形成尊重文化多样性和发展道路多样性的发展逻辑,这是马克思主义时代化的重要历史使命"①。因此,"对中国的成功经验的总结应该是更高层次的,更需要一种理论的理解力和穿透力"。正是在这一理论高度自觉的前提下,学界已开始从哲学的高度对中国道路问题进行思考。

1. 挖掘马克思主义相关理论作为中国道路哲学思考的理论依据

有学者指出,马克思主义经典作家的很多思想非常有助于我们总结中国经验。② 由《中国社会科学》杂志社与全国马克思主义哲学博士点学科每年一届共同举办的"全国马克思哲学论坛",有三次会议主题聚焦马克思唯物史观、资本现代性批判与中国道路的关系,强调马克思唯物史观、"资本现代性批判"理论对于中国道路的理论引领。2004 年在四川绵阳召开的会议主题为"马克思哲学与当代中国现代性建构"。100 多位与会学者聚焦"现代性与马克思的社会发展理论、人的发展理论"关系进行了深度研讨。与会代表们认为:马克思哲学是现代性理论异常宝贵而丰富的思想资源。现代性是从马克思哲学直至当代哲学一以贯之的主题。马克思通过对现代性的两大基石——理性和主体性本质的揭示,对造就现代性的资本逻辑本性和规律加以全面阐释,并对资本现代性的内在矛盾和必然被后资本道路超越的前景加以深刻阐发。会后由赵剑英等主编、社会科学文献出版社 2006 年版的《马克思哲学与中国现代性建构》,其中收录了包括孙正聿、丰子义、任平、韩庆祥、张盾等 30 多位专家的相关论文。大多数学者主要是从马克思社会发展理论寻找对中国道路哲学反思的依据。有学者从中国现实出发,探讨科学发展观与马克思主义社会发展理论的继承性和创新性,认为对于进一步认识科学发展观的理论基础以及用科学发展观引领科学社会主义在当代中国的新实践有着重要的意义;还有学者指出,在当今时代,发展作为社会的主题,社会发展理论的创新和

① 任平:《论现代性的中国道路及其世界意义——习近平新时代中国特色社会主义现代性思想解读》,《马克思主义与现实》2018 年第 1 期。
② 参见衣俊卿:《总结"中国经验"需要理论上的穿透力和宽阔视野》,《北京日报》2012 年 7 月 23 日。

变革为引导社会发展提升了主要的动力和源泉,能够有效促进我国特色社会主义道路的发展和现代化建设的实现。有学者认为,马克思、恩格斯通过对生产力和生产关系、经济基础和上层建筑之间关系的分析,概括出人类历史发展的一般规律。他们在坚持普遍规律的前提下一直承认不同的民族可以选择不同的发展道路。丰子义也认为,马克思的社会发展理论论域非常广泛,其思想资源主要深藏在关于唯物史观的探讨和阐发之中、关于资本主义社会的批判解剖之中、关于非西方社会和古代社会的考察与探索之中。从当代社会发展现实尤其是中国发展现实来加以审视,马克思有关社会发展的价值目标问题、发展的矛盾与出路问题、发展的道路问题、发展的危机问题、发展与全球化问题尤为值得我们注意和把握。在研究中,他还进一步指出,马克思的社会发展理论主要是在社会批判过程中形成和发展起来,并在社会批判语境中得以具体阐发的,不了解马克思的社会批判理论,就无法透彻地理解马克思的社会发展理论。同时,他还进一步指出,在马克思的视野里,社会发展理论与社会结构理论是紧密连在一起的,正是通过对东西方社会结构及其原因的比较分析,马克思不仅深化了对社会发展的原有认识,而且形成了对东西方社会发展差异的深刻理解和把握。此外,还有学者从马克思社会发展理论视觉来讨论现代性的问题,从全球化的角度来讨论当代中国发展[1],力求多渠道深入反思中国道路问题。可以看到,学者们正是从马克思社会发展理论的分析中,为我们认识和阐释中国道路提供了理论基础。

2010 年在中国人民大学举办的第十届会议主题为"历史唯物主义与中国问题"。在这一会议上,100 多位与会代表对指导中国现代性道路探索、解答中国问题的唯物史观的中国逻辑发表了多方面的见解。中国人民大学的陈先达教授从人类史的高度分析了文明、文化与治理的关系角度谈中国治理的哲学内涵和主要价值,并由此深刻阐述了关于文明进步与国家治理的唯物史观的话语逻辑。北京大学丰子义教授指出:中国现代性道路的探索和中国问题

---

① 参见陈志刚:《马克思社会发展理论与当代中国发展》,《中国社会科学报》2012 年 4 月 25 日。

为唯物史观的中国化研究提供了时代基础和实践要求;而唯物史观的中国化、时代化为中国现代性道路的开辟、解答中国问题提供了理论指导。中央党校韩庆祥指出:概括地说,中国特色社会主义历史逻辑、理论逻辑与实践逻辑都是唯物史观的逻辑。

2015 年在山西大学会议主题为"唯物史观视域中的现代性问题",围绕"中国道路:普遍性与特殊性""民族精神与当代文化建设"等问题展开。在为期两天的会议中,张奎良、孙正聿、郭湛、任平、杨金海、韩庆祥、丰子义、侯才、陆杰荣、王东、安启念、陈学明、唐正东、李德顺、张曙光、马俊峰、段忠桥、孙伟平、贺来、邹广文等与会专家学者发扬理论联系实际的马克思主义学风,认真梳理了改革开放以来马克思主义哲学中国化的伟大成就,深入研讨了历史唯物主义与中国问题的理论实质,力图重新理解历史唯物主义的内涵,并在中国社会发展的现实语境中审视历史唯物主义的时代精神,使之促进以人为本的社会主义和谐社会的构建。与会代表认为,改革开放以来,伴随着中国社会发展的伟大进程,中国马克思主义哲学取得了丰硕的理论成果和历史经验。马克思主义哲学特别是历史唯物主义在改革开放的过程中起到了理论先导的作用,对改革开放实践具有重要的指导意义。重新阐释历史唯物主义,以历史唯物主义审视中国社会的公平问题,理解马克思主义哲学关于公共性、公共精神与公民社会的思想图景,思索中国道路的普遍性与特殊性,提升民族精神,推动当代文化建设,是推进马克思主义哲学中国化、时代化、大众化的重要举措。与会代表认为,中国特色社会主义理论体系是不断发展的、开放的马克思主义理论体系,习近平新时代中国特色社会主义思想与马克思列宁主义、毛泽东思想、邓小平理论、"三个代表"重要思想、科学发展观既一脉相承又与时俱进,是马克思主义中国化的最新成果。丰富中国特色社会主义理论体系,必须揭示社会发展的根本规律和根本方法,必须认真研究历史唯物主义。改革开放以来关于中国现实问题的争论一再提示我们,立足于历史唯物主义来思考中国问题,同时又通过对中国问题的思考来深化对历史唯物主义的理解和阐释,是当代中国马克思主义哲学的任务和使命。与会代表一致认为,马克思主义哲学研究必须与时俱进,当代中国马克思主义哲学研究者必须认真探索马克思主义哲学的理论实质及其时代精神,必须对历史唯物主义进行深入的解读,必须应用马克思主义哲学观察当代世界的发展进程,必须应用历史唯物主义解决当代中国社会进程中遇到的现实问题,同时必须提高马克思主义哲学教育与传播的水平,让青年学生和人民群众感受到马克思主义哲学的真理光芒与实践力量。

2. 构建"中国道路"解释框架

近年来对中国道路的研究已不局限于对中国道路的实证性研究和描述性分析,已开始将中国道路的研究上升到唯物史观的哲学的层面,表现为开始尝试构建中国道路的解释框架。

首先,从世界历史的角度来构建中国道路的解释框架。有学者早就指出过,考察中国道路问题使用的尺度是"世界历史时代"的时空参照系,要认真研究人类社会发展的逻辑过程与具体历史过程对立统一的辩证法。在此基础上,学者们力图从世界历史的角度给中国道路予以更合理的解释。有学者指出,马克思世界历史理论为我们深入理解和研究以市场法则、资本逻辑与财产权表达的内在统一为核心内容的中国道路,提供了一个基本的有生命力的哲学范式和阐释框架。也有学者指出,在经济全球化的时代讨论中国道路,除了中国的视角,还要有国际发展的维度。因此,讨论中国道路,需要有一种世界历史的大视野,需要从中华民族走向现代化的历史大尺度来审视。此外,还有学者认为,中国道路体现了中国特色性与世界历史性的有机统一,是中国智慧的当代展示;"中国道路"是对正在生成中的人类文明新秩序的承载,对新历史理性精神的承诺,"中国道路"和"中国价值"不仅是指导当代中国发展的中国化创新成果,更具走出国门、走向世界的普遍意义①等。以上均表明了学界正以更为理性的思路解释中国道路。其次,从中国道路自身发展内在逻辑寻求合理解释。任平等在《论新现代性的中国道路与中国逻辑》②等文中,将中国道路的开辟与唯物史观的中国逻辑看作是现实与哲学的共进线关系,关键

---

① 参见任平:《走向"后中国特色"的中国化:中国道路与中国价值的出场意义》,《江苏行政学院学报》2012 年第 3 期。
② 参见任平、郭一丁:《论新现代性的中国道路与中国逻辑》,《新华文摘》2019 年第 14 期。

在于用中国实践准确解答了现代性的"马克思之问"与"列宁之问",让中国道路自身发展内在逻辑得到了合理解释。韩庆祥就指出,揭示中国社会主义现代化建设的实践逻辑,对把握中国社会主义现代化建设的基本规律,对深入理解党的创新理论,具有重要意义。应当从社会主义现代化建设的"中国逻辑"中提升出中国特色社会主义理论的基本原理。也有学者认为,只有深刻理解"中国模式"的历史逻辑、社会主义逻辑和全球化逻辑,才能把握"中国模式"的根本特质。再次,从其他方面寻找合理解释,如从文化哲学的角度,认为当前中国文化建设应加强普遍性诉求,而不是过分强调特殊性。因为,强调自身文化特殊性是一种防御性策略。相反,只有发扬自身传统文化优势,积极地参与到新普遍性的建构中去,才能提高中国文化的软实力,进而在全球文化竞争中获得更大的话语权。

3. 中国现实发展道路的哲学反思

对当前中国现实发展道路的哲学反思,主要是对中国特色社会主义道路和科学发展的哲学反思,因为这两方面从一定程度上代表了中国道路。

从第一个方面来看,学者们主要挖掘中国特色社会主义发展道路的内在逻辑。有学者指出,就全球视野来看,中国特色社会主义建设实践是在全球进入金融资本集权的境遇中和后工业社会的语境下展开的;就结构分析来看,40多年改革开放的实践内含"功能思维—政府主导—理论引领—混合结构—人民主体"5个结构要素和相应的5个演进梯次,此为"中国特色社会主义建设实践的内在逻辑"的哲学分析;在中国特色社会主义建设实践进一步发展的进程中,中国共产党人的重要责任和使命与人民群众的新期待,决定了其基本趋向应是在"深层结构—核心体制—运行方式"三个层级上进行改革并力争实现重大突破,体现为"调整结构—改革体制—转变方式—建构秩序",此为"中国特色社会主义建设实践的发展趋向"①。也有学者认为,中国特色社会主义科学发展模式是由经济、政治、文化、生态、社会、国际六个基本要素,物质生产基础层面、精

---

① 韩庆祥:《中国特色社会主义建设实践的内在逻辑与发展趋向——关于中国道路的哲学思考》,"第三届中哲、西哲、马哲专家论坛"(2011)会议论文。

神生产最高层面、社会关系生产中介层面三个层面结构构成的。不同的要素、结构具有不同的功能,多类功能形成合力共同推进中国特色社会主义的发展进程。从马克思社会有机体理论视域看,优化这一模式需要处理好横向与纵向、主体与客体、整体与局部、结构与功能、开放与内生等几对辩证关系。

从第二个方面来看,学者们主要是阐释科学发展的哲学基础。认识当代中国的发展,必须懂得科学发展观,因而阐述科学发展观的哲学基础具有重要意义。有学者首先从"科学""发展"的词语中探究其所包含的哲学意蕴,指出:"科学地发展"中的"科学"不是一般意义上的"科学(Science)",其意指更接近于"科学(Science)"的拉丁词源"Scientia",同时也更接近于马克思在指称历史"科学"时所使用的那个德文词——"科学(Wissenschaft)"的本义。只有在后一种意义上理解"科学","科学地发展"才得以可能①。也有学者认为,科学发展观是一个有机的整体,以人为本,全面、协调、可持续发展和促进社会和人的全面发展是相互联系、内在统一的。它把以人为本作为核心,体现了唯物历史观中最高理想和价值追求理论,历史的主体和创造者的理论;把全面协调可持续作为发展的基本要求,体现了普遍联系原理,矛盾原理和发展的方向性原理;把统筹兼顾作为发展的基本方法,体现了唯物史观关于社会有机体和全局的思想的原理。还有学者从最新的角度探寻了科学发展观的哲学基础,认为科学发展观以发展为第一要义,以人为本,以全面协调可持续为基本要求,实际上是以文化理性为理性基础,选择文化发展模式,坚持马克思主义的生态文明观,这三个方面构成了科学发展观的哲学内涵;认为科学发展从某种意义上说就是理性发展,要顺利推进社会发展,有必要对理性问题加以重新审视,并在此基础上构建符合社会发展需要的现代理性;认为科学发展观作为对现代性问题的批判和诊断,从哲学上为中国现代化提供了一套意义深远的方法论。

部分学者还对科学发展观的各个要素的哲学基础进行了研究,如认为唯物史观的生产力理论、社会形态理论和唯物主义的思想路线,是提出"发展是

---

① 参见董震:《"科学地发展"何以可能?——对于"科学"与"发展"意指关系的哲学反思》,《学习与探索》2012 年第 4 期。

第一要义"论断的马克思主义哲学依据①;认为科学发展观把可持续发展提升到发展观的高度加以强调是以马克思主义关于发展的世界观方法论作为基础的;认为"以人为本"的"本"之方法论意义就是指探寻人的根本,即人存在、发展的起点和基础、目的和归属等。

近年来,学者对中国道路的反思已大规模触及唯物史观的哲学层面,而不仅仅局限在描述性研究与实证性研究。但是,我们认为,未来对中国道路的世界意义的研究应该进一步加强,这样才能进一步突出中国道路研究的意义和价值。

党的十九大以来,关于中国道路的研究日益与唯物史观的中国逻辑研究紧密关联。认为中国创造了举世瞩目的中国奇迹,背后深刻地寓意着中国道路的成功。而以中国道路为研究对象,必然要求唯物史观研究开辟中国逻辑。特别是党的十九大郑重宣告"经过长期努力,中国特色社会主义进入新时代"以来,学界关于中国道路研究进入一个新境界、新高度。主要表现在:

第一,进一步明确了中国道路就是中国特色社会主义道路。它是由中国共产党领导、中国人民主体创造、把科学社会主义中国化而开创的道路的简称。这一条道路,突出特点是坚持中国共产党领导,坚持社会主义方向,坚持马克思主义中国化,坚持改革开放,坚持以人民为中心,坚持"四个全面""五位一体"的发展战略。

第二,习近平新时代中国特色社会主义思想的主线就是坚持和发展什么样的中国特色社会主义、怎样坚持和发展中国特色社会主义。坚持和发展新时代中国道路,我们既反对走"老路",更警惕走"邪路"。

第三,坚持道路自信是"四个自信"(道路自信、理论自信、制度自信和文化自信)的现实基础。道路自信是我们在实践探索、实践检验、实践发展反复证明中国道路的成功和优越的基础上的自信。制度是在道路探索中形成和定型、又是道路实现的坚强保障。制度自信是道路自信的制度表达。党的十九届四中全会强调:经过实践探索和实践检验得来的、具有显著优势的中国特色社会主义制度体系、治理体系,是道路探索的制度结果,道路自信是制度自信

---

① 参见庞元正:《发展是第一要义的哲学依据》,《中共中央党校学报》2012 年第 1 期。

的现实根据和主要来源,更是其检验的标准。理论是道路的自觉表达,理论自信是道路自信的理论表现。文化自信是更深层、更基础、更广泛的自信,然而也在道路自信中,文化自信才能得到实践支持。

第四,中国道路是新现代性的中国道路,这一新现代性的中国道路超越了西方资本逻辑规制的经典现代性道路所必然造成的人与人、人与自然、全球关系三大崩溃,也不亦步亦趋地跟着西方启蒙现代、经典现代、后现代、新现代的步调蹒跚而行,而是开辟着自己的新现代性的道路,表现为一系列的"新":中国共产党领导、以人民为中心,新现代性革命道路,新型工业化、新型城镇化,新型市场化,新型民主化以及生态文明等。

第五,中国道路为世界上所有既要保持民族独立、又要较快走现代化道路的国家提供了中国方案。

第六,中国道路内在蕴含着中国价值、中国思想、中国精神。中国道路的开辟需要中国思想引领,中国道路的发展需要中国精神凝聚中国力量。

（二）对"文化自觉"的反思

"文化自觉"是我国社会学家费孝通在1997年北京大学举办的第二次社会学人类学高级研讨班上提出的一个概念。自此,学者们积极对此进行探讨和阐述,并取得了许多有价值的研究成果。2011年以来,中国国内生产总值已超过日本成为世界第二大经济体,特别是中国共产党十七届六中全会提出"培养高度的文化自觉和文化自信,提高全民族文明素质,增强国家文化软实力,弘扬中华文化,努力建设社会主义文化强国",新一轮"文化热"又开始在中国出现,引起了学界对"文化自觉"问题的进一步反思。

1. 对理论自尊、理论自信和理论自觉的研究

培养高度的文化自觉和文化自信,有必要强调马克思主义的理论自尊、理论自信和理论自觉①。因为"理论建设是文化建设的核心,理论自觉和理论自

---

① 参见陈锡喜:《论马克思主义的理论自尊、理论自信和理论自觉》,《教育与研究》2012年第10期。

信是文化自觉和文化自信的基础、核心和灵魂",有必要加强研究。

首先,学者们阐述了强调了理论自尊、理论自信和理论自觉对中国现实的重要性。有学者指出,无论是从历史还是现实来看,一个民族的兴衰成败都与其理论自信与自觉密切相关。强大的国家、兴盛的民族必然拥有与之相匹配的理论自信和理论自觉。也有学者认为,中华民族复兴和中国特色社会主义共同理想的两个阶段性目标的实现,是完全具有现实的可能性的,这一自信,既非妄自尊大,又须有"三个自信"的保障。还有学者指出,直面新时期"四大考验"和"四大危机",需要中国共产党人进一步增强理论自觉和理论自信。

其次,学者们还阐述了理论自尊、理论自信和理论自觉的内涵。马克思主义的理论自尊,是在世界和中国两个坐标上对马克思主义理论原则具有不可磨灭的当代价值的信念;马克思主义的理论自信,是指马克思主义具有相对于其他思想理论的比较优势,不仅体现在诸多理论内容上,更体现在它的理论范式和理论特性上;马克思主义的理论自觉,即掌握包括自我批判在内的马克思主义批判武器,自觉反思对阉割了马克思主义活的灵魂的教条式的"绝对普遍主义"阐释。

再次,学者们还论述了达到理论自尊、理论自信和理论自觉路径。有学者指出,我们必须围绕着参与全球化进程和建构市场经济体制来培育"自觉"和"自信"。我们的理论自觉和理论自信必须植根于自觉地运用马克思主义的基本理论、价值立场和创新成果,洞悉纷繁复杂的世界历史风云、切中当代人类发展的重大问题和发展困境、科学总结和理论提升中国特色社会主义的实践成就和历史经验。因此,进一步增强理论自觉和理论自信的最主要的着力点和落脚点,应当是对中国经验、中国道路的理论提升①。也有学者指出,坚定道路自信,关键在于深刻认识和自觉把握中国特色社会主义道路的内涵与实质;坚定理论自信,关键在于深刻认识和自觉把握中国特色社会主义理论体系的逻辑与特点;坚定制度自信,关键在于深刻认识和自觉把握中国特色社会

---

① 参见衣俊卿:《在中华民族伟大复兴中增强理论自觉、理论自信》,《光明日报》2012 年 6 月 5 日。

主义制度的本质与规律。还有学者认为提升中国特色社会主义道路自决、理论自觉、制度自信,一方面要充分揭示它们的理论逻辑和实践逻辑,提升它们的理论品格和实践品格,使之达致很高的境界;另一方面要充分展示它们的特点和优势,提升坚持它们的信心和决心。

2. 对文化自觉与自信的哲学反思

从对文化自觉与自信的哲学反思,主要体现在以下几个方面:

一是对文化自觉与自信的解释。有学者指出,文化自觉与自信有四维根基,中国传统文化深厚的积淀与特质为增强文化自信提供了历史根基,国家的强盛是我们提振文化自信的国力支撑,社会主义先进文化奠定了文化自信理论根基,党的领导为文化自信提供了指引力量。也有学者指出,文化自觉有双重维度,一方面是对文化传统的自觉,另一方面是对人性的自觉。如何继承传统文化中合理的内容,剔除不合理的成分,就需要确立文化传统的观念,这就是对文化传统的自觉。从人性自觉的角度不断提升人的全面发展能力,包括技术能力、实践能力和智慧能力①。何中华更是从中国文化发展的历史过程对文化自觉与自信形成予以解释,他认为,由于现代性的刺激,国人实现了由文化自在到文化自觉的转变。但是现代性维度使文化自觉沿着自否性的路径展开,使国人陷入了文化自卑。后现代维度的确立,为文化自觉实现由文化自卑向文化自信的转变提供了契机。

二是文化自觉与自信所要致力于的方向。有学者认为,中国特色社会主义文化建构的文化自觉意识,主要体现在文化建设的指导性与自觉性,文化建设的批判性与创造性、文化建构的自主性与开放性、文化建构的大众化与制度化等方面。因此,当代中国的文化自觉要求反思人文精神困境,批判价值虚无主义,重建文化认同,探索文化发展的辩证法,开创中国特色社会主义文化发展道路。也有学者认为,在我们对文化自觉状况的反思中,关于文化的理解、持守和创优的问题,尤其需要在理论上予以关注,在实践中加以解决。还有学者从价值诉求角度进行分析,认为"对于社会发展及社会生活的自觉、对于民

---

① 参见戴兆国:《文化自觉的双重维度》,《中国社会科学报》2012 年 12 月 17 日。

族文化传统的自觉和对于个体文化认同的自觉(主体自我意识)构成了文化自觉的三重基本意蕴"。任平教授在此问题上具有独到的见解,他认为,中国道路作为中国发展的实践路径,向中国价值和中国当代文化路径的转变,有着内在的逻辑通道,这也是中国文化自觉的当代意义和内在逻辑。另外,还有作者指出,在新的历史起点上不断提升文化自觉和文化自信意识:一是要始终不渝地坚持马克思主义的指导地位,为培养高度的文化自觉和文化自信奠定更扎实的信仰基础;二是要坚持弘扬中华优秀文化与吸纳西方先进文化的有机结合,是培养高度的文化自觉和文化自信的重要抓手;三是要继承发扬中华民族在文化自觉和文化自信上的优良传统,使我们的文化自觉和文化自信不断进入新境界[1]。

3. 文化自觉与教育

如何培养文化自觉与自信问题是改革开放 40 多年来学者们讨论的一个重要的问题。高校是文化教育单位,担负着以文化人、以文育人的职责,承担着科教兴国、人才强国的使命,应当在推进文化发展、培养文化自觉上起示范作用。因此,高校是促进民族文化自觉与自信的重要阵地[2],理应重视文化自觉与自信的教育问题。

学者们重点讨论了高校思想政治教育与文化自觉与自信问题。有学者认为,思想政治教育的有效性依赖于文化自觉和文化自信[3],文化自觉和自信可以推动思想政治教育的自觉与自信,增强其有效性,加强思想政治教育有效性能够促进文化自觉和文化自信程度的提高[4]。首先,高校思想政治理论课教师自身的文化自觉与文化自信尤为重要。高校思想政治课教师文化自觉与自信怎样确立?高校思想政治课教师要认清中国特色社会主义文化的形成是中

---

① 参见刘芳:《文化自觉和文化自信的战略考量》,《理论学刊》2012 年第 1 期。

② 参见余文好:《论高校民族文化自觉与自信及其德育价值》,《临沂大学学报》2012 年第 4 期。

③ 参见齐卫平:《基于文化自觉和文化自信的思想政治教育反省》,《思想理论教育》2012 年第 1 期(上)。

④ 参见雷骥:《文化、文化自觉与思想政治教育的关系辨析》,《学校党建与思想教育》2012 年第 3 期。

国社会历史发展的必然,引导大学生抵制历史虚无主义和民族虚无主义;要认清社会主义文化在当今世界多元文化中的地位及相互关系,引导大学生自觉抵制西化分化的干扰;要把握社会主义文化的发展方向,引导大学生牢记历史使命;要主动担当宣传社会主义核心价值体系的责任,引导大学生坚定理想信念。其次,如何培养大学生的文化自觉与自信? 学者们认为,高校大学生思想道德教育工作应当在传统民族文化自觉与自信中得到启发,充分挖掘民族文化底蕴,从而实现民族文化的现代德育价值;以社会主义核心价值引领社会思潮,立足本土文化,加强人文教育,树立文化安全意识,以及进行网络安全和校园文化建设等对策可以提升我国高校的思想政治教育;全校师生员工要统一思想,强化大学生通识教育,使文化自觉和文化自信的培养渗透到校园文化建设的各个层面,重视网络文化新阵地的建设;还应准确地解读儒家经典的内涵,深入研究中国自己的教育与文化,以理性的态度正确对待传统文化,强化对自身文化的认同,从而培养高度的文化自觉和文化自信。

应该承认,学界对文化自觉与自信的研究已经涉及哲学研究的层面,研究更进一步深入。但是,文化自觉理论体系还未能建立,从文化认识论的高度进行研究还未开启;创新马克思主义的文化发展理论,为中国先进文化建设提供科学的理论支持的研究还需要学界进一步加强。

关于核心价值观的实现途径。有学者从政策调控、舆论引导、思想教育、法治建设、自身修养等方面论述核心价值观构建的基本路径,也有学者从"超越实然与应然的'二律背反'、确立主体与环境的'一体在场'、通达理论与实践的'融和境界'"等方面论述了推进社会主义核心价值观建设的基本路径。

"文化自觉"的研究在相关问题的研究上还需要进一步突破。一是总体上看,"文化自觉"概念的内涵显得含混、单薄,基本上是从认识论的角度把理性当成文化自觉的唯一特征。二是还未能构建起文化自觉理论体系。如不少学者对"文化自觉"这一概念的运用依然停留在将其视作为是一个"号召性词汇"上,而没有从思考其具体的理论内涵上进一步深入探究,从而使"文化自觉"论的研究一度陷入表面化、直观化和口号化。还有核心价值观的内容,学界多达几十种,没有达成一致的意见。在表述上多着眼于价值规范的层面,理解上存在着标准多元、层次不一、取舍失度的问题,从而更加陷入莫衷一是、难以决断的尴尬局面。三是尤其值得注意的是目前的"文化自觉"理论还没有被提高到哲学层次即文化认识论的高度进行研究。以"文化自觉"为核心概念,阐述马克思主义的文化认识论,在此基础上创新马克思主义的文化发展理论,为中国先进文化建设提供科学的理论支持是中国文化自觉理论研究的重要使命,这方面的研究还需要学界进一步加强。

(三)对"公平正义"的反思

站在新的历史起点上看当代社会现实,"公平正义"问题愈发凸显,成为广泛关注的社会主题之一。

2011—2020 年 10 年间,据不完全统计,有关报刊杂志发表"公平正义"的哲学论文大约超过 2700 篇。① 主要讨论的问题有以下几个方面:

其一,关于马克思的"公平正义"思想。马克思的正义论在当代西方政治哲学语境中颇为耀眼,这也使之成为学者在进行"公平正义"理论研究时首要的对象,因而学者们比较深入地挖掘马克思的正义思想,以期构建我国公平正义理论。美国学者艾伦·伍德反对指认马克思曾用"正义"来评价资本主义社会,在他看来,唯物史观既然承认一切社会占主导地位的道德、意识形态(包括正义原则)都是这一社会经济形态的思想表达,都是被这一社会经济基础决定的,那么,每一个社会的正义原则一定是这一社会形态的产物。这一见解受到国内许多学者的批评。

有学者认为,正义在马克思的论著中只是一种价值判断,换句话说,不同的社会集团对什么是正义往往持有不同的甚至相反的看法。在马克思的语境中,"平等"观念只是一种历史的规定,其是否过时取决于人们所处的特定历史条件。马克思在对"平等"问题所采取的运思方式是"历史地思"。马克思认为,资本主义社会所奉行的公平只是"形式上的公平"。按照马克思的公平观,当今我们消除两极分化,一方面清除影响"形式上的公平"得以实现的各

---

① 资料来源:江苏师范大学"当代中国马克思主义哲学范式研究院"文献资料中心。

种因素,解决权贵"垄断机会"的问题;另一方面创造条件使"形式上的公平"向"事实上的公平"过渡。不少学者从全新的角度来理解马克思的公正思想,如李佃来认为,在历史唯物主义解释架构中,马克思把正义看作附属性概念,但这不足以反映其正义思想之实质。马克思在"改变世界"的政治哲学中批判了自由主义正义范式。此外,从马克思恩格斯的生产力与生产关系以及二者辩证统一的视角出发对马克思公正观也进行了探索。

已有学者跳出单纯研究马克思公正观,采取比较研究的方式来说明西方公正理论对我国公平正义理论的重要意义。如有学者将马克思与罗尔斯的公平正义观进行比较研究,指出二者的同一性在于他们都源于对资本主义不公平现象的深刻反思,都极为关注社会基本结构的正义,关注实质正义;其差异在于他们关注不公正的出发点、实现途径都不一样。这些对建构我国的公平正义理论具有重要的方法论启示。也有学者将罗尔斯、诺齐克、马克思三者的公正观进行比较,指出罗尔斯是以平等为取向的公平的分配正义理论,诺齐克是一个以权利为取向的自由主义者,马克思是权利与道德辩证统一论者,他的理论优越并超越于罗尔斯与诺齐克。另外,邓正来对哈耶克的正义理论研究也具有一定的借鉴价值。

学界除研究理论借鉴之外,还对一些实践进行总结。俞吾金分析了尊严、公正的价值观念产生,其社会条件是现代市民社会的形成和壮大,精神条件是近代西方社会以文艺复兴、宗教改革和启蒙运动为主导的一系列精神运动,主体条件是在现代市民社会中形成并发展起来的法权人格和道德实践主体。有学者对拉美国家社会保障体系的研究,认为拉美国家社会保障不是缓解了收入差距,而是加剧相对贫困,拉美国家社会保障的教训对我国的实践提供了一定的参照。还有学者分析东亚地区的经济增长并没有导致严重社会分化的出现,经济社会发展仍保持相对公平,这与东亚国家和地区所实行的经济社会政策不可分割①。另外,还有对德国席勒的"社会对称"

---

① 参见金英君:《"亚洲奇迹"与东亚社会公平问题及其对当代中国的启示》,《徐州师范大学学报(哲学社会科学版)》2011 年第 2 期。

理念的研究,认为公平的社会依靠合理的经济及社会政策,而合理的政策需要合适的理念来推动①等。

当代中国纷繁复杂的社会现实,给学者们探索与研究中国语境中的"公平正义"提供了现实条件。

一是从价值角度展开研究。有学者认为,经典马克思主义本身是以社会"公平正义"作为基本价值追求②,因而"公平正义"是社会主义社会的价值目标,是建设中国特色社会主义的价值动力,是社会主义核心价值体系的价值要求,也必然是社会主义核心价值观的价值基础③。因此,在当代中国,实现社会公正也是构建社会主义和谐社会的现实价值诉求,建设中国特色社会主义的终极指向,就是要实现社会主义社会的公平正义。中国公正的价值内涵至少应在两个维度内展开,即市场公正与社会公正。也有学者从政治文明的角度研究"公平正义"的价值,如文永林认为公平正义是我国政治生活中一个具有行为约束性的基础价值。还有学者以发展伦理学的理论为参照,认为正义成为社会主义国家制度的"首要价值",实质上包含多重含义和意义:第一次明确地将"正义"认定并确立为社会主义的本质特征之一;形成了一种新的"发展观",将其明确化为发展的根本价值目标和衡量指标;表现出对现代"公共行政"理论所推崇的新的社会治理和"善治"理念的前瞻。

二是"公平正义"与科学发展的关系。有学者认为社会主义从根本上说应是寻求社会公平与发展的契合。社会主义的生命力在于:在社会发展的长河中,动态地寻求社会公平与发展的汇聚。从形而上的思辨来说,科学发展为社会公平提供了指导思想与方法论,而社会公平为科学发展提供价值辩护与价值导向;以科学发展来实现社会公平,以社会公平来促进科学发展。从形而下的中国现实国情来说,二者统一于构建和谐社会的社会实践之中;二者的辩

---

① 参见杨佩昌:《推动社会公平的新路径——德国 20 世纪 60 年代中期至 70 年代初"社会对称"理念述评》,《德国研究》2011 年第 1 期。

② 参见卢周来:《澄清社会公平的理论基础》,《探索与争鸣》2011 年第 1 期。

③ 参见张小娟:《公平正义:社会主义核心价值观的价值基础》,《中央社会主义学院学报》2011 年第 3 期。

证关系体现于历史性、阶级性、客观性之中,也展现于区域间、代际间、群体间之中。因此,科学发展观是一种公正性的发展现,科学发展观倡导的科学发展也是一种公正的发展。坚持科学发展观的过程也就是实现社会公正的过程。落实科学发展观,实现和维护社会公平正义,必须坚持以人为本的核心价值理念;坚持科学发展,为公平正义奠定坚实的物质基础;坚持统筹兼顾,妥善处理好各方面利益关系;坚持全面协调可持续发展,为公平正义提供持久的发展动力。

三是实现"公平正义"的途径。大多数学者从综合的角度来论述实现"公平正义"的途径。有学者认为,解决当前的社会公正问题,需要突出三个重点:认识到位,举措要得力,政府、社会、个人形成合力,今后我国的社会公平正义建设应该从制度、文化、利益关系和政策等方面切入。也有学者从政府形象、制度保障、物质基础、协调社会关系、再分配等方面构建社会主义"公平正义"的路径。还有学者主张从利益的角度来解决社会公众问题,比如主张要更加强调利益协调,更加关注弱势群体,更加重视共同富裕,要逐步建立以权利公平、机会公平、规则公平、分配公平为主要内容的社会保障体系;主张从调整改革收入分配制度、改善民生、完善民主法治等方面构建社会利益新格局,为实现公平正义奠定坚实的基础。另外,还有学者从政治的角度,论述如何提高政府维护社会公正秩序的能力;从经济学的角度,认为从经济循环的起点来看,公共消费对消费公平、能力公平具有重大影响,因而扩大公共消费是改善社会公平的关键;从教育的角度,论述通过整合道德、经济和政治的公平标准和方式,形成持续不断提高平等与效率相互促进水平的高水平的教育公平等。

马克思公正观与当代西方公正理论得到进一步挖掘,一是要注重借鉴国外实现社会公正的经验,二是注重面向当代中国社会现实。学界以当代中国现实问题引导理论研究,对社会发展中出现的新情况、新问题,从学理上进行了分析、回答,为构建中国的公正理论提供依据。尽管如此,研究还存在着不足:如研究或多或少存在以西方的社会公正理论来分析我国现阶段的社会主义公正问题,未能意识到中国社会转型背景下的社会公正问题的特殊性,未能构建起中国自己的公平正义理论;再有研究的系统性和规范化还不够。无论学理层面还是应用层面,目前国内的研究都只能说处于起步阶段,还缺乏系统、规范、深入的研究。

(四)对"现代性治理体系"的反思

"现代性"作为一个舶来品,一直是近年来学术界讨论的热点问题。在讨论现代性的过程中,学术界以此来观照中国社会在现代性转型中存在的种种问题。对当代中国的政治来说,现代性政治哲学问题意识自然而然将中国政治现代化作为其重点研究的问题。

由于现代政治在公共与私人关系上的张力,使"公共性"在当前成为一个凸显出来的问题,"一个公共性的时代已经到来"。有学者就认为,探讨当代公共性问题关乎哲学的社会使命。较之公共性的历史形态,当代公共性样态丰富多样,但现代社会公共性危机也更为棘手。丰富公共性的当代内涵,最重要的路径在于重构理想共同体,完善和谐的公共生活空间,探讨公共性的未来趋势,在公共性重构的视域中呈现当代哲学的意义视界。

对"公共领域"的分析。首先,研究西方"公共领域"理论。如王晓升认为哈贝马斯的公共领域是价值中立的、单一的、超越生活世界的①;陈伟则认为哈贝马斯的公共领域通过私人联系的市民社会而根植于生活世界这一最广泛的交往土壤中;王同新认为马克思政府公共性思想是对黑格尔市民社会与国家理论的批判性继承②。这些理论的研究,对我国当前强化政府社会管理和公共服务职能、构建公共服务型政府和多元参与的公共管理模式,具有重要的理论价值和实践价值。其次,对中国"公共领域"相关问题的研究。如任剑涛对公共领域与私人领域在政治空间均衡态势的分析,左高山对理性在公共行政活动中的作用的研究③,张云龙对中国传统时代的"自由匮乏"的情况下中

---

① 参见王晓升:《"公共领域"概念辨析》,《吉林大学社会科学学报》2011年第4期。

② 参见王同新:《马克思政府公共性思想的黑格尔主义来源于当代价值》,《福建师范大学学报(哲学社会科学版)》2011年第2期。

③ 参见左高山:《论公共领域中的行政理性及其限度》,《马克思主义与现实》2011年第6期。

国公共领域是否可能的研究①,以及熊光清对网络公共领域的研究②等,推动了当代中国公共领域的研究。

对"公共意识"的研究。陈付龙专门研究了公共意识的生成,他认为公共意识的现代生成需要经济、政治和文化的综合创新推进。作为公共意识生长的实践基础,公共生活的不同展现方式有不同表征的公共意识。公共意识的萌发、消解和彰显是植根于组织化的公共生活、私域性的公共生活和有机化的公共生活这三种公共生活实践基础上的实然镜像。也有学者认为现代公民意识是一种以权利与义务为统一体的意识观念结构体系,它彰显着"以人为本"的价值诉求。郭湛从公共主义角度论述这一问题,他认为,在社会生活中,重视和强调社会存在与社会意识的公共性的思潮可以称之为公共主义。社会主义的核心价值是一种公共价值,是建立在个人价值基础上的公共价值。作为最终必然超越资本主义的社会形态,社会主义应当坚持公共主义的核心价值观念。

公民政治参与是政治民主化重要的问题,是政治现代性重要的标志。学者们意识到公民政治参与的重要性,认为公民行政参与是现代民主政治的基本要求,也是对行政权力的有效控制。参与式民主的理念蕴含着社会主义民主的核心价值追求,它的民主发展思路也为中国民主转型提供了一种基本路径选择③。因此,社会转型期,扩大我国公民政治参与是建设政治文明的必然要求,是体现我国民主政治的重要标尺,是监督公共权力的关键要素,也是提升政治权威的有效途径,还是维护政治稳定的必要条件、培育公民意识的基本方式。

如何有效地推进公民政治参与,学者也提出了各自的见解。如有的学者认为,不断强化公民政治参与,加快推进政治民主化进程,要改革现有体制的

---

① 参见张云龙:《"自由匮乏"语境下公共领域是否可能》,《学海》2011 年第 2 期。

② 参见熊光清:《网络公共领域的兴起及影响——话语民主的视觉》,《马克思主义与现实》2011 年第 3 期;《中国网络公共领域的兴起、特征与前景》,《教学与研究》2011 年第 1 期。

③ 参见万斌、董石桃:《参与式民主和中国社会主义民主政治的发展》,《浙江社会科学》2011 年第 11 期。

弊端,引导公民积极有序地进行政治参与;要加强学校公民教育,提高公民政治参与的意识与能力;要提高大众传媒的信息普及水平,完善政治参与信息的传播。有的学者认为应通过融汇公民教育与思想政治教育,营造参与型政治文化氛围,建立非政府组织和民间组织以及政府切实提高公众参与公共政策的回应水平等途径来增强公民政治参与意识,以期达到推动民主政治发展进程的目的。也有的学者认为必须合理界定民主政治进程中公民参与的限度,加强公民参与教育,重新培训行政人员,不断完善公民参与机制,从而提高公民参与的效能。其他学者均从各自理解提出了解决的方法和建议。

改革开放以来,对政治现代性的反思取得了一定的成果,如对公共意识问题的关注就是一大突破,对中国公民政治参与的研究也提出了许多切实可行的措施和方案,有利于当代中国政治民主的推进。但是,研究中还需进一步关注相关问题:一是应更多地从哲学的高度对相关问题进行学术定位。就拿公共性问题来说,公共性在其他领域中的研究相比哲学要繁荣许多,甚至是某些学科的核心概念。这就需要从哲学的高度对公共性问题进行定位,解决公共性问题域内一些最为一般的问题,对公共性问题进行前提性批判。二是以政治哲学的视野、方法、思维方式观照当代中国政治理论与现实问题,促进中国政治领域中的一系列问题的解答。因此,除了从理论上将这些问题进一步厘清之外,重要的是将其作为一种解决问题的视野、方法和思维方式。三是在研究中,应进一步凸显马克思主义政治哲学的独特性、科学性。学者们介绍和研究了不少西方政治哲学理论,如哈贝马斯等。研究中,要注意在研究西方政治哲学理论时,还应将这些理论置于马克思主义理论体系之中,挖掘马克思主义政治哲学理论何以区分并超越其他西方理论,以凸显出马克思主义政治哲学的独特性、科学性。

(五)对生态治理的反思

在当今世界,生态失衡、人口膨胀、资源短缺和环境污染等一系列环境问题不断凸显,在生态环境危机日益突出的形势下,如何看待人与自然的关系、实现人类的可持续发展,成为人们讨论和关注的热点。因此,围绕着生态问题,学界从以下几个方面展开了研究和反思。

1. 挖掘思想资源,为当代生态文明建设提供理论基础

首先,学界进一步挖掘马克思主义生态思想。这方面,一是进一步探讨了马克思主义的生态观。学者们普遍认同马克思主义的生态观是主张人与自然本质上是一体共存、和谐共生的关系,但在各自论述上稍有区别。如有学者从马克思的人与自然的统一性和一致性方面来论述;有学者从马克思的"人本学的自然观"与"生态的自然观"方面来对此进行论述;有学者从自然生态与人文生态两个维度对马克思生态思想进行探讨;有学者从实践的角度对马克思环境哲学展开研究;还有学者认为马克思恩格斯建立了"主客一体化"的研究范式,即"人与自然关系和人与人关系相结合"的生态学研究范式,以及从生态学的角度对马克思自然观进行阐释等。所有的研究进一步揭示了马克思主义生态观的实质,为我们理解和解决当前的生态问题提供了坚实的理论基础。二是进一步探讨了马克思主义生态文明观。这方面具有创新性的观点有:马克思主义生态文明观阐明了人和自然之间是通过实践的中介实现的具体的、历史的统一,"异化"劳动导致"自然的异化"等观点,实践唯物主义和历史唯物主义是其理论根基,人与自然和谐发展的生态文明是马克思主义生态文明观的价值诉求[1];马克思主义生态文明观对资本主义生态文明进行了制度批判、辩证批判、实践批判,阐发了生态文明是人类社会实践的重要尺度、历史发展的永恒追求、共产主义社会的本质属性,揭示了生态文明建设的内在逻辑是推翻资本主义和建立共产主义;马克思和恩格斯的生态文明思想的理论基础是唯物史观,理论特色是强调人与自然协调发展的整体性、以实践为中介的能动性、尊重自然的唯物主义和变革社会的辩证性,等等。特别是方世南教授,较为全面地研究了马克思主义生态文明思想,认为现代意义的生态文明概念来源于马克思和恩格斯,马克思主义生态文明思想包括了一系列内容,以及主张马克思主义生态文明思想中国化等,具有重要的意义。三是研究了马克思主义其他方面的生态思想,如马克思恩格斯经济发展生态化思想、马克思恩

---

[1] 邵鹏、安启念:《论马克思主义生态文明观及其当代价值》,《求实》2012年第8期。

格斯可持续发展思想、马克思恩格斯生态危机思想等方面的研究,总体上深化了马克思主义生态观研究,为当代中国生态文明建设提供了理论基础。

其次,学者们还进一步挖掘其他的思想资源。主要表现在:一是挖掘西方非马克思主义的生态思想资源。集中表现在对生态学马克思主义的研究,有学者认为生态学马克思主义自觉运用马克思主义的观点和方法分析生态危机及其解决途径,发展了马克思主义在生态问题上的阐述[1],它"注重对马克思主义生态观的弘扬与重塑"[2],并"对历史唯物主义的一些原理做出了许多新的生态阐释"[3],人与自然的和谐在生态马克思主义的理论视阈内具有特殊的性质[4]。除对生态学马克思主义进一步挖掘外,也有学者探讨了科尔曼的生态思想、福斯特生态学马克思主义思想、奥康纳双重危机论、大卫·哈维的环境正义思想、建设性后现代主义的生态思想、美国学派的生态经济思想[5]等等。二是挖掘中国传统生态思想资源。如有对道家生态思想的研究和探讨,认为中国传统文化向来重视生命的价值,它以贵生的精神看待生命,以仁爱的精神关注生命,并以平等的精神对待宇宙间各个生命的价值,重视对人与自然和谐关系的构建。儒家提出"天人合一、万物一体"人类与自然万物和谐统一、互为依存的生态环境哲学理念;道教的"天人合一"是中国传统哲学关于生态文明建设的美好学说;墨子的天志宗教观,"折射出墨子对人与自然间的生态平衡问题所做的思考"[6]。中国传统生态思想的挖掘,对中国生态问题的

---

① 参见吴宁、冯旺舟:《生态学马克思主义视野中的资本和市场》,《江海学刊》2012年第2期。

② 张立影:《生态马克思主义对马克思主义生态观的弘扬与重塑》,《广西社会科学》2012年第10期。

③ 陆寒、李旦:《生态学马克思主义对历史唯物主义的阐释》,《湖北大学学报》2012年第5期。

④ 参见张立影:《生态马克思主义对人与自然和谐关系的构建》,《前沿》2012年第7期。

⑤ 参见董德、孙越:《"护生"价值观与"生态文明"的构建——科尔曼〈生态政治:建设一个绿色社会〉解读》,《江苏社会科学》2012年第5期;赵卯生:《福斯特生态学马克思主义主旨探究》,《中州学刊》2012年第2期;肖霜:《浅析奥康纳双重危机论及其对生态问题的现实启示》,《理论界》2012年第11期;尹才祥:《论大卫·哈维的环境正义思想》,《学海》2012年第5期;谢昌飞、枫叶:《建设性后现代主义的生态伦理观》,《道德与文明》2012年第3期;邓久根、梁颜晖、白晓东:《美国学派的生态经济思想及启示》,《经济纵横》2012年第6期等。

⑥ 刘刚:《论墨子宗教观中的生态问题》,《鄱阳湖学刊》2012年第2期。

解决提供了自己的理论基础。

2. 从生态观的角度展开研究,探讨正确的生态价值理念

生态价值观是生态文明建设的核心内容,也是学界对生态问题重点研究的内容之一。学者们对生态价值观问题的研究主要表现为:一是继续对传统生态价值观予以批判。如有学者认为全球性气候、能源风险时代的来临与工业文明的传统发展观有着密切的关联;认为"把生态文明看作是工业文明的替代品;仅仅基于协调人与自然的关系视角理解生态文明;进而认为生态文明建设仅仅是指按自然规律办事;只能依靠经济技术手段才能奏效",这是传统生态文明观的四个基本观点。这种生态文明观是"把处理人与自然的关系当作人类文明的核心,以生态学规律为生态文明的基础,以工业文明为生态危机的根源,将生态文明作为一种后工业文明的独立文明形态",这是认识误区,这种传统生态文明观是有待商榷的。二是从科学发展观的角度探讨生态价值观问题。有学者认为生态文明对经济社会可持续发展有积极意义,应该从发展的实践中深化生态文明的内涵;有学者认为科学发展观有其生态文明意义,它实现了对中国传统"天人合一"发展观与西方传统"天人二分"发展观的双重超越;还有学者研究科学发展观与生态公平的关系,认为解决生态不公问题,需要贯彻科学发展观,等等。三是从其他角度探讨生态价值观。如有从生态自觉的角度进行研究的,认为生态自觉是生态文明的重要标志之一;有从绿色发展思想进行研究的,认为它是生态文明的核心理念,是谋求适度、合理处理人与自然关系的价值观念和行为方式的重要途径①;还有从经济的角度对生态价值观进行反思的,等等。

3. 对当代中国生态文明建设实践的研究

学者们主要从三个方面对中国生态文明建设的实践进行了研究,一是继续对生态文明的内涵予以深层次的解读。有学者从历史的纵向的角度分析生态文明是新世纪人类的最佳抉择②,认为人们达致对生态文明的理解所走过

---

① 参见陈运春:《生态文明视阈中的绿色环保意识内涵及其养成》,《湖北社会科学》2012年第5期。

② 参见张波:《生态文明:新世纪人类的最佳抉择》,《湖北社会科学》2012年第3期。

的路径是不同的,这些不同路径指向一个新文明方向;有学者从伦理的角度认为生态文明是人与自然、人与人、人与社会、人与自我身心这四种关系的和谐共生的文明①,因此需要处理好人与自然、人与生存环境、人与社会的道德关系②;还有学者分析了生态文明的概念体系及其内在逻辑,指出了生态文明的本质、核心问题、战略任务、长远目标、最终归宿、理论指导、基本模式、重要途径等③。所有这些研究进一步深化了人们对生态文明的理解和认识。二是为社会主义生态文明进一步进行理论上的论证。有学者指出建设生态文明是建设中国特色社会主义的应有之义,生态文明与社会主义的内在关联具有唯物史观的哲学基础;也有学者从历史的和文化的角度来论证中国走向生态文明的必然性,认为中华文明之宗就是天人合一和中庸之道的理念,这种理念终将促使中华文明转向或"复归"它所固有的生态文明;还有学者指出生态文明是构建和谐社会的本质要求、重要载体和强大动力,构建和谐社会必须走生态文明之路④。三是学者们重点研究了实现生态文明实现道路。首先是绿色经济与绿色发展,最为突出的体现是 2012 年生态文明贵阳会议,会议通过了《2012贵阳共识》,认为推进生态文明建设,必须把绿色理念深入融入社会生产、生活的各个环节,推动绿色健康的生活方式和消费模式,通过城市的转型、发展模式更新和制度的安排,探索绿色发展的有效模式。此外,秦书生等学者也从绿色技术、绿色生产力、低碳经济等方面对此进行了深入的探讨,刘思华、方时姣也撰文认为循环经济和低碳经济是中国绿色发展与绿色崛起的两大重要引擎。其次是从消费角度提出实现生态文明道路,有认为从道德责任和法律义务两个层面构建生态文明消费模式和确立消费者社会义务;有认为普通公众不仅要在自己的消费活动中转变消费理念和消费模式,而且使自己成为"生态公民"。再次是从技术的角度实现生态文明,比如认为生态文明需要的是

---

① 参见龚天平、何为芳:《生态文明的伦理意蕴——一种形式伦理的探讨》,《湖北大学学报》2012 年第 4 期。

② 参见马永庆:《生态文明建设的道德思考》,《伦理学研究》2012 年第 1 期。

③ 参见黄娟、陈军:《生态文明:概念体系与内在逻辑》,《中国地质大学学报》2012 年第 4 期。

④ 参见陈树文:《从生态文明视角论和谐社会建设》,《学术探索》2012 年第 2 期。

能够促进生态生产力发展的科学技术,因为生态化科学技术,具有突出经济活动的生态效益、促进可持续发展等功能;认为只有全面系统的现代科技文化(自然科技与社会科技的统一)才可能成为社会生态文明的灵魂和社会可持续发展以及全面实现现代化的可靠根据①,等等。

概括地说,虽然学界的研究取得丰富的成果,但也存在不少问题,一是对中国生态文明建设关键制约、障碍成因、微观机制、发展趋势等一系列重要具体问题的研究还需深化;二是从研究方法上看缺乏系统全面的比较分析和定量研究,弱化了促进完善生态文明的政策措施、制度保障与体制机制的科学性和有效性;三是从研究视野来看,不同主体利益协调、不同情景下社会机制设计等问题的研究视角有待进一步拓展。

(六)对空间生产的反思

中国不仅是世界第一人口大国,也是世界上城市化规模第一大国。这是因为生产、交换和消费都在城市中进行,这些社会活动形塑和改变着城市空间,空间的"生产"就出现了。城市化和空间生产是紧密交织在一起的,学者们对于城市社会的思考,包含着对空间生产思想的探索。特别是如今的城市化问题使学界更加重视马克思主义理论的空间化转向。正如有学者指出,不断推动社会空间理论发展,深入分析当代资本主义,促进我国现代化建设,具有一定的理论价值和现实意义②。因此,国内学者展开三方面的学术工作。

1. 关于空间生产的全球资本主义趋势研究

大量译介国外城市史、城市思想史、马克思主义城市学派的相关著作,研究他们的思想,关注全球城市化进程,就成为一种时代需要。主要翻译出版了包括刘易斯·芒福德《城市发展史》在内的"国外城市规划与设计理论译丛","21世纪国外马克思主义研究译丛","国外马克思主义城市学派译丛"等。

---

① 参见刘国章:《系统思维视域下的科技文化与社会生态文明建设关系探究》,《东南大学学报》2012年第5期。

② 参见李秀玲、秦龙:《"空间生产"思想:从马克思经列斐伏尔到哈维》,《福建论坛·人文社会科学版》2011年第5期。

其中,卡斯特尔的《城市问题:马克思主义思路》《信息化城市》、列斐伏尔的《空间生产》、大卫·哈维《社会公正与城市》《资本的限度》《资本的城市化》《希望的空间》《新帝国主义》、苏贾的《后现代地理学:重申批判社会理论中的空间》《空间的正义》等陆续被翻译出版,为中国学界研究空间生产的全球资本主义趋势提供了理论铺垫。一批有代表性的研究成果纷纷问世,著作如南京大学刘怀玉的《现代性的平庸与神奇——列斐伏尔日常生活批判哲学的文本学解读》(2006),包亚明《现代性与空间的生产》(2003)、熊敏《资本全球化的逻辑与历史——罗萨·卢森堡资本积累理论研究》(2011)、唐旭昌《大卫·哈维城市空间思想研究》(2014)、张佳《大卫哈维的历史——地理唯物主义理论研究》(2014)、张笑夷《列斐伏尔空间批判理论研究》(2014)、武廷海《空间共享:新马克思主义与中国城镇化》(2014)、牛俊伟《城市中的问题与问题中的城市——卡斯特〈城市问题:马克思主义的视角〉研究》(2015)、刘丽《大卫·哈维的思想原像——空间批判与地理学想象》(2018)、闫婧《曼纽尔·卡斯特"流动的空间"思想研究》(2018)等。论文如付清松"大卫·哈维不平衡地理发展思想的理论化进程"、李秀玲"空间正义的基础与建构——试析爱德华·索亚的空间正义思想"等。据不完全统计,大约研究著作有 20 余部,论文有 540 多篇。主要集中在学者某部专著或某个思想或某一类学派的思想的介绍和阐述上。这一研究较为系统地帮助我国学者了解和把握当代西方地理学派的马克思主义或马克思主义城市学派视域中的当代全球资本主义的空间转向的实质、目的、特征和趋势,一整套充满当代马克思主义战斗气息和理论锋芒的概念、思想、方法和视域,为全面分析和批判当代全球资本主义空间生产转向提供了理论的借鉴。

近年来,对国外空间理论的研究主要为列斐伏尔的空间理论、哈维的空间理论、索亚的空间理论等方面。其中,学界对国外空间理论的研究大多数集中在对哈维的空间理论的研究。

首先,学者们研究了哈维的空间理论。有学者认为,哈维新帝国主义的空间化特征主要表现为它已经突破地理实体概念,以掠夺性生产道路以及金融资本空间流动的方式形成它的空间生产与空间殖民逻辑。哈维的空间理论方法,提供了一种切入当代帝国主义观察的路径与方法。也有学者从历史—地理唯物主义的角度对哈维的空间生产理论进行了分析,认为哈维从"绘制空间"等六个方面建构了一种历史—地理唯物主义,在这种升级的唯物主义版本里,诸如空间、位置、场所等地理学概念成为人们理解世界的核心,在创新中坚持了马克思主义的基本立场。还有学者分析了哈维的空间批判理论,认为其对丰富和发展历史唯物主义提供了有益的思路和启示。其次,学者们还深入梳理了学术界对哈维研究有关问题。如有学者对国内外哈维空间理论研究的逻辑架构和方法取径进行梳理和反思,这不仅有利于对哈维空间思想的更深入理解,也能为当今学界的空间研究提供一些富有价值的参照①。也有学者认为,哈维的有关研究以一种空间哲学作为支撑,在近年来哈维的著作中,追求城市权是解决空间矛盾的一种值得重视的动向②。

除对哈维空间理论进行探讨外,还有学者探讨了海德格尔和德勒兹建构主义的空间生产理论。如认为海德格尔关于空间的思考是同存在联系在一起的,因此在其不同的时期有不同的观点。在其早期的思想中,思考的重点是此在的在世存在,空间表现为意蕴的空间;在其中期的思想中,思考的重点是历史性的存在,空间乃是生成和开放的;在其晚期的思想中,语言成为了主题,空间则成为了"天、地、人、神"四元游戏的场所。而德勒兹和加塔利创造出了一个"块茎"结构的理论构架,这一构架提供了一种以虚拟力量形式存在的、无法穷尽的空间。该空间不仅仅是对传统的欧几里得几何式空间的挑战,更从建构主义的角度兼顾了在空间生产过程中的能动性与物质性构架之间的关系,从而完成了对哈维和列斐伏尔的超越。

2. 系统挖掘马克思恩格斯关于空间生产和空间正义的思想

主要有孙江的《空间生产:从马克思到当代》(2008)、李春敏《马克思的社会空间理论研究》(2012)、罗月领《城市治理创新研究》(2014)、陈忠《空间与

---

① 参见吴红涛:《大卫·哈维空间理论研究的逻辑架构及方法取径》,《河南师范大学学报》2012 年第 6 期。

② 参见强乃社:《资本主义的空间矛盾及其解决——大卫·哈维的空间哲学及其理论动向》,《学习与探索》2012 年第 12 期。

城市哲学研究·城市正义》、庄友刚《空间生产的历史唯物主义阐释》(2017)、任政《空间正义论——正义的重构与空间生产的批判》(2017)、赫曦滢"马克思空间正义思想及其当代价值"(2018)等等。以这一主题问世的著作有17部,论文数百篇。上述研究成果大多为本书研究项目首席专家作为教育部人文社会科学重点研究基地"苏州大学中国农村城镇化研究中心"创始主任任平领衔主持的研究团队,他们是陈忠、庄友刚、车玉玲、任政、孙江等,率先全国开展马克思主义空间生产思想研究,率先提出"空间正义"的理论,建立"空间生产与城市哲学"博士点方向,在全国成为该领域的学术中心。这一方向的开辟不仅极大地推动国内开展全球资本主义空间生产转向研究,同时也极大地推动了对西方马克思主义城市学派提出的所谓"马克思主义空间转向"问题的探索和解答,将空间生产作为马克思主义创新的路径之一。正如胡大平在由本书研究项目首席专家评论在《江海学刊》一组关于"空间生产与马克思主义当代出场路径"论文时指出:20世纪的社会批判理论经历了多种理论转向,空间转向作为其中一种,它试图改变传统左派历史叙事之"时间优先于空间的偏好"(prioritization of time over space)。从当代资本主义批判和历史唯物主义发展的角度看,应当并且能够把空间视为今天马克思主义出场的基本路径之一。这对于扩大当代马克思主义理论视角、加强它对现代社会的解释力等都有直接的好处。但是,在这样做的时候,既不是简单地从"时间(历史)"走向"空间(地理)",更不是以空间转向的直接理论成果来替代马克思主义。这是因为,作为一种独特的理论动向,空间转向不仅对历史唯物主义的传统理解而且对其本身都提出了质疑和挑战,如果不清理它自身的理论地平,我们就无法判断其理论内涵和政治价值。三是聚焦世界和中国的城市化和全球化等空间转向领域展开了初步的研究,与国外学者也展开了初步的对话和学术交流,积累了学术基础,取得了一定的学术进展。首先,学者们讨论了城市问题与空间生产之间存在的联系。有学者认为,当代社会发展和创新的动力依然是人们空间上的聚居,是城市的发展,而城市的根本属性是空间性①。

① 参见[美]爱德华·索亚著,强乃社译:《以空间书写城市》,《苏州大学学报》2012年第1期。

城市启蒙的不足及其片面化是导致诸多城市问题的重要原因。解决这一问题的关键就是城市哲学,因为城市哲学是城市启蒙、城市辩证法的自觉,是反思与反省意义上的城市认识论、城市价值论与城市行动论。城市哲学的历史使命是深化城市研究,推动城市发展。在世界范围,城市的扩张、更新与改造带来了空间的再生产,城市治理本身就建立在空间的再生产之上,必须直面空间理论的批判与反思,并致力于重建社会空间、完善区域性正义供给、减少社会排斥之重任。

其次,学者们探讨了空间生产与中国城市发展问题。针对中国城市发展问题存在的原因,有学者指出,当代中国的城市化发展主要强调了城市建设的技术建构,而在一定程度上忽视甚至遮蔽了城市发展的社会建构,由此导致并强化了一系列社会问题和社会矛盾。中国的城市作为世界空间生产体系的重要节点,也是空间生产和资本逻辑的反映。对如何解决城市问题,有学者认为,现实社会主义建设进程中的资本同质化逻辑和主体差异性之间的矛盾,决定了社会主义空间生产应该把"差异的正义"作为其价值诉求。持相同观点的学者也认为,当代中国城市发展同时地面临均质性与差异性两个难题,协调这种矛盾的一个重要选择是建构一种建设性的差异性正义,特别是一种"流动的差异性正义";不仅要以个体为单位,更要从集体、体制、制度等层面思考城市问题、城市正义。还有学者认为,审理当代中国城市发展,在肯定历史进步性的同时也要指向对资本关系的历史性批判,首先是对当代城市发展理念的批判性反思①。而针对当代中国城镇化发展的问题,也有学者从空间生产的角度提出了自己的看法和主张,值得现实借鉴②。

3. 从其他角度对空间生产的研究

有学者从历史唯物主义角度进行研究,认为从马克思主义哲学来看,空间生产范式是马克思主义哲学实现理论创新对现时代进行深入、通彻的反思和

---

① 参见庄友刚:《空间生产视角的资本批判及其对当代中国城市化发展的意义》,《东岳论丛》2012 年第 3 期。

② 参见朱学新、段进军:《中国城市空间扩张与空间转型思考》,《苏州大学学报》2012 年第 5 期。

批判的一把钥匙,是实现历史唯物主义当代出场的一种根本路径,由此所形成的理论就是历史唯物主义的空间生产理论。在理论逻辑上,历史唯物主义内在地肯定空间能够"生产",历史唯物主义空间生产理论的建构是历史唯物主义的当代出场。也有学者研究马克思的空间生产理论,认为资本逻辑、世界历史与全球化、城市化以及人学观是马克思分析空间生产与再生产的四个向度;具体而言,资本逻辑是空间生产与再生产的内在动力,全球化与世界历史的形成反映了资本生产在空间上的步履,城市化的出现是生产要素空间集聚的产物,社会新人的"生成"和"显现"是马克思空间生产思想的主体向度。这"四个向度"又可以进一步归结为"两个层面":客体层面和主体层面。还有学者从空间转向的角度进行研究,认为 20 世纪六七十年代,思想界发生了一场空间转向,其实质是从时间—历史维度向空间—场域维度的转变,并改变了虚无主义的表现方式:作为"物的空间"的生产与再生产,拓展并且改变了现代精神生活的形式;意义空间尤其是网络虚拟空间的兴起显然强化了虚无化体验;在场性的强化实践着从抽象形而上学向具体形而上学的转变①。空间转向改变了传统历史叙事时间相对于空间的优先性偏好,并把测度知识的权力条件纳入人文社会研究旨趣,把知识社会学推进到知识政治学方向上,从而为左派理论摆脱传统困境提供了一种路向,并促进整个人文社会研究的激进化②。还有从主体性角度进行研究③,从新自由主义角度进行研究④等。

4. 关于空间正义的讨论

进入 21 世纪国内相关研究主题主要关注空间生产和空间正义。其中:在关于空间资源生产的资本主导趋向方面:王丰龙、刘云刚(2011)对国内"空间的生产"理论的研究文献做了综述,牛俊伟(2011)在两篇文章中分析了《德意志意识形态》中的城市思想,李春敏(2011)论述了马克思恩格斯对城市居住

① 参见邹诗鹏:《空间转向与虚无主义》,《现代哲学》2012 年第 3 期。
② 参见胡大平:《"空间转向"与社会理论的激进化》,《学习与探索》2012 年第 5 期。
③ 参见王志刚:《论社会主义空间正义的基本架构——基于主体性视角》,《江西社会科学》2012 年第 5 期。
④ 参见孙江:《全球空间生产的新自由主义转向及其历史后果》,《苏州大学学报》2012 年第 2 期。

空间的研究及启示,高春花、孙希磊(2011)指出伦理视阈内我国城市空间正义缺失主要表现为城市空间的贫困、异化和分区问题,强乃社(2015)认为应该在后现代的都市话语基础上形成重构未来都市发展的共识,针对金融危机的发生机理提出在城市化的社会中追求城市权的应对方案,强乃社(2017)介绍了索亚空间哲学中关于"第三种空间"的思想线索,曹现强(2015)强调空间正义的内涵植根于空间生产的过程并受空间所强化的支配和压制的影响,吴细玲(2011)分析了西方空间生产理论在提供解决空间问题方法中的缺陷及我国的历史选择,赵斐、宋坚刚(2011)强调应当加强空间政治资源调配以引导合理化的空间流动,马晓燕(2011、2018)分析介绍了艾利斯·扬关于引导容纳式民主实践的最佳规范理想——"差异性团结的理想"。

关于空间正义概念:冯鹏志(2004)提出"时间正义"和"空间正义"的概念来尝试重建可持续发展理念,任平(2006)强调实现当代中国城市可持续发展应坚持空间正义的取向,钱振明(2007)讨论了空间正义的政策支持与技术基础问题,马俊峰(2007)依据柏拉图的空间正义学说揭示了现代政治哲学正义学说的缺陷,徐震(2007)认为"空间正义"是以公众平等的空间权益为本位的正义,施雯娴(2008)探讨了罗尔斯的正义理论为赛博空间正义研究带来的方法论、认识论等方面的启示,韩志明(2019)强调公共服务均等化是实现空间正义的重要途径,宋伟轩、朱喜钢、吴启焰(2009、2010、2018)在两篇文章中倡导建立城市规划白线制度来抵制我国城市滨水空间私有化的倾向,宋伟轩、徐岩、朱喜钢(2009、2014)指出滨水空间的公共属性需要相应的立法保护与政策支持。

关于空间资源分配方式引发空间正义讨论:陈忠(2010、2012、2014、2017)分析了城市空间问题的行动论成因与解决空间问题的制度创新路径,何舒文、邹军(2010)认为城市更新应当维护居住空间正义的价值,林顺利、张岭泉(2010)认为社会政策的"空间正义"取向应包括资源分配正义、社会治理正义、社会福利、积极的空间介入和公共参与五方面基本内涵,周蜀秦(2010、2012、2018)梳理了以空间正义与社会阶层运动思考为主题的"新城市社会学"及以全球化城市空间与世界城市作为研究主题的"洛杉矶学派"的理论脉络,林顺利、孟亚男、刘海燕(2010)探讨了本土城市载决策的公众参与、规划监督与福利取向方面发展空间正义的路径,林顺利、李建立、孟亚男(2010)基于实地调查结论提出在城市整体规划和改造过程中兼顾空间正义的必要性。关于城市空间消费方面的机会均等:陈忠、爱德华·索亚(2012)指出当代中国城市发展需要建构一种"流动的差异性正义",车玉玲、袁蓓(2012)认为在现代社会空间正义以及区域剥削问题凸显预示着当代历史唯物主义的空间转向,钱玉英、钱振明(2012、2019)论证了以恰当的公共政策引导和控制城镇化是政府促进城镇化走向空间正义的基本路径,黄晓星(2012)基于南苑肿瘤医院的抗争故事指出社区空间应该趋向对社会主义空间的生产,王勇、李广斌(2012)对苏南乡村空间转型的动力机制进行分析并揭示了乡村空间转型可能带来的社会风险,钟顺昌(2012、2016)主张政府应制定相对公平公正的社会财富、资源的分配和再分配制度,曹现强、张福磊(2012)在整合的空间调节理论框架下具体考察了我国城市空间重构和空间正义缺失的逻辑,王志刚(2012)认为资本同质化逻辑和主体差异性之间的矛盾决定了社会主义空间生产应该把"差异的正义"作为其价值诉求,姚尚建(2012、2018)指出城市治理应致力于重建社会空间、完善区域性正义供给、减少社会排斥,李春敏(2012、2017)讨论了大卫·哈维的空间正义思想,王志刚(2012、2014、2015)强调在空间生产关系中应关注主体(尤其是弱势主体)的自由选择、机会均等和全面发展以及主体"栖居"在自然环境中的可持续发展问题,白永平、时保国(2012)分析了社会利益集团通过控制土地和建筑物等空间主要特征来塑造和影响城市空间形态和组织的过程,李晓乐、王英、王志刚(2012)评析了戴维·哈维基于列斐伏尔的"空间的生产"理论提出的生态社会主义政治规划理论,张京祥、胡毅(2012)强调社会空间正义应该成为中国城市更新和空间生产(包括空间规划)过程中所遵循的核心价值观,高晓溪、董慧(2012、2019)呼吁在城市空间生产与消费过程中通过空间正义的彰显构建活力化城市空间。

四、反思问题学范式的内在局限

任平曾指出了在当代中国马克思主义哲学"反思的问题学"研究范式中

所针对的客体——"问题"存在的两个偏向①。我们认为,这只是"反思的问题学"研究范式面临困境的一个方面。实际上,对"反思的问题学"研究范式的主体——"研究者"来说,都认为马克思主义应服务于当代中国实践。但他们多停留在反映论和认识论立场,即满足于借助中国理论立场来认识、解释中国实际问题,即达到对现存事物的正确理解,不可能达到马克思意义上的批判性,而无法过渡到"改变世界"的实践唯物主义的高度②。实际上,相当一部分学者不仅对马克思主义"改造世界"的认识度不够,而且对如何用马克思主义来"改造世界"的路径和方法茫然不知。这是研究者在遵循"反思的问题学"研究范式过程中面临的最大困境。另外,在"反思的问题学"的研究范式中,研究者必须依靠充分的当代中国马克思主义哲学体系,而当代中国马克思主义理论话语体系还未能充分建立。试想,如果没有足够的理论支撑,拿什么去联系实际、反思现实,推进马克思主义研究创新?

推动当代中国马克思主义哲学创新,决定了"反思的问题学"研究范式未来发展应着重解决的几个问题。一是要建构中国马克思主义哲学研究的学术话语体系。当代中国马克思主义哲学研究不仅要面向中国现实,认识中国和改造中国,还要走向世界,特别是要对当代世界马克思主义哲学研究作出自己的贡献,必须建构自己的学术话语体系,使自己的对象与问题、观点与方法、概念框架、表达方式等都具有鲜明的中国作风、中国气派。只有在这一学术话语体系下,才能真正构建起反思中国时代问题的研究范式。二是"反思的问题学"研究范式要求当代中国马克思主义哲学研究勇于对时代主题积极发言,以理论的方式对当代中国人与社会发展的重大现实问题进行学理把握、方向指引和观念指导,使之成为革新时代所不可或缺的精神变量和策略考虑,并能够"提出关于人类永恒问题的或人类当下问题的中国方案,使我们的哲学思考成为参加讨论各种重要问题的必须被考虑的思路"。三是"反思的问题学"

---

①　参见任平:《当代中国马克思主义哲学研究范式的创新与转换》,《哲学研究》2012 年第3 期。

②　参见何中华:《马克思哲学研究范式:非此即彼还是互补整合》,《山东社会科学》2008 年第 11 期。

研究范式还要求当代中国马克思主义哲学应当在与中国的历史文化传统与当代中国思想解放和观念变革的现实境遇的比较和融会贯通中,来阐释和创新马克思主义的中国意义。特别是要深刻认识和把握马克思主义基本理论与中国特色社会主义理论及其实践的传承和发展关系①。四是"反思的问题学"研究范式要求当代中国马克思主义哲学应更多地借助社会科学,也就是说,作为科学的批判的方法论,当代中国马克思主义哲学只有经过社会科学的中介,才能完整、准确地把握到时代精神。反之,就不能找到走向现实、走向实践的现实道路,从而提出并解答真正的中国问题。五是在推进当代马克思主义哲学创新时,"反思的问题学"研究范式应该与其他的研究范式互补整合。因为在马克思主义哲学研究领域,不同范式各有长短利弊,任何一种范式都存在不足,其合理性是有限度,因而需要它们相互之间互补整合。

五、反思问题学范式的创新与转换

作为马克思主义哲学研究的一种范式,"反思的问题学"研究范式具有两大使命。一方面通过不断聚焦、反思时代重大现实问题而追溯问题的根源、探寻问题的本质,直至解决问题;另一方面,又以这些时代重大现实问题为中心,拓展马克思哲学研究的视域,丰富马克思主义哲学研究的方式方法,不断创新马克思主义哲学研究。致力于反思、解决时代重大问题,同时又促进马克思主义哲学研究的创新,这是同一个过程的两个方面。两者相互影响、相互促进,是一种紧密的有机互动关系。这也可以说是"反思的问题学"研究范式未来发展的方向和需要重点解决的问题。

"反思的问题学"研究范式未来发展的核心问题就是"问题"聚焦。这也是决定反思、解决时代重大问题和促进马克思主义哲学研究创新两大使命能否完成的关键。马克思曾强调:"一个时代的迫切问题,有着和任何在内容上

---

① 参见蒋楼:《马克思主义研究的三重意识及其范式内涵》,《南都学坛(人文社会科学学报)》2011 年第 6 期。

有根据的因而也是合理的问题共同的命运:主要的困难不是答案,而是问题。因此,真正的批判要分析的不是答案,而是问题。"①"反思的问题学"以"问题"为中心展开研究,其核心要义是找准、解释、反思、回答和解决时代重大现实问题。

当代中国的发展日新月异,其中的问题也纷繁复杂。"反思的问题学"要指向、聚焦当代中国发展遇到的"真"问题。所谓"真"问题就不是那些无关痛痒的、细枝末节的、表面肤浅的问题,而是那些直指问题本质的、关键的、根本的、重大现实问题。为此,就要求学者们密切关注当代中国的发展变化,时刻捕捉有效信息,通过敏锐的学术眼光和深刻的分析研究能力,在纷繁复杂的问题中"选择和把握"住"真"问题,这也是马克思主义哲学研究的根本出发点和落脚点所在。聚焦、反思和解决"问题"是马克思哲学的使命,也是马克思哲学研究创新的必然路径。

---

① 《马克思恩格斯全集》第 1 卷,人民出版社 1995 年版,第 203 页。

第八章　部门哲学研究范式

改革开放 40 多年来,中国马克思主义哲学研究的突出进步表现为由重视体系建构向关注重大现实问题的转向。这种转向的重大理论意义就是在关注、反思和解答各种重大社会现实问题的过程中,开辟了一系列新的研究领域,并由此形成了发展哲学、人学、经济哲学、文化哲学、社会哲学、政治哲学、价值哲学、城市哲学、管理哲学等诸多部门哲学或领域哲学(以下统称为部门哲学)。从逻辑上说,部门哲学也是马克思主义哲学中国化进一步发展的必然产物。这些部门哲学的兴起与发展是中国哲学发展进程中的重大事件,对新时期马克思主义哲学研究的深入展开产生了积极影响。部门哲学不仅是当代中国马克思主义哲学不断发展的重要生长点,而且是当代中国马克思主义哲学研究综合创新的重要范式之一。全面梳理部门哲学兴起的社会学术背景与发展进程,深入分析其基本特征,客观评价其学术价值与理论不足,准确把握其未来走向并进一步推动其创新与转换,对于深层推进当代中国马克思主义哲学的繁荣与发展具有重大理论意义。

一、部门哲学研究范式的兴起与发展

在中国哲学界,部门哲学是对发展哲学、社会哲学、文化哲学、价值哲学、经济哲学、管理哲学、政治哲学等具体形态的哲学理论的总称。按照通行的理解,部门哲学"既不是哲学流派意义上的区分,也不是学科划分意义上的区分,而仅是一种研究领域范围意义上的区分。"①正是在这个意义上,部门哲学

---

① 曾祥云:《试析部门哲学与马克思主义哲学的关系》,《学习论坛》2013 年第 5 期。

又被称为领域哲学。作为领域哲学,部门哲学不同于通常所说的哲学二级分支学科,是指那些以某一特定领域为研究对象而形成的相对独立的研究部门。部门哲学起源于"反思的问题学"研究,又高于零散、不系统的问题反思方式。

(一)部门哲学研究范式的兴起

作为当代中国马克思主义哲学研究综合创新的重要范式之一,部门哲学在当代中国的兴起并不是偶然的,而是与新时期中国社会生活所发生的巨大变化及其引发的中国马克思主义哲学研究进程的逻辑变迁密切相关。

中国部门哲学兴起于20世纪80年代,既有其深刻的社会现实背景,又与我国马克思主义哲学研究发展的现实境遇密切相关。从根本上说,部门哲学的兴起,不仅是马克思主义哲学回应中国改革开放和社会主义现代化建设需要的客观要求,而且是中国马克思主义哲学研究超越传统哲学教科书体系而向生活实践回归、兴起以问题为中心的"反思的问题学"研究发展的必然结果。可以说,中国的部门哲学兴起于"改革需要哲学"与"哲学需要改革""现代化需要哲学"与"哲学需要现代化"的双重语境下。它既是中国改革开放与社会主义现代化建设的时代产物,又是充当改革开放与社会主义现代化建设的思想先导的哲学自身改革、走向现代化的逻辑产物。

从理论与实践或哲学与现实的关系上看,人类实践是一切哲学理论由以产生和不断创新的动力与源泉。新时期中国面临的最大实践就是改革开放和社会主义现代化建设。在这个意义上,改革开放和社会主义现代化建设的创新实践是中国马克思主义哲学创新的根本动力,也是中国部门哲学得以兴起的现实基础。20世纪80年代以来,中国的改革开放和社会主义现代化建设及其深入发展,尤其是社会主义市场经济体制的确立和发展,从根本上改变了中国人的生存方式与思想观念,也使中国社会生活中的政治、经济、文化等各个领域或方面发生了根本性的变化,向人们提出了许多艰深而又需要迫切予以解答的新问题。这些新问题是中国在改革开放和社会主义现代化建设过程中无法回避的,也是亟待深入思考和认真探讨的,因为它们不仅直接关系到中国的改革开放和社会主义现代化建设事业的成败,而且深刻影响整个社会主义事业的发展。可以说,对现代化及相关问题的反思是改革开放以来中国马克思主义哲学所要面对的重大现实课题。中国的社会主义现代化建设是一项非常复杂的系统工程,渗透到社会生活的方方面面:它既包括人与社会的发展问题,又涵盖人与文化世界的关系问题;它既要面对多元价值的冲突问题,又要实现管理模式、管理体制、管理观念的现代转型问题;它既涉及政治活动中的民主与法治问题,又关联着社会主义市场经济发展中的公平与效率问题;它既离不开科学、技术与教育问题,又不能忽视环境与生态问题,等等。由此,人的问题、发展问题、文化问题、价值问题、管理问题、政治问题、经济问题、科技问题、教育问题、生态问题等相互交织构成了中国现代化建设的"问题谱系"。全面把握并有效解决这些问题,离不开哲学高度的反思与探索,尤其需要马克思主义哲学的积极参与。这样,如何深入社会生活,对这些重大现实问题进行精准而又深刻的哲学阐释,就成为当代中国马克思主义哲学无法回避的理论任务。

由于这些问题在当代中国具有一定程度的复杂性与特殊性,只凭借这种宏观的把握往往抓不住问题的实质,因而也不利于有效推进问题的解决。同时,另有一些问题,如人的问题、价值问题、生态问题,由于种种原因并没有真正进入传统的马克思主义哲学教科书的研究视野。换言之,在中国以往的马克思主义哲学研究中,这些问题往往是"不在场"的。这些关系到社会主义现代化建设成败的政治、经济、文化、价值等问题,或被宏观地把握,或处于"不在场"状态,决定并标志着中国传统的马克思主义哲学教科书体系的局限性,它根本无力回应中国社会发展提出的客观要求,当然也就很难解释社会生活诸领域出现的新情况、新问题。这是导致马克思主义哲学在现实生活中遭到冷遇的根本原因。面对这一状况,中国的学者们,尤其是研究马克思主义哲学的学者们,开始自觉地反思中国传统的马克思主义哲学教科书体系的问题与出路。在这个反思过程中,学者们清醒地认识到,要改变马克思主义哲学的这种境况,就必须变革传统的哲学教科书体系,换一种思维方式,重新理解和定位马克思主义哲学。部门哲学就是在反思、变革传统哲学教科书体系的过程中兴起的。在以"实践唯物主义"重新理解和定位马克思主义哲学的基础上,以"实践"范畴为核心和逻辑起点重建马克思主义哲学教科书体系,是20世纪80年代中期以来中国哲学改革的主要目标。但从实际的建构结果来看,一方面,"由于重构马克思主义哲学体系所面对的最重要的'问题'是'理论资源'贮备不足、'理论困境'捕捉不准、'理论思路'深度不够"①;另一方面,由于人们在什么是马克思主义哲学的精神实质、如何建构马克思主义哲学体系、建构一个什么样的马克思主义哲学体系等方面难以达成共识,所以重构马克思主义哲学教科书体系的各种努力并没有取得预期的效果。不过,在这个过程中,学者们发现,"马克思主义哲学要摆脱贫困,走出困境,就必须克服和消除苏联马克思主义哲学研究范式的教条与偏颇,实现哲学理论研究范式的变革和转换,走出思辨的'象牙塔',主动融入当今世界主流哲学研究的具体化、现实化进程,加强对现实生活世界的关注。"②或者说,"要解决哲学体系陈旧与时代发展新要求之间的矛盾,关键还是要从问题入手,着眼于哲学内容上的更新"。③ 由此,马克思主义哲学研究的"问题意识"开始凸显,中国在改革开放与社会主义现代化建设过程中出现的政治、经济、文化、发展等诸多现实问题,也因此成为马克思主义哲学理论界关注的重点。正是在对这些现实问题的哲学阐释中,政治哲学、文化哲学、经济哲学、发展哲学等部门哲学应运而生并得到较大发展。可以说,面向改革开放和社会主义现代化建设的伟大实践,运用哲学特别是马克思主义哲学的观点、立场和方法,对这一实践中涌现出来的诸多新问题、新情况进行深度思考,为哲学创新寻求现实的生长点,从而推进当代中国马克思主义哲学的发展,是部门哲学最重要的学术诉求。

(二)部门哲学研究范式的发展

自20世纪80年代兴起以来,经过近40年的发展,部门哲学已经成为当代中国马克思主义哲学综合创新的重要范式之一。回顾40多年部门哲学研

---

① 孙正聿等:《当代中国马克思主义哲学专题研究》,吉林人民出版社2010年版,第9页。
② 曾祥云:《试析部门哲学与马克思主义哲学的关系》,《学习论坛》2013年第5期。
③ 杨学功:《超越哲学同质性神话——马克思哲学革命的当代解读》,北京大学出版社2010年版,第267页。

究发展状况,我们会发现,各形态的部门哲学之间发展水平极为不平衡,理论体系尚未成熟,理论创新有待突破,并在研究对象、研究思路等方面还存在诸多争议。但从整体上看,部门哲学以其独有的方式与多样化的发展,多领域地推进着当代中国马克思主义哲学的繁荣与发展,并在这个过程中不断推动自身的理论创新与突破。

中国部门哲学发展的逻辑进程大体可以概括为三个阶段:

第一阶段,从 20 世纪 80 年代初到 90 年代中期。这一时期,随着政治、经济、文化、价值等诸多重大现实问题正式进入中国哲学讨论的视野,哲学界在探讨哲学应用中提出了创立应用哲学的问题。在应用哲学的分支或狭义应用哲学的名义下,人学、经济哲学、发展哲学、文化哲学、社会哲学、价值哲学、管理哲学、军事哲学、领导哲学、教育哲学、法哲学、宗教哲学等部门哲学开始兴起。其中,在人学领域,学术界围绕人学的性质、人学的研究对象、研究内容、研究方法与研究意义、马克思主义人学、古今中西人学思想及其比较研究(如中国古代人学老庄人学、孔子人学、孟子人学、萨特人学思想,其中关于萨特的存在主人学的研究相对较多一些)、人的现代化、人的本质、人的价值、人的主体性等问题,展开了较为深入的讨论,并在这个基础上开始探索人学体系的建构,提出了人学体系的建构的一些设想。应该说,在这一阶段,人学的研究是比较突出的,取得的成果也多于其他领域;在经济哲学领域,经济哲学的研究性质、研究对象、研究方法、基本问题与意义、市场经济与经济哲学、毛泽东经济哲学思想等成为学者们探讨的主要内容,学者们形成了应该建立经济学与哲学的联盟的共识,并为实现这种结合进行了初步的探索与尝试;在文化哲学领域,文化哲学的定位、本质、基本问题等基础理论问题、文化哲学的建构、人文精神及其重建等问题成为学者们关注的重点;在政治哲学领域,学者们主要集中于西方政治哲学流派及代表人物的政治哲学思想的研究,同时也有关于中国传统尤其是儒道两家政治哲学思想的研究,而对马克思主义政治哲学的研究则相对较少;在社会哲学领域,学者们主要探讨了社会哲学的对象、体系、方法和任务等问题。为了进一步推进社会哲学研究,中国社会科学院哲学所历史唯物主义研究室和南开大学哲学学科提出了推进社会哲学研究的初步设想与计划。初步设想是社会哲学研究大致分两步走:第一步,展开对社会存在、社会认识的系统的、综合的方法论研究;第二步,解决社会科学和人文科学的基础问题。初步计划是开展系列的专题研究,并拟出版一套"社会哲学丛书"①;在发展哲学领域,学者们主要围绕发展哲学的研究对象、目标与方法、发展哲学的范畴系统、社会发展及发展观、发展哲学与现代化等问题展开讨论;在价值哲学领域,学者们讨论的核心是价值的本质、价值与真理的关系等问题;在领导哲学领域,学者们的研究主要围绕着领导哲学的研究对象、基本问题、基本内容、学科体系以及领导方法论、领导价值论、领导系统论等问题展开;在管理哲学领域,除了首倡者苏州大学崔绪治教授对管理哲学的研究对象、问题领域、体系建构等基础问题的探讨,其他学者们也比较重视对毛泽东管理哲学思想和儒家、道家、法家等中国传统管理哲学思想的发掘;在生态哲学领域,生态平衡问题与生态伦理学研究比较。从这些领域的研究主题、研究成果等来看,这一时期,"导论"(如袁贵仁的《人的哲学导论》、沈铭贤的《科学哲学导论》、韩震的《西方历史哲学导论》、王守昌的《社会哲学导论》、黄玉顺的《新闻哲学导论》)、"论纲"性的研究成果(例如,包庆德的《生态哲学研究论纲》、王永昌的《价值哲学论纲》、李维武和何萍的《马克思主义文化哲学论纲》、万斌的《历史哲学论纲》、孟宪忠和丛大川的《发展哲学论纲》、黎红雷的《儒家管理哲学论纲》、杨信礼的《儒家人生哲学论纲》、宋一秀的《毛泽东领导哲学论纲》、王晓升的《语言哲学论纲》)相对多一些。由于各形态的部门哲学研究处于刚刚起步阶段,所以不可避免地存在研究深度不够、理论成果精品不多、学科性质定位不明确等诸多局限。

第二阶段,从 20 世纪 90 年代中期到 21 世纪初。这一时期,中国哲学研究比较活跃,出现了许多新的研究领域,拓展了部门哲学的领地。同时,部门哲学研究"从开拓走向深入",在对自身反思的基础上日趋走向繁荣,有的甚至已成为哲学研究中的"显学""热点"和"重点",如人学、文化哲学、政治哲学、价值哲学。从整体上看,这一时期,部门哲学研究的重心由体系建构转向

---

① 景天魁:《社会哲学研究设想讨论纪要》,《哲学动态》1989 年第 4 期。

个案研究、专题研究的倾向,如政治哲学领域中对公共性问题(以郭湛、万俊人、晏辉等学者的相关研究成果为代表)、正义问题(以顾肃、姚大志、段忠桥等学者的相关研究成果为代表)、市民社会问题(以王新生等学者的相关研究成果为代表)等的研究;经济哲学领域中对货币问题、资本问题的研究(以张雄、鲁品越主编的《中国经济哲学评论:2004 货币哲学专辑》《中国经济哲学评论:2006 资本哲学专辑》为代表);社会哲学领域中的社会转型问题研究(以陈宴清主编的"社会哲学研究丛书"为代表)、社会认识论研究(以欧阳康任总编的"当代人文社会科学哲学丛书"为代表);文化哲学领域中的日常生活哲学研究(以衣俊卿主编的"日常生活批判丛书"为代表);价值哲学领域中的"实践价值"与"人生价值"研究(以李德顺主编的"人生价值丛书""实践价值丛书"为代表)、评价论研究(以冯平、马俊峰、陈新汉等的相关著作为代表);人学领域中的人学方法论研究(以马克思主义人学研究方法论研讨会的相关成果为代表)、人学观念史与思想史研究(以黄楠森任编委会主任的"人学理论与历史丛书"为代表)。

第三阶段,从 21 世纪初至今。这一时期,部门哲学研究进一步繁荣发展,继续向纵深推进。这一时期的一个显著特征是,一些学者清醒地意识到,作为哲学,部门哲学既是现实的又是逻辑的,这就意味着中国的部门哲学不仅要有自己关注的核心问题,而且要有自己独特的逻辑范畴体系。这是因为当代中国社会所面临的问题不同于西方的问题,比其要复杂得多,如果完全不顾这种差异性与复杂性,把西方哲学的研究视域直接"移植"到中国部门哲学的研究中,既不利于中国部门哲学的发展,更不利于中国现实问题的解决。因此,自觉立足于"中国问题"和"中国道路",试图探索并建构具有中国特色的话语体系,成为当下部门哲学的重大理论目标。但是对于如何建构这个适合中国社会现实的话语体系,学者们的看法不尽相同。这种差异不仅存在于不同形态部门哲学之间,而且存在于同一形态部门哲学内部。如在政治哲学的研究中,以陈晏清、王南湜等为代表的南开大学政治哲学研究团队,通过对近年来中国马克思主义政治哲学的发展趋向、特征、存在的问题等方面的考察,在深入分析政治哲学的价值性与事实性的关系问题的基础上,提出了当代中国马克思主义政治哲学的建构之路："从理想性到现实性"①；而衣俊卿则在厘清"宏观政治"与"微观政治"的基础上，区分了政治哲学的两种研究范式：宏观政治哲学的研究范式与微观政治哲学的研究范式，着重分析了微观政治哲学对于当代政治哲学研究，尤其是中国马克思主义政治哲学建构的理论价值，并认为微观政治哲学在某种意义上也是回归生活世界的文化哲学。② 李佃来强调政治哲学回归马克思哲学革命的原初语境；冯颜利在与国外马克思主义学者罗伯特·塔克尔、艾伦·伍德等关于"马克思与正义观关系"的对话中阐释了马克思主义政治哲学应当是历史性与规范性的统一。任平强调中国马克思主义政治哲学应当从中国社会现实出发即从"差异性社会"出发，建立为以"差异的正义"为核心原则的规范理论。③ 在文化哲学领域，李鹏程立足于当前我国社会的文化思想态势，认为文化哲学研究者的学术任务之一是对文化哲学形上建构的进一步探索④，邹广文则通过对文化哲学的历史背景考察，提出了当代文化哲学的建构原则，即时代与超越原则、开放与宽容原则、整体性人文关怀、倡导中性智慧⑤。与之相应，这一时期各部门哲学对"中国问题"与"中国道路"给予了更多关注，如价值哲学领域，李德顺、马俊峰等对社会主义核心价值体系与价值观等问题的探讨，欧阳康对中国道路及其价值意义的反思，宋惠昌等对中国价值观现状及演变趋势的分析，孙伟平、王伦光等对和谐社会的价值差异与价值追求的研究，张思宁等对转型中国的价值冲突与秩序重建的研究；文化哲学领域，霍桂桓、洪晓楠等对文化软实力的反思，陈先达、衣俊卿、邹广文等对当代中国文化建设与文化自觉等问题的研究，邴正等对当代中国文化矛盾的深入分析；政治哲学领域，阎孟伟等对当代中国政治文明建设问题的深入研究，吴忠民等对当代中国社会转型期公平正义问题的反思，王凤才等对当代中国政治道路历史性转向问题的探讨；经济哲学领域，余源培等对当代中

---

① 陈晏清等：《政治哲学的当代复兴》，中国社会科学出版社 2011 年版，第 9—10 页。

② 参见衣俊卿：《论微观政治哲学的研究范式》，《中国社会科学》2006 年第 6 期。

③ 参见任平：《论 21 世纪中国马克思主义政治哲学研究的重大使命》，《江苏社会科学》2020 年第 4 期。

④ 参见李鹏程：《当代文化哲学沉思》，人民出版社 2008 年版，第 444 页。

⑤ 参见邹广文：《当代文化哲学》，人民出版社 2007 年版，第 91—100 页。

国财富观问题的研究;生态哲学领域,王雨辰、陈学明等对当代中国生态文明建设问题的思考,等等。同时,在这一阶段,部门哲学的繁荣还表现在一些形态的部门哲学开始成为研究其他理论与实践问题的一种视角。这种研究扩大了部门哲学的影响,推进了部门哲学的发展。

经过40多年的发展,部门哲学已经成为当代中国马克思主义哲学关注现实、走向实践的重要方式,并且以惊人的速度不断壮大它的家族规模,发展它的家族成员,"几乎可以说,有一门学科,就有一门该学科的哲学,出现一门新的学科,就会出现一门新的部门哲学。"①目前,已经形成了人学、政治哲学、经济哲学、文化哲学、发展哲学、社会哲学、价值哲学、科技哲学、教育哲学、管理哲学、网络哲学、艺术哲学、生活哲学、生态哲学、环境哲学、领导哲学、语言哲学、法哲学、自然哲学、军事哲学、行政哲学、宗教哲学、信息哲学、城市哲学、产业哲学等形态的部门哲学。其中,人学、政治哲学、经济哲学、文化哲学、社会哲学、发展哲学、价值哲学的发展比较快,影响也比较大,不仅形成了稳定的研究队伍,产生了大量的研究成果,而且有的已成为当下中国马克思主义哲学研究中的显学。

有学者曾对部分相关成果作过梳理②,结合这些梳理,除上面提到的一些"丛书"之外,这几个领域的其他代表性著作(不包括译著)还有:

在人学方面,王锐生等的《论马克思关于人的学说》(1984),黄楠森等的《人学词典》(1990)、《人学的足迹》(1999)、《人学的科学之路》(2011),郭湛的《人活动的效率》(1990)、《主体性哲学——人的存在及其意义(修订版)》(2011),韩庆祥的《马克思主义人学思想发微》(1992)、《马克思人学思想研究》(1996)、《人学——人的问题的当代阐释》(2001)、《马克思的人学理论》(2011),袁贵仁的《人的哲学》(1988)、《马克思的人学思想》(1996)、《对人的哲学理解》(2008),胡海波等的《哲学与人性的观念》(1996),林剑的《人的自

① 徐素华等:《三大思潮鼎立格局的形成——五四后期的思想文化论战》,百花洲文艺出版社2008年版,"前言"第6页。
② 参见杨学功:《超越哲学同质性神话——马克思哲学革命的当代解读》,北京大学出版社2011年版,第300—303页。

由的哲学思索》(1996),夏甄陶的《人是什么》(2000)、《人:关系 活动 发展》(2011),高清海的《人就是"人"》(2001)、《人的"类生命"与"类哲学"——走向未来的当代哲学精神》(2005),黄克剑的《人韵——一种对马克思的读解》(1996),李大兴的《超越——从思辨人学到实证人学》(2006),沈亚生等的《人学思潮前沿问题探究》(2010),路日亮主编的《以人为本与中国特色社会主义建设》(2011),张奎良的《实践人学与以人为本》(2011),陆剑杰的《社会主义与人》(2011),张一兵的《人的解放》(2011),王善超的《关于人的理解》(2011),邹广文的《全球化进程中的人》(2011),张健的《论人的精神世界》(2011),李文成的《人的价值》(2011),欧顺军的《人学概论》(2011),谭培文的《马克思主义人学中国化研究》(2011),陈曙光的《马克思人学革命研究》(2011)、《直面生活本身:马克思人学存在论革命研究》(2012)。

在价值哲学方面,李连科的《世界的意义——价值论》(1985)、《哲学价值论》(1991)、《价值哲学引论》(1999),王克千的《价值之探求——现代西方哲学文化价值观》(1989)、《价值是什么——价值哲学引论》(1992),李德顺的《价值论——一种主体性的研究》(1987)、《价值新论》(1993)及其主编的《价值学大词典》(1995),王玉樑的《价值哲学》(1989)、《价值哲学新探》(1993)、《当代中国价值哲学》(2006),《21世纪价值哲学:从自发到自觉》(2006),马志政的《哲学价值论纲》(1991)、赵馥洁的《中国传统哲学价值论》(1991)、袁贵仁的《价值学引论》(1991)、《重构现代性——当代社会主义价值观研究》(2006),江畅的《当代西方价值理论研究》(1992)、《现代西方价值哲学》(2003)、《走向优雅生存:21世纪中国社会价值选择研究》(2004),江畅、戴茂堂的《西方价值观念与当代中国》(1997)、《传统价值观念与当代中国》(2001),门忠民的《价值学概论》(1993),马俊峰的《评价活动论》(1994)、《价值论的视野》(2010),陈新汉的《评价论导论》(1995)、《社会评价论》(1997)、《民众评价论》(2004)、《权威评价论》(2006),汪信砚的《科学价值论》(1995),冯平的《评价论》(1997)及其主编的《现代西方价值哲学经典》(2009),张书琛的《西方价值哲学思想简史》(1998),张理海的《社会评价论》(1999),何萍的《生存与评价》(1998),兰久富的《社会转型时期的价值观念》

（1999）、《全球化过程中的价值多样性》（2010）、《存在与价值》（2011），孙伟平的《事实与价值》（2000）、《价值论转向——现代哲学的困境与出路》（2008）、《价值哲学方法论》（2008）、《价值差异与社会和谐——全球化与东亚价值观》（2008），叶汝贤的《中国改革的价值选择》（2001），刘永富的《价值哲学的新视野》（2002），邬焜、李建群的《价值哲学问题研究》（2002），王晓升的《价值的冲突——马克思主义的当代价值》（2003），阮青的《价值哲学》（2004），宋惠昌的《人的发现与发展——近代中国价值观的嬗变》（2008），王伦光的《和谐社会的价值追求研究》（2011），岳德常的《价值体系进化论》（2011），张思宁的《转型中国之价值冲突与秩序重建》（2011），宣兆凯等的《中国社会价值观现状及演变趋势》（2011）。

在文化哲学方面，许苏民的《文化哲学》（1990），何萍的《人类认识结构与文化》（1991）、《马克思主义哲学与文化哲学》（2002）、《文化哲学：认识与评价》（2010），邹广文的《文化哲学的当代阐释》（1994）、《人类文化的流变与整合》（1998）、《当代文化哲学》（2007），陈筠泉、刘奔主编的《哲学与文化》（1996），李鹏程的《当代文化哲学沉思》（1994），李小娟主编的《文化的反思与重建——跨世纪的文化哲学思考》（2000）、《批判与反思——文化哲学研究十年》（2011），衣俊卿的《文化哲学》（2002）、《现代化与文化阻滞力》（2005）、《现代性焦虑与文化批判》（2007），霍桂桓的《文化哲学论稿》（2007）、《文化哲学论要》（2011），邴正的《马克思主义文化哲学》（2007），陈云胜的《文化哲学的当代发展》（2007），陈树林的《文化哲学的当代视野》（2010），朱大可主编的《文化批评——文化哲学的理论与实践》（2011），司马云杰的《文化价值论：关于文化建构价值意识的学说》（2003）、《价值实现论：关于人的文化主体性及其价值实现的研究》（2003）、《文化悖论：关于文化价值悖谬及其超越的理论研究》（2003）。

在社会哲学和发展哲学方面，陆象淦的《发展——一个受到普遍关注的全球问题》（1998），徐伟新的《社会动力论》（1988），陈晏清的《当代中国社会哲学》（1990），王南湜：《从领域合一到领域分离》（1998），吴元梁的《社会系统论》（1993），王锐生等的《社会哲学导论》（1994），贾高建的《当代社会形态问题导论》(1994)、《社会发展理论与社会发展战略——建构一种逻辑体系的研究》(2005),丰子义的《现代化的理论基础——马克思现代社会发展理论研究》(1995)、《现代化进程的矛盾与探求》(1999)、《马克思东方社会理论的历史考察和当代意义》(2002)、《发展的反思与探索——马克思社会发展理论的当代阐释》(2006)、《发展的呼唤与回应:哲学视野中的社会发展》(2009),吴晓明等的《马克思主义社会思想史》(1996),陶德麟的《社会稳定论》(1999),高清海等的《社会发展哲学——中国现代化的理性思考》(1999),臧向文、曹志军的《当代社会主义发展哲学——社会发展动力新论》(1999),庞元正等的《发展理论论纲》(2000)、《当代西方社会发展理论新词典》(2001)、《哲学视野中的发展与创新》(2003)、《当代中国科学发展观》(2004),邱耕田的《发展哲学》(2001),杨信礼的《发展哲学引论》(2001)、《当代社会发展的哲学研究与论辩》(2007),刘怀玉的《走出历史哲学乌托邦:马克思主义发展观的当代沉思》(2001),王南湜的《社会哲学——现代实践哲学视野中的社会生活》(2001),刘森林的《发展哲学引论》(2000)、《重思发展——马克思发展理论的当代价值》(2003),韩庆祥的《发展与代价》(2002),许俊达的《中国社会主义社会形态论——马克思主义社会形态学说与社会主义初级阶段理论研究》(2006),叶泽雄的《当代社会发展观导论》(2008),陈新夏的《可持续发展与人的发展》(2009),夏文斌的《当代中国的发展哲学——科学发展观的哲学解读》(2009),王晓升的《分裂的社会世界》(2011)。

在政治哲学方面,张桂林的《西方政治哲学——从古希腊到当代》(1999),俞可平的《权利政治与公益政治——当代西方政治哲学评析》(2000),王岩的《中外政治哲学研究》(2004),袁久红的《正义与历史实践——当代西方自由主义正义理论批判》(2002)、《西方马克思主义的政治哲学》(2004),宋惠昌的《政治哲学》(2003),王新生的《市民社会理论》(2003),李鹏程、单继刚、孙晶主编的《对话中的政治哲学》(2004),韩水法主编的《社会正义是如何可能的:政治哲学在中国》(2000),李佃来的《公共领域与生活世界——哈贝马斯市民社会理论研究》(2006),欧阳英的《走进西方政治哲学——历史、模式与解构》(2006),张凤阳的《政治哲学关键词》(2006),王南湜等的《哲学视野中的社会政治生活》(2007),赵剑英主编的《马克思主义政治哲学:阐释与创新》(2007),姚大志的《何谓正义——当代西方政治哲学研究》(2007)、《当代西方政治哲学》(2011),蒋红的《马克思市民社会理论研究》(2007),韩冬雪的《马克思主义政治哲学诸范畴初探》(2007),周桂钿的《中国传统政治哲学》(2007),张文喜的《历史唯物主义的政治哲学向度》(2008),杨楹等的《政治:一个伦理话题》(2008),任剑涛的《政治哲学讲演录》(2008)、赵汀阳的《坏世界研究:作为第一哲学的政治哲学》(2009)、《每个人的政治》(2010),藏峰宇的《马克思政治哲学引论——以人学为视角的当代解读》(2009),郭湛的《社会公共性研究》(2009),韩水法的《正义的视野:政治哲学与中国社会》(2009),邓正来主编的《复旦政治哲学评论》(第1—3辑)(2010—2011),高宣扬的《当代政治哲学》(2010),崔文奎的《政治哲学的第一哲学论证:费希特政治哲学思想评析》(2010年),李景源、张一兵的《构建和谐社会的政治哲学阐释》(2010),陈晏清等的《政治哲学的当代复兴》(2011),莫雷的《穿越意识形态的幻想——齐泽克意识形态理论研究》(2012),张翠的《民主理论的批判与重建——哈贝马斯政治哲学思想研究》(2011),贾中海的《社会价值的分配正义》(2011)、欧阳英的《在社会学与政治哲学之间——当代政治哲学研究的新路径》(2011),李琳的《政治哲学视阈中的中产阶层》(2011),黎世光的《政治哲学的现代危机和古代出路——施特劳斯思想研究》(2011)。

另外还有,万俊人主编的"政治哲学丛书",其中收录了中国学者左高山的《政治暴力批判》(2010)、李斌惠、李义天的《马克思与正义理论》(2010)、张彭松的《乌托邦语境下的现代性反思》(2010);衣俊卿主编的"微观政治哲学研究丛书"(2011),包括衣俊卿的《现代性的维度》与《社会历史理论的微观视域》、赵福生的《福柯微观政治哲学研究》、张正明的《年鉴学派史学范式研究》;甘阳、刘小枫主编的"政治哲学文库",已经出版了王光松的《在"德""位"之间》(2010)、张志杨的《西学中的夜行——隐匿在开端中的破裂》(2010)、谭立铸的《柏拉图与政治宇宙论——普罗克洛斯〈柏拉图《蒂迈欧》疏解〉卷一研究》(2010)、魏朝勇的《自然与神圣——修昔底德的修辞政治》

（2010）、罗晓颖的《马克思与伊壁鸠鲁——马克思〈关于伊壁鸠鲁哲学的笔记〉和〈博士论文〉研究》（2010）、梁中和的《灵魂爱上帝——斐奇诺柏拉图神学研究》（2010）、陈壁生的《经学、制度与生活——〈论语〉"父子相隐"章疏证》（2010）、史应勇的《尚书郑王比义发微》（2011）刘贡南的《道的传承：朱熹对孔子门人言行的诠释》（2011）、黄瑞成的《盲目的洞见——忒瑞西阿斯先知考》（2011）、张文涛的《哲学之诗——柏拉图王制卷十义疏》（2012）、刘玮的《马基雅维利与现代性——施特劳斯政治现实主义与基督教》（2012）；应奇等主编的"当代西方政治哲学读本丛书"（2011），包括徐向东编的《全球正义》（2011）、《实践理性》（2011）、《后果主义与义务论》（2011）、谭安奎编的《公共理性》（2011）、李丽红编的《多元文化主义》（2011），李守利的《友爱与正义：西方古典政治哲学导论》（2011）。

在经济哲学方面，樊钢的《现代三大经济理论体系的比较与综合》（1990年），刘修水主编的《经济哲学》（1992），杜莹、卢祥金主编的《社会主义市场经济哲学》（1993），曾德盛的《毛泽东经济哲学思想研究》（1993）、陈湘舸的《毛泽东经济哲学与经济思想》（1993），张雄的《市场经济中的非理性因素》（1995）、《经济哲学——经济理念与市场智慧》（2000）、《经济哲学——从历史哲学向经济哲学的跨越》（2002），陈泽环的《功利·奉献·生态·文化——经济伦理引论》（1999），马涛的《理性崇拜与缺憾——经济认识论批判》（2000），余源培等的《寻找新的学苑——经济哲学成为新的学科生长点》（2001）、《马克思主义经济哲学及其当代意义》（2010），蔡灿津等的《经济哲学导论》（2001），刘敬鲁的《经济哲学导论》（2006），鲁品越的《资本逻辑与当代现实——经济发展观的哲学沉思》（2006）、《社会主义对资本力量——驾驭与导控》（2008），叶险明的《"知识经济"的批判》（2007），陈志生等的《马克思主义哲学视域中的知识经济》（2008），孙承叔的《资本与社会和谐》（2008）、《真正的马克思——〈资本论〉三大手稿的当代意义》（2009），刘荣军的《财富、人与历史：马克思财富理论的哲学意蕴与现实意义》（2011），毛勒堂的《经济生活世界的意义追问：经济正义与和谐社会的构建》（2011），张雄、鲁品越主编的《中国经济哲学评论：2011 财富哲学专辑》（2012），孙麾、张雄主编的

《思想路径与现实基础:哲学与经济学的对话》(2013)。

在管理哲学领域,韩修山、阎守寅的《管理哲学纲要》(1987),肖明等的《管理哲学纲要》(1987),张尚仁的《管理·管理学·管理哲学》(1987),崔绪治、徐厚德的《现代管理哲学概论》(1986)、《现代管理哲学纲要》(1990)、《现代管理哲学》(1991),李兰芬、崔绪治的《管理文化——管理哲学的新视野》(1999),温克勤等的《管理伦理学》(1988),张正霖等的《管理哲学》(1993),官鸣的《管理哲学》(1993),齐振海等的《管理哲学》(1988),冯军的《管理价值研究——管理价值观念的现代反思与体系重构》(2006),高兆明的《管理伦理导论》(1989),李兰芬的《管理伦理学》(1995),戴木才的《管理的伦理法则》(2001),刘云柏的《管理伦理学——管理精神的价值分析》(2006),袁闯的《管理哲学》(2004),彭新武的《管理哲学导论》(2006),何捷一的《管理哲学通论》(2009),刘敬鲁等的《西方管理哲学》(2010),王希坤的《论老子治理之“道”:以管理哲学为视域的研究》(2011),杨伍栓的《管理哲学新论》(第二版)(2011),李桂生的《兵家管理哲学》(2011),葛荣晋的《中国管理哲学通论》(2012),曾仕强的《中国管理哲学》(2013),黄恒学、谢罡的《管理哲学》(2014)。

此外,庞元正、韩庆祥等领衔的发展哲学研究,任平、陈忠、庄友刚领衔的空间与城市哲学研究、韩震领衔的历史哲学研究,侯树栋、毕京京领衔的团队多年深研的军事哲学等领域,也颇有理论建树,相关成果丰硕,已形成了中国理论和中国学派。

二、部门哲学研究范式的特点

文化哲学、政治哲学、经济哲学、生态哲学等各形态的部门哲学在研究主题、研究内容、研究方法等方面,既存在着明显的差异,又表现出深层的一致性。这种一致性构成了部门哲学研究的特点,使之既不同于其他马克思主义哲学研究范式,又区别于一般哲学研究和具体科学研究。作为一种哲学研究范式,部门哲学研究具有以下三个方面的特点:

(一)研究对象的领域化与专门化

这一特点是与一般哲学相比较而言的。从学理上讲,任何哲学研究都不是无对象的思想操作,而且哲学的研究对象制约着哲学的研究方法或研究范式。反过来,哲学的研究对象也受其研究范式的影响。不同的哲学研究范式,体现着不同的哲学理念,不同的哲学理念对哲学研究对象的理解也不尽相同。在传统的马克思主义哲学教科书范式中,哲学通常被理解为"理论化、系统化的世界观",而世界观又被定义为"关于整个世界的根本观点和总的看法"。这里所说的整个世界,包括自然界、人类社会和人类思维。由此得出,哲学的研究对象是包括自然界、人类社会和人类思维在内的整个世界,探寻这一世界的本质与发展规律成为世界观哲学的根本理论目标。当传统的马克思主义哲学教科书以包括自然界、人类社会和人类思维在内的整个世界为研究对象时,哲学的研究内容就合乎逻辑地展现为唯物论(本体论)、认识论、辩证法、历史观这四个组成部分。关于这些内容的研究被中国学界称为哲学的基础理论研究。这种哲学基础理论研究曾是中国马克思主义哲学研究的"主流",取得了丰硕的研究成果,在当代中国的哲学研究中具有举足轻重的意义。

相比之下,部门哲学则是把一般哲学应用于某一特定领域而形成的关于这一领域的哲学理论,它以某一特定部门或领域为研究对象。如人学是以整体的人为研究对象,是关于人的本质与价值的哲学反思;文化哲学以文化为研究对象,是关于人类文化对象和文化实践结果的哲学反思;经济哲学以经济活动为研究对象,是关于经济活动和经济关系的哲学反思;政治哲学以政治生活为研究对象,是关于政治生活或政治事物的哲学反思;语言哲学以语言为研究对象,是关于语言的本质和规律的哲学反思;领导哲学以领导活动为研究对象,是关于各种领导实践的一般本质和规律的哲学反思;技术哲学以技术为研究对象,是关于技术的本质和发展规律的哲学反思;行政哲学以行政活动为研究对象,是关于行政活动过程的本质与规律的哲学反思;管理哲学以管理活动为研究对象,是关于管理活动的本质与规律的哲学反思;教育哲学是教育活动为研究对象,是关于教育活动本质与规律的哲学反思;等等。同时,同一部门哲学内部又可以进一步分化出若干研究方向,如经济哲学领域中的资本哲学、货币哲学、财富哲学,价值哲学领域的艺术价值、科学价值、社会价值、审美价值政治哲学领域中的分配正义、性别正义、种族正义、知识正义等。研究对象的领域化与专门化构成了部门哲学的最基本特征。国内学者称部门哲学的蓬勃兴起为"小体系的时代"。①

以特定领域为研究对象的部门哲学,不仅要深刻揭示特定领域的特殊本质与特殊规律,而且要在此基础上,进一步深入反思、探讨这些特定领域中重大的、具体的、现实的实践课题。这反映了部门哲学的实践诉求。如经济哲学对财富、资本与和谐社会问题的研究,文化哲学对全球化与中国文化发展的关系问题的探讨,发展哲学对当代中国以经济变革为基础的社会整体运动问题的研究,政治哲学对中国政治发展模式问题的思考,价值哲学对社会转型时期的价值冲突问题的研究,技术哲学对现代社会技术异化问题的反思,生态哲学对中国生态文明建设问题的探讨;行政哲学对行政生活中个人利益与公共利益、政府利益与公共利益的冲突问题的讨论,等等。由此可见,部门哲学使哲学研究的对象更加明确,哲学研究的主题更加具体,从而使哲学对问题的反思更为系统化与微观化。这也在一定层面反映了当代中国哲学研究日益从宏观走向微观、从一般走向特殊、从抽象走向具体的发展趋势。这种发展趋势蕴含着中国哲学精神的发展,体现了中国哲学理性的进步。

(二)研究层面的理论与实践相结合、形而上与形而下相统一

如前所述,部门哲学以世界特定领域尤其是人类社会特定实践领域为研究对象。同时,部门哲学研究在中国兴起的最根本的动因并不是理论性的,而是实践性的。因此,从研究内容上看,相对于一般哲学侧重于纯粹的基础理论的研究,如本体论、认识论、方法论的研究,部门哲学研究虽然也包括基础理论研究,但是还涵盖甚至更加重视社会实践问题的研究。正是这种强烈的实践指向,使部门哲学日益占据当代中国哲学的中心论域位置。如政治哲学,不仅

---

① 郭湛:《小体系的年代——关于哲学发展的一点想法》,《光明日报》1988 年 4 月 28 日。

要研究古今中外的政治哲学思想,如马克思恩格斯的政治哲学思想、古希腊的政治哲学思想、近现代西方的政治哲学思想、中国传统的政治哲学思想,而且要研究当代中国政治实践领域中的诸多现实问题。因此,从研究层面上看,相对于侧重概念解析与体系建构的传统马克思主义哲学原理教科书,以"应用哲学"面目出场的部门哲学,并不着眼于世界观与方法论的建构,而是最终指向对生活实践中出现的重大现实问题的反思。不同于具体科学侧重对相关问题的实证研究,部门哲学的研究兼顾理性反思与实证分析。例如,"现代文化哲学吸收了文化学和人类学关于文化现象的研究成果,同时又把关于人的文化的实证研究同关于人的形而上的理性思考结合起来,从而形成了关于人和文化的总体性理论"[①];而"作为以哲学方式展开的政治研究,政治哲学兼顾理性建构与实证考察,因而是贯穿形而上与形而下的思索"。[②] 从总体上说,部门哲学是一种"上下求索"的哲学,其研究一般从两个层面展开:一是理论层面的形而上研究,一是实践层面的形而下分析。例如,文化哲学既要研究理论理性层面的文化哲学论题,如文化现象的本质与文化转型的机理,又要探索实践理性层面的文化哲学论题,如中国社会转型期的文化冲突与文化重建;人学既要研究人的全面发展、人的发展阶段、人的存在状态、人的主体性、人的自我、人格、人文精神、人的创造性素质、人的价值观念等理论问题,又要探讨全球化背景下现代人的生存状况、人的现代化等实践课题;发展哲学既要研究发展的本质、动力、规律、模式等理论问题,又要探讨当代中国的发展观念与经济增长方式、中国发展与世界发展的关系、发展与科技创新、发展与制度选择、发展与社会公平等现实问题;行政哲学既要研究行政价值与行政价值观的基本理论,又要探讨社会主义核心价值体系对行政价值的统领功能、政府绩效管理、行政体制改革与行政价值观的建构等行政实践问题。因而,部门哲学具有明显的理论与实践相结合、形而上与形而下相统一的特征。

---

① 李小娟:《近年来文化哲学研究述评》,《教学与研究》2000 年第 6 期。
② 臧峰宇:《政治哲学的"规定"及其当代性》,《江苏大学学报(社会科学版)》2013 年第 6 期。

但也要注意到,部门哲学中的形而上研究与一般哲学中的形而上研究不同。它不是直接面向整体的世界本身抽象地谈论本体论、认识论、方法论问题,而是以各个领域的具体对象为中介间接地研究这些问题,例如,技术哲学关于技术认识论、技术本体论、技术价值论、技术方法论、技术伦理学、技术美学的研究;政治哲学关于政治存在论、政治价值论、政治诠释论的研究;经济哲学关于经济本体论、经济认识论、经济方法论的研究;教育哲学关于教育本体论、教育认识论和教育方法论的研究;环境哲学关于环境本体论、环境价值论、环境方法论、环境认识论、环境辩证法、环境历史观的研究;行政哲学关于行政主客体论、行政认识论、行政实践论、行政方法论、行政价值论的研究;社会哲学对社会认识论、社会方法论的研究,管理哲学对管理本质论、管理认识论、管理方法论、管理价值论的研究。这种间接研究不但没有否定或遮蔽哲学的本体论、认识论、方法论、价值论等问题,反而通过对具体对象的形而上追问将其进一步深化,为研究这些问题提供了强有力的内容与方法论支撑,从而推进了对这些问题的深入理解,更为鲜明地体现了部门哲学研究的实践性与现实性。这也正是部门哲学研究范式区别于传统马克思主义哲学教科书范式、马克思主义哲学史范式、文本—文献学研究范式的显著特征。

同时,部门哲学中的形而下研究也与具体科学中的形而下研究存在着明显的区别。对任何特定的、具体的社会实践领域,不仅有特定的部门哲学的研究,还有特定的与之对应的具体科学的研究。从发生学的角度来看,"部门哲学只有通过对具体科学及其实践活动的批判反思,才能提出和形成自己以概念范畴为表现形式的理论体系。因此,以批判反思特定社会实践领域为根本特征的部门哲学,离不开以特定实践领域为研究对象的具体科学的研究,具体科学既是部门哲学批判反思的对象,也是部门哲学产生发展的理论基础和思想根源。"①不过,虽然部门哲学与相关具体科学关注的领域相同,甚至拥有共同的研究对象,但在理论基础与研究方法上却存在着根本性的区别,并且研究

① 曾祥云:《论部门哲学的性质与特征》,《湘潭大学学报(哲学社会科学版)》2012年第9期。

的侧重点也不一样,由此形成两种不同的学科体系。从总体上说,部门哲学与具体科学代表了两种不同的研究方式:哲学的反思的研究方式与科学的实证的研究方式。一方面,具体科学所代表的经验的、科学的研究方式,以"事实"与"价值"的严格划分为前提,对某一特定领域的重大问题进行实证性的研究,具有直接的、具体的、分析的、价值中立的特点。这一研究方式局限于"是什么"的事实判断,而不能提升到"为什么"和"应当怎样"的价值判断①,其研究成果主要是描述性和对策性的。而部门哲学所代表的哲学的反思的研究方式,以"事实"与"价值"的有机统一为基础,对某一领域的重大问题进行超验性的、反思性的研究,具有间接的、宏观的、综合的、非价值中立的特点,这一研究方式所取得的成果是解释性与规范性的统一。例如,领导学与领导哲学,领导学作为一门具体科学,它是对领导活动的实证性研究,如决策、用人、组织、协调、指挥、领导体制和领导素质等,具有可操作性的特征。而领导哲学则属于一门基础学科,它所要解决的是领导学各分支学科中面临的普遍问题,而不是某一具体的领导学分支学科所要解决的特殊问题。② 再比如,政治哲学与政治学,二者都以社会政治为研究对象,但侧重点不同。相比于追求事实性、侧重形而下实证研究的政治学,政治哲学更偏重于形而上的学理分析,规范性的特征比较突出。"政治哲学的基本范畴应该体现为与'实然性'命题相区别的'应然性'命题,其价值诉求在于'真理性',有别于'实然性'所追求的'事实性',其基本的研究框架体现为对作为政治社会本质的最高层面的价值判断和意义的研究,体现为对现实政治社会正当性的理性批判与价值建构。"③ 从上述两个例子中,可以看到,部门哲学的研究方法和理论形态是哲学的,无论是对基础理论问题的系统性分析,还是对具体实践问题的整体性研究,都包含着价值批判与价值引导的维度。因此,具体科学的实证性分析不能代替部门哲学的批判性反思。当然,部门哲学的批判性反思也无法替代具体科学的

---

① 参见杨信礼等:《当代社会发展的哲学研究与论辩》,百花洲文艺出版社 2007 年版,第 4 页。

② 参见于洪生:《领导哲学的学科定位及其基本功能分析》,《理论探讨》2004 年第 4 期。

③ 赵景来:《当代政治哲学研究若干问题研究述略》,《马克思主义研究》2007 年第 5 期。

实证性分析。另一方面,部门哲学与具体科学虽然都以特定的社会实践领域为研究对象,但部门哲学对特定社会实践领域的反思,是一种宏观的总体性把握,不仅要把握特定社会实践活动的本质和规律,更要追问隐藏在特定社会实践活动背后的逻辑前提或理论预设并批判性地反思其合理性,侧重"前提的自明性"的追问。同时,部门哲学关注的是特定社会实践领域中的那些重大的根本性问题,也可以说是对这些领域中的"元问题"的研究,而不是把该领域中的所有现象都纳入自己的研究视野。对这些具体的现象研究属于具体科学的任务,而且具体科学对这些问题的研究一般采取自然态度的思维,虽然它们也要揭示特定领域社会实践活动的本质和规律,但不会像哲学那样自觉地追问、审视其逻辑前提或理论预设及其合理性,而是把这些逻辑前提或理论预设当作不证自明的东西未加批判地予以接受,缺少"前提的自明性"的追问。

(三)研究性质的中介性、交叉性与综合性

尽管学界对于部门哲学的学科定位一直存在争议,但学者们并不否认,部门哲学是一般哲学理论与各种具体学科相联系的桥梁,因而带有明显的中介性特征。如领导哲学是介于哲学与领导学之间的学科,经济哲学是介于经济学与哲学之间的学科,政治哲学是介于政治学与哲学之间的学科,行政哲学是介于行政学与哲学之间的学科,生态哲学是介于生态学与哲学之间的学科,管理哲学是介于管理学与哲学之间的学科,语言哲学是介于语言学与哲学之间的学科,文化哲学是介于文化学与哲学之间的学科,教育哲学是介于教育学与哲学之间的学科,宗教哲学是介于宗教学与哲学之间的学科,城市哲学是介于城市学与哲学之间的学科,等等。由此,也有学者把部门哲学称为中间层次的"跨界"研究。部门哲学的中介性,不仅体现在一般哲学理论与其他具体学科的关系中,还反映在它是一般哲学理论发挥其改造世界功能的重要环节。换言之,部门哲学是一般哲学理论与具体实践相结合的纽带。哲学作为人们认识世界的一种方式,其最终目的是在认识世界的基础上改造世界。但是,一般哲学理论关于世界本身的认识具有高度概括性与抽象性,而人们改造世界的

实践活动却是非常具体的。因此，"为了使高度抽象的哲学理论发挥其对具体实践的指导作用，理论也就需要一步一步地具体化，使其一步一步地接近实践"。① 部门哲学正是一般哲学理论走向具体化的重要途径。通过部门哲学，一般哲学理论能够更加有效地发挥其认识世界和改造世界的功能。作为一种中介性的学科，当代中国的部门哲学肩负着双重学术任务：一方面是从哲学的高度对相关具体学科的理论前提或方法论基础等进行反思，用哲学来指导具体学科或具体科学；另一方面则是分析具体学科及相关实践领域所蕴含的哲学问题，用具体学科与实践来丰富和发展哲学自身，并以这种发展了的哲学去指导改革开放和社会主义现代化建设的实践及其理论研究，发挥哲学应有的学术价值。

这种中介性也意味着部门哲学研究的交叉性与综合性，即部门哲学研究是一种跨学科的交叉研究、综合研究。例如，在谈到政治哲学研究特点时，有的学者明确指出，"这种研究不再仅仅从哲学的概念和原理中引申出政治的原则、理论和策略，而是全面地着眼于全球经济、政治、文化甚至军事的现实，从中形成一种跨学科的综合研究方式，即综合地运用哲学、经济学、历史学、法学、文化学等多学科的理论来构建当代的政治学和政治理论。"②在谈到文化哲学的性质时，有的学者甚至称"文化哲学更为一切文化学中一个最'综合'的因子"。③ 学界大部分学者都认同部门哲学的这种交叉性、综合性特征。有的学者还对这种交叉学科和综合学科的性质给予了细致的分析。如在谈到经济哲学的学科性质时，复旦大学余源培教授指出，经济哲学是一门交叉学科，对于它的性质可以从三个方面来理解：一是经济哲学是跨学科的结合，即是从哲学与经济学的结合中产生的新学科，它具有经济学与哲学的双重属性。二是经济哲学是通过结合法产生的跨学科交叉学科，即经济哲学不是把某一门学科的原理、方法简单地移植到另一门学科，而是通过经济学和哲学这两门学

---

① 张尚仁：《管理哲学的对象、意义和研究方法》，《人文杂志》1986 年第 6 期。
② 李德顺：《理解马克思主义政治哲学的理论基础和现实依据》，《河北学刊》2006 年第 5 期。
③ 朱谦之：《文化哲学》，商务印书馆 1990 年版，"序言"，第 11 页。

科的创造性结合而产生的学科。三是经济哲学是一门具体科学(经济学)与哲学交叉产生的综合学科,两者的结合属于普遍与特殊的性质的交叉。① 当然,学者们虽然认同部门哲学是一种交叉学科,但是对于这种交叉的性质的理解并不完全一致。例如,同样是关于经济哲学的交叉性质,有的学者却给出了不同于上述的理解:"如果可以把自然科学和社会科学两大知识体系内部某些学科的交叉称为同体型交叉,两大知识体系之间某些学科的交叉称为异体型交叉,局部性的交叉又有着同体型和异体型的区别。经济与哲学的交叉属于同体型交叉,经济与某些自然科学的交叉则属异体型交叉。"②这种不同意义上的理解,有助于深化人们对部门哲学学科交叉性质的理解。但无论我们从什么意义上来理解这种交叉,我们都必须承认,这种交叉不是两个或多个学科外在的简单相加,而是一种内在的融合。

多学科间的融合,尤其哲学与其他学科的互动既有当下现实的基础,又有哲学史的根据。从现实层面上看,在中国的改革开放和社会主义现代化建设的进程中,在全球化的大背景下,社会生活实践诸领域涌现出的各种新问题和新情况,如经济、文化、政治、价值、社会、生态等问题往往带有跨学科的综合性特征。这一特征决定了这些问题不可能在单一的哲学学科或其他某个学科范围内得到根本性的解决,而是需要各相关学科的共同合作。因此,在社会现实问题越来越领域化、综合化的现实条件下,哲学与经济学、文化学、政治学、价值学、社会学、生态学等其他学科的联盟、互动已成为一种必要。同时,时代的重大问题总是引发所有人文社会科学的共同关切,这必然会使相关学科之间产生以问题为中介的"交集"实际上,不仅部门哲学与相关学科之间有交集,部门哲学之间也有交集。如社会管理创新,既是管理学和管理哲学关注的热点问题,又是社会学和社会哲学思考的重要问题。这种"交集",也可以称之为学科问题域的"重叠"使哲学与其他学科间的互动、联盟成为可能。回顾哲学史,可以发现,所有那些在哲学史上留下足迹、产生深远影响的哲学家,古代

---

① 参见余源培:《论经济哲学的学科性质和一般研究方法》,《复旦学报(社会科学版)》2001 年第 1 期。

② 岳凯:《超越:在两大基本学科之间——关于经济哲学的断想》,《江淮论坛》1987 年第 3 期。

的从苏格拉底、柏拉图到亚里士多德,近代的从培根、笛卡尔到黑格尔,现代的从尼采、海德格尔到哈贝马斯等,"都在思考人类所面对重大自然、政治、社会、经济等时代重大问题的同时,以跨界研究的方式深刻推进了哲学自身的发展"。这里所说的跨界研究,也可以理解为跨学科研究。这种多学科意义上的跨界研究,构成哲学自身发展的重要机制之一。而把哲学研究与经济学、社会学、人类学、历史学、文化学、法学等具体科学研究结合起来,在哲学与具体科学的有机联系中切入社会现实,也是马克思主义哲学极其重要的哲学传统。但传统马克思主义哲学教科书的研究范式,不但没能继承、发扬这一传统,反而遮蔽甚至丢掉了这种传统。部门哲学则在一定意义上恢复了这一传统。这种把哲学与具体科学研究结合起来的传统对于哲学本身具有重要意义:不仅丰富了哲学研究的思想资源,带来了哲学研究方法的多元开启与创新,而且更好地发挥了哲学的理论功能。

总之,部门哲学,既是哲学跨学科研究的必然产物,又有利于推进这种跨学科研究,而且其本身的发展也离不开这种跨学科研究。这种跨学科研究,有助于各学科发挥各自优势,取长补短,推进学科建设与学术发展,推动现实问题的有效解决。随着中国哲学的繁荣发展,打破学科壁垒,推进跨学科的综合性研究,这已为学界的共识。但是,对于如何有效地促进这种跨学科研究、综合研究,则还处于探索中。

以上我们分析的是部门哲学的一般特征。除了这一般特征,中国部门哲学研究还有自己的特殊性。这种特殊性主要表现在中国的部门哲学研究与马克思主义哲学具有天然的"亲缘"关系。与西方部门哲学研究相比,当代中国的部门哲学研究是在马克思主义哲学研究从体系意识走向问题意识、从僵化教条回归生活实践的过程中兴起并获得发展的,而且由于马克思主义哲学在中国理论界与现实生活中的思想统治地位,所以,大多部门哲学都是在马克思主义哲学的怀抱下成长起来的,并在"马克思主义哲学的旗帜下发出自己的声音"。①

---

① 高峰:《超越学术性与现实性的对立——关于深化马克思主义哲学研究的几点思考》,《学习与探索》2006 年第 1 期。

三、部门哲学研究范式的创新功能

无论是从西方哲学发展史来看,还是从中国哲学发展现状来看,部门哲学都已成为哲学的一个不可或缺的组成部分,它不仅是哲学研究繁荣发展的一种表现,而且在推动哲学创新中发挥着不可替代的作用,体现了哲学研究的现实感与历史感。就中国哲学研究来说,部门哲学是马克思主义哲学研究摆脱贫乏走向现实化与具体化的一种尝试,并在理论与实践、文本与现实、哲学与具体科学的多重"视域融合"中,推进了马克思主义哲学的理论创新,对探索建构中国化的马克思主义哲学新形态具有重大的理论意义。鉴于论题所限,这里主要通过分析部门哲学对马克思主义哲学创新的学术价值,阐释部门哲学这一研究范式的创新功能。

(一)拓展了马克思主义哲学研究的学术空间

中国学界普遍认为,部门哲学丰富和发展了马克思主义哲学,是马克思主义哲学研究中具有开拓性意义的工作。这种开拓性意义首先表现在部门哲学的兴起与发展,超越了传统的马克思主义哲学教科书在研究领域、研究内容上的局限,开辟出一系列新的研究领域和新的生长点,从而拓展了马克思主义哲学研究的学术空间。

第一,对马克思主义哲学的一些重要范畴和基本原理做了批判性考察与创新性理解,赋予其新的内涵与意义。自 20 世纪 80 年代以来,围绕真理标准、实践唯物主义、异化和人道主义等问题的讨论,学界开始重新理解马克思主义哲学的一些重要范畴(如人、主体、实践、价值、文化等)与基本原理(如认识论和唯物史观的相关原理),这为部门哲学研究提供了重要的理论资源。反过来,部门哲学又通过对经济、政治、文化等现实问题的探讨以及对经济学、政治学、文化学等具体科学的借鉴,深化了对这些范畴与原理的理解,并赋予其时代性内涵与意义。从具体的研究路径来看,部门哲学对上述重要范畴的深入解读,可以相对地概括为两种情况。一是不同的部门哲学对同一范畴的多维理解。例如,对主体范畴的理解。在传统的马克思主义哲学教科书研究范式中,主体是认识论的核心范畴,因此,对于主体范畴的理解也往往拘泥于认识论的范围。这种仅仅局限于认识论的解读,在一定程度上遮蔽了马克思主义哲学主体概念所蕴含的丰富内涵与价值。而经济哲学、管理哲学、文化哲学、政治哲学、发展哲学、价值哲学、社会哲学、历史哲学、教育哲学等不同形态的部门哲学,却通过对经济主体、管理主体、文化主体、政治主体、发展主体、价值主体、社会主体、历史主体、教育主体等具体主体的多角度研究,使主体的丰富内涵与价值得到了发掘与彰显。可以说,在部门哲学研究领域中,主体成了一个无限开放而又具体的概念。二是具体部门哲学对特定范畴的深入解读。如,文化哲学对文化范畴、价值哲学对价值范畴、社会哲学对社会范畴、发展哲学对发展范畴、政治哲学对政治范畴的理解。这里,我们以文化哲学对文化概念的理解为例来说明这一问题。文化哲学对文化范畴的深入理解,一方面表现为通过对马克思的文化概念或文化观的解读,进一步理解文化概念自身。如陈云胜在《文化哲学的当代发展》一书中,结合马克思的《1844 年经济学哲学手稿》《1857—1858 年经济学手稿》《德意志意识形态》《资本论》等相关文本,认为马克思笔下的"文化"具有不同的指称,很多时候,马克思使用的文化概念并不十分严格,通常泛指人类文明。但是,在历史方法论叙述中,马克思通常会把文化概念严格限定在文化艺术领域。[①] 邴正则认为,马克思主义哲学的文化观是一种广义的实践文化观,即在马克思主义哲学中,文化是人类劳动的成果,或者说一切劳动成果都可以视为文化,因此,马克思所理解的文化一个广义的概念。人与文化的矛盾是社会发展中的主要矛盾,共产主义运动的目标就是解决人和自己创造成果即文化之间的矛盾,是对人的自我异化、文化否定性的抗争[②];李维武与何萍也从文化与实践的关系中界定文化概念,但他们认为,从马克思主义哲学的视角来看,"所谓文化,并不只是人所创造的物质产品和精神产品的总汇,而是人的自我创造性、人的生命活动的体现。文

---

① 参见陈云胜:《文化哲学的当代发展》,江西人民出版社 2007 年版,第 2 页。
② 参见邴正:《马克思主义文化哲学》,吉林人民出版社 2007 年版,第 4 页。

化显示了人与自然、人与社会的动态联系,说明了人是在人与自然、人与社会的复杂关系中创造世界、同时也创造自己的。因此,文化是人的主体性的表现。"①左亚文认为马克思的文化观是一种辩证的文化观,其在文化概念上的定义是多维和多义的,马克思既从劳动实践的维度规定了文化的本质,也从"时代精神"和"文明的活的灵魂"的维度上定义了文化的内涵。在马克思哲学中,文化概念也有广义和狭义之分,广义的文化是人类的劳动实践活动及其所创造的一切成果,狭义的文化则是思想上层建筑的范畴。② 黄力之以 18、19 世纪欧洲学术思想为背景,结合马克思恩格斯的相关著作,全面考察了马克思和恩格斯对文化概念的使用情况,提出了一种新的理解:马克思恩格斯在使用文化概念时只把它当成一个一般的、不证自明的概念,没有把它看成一个中心范畴,不深究、不回答"文化是什么? 文化如何产生的?"之类的本体论问题,只涉及"什么属于文化? 文化有什么用?"之类的功能性问题,而且他们对文化现象的研究是通过文明概念、精神生产与精神生活概念、意识形态概念,甚至还有上层建筑概念来进行的。③ 另一方面表现为在哲学与文化的"亲缘"关系中深化对文化概念的理解,如李鹏程认为,哲学作为观念,应是整体意义上的文化观念,应该研究人类的全部文化;而文化就是"人的现实的生命存在"及其"世界"、及其"优化过程"。人的现实的生命存在是文化的本体,也是哲学的本体。④ 邹广文认为,"文化是标志人类生存样式、意义规范和可能发展方向及道路的整体性范畴,文化的发展表征着人与自然、人与社会的动态联系,因此也是人类文明与进步的历史表达"⑤丁立群认为,在外延上说,文化的广泛意义应包括所有的人造物,在这个意义上文化就是人们通常所说的"人化";从内涵上看,文化乃是人类历史地凝结成的生存方式和社会历史运行的

---

① 李维武、何萍:《马克思主义文化哲学论纲》,《武汉大学学报》1989 年第 4 期。
② 参见左亚文:《马克思文化观的多维解读》,《学术研究》2010 年第 3 期。
③ 参见黄力之:《解读马克思、恩格斯的文化概念》,《上海行政学院学报》2007 年第 7 期。
④ 参见李鹏程:《当代文化哲学沉思》(修订版),人民出版社 2008 年版,"第一版序言"第 1 页。
⑤ 邹广文:《关注整体性:文化哲学的重要问题》,《河北学刊》2007 年第 3 期。

内在机理。① 上述种种观点,深化了对文化概念的理解,也深化了对马克思主义文化哲学的理解。

第二,将传统马克思主义哲学教科书排斥或未曾关注的价值、生态、财富、正义、管理、教育等问题课题化,挖掘、阐发马克思主义关于这些问题的思想,突破了以往对马克思主义的狭隘理解,拓宽了马克思主义哲学的研究领域。部门哲学使这些现实问题成为某一时期或某一派别哲学研究的主题,并通过对这些具体的现实问题的深入研究,不断开辟出一些新的问题域,弥补了以往马克思主义哲学研究中存在的空白,为马克思主义哲学研究注入了新的活力。通过对马克思主义人学、政治哲学、文化哲学、生态哲学、经济哲学、价值哲学、科技哲学等思想的深入发掘与研究,拓宽马克思主义哲学的研究领域,至少具有以下两方面的理论意义:一方面,有利于澄清以往西方学者关于马克思主义哲学的种种误读,尤其是那种认为马克思主义哲学存在着诸多"空白"的误读,如存在主义哲学家萨特认为马克思主义哲学存在所谓的"人学空场",部分西方生态学研究者认为马克思主义哲学中没有生态思想,法国哲学家阿尔都塞认为马克思主义传统实际上是一个没有政治哲学的传统,等等。另一方面,有助于立体化地呈现马克思主义哲学的当代价值。今天,国内学界立足于特定社会实践领域,深入发掘、研究马克思主义的领域哲学思想,如黄楠森、袁贵仁、韩庆祥等对马克思主义人学思想的研究,何萍、郗正、黄力之等对马克思主义文化哲学思想的研究,余源培、孙伯鍨、张一兵、张雄、宫敬才等对马克思主义经济哲学思想的研究,陈晏清、王南湜、王新生、张文喜等对马克思主义政治哲学思想的研究,高清海、丰子义、孟宪忠、庞元正、阎孟伟、刘森林等对马克思主义发展哲学与社会哲学思想的研究,李连科、王玉梁、李德顺等对马克思主义价值哲学思想的研究,李文阁、杨楹等对马克思主义生活哲学思想的研究,乔瑞金等对马克思主义技术哲学思想的研究,以及其他众多学者对马克思主义教育哲学、生态哲学、军事哲学、环境哲学、语言哲学等的研究,从不同领域、视角呈现了马克思主义哲学对当代社会实践的深层"切入",表明了当代

---

① 参见丁立群:《文化哲学的双重界定》,《天津社会科学》2014 年第 1 期。

诸多重大社会现实问题的解决离不开马克思主义的哲学遗产,从而肯定了马克思主义哲学的当代价值。挖掘马克思主义哲学的当代价值离不开对马克思主义哲学文本的深入解读。不过,正如有学者所言,如果脱离现实问题进行纯粹的文本研究,虽然也具有文献学、考据学等学术价值,但却使研究难以深入展开,从而降低其学术生命力。反之,立足于现实问题的文本研究,才更具有强大的理论穿透力与学术生命力。而各部门哲学对马克思主义哲学的多领域、多视角的挖掘与研究,恰恰是以具体的社会现实问题为切入点,如文化冲突与转型问题,价值重建问题,经济全球化问题,生态文明建设问题,公平正义问题,等等。这就突破了纯文本研究的平面化特征,使马克思主义哲学在解决当代人类生存困境中的独特价值立体化地呈现出来。部门哲学对马克思主义哲学思想智慧的多维挖掘,也意味着马克思主义哲学的价值并不是某种封闭性的、现成性的、非历史性或超历史性的存在,而是一种开放性的、生成性的、历史性的存在。在这个意义上,部门哲学研究打破了以往马克思主义哲学研究中的现成性思维与同质性神话。

第三,对西方马克思主义与中国化马克思主义部门哲学思想的研究,推进了马克思主义哲学的整体发展。西方马克思主义与中国化马克思主义是马克思主义发展史上的重要组成部分,各自蕴含着丰富的部门哲学思想,对这些思想的阐发,构成当代中国部门哲学研究的内容之一。其中,在对西方马克思主义部门哲学思想的阐发中,文化批判理论、意识形态理论、生态批判理论、技术批判理论、公平正义理论等备受关注。而对中国化马克思主义部门哲学思想的阐发,既包括对毛泽东的人学、经济哲学、文化哲学、政治哲学、道德哲学、领导哲学、人生哲学、军事哲学、管理哲学、教育哲学、科技哲学、发展哲学的研究,又包括对邓小平的经济哲学、政治哲学、管理哲学、发展哲学、领导哲学、军事哲学、教育哲学、行政哲学、人学、科学技术思想等的研究,还包括对"三个代表"重要思想的政治哲学、发展哲学意蕴的挖掘等。这些研究在一定意义上丰富了中西马克思主义哲学研究的内容,推进了马克思主义哲学的整体发展。

第四,把部门哲学作为一种研究视角或方法,对相关理论与现实实践问题

给予深入的分析与阐释,拓宽了马克思主义哲学的研究视野。把部门哲学作
为一种研究视角或方法,对马克思主义哲学及其他理论或实践问题予以深入
研究,拓宽了马克思主义哲学的研究视野。大致可以划分为三种情况:一是从
某一部门哲学出发去研究马克思主义哲学的相关问题,如何萍从文化哲学的
视角去对马克思主义哲学中国化与马克思主义哲学史的解读①,张文喜从政
治哲学角度对马克思主义"正名"问题的反思②,卜祥记、孙丽娟从经济哲学的
理论视野对马克思的社会学说的阐释③。二是直接从马克思主义的某一部门
哲学出发对诸多理论与实践问题的研究。如马俊峰从马克思政治哲学出发对
共同体问题的研究④,叶红云从马克思主义人学视角财富观的研究⑤,杨华、
赵福生从马克思主义文化哲学视角对贝尔资本主义文化矛盾观的阐释⑥,田
启波从马克思主义发展哲学的视角对可持续发展思想的研究⑦。三是直接从
某一部门哲学出发对现实问题的分析,在这种分析中总会关联着马克思主义
哲学的相关思想,如杨岚、陈晏清从社会哲学视角对中国当代人文精神构建问
题的思考⑧,丰子义从人学视角对社会管理理念创新问题的研究⑨,邱耕田从
发展哲学角度对发展的意义问题的思考⑩。这些研究在不同程度上拓展了马
克思主义哲学研究的学术视野。

①　参见何萍:《从文化哲学看马克思主义哲学史》,《人民论坛》2011 年第 17 期。
②　参见张文喜:《政治哲学:为马克思主义"正名"的一种应有视野》,《学习与探索》2012
年第 11 期。
③　参见卜祥记、孙丽娟:《马克思社会学说的经济哲学分析及其当代意义》,《学习与探索》
2010 年第 1 期。
④　参见马俊峰:《论马克思政治哲学视野下的共同体》,《广西社会科学》2011 年第 4 期。
⑤　参见叶小红:《马克思主义人学视阈中的财富观》,《高校理论战线》2013 年第 2 期。
⑥　参见杨华、赵福生:《贝尔资本主义文化矛盾观的马克思主义文化哲学阐释》,《学术交
流》2009 年第 4 期。
⑦　参见田启波:《马克思主义发展哲学与可持续发展思想》,《马克思主义研究》2001 年第
2 期。
⑧　参见杨岚:《社会哲学视野中的中国当代人文精神构建》,《学术研究》2000 年第 2 期。
⑨　参见丰子义:《人学视野中的社会管理理念创新》,《中国特色社会主义研究》2013 年第
5 期。
⑩　参见邱耕田:《发展的意义:基于发展哲学视域的一种分析》,《天津社会科学》2008 年第
1 期。

（二）推动了马克思主义哲学研究范式的转换

部门哲学不仅在哲学的研究对象即哲学"研究什么"的问题上给出了新的理解，拓展了马克思主义哲学的研究领域，而且在哲学的研究方式即"如何研究"的问题上进行了新的尝试，在一定意义上，超越了传统马克思主义哲学教科书所代表的知识论解读模式，推动了马克思主义哲学研究范式的现代转换。

众所周知，部门哲学最早兴起于西方。从西方哲学发展的历史轨迹来看，部门哲学的产生是传统哲学研究范式向具体化、现实化研究范式转换的必然结果。① 同样，部门哲学研究在中国的兴起，不仅是对传统马克思主义哲学教科书体系的突破，更是对传统马克思主义哲学教科书所代表的哲学研究范式的超越。传统马克思主义哲学教科书完全是站在传统思辨哲学的知识论视角去解读马克思主义哲学。这种解读模式的根本缺陷在于：

第一，混淆了马克思主义哲学与实证科学的区别，进而遮蔽了马克思主义哲学的人文性、批判性与实践性。

对马克思主义哲学的知识论解读，实际上是以近代哲学的模式把马克思主义哲学理解为一种"理论哲学"的体系，而且这一体系"被看作是某种中性的和超越于价值判断的东西，……在严格的意义上来说，它是客观的和科学的。它的威力不仅建立在权力上，而且建立在知识上"②。这种理解容易把马克思主义哲学与实证科学混同起来，从而把马克思主义哲学实证化。这种实证主义的解释既是对马克思主义哲学的最大误解，也是对马克思主义哲学的最大挑战。当人们把马克思主义哲学混同于具体的实证科学时，对于哲学自身的发展是不利的。因为在这种理解中，哲学不是"将不可避免地发生与具体实证科学争夺地盘的无意义的争斗，并必然在这场争斗中节节败退，直至最

---

① 参见曾祥云：《"应用哲学"质疑》，《学术界》2013 年第 5 期。

② ［美］悉尼·胡克：《对卡尔·马克思的理解》，重庆出版社 1989 年版，第 25 页。

终无家可归"①,就是充当"对科学命题进行逻辑分析,即作为科学的'副产品'的'科学的逻辑'"②,从而沦为"科学的婢女"。哲学的发展已经证明了这一点。把马克思主义哲学实证化必然会把马克思主义哲学理解为中性的、超越于价值判断的理论,从而遮蔽了马克思主义哲学的人文关怀的意义。马克思主义哲学批判性地继承了西方人文主义的伟大传统,关注人的生存与发展,肯定人的价值与尊严,追求人的自由与解放,处处显示出深厚的人文关怀精神。这也是马克思主义哲学直到今天仍然具有吸引力的主要原因之一。正是在这个意义上,西方学者宾克莱说,"如果我们把他首先看作自称为'发现了'历史发展的自然规律的社会科学家的话,那他简直是被弄错了"。③ 但是,当传统马克思主义哲学教科书立足于传统思辨哲学的知识论立场去理解马克思主义哲学时,马克思恰恰被看成发现了历史发展规律的社会科学家,马克思主义哲学恰恰被理解为揭示了社会历史发展规律的一般社会科学。这样的阐释,强化了马克思主义哲学的科学性而弱化了马克思主义哲学的人文性,从而使马克思主义哲学中蕴含的价值理想与人文精神隐匿不见了,并由此遭到一些西方学者的批判,如前面提到的萨特批判马克思主义哲学存在"人学空场",一些西方绿色理论家批评马克思主义哲学是反生态的。把马克思主义哲学实证化的另一个后果是遮蔽了马克思主义哲学的批判性与实践性。批判精神是马克思主义哲学一以贯之的根本精神。早在 1843 年登上理论舞台的初期,马克思就表达了其哲学理论的批判精神:"新思潮的优点又恰恰在于我们不想教条地预期未来,而只是想通过批判旧世界发现新世界。以前,哲学家们把一切谜底都放在自己的书桌里,愚昧的凡俗世界只需张开嘴等着绝对科学这只烤乳鸽掉进来就得了。而现在哲学已经世俗化了,最令人信服的证明就是:哲学意识本身,不但从外部,而且从内部来说都卷入了斗争的漩涡。如果我们的任务不是构想未来并使它适合于任何时候,我们便会更明确地知道,

---

① 贺来:《辩证法的生存论基础——马克思辩证法的当代阐释》,中国人民大学出版社 2004 年版,第 21 页。

② 孙正聿:《哲学观研究》,吉林人民出版社 2007 年版,第 132 页。

③ [美]宾克莱:《理想的冲突》,商务印书馆 1983 年版,第 212 页。

我们现在应该做些什么,我指的就是要对现存的一切进行无情的批判,所谓无情,就是说,这种批判既不怕自己所作的结论,也不怕同现有各种势力发生冲突。"①马克思主义哲学所进行的各种批判,如对黑格尔法哲学的批判,对资产阶级政治经济学的批判,对宗教的批判等,其根本目的并不是要建立以"解释世界"为特征的纯理论形态的学说,而是要在批判不完善的旧世界中发现一个美好的新世界,并通过革命实践使这个新世界由理想变为现实。显然,马克思主义哲学的批判精神具有强烈的革命意向与实践旨趣。正是这种革命意向与实践旨趣使马克思主义哲学的批判比以往的哲学批判具有更大的彻底性。马克思留给后人的这种彻底批判的精神即使在今天仍然具有其他理论所无法比拟的优越性,因为"在面向下一个时代,开拓批判与抵抗精神的时候,在我们的思想实情中还没有出现取代马克思的大师"。② 正是在这个意义上,德里达说:"不能没有马克思,没有马克思,没有对马克思的记忆,没有马克思的遗产,也就没有将来:无论如何得有某个马克思,得有他的才华,至少得有他的某种精神。"③这里所说的某种精神就包括马克思主义哲学的批判精神。马克思之所以批判实证科学,反对把哲学实证化,就因为实证科学缺少哲学的这种批判精神。但是,当人们立足于传统思辨哲学的知识论立场,把马克思主义哲学混同于实证科学时,马克思主义哲学的彻底批判精神就被遮蔽了。

第二,颠倒了马克思主义哲学与现实生活的关系,由此使马克思主义哲学陷入窘境。诉诸哲学史,我们可以看到,传统的思辨哲学把哲学奠基于抽象的思想世界,并从这个思想世界出发去推演、解释真正现实的感性世界。于是,思想世界本身被现实化了,而真正现实的感性世界却被思想化了。当哲学以这个思想世界为真正的"阿基米德点",并把建构这样的思想世界作为理论任务时,哲学的活动就被理解为纯粹抽象的逻辑推演,即从绝对明证性的前提,如笛卡尔的"我思故我在",推出具有绝对权威的真理体系。按照传统思辨哲

① 《马克思恩格斯文集》第 10 卷,人民出版社 2009 年版,第 7 页。
② [日]今村仁司等:《马克思、尼采、弗洛伊德、胡塞尔——现代思想的源流》,河北教育出版社 2002 年版,第 13 页。
③ [德]雅克·德里达:《马克思的幽灵》,中国人民大学出版社 1999 年版,第 21 页。

学的逻辑,这个真理体系越丰富、越庞大就越有解释力、越有权威性。正是在这个意义上,哲学的发展势必表现为建构越来越复杂、越来越庞大、越来越丰富的知识大厦。这既是西方传统哲学的一大特点,也是其内在追求,并在黑格尔哲学那里达到顶峰。西方哲学史的发展越来越暴露出这种以建构真理体系为最高目标的哲学,直接导致了对现实的人及其生活其中的现实世界的遗忘。那些以建构真理体系为生的哲学家们像一群可怜的建造者,他们虽然建立了巨大宏伟的宫殿,自己却住在附近的简陋的窝棚里。因为他们建构起来的庞大的无所不包的知识体系遗忘了人的存在,或者至多是把人当作附属的一块碎片,插入这个知识体系当中去。从知识论视角解读马克思主义哲学乃至整个哲学的传统的马克思主义哲学教科书,恰恰就遗忘了人的存在,把人当作附属的一块碎片插入那个客观的知识体系中去。

从学理上讲,哲学之为"学",不仅需要一定的概念、范畴,而且需要通过概念、范畴来建构一定的理论体系,并且追求理论体系的完善与自足。从古至今的哲学家从未放弃过对绝对真理的追求,也从未停止过对完善的思想体系的建构。传统思辨哲学的理论缺陷不在于它建构了一个庞大的无所不包的思想体系,而在于它完全脱离人的现实生活,一味地追求思想体系的完善与自足。当哲学把建构完善的思想体系作为其最终目标,把思想世界当作哲学的真实根基时,这样虽然维护并进一步巩固了哲学在形式上的完善,却使哲学失去了应有的实践品格,正如黑格尔自己所说:"哲学家是一个孤独的圣所,其中的牧师们组成了孤独的僧侣集团。它必须远离世界,它的作用是保卫对真理的占有……直接地属于实践的事情不是哲学所关心的。"①正是由于实践品格的缺失,"概念体系"成了哲学的"本体","语言"成了哲学的"家","逻辑分析"成了哲学的"工具"。这种情况,一方面,导致了哲学在理论研究上总也摆脱不了独断论和怀疑论的恶性循环,解决不了唯科学主义与唯意志主义、理性主义与非理性主义、直觉与逻辑等无休止的争端,在理论建设上始终面临着一个知识形态的形而上学何以可能的问题。另一方面,人的现实的生存活动这

---

① [德]卡尔·雅斯贝尔斯:《时代的精神状况》,上海译文出版社1997年版,第11页。

一更为基础的本体论境域被概念体系所遮蔽,人的具体的、丰富的生活被抽象化了,人的现实的、活生生的生命被抽象化了。这一双重抽象化意味着哲学与人及人的生活世界的疏离。"哲学的发展,尤其是哲学在本世纪的发展已清楚地表明,哲学不可能将生活世界悬置起来。试图悬置生活世界的哲学定然会被生活世界悬置。"①传统马克思主义哲学教科书的知识论解读模式,试图将生活世界悬置起来,结果自己却被生活世界悬置。由此导致马克思主义哲学自身发展陷入理论与实践的双重困境。

部门哲学为马克思主义哲学走出这种困境提供了可能。这不仅表现在部门哲学开辟的多个研究领域,为马克思主义哲学回归人的现实生活世界提供了新路径,更在于部门哲学所开启的新的哲学研究范式对思辨哲学研究范式的超越,对哲学回归生活世界的理论自觉。所有部门哲学都具有鲜明的实践哲学品格,都是在反思与解答某一领域重大现实"问题中的哲学"应运而生的。② 人学、文化哲学、政治哲学等部门哲学代表着一种新的哲学范式,这种哲学范式使哲学不再以科学的名义凌驾于现实生活世界之上,而是深深根植于现实生活之中。部门哲学是马克思主义哲学在当代的出场路径之一,而在部门哲学中出场的马克思主义哲学,不再是为人们提供现成知识的、一成不变的理论哲学,而是动态发展的、可以改变世界的实践哲学,不再是"死知识"而是"活智慧",并且具有多张面孔:既是懂得生活并为现世提供智慧的"生活哲学",又是进入同时代人的灵魂、为劳苦大众提供心灵引导的"人的哲学";既是关注无产阶级解放并成为人民精髓的"政治哲学"③,又是揭示人类经济活动的本质与规律的"经济哲学";既是反思人类文化本质与文化矛盾的"文化哲学",又是研究人类价值评价与价值观念的"价值哲学";等等。如前所述,这种知识论解读模式属于为西方近代哲学的解读模式,在这个意义上,我们也

---

① 张汝伦:《历史与实践》,上海人民出版社 1995 年版,第 2 页。
② 参见任平:《走向空间正义:中国城市哲学原创出场 10 年史的理论旨趣》,《探索与争鸣》2020 年第 12 期。
③ 参见韩庆祥:《回到马克思哲学本性的基地上探寻哲学发展之路》,《哲学动态》2008 年第 5 期。

可以说当代中国的部门哲学是在关注人类现实生活的基础上对整个传统哲学思维方式的超越,只不过各部门哲学因其关注的领域与问题不同而表现出超越方式的不尽相同。从某种意义上说,这种超越实际上也是向马克思实践哲学研究范式的回归,即向马克思哲学把事实、现实和感性当作人的感性活动、当作实践去理解的研究范式的回归。这种回归为当代中国马克思主义哲学研究走出空洞抽象的哲学争论、走向现实具体的生活实践提供了新的可能。

(三)为促进中国传统哲学、西方哲学、马克思主义哲学(以下简称"中西马")的深层对话提供了重要平台

从历史上看,与其他哲学思想展开对话,是一切哲学创新的共有特征。在"中西马"的对话与交流中进行综合性创新是当代中国马克思主义哲学理论创新的重要路径之一,也是构筑中国化的马克思主义哲学新形态的重要前提。新时期以来,推进"中西马"对话已成为当代中国马克思主义哲学研究中的一个重大课题。部门哲学在推进"中西马"对话中发挥着不可替代的作用。

首先,部门哲学本身就是"中西马"对话的真实体现。"领域性哲学本身就标志着国际哲学界的对话与交流。哲学领域的兴起是由时代的问题意识而成立,而不是依传统的学科划分为据,这是发生在当代哲学学术中的一个重大变化。无疑,由当代中国问题而兴起的领域哲学有其强烈的中国本土特色,本身也是世界哲学学术的有机组成部分。"①同时,大部分部门哲学也自觉把"中西马"的融合与贯通作为自己的学术任务之一,如黑龙江大学文化哲学研究中心的研究特色之一即是在文化哲学研究中强调中国哲学和西方哲学的对话和视界的融合,打破传统哲学研究中存在的僵硬的学科分界。而从生活的维度,深入研究马克思主义哲学基础理论,加强马克思主义哲学与中国哲学和西方哲学的对话,也是华侨大学马克思主义生活哲学研究的学术特色之一。

其次,部门哲学为"中西马"对话提供了现实的平台。任何哲学间的对话

---

① 邹诗鹏:《"领域纷呈""家族相似"与人学的总体性——近年来国内领域性哲学研究态势评析》,《学术界》2002 年第 2 期。

都需要一定的平台,而且这种对话平台的选择会直接影响到对话的水平与成效。"中西马"对话既是理论发展的需要,更是实践提出的要求。因此,对话的平台既可以是理论层面的,又可以是实践层面的。结合以往的研究来看,学界关于"中西马"的对话一般也从这两个层面展开。前者展现为面向哲学理论自身的对话,主要包括古今中外的哲学范畴、哲学观念、哲学思想、哲学方法、哲学范式的对话;后者表现为面向实践问题的对话,主要围绕全球化、现代性、生态危机、科技异化、文化冲突、价值重建等重大现实问题展开。从学理上讲,这两个层面的对话具有由浅入深的递进关系,缺一不可。其中,现实问题应该是"中西马"对话的坚实基础,因为"中西马三个哲学体系,都有其自身独特的话语系统与言说方式,有自身独特的学术焦点与思考向度,因而只有面向问题,才能找到中、西、马之间的结合点或交汇点。"①事实证明,只有建立在这个基础之上的哲学对话才具有学术的生命力与思想的穿透力。反之,离开了现实问题这一坚实基础,"中西马"对话总会陷入无休止的、抽象的哲学概念、学术观点、话语体系之争。与之相应,部门哲学领域中的"中西马"对话也表现在这两个层面。从对话的真实状况来看,虽然纯粹的概念、方法、思想等理论层面的对话所占比重很大,但围绕政治、经济、文化等具体的现实问题而展开的对话却更受关注。正是以社会生活各个领域的"问题"为依托,部门哲学为"中西马"对话得以展开提供了多个具体的平台,从而真正激活并实质性地推进了"中西马"之间的汇通与融合,对于建构具有中国特色、中国气派、中国风格的马克思主义哲学新形态具有重大的理论意义。

(四)为打破学科壁垒,推进多学科间的良性互动提供了重要条件

在社会问题越来越复杂化、领域化、综合化,而学科划分与专业分工却越来越细化的背景下,展开跨学科研究,加强不同学科之间沟通与合作,是包括哲学在内的所有学科得以发展的必要条件,也是促进当代中国学术发展的重

---

① 彭永捷:《中哲、西哲、马哲互动与建立中国新哲学》,《中国社会科学》2004 年第 1 期。

要动力。部门哲学研究,不仅有利于促进"中西马"的深层对话,还有助于推进相关学科间的学术交流,尤其是加强马克思主义哲学与其他学科之间的良性互动。这种学科间的良性互动是推进马克思主义哲学理论创新的重要基础。在传统马克思主义哲学教科书体系中,马克思主义哲学与其他学科的关系,更多地表现为利用其他学科取得的新成果去注解、论证原有的马克思主义哲学基本原理的真理性,然后再以这些具有真理性的基本原理去裁剪现实。在这种情况下,马克思主义哲学与其他学科基本上处于相互外在的分离状态,制约了马克思主义哲学研究的深入与创新。部门哲学是哲学与其他相关学科相联系的桥梁,其自身的交叉性、中介性、综合性决定了部门哲学的深入发展有助于打破学科壁垒,改变马克思主义哲学与其他学科相脱节的这种状况。立足于社会生活的具体领域,运用马克思主义哲学的立场、观点、方法,批判地吸收、利用经济学、政治学、文化学、人类学等学科的研究成果,并在马克思主义哲学与其他学科的结合中切入现实生活,为现实生活中各种重大问题的彻底解决提供可能的途径,正是部门哲学独具的思想魅力。学界一致认为,哲学与其他学科的对话与交流,能够促进学科间优势互补。如中国经济哲学的重要领军人物张雄教授在1999年接受《人民日报》记者访谈时指出,哲学界与经济学界都应克服"互相拒绝"的状况。哲学只有在研究经济现实中才能把握时代脉搏,经济学只有在提高哲学思维水平中,才能深刻认识变化着的经济现象。

尤其值得一提的是,为了推动人文社会科学领域的跨学科对话与交流,并在不同学科的视域融合中探寻更加富有现实解释力与思想创造性的学术生长点,扎扎实实地推进中国社会科学理论与方法的创新,中国社会科学杂志推出了"当代中国社会科学学术前沿系列对话",目前已经进行了哲学与史学(2007年于复旦大学)、哲学与经济学(2008年于上海财经大学)、哲学与政治学(2010年于南京大学)、哲学与公共管理学(2010年于中山大学)、哲学与社会学(2012年于吉林大学)的跨学科高端对话。这些对话加强、推进了哲学与其他学科之间的交流与合作,既有助于部门哲学的繁荣与发展,促进相关领域学术研究的创新,又有利于当代中国现实问题的有效解决,推动中国学术话语体系的建构。

总之,当代中国的部门哲学不仅开启了哲学研究的新范式,而且为哲学研究提供了新问题,为"中西马"对话与学科间的良性互动提供了新平台,为马克思主义哲学走向实践提供了新路径。因此,部门哲学以其独特的理论魅力越来越显示出其重要性。

四、部门哲学研究范式的内在问题与潜在局限

任何一种哲学研究范式都是时代的产物,有其存在的现实意义与学术价值,因而表现出相对的合理性。同时,随着时代与学术的进步,任何一种哲学研究范式又会表现出不同方面、不同程度的局限性,因而需要不断地超越。从部门哲学研究的理论特性及当前研究现状来看,部门哲学研究也存在自身难以克服的理论局限。这种理论局限突出表现在以下两个方面:部门性与整体性的矛盾,学术性与现实性的失衡。

(一)部门性与整体性的矛盾

这是部门哲学面临的一大根本问题。如前所述,部门哲学是运用哲学的思维方式对构成现实生活世界的某个部分或特定实践领域的整体性反思,如政治哲学对政治生活的反思,文化哲学对文化生活的反思,经济哲学对经济生活的反思。部门哲学的兴起使马克思主义哲学研究呈现内部"小体系"林立的时代风貌。这种对社会生活构成部分的整体性反思,而不是对整体社会生活的系统性反思,使部门哲学内在包含着部门性与整体性的矛盾。对于这一矛盾,结合中国部门哲学研究的特殊社会、学术背景,可以从部门哲学与社会生活的关系、部门哲学与马克思主义哲学的关系这两个层面来分析。

第一,就它对整体社会生活的理解与研究而言,表现出"片面的深刻性"。马克思曾说:"现在的社会不是坚实的结晶体,而是一个能够变化并且经常处于变化过程的有机体"。① 人类现实的社会生活的确是一个动态变化、非常复

---

① 《马克思恩格斯选集》第 2 卷,人民出版社 2012 年版,第 84 页。

杂的有机体,政治、经济、文化、生态等各种现象相互交织在一起。而且,在全球化发展的时代,人类的社会生活日益呈现出跨越民族界限、形成整体世界图景的趋势。这种趋势无疑增加了社会生活的复杂性,但也从另一层面体现了社会生活的整体性。从逻辑上说,只有科学、系统地把握了社会生活这一复杂整体,才有可能全面地理解社会生活,从而有效解决社会生活中不断涌现的种种问题。中国部门哲学研究的理论旨趣聚集于现实的社会生活,但每一种形态的部门哲学关注的并不是社会生活的整体,而是社会生活的某个具体部门或领域,是对某一具体部门或领域的宏观把握。当然,部门哲学并不缺少综合性思维或整体性视野,但是这种综合性思维或整体性视野指向的是某一个特定的领域,如"从哲学研究出发确立的发展哲学是一种整体的社会发展哲学理论,它以社会的协调发展和人的全面发展为基本目标,选择和确立社会的整体发展模式"①;当代文化哲学研究的核心问题之一是关注人类文化的整体性,以一种整体意识去关注人类的生存与文化的发展②的文化哲学。毫无疑问,社会生活的整体由相互作用的多个领域共同构成,每一领域的研究对于理解整体的社会生活都是有积极意义的,因而也是必要的,并且不能相互取代。但同时也不得不承认,每一门部门哲学的研究视野又都是有限度的,具有相对的合理性与有效性,加之各种形态的部门哲学之间缺少深层对话与交流,因而其对社会生活的理解不可避免地会呈现出"片面的深刻性"。具体到中国现实问题上,不难看到,当前中国正在进行的社会主义改革并不是一种局部的或细枝末节的调整,而是一场涉及政治、经济、文化及社会生活其他领域的全方位的改革,是整个社会结构体系的根本性的变革。只有深刻认识和理解社会主义改革的整体性要求,才能真正有效推动这一改革的顺利实施,全面实现这一改革的宏伟目标。正如学者所言,对这场深刻的社会主义改革作出总体性的把握,是哲学责无旁贷的理论任务,因为只有哲学才具有对现实经验的超越

---

①　臧向文、曹志军主编:《当代社会主义发展哲学——社会发展动力新论》,中南工业大学出版社 1995 年版,第 8—9 页。

②　参见邹广文:《关注整体性:文化哲学的重要问题》,《河北学刊》2007 年第 3 期。

性,从而能够进行这种总体下的把握,其他各门实证科学则无以担当此任。①
中国当下的经济哲学、文化哲学、政治哲学及其他部门哲学紧跟时代脉搏,都
自觉地肩负起这一理论任务,力图透过经济、文化、政治等特定领域的研究对
这场社会变革进行整体性的理解,甚至有的研究者把人类社会生活诸领域中
的某些重大的、根本性的问题提升为当代社会的根本问题,即把某一领域的特
殊问题上升为整个社会的普遍问题,并且合乎逻辑地得出只要把握了这些根
本问题,也就把握了人类社会生活的整体。② 但是,实际上没有一门部门哲学
可以通过某一个特定领域统摄改革的所有方面,更不用说包罗所有的社会生
活现象,也没有一门部门哲学可以借助自身特定的研究方法解决整个社会的
问题,再完备的部门哲学充其量达到的也只是对特定领域的整体性把握。因
此,在部门哲学与社会生活的关系中,始终存在着部门性与整体性的矛盾。

第二,就它对马克思主义哲学本身的理解和研究而言,存在着"碎片化的
解读"。马克思主义哲学是关于整个世界的本质与发展规律的研究,它是由
"一整块钢铁铸成"的整体性的世界观。整体性是马克思主义哲学世界观的
基本特征。坚持马克思主义哲学的整体性,加强马克思主义哲学整体性研究,
从整体性视角解读马克思主义哲学,是全面、正确理解马克思主义哲学本真精
神、方法论意义及其理论体系的基本前提,也是充分发挥马克思主义哲学认识
世界、改造世界功能的基本要求。当然,在马克思主义哲学整体性的世界观
中,不仅包含着丰富的价值哲学、政治哲学、文化哲学、经济哲学、生态哲学等
部门哲学思想或智慧,而且相互不可分割地交织在一起,构成了一个统一的
"具体总体"。把握马克思主义哲学的整体性,并不排斥对马克思主义哲学的
部门哲学思想进行分门别类的研究。不过,无论是从思想的内涵还是从思想
的外延上看,任何一种部门哲学思想或智慧都不能代替或者准确完整地表达
马克思主义哲学的整体性世界观,因为每一形态的部门哲学都有自己相对确

---

① 参见陈晏清、王南湜:《社会哲学的视野与意义——关于当代中国哲学发展进路的一种
思考》,《南开学报》1995 年第 5 期。
② 参见任平:《论 21 世纪中国马克思主义政治哲学研究的重大使命》,《江苏社会科学》
2020 年第 4 期。

定的研究领域,都只是对"部分世界"的研究,形成的是"局部性"的世界观,如政治哲学形成的是政治世界观,文化哲学形成的是文化世界观。研究对象的微观性与领域性决定了部门哲学研究视野的有限性。这种有限性进而直接导致从单个部门哲学出发理解马克思主义哲学的有限性——碎片化地解读马克思主义哲学,肢解马克思主义哲学的整体性。

但是,结合当代中国哲学研究的实际来看,中国的部门哲学研究者,一方面,总是有意或无意地运用马克思主义哲学的立场、观点、方法进行部门哲学研究,有些学者明确把一些部门哲学视为马克思主义哲学的一个分支学科,如早在 20 世纪 80 年代,价值哲学研究者王玉梁提出,我们今天研究价值哲学是把它作为马克思主义哲学的一个分支,即在马克思主义哲学的指导下,对各个领域的价值现象进行哲学考察①,后来又有管理哲学研究者认为管理哲学的"户口"属于哲学范畴,是马克思主义哲学的一个分支学科。② 甚至还有学者认为马克思主义哲学本质上就是人学,就是文化哲学,就是政治哲学,等等。可以说,在中国,有些部门哲学本身就是以马克思主义部门哲学的形态出场的,阐释马克思主义哲学的相关部门哲学思想,是其研究目标之一。同时,部门哲学研究者们还常常把马克思主义哲学作为评判古今中西部门哲学思想利弊得失的根本尺度;另一方面,又总是自觉或不自觉地从某个特定部门哲学领域出发去挖掘马克思主义哲学的思想资源,以深化对马克思主义哲学的理解,并且这些理解具有相对的独立性和自主性。这种分门别类的、相对独立的研究虽然深化了对马克思主义哲学某一方面的理解,但由于为特定视角所限,并且各自画地为牢,缺少对话与交流,更谈不上融合与贯通,因而不足以阐释马克思主义哲学作为整体性的世界观的内涵。有些学者已经意识到了这个问题,如邹广文教授就曾指出,"我们不能把马克思的人学思想同马克思的政治经济学研究对立起来,同样也不应该将马克思的文化哲学观同马克思的整个

---

① 参见王玉梁:《价值哲学》,陕西人民出版社 1989 年版,第 2 页。
② 参见祝福恩:《应用哲学一朵绚丽的奇葩——评〈管理哲学〉》,《理论探讨》1990 年第 6 期。

学说割裂开来。"①马克思主义哲学在当代中国哲学研究中占主导地位,而部门哲学又是推进马克思主义哲学发展与创新的一种路径选择,并且大部分部门哲学研究者也是马克思主义哲学的研究者。这些因素决定了在当代中国哲学的语境下,部门哲学与马克思主义哲学之间总是存在着千丝万缕的联系。不管人们是否承认这种联系,也不管人们如何理解这种联系,各个部门哲学研究总会不同程度地影响到马克思主义哲学的发展。要使这种影响向着积极方向发展,关键是正确处理好部门性与整体性的关系。

(二)学术性与现实性的失衡

如何在学术性与现实性之间保持必要的张力,是部门哲学面临的另一个主要难题。从一般意义上说,任何真正有价值、有影响的哲学研究都应该是学术性与现实性的辩证统一:真正具有学术性的思想必然具有现实性,反之,真正具有现实性的思想也必然具有学术性。

中国哲学界对学术性与现实性的关系问题的关注,源于对20世纪90年代以来马克思主义哲学研究现状的反思,在这种反思中展开了马克思主义哲学的学术性与现实性及其关系的探讨,对马克思主义哲学研究产生了极大的影响。这些探讨,既有从学术规范意义上进行的,也有从研究路径角度展开的。从学术研究路径的角度,有学者对马克思主义哲学的学术性与现实性的基本内涵做了如下概括:"这里所说的学术性是指马克思主义哲学以哲学特有的理性反思方式侧重于对理论问题进行学理探讨的属性,即其理论特性;而所谓现实性是指马克思主义哲学注重探讨时代所提出的重大现实问题,自觉揭示社会发展的内在规律从而推动社会发展和人类解放的属性,即其实践特性。"②这种理解,实际上是从研究内容与研究形式相统一的角度来把握学术性与现实性的问题。我们这里对部门哲学的学术性与现实性的探讨主要是从这个意义上说的。

---

① 邹广文:《当代文化哲学》,人民出版社2007年版,第173页。
② 高峰:《超越学术性与现实性的对立——关于深化马克思主义哲学研究的几点思考》,《学习与探索》2006年第1期。

正确处理好学术性与现实性的关系问题对于部门哲学具有特殊意义,直接关系到部门哲学的理论定位与功能发挥。而"哲学处理学术性与现实性的矛盾之成功与否,关键在于它对时代特征和时代精神的把握是否准确,能否对时代重大问题发出自己的声音,能否提炼出相应的价值观念和思维方式"。①以此来反观当代中国的部门哲学研究,我们会发现,从理论旨趣来看,以"应用哲学"面目出场的部门哲学具有强烈的现实指向性,而且随着新领域的不断开辟,越来越多的现实问题已被自觉纳入部门哲学的研究视野。但从现有的理论成果来看,相比较而言,侧重于核心范畴、基本流派、重要人物、思想史、方法论研究与体系建构的"学术性"著述,明显多于着力于重大现实问题分析与研究的"现实性"著述。从前面所列举的人学、文化哲学、政治哲学、经济哲学等领域中的代表性著作来看,这种学术性与现实性的不平衡,不仅体现在那些"导论""概论""引论""论纲"等通论性的著作中,而且也体现在那些探讨"评价""货币""财富""正义"等问题的专题性研究中。如近年来政治哲学领域的研究,从研究主题来看,可以概括为四个方面的研究:第一,关于政治哲学自身的反思,包括政治哲学的研究对象、研究范式、研究方法、学科定位、体系建构等基础性问题。第二,关于政治哲学核心范畴的阐释,如正义、平等、民主等范畴。第三,关于古今中外政治哲学思想的研究,尤其是对西方政治哲学思想和马克思主义政治哲学思想的研究,占了很大的比例。第四,现实的政治问题研究,包括政治改革、民主制度建设、意识形态建设等问题。从研究成果来看,大部分的研究成果都属于前三个方面的研究,只有极少数研究成果真正触及现实问题。其他部门哲学领域的研究基本上也是如此,如《外语学刊》对自2006 年开设"语言哲学"常设栏目以来所刊发的文章进行统计,结果得出以下结论:引进居多,研究太少;抽象的理论反思多,结合实际语料实施语言哲学式研究少。当然,在某些时期个别领域对现实问题的关注比其他领域要多一些,如当前文化哲学领域对中国社会的文化自觉、文化创新、文化建设问题的探

---

① "青年哲学论坛"部分成员:《被边缘化还是自我放逐:关于马克思主义哲学研究的学术性与现实性的对话》,《哲学研究》2004 年第 1 期。

讨,价值哲学领域对社会主义核心价值体系建设问题的关注,生态哲学领域对社会主义生态文明建设问题的研究。而且即使在那些关注现实的研究成果中,真正体现时代精神、从哲学的高度回应和解答时代重大问题的研究成果所占比例也不大,根本不能满足时代发展的理论需要。因此,总的来说,部门哲学研究的学术性色彩更为浓厚,现实性却不是非常突出,没有达到马克思所实现的学术性与现实性辩证统一的境界。

不可否认,从中国哲学研究的历史与现实来说,部门哲学研究的"学术性"诉求,对于克服哲学研究的政治化与庸俗化,提高学术研究的规范性与独立性具有重要意义。但是,如果脱离现实性,过度追求理论研究自身的学术性或逻辑性,就会使部门哲学始终穿行于"概念的密林",游荡于"观念的王国",从而影响部门哲学功能的充分发挥,并由此导致诸多不利后果。

第一,制约部门哲学的理论创新功能。学术性与现实性的失衡,使部门哲学研究呈现出鲜明的平面化与文本化的特征。平面化特征主要表现在诸多部门哲学的研究成果,往往是介绍性、归纳性、评价性的内容居多,思想性、原创性的东西极少;概念梳理、观点罗列的现象多,真正的思想碰撞、交锋、创新少。这种平面化特征是部门哲学创新不足的表现,并会进一步制约其理论创新。同时,部门哲学研究的平面化必然会带来部门哲学研究的文本化。因为无论是对概念的梳理还是对观点的罗列,无论是对思想的介绍还是评价,都需要大量的文本支撑,而且各个部门哲学实际上也比较注重古今中西相关哲学文本的研究。如政治哲学领域对罗尔斯《正义论》的多样解读,文化哲学领域对卡西尔《人论》的深入探讨,生态哲学领域对西方生态学马克思主义的代表性著作的种种阐释,人学、经济哲学、发展哲学及其部门哲学领域对马克思主义相关著作的深入研究,等等。这种文本研究对于部门哲学及整个哲学的发展是有价值的,但部门哲学的创新价值和时代价值并不存在于现成的文本之中,而是生成于文本与时代的互动、指导人类改造世界的实践活动中。离开了对现实问题的深切关注,文本研究的意义就要大打折扣,还会陷入解释学的循环或者形式主义的泥潭,纠缠于各种抽象、空洞的争论之中而无法自拔。这些都会使部门哲学研究陷入困境,进而影响其创新功能。另外,也会影响部门哲学解决现实问题的能力,毕竟文本只是一个"副本",现实生活才是"原本"。执着于"副本"的研究,并不代表一定能够解决"原本"的问题,有时恰恰相反。艾思奇早在抗战时期曾批评一些马克思主义研究者"对于书本的研究曾用了相当大的力量,然而在处理实际问题的时候,却表现出没有能力。尽管有人读过《资本论》,或者熟读了经济学的一般理论,然而对于中国的经济发展却茫然无知,甚至对于边区、延安的经济变化,也没有能力加以说明;尽管有人把马列主义的战略策略的原则条文背得烂熟,而一谈到中国的政治斗争在一定时候、一定地方采取的策略问题,却毫无头绪。"①这种情况在当下的部门哲学研究者中不仅大量存在,而且有蔓延之势。

第二,削弱部门哲学的现实批判功能。如前所述,部门哲学有着强烈的实践旨趣,包含现实问题分析的维度。但具有讽刺意味的是,有着强烈的问题意识或入世态度的部门哲学,因其切入现实问题或入世的方式的"学术性"倾向却给人以"淡化"现实之感。因此,学术性与现实性的失衡并不意味着部门哲学不积极关注现实问题,而是说它以研究理论问题的思路去研究现实问题,反而远离了现实。这主要表现为两个"不准确":一是对现实问题抓得不准确,一是对现实问题理解的不准确。这两个"不准确"往往使部门哲学在现实面前处于失语状态。当然,部门哲学研究的现实性不仅仅是关注现实问题,具有问题意识,而且要真正对现实生活之中出现的重大的、根本性的问题给予富有说服力的回应,尤其要发挥哲学应有的现实批判功能。因为难以平衡好学术性与现实性的关系,使部门哲学研究虽然体现出强烈的问题意识,理论联系实际却不够深入,缺乏对现实问题的批判意识或批判性略显薄弱,从而直接影响着部门哲学理论功能的发挥。批判性是哲学的根本特性之一,也是马克思主义哲学一以贯之的精神。有学者认为,"马克思主义哲学在今天正是通过他的经济哲学、政治哲学、文化哲学、社会哲学、发展哲学和道德哲学、宗教哲学等对现实生活的各个领域展开批判,从而展示其哲学的现实渗透力与建构性

---

① 艾思奇:《艾思奇文集》第 1 卷,人民出版社 1981 年版,第 587 页。

的。"①这一点,我们并不否认,关键是今天的部门哲学到底在多大程度上体现了马克思主义哲学的这种批判精神。一般来说,哲学的这种批判性既包括观念层面的批判,也包括现实层面的批判,而且这两个层面的批判应该是有机统一的。部门哲学的批判性也应该体现在这两个层面。不过,就部门哲学的实践哲学性质与旨趣而言,从"应然"方面看,部门哲学应该以现实批判为本,以观念批判为末。但从"实然"情况来看,部门哲学恰恰是以观念批判为主,以现实批判为末。按照现实需要去诠释和剪裁哲学,为现存事物寻求合法性依据,是当前部门哲学研究中常见的问题,这不仅无助于发挥哲学的批判与规范功能,而且有可能助长哲学研究的实用主义倾向。② 这种本末倒置,不但削减了部门哲学观念批判的力度,更因其现实批判功能的薄弱,使之无法对一些至关重要的现实问题作出兼具思想价值和实践价值的解答,进而直接威胁到其存在的合法性问题。

脱离现实性的学术性会走向思辨性、抽象性,没有学术性的现实性会导致实证性与经验性,这是学界的共识。学术性与现实性的关系在哲学研究的具体操作中之成为问题,凸显了两个相互联系的关键性的问题,一是哲学如何理解现实的问题,一是哲学如何切入现实的问题。前一个问题的核心是什么是哲学视野中的现实,尤其是什么哲学视野中的社会现实。这可以说是一个本质论的问题。从古到今的哲学家都肯定现实在哲学中的优先地位,但对于什么是现实,哲学家们的理解则完全不同。如黑格尔明确指出哲学的内容就是现实,费尔巴哈的新哲学要把现实提升为哲学的原则和对象,马克思则认为:"任何真正的哲学都是自己时代的精神上的精华,因此,必然会出现这样的时代:那时哲学不仅在内部通过自己的内容,而且在外部通过自己的表现,同自己时代的现实世界接触并相互作用。"③但黑格尔所理解的现实是思想的现

① 杨楹等:《马克思生活哲学引论——生活世界的哲学审视》,人民出版社 2008 年版,第456 页。
② 参见何中华:《马克思主义哲学与现时代》,《山东大学学报(哲学社会科学版)》2004 年第 5 期。
③ 《马克思恩格斯全集》第 1 卷,人民出版社 1995 年版,第 220 页。

实、理性的现实,费尔巴哈所理解的现实是感性直观的现实,马克思所理解的现实是感性活动的现实。同样,黑格尔与马克思都发现了社会现实,但二者对社会现实的理解也截然不同。哲学家们对现实的这种不确定性理解,说明了现实本身是复杂、不好把握的。这也是当代部门哲学研究难以捕捉到现实的原因之一。后一个问题则涉及哲学究竟应该以什么样的方式面对现实、介入现实,才能做到既真切地关注现实、把握现实,推进现实矛盾的解决,又保持哲学研究的独立性与学术性。这可以说是一个方法论的问题。近几年来,这个问题引起了一些学者的高度关注,并从不同角度展开的探讨,为建构一种能够直面、切入现实的部门哲学奠定了理论前提。但是,要在研究实践层面真正解决这个问题绝不是一朝一夕的事,还有很长的路要走。

总之,正确处理好学术性与现实性的关系,对部门哲学的发展是至关重要的。在这方面,马克思本人的处理方式及西方马克思主义的做法或许可以给我们一些重要启示。

上述理论局限制约着部门哲学研究走向深化。部门哲学研究存在的这些根本性的、深层次的问题,也是当前中国哲学研究客观存在的问题,具有一定的普遍性。在这个意义上说,这些问题的解决,不仅有助于部门哲学的发展,更有助于整个中国哲学的发展。

五、部门哲学研究范式的创新与转换

自 20 世纪 80 年代兴起以来,经过近 40 年的发展,部门哲学已经在理论与实践的双重层面推进了当代中国马克思主义哲学研究的繁荣与发展。尽管各部门哲学之间的发展程度不尽相同,并因为存在着这样或那样的问题,而使其存在的合法性遭受质疑,但从整体上看,在社会现实问题越来越领域化、综合化、多样化的背景下,部门哲学作为一种新兴哲学,不仅在领域拓展、形态更新、方法创新等方面具有广阔的发展前景,而且在今后很长时间内仍将是中国哲学研究中的"主流"和"前沿",并在继续推进马克思主义哲学创新中具有不可替代的重要地位。然而,从目前已经取得的研究成果来看,部门哲学研究虽然取得了一些可喜的进展,但远未达到理论和实践发展所要求的水平,还有待于进一步提高。而要使部门哲学研究提高到一个新的水平,不断开拓其新的发展空间,获取新的生长点,就必须自觉探究、推进部门哲学的创新与转换。部门哲学研究范式的创新与转换,必将在促进部门哲学自身繁荣与发展的同时,进一步推动马克思主义哲学乃至整个哲学的理论创新与发展。当下,要推进部门哲学研究范式的创新与转换,应着力解决好以下几个问题。

(一)确立边界意识,科学厘定部门哲学的理论边界

这对推进部门哲学研究范式的创新与转换具有清理地基的重要意义。"发现理论困难是哲学创新的首要前提"①。当前,部门哲学研究面临的困难之一就是部分学者对其存在的合法性的质疑。从历史上看,哲学存在的合法性不是自明的,不断为自身存在的合法性进行辩护,是哲学固有的一大特点,也是哲学进一步发展的前提。当代中国部门哲学研究的发展与创新尤其需要这种合法性辩护。确立边界意识,在科学界定学科性质、研究对象的基础上,科学厘定部门哲学的理论边界,是为部门哲学的合法性进行辩护的关键。

经过近 40 年的发展,价值哲学、政治哲学、文化哲学、经济哲学等部门哲学已日益成为中国哲学创新的重要生长点,而且部门哲学自身的繁荣与发展也已成为一个不争的事实。但时至今日,仍有不少学者否认部门哲学研究的学术价值与现实意义,甚至对文化哲学、经济哲学等部门哲学自身存在的合法性产生质疑,关于部门哲学合法性的争论从未停止。最近的一场争论在苏州大学的王金福与陈忠两位教授之间展开,再一次凸显了部门哲学的合法性问题。在《哲学的死亡与复活——从马克思、恩格斯反哲学的立场看"部门哲学"、"应用哲学"的兴起》一文,王金福从马克思、恩格斯思想发展历程从"哲学"时期到"反哲学"时期的转变及其实质出发,对部门哲学的合法性提出了质疑,认为"部门哲学"如果意味着应用哲学原理来解决"部门"的问题,那么,这样的"部门哲学"就是马克思恩格斯曾经有过而后来又予以否定的哲学。

① 孙正聿:《哲学创新的前提性思考》,《求是学刊》2001 年第 9 期。

"部门哲学"的兴盛,标志着死去了的哲学的复活,同时也是作为世界观理论的马克思主义哲学的冷落和衰退。① 在《哲学本性与"部门哲学""应用哲学"的合法性——以"城市哲学"为例兼与王金福教授商榷》一文,陈忠以"城市哲学"为例,从哲学的本性出发,对这种观点给予了积极回应,认为哲学本质上是一种问题哲学、语境哲学,"部门哲学"的问题性与语境性,决定了"部门哲学"作为哲学而存在的知识与学科合法性;同时哲学在本质上又是一种生活哲学、实践哲学,对哲学发展新对象、新视域、新线索的不断进入和开启,是"部门哲学"在方法论层面的合法性依据。"小微化""日常化"是哲学发展的重要趋势,"城市哲学"等"部门哲学"之所以在批判和质疑中不断繁荣,其根本合法性依据正在于这种研究适应社会发展的民主化、生活化趋势。因此,部门哲学的当代兴起,不仅不是哲学的倒退,反而是哲学的发展,是哲学自觉进行跨界研究、可能性研究的一种重要形式。②

上述争论从一个侧面反映了学界在部门哲学的合法性问题上存在的两种对立的观点,也在一定意义上凸显了当代中国部门哲学发展面临的最大困境——合法性的质疑。造成这种状况的一个重要原因是就各部门哲学的理论边界比较模糊,学界在其学科性质、研究对象、研究主题等基础性问题的理解上存在很多争议,始终无法达成一致。例如,在文化哲学领域,早就有学者非常明确地指出,文化哲学研究面临的一个重要问题就是它的理论边界比较模糊,即"在文化哲学的旗帜下集合了无数差异颇大的理论学说,人们往往把文化学、人类学、文艺学、历史学等领域的研究'非反思'地冠以文化哲学的名义,而文化哲学的真正地平线则变得十分模糊、十分可疑"。③ 而社会哲学也由于研究对象不够明确,学科定位不够清楚,面临着如何与理论社会学、历史哲学区分开来的难题。从学理上讲,每一门哲学学科都有自己特定的规定性,

---

① 参见王金福:《哲学的死亡与复活——从马克思、恩格斯反哲学的立场看"部门哲学"、"应用哲学"的兴起》,《学术月刊》2013 年第 2 期。

② 参见陈忠:《哲学本性与"部门哲学""应用哲学"的合法性——以"城市哲学"为例兼与王金福教授商榷》,《学术月刊》2013 年第 2 期。

③ 衣俊卿:《论文化哲学的理论定位》,《求是学刊》2006 年第 4 期。

体现在研究对象、研究方法、研究内容等方面。这些特定的规定性意味着任何哲学学科都应该具有相对独立的理论边界，以特定领域为研究对象的部门哲学更应如此。当部门哲学无法清晰而准确地界定自身的理论边界时，就有可能出现以下两种情况：一是因为与哲学和其他具体学科争抢地盘而导致越界行为和泛化现象；一是陷入与哲学和其他具体学科保持距离而局限于狭小空间、不敢越雷池一步的封闭境地。前者无疑会使部门哲学过高估价自身的功能，从而附加自身过多的且又难以完成的本不属于它的思想任务，后者则有可能使部门哲学过低估价自身的价值，从而放弃某些它本该承担的理论责任。这两种情况都不利于部门哲学理论体系的建构与基本功能的发挥，进而危及部门哲学存在的合法性，也会在一定程度上影响和制约哲学和其他具体学科的深入发展，从而不利于中国学术与学科建设的整体进步。

部门哲学理论边界的模糊直接与人们对其研究对象的理解的相对"不确定性"有关。众所周知，每一门部门哲学都有自己相对明确的研究对象，如政治哲学的研究对象是"政治"，文化哲学研究的对象是"文化"，社会哲学研究的对象是"社会"，价值哲学的研究对象是"价值"，等等。但是，什么是政治？什么是文化？什么是社会？什么是价值？与之相应的部门哲学并未给出明确而统一的回答。相反，政治哲学对"政治"范畴的理解，文化哲学对"文化"概念的界定，社会哲学对"社会"内涵的解读，价值哲学对"价值"含义的定位，都是多种多样的。这种多样性、差异性的理解，虽然在一定意义上拓展了人们关于"政治""文化""社会""价值"的理解空间，却使政治哲学、文化哲学、社会哲学、价值哲学的研究对象呈现出不统一而模糊的特点，并由此导致诸多的理论争论，影响了人们对其学科性质的准确把握，进而威胁到各部门哲学存在的合法性。这种现象普遍存在于部门哲学研究中，阻碍了部门哲学的进一步发展。鉴于此，有必要重新审视并厘定各部门哲学的研究对象，只有对自身的研究对象有了准确的定位，部门哲学才有可能沿着正确的方向发展。

在同一部门哲学领域内，学者们对同一研究对象的不同理解，除了与研究对象本身的复杂性有关外，还与他们对部门哲学自身的学科性质等问题的多元理解有直接关系。黑格尔曾说："哲学有一个显著的特点，与别的科学比较起来,也可以说是一个缺点,就是我们对于它的本质,对于它应该完成和能够完成的任务,有许多大不相同的看法。"①部门哲学充分体现了哲学的这一特点或缺点,而且在个别领域还非常突出。例如,在经济哲学领域,自经济哲学在中国兴起以来,学术界对于经济哲学的理解可谓仁者见仁、智者见智,关于它的界说至少 20 余种。早在 20 世纪 90 年代,就有学者曾归纳出国内学术界关于经济哲学的 19 种界定②;而在管理哲学领域中,学界关于"管理哲学是什么"的回答,竟有几十种。③ 在政治哲学研究领域,一些学者已经意识到,近些年来,政治哲学的研究虽然有勃兴的迹象,并且确实取得了不少进展,但关于政治哲学的理解趋势却越加多元和复杂了。这种多元理解对于部门哲学来说是一把"双刃剑":一方面,它既可能推进学术交流与创新,也可能阻碍学术交流与创新,因为"在同一话语下,如果学界就同一种理论无法达成基本的相互言说的公共话语,那么,基本的学术交流也就无从开展,遑论理论创新和应用。"④另一方面,它既能够开阔视野,也可能导致学术纷争。在谈到学界关于经济哲学的多种界说时,有学者深刻地指出,虽然不同的学者们是从不同学科和不同学术层面切入经济哲学之界说的,而且绝大多数论述均有自己的根据,彼此间也不构成绝对的对立,因而不妨共存共荣。但是,这种多学科、多层面的界定在向人们多角度地阐释经济哲学的同时,也模糊了经济哲学与经济学、哲学之间的理论边界,从而使人们对经济哲学的理解陷入混乱与学术纷争。⑤联系到当代中国部门哲学研究的实际,不难发现,经济哲学面临的理论边界模糊的问题,在其他部门哲学领域也普遍存在。当然,对部门哲学研究对象、学科性质的多元理解,也体现了部门哲学研究理论边界的开放性。不过,正如有学者所言,理论边界适度的开放性对于一个学术研究领域的创新具有积极意

---

① ［德］黑格尔:《哲学史讲演录》第 1 卷,商务印书馆 1995 年版,第 5 页。

② 参见胡义成:《经济哲学并非学院的专利——兼评国内十余种"经济哲学"的界定》,《南昌大学学报(人文社会科学版)》1999 年第 1 期。

③ 参见王奕:《管理哲学学科性质的再思考》,《理论界》2013 年第 5 期。

④ 陈树林:《当下国内文化哲学研究的困境》,《思想战线》2010 年第 2 期。

⑤ 参见胡义成:《经济哲学并非学院的专利——兼评国内十余种"经济哲学"的界定》,《南昌大学学报(人文社会科学版)》1999 年第 1 期。

义,但如果这种开放性不受任何限制,没有任何边界,呈现出"自由化"倾向,那么,该学术研究领域的合法性将会受到挑战。① 部门哲学的合法性之所以遭受质疑或否定,就与其理论边界的这种无限开放性密切相关。

在科学界定学科性质、研究对象的基础上,明确自身的理论边界,应是为部门哲学的合法性进行辩护的关键。科学厘定各部门哲学学科的理论边界,不仅要自觉树立边界意识,更需要丰富的理论资源作支撑。这就要求研究者们既要加强对各部门哲学史的整体性、系统性的研究,又要深化对部门哲学核心概念史的梳理与研究。这里有一点要注意,从学理上讲,厘定部门哲学的理论边界,确实离不开对其核心概念的基本含义、概念生成与演进的内在逻辑、概念限定的问题域等问题的考察,但是不能完全从概念出发进行逻辑推演,痴迷于"概念游戏",而要把概念史的考察与现实历史的发展结合起来,因为任何概念都是历史的产物。这两个层面的共同研究有利于人们全面而准确地理解那些有争议的部门哲学概念、观点或思想,也有助于人们对各部门哲学兴起的历史语境、发展的基本脉络、整体面貌、本质属性等有一个清晰而系统的把握,从而深刻理解部门哲学存在的历史必然性与合法性,更好地推进部门哲学的创新与发展。

(二)推进问题意识,时刻关注新的重大社会实践问题或对原有社会实践问题进行创新性理解

这是推进部门哲学研究范式创新与转换的原动力,也是部门哲学的生命力所在。在《关于费尔巴哈的提纲》中,马克思曾深刻指出:"全部社会生活在本质上是实践的。凡是把理论引向神秘主义的神秘东西,都能在人的实践中以及对这个实践的理解中得到合理的解决。"②同样,部门哲学的理论创新也能在人的实践中以及对这个实践的理论中得到合理的解决,因为部门哲学本质上就是具有鲜明问题意识的实践哲学,是理论家们在实践基础上进行哲学

---

① 参见衣俊卿:《论文化哲学的理论定位》,《求是学刊》2006 年第 4 期。
② 《马克思恩格斯选集》第 1 卷,人民出版社 2012 年版,第 135—136 页。

创新的产物。任何哲学新的生长点不仅仅是以往哲学中的理论问题,更是现实生活中的实践问题。这是因为,第一,结合哲学的产生根源来看,一切哲学的理论问题最终都根源于实践,不仅"问题产生的秘密存在于实践之中,解决问题的方法和途径也存在于实践之中"。① 而实践本身又是不断发展、日新月异的,它将不断为哲学理论的创新提供鲜活的现实资源。第二,一切哲学的理论之争要由实践来评判,所有哲学的理论之真要由实践来检验。马克思明确指出,"理论的对立本身的解决,只有通过实践方式,只有借助于人的实践力量,才是可能的",②这在于"人的思维是否具有客观的[gegenstaindliche]真理性,这不是一个理论的问题,而是一个实践的问题。人应该在实践中证明自己思维的真理性,即自己思维的现实性和力量,自己思维的此岸性。"③事实证明,以实践的方式解决哲学理论的对立,把实践作为检验哲学理论真理性的标准,有助于推动哲学理论的自我修正与更新。第三,也是最重要的一点,新的实践问题的产生往往会为人们的理论思考提供新的观念、新的视野及新的思路,而以这些新观念、新视野、新思路对新的实践进行提炼与概括,必然带来新的哲学思想。在这个意义上说,紧扣时代脉搏,时刻关注当代人类生活实践中不断凸显出的新的重大现实问题,是一切部门哲学不断创新的现实依据与动力源泉。反之,离开对新的现实问题的深入反思,部门哲学就会成为无源之水、无本之木。因此,作为一种问题式研究,部门哲学不仅需要关注与人类的生存与发展息息相关的重大理论问题,更应该关注关乎人类前途与命运的重大实践问题。

同时,以什么样的思路和方法去解读、理解实践问题,也是一个不容忽视的问题。有很多时候,人们看到了实践问题,却不能够准确地理解实践问题,或者抓不住实践问题的实质,恰恰与其解读实践问题的方式、方法不当有关。从总体上看,人类的社会实践是动态发展的,哲学所要解决的实践问题也是不断变化的,进一步说,不同时期、不同地区的哲学所面对的实践问题是不一样

---

① 陈先达:《当前马克思主义研究需注意的几个问题》,《北京日报》2013年4月27日。
② 《马克思恩格斯全集》第3卷,人民出版社2002年版,第306页。
③ 《马克思恩格斯选集》第1卷,人民出版社2012年版,第137—138页。

的,即使面对相同的实践问题,因为现实基础、历史传统、文化资源等方面的不同,也会在某些方面或层面表现出极大的差异。这就要求哲学不能以同一种方式、同一种视角去理解所有的实践问题,特别是那些老而常新的问题,而是要具体问题具体分析,以一种创新性的思维去把握那些重大的实践问题,尤其是部门哲学对当代中国重大实践问题的解析更需要这种创新性思维。当代中国的人学、文化哲学、政治哲学、经济哲学、价值哲学等部门哲学是中国哲学适应改革开放与社会主义现代化建设实践发展要求的产物,而改革开放与社会主义现代化建设实践的深化和拓展又不断为这些部门哲学提供新的理论课题与实践课题,从而推进着部门哲学在研究内容、研究方法、研究视野方面的发展与创新。反过来,因为当代中国的改革开放与社会主义现代化建设实践本身就是一种新生事物,并且政治、经济、文化、价值、生态等领域又不断涌现出大量的新问题、新情况,如社会主义制度下的分配正义、经济增长方式转变问题,新时期的文化自觉、文化自信问题,社会主义核心价值观问题,生态文明建设问题,中国道路问题,等等。所以,部门哲学必须以一种新的思维方式去理解这些新问题,才有可能把握这些问题,进而促进问题的有效解决,而这也是部门哲学创新的一条路径。如果部门哲学仍然按照旧有的思维方式去把握这些问题,不仅无助于问题的解决,还会使自己陷入困境。

把握重大实践问题并对其进行创新性理解,不仅需要有问题意识,还要深化问题意识,使其落到实处,化为现实的行动。"一个时代的迫切问题,有着和任何在内容上有根据的因而也是合理的问题共同的命运:主要的困难不是答案,而是问题。因此,真正的批判要分析的不是答案,而是问题。"[1]哲学本质上就是一种"反思的问题学",深入反思并着力解决时代所遭遇的重大现实问题是哲学的根本任务。哲学的历史与现实已表明,回避现实问题,缺乏问题研究,不但难以实现哲学理论与社会实践的相互映照,反而带来理论研究与实践需求的脱节。部门哲学不过是将"反思的问题学"研究进一步推进到一个个领域内加以系统化、学术化而已。纵观整个哲学史,凡是产生重大影响的哲

---

① 《马克思恩格斯全集》第 1 卷,人民出版社 1995 年版,第 203 页。

学家或哲学流派都是立足于时代问题展开哲学思考的,凡是那些不关注现实问题的哲学家或哲学流派终将会被历史所淘汰。从部门哲学的根本旨趣来看,部门哲学有着强烈的问题意识,应该属于问题式研究。从实际研究情况来看,没有哪一个部门哲学研究者不强调哲学研究的问题意识,但关键是如何使之落到实处而不流于形式。结合现有的研究成果,我们会发现,在有些学者那里,这种问题意识仅仅是一种"空谈"或一种"口号",并没有在具体的研究实践中得到落实与贯彻,因其关注更多的是理论问题,而非现实问题。而在另一些学者那里,虽然有化问题意识为现实的行动的愿望,并自觉以现实问题分析为主,但因其分析方法与视野的陈旧与僵化,结果抓不住问题的根本,不能触及问题的实质,甚至有时分析的是"假问题"。这意味着要准确把握重大的实践问题并对其进行创新性理解,仅有问题意识或者仅有把问题意识化为现实行动的主观愿望是不够的,还需要恰当的方法论的支撑。借助恰当的方法论对重大社会现实问题进行创新性理解与研究,有利于推动部门哲学不断实现新的突破。

不过,由于研究领域及其问题的差异,各部门哲学所要关注的重大社会现实问题也不一样,虽然有时也会有"交集"。另外,即使同一部门哲学内部,学者们的理解也不尽相同。如在文化哲学领域,有学者认为,文化哲学"应当整合哲学、社会学、人类学等学科的优势,考虑这样一些更为实在的问题:各级教育体制的文化教育理念和教育机制、不同社会层次的实际价值取向和道德状况、不同利益群体的性格结构和群体心理、不同区域不同阶层的交往方式和通婚圈、普通民众在社会交往和共同生活中口头表达的理念和实际奉行的'潜规则'、现代消费社会的内在机理、日常生活和日常交往的基本机制、城乡二元结构和城市化进程的文化特征等"①;有的学者却把当代中国文化哲学应该研究的问题归为"文化的重塑性与文化的主体性的关系;文化核心价值问题;外来文化对本民族文化的冲击;政治文化、商业文化强势发展,审美文化得不

---

①　衣俊卿:《人学的自觉与哲学研究范式的转换——读〈马克思主义人学与当代中国〉丛书》,《哲学研究》2012年第3期。

到彰显;文化实践中重视产业文化、轻视精神文化的发展问题;革命传统文化与改革开放先进文化之间理论衔接问题;理论宣传与公民基本文化建设关系问题;中国文化对外宣传的问题。"①但是,无论是哪一个部门哲学,也无论其内部关注的问题有多大差异,都要首先关注中国自己的问题,"中国问题"应该是中国部门哲学研究永恒的第一主题,而且不能完全按照西方的话语体系、逻辑思维、研究框架去把握这些问题。我们这里之所以强调这一点,主要是因为中国哲学研究中很少有我们自己的问题,大多是重复西方学界提出的问题,即使是研究中国问题,其分析和阐释的依据也总想在西方哲学中来寻求。②

(三)深化整合意识,实现思想资源的综合创新

这是推进部门哲学研究范式创新与转换的思想资源基础。当代中国部门哲学的创新与突破,除了要依存现实的社会实践这一"活水源头"之外,还离不开哲学和其他人文学科发展所奠定的思想资源的支撑。思想资源的丰富与否及其整合、利用状况的好坏,不仅直接决定着部门哲学研究的理论深度与学术价值,而且影响着部门哲学研究的创新程度与发展空间。学界一致认为,在对各种有价值的思想资源进行创造性整合的基础上实现思想资源创新是部门哲学创新的一条重要途径。

在谈到文化哲学的思想资源时,有学者曾提出至少要在以下三个层面进行深入挖掘:一是要重视实证性的文化历史资源,即各种现实的和具体的文化历史资源,可以避免文化哲学研究变成抽象、空泛的逻辑范畴推演;二是要重视范式性的思想理论资源,可以使文化哲学保持其特有的形而上学的维度与理论品格;三是需要借鉴现实性的文化批判资源,因为文化哲学是具有强烈现实关怀性和批判性的学科。③ 前一个层面的思想资源,主要包含于各类相关的实证科学中,如社会学、历史学、文化学等,后两个层面的思想资源主要集中在诸多相关的哲学理论中。实际上,从各部门哲学具有"家族相似"性的角度

---

① 蒋红雨:《第八届文化哲学论坛述评》,《哲学动态》2012年第4期。
② 参见丰子义:《问题研究与路径选择》,《哲学动态》2013年第1期。
③ 参见衣俊卿:《发掘文化哲学的理论资源》,《河北学刊》2007年第2期。

来看,不仅文化哲学,而且政治哲学、经济哲学、价值哲学及其他部门哲学的创新也需要在这几个层面上进行思想资源的挖掘。这是由部门哲学自身的理论特征所决定的,即我们前面曾分析过的形而上与形而下相统一、中介性、交叉性、综合性相结合的特征。这些特征要求部门哲学能够对各种有价值的思想资源"兼容并包",也只有先做到这一点,部门哲学才有可能实现自身在各个层面的创新。

就哲学方面的思想资源来说,毋庸置疑,部门哲学创新离不开马克思主义哲学、中国传统哲学和西方哲学这三大资源,它们各自都包含着博大精深的部门哲学思想,是部门哲学创新的主要思想来源。其中,马克思主义哲学方面的思想资源,不仅包括经典马克思主义哲学理论,还应该包括马克思主义哲学中国化的理论成果,因为这些理论成果本身就是中国特色社会主义现代化建设实践的哲学总结,涉及政治、经济、文化等各个领域,蕴含着丰富的政治哲学、文化哲学、经济哲学等部门哲学思想,对于部门哲学研究具有更为切近的意义。从目前的研究情况来看,虽然有学者意识到了这方面思想资源的重要性,并且进行了不同层面、不同角度、不同领域的阐释和探讨,但还有待于更深入的挖掘与研究,仍然有很多工作需要去做。从哲学史上看,文化哲学、政治哲学、技术哲学、生态哲学等部门哲学研究大多都兴起于西方,并且有些领域的研究在西方已形成了相对稳定的理论传统和比较成熟的理论体系。因此,西方哲学思想在范畴使用、理论规范、方法论研究、体系建构等方面对当今中国部门哲学的创新具有重要的借鉴价值,值得关注和重视。相比之下,对中国本土的思想资源即中国传统哲学的发掘与利用则远远不够。作为本土的思想资源,中国传统哲学对于当下中国的理论与实践具有非同寻常的意义,这不仅在于它是中国人曾经的生命存在形态的观念表达,是中华文化智慧的结晶,在多个层面潜移默化地影响着一代又一代的中国人,更在于中国社会的健康发展、中华民族的伟大复兴不仅不能没有这种智慧的指导,而且还包含这种智慧本身的复兴。中国传统哲学的复兴离不开部门哲学的发展,部门哲学的创新也离不开中国传统哲学的智慧。

上述三大哲学资源是当代中国部门哲学创新可资源利用的主要思想资

源,但这些思想资源能否被充分、合理地利用,并在资源整合基础上实现综合创新,从而真正推动部门哲学的创新,则取决于以下三点:一是掌握的思想资源是否丰富;二是对思想资源本身的诠释是否合理;三是利用思想资源的方法是否得当。为此,需要加强以下两个方面的工作:

第一,部门哲学史的研究。丰富的思想资源是部门哲学进行资源整合、综合创新的前提,而部门哲学史的研究是获取丰富的思想资源的根本途径。直到目前为止,由于多种原因,虽然也有学者在部门哲学史研究方面作了努力,并产生了有价值的研究成果,如以黄楠森任编委会主任的"人学理论与历史丛书"对人学的观念史与思想史的研究,刘修水主编的《经济哲学》对从古到今的经济哲学思想的历史演变的总结。但总体看来,中国哲学界在这方面的研究一直比较欠缺。即使是在那些发展得较成熟甚至已成为显学的部门哲学中,如价值哲学、政治哲学、文化哲学领域,也缺少完整的哲学史方面的研究,尤其缺少"中国"部门哲学史方面的梳理和挖掘。结合近些年的研究成果,不难发现,中国文化哲学、政治哲学、经济哲学等部门哲学的研究主题,大致可以划分为基础理论研究、古今中外哲学家的部门哲学思想及其比较研究、部门哲学前沿问题研究、现实问题研究。这些研究主题,虽然不乏对某些哲学大家、有代表性的哲学流派的思想、观点等的阐述与评价,并在不同程度上涉及各部门哲学史知识,但由于缺少对部门哲学史的整体性、系统性的研究,不利于人们全面而准确地获取丰富的思想资源,从而在一定意义上限制了部门哲学的创新性发展。鉴于此,有必要加强部门哲学史方面的研究。

第二,方法论的自觉。这里所说的方法论自觉包含两个层面:一是对各种思想资源自身所蕴含的方法论的自觉。每一种思想资源都是特定时代的产物,存在于特定的历史文化传统中,有其自身独特的方法论意义。部门哲学创新需要方法论资源,思想资源的综合创新本身就包含着方法论创新,同时又需要方法论的创新。部门哲学对各种资源的吸收、利用主要是方法论层面上的。因此,自觉挖掘这些方法论,应该成为部门哲学研究的重要内容。二是对诠释、利用思想资源的方法论的自觉。无论是对思想资源的合理诠释,还是对思想资源的吸引与利用,都需要有适当的方法论作为前提。当前部门哲学研究存在的一些问题,就与方法论的偏颇有直接关系。例如,人们都知道思想资源的整合不是各种思想资源的外在比较或简单相加,而是一种创造性的生成,是一种质变,是综合创新。但在实际的研究中,把外在比较研究当成整合方法的大有人在。因此,这个层面的方法论自觉对部门哲学创新意义更为重大。

（四）加强学科联盟意识,促进方法论创新

这是推进部门哲学研究范式的创新与转换的方法论前提。任何哲学研究都离不开方法论的指导,方法论缺失或不合理是导致哲学研究陷入理论困境的主要原因。部门哲学研究尤其如此。例如,在价值哲学领域,有学者明确指出,主客体关系模式是导致价值哲学研究陷入困境的主要原因,这种方法论模式除了导致一种关于价值本质的效用主义解释之外,还意味着对人的拒斥和消解,它使价值论研究丧失了人学的基础。① 部门哲学研究要摆脱理论困境,推进研究范式的创新与转换,离不开方法论问题的自觉反思与创新。而且,部门哲学对于推进哲学创新的意义,不仅表现在概念、范畴、理论观点的创新,更表现在方法论的创新。

哲学研究中的方法论问题,绝不仅仅意味着某种工具性的研究手段,它既涉及具体的研究方法、方式问题,还包括宏观的研究视野、研究思路问题。在这个意义上,部门哲学的方法论反思与创新可以从以下三个层面展开:第一,各部门哲学自身所蕴含的方法论及其意义的阐释与反思。哲学既是世界观又是方法论,部门哲学本身就具有方法论的意义。阐释与检视自身所具有的方法论意义是部门哲学进行方法论创新的前提。第二,具体研究方法、方式的发掘与创新。这个层面的研究,既涉及各部门哲学代表人物、主要学派的研究方式、方法的发掘与阐释,又包括当前学界研究部门哲学的方式、方法的反思与创新。第三,整体研究思路、范式、视野的审视与转换。这对各部门哲学研究的总体发展具有至关重要的意义。目前,学界已在这三个层面已进行了一些有价值的研究,陈忠对新兴的城市哲学方法论意义的研究,何萍、曾志等对文

---

① 参见赖金良:《哲学价值论研究的人学基础》,《哲学研究》2004 年第 5 期。

化哲学方法论意义的研究,马俊峰对马基雅维利政治哲学方法论的研究,如袁贵仁对马克思人学研究的方法论原则的探讨,李焕诚对毛泽东社会哲学方法论的阐释,李佃来对马克思政治哲学研究的历史主义方法的反思。但远远未达到理论创新发展的要求,还有待于深化。

从中国哲学总体研究现状来看,当前中国的部门哲学研究最需要反思的方法论问题就是严重的"拥西情结"。在《价值论研究的几个疑点辨析》一文,李德顺教授深刻分析并批判了价值论研究中的"拥西情结",其主要表现是"认为我们的价值研究就应该向西方看齐,凡不能与西方学术对上号的学术,就没有根底,就不算是学问。因此在各种情况下谈论价值时,首先关注的是'门户出身'而不是'问题逻辑',总是热衷于到洋文本中去钩沉索引、核对验证,要以某些西方学者的意见为根据,而无意于认真整理和吸纳古往今来中国自己的学术成果,更无视当代中国学者的意见。"①这种潜在的"拥西情结"是中国学术主体意识薄弱的表现,并广泛存在于各部门哲学的理论研究中。从现有的研究成果来看,在我国部门哲学的理论研究中,存在着普遍的主体迷失的状态——不仅西方学者或哲学派别的理论、思想和观点成为阐释的主要对象,而且即使是在阐释中国自己的理论与实践时,基本上也都以西方的理论框架、话语体系、研究方法为主要参照物,对某些热点问题的追踪、对某些理论的评判也是以西方的研究为依据。有学者在谈到政治哲学研究在这方面存在的问题时,甚至说"汉语政治哲学的研究完全是'西方的'政治哲学研究范式的翻版"②这种说法虽然有点绝对,却在一定程度上反映出中国哲学研究学术主体意识薄弱。整体性的学术主体意识薄弱,难以产生具有原创性的思想或观点,更不利于打造具有中国特色、中国风格、中国气派的哲学社会科学学术话语体系,而且有可能会弱化我们的理论自信与理论自觉。

就中国学术发展的总体性的方法论要求而言,当前中国的部门哲学研究

① 李德顺:《价值论研究的几个疑点辨析》,《吉首大学学报(社会科学版)》2012年第5期。
② 任建涛:《政治哲学的问题架构与思想资源》,《江海学刊》2003年第2期。

必须以马克思主义为指导,这也是摆脱"拥西情结"的关键。"马克思主义是当代中国学术的旗帜和灵魂。中国学术,如果放弃了马克思主义的指导,就必然会成为西方资产阶级意识形态的附庸,就没有资格和其他国家、其他民族的学术与文化展开平等的对话,就谈不上科学精神和学术尊严。"①在这一点上,学界早已形成了共识。但在一些实际的部门哲学研究中,正如有学者所指出的那样,所谓"以马克思主义的世界观、方法论为指导"也往往只是口头的,实际的思想非常混杂,西方的各种时髦理论在部门哲学中很有影响。② 因此,如何把马克思主义的指导真正贯彻到具体的研究中,应该是部门哲学需要大力解决的问题,也是当前整个中国哲学研究应该高度重视并努力探索的问题。

从部门哲学的跨学科特征来看,推进部门哲学的方法论创新,不仅要自觉借鉴其他相关学科的研究方法,而且要在加强跨学科对话的基础上生成新的研究方法。在以往的研究中,学者们已提出了一些新的研究方法,如文化哲学领域洪晓楠提出的宏观研究与个案研究相结合的方法,霍桂桓提出的个体生成论的方法,李鹏程采用现象学的方法进行文化哲学研究;发展哲学领域,杨信礼提出了发展本体论与发展认识论相统一的方法、系统科学的方法、实践反思的方法;政治哲学领域,武汉大学马克思主义政治哲学研究团队采取的理论与现实相结合的推理方法、局部研究与整体研究相交叉的切近方法;价值哲学领域,孙伟平等主张价值问题研究的主体性方法;管理哲学领域,张尚仁提出的科学一体化的研究方法;等等。这些研究方法的提出离不开跨学科的对话和融合。部门哲学自身是交叉性学科,本身就蕴含着对话与融合的因子,但是在现实的学术实践中,部门哲学与其他相关学科、部门哲学间的互动并未达到理论与实践的要求。这就要求部门哲学与其他学科之间要加强合作,展开跨学科研究。这一点对于中国学者尤其重要。面对重大、复杂的社会现实问题时,马克思恩格斯不仅自觉进行跨学科研究,而且是这种跨学科研究的典范。

①　柯锦华、任平:《马克思主义哲学研究范式:创新与转换》,社会科学文献出版社 2010 年版,第 1 页。

②　王金福:《哲学的死亡与复活——从马克思、恩格斯反哲学的立场看"部门哲学"、"应用哲学"的兴起》,《学术月刊》2013 年第 2 期。

反观马克思恩格斯关于哲学与政治学、经济学、社会学、历史学、文化学、法学等的跨学科研究,不难看到,哲学的跨学科研究是以丰富的、多学科的知识和理论储备为前提的。这就意味着研究主体仅具备坚实的哲学理论基础是不够的,还需要掌握其他相关具体学科的知识。如"研究现代管理哲学,除了要结合哲学和管理学来研究之外,还涉及一系列其他学科,既涉及经济学、社会学、心理学等传统学科,也涉及决策科学、预测科学、行为科学、创造学、人才学及信息论、控制论、系统论等一系列新兴学科和理论。"①但是,由于学科建制、学术专业分工等因素制约,当代中国大多数部门哲学研究者,并不具备马克思恩格斯那样多学科的知识储备。在这种条件下,加强学科联盟意识,促进部门哲学研究者与其他相关具体学科研究者之间的学术交流,就成为一种必要。组建于 2010 年的武汉大学的"当代中国马克思主义政治哲学研究团队",就采取了跨学科的方式组建,以马克思主义哲学学科为主,整合其他学科青年学术骨干的力量,从不同的路向开展和推动马克思主义政治哲学的研究。这说明学界已意识到了这个问题的重要性,并开始了有效的探索。事实证明,这种跨学科的合作,不仅可以给双方既有的学科研究范式带来新的启迪,而且可以为双方未来的学科话语体系建构带来新的思路,从而为新的学术生长点的生成提供巨大空间。

在上述基础上,构建各具"中国特色"的部门哲学话语体系,是部门哲学继续前行并赢得未来发展的必要条件,也是推进哲学社会科学的繁荣发展的重要方式。"在学习借鉴人类文明成果的基础上,用中国的理论研究和话语体系解读中国实践、中国道路,不断概括出理论联系实际的、科学的、开放融通的新概念、新范畴、新表述,打造具有中国特色、中国风格、中国气派的哲学社会科学学术话语体系"②中央对哲学社会科学的繁荣发展提出的这一重大要求,为部门哲学的未来发展指明了方向。基于中国自身实践基础上建构起来的各具"中国特色"的部门哲学话语体系,应该是时代精神的中国表达,是中国问题的哲学表达。

---

① 张尚仁:《管理哲学的对象、意义和研究方法》,《人文杂志》1986 年第 6 期。
② 李长春:《在马克思主义理论研究和建设工程工作会议上的讲话》,《人民日报》2012 年 6 月 4 日。

第九章 马克思主义哲学中国化研究范式

众所周知,自马克思主义哲学传入中国就逐步开始了中国化的进程,至今已有百年的历史。毛泽东在《反对本本主义》《实践论》《矛盾论》等一系列著作中全面开启了马克思主义哲学中国化的第一个理论形态即毛泽东思想的同时,也从理论上开启了马克思主义哲学中国化的研究范式。但将这一研究范式作为一种自觉的学术研究对象,使其成为一个相对独立的研究领域,则是20世纪90年代以来的事情。进入21世纪,马克思主义哲学中国化的问题逐渐成为学术界关注的热点问题,已经发展为中国马克思主义哲学研究极其重要的一个领域。学术界不仅自觉把马克思主义哲学中国化作为一个学术反思对象,对其展开多维度、多层面、多视角的研究,并且把它上升为马克思主义哲学乃至整个中国哲学创新的一种范式而予以探索与发展。如今,马克思主义哲学中国化已成为当代中国马克思主义哲学研究的一个重要组成部分,也是马克思主义哲学创新的重要范式之一。从学理的角度,全面反思马克思主义哲学中国化研究范式的兴起、发展及基本特征,深度阐释这一研究范式的创新价值、理论局限及未来发展,有助于深层推进马克思主义哲学中国化研究,从而进一步推动马克思主义哲学的繁荣与发展。

一、马克思主义哲学中国化研究范式的兴起与发展

任何一种新哲学研究范式的兴起都不是偶然的,而是与一定时代的发展及其引发的理论变革密不可分的。20世纪90年代以来,中国学术界重提马克思主义哲学中国化问题,自觉把它作为一个重大课题进行研究,并使之深入

发展,就是时代与理论双重因素共同作用的结果,具有重大的现实意义与学术价值。

(一)马克思主义哲学中国化研究范式的兴起

从总体上说,20世纪90年代国内学术界重提马克思主义哲学中国化问题,既是国内外形势发生巨大变化的结果,也是中国马克思主义哲学研究理论自觉的产物。历史地看,马克思主义哲学的发展始终与社会主义的命运紧密联系在一起。与此相应,20世纪90年代以来马克思主义哲学中国化研究范式的兴起,不仅深受世界范围内社会主义总体发展状况的影响,更与中国特色社会主义建设的快速发展休戚相关。可以说,这两方面所导致的时代巨变分别向马克思主义哲学提出了严峻挑战,同时,也为其进一步创新与发展提供了机遇,因而成为马克思主义哲学中国化研究兴起的时代与现实动因。

从国际形势来看,20世纪80年代末到90年代初苏联解体与东欧剧变,使世界社会主义运动陷入低潮。这一重大历史变故对作为社会主义理论基础的马克思主义产生了重大冲击,尤其是向传统的马克思主义哲学提出了严峻挑战。如果说俄国十月革命的胜利标志着马克思主义,尤其是唯物史观的胜利,那么,苏东剧变是否意味着马克思主义的失败呢? 一些西方学者给出了肯定的答案,并大肆宣扬马克思主义"过时论",否定马克思主义的当代价值。这股思潮在全球范围的广泛蔓延,动摇了一些人对马克思主义的坚定信仰,甚至在以马克思主义为指导思想的社会主义国家,人们也会听到关于马克思主义之当代价值的质疑。总之,苏东剧变使马克思主义陷入巨大的危机之中。面对这种情况,中国的学者不禁要进一步追问,西方学者给出的答案是否正确? 马克思主义真的失效了吗? 苏东剧变证明的到底是马克思主义本身有问题,还是苏联模式的马克思主义出了问题? 对此,国内大部分学者认为,西方学者所宣扬的马克思主义"过时论"是错误的,过时的不是作为时代精神之精华的马克思主义本身,而是苏联的教条化的马克思主义。围绕马克思主义"过时论",国内学术界从马克思主义的理论性质、功能、作用等角度展开了批判,并在这种批判中重申坚持和发展马克思主义的必要性与现实意义。如果从学理上分析,我们会发现,西方学者在宣扬马克思主义"过时论"时犯的一个严重错误就是忘记了苏联模式的马克思主义与马克思恩格斯所开创的马克思主义的本质区别,完全把二者等同起来。具体地说,就是把苏联模式的马克思主义哲学等同于真正的马克思主义哲学。这实际上是把苏联模式的马克思主义哲学普遍化,把一般意义的马克思主义哲学特殊化。殊不知苏联模式的马克思主义哲学只是苏联社会主义经验的总结,仅仅是一种特殊性,并不是普遍真理。它既不能反映马克思主义哲学的全部,更不能代表整个马克思主义哲学。而东欧各国却在一定历史时期内不加批判地接受了苏联模式的马克思主义哲学,并把它视为普遍真理而教条主义地运用于本国的社会主义建设中。这也是这些国家之所以出问题的原因之一。当然,中国也曾犯过类似的错误,马克思主义哲学中国化就是要纠正这种错误。同时,苏东剧变不但不能充分说明马克思主义已经过时了,反而从反面有力地证明了不能正确理解和运用马克思主义哲学的苏联模式的马克思主义哲学才是真正地过时了。有学者明确指出,苏联人"起初是用马克思主义哲学,论证十月革命道路的历史合理性、客观必然性;而后来则把马克思主义哲学变成论证传统计划经济的苏联模式合法性、合理性的工具,甚至把马克思主义哲学变为论证他们顺风转向的合理性工具。"[1]事实证明,以这种方式运用马克思主义哲学,既与马克思主义哲学的本真精神不相符,又与社会主义实践发展要求相去甚远。这不仅使马克思主义哲学理论研究陷入误区,更使社会主义实践陷入困境。从马克思主义哲学发展的角度来看,仅仅指出或批判苏联模式马克思主义哲学的错误是远远不够的,还必须思考在国际形势巨变的背景下,怎样更好地发展和创新马克思主义哲学,如何有力地体现马克思主义哲学的当代价值? 如何使马克思主义哲学继续葆有旺盛的生命力与吸引力? 如何有效地为马克思主义哲学的当代意义作辩护。20 世纪 90 年代,中国学术界重提马克思主义哲学中国化,在一定意义上,就与这一重大理论任务密切相关,因为马克思主义哲学中国化既是发展和创新马克思主义哲学的重要路径,又是体现马克思主义哲学当代价

---

① 　王东:《马克思学新奠基》,北京大学出版社 2006 年版,第 70 页。

值的重要维度。在这个意义上，马克思主义哲学中国化研究对于世界马克思主义哲学的发展具有不可替代的价值。

从国内情况来看，中国实践主题从革命到建设，再到改革和发展的历史性转换，向中国原有的马克思主义理论提出了严峻的挑战，因为创新的实践需要用创新的理论尤其是创新的马克思主义理论来指导。中国实践是马克思主义哲学中国化最为切近的现实基础，中国实践主题的每一次转换，都必然会对马克思主义哲学中国化的实践及其理论研究提出新的发展要求，并进一步推动马克思主义哲学中国化的创新与发展。20世纪90年代以来，中国社会正经历着一场前所未有的深刻的社会变革，即中国的经济体制改革由社会主义计划经济转向社会主义市场经济。随着社会主义市场经济体制的逐步确立，中国社会主义现代化建设的实践主题发生了根本性的转换，中国的社会结构和中国人的思想观念也发生了根本性的变化。如何理解社会主义的市场经济？怎样发展社会主义的市场经济？用什么理论来指导社会主义市场经济建设的实践？如何建立起与社会主义市场经济体制相适应的政治、文化体制？如何解决社会主义市场经济建设中面临的诸多实践和理论问题？这些问题成为新的时代主题，迫切需要从哲学高度给予全面而深刻的说明与分析。就当时中国所面临的现实的理论资源而言，破解这些实践领域中出现的新问题，需要新的发展了的马克思主义哲学理论的指导，因为这些新问题远远超出了原有马克思主义哲学理论的解释范围。当时占主导地位的马克思主义哲学即马克思主义哲学原理教科书本身是计划经济的产物，根本无法回应社会主义条件下的市场经济建设和发展问题。同样，教科书哲学制约与影响下的马克思主义哲学研究，当然也不可能满足社会主义现代化建设实践提出的新要求。有学者明确指出，以往的马克思主义哲学研究及其取得的成果，不能满足时代与实践的需要，至少存在两个主要的缺陷："一是还没有以中国现代化的实践为中心的自觉而明晰的意识，对中国化的理解缺乏现代的内容；二是还没有充分形成问题意识，过分侧重于范畴和体系的研究，很少从现代化的实践中提炼问题和研究问题。现在如果不与时俱进地克服这两个缺陷，就会使中国的马克思主义哲学研究变成一种自身的逻辑演绎，越来越脱离中国人的活生生的现实，越来越远离国内外的思想运动,而最终失去生命力。"①这就要求马克思主义哲学必须与时俱进,"必须反映新的时代要求和新的时代特点,必须有新的时代内容和新的表现形态"②,这就使马克思主义哲学中国化问题再次凸显出来。反过来,中国实践主题的转换及其带来的深刻的社会变化与新的理论探索,又为马克思主义哲学中国化研究提供了创新的实践基础与理论资源。

中国的社会主义现代化建设不仅需要与之相适应的现代化理论的指导,而且本身还包括、承载着中国文化的现代化,主要指中华民族传统文化的现代化。前一个需要直接关联着马克思主义哲学的当代建构问题,后一个要求可以理解为中国传统文化的现代转型问题。这两个问题都与马克思主义哲学中国化的问题相关,并且相互密切交织在一起。马克思主义哲学的当代建构问题,就是要求根据时代实践主题的变化,对"过去时"的马克思主义哲学进行新的理论建构而非仅仅满足于对既有理论的重新诠释,即要建构马克思主义哲学的当代新形态。这是改革开放以来中国马克思主义哲学研究的最根本的理论旨趣与历史使命。就中国具体的实际而言,学术界面对的"过去时"的马克思主义哲学,首先指向中国传统的马克思主义哲学原理教科书。经过 20 世纪 80 年代以来学术界对马克思主义哲学原理教科书的深入反思,人们对它内在固有的缺陷已经有了广泛而深入的理解,认识到其存在的最大问题就是脱离或滞后于中国的现实。有鉴于马克思主义哲学原理教科书的这一缺陷以及人们在重构它的过程中存在的难以解决的理论问题,学者们普遍认为,这种要建构的新形态的马克思主义哲学,绝不是中国传统的马克思主义哲学原理教科书体系的"翻版""改进"或"重构",而是摆脱了马克思主义哲学原理教科书的诸多缺陷、体现马克思主义哲学本真精神、扎根于中国具体实际的新哲学。在这个意义上,这种新形态的马克思主义哲学必然是中国化的马克思主义哲学,这种新形态的马克思主义哲学的建构本身必将是马克思主义哲学的深度中国化。从学理上讲,马克思主义哲学的深度中国化,既离不开对马克思

————————

①　陶德麟、何萍:《马克思主义哲学中国化:历史与反思》,北京师范大学出版社 2007 年版,第 514—515 页。

②　吴元梁:《马克思主义哲学形态的演变》,中国社会科学出版社 2010 年版,第 681 页。

主义哲学中国化历史经验的总结与反思,更需要对马克思主义哲学中国化创新路径的探索与研究。因此,这种新哲学的建构必然离不开马克思主义哲学中国化的研究。而中国传统文化的现代转型问题,又与民族文化认同问题交织在一起。20世纪90年代以来,随着全球化的不断推进与深入发展,随着西方思潮的强烈冲击,不仅使原有的民族国家理念受到了挑战,而且使民族文化的身份认同问题再次凸显出来。改革开放以来国内出现的"文化热""国学热"现象、学术界发出的复兴儒学、重建中华民族哲学自我的呼声就是对民族文化的身份认同问题的积极回应。而"全球化与民族化作为同一过程的两个方面,'全球意识'与'寻根意识'的同时存在,再次促成了人们对20世纪中国社会发展道路的回顾和反思,再次把如何理解和把握马克思主义哲学中国化的问题直接摆到中国马克思主义哲学界面前。"①

总之,20世纪90年代以来,中国学术界深入开展马克思主义哲学中国化研究,不仅是学术界应对国内外形势发生巨变对马克思主义所产生的挑战的结果,而且是对马克思主义哲学理论创新进行自觉反思的产物,体现了中国马克思主义哲学研究的一种理论自觉。

(二)马克思主义哲学中国化研究范式的发展

经过30年的发展,马克思主义哲学中国化研究范式已成为当代中国马克思主义哲学研究创新的主要范式之一。回顾这一哲学研究范式的发展历程,鉴于它与中国特色社会主义理论与实践发展的密切的互动关系,我们分别以"新世纪"(2000)和"改革开放30年"(2008)、40年(2018)这三个具有特殊意义的时间点为分界线,把20世纪90年代以来马克思主义哲学中国化研究范式的发展相对划分为以下四个发展阶段。

第一个阶段:从20世纪90年代至2000年。这一阶段,马克思主义哲学中国化研究受中国马克思主义哲学研究大环境的影响比较大。孙正聿教授曾以"教科书哲学"为关键词,把新中国成立以来中国马克思主义哲学的发展逻

---

① 杨耕:《当前马克思主义哲学研究中的三个重大议题》,《中国社会科学》2007年第5期。

辑概括为 20 世纪"80 年代以前的教科书哲学""80 年代的以反思教科书为主要内容的哲学改革""90 年代以来的以现代性的反省为主要内容的后教科书哲学"①。在一定意义上,20 世纪 90 年代以来的马克思主义哲学中国化研究就始于"后教科书哲学"时期,由此决定了这一阶段的马克思主义哲学中国化研究初步体现出要力图超越"教科书哲学"、实现哲学变革的特征。从学术界召开的学术会议与取得的研究成果来看,在这一阶段,学者们探讨的问题主要围绕马克思主义哲学与中国传统文化的关系展开。其中,由于"国学热"的兴起及儒学在中国传统文化的主流地位,马克思主义哲学与儒学的关系成为学者们讨论的一个重点话题。在这种讨论中,学者们达成的基本共识是以马克思主义为指导,批判地继承儒学。另有学者进一步提出,马克思主义哲学作为我们的指导思想,必须与中国传统的儒学精神合流,才能内化于我们民族的深层文化心理结构之中,成为一切行为的内在指导者。② 此外,中国传统文化在马克思主义哲学中国化过程的作用,马克思主义哲学与中国传统哲学思想尤其是与中国古代哲学中的唯物主义和辩证法传统的结合问题,也受到学者的关注。其中,有学者提出,马克思主义哲学是在世界历史的背景中产生的"世界哲学",其历史文化基础就包括中国传统哲学,尤其是朴素的辩证唯物主义,这种朴素的辩证唯物主义构成了马克思主义哲学中国化的便利的思想桥梁或理论途径。③ 这一独到的见解不仅在当时,即使在今天也具有启发意义。就人物研究来说,这一阶段,学者们重点研究了毛泽东的哲学思想,既有从整体上探讨毛泽东哲学思想及其对马克思主义哲学中国化的伟大贡献的,也有从微观层面分析毛泽东的实践思维、实践观、哲学观、方法论的。在这一阶段,已有学者开始尝试对马克思主义哲学中国化进行整体性的反思,如曾乐山的《马克思主义哲学的中国化及其历程》(华东师范大学出版社 1991 年版),丁

---

① 孙正聿:《改革开放以来中国哲学发展的历史与逻辑》,《吉林大学社会科学学报》2008 年第 5 期。

② 参见邹化政:《马克思主义哲学与中国儒学精神》,《社会科学战线》1991 年第 2 期。

③ 参见杨耕:《论马克思主义哲学的中国化》,《北京大学学报》(哲学社会科学版)1998 年第 3 期。

祯彦的《哲学的变革：马克思主义哲学中国化问题初探》（上海人民出版社1999年版）。但总的来说，这一阶段属于马克思主义哲学中国化研究刚刚兴起阶段，所以很多深层次的问题都没有被触及，在研究广度、深度、创新程度等方面都存在着严重的不足。

第二个阶段：从2000年至2008年。在这一阶段，随着中国社会主义现代化建设事业不断取得重大进步，"随着马克思主义中国化伟大实践的进一步推进、马克思主义理论研究和建设工程的实施、国务院学位委员会和教育部马克思主义理论一级学科所属的马克思主义中国化研究二级学科学位授权点的设置及其相关建设工作的开展，马克思主义中国化研究兴起了一个前所未有的热潮"①，取得了大量的研究成果。从这些研究成果来看，相比于前一个阶段，这一阶段的马克思主义哲学中国化研究无论是在广度、深度上，还是在创新程度上，都获得了极大的推进：研究的论题更加广泛，研究的视野更加开阔，研究的方法更加多样。这一时期，马克思主义哲学中国化研究不仅表现出明显的"历史意识"，如对马克思主义哲学中国化的发展规律、历史进程等问题的历史性反思，而且还日渐呈现出一定的"问题意识"，表现之一就是学者们对中国社会的现代化、现代性问题的高度关注与深入思考。有学者明确指出，开展马克思主义哲学中国化研究必须以中国的现代化为中心论题，要把中国马克思主义哲学看作中国现代化运动的理论和实践的整体，并通过考察中国在20世纪二三十年代和90年代发生的现代化辩论，揭示中国现代化对于中国马克思主义哲学形成和发展的意义。② 在围绕现代化或现代性问题展开的讨论中，马克思主义哲学中国化与中国现代性的建构是学者们思考的重要话题。由于中国的现代化内在包含着中国传统文化的现代化问题，因此，中国传统文化的现代化问题也成为这一阶段学者们重点讨论的内容。此外，在这一阶段，党的十七大报告和十七届四中全会提出了"推动马克思主义中国化、时

① 汪信砚：《近年马克思主义中国化研究中存在的问题》，《中国特色社会主义研究》2007年第4期。

② 参见何萍：《开展以中国现代化为中心论题的马克思主义哲学中国化研究》，《马克思主义与现实》2005年第5期。

代化、大众化"的任务,因而学术界又掀起了马克思主义哲学中国化、时代化、大众化研究的热潮。

在这一阶段,有两个方面的探讨特别值得关注,一是对马克思主义哲学中国化研究中存在的问题,尤其是方法论问题的研究,这标志着马克思主义哲学中国化研究进入了自我反思的阶段。随着马克思主义哲学中国化研究向纵深发展,在马克思主义哲学中国化的性质解读、学术定位、研究方法等方面存在的局限日益暴露出来,引起了部分学者的高度重视。其中,以陶德麟、汪信砚、何萍等为代表的武汉大学马克思主义哲学中国化研究团队对马克思主义哲学中国化研究中存在的方法论问题的反思,在学术界引起了广泛的影响,推动了马克思主义哲学中国化研究的深入发展。陶德麟主要以马克思主义哲学中国化的三个前提性问题即马克思主义哲学中国化的含义、马克思主义哲学中国化的可能性和马克思主义哲学中国化的经验总结的分析为切入点,对学术界关于马克思主义哲学中国化研究中存在的方法论问题进行了辨析[①];汪信砚从理论视野、理论研究的论域和研究方法三个方面对马克思主义哲学中国化研究中存在的方法论问题进行了批判性的反思,并提出了一些极富建设性的解决方法[②];何萍则从世界马克思主义哲学的大视野出发,分析了马克思主义哲学中国化研究的比较研究视角、问题研究视角问题。[③] 二是对建构中国化马克思主义哲学新形态的思考。建构中国化马克思主义哲学新形态是当代中国哲学发展的必然趋势,也是实现马克思主义哲学繁荣与创新的必然要求,而马克思主义哲学中国化则是实现这一要求的必然之路。有鉴于此,学术界从不同角度对这一问题展开了探讨,其中,杨学功从哲学形态学的角度对建构中的马克思主义哲学中国化的新形态的特征及意义的探讨[④]、赵剑英从马克思

---

① 参见陶德麟:《马克思主义哲学中国化研究的方法论问题》,《学术月刊》2003 年第 11 期。

② 参见汪信砚:《视野·论域·方法——马克思主义哲学中国化问题研究的方法论问题》,《哲学研究》2003 年第 12 期。

③ 参见何萍:《马克思主义哲学中国化研究的世界视野》,《学术月刊》2003 年第 11 期。

④ 参见杨学功:《建构马克思主义哲学当代新形态》,《吉林大学社会科学学报》2004 年第 5 期。

主义哲学的真精神、民族性、问题意识等方面对建构中国化马克思主义哲学新形态的思考①,非常具有启示意义。2005 年"第五届马克思哲学论坛"以"中国化的马克思主义哲学形态研究"为主题,对建构中国化马克思主义哲学新形态问题进行了深入的阐释,深化了学界对这一问题的理解。

第三个阶段:2008 年到党的十九大。在这一阶段,随着马克思主义哲学中国化研究的多维度、多层次、多视角的展开,马克思主义哲学中国化成为中国马克思主义哲学研究最重要的领域。与此同时,马克思主义哲学中国化研究中存在的问题也越来越多地呈现出来,因此,对马克思主义哲学中国化研究的自我反思仍然是马克思主义哲学中国化研究的重要课题,并且在这种反思过程中努力尝试新的方法论的建构。这种方法论的反思与建构,相比于前两个阶段,最突出的进步表现在"两个转向"的提出:一是马克思主义哲学中国化研究从以事实、经验描述为主转向以理论分析、反思为主。有学者认为,武汉大学马克思主义哲学学科与《中国社会科学》杂志社共同主办的《第八届马克思哲学论坛:马克思主义哲学中国化与当代中国哲学建设》,最为明显地体现了这一转向。由于转向以理论分析与反思为主,这一阶段把前两个阶段探讨的一些问题引向深入,尤其是对马克思主义哲学中国化研究的理论与方法的反思提升到了一个自觉的高度,并提出了一些有价值的论题和观点,如陶德麟、何萍提出的"中国马克思主义哲学的普遍性问题"、王南湜提出的"把学术化的中国马克思主义哲学纳入视野"等。二是马克思主义哲学中国化从"研究领域"转向"研究范式",即不再满足于把马克思主义哲学中国化仅仅作为马克思主义哲学研究的一个对象、一个领域去看待,而是要把它提升为马克思主义哲学研究乃至整个中国哲学研究的一个新范式。这可以说是这一阶段马克思主义哲学中国化研究取得的最重要的进步。陶德麟教授对于这一进步给予了充分肯定与高度评价,认为把马克思主义哲学中国化确立为当代中国哲学研究的共有范式,"提炼为一种根本的方法论原则,开拓和展现出了马克思

---

① 参见赵剑英:《建构中国化马克思主义哲学新形态的再思考》,《南京大学学报(哲学·人文科学·社会科学版)》2005 年第 6 期。

主义哲学中国化研究的全新视界,并为当代中国马克思主义哲学研究、当代中国哲学建设和中国人文社会科学的发展做了一种方法论上的'顶层设计'"。① 对于这种转向的实质,有学者指出,"确立以马克思主义哲学中国化为研究新范式,就要以马克思主义哲学中国化去统摄、涵括中国的西方哲学研究和中国传统哲学的研究,使之成为当代中国哲学研究的共有范式。"②对于这种转向的必要性与意义,学者们从不同解读进行了说明与论证。其中,对这一问题进行了系统深入研究的汪信砚教授的观点比较有代表性,也非常具有说服力。他认为,以马克思主义哲学中国化为范式开展当代中国马克思主义哲学研究,是马克思主义哲学自身的本质要求,是当代中国社会发展的客观需要,也是当代中国马克思主义哲学研究健康发展的重要保证。而要真正以马克思主义哲学中国化为范式开展当代中国马克思主义哲学研究,必须反对各种形式的教条主义,纠正对马克思主义哲学中国化性质的误读,对马克思主义哲学中国化进行正确的学术定位,并明确以马克思主义哲学中国化为范式的马克思主义哲学研究与马克思主义哲学中国化这一领域研究之间的重要区别。③ 也有学者认为,当代中国马克思主义哲学研究中产生了诸多的认识误区,其中多元取向是最典型的一种,这不仅遮蔽了马克思主义哲学的本真精神和当代价值,也削弱了其铸魂作用。只有把马克思主义中国化作为当代哲学研究的公共出口,才能走出这种误区,唤醒当代学者的学术良知、时代良心和当代使命,为重建中华民族思想自我进行积极的精神营造。④ 另有学者则从学科建设基础、历史文化基础、现实条件等方面分析了为何及如何使马克思主义哲学研究全面中国化的问题。⑤ 这两个转向,对马克思主义哲学中国化研

---

　① 汪信砚:《范式的追寻——作为范式的马克思主义哲学中国化研究》,人民出版社 2014 年版,"序"第 2 页。

　② 杨竞业:《新范式·新路向·新未来——马克思主义哲学中国化研究的重要倾向》,《吉林大学社会科学学报》2009 年第 1 期。

　③ 参见汪信砚:《当代中国马克思主义哲学的研究范式》,《中国社会科学》2008 年第 2 期。

　④ 参见朱荣英:《中国化:当代中国马克思主义哲学研究的公共出口》,《郑州轻工业学院学报(社会科学版)》2009 年第 5 期。

　⑤ 参见姜喜咏:《广义的马克思主义哲学中国化研究论纲》,《山东社会科学》2010 年第 3 期。

究提出了更高的要求,如果能够把这种要求真正落实到具体的学术实践中,必将推动马克思主义哲学中国化研究进入一个更高的阶段。

在这一阶段,以下几个问题,对于理解马克思主义哲学中国化的规律与意义、推进马克思主义哲学中国化的实现具有重要意义,因而也引起了一些学者的高度关注。第一,关于马克思主义哲学中国化的标准问题。这一问题贯穿于马克思主义哲学中国化发展的各个历史时期,对于马克思主义哲学中国化的发展具有根本性的意义,有必要予以澄清。马克思主义哲学中国化本身既是一个理论问题,又是一个实践问题,由此,关于这一问题的争论主要围绕文本标准和实践标准而展开,大部分学者都认同实践标准。例如,陶德麟从马克思主义哲学中国化命题提出的历史背景出发,明确主张以实践为标准。他认为,"马克思主义哲学中国化这个概念不是从书本研究中提出的,而是从中国人民的解放斗争与社会主义建设的伟大历史实践中产生的,这就决定了马克思主义哲学中国化是一个标志实践目的、实践过程和实践结果的概念,同时也就逻辑地蕴含了它的检验方式和检验标准。与版本学、校勘学、考据学、训诂学一类的问题不同,检验马克思主义哲学中国化的成败得失不能用汉儒和清代朴学家的注经的办法,即以某个论断与某个文本是否符合为标准,而只能以实践的结果与实践方案的预期目的是否符合为标准",以文本为标准会导致教条主义。① 安启念则以马克思主义哲学中国化两条对立的思想路向即"从实践需要看理论"与"从理论原则看实践的"区分为前提,提出根据中国的具体实践要求有选择性地研究马克思主义思想家的理论并对之进行发展,是马克思主义哲学中国化的成功经验。② 这实际上是对实践标准的肯定。此外,王向清在对马克思主义哲学中国化做实践层面与学术层面的区分的基础上,提出了判断学术层面马克思主义哲学中国化的标准应该包括政治、学术和话

① 参见陶德麟:《对马克思主义中国化研究中的两个问题的理解》,《中国社会科学》2009年第1期。
② 参见安启念:《从实践需要看理论还是从理论原则看实践——马克思主义中国化中的两种思想路向》,《武汉大学学报(人文科学版)》2009年第4期。

语方式三个方面。① 第二,马克思主义中国化的主体问题。大多数学者都把中国共产党看作马克思主义中国化的主体。但也有些学者不同意或不完全同意这种认识,例如,有的学者把人民群众包括进去,认为马克思主义中国化的主体是中国共产党和人民群众②;有的学者则把党外知识分子也考虑进去,认为马克思主义中国化的主体是中国共产党党内从事理论研究的知识分子和积极拥护中国共产党路线和政策的党外知识分子③;有的学者则把马克思主义中国化的主体划分为领袖人物、理论工作者和人民群众④;还有的学者把马克思主义中国化的主体区分为核心主体、实践主体和桥梁主体。⑤ 第三,马克思主义哲学中国化与中华民族共有精神家园建设问题。哲学是文化的活的灵魂,具有为人类构筑赖以安身立命的精神家园的功能。在这个意义上,马克思主义哲学中国化不仅肩负指导中国人实践的任务,还承载着建构中国人精神家园的使命。由此,中国精神的重建、中国人或中华民族共有精神家园的建构成为新时期马克思主义哲学中国化研究的新内容之一。有学者认为,"马克思主义哲学中国化与中华民族共有精神家园建设具有内在一致性。马克思主义哲学中国化的'精神家园'路向,是建构中国特色马克思主义哲学的可能路径。探索以中国特色马克思主义哲学为核心精神的中华民族共有价值理念,是通往马克思主义哲学中国化之'精神家园'路向的核心问题。"⑥第四,马克思主义哲学中国化与马克思主义哲学原理教科书的关系问题。马克思主义哲学中国化研究范式是超越马克思主义哲学原理教科书范式的产物,但与此同时,马克思主义哲学原理教科书又是马克思主义哲学中国化的一种"特殊形

---

① 参见王向清:《学术层面马克思主义哲学中国化的逻辑进程》,《学习论坛》2008 年第1 期。

② 参见张泽强:《理解马克思主义中国化主体需要注意把握的几个关系》,《思想理论教育》2014 年第 2 期。

③ 参见俞吾金:《对马克思主义中国化主体的反思》,《探索与争鸣》2009 年第 1 期。

④ 参见王越芬、王馨悦:《对马克思主义中国化主体的再思考》,《东北师范大学学报(哲学社会科学版)》2012 年第 3 期。

⑤ 参见孟凤英:《论马克思主义中国化主体的逻辑构成及其内在特质》,《湖北社会科学》2014 年第 10 期。

⑥ 胡海波:《马克思主义哲学中国化的"精神家园"路向》,《现代哲学》2009 年第 3 期。

态",是当代中国人学习、宣传和研究马克思主义哲学的重要蓝本,在现代中国发展史上具有特殊的历史地位和作用。因此,在中国特殊的历史语境下,马克思主义哲学教科书与马克思主义哲学中国化之间形成了一种特殊的关系。有些学者认识到,研究这种特殊关系对于深化理解马克思主义哲学中国化乃至整个中国马克思主义哲学发展史具有重大的理论与现实意义,并从不同角度对这一问题进行了直接或间接地探讨。有学者认为,当前中国马克思主义哲学研究存在的一大误区就是"教科书批判情结",这种哲学教科书批判情结对待马克思主义哲学教科书的态度是非历史的,它不仅给我国马克思主义哲学教学带来了一些坏的影响,而且不利于我国马克思主义哲学的创新。[①] 有学者进一步指出,经过对教科书的一系列批判,苏联马克思主义哲学已经从我国的马克思主义哲学研究中淡出,即使在马克思主义中国化的研究中,人们也不去分析苏联马克思主义哲学与中国马克思主义哲学之间的历史联系,以从中揭示中国马克思主义哲学的形成和其理论的独创性。其结果是使马克思主义哲学中国化的研究始终停留于传播史的水平上,而无法深入到对中国马克思主义哲学自身的理论创造的研究,没有揭示出中国马克思主义哲学传统的内核、它的哲学性格和独创性的内容。所以,直到现在,中外学者都无法明确地说出什么是中国的马克思主义哲学传统,弄不清中国的马克思主义哲学与苏联的马克思主义哲学究竟有什么区别。[②] 有的学者把马克思主义哲学教科书还原为历史中马克思主义哲学中国化的一段特殊历程,认为马克思主义哲学教科书是马克思主义哲学中国化标志性的历史建筑。[③] 有的学者认为,教科书体系是马克思主义哲学中国化的特殊形态,经历了"多—多"的发展阶段,其特殊性就在于哲学体系与教学体系的统一和结合。[④] 也有学者辩证分

---

① 参见汪信砚:《当前我国马克思主义哲学研究的三个误区》,《哲学研究》2005 年第 4 期。

② 参见何萍:《中国马克思主义者论苏联马克思主义哲学普遍性——论中国马克思主义哲学与苏联马克思主义哲学源流关系》,《武汉大学学报(人文科学版)》2008 年第 6 期。

③ 参见李广昌:《马克思主义哲学中国化中的教科书哲学问题》,《广东社会科学》2009 年第 4 期。

④ 参见余洲:《马克思主义哲学中国化视野中的教科书体系问题浅析》,《中国软科学》2012 年第 12 期。

析了对中国马克思主义哲学教科书产生重大影响的"苏联哲学教科书"在马克思主义哲学中国化进程的作用。① 还有学者从马克思主义哲学教科书在苏联、南斯拉夫和民主德国、中国的历史流变入手,提出了马克思主义哲学中国化必须构建有时代精神、中国元素和民族形式的中国马克思主义哲学教学体系的思想。② 另外,《福建论坛》2011 年第 7 期刊发的一组文章,包括张亮的《应当如何正确对待"教科书体系"?》、周嘉昕的《一整块钢铁的锤炼——马克思主义哲学教科书体系的形成、传播和创新》、孙乐强的《从"初步摸索"到"中国制造"——30 年来我国原理教科书体系改革的回顾与反思》,从不同角度深化了对马克思主义哲学教科书与马克思主义哲学中国化关系的理解。

第四个阶段:党的十九大至今,包括改革开放 40 周年以及十九届三中、四中、五中全会召开之后,马克思主义哲学中国化研究范式的最新进展。一是聚焦"习近平新时代中国特色社会主义思想"的哲学基础研究,学界普遍认为习近平新时代中国特色社会主义思想是 21 世纪马克思主义、当代中国化马克思主义的典范,其内在灵魂就是马克思主义哲学中国化的当代形态。二是聚焦"中国道路"研究"唯物史观的中国逻辑"。2010 年以来,中国稳居世界第二大经济体位置,中国奇迹表明了中国道路的正确。2020 年决胜全面建成小康社会,党和国家领导人民在抗击新冠肺炎疫情、脱贫攻坚等方面取得了伟大成就,充分证明了中国道路的正确性。中央党校韩庆祥成立"中国道路与唯物史观"工作室,专门对中国道路的唯物史观意蕴加以系统阐述。苏州大学任平认为:中国道路成功开拓的哲学表达就是"唯物史观的中国逻辑"。③ 三是聚焦国家治理体系现代化,研究"中国话语的马克思主义哲学"。四是围绕"中国马克思主义哲学""何以可能?"这一主题,从学术体系、学科体系、话语体系和评价体系加以展开研究。

---

① 参见陈食霖:《苏联哲学教科书与马克思主义哲学中国化》,《山东社会科学》2011 年第 6 期。
② 参见袁贵仁、杨耕、吴向东主编:《马克思主义哲学教学体系:历史与现状》,北京师范大学出版社 2011 年版。
③ 参见任平:《论唯物史观的中国逻辑及其世界意义》,《哲学研究》2019 年第 8 期。

从这四个阶段的逻辑发展来看,马克思主义哲学中国化研究逐渐从单一、静态的逻辑分析走向多元、动态的综合研究,从封闭的、平面化的事实描述与总结走向开放的、立体化的理论分析与建构。

二、马克思主义哲学中国化研究范式的特征

从 20 世纪 90 年代以来,马克思主义哲学中国化研究所取得的理论成果来看,与以往各个历史时期的研究状况相比,这一时期的马克思主义哲学中国化研究"体现出了前所未有的宏阔的理论视野、强烈的问题意识和鲜明的时代精神"。[①] 这也是马克思主义哲学中国化研究范式日渐成为马克思主义哲学创新的重要范式的主要原因。与其他马克思主义哲学创新范式相比,马克思主义哲学中国化研究范式的突出特征表现在:它是一种以开掘"本土"思想资源为中心的理论探索,是一种以"反思"为核心的历史与理论研究,还是一种以"中国问题"为基础的哲学创新。

马克思主义哲学中国化研究范式的"范式自觉"是由武汉大学陶德麟、何萍、汪信砚完成的。陶德麟、何萍主编:《马克思主义中国化:历史与反思》(北京师范大学出版社 2007 年版)以及汪信砚《范式的追寻——作为范式的马克思主义哲学中国化研究》(人民出版社 2014 年版),是这一自觉的标志性著作。[②]

(一)以开掘"本土"思想资源为中心的理论探索

这是马克思主义哲学中国化这一研究范式最大的特点,也是其优势所在。20 世纪 90 年代以来,随着西方思想资源的不断传入,马克思主义哲学中国化研究面对着比以往任何时期都丰富得多的思想资源。但结合已有研究成果,从马克思主义哲学中国化研究的主题、内容、关注的焦点等方面来看,相对于

---

① 孙正聿等:《当代中国马克思主义哲学专题研究》,吉林人民出版社 2010 年版,第257 页。

② 参见任平:《论马克思主义中国化的研究范式》,《武汉大学学报》2017 年第 4 期。

以研究西方思想资源为主要创新路径的其他马克思主义哲学创新范式,如马克思主义哲学对话范式,20 世纪 90 年代的马克思主义哲学中国化研究更集中于对中国"本土"思想资源的反思与开掘,虽然它也重视对西方思想资源的借鉴与吸收。这里所说的"本土"思想资源,从时间维度讲,有古代的,如中国传统文化中的儒家思想,也有现代的,如本土化的马克思主义哲学——毛泽东思想、邓小平理论、"三个代表"重要思想和科学发展观。也就是说,不仅包括马克思主义哲学中国化之前就已存在的思想资源,而且包括马克思主义哲学中国化过程中生成的思想资源。从哲学内容讲,既包括从古代到近代再到现代的中国哲学思想,又包括政治领袖人物、理论工作者、职业哲学家等创造的中国的马克思主义哲学。因此,这里所说的中国"本土"资源是从广义上理解的。

　　从学理上看,马克思主义哲学中国化研究之所以把开掘中国"本土"思想资源作为理论探索的中心,首先是由作为研究对象的马克思主义哲学中国化自身的内在规定所决定的。顾名思义,马克思主义哲学中国化研究的对象是"马克思主义哲学中国化",进一步说是对中国百年马克思主义哲学中国化的历史与理论的反思。马克思主义哲学中国化本身就是一个外来的西方文化在中国本土化的过程,这一过程能否顺利进行、能够达到什么样的程度、取得什么样的成果直接受中国"本土"资源的影响。这一点决定了马克思主义哲学中国化研究不可能回避对中国"本土"资源的反思与研究。按照通行的理解,马克思主义哲学中国化是指马克思主义哲学普遍原理与中国的具体实际相结合。这里所说的具体实际既指中国革命、建设等具体实践,又指中国传统文化。因此,马克思主义哲学中国化包括两个方面的内容:一是马克思主义哲学与中国的具体实践相结合,一是马克思主义哲学与中国的传统文化相结合。而马克思主义哲学与中国传统文化相结合,本身就是一个二者互动、互化的创造过程:一个运用马克思主义哲学重新审视、反思、评价中国传统文化、推进中国传统文化现代化的过程。同时,它还是一个利用中国传统文化精华充实、发展马克思主义哲学的过程。正因如此,我们可以推出,马克思主义哲学中国化研究内在包含着对马克思主义哲学与中国传统文化的关系的探讨,而且这种探讨必然要指向对中国传统文化精华的重新解读与深度阐释,对中国传统文化价值的重估或重建,而事实上的研究确实也是如此。其次,又与中国"本土"资源对于马克思主义哲学中国化研究的重大意义有关。20 世纪 90 年代以来的马克思主义哲学中国化研究,不仅要"返本"——回到马克思主义哲学中国化的历史,对这一历史进程及在这一进程中所创造的理论进行客观的描述与分析,而且还要"开新","返本"就是为了进一步的"开新"——推进马克思主义哲学深度中国化,建构中国化的马克思主义哲学的新形态。这种新形态的建构当然离不开中国"本土"思想资源的支撑,尤其是对中国传统文化精华的借鉴与吸收,而且这种建构的目的之一就是要实现中国传统文化的创造性转化。当然,这种建构也离不开马克思主义哲学中国化过程中创造的理论,这些理论不仅是建构中国化的马克思主义哲学新形态的另一重要的直接思想资源,而且为这种建构提供可资借鉴的、具有启示意义的方法论指导。

从马克思主义哲学中国化研究的领域来看,它对中国"本土"思想资源的发掘,主要集中在以下几个方面:第一,对中国传统文化的深入研究。这种研究主要是在对马克思主义哲学与中国传统文化关系的探讨中展开的。马克思主义哲学与中国传统文化的关系问题一直是马克思主义哲学中国化研究的核心问题,并且越来越受到学术界的重视。由于这一论题所涉及内容的广泛性与复杂性,学术界对这一问题的研究是在多角度、多层面、多维度中展开的,如马克思主义哲学与中国传统文化的关系的研究,马克思主义哲学与中国传统哲学的关系的研究,中国化的马克思主义哲学与中国传统文化的关系的研究,马克思主义哲学与儒家思想、道家思想、佛学思想等的比较研究,马克思恩格斯与中国传统哲学流派、哲学家之间的比较研究。如有学者对儒家与马克思恩格斯自然观的比较研究[1],对马克思哲学与孔子哲学的比较研究[2]。在这

① 参见刘丽、李景山:《儒家与马克思恩格斯自然观比较研究》,《学习与探索》2013 年第 4 期。
② 参见魏书胜、胡海波:《马克思哲学与孔子哲学的内在契合》,《社会科学战线》2009 年第 4 期。

些研究中,相对来说,马克思主义哲学与儒学的关系问题成为学者们关注的焦点,90 年代形成了"对立说""并存说""融合说"①,近几年学者们更侧重于马克思主义哲学与儒学的融合、会通、对话问题,围绕二者融合、会通、对话的可能性、必然性、意义、途径等问题进行了深入的探讨。在这种探讨中,人们对马克思主义哲学与新儒学的关系的认识有了一些变化。有学者曾指出,20 世纪三四十年代围绕中国社会性质与中国革命道路论战所形成的民族的科学的与大众的中国化研究范式,受历史条件制约,忽略了对本土的传统文化哲学的现代性构建成果,诸如新儒学等哲学成果的吸收。② 这种状况,在 20 世纪 90 年代以来的马克思主义哲学中国化研究中有所改变,虽然有个别学者仍然坚持对新儒学进行彻底批判的态度,但大部分学者在不否认马克思主义与新儒学对立的前提下,主张将现代新儒学的合理成分融入社会主义的新文化中,实现马克思主义和现代新儒学的真正融合。③ 第二,对马克思主义哲学中国化的标志性理论成果的深度阐释,即对毛泽东思想、邓小平理论、"三个代表"重要思想、科学发展观的研究。作为马克思主义哲学中国化的标志性成果,毛泽东思想、邓小平理论、"三个代表"重要思想、科学发展观、习近平新时代中国特色社会主义思想是"中国特色"的社会主义革命、建设与发展道路与经验的深刻总结,因而是具有非常突出的民族化、本土化特征的理论成果。近些年,学术界围绕这些理论成果展开了深入而广泛的研究,并取得了诸多有价值的研究成果,其中,有关毛泽东哲学思想的研究成果相对要多一些,除了那些研究马克思主义哲学中国化的历史进程的著作之外,还有一些以研究毛泽东思想为主的著作,如雍涛的《毛泽东哲学思想与马克思主义哲学中国化》(人民出版社 2003 年版)、汪澍白的《毛泽东早期哲学思想探源》(湖南人民出版社1983 年版)、胡为雄的《毛泽东思想研究史略》(中央文献出版社 2004 年版)、

---

① 阮青:《九十年代关于马克思主义与儒学关系问题的研究》,《孔子研究》1998 年第 3 期。
② 参见刘怀玉:《"价值重估"之后马克思主义哲学"再中国化"思考》,《华中科技大学学报(社会科学版)》2009 年第 1 期。
③ 参见张三萍:《对话与对立——第三代新儒学与马克思主义的关系》,《福建论坛(人文社会科学版)》2011 年第 8 期。

许全兴的《毛泽东与孔夫子》(人民出版社2003年版)等。近些年来,关于毛泽东哲学思想的发掘呈现出从宏观走向微观的趋势,如李维武对毛泽东的"实践论"的"中国性格"的深入解读①,李佑新对毛泽东的"实事求是"与湘学经世务实传统的关系的历史分析②,王南湜对毛泽东哲学中的中国传统元素的"重估"③。第三,对马克思主义哲学中国化作出重大理论贡献的代表人物思想的研究。除了对毛泽东、邓小平等领袖人物的思想进行深入研究外,陈独秀、李大钊、瞿秋白等早期马克思主义者和李达、艾思奇、张岱年、冯契等专业马克思主义哲学家的思想也日益受到学者的关注,如何萍等对瞿秋白哲学思想及其对马克思主义哲学中国化的独特贡献的深入阐发,汪信砚等对李达哲学思想的多维度阐释与发掘,李景源、王伟光等对艾思奇对马克思主义哲学中国化的理论贡献的分析,李维武、许全兴等对冯契的"智慧说"对马克思主义哲学中国化的独特理论贡献的探讨。可以说,这是新时期马克思主义哲学中国化研究的一大突破,弥补了以往中国马克思主义哲学发展史上缺失的一环,有助于人们对马克思主义哲学中国化的历史有一个比较全面的了解。同时,近几年,以黄枬森、陈先达、陶德麟、高清海等为代表的当代专业的马克思主义哲学家也开始受到人们的重视,他们为建构当代中国马克思主义哲学提供了经验和借鉴。对这些人物的研究既有宏观层面的一般性阐释,又有微观层面的具体性分析,既有学术创新意义上的"再考证",也有围绕某一主题的历史梳理。近年来,由中共中央提出、学者广泛深入研究"中国话语的马克思主义哲学",以及"中国马克思主义哲学"建构问题,并成为热点。王伟光领衔的中国社会科学院研究机构、马克思主义中国化研究所,以及中国人民大学、中共中央党校、北京大学、南开大学、武汉大学相关研究机构成为学术重镇。第四,学术界对马克思主义哲学原理教科书与马克思主义哲学中国化关系的反思,

① 参见李维武:《毛泽东"实践论"的中国性格》,《中国社会科学》2007年第4期。
② 参见李佑新、陈龙:《毛泽东的实事求是与湘学的经世务实传统》,《湘潭大学学报(哲学社会科学版)》2008年第1期。
③ 参见王南湜:《中国哲学精神重建之路:马克思主义哲学中国化探讨》,北京师范大学出版社2012年版。

从最广泛的意义上说,也可看作是对中国"本土"思想资源的开掘,因为马克思主义哲学原理教科书是马克思主义哲学本土化的一种"特殊形态"。

从以上分析中,我们可以看到,中国"本土"思想资源本身的丰富性与开放性,使20世纪90年代以来的马克思主义哲学中国化研究对中国"本土"思想资源的反思与开掘也呈现出多样性:多维度的、多层面的、多视角的"重解""重释""重估""重建"。与这种多角度、多维度、多层面的研究相对应,研究方法也呈现出多样性的特点,既有总体性的研究,又有专题性的研究;既有宏观研究,又有微观研究;既有横向的比较研究,又有纵向的比较研究。这种研究的意义在于,一方面,有利于人们深入理解中国"本土"思想资源,准确把握马克思主义哲学中国化的文化历史背景,进而深刻认识中国哲学的整体发展;另一方面,有助于推进马克思主义哲学及整个中国哲学建设,进而推动中国人文社会科学的发展。

(二)以"反思"为核心的历史与理论研究

这一点主要是就马克思主义哲学中国化研究方式、研究维度而言的。俞吾金把中国人关于马克思主义中国化问题的讨论划分为两个不同的阶段:第一阶段从马克思主义于19世纪末传入中国到20世纪80年代末,关注的焦点是如何把马克思主义引入中国,使其与中国的具体国情相结合,可以将这一阶段称为"前反思阶段";第二个阶段从20世纪90年代初直到今天,主要任务是结合中国新民主主义革命和社会主义建设的经验教训,对马克思主义中国化的过程及其理论作出全面的反思和清理,因而将这一阶段称为"反思阶段"。[1] 可以说,以反思的态度与方式考察马克思主义哲学中国化是新时期马克思主义哲学中国化研究的重要特征。

马克思主义哲学中国化研究范式的"反思"特征是由内外两方面的原因造成的。这里所说的内外是相对马克思主义哲学中国化自身而言的,外部原因主要指马克思主义哲学中国化研究所处的学术环境,即中国马克思主义哲

---

[1] 参见俞吾金:《对马克思主义中国化主体的反思》,《探索与争鸣》2009年第1期。

学研究的大环境,内部原因主要指马克思主义哲学中国化研究的内容与任务。就外部原因来看,20 世纪 90 年代以来,中国马克思主义哲学研究进入了"以现代性的反省为主要内容的后教科书哲学"①时期,与"现代性的反省"相应,这一时期的马克思主义哲学研究也开始进入全面反思的阶段,从对马克思主义哲学教科书的反思到对马克思主义哲学理论性质与功能的反思,再到对哲学自身的研究性质、研究内容、研究方式、作用等的反思,逻辑上层层推进。在这种推进中,一方面,马克思主义哲学中国化的历史与理论逐渐进入哲学反思的视野,成为哲学反思的对象;另一方面,马克思主义哲学中国化也成为哲学反思的一种视野,如从马克思主义哲学中国化的视角去反思马克思主义哲学与中国哲学及其关系问题。从内部原因来看,马克思主义哲学中国化既是一个客观存在的历史事实,又是一个学术反思的理论对象。因而,经验层面的事实描述与超验层面的理论分析,必然成为马克思主义哲学中国化研究不可或缺的两个方面。但是,20 世纪 90 年代以来马克思主义哲学中国化研究的任务不仅仅是在经验层面上客观地描述这一进程,而且要在这种描述的基础上以"从后思索"的方式,探究马克思主义哲学中国化的实质、内在根据、必要性、实现途径等问题,从而揭示、总结马克思主义哲学中国化的基本规律与经验。这就决定了马克思主义哲学中国化研究必然要以"反思"的方式为核心。② 正是这两方面,使新时期的马克思主义哲学中国化研究具有了"反思"的特征。

马克思主义哲学中国化既是一个历史命题,又是一个理论命题。学术界关于马克思主义哲学中国化的反思,主要从历史与理论两个维度展开,也可以说是历史反思与理论反思的有机统一。马克思主义哲学中国化首先是一个马克思主义哲学与中国具体实际相结合的历史进程,是一个客观存在的历史事实。历史维度的反思,就是对马克思主义哲学中国化的这一客观的历史事实进行反思,通过历史地考察马克思主义哲学中国化的历史进程,揭示马克思主义哲学中国化的根本规律,为探索马克思主义哲学中国化的未来发展奠定基

---

① 孙正聿:《改革开放以来中国哲学发展的历史与逻辑》,《吉林大学社会科学学报》2008 年第 5 期。

② 参见任平:《当代中国马克思主义研究》,北京师范大学出版社 2017 年版。

础。历史维度的反思,既是以历史为对象的反思,又是贯穿着历史性原则的反思,是反思性的历史与历史性的反思的统一。学术界关于马克思主义哲学中国化的历史维度的反思,在人物研究、思潮研究、理论成果研究、断代研究等多角度展开。近些年来,有学者又把这种历史维度的反思进一步推进,提出了研究马克思主义哲学中国化的历史主义原则。这个原则包括两方面内容:"一是总结经验的历史主义原则,即要立足于当时当地的具体条件来评价马克思主义哲学中国化的理论;二是开展以历史为中心的马克思主义哲学中国化的研究,即把马克思主义哲学中国化置于世界历史变革和中国现代化的历史进程中加以考察,揭示它的理论形成和所具有的品格。"①马克思主义哲学中国化的历史进程,也是中国的马克思主义者立足于中国具体实际丰富和发展马克思主义哲学的理论探索过程,理论维度的反思就是对这一理论探索过程的反思,以揭示中国马克思主义哲学创新与发展的独特规律与经验教训。理论维度的反思,涉及的内容是非常丰富的,既包括对马克思主义哲学中国化过程中产生的不同形态的理论成果的反思,也包括对马克思主义哲学中国化的理论来源、理论前提的反思,还包括马克思主义哲学中国化及其研究过程中存在的理论问题的反思,等等。理论维度的反思,不仅是以理论为对象的反思,而且是上升到理论高度的反思,是理论性的反思与反思性的理论的统一。我们前面所分析的中国"本土"思想资源的开掘,就属于理论维度的反思。相比较而言,历史维度的反思更侧重于纵向研究,如在马克思主义哲学中国化不同阶段间展开的比较分析,因而具有明显的历时态特征,而理论维度的反思则既可以进行横向研究,如同一时期不同代表人物思想的比较研究,也可以进行纵向研究,如不同时期马克思主义哲学中国化的理论成果间的比较研究,因而呈现出历时态与共时态的统一。

当然,在实际的学术研究中,理论维度的反思与历史维度的反思应该是相互交织在一起、有机统一的,不可能割裂开来。离开历史维度的理论反思,是

---

① 吴昕炜:《新世纪马克思主义哲学中国化研究的新问题——读〈马克思主义哲学中国化的理论与历史研究〉》,《马克思主义研究》2011年第8期。

没有根基的,离开理论维度的历史反思,则不可能有深度。真正有建设性的马克思主义哲学中国化研究应该是理论与历史的统一。武汉大学马克思主义哲学学科点对马克思主义哲学中国化的研究充分体现了这种历史和理论有机结合的特点,从其代表性的研究成果中就可以很清楚地看到这一点,如陶德麟、何萍的《马克思主义哲学中国化的理论与历史研究》(北京师范大学出版社2011年版),《马克思主义哲学中国化:历史与反思》(北京师范大学出版社2007年版),汪信砚的《范式的追寻——作为范式的马克思主义哲学中国化研究》(人民出版社2014年版),前两本著作的标题清楚地反映了研究的历史与理论维度,而后一本著作的第二编就以"马克思主义哲学中国化的历史与理论探赜"为标题。总的来看,这几本著作对马克思主义哲学中国化的研究都以历史与理论相结合为其最基本的研究方式。国内近几年出版的关于马克思主义哲学中国化研究的其他著作,如王南湜的《中国哲学精神重建之路:马克思主义哲学中国化探讨》(北京师范大学出版社2012年版),李景源等的《21世纪的马克思主义哲学创新:马克思主义哲学中国化与中国化马克思主义哲学》(江苏人民出版社2011年版)、林默彪的《诠释与反思:马克思主义哲学的中国化》(社会科学文献出版社2011年版),也都反映了这一特点,虽然各自研究的角度并不相同。其中,《诠释与反思:马克思主义哲学的中国化》一书,通过"关系"的诠释,"过程"的描述、"形态"的建构、历史经验的反思,对马克思主义哲学中国化的历史与逻辑做了一种总体性的反思,《中国哲学精神重建之路:马克思主义哲学中国化探讨》一书,主要从实践哲学的角度对马克思主义哲学中国化的历史进程及相关理论问题进行了探讨,而《21世纪的马克思主义哲学创新:马克思主义哲学中国化与中国化马克思主义哲学》一书则以唯物史观的中国化为核心主线,对马克思主义哲学中国化与中国化马克思主义哲学进行了创新性的反思。正因为马克思主义哲学中国化研究的历史维度与理论维度的统一,所以有学者说,在当代中国的马克思主义哲学研究中,马克思主义哲学中国化研究是最具历史厚度和理论广度的研究领域。"在历史的厚度上,马克思主义哲学中国化的研究以20世纪的整个中国思想世界为背景,深刻地揭示了中国马克思主义哲学由崇尚科学主义转向文化批判的历史进程;在理论的广度上,马克思主义哲学中国化的研究融会了 20 世纪 90 年代中期至 21 世纪前十年马克思主义哲学各个领域的成果,充分地展示了构造文化历史理性的现实社会基础和理论资源。"①

(三)以"中国问题"为基础的哲学创新

这一点突出体现了马克思主义哲学中国化研究范式与马克思主义哲学史研究范式的不同。有学者明确指出,马克思主义哲学中国化与马克思主义哲学史两种研究范式在研究任务、研究问题、学术理路上存在着根本的区别:马克思主义哲学史研究的主要任务是探讨马克思主义哲学传统的形成和历史演变问题,因而"重在解决马克思主义哲学的形成和发展的问题,在学术理路上着重探讨马克思主义哲学的本质和发展的内在机制",而马克思主义哲学中国化研究的主要任务是解答中国社会发展和中国文化传统更新的问题,因而"重在解决中国社会发展和中国文化变革问题,在学术理路上着重探讨马克思主义哲学在中国社会和中国文化变革中的作用、中国马克思主义哲学与中国其他思潮之间的关系,总之,是沿着思考中国问题的方向发展的"。②

马克思主义哲学与中国具体实际相结合的历史进程,既是一个解答"中国问题"的过程,又是一个面向"中国问题"不断进行理论创造的过程。20 世纪 90 年代以来,马克思主义哲学中国化的历史与理论研究,是围绕改革开放和社会主义现代化建设实践而展开的一次新的理论创造活动,具体地说,是以"中国问题"为基础、以"中国道路"为核心的哲学创造活动。在中国的马克思主义哲学中国化研究中,无论是对中国"本土"思想资源的开掘,还是对马克思主义哲学中国化历史与理论的反思,始终贯穿着"中国问题"意识。对于马克思主义哲学中国化研究的"中国问题"意识,我们可以分解为两个方面来理解,一是问题意识,一是中国问题意识。哲学研究的问题意识是相对于体系意

①　何萍:《新世纪马克思主义哲学观念史研究》,《学习与探索》2011 年第 5 期。
②　何萍:《如何书写 1949 年以来的中国马克思主义哲学史》,《武汉大学学报(人文科学版)》2013 年第 3 期。

识而言的。体系意识是以概念、命题、原理为中心展开哲学研究,把它们当作哲学研究的出发点,以建构自足的逻辑体系为哲学研究的目标,问题意识则是以客观存在的现实问题为哲学研究的出发点,以解释和解决现实问题为研究哲学的目的。也可以说,体系意识体现了以原则为中心的研究路向,问题意识体现了以问题为中心的研究路向。改革开放以来,中国马克思主义哲学在批判马克思主义哲学原理教科书的过程中,从体系化的追求转向对问题的研究,从体系意识转向问题意识是 20 世纪 90 年代以来中国哲学的主流。20 世纪 90 年代以来的马克思主义哲学中国化研究虽然承载着建构中国化的马克思主义哲学新形态的任务,但其研究的最终目的还是落脚于中国的现实问题。从这个意义上说,马克思主义哲学中国化研究是一种以问题为中心的研究,马克思主义哲学中国化研究范式就是"反思的问题学"范式在本土化研究领域中的大力拓展。中国问题意识是相对于世界问题意识而言的,马克思主义哲学中国化研究是以"中国问题"而非世界问题为基础的哲学创造,根本任务是要解决"中国问题",即那些"中国特有""长期影响中国发展"的根本问题①。"中国问题"是中国马克思主义哲学创新的源头活水,为解决"中国问题"提供世界观与方法论的指导则是马克思主义哲学中国化研究的理论旨趣。从整体上看,20 世纪 90 年代以来的马克思主义哲学中国化研究虽然不乏对西方优秀文明成果的吸收与借鉴、对重大的世界性问题如全球化、现代性问题的关注与探讨,但就其哲学创新的现实基础和源泉而言,却是以"中国问题"为主的。从比较宽泛的意义上说,20 世纪 90 年代以来马克思主义哲学中国化研究所面对并给予高度关注的"中国问题"既有实践层面的问题,如围绕中国特色社会主义现代化建设问题而进行的探索,包括中国精神与中国精神家园的重建、和谐社会的建构、社会主义文化创新等,又有理论层面的问题,如围绕马克思主义哲学中国化自身而展开的一系列问题,包括马克思主义哲学中国化的基本规律、内在根据等。马克思主义哲学中国化的过程是一个理论与实践双向

---

① 参见韩庆祥、张艳涛:《当代马克思主义哲学研究的"中国图景"——近十年马克思主义哲学研究新进展》,《马克思主义与现实》2009 年第 4 期。

互动的过程,面向"中国问题"的马克思主义哲学中国化研究所实现的哲学创新,也是在理论与实践相统一中的创新。

20世纪90年代以来的马克思主义哲学中国化研究以"中国问题"为基础展开哲学创新,这不仅与西方思想资源与世界性问题对中国马克思主义哲学创新具有一定的限度有关,更与马克思主义哲学的实践本性、马克思主义哲学中国化及其研究所肩负的历史使命有关。实践是马克思主义哲学的出发点,实践的观点是马克思主义哲学首要的、基本的观点,以"改变世界"为目的的实践性是马克思主义哲学的本质特征。这种实践本性决定了中国的马克思主义哲学研究必然要立足于中国的具体实际,面向"中国问题"。中国早期马克思主义者之所以要在中国传播、发展马克思主义哲学使之中国化,其根本目的就是运用马克思主义哲学解决中国的问题。马克思曾说:"理论在一个国家实现的程度,总是决定于理论满足这个国家的需要的程度。"[1]与此相应,马克思主义哲学在中国的实现程度,总是决定于马克思主义哲学满足中国的需要的程度。当初中国人之所以在众多的社会思潮中选择了马克思主义,就是因为它能够满足中国人的需要——把它作为观察国家命运的工具,重新考虑并解决自己当时面临的最重大的问题,即"中国向何处去"的问题。而当年毛泽东之所以提出"马克思主义中国化"这一命题,主要是针对当时党内存在的脱离中国具体实际运用马克思主义的教条主义,要求中国的马克思主义者不能从本本出发,而是要立足于中国的具体实际去理解和应用马克思主义。换句话说,"就是要有目的地去研究马克思列宁主义的理论,要使马克思列宁主义的理论和中国革命的实际运动相结合,是为着解决中国革命的理论问题和策略问题而去从它找立场,找观点,找方法的。"[2]这实质上就是要以"中国问题"为出发点去理解和应用马克思主义。20世纪90年代中国学术界重提马克思主义哲学中国化研究,根本原因就在于中国马克思主义哲学所面对的"中国问题"发生了根本性的转换,需要用创新的马克思主义哲学来指导。聚

---

① 《马克思恩格斯选集》第1卷,人民出版社1995年版,第11页。
② 《毛泽东选集》第三卷,人民出版社1991年版,第801页。

焦改革开放以来中国道路的成功开拓创造的中国奇迹,必须要以中国化的马克思主义话语加以阐释。这体现理论逻辑与历史逻辑的统一、民族性与世界性的统一、前进性与曲折性的统一,守正与创新的统一。[①] 历史经验表明,马克思主义哲学中国化之所以能够不断地取得重大进步,关键之点就在于它抓住了不同时期中国人所面临的革命、建设、发展等重大"中国问题",马克思主义哲学中国化的成果就是"中国问题""中国经验"的"中国理论"表达。不同时期,中国人所面临的"中国问题"、所总结的"中国经验"是不同的,因而马克思主义哲学中国化在不同时期所创造的"中国理论"也是不同的——毛泽东思想、邓小平理论、"三个代表"重要思想、科学发展观、习近平新时代中国特色社会主义思想等。总之,"中国问题"是马克思主义哲学中国化最为直接也最能促进其创新的源泉,也是马克思主义哲学中国化最终的落脚点。回顾马克思主义哲学中国化的百年历史,不难发现,马克思主义哲学中国化的过程就是不断解决"中国问题"、总结"中国经验"、创造"中国理论"的过程。马克思主义哲学中国化研究就是对"中国问题""中国经验"和"中国理论"的深刻反思,而立足"中国问题"、总结"中国经验"也是中国马克思主义哲学研究不断实现"中国理论""中国话语"创新的根本途径。近年来,随着中国特色社会主义发展进入新时代,中国成为世界范围内马克思主义研究的中心,"世界走向中国"的历史正在被"中国走向世界"的新时代所替代,中国话语的马克思主义哲学的构建正在成为中国走向世界的学术方案。坚守"中国立场"、秉持"中国视域"、汲取"中国经验"、研究"中国问题"、创造"中国话语"和"中国理论",就成为当代中国学者的重大使命。

以上三个特点,在一定程度上反映了马克思主义哲学中国化研究的自觉的民族意识。正是这种自觉的民族意识,推动马克思主义哲学不断地"中国化"。当前,要进一步推进马克思主义中国化研究的繁荣与发展,需要大力强化民族意识。

---

① 参见郝立新:《中国道路的辩证特质》,《光明日报》2019 年 9 月 23 日。

三、马克思主义哲学中国化研究范式的创新功能

随着时代的进步和实践的发展,不断进行理论创新,是马克思主义哲学的本质要求。从马克思主义哲学中国化的发展历程与基本要求来看,马克思主义哲学中国化始终承载着哲学理论创新的历史重任,马克思主义哲学中国化的百年历程也展现为一个以"中国问题"为根基的马克思主义哲学与中国哲学双向互动、共同创新的过程。20 世纪 90 年代以来的马克思主义哲学中国化研究,就是对这一哲学创新过程及其创新规律与经验的反思与总结,并在这种反思与总结中进一步推进了马克思主义哲学乃至整个中国哲学的创新,体现了马克思主义哲学中国化研究强大的学术创新功能。这种创新功能,不仅表现在它拓宽了中国马克思主义哲学研究的领域,催生了一些新的生长点,使马克思主义哲学研究的内容与形式更加丰富,而且还表现在它促进了中国马克思主义哲学研究范式的转换,使马克思主义哲学研究的视角与方法更加多样。而马克思主义哲学研究领域的拓展与研究范式的转换进一步提升了中国人的马克思主义哲学创造意识,为中国化的马克思主义哲学新形态的构建与当代中国哲学的建设奠定了坚实的基础。

(一)开辟了马克思主义哲学研究的新领域

自 20 世纪 90 年代以来,马克思主义哲学中国化逐渐成为当代中国马克思主义哲学研究的一个核心领域。把马克思主义哲学中国化由一个客观存在的历史事实提升为学术研究的对象,创建"中国马克思主义哲学",成为一个学界集中探讨的新的课题,这本身就是中国马克思主义哲学研究创新的表现。更重要的是,马克思主义哲学中国化这一命题所蕴含的丰富内容及其引发的诸多思考与深入研究,开拓并展现了马克思主义哲学研究的一个新领域,进而推进了当代中国马克思主义哲学的创新。

马克思主义哲学中国化本身包含了非常丰富的内容。但是,正如学者所言,在 20 世纪 90 年代之前的马克思主义哲学中国化研究的"前反思阶段",

人们关注的焦点问题是如何把马克思主义引入中国,实现马克思主义与中国具体实际的结合。[①] 因此,在这个阶段,人们探讨的根本问题可以概括为两个大问题:一是马克思主义哲学为什么要中国化? 二是马克思主义哲学如何中国化? 这两个问题对马克思主义哲学中国化具有决定性意义,因而是所有时期的马克思主义哲学中国化研究都不能回避的问题。前一个问题是马克思主义哲学中国化的必要性问题,后一个问题是马克思主义哲学中国化的实现路径问题。根据马克思主义哲学中国化的基本内容,马克思主义哲学中国化的实现路径又可以相对划分为实践路径和文化路径。实践路径是马克思主义哲学与中国实践相结合的问题,关联着马克思主义哲学与中国实践的关系,文化路径则是马克思主义哲学与中国传统文化相结合的问题,关系到马克思主义哲学与中国传统文化、传统哲学的关系。在"前反思阶段",无论是早期的马克思主义者,还是后来的马克思主义哲学中国化的研究者,都主要围绕马克思主义哲学中国化的必要性、马克思主义哲学与中国实践、马克思主义哲学与中国传统文化相结合的问题而展开。这些问题是马克思主义哲学中国化研究应有的、不可或缺的内容,并在一定程度上体现了马克思主义哲学中国化的复杂性。但是,现实的马克思主义哲学中国化所涉及的内容远远要比这丰富得多,也复杂得多。当把马克思主义哲学中国化作为一个学术研究的对象进行多重反思时,其内容的丰富性与复杂性就彰显现出来了。20 世纪 90 年代以来的马克思主义哲学中国化研究,不仅对马克思主义哲学中国化的必要性、实现路径等问题进行了深入探讨,而且对马克思主义哲学中国化的内在根据、基本规律、基本经验等问题进行了探索,研究内容呈现出前所未有的丰富性与多样性,在很多方面实现了历史性的突破。

从马克思主义哲学中国化的历史发展及其反思来看,马克思主义哲学中国化是一个涉及诸多方面问题的复杂系统,这就决定了其研究内容、主题的丰富性与多样性。从研究的内容与主题等方面来看,20 世纪 90 年代以来的马克思主义哲学中国化研究可以大致归纳为以下几个层次:第一,关于马克思主

---

① 参见俞吾金:《对马克思主义中国化主体的反思》,《探索与争鸣》2009 年第 1 期。

义哲学中国化这一历史事实、这一论题本身的多维度反思,也可以称为马克思主义哲学中国化的"元问题"的反思。这些"元问题"包括马克思主义哲学中国化的基本内涵、马克思主义哲学中国化的必要性、马克思主义哲学中国化的可能性、马克思主义哲学中国化的历史进程、马克思主义哲学中国化的基本经验、马克思主义哲学中国化的基本规律、判断马克思主义哲学中国化之成败的标准、马克思主义哲学中国化的主体、马克思主义哲学中国化的发展方向、马克思主义哲学中国化的文化条件和现实基础、马克思主义哲学中国化的实现路径、马克思主义哲学中国化的创新路径、马克思主义哲学中国化与中国传统文化的关系,等等。这些"元问题"构成 20 世纪 90 年代以来马克思主义哲学中国化研究的核心内容,也是马克思主义哲学中国化研究的重要论题。第二,关于马克思主义哲学中国化的标志性理论成果即毛泽东思想、邓小平理论、"三个代表"重要思想和科学发展观、习近平新时代中国特色社会主义思想的深入反思。20 世纪 90 年代的研究以毛泽东思想为重点,进入 21 世纪之后,研究重点逐渐从毛泽东思想转向包括邓小平理论、"三个代表"重要思想和科学发展观在内的中国特色社会主义理论。进入新时代,聚焦研究习近平新时代中国特色社会主义思想哲学基础问题研究,出现了一大批研究成果。第三,关于马克思主义哲学中国化过程中作出历史贡献的不同群体与人士的思想与贡献的研究。既有从群体的角度对不同时期的知识分子①、共产党人对马克思主义哲学中国化的贡献的研究,又有从个体的角度对无产阶级革命家、政治领袖及现当代中国专业马克思主义哲学家对马克思主义哲学中国化的贡献的研究。其中,研究中国专业的马克思主义哲学家是最近几年马克思主义哲学中国化研究提出的新课题。虽然早在 20 世纪末就有学者指出,除了研究党的领导人、党内理论工作者构成的主流派的马克思主义哲学外,对非主流派的一些专业哲学家的工作应予充分的注意,由于知识背景和所受专业训练等方面的差异,他们对马克思主义哲学的理解和阐释往往有独特之处,甚至对主流派

---

① 参见张正光:《延安时期知识分子对马克思主义哲学中国化的探索》,《安徽师范大学学报(人文社会科学版)》2010 年第 4 期。

的某些认识和观点可以起到纠偏的作用。① 但在 20 世纪 90 年代以前,学术化的中国马克思主义哲学及中国专业的马克思主义哲学家对马克思主义哲学中国化的贡献,并未引起学术界的重视。随着马克思主义哲学中国化研究的深入开展,20 世纪 90 年代之后,何萍、王南湜等学者明确提出要把学术化的中国马克思主义哲学纳入马克思主义哲学中国化的研究视野,要重视中国专业的马克思主义哲学家对马克思主义哲学中国化的贡献。有些学者对张岱年、冯契、高清海、黄楠森、陈先达、陶德麟等当代中国专业的马克思主义哲学家的思想进行了研究。第四,除了上述内容,马克思主义哲学中国化研究还催生了其他新的生长点。有一些是现实层面的,如聚焦"中国道路""中国经验""中国精神""中国价值"等问题的唯物史观研究,以及关于马克思主义哲学中国化与中国精神家园的建构、马克思主义哲学中国化与和谐社会、马克思主义哲学中国化与中华民族文化复兴、新时代与中国马克思主义哲学关系②等。有一些则是理论层面的,如马克思主义哲学中国化与中国马克思主义哲学的关系、马克思主义哲学中国化与西方马克思主义哲学的关系、马克思主义哲学的民族化与世界化,中国马克思主义哲学与苏联马克思主义哲学的关系,中国化的马克思主义哲学的历史与逻辑,马克思主义哲学中国化、时代化、大众化的关系,中国马克思主义哲学观念史的书写,"中国马克思主义哲学的历史和文化渊源的探究、马克思主义哲学中国化新形态的构建、马克思主义哲学与中国传统文化的继承革新关系的深层反思、中国化的马克思主义哲学史的构建、中国化马克思主义哲学观的历史反思与现实建构、中国现代性的学理建构、中西马哲学的深层对话"③,等等。这些问题或者直接源于马克思主义哲学中国化的问题,或者由马克思主义哲学中国化的研究所启发。

上述多层面、多维度的研究,在开掘马克思主义哲学中国化所蕴含的丰富

---

① 参见刘晓虹:《"马克思主义哲学中国化"学术研讨会综述》,《华东师范大学学报(哲学社会科学版)》1998 年第 5 期。

② 参见郝立新:《新时代中国马克思主义发展的新境界》,《中国社会科学报》2018 年 1 月 29 日。

③ 姜喜咏:《广义的马克思主义哲学中国化研究论纲》,《山东社会科学》2010 年第 3 期。

的内容的同时,也拓展了中国马克思主义哲学的研究领域。这种研究领域的拓展,进一步丰富了马克思主义哲学研究的内容,拓宽了马克思主义哲学研究的学术视野。这不仅深化了人们对马克思主义哲学中国化这一命题及其相关问题的理解,而且深化了人们对马克思主义哲学自身的理论性质、理论功能的理解。马克思主义哲学中国化研究本身就包含着对马克思主义哲学的重新解读,而且当人们从马克思主义哲学中国化的视角去解读马克思主义哲学时,不但开掘出了上面提到的马克思主义哲学研究的一些新论题、新的生长点,而且更为清楚地表明了马克思主义哲学的时代性、民族性与世界性相统一的特点,充分体现了马克思主义哲学的"解释世界"与"改变世界"相统一的理论功能。总之,马克思主义哲学中国化研究范式为人们理解马克思主义哲学提供了一种新的视域,这种新视野从不同角度深化了人们对马克思主义哲学的理解。

(二)开启了马克思主义哲学研究的新范式

马克思主义哲学中国化研究对马克思主义哲学研究领域的拓展,即与马克思主义哲学中国化本身所蕴含的丰富内容有关,更与马克思主义哲学中国化研究所开启的新哲学范式有关。马克思主义哲学中国化不仅是中国马克思主义哲学研究的一个领域,还是中国马克思主义哲学研究的一种新范式,并成为当代中国马克思主义哲学创新的重要范式。作为当代中国马克思主义哲学研究与创新的一种新范式,马克思主义哲学中国化研究本身就体现了中国马克思主义哲学研究范式的更新与转换。对此,我们可以从以下三个方面来理解。

第一,突破了平面化的研究框架。这一点主要表现为 20 世纪 90 年代以来学术界对马克思主义哲学中国化的研究突破了传统马克思主义哲学原理教科书的研究框架。20 世纪 80 年代至 90 年代以来,中国马克思主义哲学经历了超越传统的马克思主义哲学原理教科书研究范式的转换。马克思主义哲学中国化研究既是马克思主义哲学研究范式转换的体现,反过来又进一步推动了马克思主义哲学研究范式的创新。20 世纪 80 年代中期之前,马克思主义哲学原理教科书是中国马克思主义哲学主导的甚至是唯一的研究范式,规范着包括马克思主义哲学、中国哲学、西方哲学在内的整个中国哲学研究的基本框架与方向,无论是马克思主义哲学史的书写,还是马克思主义哲学的基础理论研究,都深受这种研究范式的制约,马克思主义哲学中国化研究也不例外。如前所述,马克思主义哲学中国化本身是一种极为复杂的社会文化现象,它本身包含着多重维度、多个层次、多种视角。但是,马克思主义哲学原理教科书规范下的马克思主义哲学中国化研究却呈现出明显的平面化特征:研究视角与研究方法单一,研究内容与研究主题贫乏,难以使马克思主义哲学中国化研究走向深入。这种平面化的研究框架,既无助于人们把握马克思主义哲学中国化的丰富内涵和深刻意义,也难以使人们深刻揭示和总结马克思主义哲学中国化的基本规律与经验。20 世纪 90 年代以来的马克思主义哲学中国化研究则突破了这种平面化的局限,无论是在研究视角上,还是在研究方法上,都呈现出多样性与多元化的特征。从研究视角来看,20 世纪 90 年代以来的马克思主义哲学中国化研究从多个视角展开,例如,皮家胜、林默彪等从解释学视角对马克思主义哲学中国化的可能性与实现路径等问题的研究[1],王南湜从实践哲学视角对马克思主义哲学中国化的初期进程、瞿秋白、李达、艾思奇对马克思主义哲学体系化的贡献、毛泽东的哲学思想、马克思主义哲学中国化未来发展前景等重大理论和现实问题进行了深入分析[2],李维武从 20 世纪中国哲学的视角对马克思主义哲学中国化在西方哲学中国化与中国哲学现代化这两大哲学运动中的位置与作用的考察[3],杨楹从生活哲学视角对马克思主义"化"中国与中国"化"马克思主义的双向互动逻辑的阐释[4],陈树林等从文化哲学视角对马克思主义哲学中国化的反思[5],汪信砚等从西学东渐视角对

---

[1] 参见皮家胜:《马克思主义哲学中国化的解释学之维》,人民出版社 2014 年版;林默彪:《诠释与反思:马克思主义哲学的中国化》,社会科学文献出版社 2011 年版。
[2] 参见王南湜:《中国哲学精神重建之路:马克思主义哲学中国化探讨》,北京师范大学出版社 2012 年版。
[3] 参见李维武:《从 20 世纪中国哲学的视域看马克思主义哲学中国化》,《学术月刊》2003 年第 11 期。
[4] 参见杨楹:《生活哲学视野中的"马克思主义中国化"》,《哲学研究》2004 年第 11 期。
[5] 参见陈树林:《马克思主义哲学中国化问题的文化哲学沉思》,《天津社会科学》2005 年第 3 期。

马克思主义哲学中国化的相关问题的探讨①,邹诗鹏等从生存论视角对马克思主义哲学中国化包含的三个问题域,即"马克思主义哲学对西方哲学传统的批判超越以及由此展开的哲学人类学视野""中国传统的现代转化与中国化马克思主义哲学的开启""当代中国马克思主义哲学对当代世界哲学的参与与重构"的研究②,等等。从研究方法上看,20世纪90年代以来的马克思主义哲学中国化研究,史论结合、历史与逻辑相统一是基本的研究方法,在这个基础上,既有宏观层面的研究又有微观层面的研究,如对马克思主义哲学中国化的可能性与必要性、马克思主义哲学中国化的历史进程、马克思主义哲学中国化的经验教训、马克思主义哲学中国化的内在规律的分析大多属于宏观层面的研究,而对毛泽东、艾思奇等重要代表人物的思想、观点的研究则属于微观研究。相比较而言,宏观研究占主导地位,微观研究则显得不足。同时,在比较研究中,既有纵向的比较研究又有横向的比较研究。这种立体化的研究,不仅深化了人们对马克思主义哲学中国化的理解,更为重要的是在这种多维理解中深化了对马克思主义哲学的理解,不同视角的研究代表着对马克思主义哲学的不同理解。

　　第二,突出了历史视角的阐释。马克思主义哲学中国化研究之所以能够突破平面化的研究框架,关键之一就是突出了历史视角的阐释。改革开放之前,传统的马克思主义哲学原理教科书主导下的马克思主义哲学研究的重大缺陷之一是缺乏历史的视角,尤其是对马克思主义哲学自身的阐释,采取了一种非历史的态度。从这种非历史的态度出发,人们往往把马克思主义哲学视为静态的、一成不变的、放之四海而皆准的现成结论,而没有认识到真正的马克思主义哲学是动态发展、与时俱进、有生命力的活的理论。这种非历史的研究遮蔽了马克思主义哲学的实践性、时代性、民族性等鲜明特征,不但不能把握马克思主义哲学的精神实质,不利于马克思主义哲学的创新与发展,而且严

---

①　参见汪信砚:《西学东渐与马克思主义哲学中国化》,《中国社会科学》2012年第7期;张金荣:《近代西学东渐对马克思主义在中国传播的推动作用》,《湖南师范大学社会科学学报》2010年第4期。

②　参见邹诗鹏:《马克思主义哲学中国化的生存论阐释》,《吉林大学社会科学学报》2009年第1期。

重制约了马克思主义哲学的理论功能的发挥,削弱了马克思主义哲学对于实践的积极指导作用。20世纪90年代以来,马克思主义哲学中国化研究反对这种非历史的研究,突出了历史视角的阐释。我们在前面分析马克思主义哲学中国化研究的特点时曾指出,马克思主义哲学中国化研究包括历史与理论两个维度的反思。其中,历史维度的反思,既是以客观存在的马克思主义哲学中国化的历史为对象的反思,又是以20世纪整个中国社会的历史发展为宏大背景、贯穿着历史主义原则的反思。这种历史维度的反思不仅对马克思主义哲学中国化的历史作了较为全面系统的研究,而且内在包含着对马克思主义哲学的历史性阐释与建构:立足于中国的历史语境,即从中国具体的历史实践与历史文化出发去理解、反思马克思主义哲学的理论性质与理论功能,创新马克思主义哲学的理论形态,或者从思想史、哲学史、观念史的视角去阐释、发掘马克思主义哲学与时俱进的“历史”。这种历史性的阐释与建构,为深入理解马克思主义哲学的理论本质提供了坚实的社会文化基础,为中国乃至世界马克思主义哲学史的研究提供了重要的理论资源,为当代马克思主义哲学的繁荣与发展提供了可资借鉴的历史经验和资源基础。

第三,科学界定了意识形态化的特点。马克思主义在中国政治生活中的主导意识形态地位,不仅奠定了马克思主义哲学在中国哲学理论界的“指导”地位,而且使中国的马克思主义哲学研究始终与政治、意识形态保持着千丝万缕的联系。正如有学者所言,多年来,我国马克思主义哲学研究的主要目标,“实际上一直是定位在要在中国将马克思主义哲学作为占主导地位的意识形态坚持下去。虽然我们也经常强调要发展马克思主义哲学,但按照通常的理解和流行的说法,发展马克思主义哲学只是为了更好地坚持它。”这种坚持马克思主义哲学或保持马克思主义哲学在意识形态领域的主导地位的诉求,一方面为马克思主义哲学的学术研究提供了合法性基础;另一方面却由于片面强调马克思主义哲学的意识形态功能,使这种学术研究简单沦为政治的工具,淡化了理论的科学精神与创造性,进而使马克思主义哲学丧失了自我批判与自我更新的能力。片面强调马克思主义哲学的意识形态功能,实际上只是看到了马克思主义哲学的工具价值,而没有看到马克思主义哲学是对人类社会发展规律的总体性认识,是对人类优秀文化成果的创造性吸收,具有重要的文化价值与人类价值。忽视或者否认马克思主义哲学的文化价值与人类价值,只强调马克思主义哲学对于政治意识形态的工具价值,不仅不能正确对待马克思主义哲学自身,而且"必然不可能正确地对待其他各种非马克思主义哲学,甚至也不可能正确对待马克思主义哲学的其他民族化形式,从而也不可能真正与世界上的其他各种哲学展开实质性的互动"。① 这在很大程度上降低了马克思主义哲学研究的学术含量,制约了马克思主义哲学的创新与发展,影响了马克思主义哲学对现实的解释力。这也是马克思主义哲学不断遭到质疑、日渐被边缘化的重要原因之一。20 世纪 90 年代以来的马克思主义哲学中国化研究并没有否定马克思主义哲学的意识形态性质与中国马克思主义哲学研究的意识形态诉求,而且本身就具有意识形态功能。但是,这种研究并没有完全从政治化、意识形态化的层面去对待马克思主义哲学中国化这一重大时代课题,反而为了淡化这种政治化的倾向,突出了马克思主义哲学中国化研究的学术性诉求。有学者明确指出,"当代中国语境下的马克思主义哲学中国化并不是哲学的政治化,并不是要把哲学研究变成注解、注释"。② 有学者甚至认为,有必要把马克思主义哲学中国化区分为政治层面的中国化与学术层面的中国化,防止以政治层面的中国化代替学术层面的中国化。③ 可以说,学术性诉求成为 20 世纪 90 年代以来的马克思主义哲学中国化研究重要的致思取向。正因为淡化了意识形态化的色彩,突出了学术化的要求,所以,西方的马克思主义哲学与非马克思主义哲学、领袖之外的其他代表人物的思想、学术性的马克思主义哲学等都进入了马克思主义哲学中国化研究的视野,从而使马克思主义哲学研究的视野与领域都得到了拓展,提高了马克思主义哲学研究的学术水平,在一定意义上推动了马克思主义哲学的学术创新能力。

①　汪信砚:《范式的追寻——作为范式的马克思主义哲学中国化研究》,人民出版社 2014年版,第 14 页。

②　鉴传今等:《当代语境中的马克思主义哲学中国化》,《哲学研究》2006 年第 6 期。

③　参见许全兴:《马克思主义哲学中国化的若干新思考》,《中共中央党校学报》2004 年第1 期。

以上三个方面的发展,共同推动了马克思主义哲学中国化研究范式的深入发展,促进了中国马克思主义哲学研究范式的转换与创新。

(三)推进了中国化马克思主义哲学新形态的建构与当代中国哲学建设

马克思主义哲学是当代中国哲学的重要组成部分,马克思主义哲学中国化的历史进程,既是马克思主义哲学在中国实现形态更新的过程,也是中国哲学创新发展的过程。因此,马克思主义哲学中国化研究,无论是对于马克思主义哲学的发展,还是对于当代中国哲学的建设,都具有至关重要的意义。从马克思主义哲学中国化研究的进展状况来看,马克思主义哲学中国化研究在拓宽马克思主义哲学研究领域、实现马克思主义哲学研究范式创新的过程中,推进了当代中国马克思主义哲学的发展,从不同方面推动了当代中国哲学的建设。

第一,马克思主义哲学中国化研究推进了中国化马克思主义哲学新形态的建构。建构一种既反映时代精神又体现中国特色、中国风格和中国气派的马克思主义哲学新形态,即"中国话语的马克思主义哲学"是当前马克思主义哲学学科建设的一项重要任务。围绕这一问题,学术界展开了热烈的探讨,2005年于吉林大学召开的第五届"马克思哲学论坛",主题就是"中国化马克思主义哲学新形态"。习近平总书记在2017年5月17日就加快构建中国特色社会科学发表重要讲话之后,中国社会科学院马克思主义研究院、马克思主义中国化研究所聚焦学者团队,开展"中国话语的马克思主义哲学"研究,取得了一批研究成果。毋庸置疑,在中国化马克思主义哲学新形态的建构中,马克思主义哲学中国化及其研究具有举足轻重的作用。一方面,从理论层面上说,马克思主义哲学中国化就是创造中国化的马克思主义哲学的历史运动,已经生成的中国化的马克思主义哲学,如毛泽东思想、邓小平理论、"三个代表"重要思想、科学发展观,习近平新时代中国特色社会主义思想,本身就是马克思主义哲学中国化的理论产物。从这个意义上说,中国化的马克思主义哲学新形态的建构不仅离不开马克思主义哲学的中国化,而且需要马克思主义哲学进一步中国化。另一方面,关于马克思主义哲学中国化的历史与理论研究,尤其是关于马克思主义哲学中国化的实现机制、历史进程、基本规律的总结，对马克思主义哲学中国化不同时期生成的不同形态的理论成果的反思，对马克思主义哲学中国化的主体的分析，可以为中国化马克思主义哲学新形态的建构提供有益的经验与启示。建构中国化的马克思主义哲学新形态是当代马克思主义哲学中国化研究的重大课题。近些年，学术界围绕中国化马克思主义哲学新形态建构的学术意义①、中国化马克思主义哲学新形态建构的生成语境、构建中国化马克思主义哲学新形态的基本路径、构建中国化马克思主义哲学新形态的研究视野、中国化马克思主义哲学新形态的理论呈现形态②等问题展开了积极的探索，如郭建宁认为，要在全球化的进程、在前现代、现代、后现代的历史与文化格局中，从代表中国先进文化的高度及马克思主义哲学创新的时代要求来考虑和把握马克思主义哲学中国化，建构当代中国马克思主义哲学的新形态③，赵剑英、孙利天等学者提出，构建当代中国化马克思主义哲学新形态应走中国哲学、西方哲学、马克思主义哲学的会通之路④，并对会通的基础等问题进行了深入探讨。吴元梁主编，徐素华所著的《马克思主义哲学形态史·第五卷（马克思主义哲学的中国化形态·上：毛泽东哲学思想）》（中国社会科学出版社 2018 年版）也是有关这一主题的力作。

第二，马克思主义哲学中国化研究推动了当代中国哲学的建设。发端于 2001 年，由中国社会科学杂志社联合全国马克思主义哲学博士点共同创办的"全国马克思哲学论坛"到 2020 年已经召开 20 届，成为国内马克思主义哲学研究者深入探索重大问题的高端论坛，在学术界享有极高的声誉。多届论坛主题都聚焦"中国马克思主义哲学新形态"这一主题。第八届"马克思哲学论

①　参见姜喜咏：《中国化马克思主义哲学新形态建构的学术意义——在研究对象与研究方法之间保持张力与平衡》，《社会科学研究》2011 年第 3 期。

②　参见余满晖：《近年来中国化马克思主义哲学新形态当代建构问题研究综述》，《探索》2009 年第 4 期。

③　参见郭建宁：《关于马克思主义哲学中国化的几个问题》，《北京大学学报（哲学社会科学版）》2002 年第 6 期。

④　参见赵剑英、孙正聿等：《中国化马克思主义哲学新形态》，社会科学文献出版社 2006 年版。

坛"以"马克思主义中国化与当代中国哲学建设"为主题,不仅对马克思中国化的理论基础、内涵、实质、历史进程等问题进行了深入的探讨,而且对马克思主义哲学中国化与当代中国建设的关系进行了说明与分析。第十三届论坛主题为"马克思主义哲学史研究:经典与当代",第十四届论坛主题是"马克思主义哲学创新的国际视野",等等。结合这些说明与分析,我们认为,可以从以下三个方面来理解马克思主义哲学中国化研究对于当代中国哲学建设的意义。

首先,前面刚刚分析过的建构中国化的马克思主义哲学新形态,不仅是马克思主义哲学研究的理论任务,而且是当代中国哲学建设的重要目标。中国化的马克思主义哲学新形态也是当代中国哲学的新形态。高清海曾指出,我们所要建构的"当代中国哲学"就是一种"由中国哲学家探索、创造的主要反映我们自身的境遇和问题的'民族性'、'时代性'和'人类性'内在统一的哲学样式"。① 这种样式的当代中国哲学就是中国化的马克思主义哲学。其次,学术界普遍认为,当代中国哲学新形态的建构离不开不同哲学学科、哲学思想之间的对话,尤其是中国哲学、西方哲学与马克思主义哲学之间的对话,这种对话是建构当代中国哲学新形态的重要路径,而马克思主义哲学中国化研究范式有助于推动中国哲学、西方哲学与马克思主义哲学之间的对话。马克思主义哲学中国化本身就是中国哲学、西方哲学、马克思主义哲学三大思想交锋的产物,而且在马克思主义哲学中国化的百年历程中始终贯穿着这三大哲学理论之间的交流与碰撞。马克思主义哲学与中国传统哲学的关系一直是马克思主义哲学中国化研究的重要内容,近些年,又有学者开始重新思考马克思主义哲学及其中国化与中国哲学的关系问题②。同时,随着西方哲学,尤其是西方马克思主义哲学在中国的介绍、传播及深入研究,马克思主义哲学中国化研究越来越注重对西方哲学资源的借鉴与吸收,这与20世纪30年代的马克思

---

① 高清海:《思想的解放与人的解放》,黑龙江教育出版社2004年版,第239页。

② 参见陈先达:《马克思主义和中国传统文化》,人民出版社2015年版;李维武:《从20世纪中国哲学的视域看马克思主义哲学中国化》,《学术月刊》2003年第11期;李景源主编:《21世纪的马克思主义哲学创新:马克思主义哲学中国化与中国化马克思主义哲学》,江苏人民出版社2011年版;汪信砚:《中国哲学传统的三重变奏》,《学术月刊》2013年第9期。

主义哲学中国化研究拒斥西方哲学、即使是合理的思想资源也不吸收和借鉴的态度形成了鲜明的对比。马克思主义哲学与西方哲学的关系、中国马克思主义哲学与西方马克思主义哲学的关系、西方哲学中国化、西方马克思主义哲学研究对于马克思主义哲学中国化研究的意义等论题都进入了马克思主义哲学中国化研究的视野,并出现了从西方马克思主义哲学研究反思马克思主义哲学中国化研究、从马克思主义哲学中国化研究反思西方马克思主义哲学研究的互为参照物的现象。近些年,有学者主张应该用马克思主义哲学中国化研究范式去研究西方马克思主义哲学,把西方马克思主义哲学看作中国马克思主义哲学研究的内在组成部分。① 有的学者甚至明确提出,马克思主义哲学中国化不仅应该是马克思主义哲学研究的应有范式,而且应该是中国的西方哲学研究和中国传统哲学研究的范式,即整个当代中国哲学研究的共有范式。当代中国哲学各个学科的研究都应该以促进马克思主义哲学中国化为根本目标。② 而以"马克思主义哲学中国化"为目标的研究,必将推进马克思主义哲学的深度中国化,进而推进中国哲学的建设。进一步,把构建"中国马克思主义哲学"作为"马克思主义哲学中国化"的新时代目标,这成为中国社会科学院哲学所近年来选定的重大研究课题。2020 年,哲学所举办了全国 30 人马克思主义哲学学者高端学术会议,聚焦这一主题展开研究。

其次,马克思主义哲学中国化研究推进了马克思主义哲学史的研究。无论是中国化马克思主义哲学新形态的建构,还是整个当代中国哲学的建设,都需要有坚实的哲学史的基础,尤其离不开马克思主义哲学史的研究。虽然马克思主义哲学中国化研究与马克思主义哲学史研究在研究任务、研究问题、学术理路方面存在着重大区别,但二者又是相互联系、相互促进的。马克思主义哲学中国化是马克思主义哲学发展过程中的一个重要环节,马克思主义哲学史研究本身就包含着马克思主义哲学中国化的研究。但是,马克思主义哲学

---

① 参见王雨辰:《用"马克思主义哲学中国化"的范式研究西方马克思主义哲学》,《哲学研究》2008 年第 1 期。

② 参见汪信砚:《范式的追寻——作为范式的马克思主义哲学中国化研究》,人民出版社2014 年版,第 132 页。

中国化研究对于马克思主义哲学史研究的意义绝不仅仅在于为它提供了研究的"素材",更为重要的是为马克思主义哲学史的反思与书写提供了一种"范式"。由于马克思主义哲学中国化研究重在解答中国社会发展中所面临的问题,突出中国马克思主义哲学发展的中国背景,因此,从马克思主义哲学中国化的研究框架去反思、书写马克思主义哲学史,有助于把以往被遮蔽了的或反映不充分的那些具有中国意义、中国特色的内容发掘出来,把握中国马克思主义哲学发展的独特规律与独特价值,创建"中国马克思主义哲学"。近几年,已有学者自觉从马克思主义哲学中国化的视角重新思考中国马克思主义哲学史的书写问题,如何萍以马克思主义哲学中国化为研究框架,对 1949 年以来中国马克思主义哲学的学术结构及历史分期、对书写 1949 年以来的中国马克思主义哲学史的原则和方法进行了深入的探讨①,李佃来从中国化范式对重写马克思主义政治哲学学术史的可能性与进路问题的研究②。这些探讨与研究对于推进中国马克思主义哲学史研究具有重要的启示意义。

最后,马克思主义哲学中国化研究对于中国马克思主义哲学学术话语体系的建构具有重要意义。中国化马克思主义哲学新形态的建构直接关联着中国马克思主义哲学学术话语体系的建构。③ 建构"中国话语的马克思主义哲学"是近年来中国马克思主义哲学研究的重要话题。马克思主义哲学中国化是马克思主义哲学世界化与民族化的历史进程中的一个重要阶段,当代中国的马克思主义哲学研究不仅是中国哲学研究的重要组成部分,而且是当代世界马克思主义哲学研究的重要组成部分。与当代世界其他马克思主义哲学展开对话与交流,是中国马克思主义哲学创新发展的必然要求,而"当代中国马克思主义哲学研究要走向世界,要与当代世界上的其他各种哲学研究展开积极的对话,特别是要对当代世界马克思主义哲学研究作出自己的贡献,就必须

---

① 参见何萍:《如何书写 1949 年以来的中国马克思主义哲学史》,《武汉大学学报(人文科学版)》2013 年第 3 期。

② 参见李佃来:《中国化范式与重写马克思主义政治哲学学术史》,《河北学刊》2014 年第 3 期。

③ 参见任平:《论中国话语的马克思主义哲学建构的坐标与原则》,《江海学刊》2018 年第 1 期。

建构自己的学术话语体系,使自己的对象与问题、观点与方法、概念框架、表达方式等都具有鲜明的实践特色、民族特色和时代特色,亦即具有鲜明的中国作风和中国气派。显然,对于当代中国马克思主义哲学研究而言,这样的学术话语体系只能在马克思主义哲学中国化的基础上才能形成。"①

四、马克思主义哲学中国化研究
范式的内在问题与潜在局限

近 20 年来,围绕着马克思主义哲学中国化问题,学术界出版和发表了大量论著,取得了非常丰硕的成果,深化了马克思主义哲学中国化的历史与理论研究。但是,当前的马克思主义哲学中国化研究在学术定位、研究视野、研究方法等方面还存在不少问题,严重制约了马克思主义哲学中国化研究的进一步创新和发展。这些问题的产生,既与马克思主义哲学中国化哲学研究中存在的认识论、方法论问题有关,又与马克思主义哲学中国化研究范式自身固有的局限有关。我们认为,马克思主义哲学中国化研究范式存在的问题与局限,主要可以概括为以下两个方面:一是关于马克思主义哲学中国化命题的理解,存在着确定性与不确定性的矛盾;二是关于马克思主义哲学中国化研究的逻辑起点,存在着到底是实践优先还是理论优先的问题。

(一)确定性与不确定性的矛盾

哲学本是对确定性的寻求,但哲学的探索却又总是走向不确定性,其中最大的确定性莫过于对"什么是哲学"这一根本问题的不确定性理解。这种确定性与不确定性的矛盾对于哲学发展的作用具有二重性:既可推动哲学的创新,又可阻碍哲学的发展。作为一种哲学研究范式,马克思主义哲学中国化也存在着这种确定性与不确定性的矛盾,这一点尤其体现在马克思主义哲学中国化命题本身的理解上,其对马克思主义哲学中国化研究的影响也是二重

---

① 汪信砚:《当代中国马克思主义哲学研究的范式》,《中国社会科学》2008 年第 2 期。

性的。

　　研究马克思主义哲学中国化,首先要回答的问题就是"什么是马克思主义哲学中国化"。这是任何马克思主义哲学中国化研究无论如何都不得不回答的前提性问题。只有先行对这一前提性问题给出说明与论证,马克思主义哲学中国化其他方面的研究才能得以进一步深入展开。20世纪90年代以来,学术界围绕"什么是马克思主义哲学中国化"展开了热烈的探讨。这种探讨立足于一个确定性的前提,即毛泽东关于马克思主义中国化命题的最初阐释,并首先从这一阐释出发展开了马克思主义哲学中国化问题的研究。众所周知,早在20世纪30年代,马克思主义哲学中国化这一命题已由毛泽东、艾思奇等人从理论上提出并逐步确定了内涵。1938年10月,毛泽东在中共六届六中全会上作的《论新阶段》的政治报告中,正式提出了马克思主义中国化命题。他对这一命题的解释是:"对于中国共产党来说,就是要学会把马克思列宁主义的理论应用于中国的具体的环境。成为伟大中华民族之一部分而与这个民族血肉相连的共产党员,离开中国特点来谈马克思主义,只是抽象的空洞的马克思主义。因此,使马克思主义在中国具体化,使之在每一表现中带着必须有的中国的特性,即是说,按照中国的特点去应用它,成为全党亟待了解并亟需解决的问题。洋八股必须废止,空洞抽象的调头必须少唱,教条主义必须休息,而代之以新鲜活泼的、为中国老百姓所喜闻乐见的中国作风和中国气派。"①按照毛泽东的这种理解,马克思主义中国化就是把马克思主义与中国具体实际相结合,包括两个方面的内容:一是使马克思主义与中国的具体实践相结合,把马克思主义应用于中国的具体的环境;二是使马克思主义与中国的传统文化相结合,使马克思主义具有中国作风和中国气派。由于当时面临的主要问题是如何运用马克思主义解决中国的问题,因此,毛泽东对马克思主义中国化的理解更侧重于实现马克思主义中国化的路径问题,马克思主义与中国的具体实践相结合、马克思主义与中国的传统文化相结合实际上都是实现路径问题。尽管如此,这两个方面依然展现了马克思主义中国化命题所蕴含

---

　　① 《毛泽东选集》第二卷,人民出版社1991年版,第533—534页。

的丰富内容,即使就马克思主义中国化的文化路径来说,即马克思主义与中国传统文化的结合来说,不仅要运用马克思主义哲学来审视和改造中国的文化传统,推动和促进中国先进文化的形成和发展,而且还要汲取中国传统文化,尤其是中国传统哲学的精华,用以丰富和发展马克思主义哲学,并使之具有为中国老百姓所喜闻乐见的中国作风和中国气派。有鉴于毛泽东把马克思主义中国化阐释为马克思主义与中国具体实践、马克思主义与中国传统文化两个方面的结合,很多学者将马克思主义中国化的内涵或内容概括为"结合论"。20 世纪 90 年代以来,学术界重提马克思主义哲学中国化问题,主要遵循毛泽东对马克思主义中国化命题的初始界定,即从"结合论"出发,把马克思主义哲学中国化的内涵也概括为两个方面:一是马克思主义哲学的基本原理与中国的具体实践相结合,用马克思主义哲学的基本指导中国的革命与建设;二是马克思主义哲学的基本原理与中国传统文化相结合,用马克思主义哲学的基本理论批判、改造中国的传统文化,实现其现代性的转换。这种"结合论"作为一种通行的理解,构成了马克思主义哲学中国化问题研究的确定性基础。

　　20 世纪 90 年代以来,马克思主义哲学中国化所面对的实践语境与理论语境都发生了根本性的变化:中国的实践已经从革命走向建设与发展,中国的文化已从传统走向现代,中国的马克思主义哲学的存在样态已经从一元走向多元,中国马克思主义哲学研究可资借鉴的国外马克思主义思想资源已从单一走向多样化,等等。在这种背景下,人们关于马克思主义哲学中国化的阐释与理解也发生了变化,呈现出多样性。一方面,从上面所讲的"结合论"衍生出不同意义的中国化,如"互化论""契合论"等。"互化论"主张马克思主义哲学中国化的过程是马克思主义哲学传入中国并在中国得到运用和发展的过程,是在化中国的同时被中国化的过程。化中国与中国化是同一个过程的两面,又是相互支撑相互印证的两面,中国化是为了化中国,化中国就必须中国化。① "契合论"则认为,马克思主义哲学中国化是马克思主义哲学的唯物论与中国传统哲学朴素唯物论的契合,是马克思主义的辩证法与中国古代朴素

---

① 参见马俊峰:《马克思主义哲学中国化的几个问题》,《学术研究》2006 年第 3 期。

辩证法的契合,是马克思主义认识论和中国传统哲学知行观的契合,是马克思主义唯物史观与中国传统哲学社会历史观的契合。① 另一方面,以结合论的"两个方面的内容"为基础,进一步发展出不同"版本"、多个"层面"的马克思主义哲学中国化。从"版本"上看,有学者将马克思主义哲学中国化区分为"实践版本"与"理论版本",认为"实践版本"是中国共产党人运用马克思主义哲学解决中国问题的实践过程,"理论版本"则是"实践版本"的理论升华,包括"现实化形态"和"学术化形态"。② 还有学者在这个基础上,进一步划分出"实践版本""理论版本""学术版本"。③ 从"层面"上看,有的学者认为,马克思主义哲学中国化包含实践层面的中国化和学术层面的中国化,实践层面的中国化是指革命家、政治领袖运用马克思主义哲学的立场、观点和方法考察中国的历史和现状,科学解答革命和建设进程中遇到的实际问题,形成指导中国革命、建设和改革的正确理论、路线、方针和政策,学术层面的中国化是指哲学工作者继承马克思主义哲学的真精神,以中国传统哲学的积极成果为切入点,建构中国化的马克思主义哲学体系。④ 也有的学者把这种区分表述为"政治层面"的中国化与"学术层面"的中国化。还有的学者认为,马克思主义哲学中国化包含语言层面、理论层面和实践层面。语言层面是马克思主义哲学的汉语化(说汉语),是马克思主义哲学中国化的最为直接的层面,理论层面是中国人基于中国文化传统、中国经验和中国语境诠释出来的马克思主义哲学,就是中国化了的马克思主义哲学的理论形态,实践层面是用马克思主义哲学指导中国具体实践。⑤ 此外,如我们前面已经分析过的,还有一些学者分别从解释学、文化哲学、实践哲学等角度对马克思主义哲学中国化命题进行了深

---

① 参见李军林:《马克思主义哲学中国化的传统文化底蕴》,《云南社会科学》2007 年第 5 期。

② 参见陈晏清、杨谦:《马克思主义哲学中国化的实践版本与理论版本》,《哲学研究》2006 年第 2 期。

③ 参见姜喜咏:《确立中国化马克思主义哲学新形态建构的两大"内在性"问题》,《理论学刊》2008 年第 11 期。

④ 参见王向清:《学术层面马克思主义哲学中国化的逻辑进程》,《学习论坛》2008 年第 1 期。

⑤ 参见何中华:《马克思主义哲学中国化四问》,《东岳论丛》2012 年第 10 期。

入的解读。上述这些理解,尽管有些观点看上去大同小异,但是总的来说,学术界对马克思主义哲学中国化的理解,在确定性的基础上,还存在着诸多的不确定性。这种确定性与不确定性的矛盾,隐含着一个重要的问题,那就是马克思主义哲学中国化的内涵、意义等是一成不变的,还是不断变化、与时俱进的?如果它是一成不变的,那么,我们今天又是在何种意义上谈论马克思主义哲学的深度中国化?如果它是不断变化、与时俱进的,那么,我们不禁要进一步追问:第一,我们今天所要中国化的对象"马克思主义哲学",应该是一种还是多种,是"单数"还是"复数"?从最小范围上说,是否包括西方马克思主义哲学?第二,马克思主义哲学要被中国化的那些方面、那些部分是什么?是否也要更新?如果需要更新,那么,这种更新只是理解上的变化,还是也包括内容上的变化?如果只是理解上的变化,那么这种更新有多大的价值?如果是内容上的变化,那么如何在这种变化中体现马克思主义哲学中一以贯之的东西?又是怎样变化的?有的学者认为,马克思主义哲学中国化的主线是唯物史观,那么在当代语境下又如何使唯物史观进一步中国化?有的学者认为,马克思主义哲学中国化包含指导"做事"的方法论和指导"做人"的人生观两个方面的中国化。在民族生存处于危机状态的第一阶段,追求现实性成功的方法论方面的中国化,自然地处于主导性地位;而在现实生存问题获得基本解决之后,追求价值理想实现的人生观方面的中国化问题,应得到人们更多的关注。①这种从方法论到人生观的变化,是否意味着马克思主义哲学中国化的目标定位的变化?上述这些追问并不是无意义的,这是因为经过多年的探讨之后,"什么是马克思主义哲学中国化"这一基础性的问题,不但没有成为一个自明的无须说明的问题,反而在当代不同语境下衍生出多重的意义,变得愈加不明确。今天进行的马克思主义哲学中国化及其研究置身于一个更加复杂、多变的语境,尤其是在人们的理论诉求与实践诉求都发生了根本性变化的情况下,如果不弄清楚这些前提性问题,或者在这些前提性问题上缺乏基本的共识,就

---

① 参见王南湜:《马克思主义哲学中国化:从现实性到理想性》,《毛泽东邓小平理论研究》2008 年第 1 期。

不能深刻而全面地把握马克思主义哲学中国化在新的历史条件下的意义与任务,当然也就无法切实有效地推进马克思主义哲学中国化的实践,这不仅会威胁到马克思主义哲学中国化的合法性,更会影响中国特色社会主义现代化建设实践的顺利进行。

(二)理论优先还是实践优先

矛盾是事物发展的根本动力,而理论与实践的矛盾则构成了马克思主义哲学中国化不断发展的动力和源泉。马克思主义哲学中国化的百年历史始终贯穿着理论与实践的矛盾运动,即理论与实践从对立到统一、从统一到对立的辩证运动。马克思主义哲学之所以要中国化、本土化,就是因为理论与实践之间出现了矛盾,即有些人在运用马克思主义哲学解决中国问题的时候,犯了教条主义的错误,颠倒了理论与实践的关系。作为一种生成于西方语境的普遍性理论,马克思主义哲学只有与中国的具体实际相结合,才能有效指导中国的实践,达到改变世界的目标,因为中国本土的实践具有不同于西方的特殊性。可以说,理论与实践的矛盾是促使马克思主义哲学中国化得以发生的内在根据。回顾历史,不难发现,每当中国社会实践领域发生重大变革、实践主题发生重大转换时,或者每当我们在理论上出现一些重大失误或偏差,严重影响到社会实践的健康发展时,马克思主义哲学中国化的问题就会凸显出来。而且,在马克思主义哲学理论与中国具体实践的矛盾关系中,实践是矛盾的主要方面,居于主导地位;理论是矛盾的次要方面,处于从属地位。这种主次关系表明了马克思主义哲学中国化的出发点与落脚点都是实践,时代是思想之母,实践是思想之源。也正是在这个意义上,人们普遍认同,马克思主义哲学中国化首先是一个实践问题,而不是一个理论问题,虽然它包含着理论的向度。这充分体现了马克思主义哲学中国化实践优先的原则。当然,实践优先并不代表对理论的否定,相反,马克思主义哲学中国化恰恰是要在实践的基础上重构理论,使理论更加能够满足实践的需要,从毛泽东思想到邓小平理论、从"三个代表"重要思想、科学发展观到习近平新时代中国特色社会主义思想的理论创新,都是中国实践发展的客观要求。因此,马克思主义哲学中国化的历史进程是一个以实践为根基的实践创新与理论创新相统一的过程。

当然，无论是在本体论意义上，还是在认识论意义上，都表现出实践对于理论的优先性。马克思主义哲学中国化的实际进程遵循的就是实践优先的原则，并在这个原则下解决理论与实践的矛盾。但是，作为一种学术研究，马克思主义哲学中国化研究应该如何处理理论与实践的矛盾，这种研究到底应该遵循实践优先的原则还是理论优先的原则？这一问题实质上关联着马克思主义哲学中国化研究的逻辑起点问题。从学理上说，任何学术研究都需要一个逻辑起点，无论这个逻辑起点是明晰的还是隐蔽的。逻辑起点不同，对马克思主义哲学中国化诸多问题的理解就会不同。从最广泛的意义上说，实践与理论是学术研究的两个最基本的逻辑起点。以实践为逻辑起点的研究，可以理解为从现实、问题出发展开研究，以理论为逻辑起点则侧重于从文本、概念出发展开研究。① 对于马克思主义哲学中国化研究而言，所谓的实践优先原则，主要可以理解为以中国的具体实际为研究的逻辑起点，即从中国革命、建设与发展的历史性的实践去把握马克思主义哲学中国化的历史与理论；所谓的理论优先原则，主要表现为以马克思主义哲学为研究的逻辑起点，即以对马克思主义哲学之精神实质的理解与阐释为前提，理解马克思主义中国化的相关理论与实践问题。那么，当代语境下的马克思主义哲学中国化研究，到底应该以哪一个为研究的逻辑起点呢？对此，学界形成了两种对立的观点：一种观点主张以实践为逻辑起点，坚持实践优先原则。持这种观点的学者，大多是从马克思主义哲学中国化及其研究的根本目的出发的。当然，也有学者从其他角度进行了说明，如霍桂桓认为，"尽管中国化是一个存在了近百年、导致了中国共产党成立和中华人民共和国诞生的历史事实，但这并不意味着我们已经对其现实语境有了足够全面和清楚的认识和把握；而这种现实语境恰恰是进行中国化研究首先必须重视的基本前提，因此，研究中国首先涉及的就是中国当

---

① 参见任平：《论马克思主义中国化的研究范式》，《武汉大学学报》2017 年第 4 期。

今的现实语境及其特征究竟是什么这样一个问题。"①李景源则从唯物史观中国化的角度提出,"以唯物史观为基本原则的马克思主义哲学在中国的具体化和本土化,决不单单是一项文本梳理的案头上的工作,不是靠摘引文本上的词句抽象地演绎出体系,而是要深入到中国社会发展的历史起点,理论地反思中国人民在现代化进程中所从事的基本的实践活动,分析和研究实践中所提出的重大问题以及在解决这些问题中所形成的全新的哲学观念,以与时俱进的理论品格和实事求是的实践精神而获得广大人民群众的认同"②。另一种观点主张以理论为逻辑起点,坚持理论优先原则。例如,有些学者认为:"马克思主义哲学是一种已经被证明为具有普适性和世界性的哲学,是放之四海而皆准的普遍真理,需要的是把这一普遍真理运用、具体化于中国的特殊实践。因此,对于马克思主义哲学中国化事业而言,深入研究中国的实际情况固然十分重要,但首先要搞清楚的一个前提是,马克思主义哲学本身是什么? 如果马克思主义哲学本身是面目不清的,哪里谈得上什么中国化呢? 因此,回到马克思主义哲学创始人尤其是马克思的文本,搞清楚马克思主义哲学的本来含义,是我们首先要做的并且是至关重要的事情。"③虽然大部分学者强调马克思主义哲学中国化研究要以实践为立足点,坚持理论联系实际的原则。但是,从马克思主义哲学中国化研究近些年已经取得的理论成果来看,绝大部分研究遵循的却是理论优先的原则。

无论是实践优先,还是理论优先,马克思主义哲学中国化研究都应该在理论与实践的辩证关系中展开。这不仅因为理论与实践的矛盾是马克思主义哲学中国化得以发生的根据,而且因为马克思主义哲学中国化本身就包含着实践与理论两个层面的统一,即马克思主义哲学与中国具体实践相结合、马克思主义哲学与中国传统文化相结合的统一。学术界关于马克思主义哲学中国化的理解与研究基本上都是按照理论与实践的"二分法"进行的。例如,上面提到的关于马克思主义哲学中国化的"实践版本"与"理论版本""政治层面"与

---

① 鉴传今等:《当代语境中的马克思主义哲学中国化》,《哲学研究》2006 年第 6 期。
② 鉴传今等:《当代语境中的马克思主义哲学中国化》,《哲学研究》2006 年第 6 期。
③ 王江松:《马克思主义哲学中国化五问》,《河北学刊》2011 年第 5 期。

"学术层面""现实化形态"和"学术化形态"的区分。此外,关于马克思主义哲学中国化的路径,有学者提出了党的理论化路径和学术化路径①;关于马克思主义哲学中国化研究的当代语境,有学者认为包括实践语境和学术语境两部分②;关于判断马克思主义哲学中国化成败的标准,存在着学术标准与实践标准;关于马克思主义哲学中国化当代形态的建构,有学者认为,实践理论形态和学术理论形态是马克思主义哲学中国化的两种基本形态③;关于马克思主义哲学中国化研究的基本路向,有学者区分出实践哲学与理论哲学两种路向④,等等。理论与实践的"二分法"成为马克思主义哲学中国化研究的基本思路。从马克思主义哲学中国化的实质来看,这种划分是有道理的,但是,问题的关键是如何在具体的学术研究中真正做到理论与实践或学术性与现实性的统一,因为大部分研究成果所反映出来的是理论与实践的割裂或学术性与现实性的失衡。马克思主义哲学中国化研究,无论是遵循实践优先的原则,还是采取理论优先的原则,始终都面临着如何克服理论与实践的对立、实现理论与实践的统一的难题。这也是中国马克思主义哲学研究普遍存在的问题。

以上两个方面,是马克思主义哲学中国化研究范式存在的最为突出的问题。当前,马克思主义哲学中国化研究中出现的诸多问题,无不与这两个方面有关。

五、马克思主义哲学中国化研究范式的创新与转换

近 20 年来,马克思主义哲学中国化研究已经取得了非常丰硕的成果,但还有待于进一步创新,实现自身研究范式的转换。这不仅是马克思主义哲学

---

① 参见孙芳:《马克思主义哲学中国化的路径解析》,《毛泽东邓小平理论研究》2007 年第8 期。

② 参见鉴传今等:《当代语境中的马克思主义哲学中国化》,《哲学研究》2006 年第 6 期。

③ 参见林默彪:《马克思主义哲学中国化形态的诠释与建构》,《中共福建省委党校学报》2011 年第 1 期。

④ 参见王南湜:《中国哲学精神重建之路:马克思主义哲学中国化探讨》,北京师范大学出版社 2012 年版,第 1 页。

发展的本质要求,更是中国改革开放与社会主义现代化建设事业发展的客观要求。从当前马克思主义哲学中国化研究的理论使命、存在的问题及未来发展趋势来看,推进马克思主义哲学中国化研究范式的创新与转换,必须科学理解马克思主义哲学及其中国化,加强中国传统文化与中国马克思主义哲学的研究,拓展马克思主义哲学中国化研究视野,切实深入实践与时代。

(一)科学理解马克思主义哲学及其中国化

科学理解马克思主义哲学与马克思主义哲学中国化是推进当代中国马克思主义哲学中国化研究的认识论前提。如果不能正确把握马克思主义哲学的本真精神,不能准确理解马克思主义哲学中国化的科学内涵,那么马克思主义哲学中国化研究是不可能取得实质性的进展的。当前,关于马克思主义哲学中国化之可能性的质疑,马克思主义哲学中国化研究中出现的诸多问题,直接与对马克思主义哲学及其中国化的错误或片面的理解有关。

第一,科学理解马克思主义哲学。马克思主义哲学是马克思主义哲学中国化所要"化"的核心内容,不理解马克思主义哲学的理论性质与理论功能,就不能理解马克思主义哲学中国化的理论根据。科学理解马克思主义哲学的精神实质,是实现马克思主义哲学中国化的理论前提,也是切实推进马克思主义哲学中国化研究的重要保证。历史经验证明,在某些时期人们没能很好地运用马克思主义哲学来指导中国的实践,或者形成了对待马克思主义哲学的各种错误态度,不是因为马克思主义哲学本身有问题,而是我们对马克思主义哲学的理解与阐释出了问题。换句话说,很多错误的产生恰恰是因为我们没有正确理解马克思主义哲学的精神实质,背离了马克思主义哲学的基本精神。

人们之所以不容易准确把握马克思主义哲学的精神实质主要在于:第一,马克思主义哲学本身的特殊性与复杂性。一方面,"马克思终其一生也没有写过系统阐述自己哲学思想的著作"①,其哲学思想散见于《〈黑格尔法哲学

---

① 安启念:《马克思主义哲学中国化研究》,中国人民大学出版社 2006 年版,第 2 页。

批判〉导言》《1844 年经济学哲学手稿》《德意志意识形态》《神圣家族》《哲学的贫困》《共产党宣言》《资本论》等相关著作中,这就为人们从整体上把握马克思主义哲学无形中设置了障碍。另一方面,马克思恩格斯所创立的新哲学不同于西方传统思辨的体系哲学或理论哲学,要理解这种新哲学必须跳出传统哲学的思维框架。但是在现实的理解中,人们却往往容易陷入传统哲学的思维框架,如马克思主义哲学阐释中的黑格尔主义、实证主义。第二,马克思主义哲学原理教科书的长期影响。由于马克思主义哲学原理教科书在中国理论格局中的特殊地位及其根深蒂固的影响,人们总是不自觉地以马克思主义哲学原理教科书的概念框架、解释原则去理解甚至建构中国的马克思主义哲学,即使是在 20 世纪 90 年代以来的"后教科书哲学"时期,这种教科书模式的理解仍然潜在地发挥着作用。第三,人们总是戴着"他者"的眼镜去理解马克思主义哲学,而不能直面马克思主义哲学本身。这个"他者",以前主要是苏联的马克思主义哲学,中国早期马克思主义者主要是以苏联的马克思主义哲学为中介研究马克思恩格斯的哲学思想,并曾把苏联马克思主义哲学等同于真正的马克思主义哲学。现在这个"他者"又换成了西方思想,主要是西方哲学。人们不仅从西方的马克思主义哲学出发理解马克思主义哲学,而且也从西方的非马克思主义哲学去研究马克思主义哲学。那种把马克思主义哲学中国化理解为百年西学东渐史的一个组成部分的观点,从本质上看,就是从"西学"的视野去理解马克思主义哲学,没有看到马克思主义哲学与"西学"的根本不同。有学者把这种以西方哲学为中介来研究马克思主义哲学的方法称为"中介式方法"①,把对西方哲学的过度推崇称为对"洋教条的迷信"②。这种以"他者"为中介的研究,虽然有助于开阔学术视野,提升学术水平,但如果过于依赖就会适得其反,因为以"他者"为"参照物"去理解马克思主义哲学,总会对马克思主义哲学有所"增加"或"减损",从而不能使人们看到马克思主义哲学的"真面目",而且"参照物"越多,就越容易产生混乱,越不容易准确地

---

① 穆南珂:《喧嚣—骚动:马克思主义哲学研究中的"学术性"与"现实性"问题》,《哲学研究》2004 年第 4 期。

② 汪信砚:《当前我国马克思主义哲学研究的三个误区》,《哲学研究》2005 年第 4 期。

把握马克思主义哲学。

从历史经验来看,要克服这些障碍,科学把握马克思主义哲学的精神实质,从"破"的方面来看,要克服过分倚重"他者"阐释的局限,直面马克思主义哲学自身。马克思在批判费尔巴哈对感性世界的理解只限于感性的直观时,提出了要"按照事物的真实面目及其产生情况来理解事物"①的观点,这一观点也适用于对马克思主义哲学自身的理解上。按照马克思主义哲学的本来面目,从马克思主义哲学产生的情况来理解马克思主义哲学,是准确把握马克思主义哲学精神实质的重要途径。这里所说的马克思主义哲学产生的情况,应该既包括马克思主义哲学产生的社会历史情况,又包括马克思主义产生的思想情况,这是马克思主义哲学出场的两个重要语境,只有从这两个语境出发,才有可能理解马克思主义哲学的理论性质、理论功能及其革命意义。从"立"的方面来看,既要从马克思主义各部分的有机统一中理解马克思主义哲学,又要从马克思主义哲学内部各部分的有机统一中理解马克思主义哲学。马克思主义哲学是马克思主义的一个重要组成部分,与政治经济学、科学社会主义有所区别,但"在马克思主义理论的真实进程中,他的哲学、经济学和社会历史现实批判(科学社会主义)是一个完整的始终没有分离的整体,各种理论相互之间是渗透和包容的关系。所以,我们对马克思的经济学研究不理解马克思的哲学观点不行,哲学分析完全离开对马克思的经济学研究也同样不行"②。因此,不能离开马克思主义的整体去理解马克思主义哲学。同时,马克思主义哲学自身也是一个由各部分构成的有机整体。当年列宁在批判俄国马赫主义者波格丹诺夫时明确指出,"在这个由一整块钢铁铸成的马克思主义哲学中,决不可以去掉任何一个基本前提,任何一个重要部分,不然就会离开客观真理,就会落入资产阶级反动谬论的怀抱。"③按照国内通行的理解,作为"一整块钢铁"的马克思主义哲学,包括唯物论、认识论、辩证法、历史观四个组成部分。以往人们对马克思主义哲学的研究往往以其中的一个部分为主,或者只

① 《马克思恩格斯选集》第1卷,人民出版社2012年版,第156页。
② 张一兵、蒙木桂:《神会马克思》,中国人民大学出版社2004年版,第214页。
③ 列宁:《唯物主义和经验批判主义》,人民出版社1971年版,第326—327页。

抓住其中的一个部分,由此形成了认识论研究、辩证法研究、历史观研究等分门别类的研究,这种碎片化的研究虽然有助于深化对马克思主义哲学的某一个部分的理解,却不利于对马克思主义哲学的整体理解,因而即使研究很有深度,也难以全面把握马克思主义哲学的精神实质。而且,当各个部分的研究处于分裂状态的时候,对马克思主义哲学的研究也不可能做到真正深入。因此,必须从马克思主义哲学各部分的有机统一中去理解马克思主义哲学,只有如此,才不会远离真理。

第二,科学理解马克思主义哲学中国化。什么是马克思主义哲学中国化?马克思主义哲学中国化的实质是什么? 这是推进马克思主义哲学中国化研究需要明确回答的另一个前提性的问题。作为一种历史运动,马克思主义哲学中国化已经走过了近百年的历程,这是一个不争的事实。但是当把马克思主义哲学中国化由一个客观存在的历史事实提升为一个学术研究的对象时,关于这个命题本身的理解,尤其是关于它的可能性、合法性的理解却成了一个有争议与分歧的问题,学术界甚至出现了以不同方式质疑马克思主义哲学中国化的合法性的现象。

前面我们已经分析过,随着马克思主义哲学中国化研究的不断深入,学术界对这一命题的理解也越发地多样化。其中,有些理解是合理的,有些理解则是不准确的,甚至完全是错误的。从马克思主义哲学中国化研究的总体情况来看,无论是现在还是过去,学术界始终存在着对马克思主义哲学中国化命题的各种形式的错误理解。其中,汪信砚教授在《“马克思主义哲学中国化”辨误》一文中所概括的学界关于马克思主义哲学中国化的十大误解,最具代表性,危害也最大。这十大误解包括:“马克思主义哲学中国化是一个虚假的命题”“马克思主义哲学中国化是一个反马克思主义的命题”“马克思主义哲学中国化是一个不科学或不准确的命题”“马克思主义哲学中国化是根本不可能的”“马克思主义哲学中国化是毫无必要的”“马克思主义哲学中国化是百年西学东渐史的一个组成部分”“马克思主义哲学中国化就是使马克思主义哲学在中国具体化”“马克思主义哲学中国化在学术层面上应定位于对中国传统文化的改造”“马克思主义哲学中国化只是中国马克思主义哲学研究的一个特殊领域""马克思主义哲学中国化仅仅关乎中国马克思主义哲学研究"。① 这些误解不仅无助于人们把握马克思主义哲学中国化的科学内涵,而且直接危及马克思主义哲学中国化的合法性问题。这既不利于马克思主义哲学中国化研究的深入发展,也不利于当代中国马克思主义哲学乃至整个中国哲学的健康发展。马克思主义哲学中国化过程中产生的种种问题大多源自于对马克思主义哲学中国化这一命题的错误理解。因此,要深化马克思主义哲学中国化的研究,推进马克思主义哲学研究的发展,必须首先澄清关于马克思主义哲学中国化的种种误解。

要做到这一点,关键是要辨析"马克思主义哲学中国化"概念的科学内涵。有学者指出,对一个概念进行辨析,可以是词句辨析,也可以是意义辨析。前者是分析的,后者是历史的。马克思主义哲学中国化不是一个词句的问题,而是一个包含丰富历史意义的进程。因此,不能完全从词句出发,而是要在历史的总体性与思想史的反思中对其进行一种意义辨析②。上面所列举的关于马克思主义哲学中国化的十大误解中,有些就是仅仅围绕概念、词句做文章的结果,如"马克思主义哲学中国化是不可能的"这种观点,就围绕毛泽东对"中国化"概念的理解做文章。这种做法实际上也是毛泽东所批判的"本本主义"。对马克思主义哲学的理解和运用不能完全从"本本"出发,同样,对马克思主义哲学中国化的理解,也不能完全依靠"本本"。虽然理解马克思主义哲学中国化离不开"本本",尤其是马克思恩格斯等经典作家的"本本",但"本本"毕竟不同于现实,也不可能完全涵盖现实。马克思主义哲学中国化是一个客观存在的历史事实,马克思主义哲学中国化命题本身是一个充满历史感的概念。这种历史感,首先来自它的历史性的内容——近百年中国社会发展、思想变革的历史,不同文化融合、交锋、碰撞的历史。马克思主义哲学中国化的百年历程就是马克思主义哲学融入中国社会发展与中国人的精神生活并改变中国社会发展与中国人的精神生活的历史过程。离开这些历史性的内容,

---

① 汪信砚:《"马克思主义哲学中国化"辨误》,《哲学研究》2008 年第 10 期。

② 参见何萍:《新世纪马克思主义哲学中国化研究的两个基本问题》,《江苏社会科学》2011 年第 5 期。

关于马克思主义哲学中国化的任何讨论都是空洞、抽象的，因而也是没有理论说服力的、无意义的。相反，只有结合这些历史性的内容，才有可能理解马克思主义哲学中国化的实质、根据、意义等诸多相关问题，从而准确把握马克思主义哲学中国化命题。

（二）加强中国传统文化与中国马克思主义哲学的研究

推进马克思主义哲学中国化研究创新，不仅需要正确理解马克思主义哲学及其中国化，还需要对中国传统文化与中国马克思主义哲学进行深入研究。中国传统哲学与中国马克思主义哲学既是马克思主义哲学中国化的内容，又是马克思主义哲学中国化的思想资源。因此，合理阐释、深入研究中国传统文化与中国马克思主义哲学研究，既是马克思主义哲学中国化研究的应有之义，也是推进马克思主义哲学中国化研究创新的重要的思想文化基础。

第一，加强中国传统文化研究。中国传统文化对于马克思主义哲学中国化具有多重意义。从历史上马克思主义哲学中国化的内容上看，马克思主义哲学中国化本身就包含马克思主义哲学与中国传统哲学的结合。毛泽东曾明确提出："学习我们的历史遗产，用马克思主义的方法给以批判的总结，是我们学习的另一任务。我们这个民族有数千年的历史，有它的特点，有它的许多珍贵品。对于这些，我们还是小学生。今天的中国是历史的中国的一个发展；我们是马克思主义的历史主义者，我们不应当割断历史。从孔夫子到孙中山，我们应当给以总结，继承一份珍贵的遗产。"①从这里可以看出，马克思主义哲学与中国传统文化相结合的第一要义是运用马克思主义哲学重新审视、反思中国传统文化，实现中国传统文化的创造性转化，这是马克思主义哲学中国化的内在要求。马克思主义哲学与中国传统文化相结合的另一重意义是马克思主义哲学要吸收中国传统文化，特别是中国传统哲学的精华，以丰富和发展自身。在这个意义上，中国传统文化既是马克思主义哲学中国化需要改造的对象，又是可资利用的本土思想资源。因此，若要真正推进马克思主义哲学中国

---

① 《毛泽东选集》第二卷，人民出版社 1991 年版，第 533—544 页。

化的实践进程,深化马克思主义哲学中国化的研究,必须对中国传统文化有比较深厚的了解。从新时期马克思主义哲学中国化的理论任务与使命上看,马克思主义哲学中国化内在包含着建构具有中国特色、中国风格和中国气派的马克思主义哲学新形态的理论任务,肩负着中华民族文化复兴的历史使命。历史经验证明,只有立足中国传统文化,吸收中国传统文化的精华,才有可能创造出具有中国特色、中国风格和中国气派的马克思主义哲学。只有客观深入地理解中国传统文化,发掘中国传统文化的精华,才能更好地吸收、利用中国传统文化,展现中国传统文化的独特价值与魅力,为实现中华民族文化复兴创造条件。由此,加强中国传统文化研究自然成为马克思主义哲学及其中国化研究不可或缺的内容。

但是,从以往马克思主义哲学研究的情况来看,"长期以来,我国马克思主义哲学的专业理论研究基本上是在忽视中国的历史文化传统的情况下进行的,这种研究既不怎么重视用本民族的智慧去理解和阐释马克思主义哲学,也不大考虑民族心理对于马克思主义哲学中国化的要求,其所沉溺其中的一直是一种纯西方式的话语系统。"[①]毛泽东曾批评他那个时代的许多马克思主义者言必称希腊,而对于自己的祖宗中国传统文化则对不住、忘记了。今天看来,这种批评对于当前的一些马克思主义者也是适用的。就 20 世纪 90 年代以来马克思主义哲学中国化研究的情况来说,虽然马克思主义哲学与中国传统文化的关系是马克思主义哲学中国化研究永恒的主题,虽然马克思主义哲学中国化研究是以开掘"本土"思想资源为中心的理论探索,但在中国马克思主义哲学界"西化"现象比较严重的大环境下,对中国传统文化的研究明显滞后,对中国传统文化、传统哲学的开掘并不尽如人意。这主要在于:一是从研究内容上看,比较注重儒家思想的研究,特别是关于马克思主义哲学与儒学关系的探讨比较多,而对于儒家之外的道家等思想的研究相对要少许多。这种过度"失衡"的研究,不利于人们从整体上把握中国传统文化的全貌。二是从

---

① 汪信砚:《范式的追寻——作为范式的马克思主义哲学中国化研究》,人民出版社 2014 年版,第 12 页。

研究方式上看,宏观研究居多,微观研究不足。这使人们难以准确地把握中国传统文化中到底哪些内容可以称得上"精华",哪些内容是值得马克思主义哲学借鉴、吸收的东西,这会严重制约马克思主义哲学与中国传统文化的结合。三是从研究指向看,许多研究都围绕"应该做"的规范性的层面展开,而对于具体"如何做"的操作性层面的研究则明显缺乏。例如,学界普遍认为"应该"深入发掘中国传统文化的价值,并对这种"应该"进行了充分的论证,相比之下,关于具体"如何"去发掘中国传统文化的探讨,却少了很多。正因如此,关于中国传统文化的研究始终难以取得重大突破,这直接影响了马克思主义哲学中国化研究的进展。因此,有必要进一步加强中国传统文化的研究。其中,合理地阐释中国传统哲学,把握中国传统哲学自身的特质,是推进马克思主义哲学中国化研究的不可或缺的环节。而要合理地阐释中国传统哲学,必须直面中国传统哲学本身。进一步说,就是既不能完全以西方哲学的思考框架去解读中国传统哲学,也不能以马克思主义哲学为唯一标准去衡量中国传统哲学。习近平总书记指出要秉持文化自信包括对五千年中国传统文化优秀成果的自信。要对传统文化做"创造性转化、创新性发展"的功夫,要坚信"中国马克思主义哲学"是中国优秀传统文化的真正继承者,从优秀的传统文化转向中国化马克思主义哲学是文化发展的必然趋势。从以往研究的经验来看,如果完全从西方哲学或马克思主义哲学的视野去看待、评价中国传统哲学,往往会遮蔽中国传统哲学的某些特质,甚至会使中国传统哲学面临着合法性危机。正确的研究理路是立足于中国的历史与文化,在传统与现代、西方与东方的多重视域融合中把握中国传统哲学的特质,挖掘中国哲学传统中活的、精华的东西。

第二,加强中国马克思主义哲学研究。对于20世纪90年代以来的马克思主义哲学中国化研究来说,仅仅加强中国传统文化研究是远远不够的,还需要深化对中国马克思主义哲学,尤其是中国马克思主义哲学传统的研究。中国马克思主义哲学是马克思主义哲学深度中国化不可或缺的思想资源。马克思主义哲学中国化的过程,不是马克思主义哲学单纯的输入、传播过程,而是创造中国化的马克思主义哲学的理论创新过程,即中国马克思主义哲学生成、发展的过程。考察中国马克思主义哲学发展的历史与逻辑、对于马克思主义哲学发展的理论贡献等问题,对于理解马克思主义哲学中国化的基本规律与独特价值具有举足轻重的意义,有必要给予深入研究。对此,学界已从不同方面展开探讨与研究,但有些问题还需要进一步深入展开,如对中国马克思主义哲学所蕴含的中华民族智慧的挖掘。中国马克思主义哲学不仅是时代精神的精华,也是中华民族智慧的结晶。中华民族的未来发展,当代中国马克思主义哲学要走向世界,马克思主义哲学进一步中国化,都离不开这种智慧的支撑,但以往的研究,对此却反映得很不够,有的论著甚至没有反映。这种状况急需改变,应加强对中国化马克思主义哲学所内含的中华民族智慧、中华民族精神和中华民族灵魂的研究及阐释。① 正是这种中国智慧、中国精神,使中国马克思主义哲学具有了不同于其他形态的马克思主义哲学的特点与价值。经过近百年的探索与发展,中国马克思主义哲学已经形成了自身独特的传统,深刻把握这一传统的特点、生成机制、发展规律等问题,有助于推进马克思主义哲学中国化乃至中国马克思主义哲学研究的发展,因而值得深入研究。比较理想的研究思路是在中国马克思主义哲学传统与其他马克思主义哲学传统的比较研究中,尤其是中国马克思主义哲学传统与苏联马克思主义哲学传统、西方马克思主义哲学传统的比较研究中,理解中国马克思主义哲学传统的独特性与创造性。但是从现实的研究情况来看,这种比较研究并没有全面展开,即使是对中国马克思主义传统的形成产生了重要影响的苏联马克思主义哲学,也没有受到应有的重视。因此,有学者明确指出,经过一系列的批判,"苏联马克思主义哲学已经从我国的马克思主义哲学研究中淡出,即使在马克思主义中国化的研究中,人们也不去分析苏联马克思主义哲学与中国马克思主义哲学之间的历史联系,以从中揭示中国马克思主义哲学的形成和其理论的独创性。其结果是使马克思主义哲学中国化的研究始终停留于传播史的水平上,而无法深入对中国马克思主义哲学自身的理论创造的研究,没有揭示出中国马克思主义哲学传统的内核、它的哲学性格和独创性的内容。这就是21世纪以来

---

① 参见许全兴:《以新的哲学观重新观照马克思主义哲学中国化的历史》,《河北学刊》2007年第4期。

的马克思主义哲学中国化研究的状况。所以,直到现在,无论是中国的学者,还是外国的学者,都无法明确地说出什么是中国的马克思主义哲学传统,弄不清中国的马克思主义哲学与苏联的马克思主义哲学究竟有什么区别。"①也正因为弄不清中国马克思主义哲学传统的独特性与创造性,才会出现把马克思主义哲学中国化理解为"马克思主义哲学在中国"或"百年西学东渐史的一个组成部分"这样错误的观点,从而严重影响了马克思主义哲学中国化的研究走向深入。因此,为推进马克思主义哲学中国化研究,有必要加强这种比较研究。另外,从哲学的层面上讲,中国马克思主义哲学传统也是中国哲学现代传统的一部分,因此,也可以从生成的视角,在与中国哲学传统的纵向比较中,揭示中国马克思主义哲学传统的特殊性。

(三)拓展马克思主义哲学中国化研究视野

拓展马克思主义哲学中国化研究视野是推进马克思主义哲学中国化研究范式创新的方法论前提。近年来,马克思主义哲学中国化研究取得了诸多的进展,其中最明显的进展就是随着马克思主义哲学中国化研究的深层推进,马克思主义哲学中国化研究也进入了一个自我反思的阶段。反思自身研究中存在的方法论问题,是近些年马克思主义哲学中国化研究领域探讨的热点话题。在这种方法论反思中,学者们普遍意识到,当前中国马克思主义哲学中国化研究中最为突出的方法论问题是研究视野比较狭窄。这严重地制约了马克思主义哲学中国化研究的广度与深度,阻碍了马克思主义哲学中国化研究的进一步创新。这既不利于马克思主义哲学自身的发展,也不利于中国哲学的建设与发展。因此,要推进马克思主义哲学中国化研究创新,推进马克思主义哲学与中国哲学的整体发展,必须拓展研究视野。

马克思主义哲学中国化研究视野狭窄,可以从三个层面来理解:

一是"人们基本上只是从马克思主义哲学中国化运动内部来考察马克思

---

① 何萍:《中国马克思主义者论苏联马克思主义哲学普遍性——论中国马克思主义哲学与苏联马克思主义哲学源流关系》,《武汉大学学报(人文科学版)》2008 年第 11 期。

主义哲学中国化问题,缺少观察马克思主义哲学中国化问题的世界眼光和世界视野"。① 20 世纪 90 年代以来,马克思主义哲学中国化研究取得了丰硕的成果,对马克思主义哲学中国化的可能性、历史进程、基本规律与经验、实现路径等问题的研究日渐深入。但这些都只是在中国视野下进行的思考,如从中国现代化、中国哲学史等角度对马克思主义哲学中国化的历史考察。马克思主义哲学中国化是世界马克思主义哲学发展史上的一个重要组成部分,是马克思主义哲学世界化与民族化进程中的一个重要阶段。它一方面为推进马克思主义哲学的世界化与民族化作出了重要贡献,另一方面又深受其影响,尤其是与苏联马克思主义哲学的关系比较复杂。离开世界马克思主义哲学发展的宏大视野,难以呈现马克思主义哲学中国化的完整内涵,难以揭示马克思主义哲学中国化对于世界马克思主义哲学发展的普遍意义,难以把握马克思主义哲学中国化的基本规律与独特内涵。

二是在中国视野内,一方面,人们"往往局限于马克思主义哲学史的视域内,只考察中国马克思主义哲学自身的发展及其内容,最多涉及马克思主义哲学与 20 世纪中国其他哲学思潮之间的论争,而很少关注马克思主义哲学与 20 世纪中国思想界的多方面联系,很少探讨马克思主义哲学与中国其他哲学思潮之间的互动、交流与融合,很少把马克思主义哲学中国化作为 20 世纪中国哲学发展史的一个重要方面来研究"。② 马克思主义哲学中国化不是一个孤立的文化或哲学事件,它生发于古今中西文化、思想大碰撞、大交融的宏大背景中,忽视中国近百年来文化发展的历史,离开中国思想史、哲学史的视野,难以揭示马克思主义哲学中国化的文化、思想根据,难以理解马克思主义哲学中国化的阶段性变化,难以把握中国马克思主义哲学传统及其形成的思想史基础、发展规律与特点。另一方面,人们大多局限于哲学学科的视野,考察马克思主义哲学中国化的相关问题。按照何萍教授的理解,马克思主义哲学中

---

① 汪信砚:《范式的追寻——作为范式的马克思主义哲学中国化研究》,人民出版社 2014 年版,第 19—20 页。

② 李维武:《从 20 世纪中国哲学的视域看马克思主义哲学中国化》,《学术月刊》2003 年第 11 期。

国化作为一个思想变革的过程,有内史和外史之分。其中,马克思主义哲学中国化的内史在马克思主义哲学与其他学科之间展开,如马克思主义哲学与经济学、社会学、史学等领域的相互作用。由此决定了马克思主义哲学中国化研究可以在哲学、政治学、经济学、历史学等领域展开。① 但是,从马克思主义哲学中国化研究的实际情况来看,这种跨学科、多领域的研究虽然已经展开,但还不够深入,而且彼此之间缺乏深度交流与对话。相对来说,人们主要还是在哲学学科内、哲学层面上探讨马克思主义哲学中国化问题。

三是在马克思主义哲学视野内,人们往往围绕"过去时"的马克思主义哲学中国化做文章,对于"现在时""将来时"的马克思主义哲学中国化的研究略显不足。马克思主义哲学中国化是一个早已存在、正在进行并将持续发展的运动,因此,对它的研究可以从过去、现在、将来三个时间向度展开。要推进马克思主义哲学中国化的发展,这三个时间向度的研究缺一不可,都应该给予重视。但从以往的研究来看,人们更多关注的是马克思主义哲学中国化的过去,即马克思主义哲学中国化的"历史",很多研究成果都是对这一"历史"的诠释与反思。当然,在这个过程中,也不乏对马克思主义哲学中国化的"现在"与"未来"的建构与前瞻,但远远不能够满足实践与理论发展的客观要求。这也决定了当前马克思主义哲学中国化研究比较侧重于历史与理论的诠释而不是建构。这既不利于马克思主义哲学中国化实践的推进,也不利于马克思主义哲学中国化进行新的理论创造。

由于马克思主义哲学中国化研究视野的狭窄,使一些本应该给予高度重视的理论和实践问题没有得到深入、系统的研究,同时,也使一些本应该受到关注的问题被遮蔽了,使马克思主义哲学中国化研究存在诸多的理论"盲点"。这制约了马克思主义哲学研究的整体发展,也影响了中国马克思主义哲学功能的有效发挥。因此,马克思主义哲学中国化研究必须突破固守于自身封闭的"小圈子"的局限,拓展研究视野:从"中国"走向"世界"、从"内部"

---

① 参见何萍:《新世纪马克思主义哲学中国化研究的两个基本问题》,《江苏社会科学》2011年第5期。

走向"外部"、从"哲学"走向"政治学、社会学、历史学"、从"历史"走向"未来",等等。研究视野的拓展,必将进一步丰富马克思主义哲学中国化研究的内容与方法,拓宽马克思主义哲学中国化研究的视域与论域,从而推进马克思主义哲学中国化研究的创新与发展。但是,有一点需要注意,拓展马克思主义哲学中国化研究的视野,并不意味着什么问题都可以纳入马克思主义哲学中国化研究的范围,好像马克思主义哲学中国化研究是一个没有边际、无所不包的领域,好像探讨的问题越广泛,越能促进其理论创新,从而也越能凸显其研究的价值。实际上,无论是从马克思主义哲学中国化的科学内涵与核心内容来看,还是从马克思主义哲学中国化研究的对象、理论与实践旨趣来看,马克思主义哲学中国化研究都应该有一个相对明确的理论边界。如果理论边界模糊,马克思主义哲学中国化研究是难以深入推进、达到预期目标的。

(四)切实深入实践与时代

深入实践、把握时代是马克思主义哲学中国化的生命力所在,也是推进马克思主义哲学中国化研究创新的根本途径。实践及其创新发展是一切理论创新的本体论基础。马克思主义哲学中国化之所以能够取得重大进步,不断进行理论创新,关键就在于它始终立足于中国的革命、建设、发展等重大实践。马克思主义哲学中国化的百年历程既是推动中国实践不断创新的过程,也是在实践创新的基础上实现理论创新的过程。马克思主义哲学中国化的标志性理论成果就是中国实践创新道路的理论表达,中国实践创新经验的理论总结。

实践、实践创新对于理论创新的这种基础性作用,决定了当前及今后马克思主义哲学中国化研究范式的创新必然要立足于实践,尤其是要立足于中国人正在进行的改革开放和中国特色社会主义现代化建设的实践。这主要表现在三个方面:一是改革开放和中国特色社会主义现代化建设实践及其创新发展可以不断为马克思主义哲学中国化研究提供新的生长点。如前所述,马克思主义哲学中国化的过程是立足中国的具体实践、不断解决"中国问题"、总结"中国经验"、创造"中国理论"的过程。马克思主义哲学中国化研究不仅是对这一解决"中国问题"、总结"中国经验"、创造"中国理论"的过程的历史回顾与反思,而且还要对新出现的"中国问题""中国经验"进行提炼与总结,进行新的理论创造。正因如此,中国特色社会主义现代化建设实践中不断出现的新问题,已经形成的新经验,逐渐走出的新道路,无疑会为马克思主义哲学中国化研究增添新内容。二是改革开放和中国特色社会主义现代化建设实践创新可以为马克思主义哲学中国化研究提供新的研究视野、研究思路和研究方法。研究视野、研究思路、研究方法的创新是马克思主义哲学中国化研究创新的方法论前提。以往马克思主义哲学中国化研究的广度与深度、程度创新都不尽如人意,最根本的原因就在于脱离动态发展的实践,致使研究视野狭窄、研究思路单一、研究方法陈旧。在这种情况下,即使有了新的研究内容,也无法实现真正的理论创新。目前,在学术界,用老思路、旧方法研究新问题的现象是非常普遍的。有些人不是从文本里寻找研究思路,就是重复前人或者移植外国人的研究方法,殊不知,一切真正原创性的研究思路与方法都是植根于实践的。三是改革开放和中国特色社会主义现代化建设实践可以为马克思主义哲学中国化研究提供新话语。当前的马克思主义哲学中国化研究承载着建构中国马克思主义哲学话语体系的理论任务。从语言层面上讲,马克思主义哲学中国化的过程,是中国人在马克思主义哲学与中国具体实际相结合的过程中更新自身话语体系的过程,包括中国学术话语体系的更新与重建。历经百年的马克思主义哲学中国化,"一大批马克思主义哲学的核心术语已经深入到了现代汉语的话语体系之中,比如革命、资本、阶级、封建、劳动、解放、唯物论、矛盾、辩证法、价值、意识、人民、理论、实践、意识形态、经济基础、上层建筑、生产关系、社会主义、共产主义、政治经济学、布尔什维克……这些马克思主义哲学的核心术语已经成为现代中国人话语体系中不可分割的组成部分",也是人们解读、把握中国社会的历史与现实的核心概念,对于建构中国马克思主义哲学话语体系具有重要意义。但是,要真正建构起新的满足时代需要的中国马克思主义哲学话语体系,仅仅依靠马克思主义哲学的这些核心术语是远远不够的,除了从中国传统文化中吸取资源外,还必须从改革开放和中国特色社会主义现代化建设实践中提炼出理论创新与时代发展所需的新话语。马克思说过:"一切划时代的体系的真正的内容都是由于产生这些体系的那个时期的需要而形成起来的。所有这些体系都是以本国过去的整个发展为基础的,是以阶级关系的历史形式及政治的、道德的、哲学的以及其他的后果为基础的。"①这意味着建构中国马克思主义哲学话语体系所需要的新话语也要以当代中国的发展为基础。而从实际上看,改革开放与中国特色社会主义现代化建设实践及其深入发展,"中国道路"与"中国价值"的日渐明晰,确实已经为理论创新提供了新话语。党的十九大之后,新时代坚持和发展中国特色社会主义,中国理论、中国话语的创建,为当代中国马克思主义哲学或21世纪中国马克思主义哲学研究,提出了鲜明的时代要求,也极大地推动着马克思主义中国化范式的进一步深度展开。围绕"新时代中国马克思主义哲学""当代中国马克思主义哲学""21世纪中国马克思主义哲学"以及走向世界的"中国话语"和"中国理论"的构建等内容,成为马克思主义中国化范式的当代议题。一大批论著出版。

在具体的学术研究中切实深入实践,并不是一件容易的事。虽然学术界一致呼吁马克思主义哲学研究一定要切入现实生活,但是脱离中国具体现实、完全从"本本"出发的马克思主义哲学研究比比皆是,各种形式的教条主义的存在就是最好的明证。马克思在批判德国思辨哲学家时曾经指出:"这些哲学家没有一个想到要提出关于德国哲学和德国现实之间的联系问题,关于他们所作的批判与他们自身的物质环境之间的联系问题"②。以此反观今天的马克思主义哲学中国化研究,我们发现,有些研究者也像思辨哲学家那样,没有看到中国马克思主义哲学与中国现实之间的联系,忽视了他们自己所作的批判与他们自己所处的物质环境之间的联系,有些研究者虽然提出了中国马克思主义哲学与中国现实之间的联系问题,却没有使自己的研究与这种现实联系起来,依然进行着思辨哲学家所从事的纯粹思辨的研究。这一方面与某些学者担心过于关注现实会招致非学术化的指责有关,另一方面又与现实本身的难以把握有关。究竟如何以哲学的方式介入现实?到底怎样理解哲学中

---

① 《马克思恩格斯全集》第3卷,人民出版社1960年版,第544页。
② 《马克思恩格斯选集》第1卷,人民出版社2012年版,第145—146页。

的现实？这是改革开放以来学术界热烈探讨的核心话题，但至今也没有给出令人满意的答案。由此看来，要想改变这种状况，使马克思主义哲学中国化研究切实做到深入实践，把握时代，关键是要正确处理好学术性与现实性的关系，要求研究者必须自觉走出象牙塔，突破纯粹"学院化"的研究模式，克服唯学术化的研究取向，关注学院外鲜活、生动的现实。当然，另一方面，也要求研究者要保持独立的思考空间。

　　历史与现实表明，马克思主义哲学中国化是一个艰辛探索的过程，当代的马克思主义哲学中国化研究任重而道远。马克思主义哲学的创新本性与中国特色社会主义实践的创新发展又决定了马克思主义哲学中国化是一项不断创新、永远在途中的事业，如何更新"过去时"的"中国化"，如何建构"现在时"的"中国化"，如何展望"将来时"的"中国化"，将成为中国马克思主义哲学研究的永恒主题。如学者所言，从时代发展的角度看，在"世界走向中国"的时代，毛泽东等那一辈人撰写《矛盾论》是为了阐释一个具有国情特点的中国特殊矛盾结构；而"中国走向世界"的时代，"中国思想"和"中国价值"将注重中国经验的普适性。① 正是在这一意义上，马克思主义哲学中国化研究范式不仅具有广阔的生存空间，而且存在着更大的拓展空间。

---

　　① 参见任平：《当代中国马克思主义哲学研究范式的创新与转换》，《哲学研究》2012 年第3 期。

第十章　马克思主义出场学研究范式

　　出场学研究范式是一个关于马克思主义如何与时俱进地出场的系统阐释逻辑。十余年来,由苏州大学任平教授及其弟子们在许多论著中阐释了出场学与马克思主义出场的本质关联,既根据马克思主义出场逻辑凝练和阐释出场学原则,更在出场学视域中对马克思主义的过去、现在和未来的出场作历史的和空间的分析。① 这一研究范式是当代中国马克思主义哲学研究领域最年轻然而最为原创的研究范式,也是本书研究用以解释其他范式出场的主要解释工具。

一、马克思主义出场学研究范式的兴起与发展

　　提出马克思主义当代出场路径问题首先基于一个时代的挑战。"这是一个脱节的时代!"——《哈姆雷特》中的一句戏词,被法国后现代怪杰德里达用来指认一个并非完全没有戏剧性效果的事实:170 多年前《共产党宣言》宣告出场的"共产主义幽灵",在新全球化时代的今天遭遇苏东剧变,使马克思主义当代性和在场性受到全球的严重挑战,马克思主义的话语权在被边缘化,甚至遭遇当代退场的危险。马克思主义原初就是一种对资本批判时代的理论。我们今天面临的所有问题本质上都依然是资本批判的科学性问题。马克思在《资本论》中宣告"炸毁"的资本外壳不仅依然在场,而且仍然在引领世界前行。相反,资本批判的话语及其后资本实践却在制度上遭受重大挫折。在西

---

　　① 参见任平:《论马克思主义哲学研究的出场学视域》,《中国社会科学》2008 年第 4 期。

方新自由主义思想家福山狂热的话语中,似乎"马克思已经死了,共产主义已经灭亡,确确实实已经灭亡了,所以它的希望、它的话语、它的理论以及它的实践,也随之一同灰飞烟灭。"①如何在一个"脱节的时代"重新回答"马克思主义向何处去"的问题,准确指认马克思主义言说新的时代语境,深刻反思当代问题谱系和理论前沿,"马克思主义向何处去""马克思主义能否重新出场"、探索马克思主义出场路径和出场形态,就成为全球左派学者深切关注的时代聚焦点。德里达发表《马克思的幽灵》和《马克思与后辈们》等著作,在回击"马克思幽灵死亡论"同时,宣布"要有某种马克思主义精神",同时提出了一个"幽灵学逻辑":马克思的幽灵出场(《共产党宣言》)、"幽灵在场(十月革命建立世界上第一个社会主义国家)、幽灵退场(苏东剧变),幽灵将再出场(解构的马克思主义)"。因此,"马克思主义如何再出场"问题,就被鲜明地提了出来。解答这一问题,必须要超越德里达"幽灵学"逻辑,因而需要有关于马克思主义与时俱进创新地出场的理论,即马克思主义出场学。

新自由主义宣告马克思主义的退场、"灰飞烟灭",因而不会再追问当代马克思主义如何可能"再出场"问题。而教条的马克思主义也从来就没有可能真正提及这一问题。一个时代以来,教条话语成为替代出场者,而反过来遮蔽真实历史。苏东的退场撕裂了教条话语的遮蔽而使历史重新出场。基于问题的严重性与紧迫性,解答方案也层出不穷,出现了一大批新的林林总总的思想设计,从德里达对马克思遗产"幽灵复活"路径的"幽灵学设计",到詹姆逊以"意识形态批判"和"后殖民文化批评"理论为中心的新马克思主义;从哈贝马斯以"交往行动"为核心重建"历史唯物主义"的构想到德里克"弹性生产时代的资本主义批判";从生态马克思主义对于资本造就的人类生存自然前提崩溃的深刻批判到"生态灾难时代拯救地球生命的有机马克思主义",从鲍德里亚对马克思《资本论》的"符号学解读"到吉登斯的"第三条道路与新历史唯物主义";戴卫·格里芬对"美帝国"的重新批判到拉克劳和墨菲等人的形形色色的"没有马克思的马克思主义"或"后马克思主义"等。随着2008年以来

---

① 德里达:《马克思的幽灵》,何一译,中国人民大学出版社1999年版,第75页。

美国金融危机和欧债危机的爆发,西方世界又惊呼"马克思的回归",英国马克思主义文化批评学家特里·伊格尔顿(Terry Eagleton)在《马克思为什么是对的》(*Why Marx Was Right*)一书中重新阐释马克思对资本批判的真理价值。"作为有史以来对资本主义制度最彻底、最严厉、最全面的批判,马克思主义大大改变了我们的世界。由此可以断定,只要资本主义制度还存在一天,马克思主义就不会消亡。只有在资本主义结束之后,马克思主义才会退出历史的舞台。"①托马斯·皮凯蒂(Thomas Piketty)《21世纪〈资本论〉》(*Capital in the Twenty-First Century*)证明经济危机之所以爆发,是因为近几十年来,以美国为首的西方资本主义社会两极分化的状况并没有得到有效遏制。美国高收入人群中占前10%的人掌握了50%的财富,而前1%的人更掌握了20%的财富。但是,这一分析尽管有鲜明的现实指向性,然而在关于资本分配率、资本积累率和由此造就的生产关系的扩大再生产对于劳动力的日益巩固的统治的出场过程分析等方面依然缺少一个真正的出场学视域。思想话语纷纷登场,然而历史却依旧若明若暗。何以让历史真正出场并自觉地成为判定思想话语本真性的尺度? 在西方文化视域中,马克思主义在金融危机中"复活""回归"并被热捧,一个问题必然被当作时代最为重大的问题而提出:当代马克思主义,如何看待自己重新出场的时代地平线?

第二,基于马克思主义中国化理论创新的需要。一般来说,并不是所有"问题中的哲学"反思都能够直接达到对整个哲学研究范式的变革程度。只有那些反映一个时代的、整体性的问题群,才能成为研究范式"格式塔转换"的触发点。外在的反思没有触及事物本质性环节本身。内在的反思需要真正用本质性向度的打开来照亮事物的在场。"问题反思"只有到了没有库恩所说的"范式革命"思维进程就不再能前行的时候,才可能发生范式创新。出场学视域之所以出场,正是具备了这一时代性条件。资本创新逻辑、新旧全球化时代的转换逻辑、马克思主义从当年到当代转换的逻辑只有在出场学视域中

① 特里·伊格尔顿:《马克思为什么是对的》,李扬、任文科、郑义译,新星出版社2011年版,第7页。

才能被真正打开。也如任平所指出:出场学视域也是对马克思主义中国化当代出场方式的深刻反思和"研究的方法论自觉"的产物。① 40多年来,解放思想、改革开放与建设中国特色社会主义伟大实践表明:马克思主义中国化的进程,本质上就是马克思主义在中国语境中不断重新出场、与时俱进的过程。随着革命、建设、改革、发展等"改变世界"实践主题的不断转换,马克思主义在当代中国化进程中的出场不仅"与时俱进"地形成了中国特色社会主义理论体系,同时也唤醒了学界的"方法论自觉",推动了马克思主义研究范式的创新与转换。中国学界达成的一个基本共识是:对教条式的马克思主义,我们需要加以批判地否定的不仅是其见解与结论,而且包括其解答问题的僵化范式,因为教条的理论见解是其僵化的研究范式的结果形态。思想的解放、理论的创新不仅包括要破除一系列教条观点和结论,而且要转换研究方法、研究范式与研究视域。"与时俱进"不仅是马克思主义的理论品质,也是马克思主义哲学研究的基本范式。按照库恩的见解,"范式"就是一种视野、规范、规则和方法论,它是一种见解、观点和理论的根基与灵魂。相对于理论结论或见解的变革而言,范式的变革是更为深刻与根本的变革。研究范式的创新与转换,可以带动整个理论视域、理论形态的变革与创新。因此,当代中国学界提出的教科书改革、文本—文献学研究、与中西方思想的对话,问题的反思等,都成为创新发展马克思主义哲学的研究范式。毫无疑问,这些范式在多方面深刻破除苏联教科书对马克思主义哲学僵化的理解方式,极大地推动了马克思主义哲学理解的深化与发展。但是,客观地评价这些研究范式,我们不能不看到,它们在很大程度上是通过对马克思主义哲学研究的某些领域、方面、路径的创新而达到对马克思主义哲学本真意义的重新理解,它们之间还存在着矛盾,带有一个时期的历史痕迹,还没有达到"与时俱进"研究范式应有的总体高度。

"教科书改革"应当说是20世纪80年代以来起步最早、成效显著的研究范式。这一范式在系统地传播马克思主义哲学的新观点、新理解、新运用方面起到了无可替代的历史作用。但是,这一范式的最大缺陷就是容易"非历史"

---

① 参见任平:《走向差异之途的马克思主义出场学视域》,《社会科学战线》2011年第5期。

地对待各个不同历史时期产生的马克思主义经典文本和思想,容易造成对"原理"的僵化理解。此外,"原理体系+事例"的叙述方式也不断遭人诟病。因此,为了从历史发生的角度看待马克思主义经典文本思想的发展,主张"回到马克思"的学者批判以往教科书"非法(非历史)"引用文本的方法,主张从历史发生的角度,从文本学与文献学范式去重新解读马克思的文本,进而重新理解马克思哲学的本真意义。正如这一范式的提出者所说的:为了今天的理论创新必须"首先廓清理论的地平",以时代的视野去重新理解马克思哲学思想的原初语境。这一阐释范式借助当代解释学的许多成果和方法,无疑是具有重要价值的基础性方法。但是,"回到马克思"的原初语境不可能仅仅通过回到马克思的文本考订与解读、仅仅通过文本—文献学研究来达到。马克思的文本思想形态对出场语境与出场路径具有深度的依赖性,因而是历史的出场形态。要科学深刻地理解马克思文本思想,必须要穿越文本,深入背后去把握历史语境、出场路径与文本形态的关联。此外,"重新上手"解读马克思的文本意义,需要获得一种时代的视野,而时代视野来源于当代实践与当代对话。

与当代西方思想积极展开深入的对话,于是成为一种新的、探索马克思主义当代性与在场性的研究范式。本着"马克思是我们的同时代人"和"让马克思走入当代"的基本判断,这一范式的倡导者认为:通过与当代西方一系列思想的对话,马克思主义的时代性与在场性才能够彰显。的确,马克思主义从来没有离开人类文明大道。不仅马克思的新世界观的诞生,而且马克思主义与时俱进的每一个重要发展阶段都需要借助与自然科学、社会科学等各个相关领域展开积极思想对话来汲取一切优秀思想成果,实现自己的与时俱进。对话是打磨马克思主义思想之锋的砺石。但是,对话需要历史的底板、时代的基础和实践的尺度。否则,对话就失去了时代真理的标准。从历史实践这一语境出发去理解对话和评判对话,建立与时俱进的理解范式,这就重新呼唤出场学研究。

以"问题反思"为中心的研究范式同样需要出场学视域。这一范式涉及两个基本层面的相互关系:一是"问题中的哲学",就是将时代实践问题转换为哲学问题;二是"哲学中的问题",就是考察哲学的问题意识,看哲学如何反映、把握时代问题,并在哲学中加以解答。两者的结合,就是时代实践与哲学的与时俱进的关系,本质上就是如何从历史语境出发去看待问题与哲学的关系。这一研究,不能不使我们面对出场学。因此,出场学视域就是在总体上与时俱进地把握马克思主义的研究范式,也应当成为其他的研究范式的进一步深化与拓展的必然产物。显然,这一重要学术创新的工作是对马克思主义出场问题研究的深化,难度也因此加深。如果说,在专门探索马克思主义出场问题的领域尽管需要创新的勇气,至少还有德里达等人"幽灵学逻辑"作为学术参考,那么,阐释"出场学视域"则需要做全盘的哲学思维方式和话语创新工作。我们需要的不是在原有阐释体系上的一点一滴的改良,而是整体视域、整体范式、整体思维和整体话语的转换,从而,这一阐释就是一种马克思主义哲学范式的重新出场。

第三,出场学研究范式也是对马克思主义与时俱进创新逻辑中必然出现的"出场与差异"关系深刻反思的产物。它们构成出场学视域的两个核心范畴,也因此贯穿于出场学始终的一个基本关系。"出场"与"差异"基于一个伟大而基本的"过程思维":"与时俱进"是马克思主义的理论品质,内在地召唤出场学视域。把在一个时代语境中形成的理论形态僵化为"永恒在场"的"终结真理",这是一切旧形而上学的根本幻想。马克思主义哲学革命的意义就在于"推翻了一切关于最终的绝对真理和与之相应的绝对的人类状态的观念"①,要求理论必须随着时代发展而不断重新选择出场路径与方式,与时俱进地创造新的在场形态。因此,提出马克思主义出场学视域,旨在探索在差异化的时代和空间中语境中马克思主义如何不断选择自己恰当的出场路径、出场方式和出场形态,进而与时俱进地把握马克思主义中国化当代形态。

"出场与差异"更指向一种理论导向的转变。历史唯物主义曾经仅仅被当作唯一的"历史的科学"而在场。然而,狭义的马克思的历史观主要作为资本批判的世界观,对资本存在的本性、结构和全球在场方式做全面的批判,在

---

① 《马克思恩格斯选集》第 4 卷,人民出版社 2012 年版,第 223 页。

批判旧世界中发现新世界,成为马克思历史观出场的主要理论旨趣。然而,资本全球化不仅是一种历史的在场,而且在统治世界和转嫁自己危机过程中更延展为一种空间的存在。资本通过空间的全球扩张来力图摆脱自己危机逻辑,从而使批判资本的历史唯物主义发生着空间转向:必须变成一种如大卫·哈维所说的"历史(地理)唯物主义"。空间转向是资本创新的主要向度之一,从而使历史唯物主义变成"出场的"或者"场域的"唯物主义。历史在场域中,空间亦在场域中。所有社会关系和事件构成场域的内容。场域成为马克思主义出场语境。场域既是一种社会存在的结构,更是我们在场的立场、位置和方式。两重性的关系互动使我们出场,使马克思主义出场。而探索"出场与差异"就成为我们考量"场域"唯物主义变化的主题。

第四,与当代西方思潮积极对话、超越现象学、知识考古学、谱系学和哲学解释学,成为一种关于场域的唯物史观的需要。历史存在、社会存在是唯物史观的基本范畴,它都在指向一种物质的社会关系构成的场域。深刻揭示"场域"对于思想、主体、事件出场和在场的决定性意义,是深化唯物史观解释学的关键。胡塞尔的现象学总是强调纯粹意识对周围世界的意向性生成、打开作用。海德格尔用"Dasein"强调在世之在对周围世界来说的生成。福柯将知识单位的构成及其与物像的指代关系结构的历史性断裂和转换作为描述的对象。伽达默尔特别强调历史(效果史)对于理解的先在作用。然而,在他那里,历史是既成的而不是构境的。布迪厄以一个当代社会学家的敏锐强调"场域"在造就人们的社会分层和社会关系时的重要决定性作用,然而,布迪厄绝没有将场域视为一个总体在场的哲学范畴。在强调交往和"关系主义"前提下,"场域"常作为一种资本权力支配下制约着行动者的实践前结构或客观"惯习"网络。"从分析的角度来看,一个场域可以被定义为在各种位置之间存在的客观关系的一个网络,或一个构架。是在这些位置的存在和它们强加于占据特定位置的行动者或机构之上的决定性因素之中,这些位置得到了客观的界定,其根据是这些位置在不同类型的权力(或资本)——占有这些权力就意味着把持了在这一场域中利害攸关的专门利润的得益权——的分配结构中实际的和潜在的处境,以及它们与其他位置之间的客观关系(支配关系、屈从关系、结构上的同源关系，等等）。"资本支配下的知识场域可能就构成思想文化的决定性社会结构。但是，场域绝不仅仅是一种外在于实践主体的客观场，也不等于一种出场者的"场景"（幻象或仿真）。场景是场域的现象界，而不是场域本真存在。在出场学看来，场域表现为一种历史主体或者思想出场的"场位"。"场"指总体的历史语境，"位"指出场者在这一历史语境中的具体方位，也同时包括出场者选择的立场。场位指一种思想得以出场的客观空间和主体位置（立场）。每一个出场者都是在一定的历史条件构成的宏观语境中出场的；而每一个出场者都是在一定的历史空间中创造和选择一定微观位置（立场）。前者构成了出场者的历史制约性；后者表征了在历史制约条件下的可能的主体选择性。"场"与"位"又都是社会关系网络的钮结，因而不仅是处在主客关系中，更处在交往关系中。"场"与"位"飘荡在历史变动中和社会无数交错的关系网络中，不断生成而又不断破灭。每一个特定关系和过程中的场位都是相对于条件而在场的，都有着历史和社会条件的依赖性。"场"与"位"是不可分离的两个方面。没有"场"就没有"位"，而没有"位"也不能显现"场"的存在。"在场之在"的辩证法曾经因为历史指向的变化而变化，从作为抽象思辨对象的在场、"感性直观"对象的在场走向"感性活动"创造的在场，进而走向改变世界的历史深处。在思辨终止的地方，历史才真正开始。然而，当我们唯物地打开历史大门、阐释历史、揭示思想赖以出场的历史语境之秘密，"历史"本真意义并不必然地自明。正是在这一关键点上，马克思追问：历史究竟是一种现成在场、还是由人们的世世代代的感性活动构成的，因而是不断的出场过程？历史存在之"物"究竟是既成固化的在场，还是不断被实践构境的结构体？

　　马克思强调：历史场位不是一种外在于人和人的活动的在场，而就是由出场者的行动造就的历史语境或历史场域。这是出场者参与创造的对象化的历史境遇；而"置身"，就是出场者的出场在变革历史、创造场位的过程中进场，创造并进入场位之中的行动。"场位"与"置身"的相互作用恰好就是构境历史的实践。马克思将社会生活本质上看作是实践的，将人理解为"历史中行动的人"，从主体方面、从感性活动、从改变世界的实践方面去理解在场，历史场位因而就是人们世世代代实践活动的产物,也因此构成历史活动新的基础。从构境的场域观出发,我们才能真正进入实践的解释。

历史场位不是现存在场,而是场位与置身之间辩证张力的构造体。没有感性活动、实践,就没有历史场位。因此,从来的在场都是一个独特的历史创造,它必须要从主体方面、从感性活动出发去理解。在场本质上不过是出场的结果形态。从实践出发去理解历史场位引出一个命题:人们怎样理解实践本性和结构,也就如何理解由实践、生产造就的历史场位。实践观与历史观之间具有高度等价性和对应性。福柯早年的知识考古学继承了波兰尼的"知识型"概念,将之拓展为一种对知识单位历史性构成和解构层次之间断裂式组合及其转换的描述方法。波兰尼的"知识型"、库恩的"范式"、拉卡托斯的"科学研究纲领方法论"、曼海姆、舍勒的知识社会学,等等,都在研究一种构型的话语或知识型何以被历史分层、断裂地建构。过去一向作为研究对象的线性连续已被一种在深层上脱离连续的手法所取代。"随着历史的出场而变化的词语之间、陈述之间、话语之间被一个历史基础圈在一个意识形态之内,成为一种理论体系、话语体系或意识形态体系;知识话语单位、意识形态的生生灭灭,在历史舞台上成为不断出场而又不断退场的匆匆过客,彼此之间呈现断裂现象。描述这一切图景本质上已经接近于出场学。只是由于立场和角度的原因,使他们都没有真正完整地提出出场学。虽然福柯将知识考古学思想资源之一也源于马克思的历史观,甚至也思考考古学与思想史的关联和区别,但是,"思想史是一门起始和终止的学科,是模糊的连续性和归返的描述,是在历史的线性形式中发展的重建"。而知识考古学则更多地关注知识型之间的考古学意义上的断层或断裂。考古学不是用主体性哲学来寓意话语的结构,不强调连续性而是"对话语方式作出差异分析",考古学不追求在历史的同一性中收集某种核心和向起源的秘密本身回归,而仅仅是对话语对象的系统描述,是对话语的形成、陈述的范围和功能、话语形成的历史条件和扩散,呈现差异性和断裂性。断裂、差异、特殊性、多元性成为福柯描述知识考古学的主要思绪。而出场学则坚持在差异和创新中寻求同一。出场学关注差异,但是差异式出场绝不是福柯考古学意义上的格式塔转换,在这一转换中前此以往的马克思主义完全退场、被颠覆,而是要在差异中探索如何在重新出场的结构中持续在场。在历史差异性中,思想需要不断重新出场,而且每一个出场都在重新构成自己的话语方式和思想体系,我们需要着力分析这些出场的主体和思想单位的构成方式,但是并不是因此否认在不同差异出场间的主体和思想之间缺少联系。毋宁说马克思主义不断出场也是秉持在场。此外,福柯的知识考古学更多关注的是一个历史时期知识话语单位的构成规律,而没有更多地关注这一话语单位如何在一个历史语境中被生成。历史,特别是物质存在的历史,在福柯那里依然是或缺的。

福柯后期所主张的谱系学不是超验的历史观,而是对于事实的、实证的历史结构的描述,也是一种反历史根源论、规律论、决定论、目的论的历史描述方法。它要打破以往人们认为具有终极的源头、终极的目的、终极的规律和由线性发展的理想贯穿的总体同一的历史观。历史开端没有本源纯粹的同一性,而是相异事物的纷争,是差异(comparity);历史对象的发生也没有同一本源、本质、同一规律贯穿,新元素包含着古老元素,各种元素都相互纠缠,谱系学的任务在于叙述某些历史元素如何分裂、重新结合起来形成某一新元素的。非连续性、偶然性原则依然成为谱系学的主要原则,因而与追寻同一、目的、规律、因果的历史学分道扬镳。因此,按照这一原则,与传统历史焦点集中在"最高尚的时代""最高的形式""最抽象的观念""最纯粹的个体"相反,谱系学主张文化继承就不是积累和占有,而是裂痕和断裂的汇集,是不同性质之断层的集结。因而这就呈现出多元化、陌生化、复杂化。每一个历史的呈现都是一个特殊的断裂的扩散结构,而不是一个有规律、方向、目的贯穿的理想进程。谱系学进一步强化了知识考古学对于历史断裂的偏爱,为我们理解历史与差异的关联,提供了一个极端的参照系。当然,历史之中的差异,在德里达《写作与分延》中进一步得到了发挥。分延就是历史中的差异,或者说,大凡在历史中出场的存在都呈现差异。

伽达默尔的哲学解释学也非常重视历史对于思想出场的决定性意义。他的理论与出场学有许多相似之处。《真理与方法》一书表明,他关注一个阐释的重点是:阐释主体视域形成的前提条件是由于前此以往的历史所造就的

"效果史"。历史的间距造就的视域差异,也就是需要在效果史中达到阐释者视域与历史视域之间的某种融合。历史就是视域融合的可能性基础。但是,他更多强调历史的贯通性,而缺乏对于视域差异的批判性解释。因此,正如哈贝马斯所评论的,他更趋向于保守。此外,历史本身不仅是传统加诸主体的,而且是主体自身的活动造就的,历史也是被构境的。从历史的差异性出发而达到的思想视域的差异性,需要有一个历史的解释坐标。要从真正的历史出发,就必须要从生产和再生产的活动出发,将历史归结为生产的历史。

第五,出场学也是对马克思主义哲学研究创新理解前提批判的产物,经历了一个不断完善的过程。受改革开放大潮推动,中国的马克思主义哲学研究冲破苏联对马克思主义哲学教条化理解的束缚,开始在中国特色社会主义伟大实践中、与西方当代思潮对话中创新理解马克思主义哲学体系,根据时代需要,通过教科书和后教科书范式提出了"辩证唯物主义—总三分体系""一总多分体系""历史唯物主义—体化哲学""实践的唯物主义""实践哲学""马克思主义人学"和"交往实践的唯物主义"等体系性构想,在后教科书时代出版了几百种关于马克思主义哲学体系的理解性著作。然而,一个根本问题必然要被人们反思:评价这些体系性理解的根据究竟是什么? 当我们各自宣称上述体系为"唯一正确理解"时,我们实际上陷入了无根的众声喧哗状态,自说自话,各说各话,陷入某种自我封闭的独断论窠臼。为此,需要对"体系性建构何以可能"问题做前提批判。前提批判、追寻根据之路有多种。其中之一是"回到马克思"追寻"原意说",力图借以区别"原版的马克思"与"误读的马克思",达到正本清源、返本归真的效果。然而这一前提批判不能解释的问题是:原版马克思如何看待马克思以后时代变化和理论的创新? 评判后者是否为马克思主义的标准是什么? 这一追问,就必然使我们清醒:即便是"原版马克思"的思想原貌,也不能作为评判马克思之后的马克思主义是否是作为真理性存在的马克思主义的客观标准。唯有历史存在和时代实践,才是评判的真正标准。更何况从解释学意义上"回到原版马克思"还是一个梦想。那么,前提批判可行的道路只有遵循历史的逻辑,全面分析历史实践的演化如何使当年马克思出场并向当代马克思主义转化? 在当代实践场域中,真正的马克思主义何以出场？这就是研究马克思主义与时俱进的逻辑。因而，必然呼唤出场学的出场。马克思之后的马克思主义，形态林林总总，命运多种多样。那么，为什么中国特色社会主义能够在不断创新中前行并取得巨大成就？马克思主义中国化、时代化、大众化的逻辑究竟其历史根据何在？归根到底，解释这一切、并自觉继续推动中国化马克思主义理论创新进程的，依然是需要出场学的支撑。

2003 年，任平教授在江苏人民出版社出版了第一本关于马克思主义出场学的著作：《当代视野中的马克思》，全书共分五编十八章，用新旧全球化时代为历史场域变化的基础，围绕当年马克思何以走向当代马克思主义、走向马克思主义中国化、时代化这一主线，展开出场学意义的阐释。第一编"交往实践、全球化与马克思"，主要是从历史场域（资本全球化）出发，来阐释马克思的世界历史观的形成，进而将交往实践观与资本全球化批判视域对应。第二编"新全球化时代与马克思主义的当代走向"，从新全球化时代的产生根源、时代特征到这一时代的林林总总的后现代思潮的崛起，以及马克思主义中国化的时代形态——中国特色社会主义的产生的出场学根据。第三编"交往实践观：新全球问题学的中心视界"，从"绿色马克思：生态重建与交往实践观""知识的时尚：全球霸权与交往实践观""全球发展：正义、理论与选择""激情马克思：后现代城市生活与消费文化批判"等多角度检视新全球化时代的全球问题，为马克思主义在当代的重新出场寻找可靠的路径。第四编"差异政治、全球正义与交往实践观"，集中讨论在新全球化时代的政治与治理领域，马克思主义政治哲学与后现代政治哲学之间对话、可能性路径和出场形态问题。第五编"公众话语与意识形态"，主要讨论新全球化时代马克思主义在意识形态和文化领域的重新出场路径和形态问题。这一本著作的出版，标志着马克思主义出场学作为一种在中国大地上原创的研究范式的诞生，也获得了学界的高度评价，2005 年被评为江苏省哲学社会科学优秀成果一等奖。然而，这一著作在初创时期，更多地关注问题学对象本身，而较少地阐释出场学研究范式方法论构架本身。为弥补这一局限，任平教授在 2004 年中国首届哲学大会上应邀做了"论马克思主义当代出场路径"的学术报告，进一步阐释了作为出场学的建立必要性和基本含义。这一报告简要本发表于《哲学研究》2004 年第 10 期上。此后,任平教授撰写了系列论文,深度阐释出场学。主要有:《论马克思主义的出场形态》(《河北学刊》2005 年第 2 期)、《论恩格斯理解哲学革命的出场学视域》(《学术研究》2006 年第 7 期)、《论空间生产与马克思主义的出场路径》(《江海学刊》2007 年第 2 期)、《论马克思主义哲学研究的出场学视域》(《中国社会科学》2008 年第 4 期)、《走向出场学视域的马克思主义哲学研究:创新路径与未来趋势》(《学术月刊》2008 年第 9 期)、《论马克思主义出场学的两个循环》(《学术月刊》2008 年第 9 期)、《论马克思主义出场学视域中的历史构境》(《南京大学学报》2010 年第 2 期)、《走向差异之途的马克思主义出场学视域》(《社会科学战线》2011 年第 5 期)、《论马克思主义出场学的辩证视域》(《马克思主义研究》2012 年第 6 期)、《论马克思主义出场学的当代使命》(《江海学刊》2014 年第 2 期)、《论资本创新逻辑批判与马克思主义出场学的当代视域》(《哲学研究》2014 年第 10 期)、等等。任平教授领衔在人民出版社主编出版了一套"马克思主义出场学丛书",计划推出 8 种,包括《创新与差异:马克思主义当代出场路径》,目前已经出版6 种。

作为在中国大地原创的最为稚嫩的研究范式,未来具有很大的成长空间,也颇受学界关注。2007 年,在苏州大学召开的第七届"马克思哲学论坛"上,学界对于出场学研究范式给予了高度评价。有关出场学的论文被《新华文摘》、《中国社会科学文摘》、人大复印报刊多篇转载。许多学者也开始运用出场学方式来开展马克思主义研究,形成了一个学术群体。有关著作也在陆续出版。如孙琳的《场域的存在及其意义》、魏强的《从解释学走向出场学》等著作已经问世。

二、马克思主义出场学研究范式的基本特征

如果说,"出场学"是阐释马克思主义与时俱进机制的哲学范式,那么,其核心要素就是两个对应概念:"出场"与"差异"。研究两者之间的相互关系,

我们可以发现,存在着两个对应的阐释循环:第一,"出场"与"在场"的循环;第二,"同一"与"差异"的循环。两个循环是出场学辩证法的集中表现。在这一意义上,阐明两个循环,就阐明了出场学的本质,进而阐明了马克思主义与时俱进的创新机制。

(一)"出场"与"差异":本真意义与关联方式

作为在总体上"与时俱进"地理解马克思主义哲学的研究范式,涉及对"出场的历史语境(出场语境)""出场路径"与"出场形态"三者的辩证关联分析,其核心范畴就是"出场"与"差异"。

"出场"一词源于舞台表演艺术。在哲学阐释的语义分析中,"出"是摆脱被遮蔽状态而"进入"某一特定场域中的行动。"场"也不是一个通常剧院的台场,而是人类历史的宏大舞台。"出场"也因此而成为人类亲临历史舞台的现身行动。在《波拿巴雾月十八日》一文中,马克思说过:人类既是历史的"剧作者"又是"剧中人",由何种思想与主体("出场者")扮演主角在特定历史场域中出场,一直成为"创造历史"的关键。

"出场"是对"缺场"的否定。"出场"是一种"未在场者"向"在场者"身份转变的谋划,是一种"不在场"状态向"在场"状态的转变,是在特定历史场域中的"亲临"和"现身"。一般地说,"出场"是"出场者"的行为方式。而"出场"与"出场者"是由"出场语境"——历史的生产方式决定的。随着大工业生产方式在社会中占据主导地位,新的历史"出场者"——大工业无产阶级在历史舞台上独立登场,相应出场的是"一个幽灵,共产主义的幽灵,在欧洲徘徊"。同时,"出场"总是依赖于一定的"出场路径"——160年前,德国的"正义者同盟"转变为"共产主义同盟",借助于这一工人阶级政党的纲领性文件问世的路径,《共产党宣言》宣告共产主义、马克思主义"幽灵"的原初出场,引起"神圣同盟"的无比恐慌与竭力驱逐。"出场"在不同历史语境中总是采取不同的"出场形态"——十月革命一声炮响,宣告马克思主义、社会主义作为制度性现实形态的出场。因此,"出场"是在一定的"出场语境"中、选择一定的"出场路径"而形成一定"出场形态"的行动过程。与"出场"相对应,"缺场"既可能源于"从未出场",也可能源于"退场"。福山在《历史的终结》狂热的话语中大声宣告:"马克思已经死了,共产主义已经灭亡,确确实实已经灭亡了,所以它的希望、它的话语、它的理论以及它的实践,也随之一同灰飞烟灭。"①神圣同盟希望就此宣告马克思主义、共产主义的永远"退场","自由思想已无可匹敌",历史已经终结。谁还在场? 谁是在场者? 福山宣告作为自由民主的"最初的人"定格为永久占据历史舞台的"最后的人"。那么,"马克思主义向何处去"? 因而在著名的《马克思的幽灵》一书中,德里达追问:面对一个时代的挑战,"马克思的幽灵"还要不要出场、怎样出场? 回答是肯定的。"出场"基于"立场"。无产阶级与人类解放的历史使命并没有完成。因此,作为时代精神的精华,文明活的灵魂,马克思主义必须坚定地出场,"缺场""退场""边缘化"或"自我放逐"都不是马克思主义的应有品格,唯有积极而科学地解答时代问题,才能成为"我们的时代不可超越的旗帜"。

"出场"是对"空场"的扬弃。以"改变世界"为理论旨趣的马克思主义,应当通向一切重大实践领域,解答一切重大的时代问题,填补历史与理论的"空场"。"空场"就是马克思主义的局部"缺场",同样需要马克思主义坚定地出场。锁定领域,将某些重大时代领域排除在马克思主义言说与行动的空间之外,本身就是一种僵化。众所周知,萨特曾经指责马克思主义理论中存在着"人学空场",沙夫也指认马克思主义存在着"生态学空场",等等。除了"偏见"或"误解"之外,"空场"的产生或是因为时代变迁导致马克思主义与时代问题的"某种脱节",或者是因为时代主题的转换使当年马克思仅具有的原则意见(如生态观点)需要拓展为一个当代的完整理论,或是因为原有理论需要转化为一种出场的实际行动。任何理论都是问答逻辑,马克思主义更不例外。正如古希腊哲学家留基伯与德谟克利特所说:"虚空"是原子实体必然运动的原因,"空场"感是一个时代的信号,表明当代问题对于马克思主义当代出场的神圣召唤。"空场"先天地创造了马克思主义出场的必要性,而出场行动则是将必要性转变为在场的可能性。

---

① 德里达:《马克思的幽灵》,何一译,中国人民大学出版社 1999 年版,第 75 页。

"出场"也是对"在场"的超越。"出场"是朝向在场开放与转变的过程，而不是一种既成的在场状态。作为过程，出场行动不是一种原有在场状态的重复和复制，而是一种重新现身。"出场者"的新变化、出场语境和出场路径的新变化，都可能造成对整个场域结构的重新安排与历史设计。历史剧的每一幕都需要出场者的重新出场。而每一次出场都不是原有场域结构的简单重复，原有场景意义的简单复制，而是一种重新布展和意义重构。因此，每一次出场都具有独特的个性，因而是差异：出场者身份的重新设定、场域结构的重新安排与剧情内容的重写、意义结构的重新设计。出场本身就是差异的集合，而不是同一的集合。"出场"一般是"出场者"的行动方式，但出场者也是出场行动的主体产物。出场者的在场状态是由出场方式决定的。

那么什么是"差异"？毫无疑问，这是古老而常新的哲学范畴。从毕达哥拉斯到高尔吉亚，从老庄到亚里士多德，从黑格尔到德里达，在各种辩证的理解视域中，差异都显现出一种哲学的深刻意义。差异不是同一、等同，是打破同一的现存结构而造成的特性。打破在场的同一镜像，彼此之间产生不同，或者是场域的差别，或者是出场者的差别，或者是出场语境、路径和形态的差别。差异作为动态过程，作为一种空间和历史连续性的断裂，或是一种格式塔转换，即整个场景的重新转换。在差异中，出场意义之间存在着连续与断裂的统一。

然而，出场学视域中的"差异"绝不是后现代德里达所说的"碎片"或"撒播"行动，不是"根本冲突"与"对抗性矛盾"，更不是本真意义上的"质变"。相互差异的出场者之间存在着连续性与同一性。同一性不是等同体。因此，"差异"的规定实际上存在着两个必然的边界：一边是"对抗性矛盾"，一边是"完全同一"。差异是居于两极之间的范畴。

"出场"与"差异"是出场学辩证法的两个核心概念。两者的关联是一种历史或时代的关联。自当年马克思思想出场以来，如何看待"在场的马克思主义"就成为包括马克思恩格斯本人一直在思索的重大问题。"神圣同盟"当然极力否定马克思思想出场和在场的可能性，而一切教条主义则倾向于将其视为一种现成的、永恒不变的"现成在场状态"，过去、现在、将来一劳永逸地指向在场,我们只需要去认真解读和理解其本真意义。但是,马克思的思想旨趣是不断出场的,永远不是一种凝固不变的现成在场状态。马克思哲学从来就不是德里达在指认海德格尔哲学时所说的那样:是一种所谓"在场的形而上学",马克思哲学通过"改变世界"的方式出场,通过"批判旧世界"发现新世界,对资本全球化的一切进行无情批判,从来就坚决反对将自己的思想奉为一成不变的圭臬,而是一种随着时代发展而不断创新、不断出场的思想旨趣。出场是对现成在场状态的超越。出场永远是对出场路径、出场方式与出场形态的时代选择。"差异"成为马克思主义出场行动与创新历史的必然品格。因此,在历史中出场,"出场"与"差异"的矛盾就始终客观地呈现。进而,当人们一方面将其看作一成不变的"在场形态"? 另一方面又不断以自己的方式将其理解为各自的、多元的现存体系时,"出场"与"差异"的矛盾就会反复观念地现身。马克思思想的在场一旦进入这些理解中就不断地被撕裂为多种样态的存在方式。出场学视域绝不是对现成在场状态的简单反映和概括,而是对其现实和未来在场可能性的谋划和探索。

"出场"与"差异"的矛盾关联在出场历史中具体呈现为两个循环:"出场"与"在场""同一"与"差异"的循环。

(二)"出场"与"在场"的循环

出场学的辩证法博大精深,涉及"出场"与"缺场""出场"与"空场""出场"与"在场""出场"与"退场"等矛盾关系,发生着各种辩证的循环。这些矛盾首先是由"出场"与"在场"的循环决定的。

"出场"与"在场"之间存在着内在的循环。首先,"出场"是为了"在场"。"在场"的想象与愿景推动着"出场者"的"出场"。"在世之梦"既成为"出场"的目的,又是"出场"的动力。因此,要理解"出场",必须要理解出场"所为"的目的,即"可能的在场"本身。在场的可能性引导、推动、召唤着出场者的出场,使出场变成一个朝向在场转变的谋划行动。其次,出场是生产,在场是结果,两者是相互规定、关联阐明的,共同构成一个相对完整的出场学结构。如果"出"而不"在",那么任何出场行动就失去了最后的结果,在场状态是出场行动的相对完成。而"在"而未"出",那么就没有新的"在"。再次,出场决定了在场状态。原初出场之前,场域仅仅是一个空场。只有出场才使空场转变为在场。在场的一切可能性状态,都是由出场的本质、结构、指向等造就的。生产决定结果。因此,理解现存在场,就是理解此前的出场。否定现存在场,就是召唤新的出场。因此,出场与在场存在着阐释循环的关系。

"出场"与"在场"也相互对立。出场是在场的虚无,因为对于出场而言,无论是空场或现存在场状态都是被否定和消解的对象,因而是虚无。在场也是出场的虚无,因为已然在场的存在没有"空位",排斥异己的出场。在场秉持自身存在的同一性,强调当下存在方式和存在状态的持续性甚至永恒性,出场则强调在场的差异性与转换性。出场是对在场状态的超越与变革,是对在场的重写。出场与在场相互对立、相互否定,彼此都是任何一方不能脱离的"他者"。

"出场"与"在场"的循环也是哲学自我反思之镜。一切形而上学之梦幻就是企求过去、现在、将来一劳永逸地"永恒在场"。形而上学都将自己奉为超越时空、超越现实、超越有限的永恒真理,一旦被施行于世界就能够建立起千年王国。这一梦幻借助于"先验存在"而在场。从柏拉图到亚里士多德,从康德到黑格尔,从胡塞尔到海德格尔,都企图构建一种"永恒在场的形而上学"。尽管海德格尔的"Dasein"是一种对未来的谋划,一种生存论的解释,希望打开被遮蔽的存在,强调世界是被不断祛蔽而显现的世界,一种可以谋划未来意义的世界,然而还是被德里达指为"在场的形而上学"。诚如黑格尔在《哲学史讲演录》中曾经批评过的那样:哲学史变成一个死人的王国。哲学曾经一百次、一千次地建构自己的终结真理、绝对真理的体系,然而又被一百零一次、一千零一次地解构。生生灭灭,不断"出场"而又"退场","在场的永恒"是一个永远被追求而无法实现的梦幻。马克思的哲学革命打破了这一梦幻,宣告了"在场的形而上学"的彻底瓦解与旧哲学的终结。但是,马克思之后,人们很快将马克思哲学世界观变成一种"超历史"的"一般历史哲学","放之四海而皆准"的话语,一种一经发现就一成不变的真理体系,又恢复了"在场的形而上学"。苏联僵化教条的理解,就是这一表现。德里达的"解构"力图打破这一僵化,强调马克思两大遗产:"无情批判的精神"成为激进民主的解构精神,而憧憬未来就是将一切"托付"给未来。马克思主义必须在当代重新出场。解放思想、改革开放与中国特色社会主义冲破了教条式的马克思主义僵化体系,重新判定出场语境、重新选择出场路径和出场形态,创新马克思主义理论体系。马克思主义在改变世界的同时也不断改变自身,不断自我否定旧的在场形态,通过"不断出场"才能"秉持出场"。正如马克思所指出的:辩证法的一个基本特点就是"在对现存事物的肯定的理解中同时包含对现存事物的否定的理解,即对现存事物的必然灭亡的理解",从过程性和暂时性去理解,"辩证法不崇拜任何东西,按其本质来说,它是批判的和革命的"。

(三)"同一"与"差异"的循环

"在场"追求"同一",而"出场"呈现"差异"。因为每一次出场,都是内在地遭遇时空变换,因而使出场语境、出场路径和出场形态都相应发生变化,产生差异。因而,"在场"与"出场"的循环,又转化为"同一"与"差异"的循环。

"同一"是在场的本质。因为"在场"维系自己的在场形态的同一、持续、稳定是其存在的必要条件;追求永恒、绝对、普遍、静止、终结是其根本理想。同一是肯定范畴。在场的形而上学教条对于思想、话语、文本的能指与所指的关联始终采取一种天然的固化的意义锁定态度,认为马克思的某一话语一经出场就一劳永逸地获得了固定的意义;而不是随着历史的变化而变化的差异地出场形态。"差异"是出场的本质。因为出场的必要性是由于原初的空场,或者是因为要否定、修正现存在场状态。对在场状态的改变、否定与超越,以新的出场取代旧的在场,成为出场行动的根本宗旨。差异就是对原初能指和所指之间教条僵化链条的断裂和解构,进而按照新的历史语境的重组和生成。因此,从在场的形而上学的想象同一性中突破,每一次出场都是差异的出场,一种重新打开,一种关于话语能指和所指的创新重组,一种与原初在场的差异性行动。在区别于在场、否定在场的意义上,差异是否定范畴。

在场的同一与出场的差异是相互循环的。在场的同一形成了存在状态的持续性与稳定性,形成了差异的出场赖以行动的前提条件。出场学绝不同意德里达所认为的那样,当年马克思的话语只是一个有待重新赋予意义的"踪迹",而是一个基础。差异对同一的否定,是一个"间接性范畴",必须首先理解在场的同一,才能深刻理解出场的差异本身。反之亦然,要理解、选择和设计在场的同一,必须要深刻理解出场带来的差异,在差异中坚守同一、在否定中保持肯定,在多元化中守护一元,这是在场的阐释逻辑与行动逻辑。同一与差异,不仅相互区别,相互对应,而且相互循环。

对于马克思主义而言,同一与差异的循环发生在两个维度、两重关系之中:同一与差异在历史维度中呈现当年与当代马克思主义的关系;同一与差异在空间维度中产生全球化与本土化的关系。

马克思主义出场形态存在着历史的同一与差异的循环。历史就是同一,因为在场者的存在具有同一性;历史就是差异,每一次出场总是一种差异。如何看待历史的差异与同一,如何看待当年马克思原初思想与当代马克思主义的关系,引起当代学界倡导"回到马克思"与坚持"马克思是我们同时代人"口号的学者不同见解之间的争论。问题关键在于:破除苏联教条的理解体系之后,通过文本解读重新发现,让马克思原初思想重新出场,是否意味着以"一个原版的马克思"取代马克思之后的马克思主义? 在当年与当代之间是否存在着不可弥合的"历史差异"? 从当年马克思到当代马克思主义,究竟是怎样同一的?

解答这一问题,需要对马克思主义出场语境——历史地平线转换的思考。它包括:什么曾经构成当年马克思思想出场的历史语境或"原初语境"? 什么又成为马克思主义当代出场的新语境? 从历史语境到当代语境,其间又发生了怎样的变化和具有怎样的"历史间距"? 这一差异对马克思主义出场形态产生了怎样的影响? 正如我一再指出的:马克思生活在一个以资本全球化为中心的旧全球化时代,资本全球化造就了马克思哲学出场的"周围感性世界",成为其新世界观赖以建立的历史地平线。这是一个以资本主义大工业生产方式与交换方式到处打破民族壁垒、推动"历史"向"世界历史"转变的时代。资本全球化形成了两极化的世界体系:使乡村服从城市、农业服从工业、劳动服从资本、东方服从西方。资本全球化成为马克思新世界观出场的历史地平线,而马克思新哲学世界观就是对这一资本全球化历史地平线所作的深刻批判的反思。它的问题谱系与理论视野具有对全球化一般本质和规定的揭示,因而在新全球化时代具有与日俱增的价值。这就是"历史的同一"存在的基础。然而也无可否认的是,旧全球化时代造就了历史的边界与局限性,从而必须要为当代语境所修正。今天,与旧全球化时代相比,新全球化时代在生产方式、全球结构、内在张力、控制方式和思维方式都发生了重大转换,因而造就了马克思主义当代出场新的历史地平线。马克思主义需要在新全球化时代语境中重新出场。差异化的历史语境和出场路径造就了重新出场的马克思主义。因此,出场学的理解框架包括两大地平线、四个模块。所谓两大地平线,即历史地平线与理论地平线;而每一个地平线的变化又界分为从"当年"到"当代"两个时代维度,因此可以区分为四个基本模块。历史地平线的转换就是由主导资本形态创新而呈现出的新旧全球化时代的大转换;而随着全球化时代的新旧更迭,"当年马克思"就必然地需要转换为"当代马克思主义",从而实现思想的与时俱进。"与时俱进"成为马克思主义创新发展的出场逻辑。马克思主义通过重新出场而秉持在场,通过历史的差异而保持同一,通过否定与创新而保持思想的生命与活力。这就是"同一"与"差异"的历史循环。

空间的"同一"与"差异",涉及全球与本土的关系。在一个资本全球化的时代,全球的空间分裂造成"中心—边缘"两极结构,造成了马克思主义在全球出场的差异性场域。国情不同,东西方马克思主义也因此具有差异的内容与形态。马克思主义跨文化、跨国界、跨民族的传播,就是在差异化的空间语境中的重新出场。选择本土化出场方式成为一次次理论的重写,差异化理论形态的选择。马克思主义中国化过程,就是在中国实践与文化语境中重新出场、重新创造的差异化过程。不懂得这一差异性规律,照搬照抄,坚守形式的同一性,结果必然使马克思主义丢失了"一切以时间、地点、条件为转移"的本真精神,成为僵化的教条。从自己的实际出发,走自己的路,创造具有中国气派与民族风格的马克思主义,建设中国特色社会主义,这就是马克思主义在当代中国的出场路径。

"中心—边缘"两极结构造就的差异化马克思主义之间同样保持着同一。

东西方马克思主义站在资本全球化的两端：发达与不发达立场，面对的是同一个资本全球化的现实。他们各自所做的批判性解读，虽然出自发达和不发达两种不同的国情和境遇，然而他们批判的对象在根本上是同一的：资本全球化。差异化的语境、两极分化的全球结构，正是资本全球化的必然需要。资本全球化造就的发达与不发达"二元世界体系"的存在依赖于"二元"支撑，其中任何一个支柱的毁灭都必然意味着对这一空间体系的颠覆。来自东方马克思主义的探索根本上也就是西方国家的马克思主义的支持，反之亦然。因此，他们从发达与不发达各自角度对同一资本全球化对象的批判，就形成了互动与联合的效应。这就是东西方马克思主义统一的历史基础。

东西方马克思主义需要在深度对话中探索统一之路。对话是在全球化结构的"空间间距"——学术思想在地理学意义上出场的差异中实现的。在相互差异和分离而又被全球化紧密结合的空间上，在彼此有别而又不断交往的异质性解读主体和实践（民族）主体之间，产生对马克思主义理解的差异，由于出场的空间语境和路径的差异而造成了形态差异，因而就有对话的必要。中心—半边缘—边缘的思想互动，造成中心序列的马克思主义演进的逻辑和边缘序列马克思主义演进的逻辑。两个逻辑在不同空间语境中繁衍，彼此之间也在不断对话。全球化与本土化两个对话纬度因而就有了深刻而积极的意义。

如果说，中国化马克思主义作为西方的马克思主义与中国本土文化和实践结合的产物，那么，本土的马克思主义在对话中也必然可以"全球化"。东西方马克思主义对同一个资本全球化本质的批判，尽管语境不同、针对的角度不同，但是各自的语境、批判的对象都是由同一个资本全球化造成的。因此，东西方马克思主义之间需要有一个超越分裂的世界联合，需要有积极而深入的相互对话。彼此的差异不是对立和完全的异质性。如前所说，差异绝不是断裂成思想与理论的碎片，不是后现代的"撒播"，而是有内在关联、差异的同一。

三、马克思主义出场学研究范式的主要创新功能

提出马克思主义出场学，旨在推动马克思主义与时俱进地创新。因此，与

其他研究范式相比,出场学的主要创新功能有以下几个方面。

第一,打破在场的形而上学的独断论迷梦,追问思想在场的历史场域和历史语境,把思想形态看作是对于历史场域、历史语境、出场路径有依赖关系的出场形态。如前所说,历史地出场与在场、同一与差异的循环构成了马克思主义与时俱进的创新机制。在马克思主义出场学看来,马克思主义出场形态对于出场路径有深度的依存性。任何理论形态、存在形态其实都是一种依赖于出场路径的出场形态。我们不能将在特定的出场语境和出场路径中形成的理论形态奉为在场的永恒。我们不仅需要深刻地解读理论结构,更重要的是要深度考察在场理论赖以出场的历史语境和路径。文本意义、文本理论形态实际上只不过是出场形态,是受出场语境和出场路径决定的。历史语境和出场路径发生时代变迁,那么就应当产生新的马克思主义理论出场形态。马克思主义与时俱进不仅表现在理论主题和理论内容的变迁,也同样表现在理论形态的变化上。正是后者,召唤马克思主义形态研究的出场学视域。

第二,出场学辩证循环呈现“一体两翼”的创新格局。两个循环成为“出场”的辩证法的核心。理解了出场学循环,就真正理解了马克思主义的创新机制。

在两大循环推动下,马克思主义出场方式构成“一体两翼”的创新格局。所谓“一体”,就是对重大现实问题——资本逻辑及其当代创新形态本质的实践反思,这是马克思主义出场的基本方式。作为“实践的唯物主义”,根本的出场方式必然是一种行动的逻辑,永远需要在“改变世界”的创新实践中出场。出场方式和出场路径的实践化,是颠覆形而上学、哲学革命的理论旨趣。如果说,当年马克思“改变世界”的实践出场主要在于摧毁一个旧世界,那么今天“改变世界”的实践更需要在中国建设一个新世界。中国革命、建设、改革和发展的实践不断创造出“中国经验”,进而形成中国化马克思主义。在实践中出场是马克思主义的根本方式,也因此成为马克思主义反形而上学的基本品质。文本重读或返本开新式,与当代西方哲学、中国哲学、各种学术思潮对话式;都是在实践反思的基本路径上生成的具体方式。在这些方式中,马克思主义哲学之所以将对新全球化时代重大问题进行反思作为中国化马克思主义当代出场的基本方式,是由于马克思主义实践性和时代性品格使然;对马克思文本意义的重新解释和与当代中西哲学对话之所以成为两翼,是因为它们的创新之纬度都来源于时代,问题的解答都围绕时代主题,它们的评判标准或者"前理解结构"都依赖时代底板。

解读式创新之所以能够创新理解,不是现成"在手"而是"上手",主要因为这一解读建立在当代解读者的时代视域之上,他们是依靠来自时代视域(前理解结构)、带着时代问题对当年马克思文本意义的重新解读,从而读出新意、推进创新的。这一解读,实际上是当代读者与当年文本超越"历史间距"的视域融通,一次真正的时代水平的神会,因而是时代的精神存在方式。"空间差异"之间的对话式创新同样基于时代。全球与本土的思想差异不仅存在于东西方马克思主义之间,而且还存在于马克思主义与非马克思主义、哲学与其他学科之间。虽然当代西方思潮在总体上难以成为时代精神的精华,但不可否认地,它们依然是时代精神的表征。它们之出场是因为时代困境,它们提出的问题是时代的,而它们解答问题的思路和方式也是时代的。它们是时代问题在当代西方学者头脑中的哲学反映。因此,马克思主义的当代发展不仅需要时代实践的驱动,也需要当代精神、当代思想的滋养。承认当代西方思潮? 特别是当代西方哲学的时代性,就意味着:我们要从全盘否定到科学分析,从外在旁观到参与对话。对当代中西非马克思主义学术话语的重新认识,必然引领马克思主义走向对话,在思想撞击和学术对话中磨砺思想之锋,在不断批判地重新汲取对话者的优秀思想资源中成为当代话语。马克思主义的当代性,同样需要汲取当代优秀思想资源,同样体现在对话和批判性上。马克思主义与非马克思主义的当代对话,实际上就是基于时代底板、围绕时代问题而展开的时代精神的精华与时代精神的表征的对话。判定这一时代对话的真理性标准,依然是时代实践。此外,展开对话必然对打破学科壁垒、融会中西马而创造马克思主义的当代形态起极大推动作用。只有以时代性问题来贯穿,进而展开生动的对话,才能融会贯通。

第三,三层分析模式为创新理解和评价马克思主义中国化、时代化出场形态提供了分析方法。在出场学看来,资本全球化时代是马克思思想出场的根本历史语境。资本逻辑批判是马克思主义之成为马克思主义的根本理论旨趣。资本逻辑—历史场域—思想形态三层分析,构成了出场学独特的理论分析模式,从而可以为分析当代马克思主义的形态出场提供最为科学、坚实的方法论理据。当代历史,特别是新旧全球化时代的变迁是资本创新逻辑的产物。然而,从资本创新到历史场域和场景的变迁,又是一个从抽象上升为具体、简单转为复杂的表现样态。指认历史场域的资本本质性维度固然需要一种分析穿透的眼光,但是,要将资本如何造就历史、还原到历史层面来看马克思的世界历史观关于历史研究,就更为困难,因为这本质上是需要说明:资本创新逻辑如何造就新旧全球化历史和全球的空间分裂? 马克思的世界历史观如何从资本批判理论转化而来? 这一追问,实际上就是在思考当代历史的出场形态和历史唯物主义的当代出场形态问题。当代历史逻辑本质上来源于资本逻辑并被资本逻辑所左右,但是,历史逻辑并不直接等于资本逻辑。经济逻辑与历史逻辑本质上是一致的,然而在表现形态上是不一致或不完全一致的。我们既不能像鲍德里亚那样割裂资本逻辑与历史逻辑,也不能像第二国际理论家们所主张的"经济唯物主义"那样讲经济逻辑与历史逻辑完全等同。资本逻辑到历史逻辑,有一个从抽象到具体的上升过程、差异化过程和复杂化过程。没有上升进程,仅仅说资本逻辑决定历史逻辑,坚持所谓决定论,只是一个半吊子马克思主义,或者是马克思晚年特别警惕的"一般历史哲学"式的教条。第三个层次就是思想出场的历史和空间变化的线索。这一思考,就是要追问在资本创新逻辑的决定性作用下,历史场域和场景的变化,造就了怎样的意识形态、思想体系的先后出场? 其中,新自由主义、新保守主义、新左派、晚期马克思主义、后现代马克思主义、后马克思主义和创新的马克思主义等,包括中国特色社会主义理论体系,是如何出场、怎样出场的。为此,出场学完成了一个辩证的循环。出场学首先将我们面对的种种代位出场者的思想在场还原于它们的存在,从历史的存在还原为资本的存在,然后再将思维行程倒过来,看资本的在场和创新如何造就了历史的变迁,进而造就形形式式的思想的在场,从而达到对思想出场和在场形态根据的科学解释。这一辩证的循环是与马克思《资本论》中所采用的"研究的方法"和"叙述的方法"的结合体有异曲同工之妙。为此,学界应当理解我为什么在 20 世纪末就提出"交往实践的唯物主义"作为马克思主义哲学的当代形态这一独特见解之后,突然转向理论形态学的前提批判。没有出场学的逻辑研究,任何指认当代马克思主义包括马克思主义哲学的某种形态的见解都带有未受前提批判的独断论成分,因而都有可能将某种形态的马克思主义当作一成不变的在场的形而上学教条。

第四,出场学的"两大地平线"框架为马克思主义与时俱进逻辑描述提供了一个科学的空间坐标和理论地图。如前所说,马克思主义与时俱进的创新逻辑无非是沿着这两大地平线前行的轨迹。出场学的两条地平线坐标科学地解释了马克思主义与时俱进逻辑的历史场域变化的规律。也就是说,第一条是历史地平线,即从当年马克思到当代马克思主义所赖以演化的客观历史场域和历史语境。而历史场域和历史语境又由于资本创新逻辑的变化而变化。这一变化概括地说,就是出现了从旧全球化时代向新全球化时代的转变。

所谓历史图景,就是映现在人们视域中的历史的若干因素之间关系所结成的相互作用的表层结构,是由历史的深层本质结构即历史场域产生并表现深层结构的历史面貌和表象。

与当年马克思时代相比,究竟当代历史唯物主义视域中的历史图景发生了怎样的深刻变化呢? 其一,历史向空间的转向。资产阶级革命以来,关于社会变革、历史变化的因素在当年马克思那里成为主导思维方式,一切被理解为一种从低级向高级、简单到复杂的历史上升过程。历史思维成为 19 世纪的主要范式,历史科学、历史语言学、经济学的历史学派、地理学的历史学派,总之,历史被赋予一种时代主导思维方式的使命。20 世纪随着新全球化时代的空间扩展,空间思维被抬高到更加突出的位置。列斐伏尔指出"空间的生产"成为历史图景根本向空间图景变化的主要因素。哈维因此认为资本的生命在空间扩展中得到了新的复活。而马克思的历史批判思维也需要增加空间地理的维度,因而转变为"历史地理的唯物主义"。

第二,消费社会结构的普遍化,使消费对于物质生产来说取得了举足轻重的直接决定意义。消费从当年早期资本主义生产不足到生产日益过剩,从而能否被消费、如何引导消费成为生产,特别是资本化生产的决定性因素。一个颠倒的作用结构悄然颠覆着"生产决定消费"、历史的本质是物质生活资料的生产和再生产的理论原理命题。消费化文化知识因素从被经济基础决定并反作用于经济基础的上层建筑,演变为直接推动社会历史的决定因素。与此同时,马克斯·韦伯所说的贪婪吝啬的"清教徒"式的"新教伦理",被刺激消费、消费决定的伦理所取代。造成全球金融危机的直接原因——次贷危机,是在这一普遍消费主义文化的语境中发生的。因此,颠覆所谓"生产主义"理论模式,而走向"消费社会"理论模式,就成为从福柯、列斐伏尔到鲍德里亚、到阿德勒等后马克思主义的主要思绪。

其三,知识生产、文化因素成为渗透一切的主导因素。消费的主导杠杆就是认同某种品牌、符号和生活样式,因此,消费社会不可避免地导致符号帝国主义的来临。符号政治经济学生产和结构,成为打开当代经济和社会秘密的钥匙。鲍德里亚的"符号政治经济学",成为一种普遍的存在结构。西方马克思主义,特别是法兰克福学派的文化批判理论,就是抓住了西方发达工业社会向消费社会转变过程中的若干现象而成就的社会历史理论。

其四,文化不再成为线性决定论的末端现象或者"副现象",文化产业成为时代的主导地位的产业,从而使历史观以往的整个线性决定论图式变成了当代的相互作用的扁平化图式。历史理论不再是一个由生产力、生产关系和上层建筑三层楼构成、由下而上层层决定的线性决定论图景,而是变成一个相互作用的扁平化、压缩版的历史结构。文化不但不是被最终决定的终端因素,而且还是历史中的影响力巨大和经常起主导作用的因素。

其五,历史不再成为一个由单一因素根本决定、最终决定和整体决定的传统决定论或经典决定论模式,而是变成一个离散化、多元化、散兵线、撒播的相互作用的模式。任何一个因素都在起作用,但是没有哪一种因素先天地就取得了最终的决定地位。弥漫性、扩散化、浸润性改变成为历史变化的主要方式。波普的"历史决定论"的贫困的思想也是对这一历史图景的深刻描述。

其六,微观自主决定论。大写的人和大写的理性被推翻之后,历史图景的重写主要由小写化的、多元化的个人微观自主地选择和决定、呈现微观历史图景。与宏观历史相比,微观历史观更注重个人和微观主体的历史关系分析,从中寻找更加具体、细致和多样的关系作用的图景。微观历史观的任务,就在于探索这一具象的历史图景。

其七,更注重个人的主体创造和选择。微观历史观给予个人在具体历史图景的创造上以更大程度的影响作用。新的社会群体在崛起。"人民"成为拉克劳和墨菲等人命名绿色组织、同性恋群体、族群政治、网络组织等的新词。研究的视域从宏观条件决定转向个人微观选择和创造,凸显个人的具体历史作用,研究具体的个人的行动方式和交往关系,研究这一切关系的合成体系和力的平行四边形,这是一个重大转变。

从强调物质生产的"生产主义"向"消费社会"图景、从经济生产向文化生产、从实体生产向符号生产和虚拟生产、从线性决定向多元分散作用图景、从宏观决定的历史模式到微观决定模式、从外部必然大力的客体论转向各个个体主体论,这就是历史图景的深刻变化。那么,在以大工业资本为主要产业形态的旧全球化时代的马克思的历史唯物主义,还是我们时代不可超越的旗帜吗? 为此,出现了教条主义与后马克思主义等理解历史图景深刻变化的两种理论偏向。

教条主义拒不承认历史图景发生变化。他们全盘接受马克思原初语境的出场限定,为了捍卫马克思的历史唯物主义基本原理而不能接受历史图景变化的任何命题。他们用低于历史水平的所谓原理来批判和抵御任何来自西方的马克思主义和后马克思主义关于历史图景变化及其理论形态需要当代化的任何企图。他们不懂得任何理论都是历史的理论,都是被历史语境、出场路径等历史条件所限定的出场形态。因此当出场语境、出场路径改变时就必然产生相应的理论改变。他们也不懂得马克思的历史观对于历史场域的深刻把握,具有根本性和深层结构,而与具有表象性和具体性的表层结构的历史图景不同。当历史图景发生变化时,马克思主义应当与时俱进地理解和把握历史图景的变化,从而在新的历史语境中重新出场新的形态。因此,当他们仍然沿用马克思物质生产和再生产决定历史的本质的基本原理时,仍然缺乏分析说明当代消费对生产起决定性引导的巨大作用,更不能创造性地说明消费与生产关系的当代转换。当他们去从物质的东西出发、用社会存在决定社会意识的原理去说明文化现象时,仍然对文化对历史的直接决定和引导作用机制持根本否定态度。当他们仍然用简单的三层楼去说明文化时,难以科学地和具有说服力地解释文化产业对于历史的绝大部分推动作用。当他们去用一元历史观去图解分散、多元、差异化的历史因素的相互关系时,始终是分裂的思维:当他们力图说明统一的历史图景时,缺乏对多元、差异、分散的历史现象的具体分析力、解释力和有效穿透力;这些现象难以与他们的一元的历史观内在有机地联系起来。他们也不可能去肯定和认同微观历史观,不可能解释个体自主的选择和创造与宏观决定之间的有机联系。他们最多重复恩格斯在《费尔巴哈论》中从无数的偶然个人的力的平行四边形中去把握内在的必然性和拟自然的规律性,但是,如何从抽象上升到理性的具体,去微观地说明个体的和微观的历史场景,把握微观历史结构的这一个,则没有任何的说明。总之,教条主义用贴标签方式把马克思的历史观变成了无出场语境、无出场路径的"无人身理性",没有具体历史基础的思维抽象物和普遍图式,一种超历史的历史哲学。

后马克思主义则相反。借口历史图景发生根本变化而要求彻底改变和抛弃/超越马克思的历史理论。资本全球化所造就的问题和矛盾,从它出场之初就一直背负着对立的批判思想。马克思并不是第一个对于资本全球化进行批判的思想家,当然也不可能是最后一个。前有空想社会主义者思想体系,有赫斯、普鲁东、巴枯宁等人,马克思正是批判地汲取了他们的合理思想才创造了新历史观和世界观。而当代历史图景的深刻变化,马克思的许多历史观点和结论与当代历史图景之间的"脱节"也会诱导西方后马克思主义的诞生。所谓后马克思主义,就是借口历史图景已经发生根本变化,资本全球化的基本结构已经超越了马克思当年的历史唯物主义理论图式所能科学解释的范围,因此他们仍然站在资本批判的立场上,另起炉灶地提出超越马克思历史观的新的资本批判理论家。因此,后马克思主义有两个基本特征:其一是仍然站在或者更激烈地站在资本全球化批判的左派立场上,汲取后现代主义的方法或策略,对资本采取更加激进的批判态度;如福柯、德里达、阿德勒、鲍德里亚、拉克劳和墨菲甚至哈贝马斯和齐泽克等人。正是这一点,使他们与其他反马克思主义者、右翼、"马克思学"的思想流派区别开来。其二是他们又认为由于历史图景的变化,马克思的历史观已经难以胜任当代资本批判的任务,所以需要借鉴后现代思想资源和策略超越马克思,重新寻觅和创造新的资本批判理论。他们中间的许多人都曾经借鉴马克思的思想资源,甚至寻觅马克思的某种精神,从马克思出发,又与马克思渐行渐远,最终与马克思的历史观脱钩和划清界限。正是在这一点上,他们与仍然坚守和阐释马克思某种思想的西方马克思主义具有原则区别。他们的话语行动已经将他们自己定格在资本全球化批判史的当代坐标和理论星丛之中。尽管人们对于后马克思主义的理解还有相当的差异,关于他们的理论图谱的描绘有所不同,但是,他们借口消费对于物质生产的直接决定作用从而就宣布马克思的"生产主义"历史观模式的破产。倡言消费社会理论。借口文化对于物质生产的优先地位和主导地位,因而不加分析地直接从感性直观出发,鼓吹文化决定论;借口符号化、虚拟化的世界对于历史发展的重大作用,否定实体经济和社会的历史基础作用。鲍德里亚的"符号政治经济学"对于马克思所谓实体的政治经济学的批判。借口传统的工业化"大一统"的社会宏观结构决定论的破产,社会历史被无数分散、多元、转瞬即逝的微观因素复杂地、非线性地、多元地相互作用,因而我们需要的是扁平化的、多元化的、微观的决定论。因此,扁平化、微观历史观将取代了宏观历史的规律决定论。

新旧全球化时代的大转换,使历史图景发生了深刻变化。教条主义因为不理解历史图景的变化而简单拒斥,不仅坚持马克思历史观的一般原理,而且固守马克思历史观关于当年历史图景变化的若干具体结论,因而成为低于或沉沦到历史水平线之下的理论;后马克思主义因为借口历史图景的变化而企图抛弃马克思、远离马克思或超越马克思,重新创造资本批判的理论话语。这都是没有前途的。

马克思说过:如果现象与本质完全一致,那么就不需要任何科学。两者的分离是上述两种倾向存在问题的关键。教条主义完全拘泥于本质的原初抽象而不知道如何上升为理性的具体,对于变化的历史图景失去了批判力和反思力。后马克思主义则是感性直观地把历史图景的变化直接当作历史本质,从而也没有穿透历史图景的背后而去更加深刻地分析和把握问题的本质。他们都没有达到甚至没有提出：马克思历史观的理论本质和理论图景之间的当代一致性问题。

引入出场学原则：任何理论都是在一定的历史语境中、通过一定的出场路径、选择一定的出场方式而出场的理论形态。因此，马克思思想的出场必定有其历史语境和出场路径。分析两者之间的"脱节性"，首先应当研究思想出场的历史语境的变化。这就是我一再强调指出的：随着资本的创新，产生了新旧全球化时代的大转换。

第五，出场学创新功能因而在于：更为深刻地创新发展了马克思的资本批判理论，因而使之变成一个 21 世纪的资本批判理论和历史观。在出场学看来，资本的本质是追求越来越多的剩余价值或实现利润的最大化。当资本内在的根本矛盾使周期性经济危机爆发、从而宣布资本的某种形态主导的经济形态再也无法支持下去、剥夺者被剥夺、外壳被炸毁的时候，就必然要求资本创新而获得新的资本主导形态，从而开辟了新逐利空间和新的拓展领域，完成资本的新生命和新拓展。同时，也就使历史图景发生相应改变。从马克思当年面对的以工业资本为主导的全球化世界图景，经过了工业资本和银行资本的结合而产生了金融资本主导地位的经济，自由资本主义时代就被帝国主义时代所改变，进而全球历史图景也发生改变。列宁分析的五大主要特征就深刻地表现了那一阶段世界形态的特征。进而，当资本创新又产生了虚拟资本、知识资本、人力资本、社会资本、文化资本、消费资本等，总之资本为了追逐利润正在将一切资本化，从而使社会生活、消费领域、文化领域、社会领域越来越大程度上成为带动资本创新的新空间和新领域的时候，一个新的全球化时代历史图景就到来了。

虽然历史图景发生了深刻的、重大变化，但是，如果我们不是感性直观地反映和表现这一变化本身，那么，我们就应当重新站在马克思关于资本全球化历史批判和辩证批判的立场上，重写历史唯物主义的当代形态。而不应当像后马克思主义那样，抛弃马克思。坚持马克思的历史观，就是要坚持马克思所根本阐述的"社会存在决定社会意识"的基本原理和历史是人类生产和再生产的原理,从本质上说明历史图景变化的根本原因。

历史图景的文化主导性变化不过是资本创新的产物。马克思当年对于资本全球化历史批判的二重性:资本是一种现代生产方式。它取代传统生产方式,是人类生产方式的必然产物。它在一切低于资本发展水平的地方都需要实现"伟大的文明作用",开辟"具有世界历史性意义"的事业,推动全球化的实现,并日益迅速刷新世界的面貌。同时,资本也具有历史的局限性。因此,资本的根本矛盾和内在矛盾使它必然是一种历史现象,总有退场的一天。特别是随着各个阶段上发生的占主导地位的资本形态所表现出来的具体矛盾一再频繁爆发,证明了资本的历史局限性,因而逼迫资本不断创新,从而从工业资本主导经过金融资本走向文化资本和知识资本,又进一步走向人力资本和社会资本。但是,资本的逐利本性却没有变化。当资本选择文化、知识、人力、社会作为在产业链进而在历史图景中起主导作用的因素时,就先天地已经把自己当作一切变化现象不变的基础和本质因素。无论资本的形态如何变化、功能如何创新,资本在当代资本主义世界历史中的一般本质并没有发生变化。问题只在于:我们应当科学地解释这一本质如何在资本形态和功能创新中、进而在历史图景变化中如何转换和发挥根本决定作用的。历史图景的微观化与分散化不过是资本创新的社会化产物。历史图景的自主变化不过是资本对于人力资本化的表现。许多当代资本价值和资本实现的理论,包括后马克思主义本身,都因此成为当代资本创新的意识形态。

因此,出场学创新功能展现为对于时代场域变化的创新的深刻理解,从而成为唯物史观的时代形态。

其一,知识经济、文化因素与资本经济生产方式决定的关系。主导产业的更新换代,在经济史上是不断发生的。正像采掘业、农业、工业、服务业和智业分别成为世界主导产业一样。产业形态的不断更迭,不是生产方式是否具有决定论的区别,而是生产方式何种形态主导起作用的问题。因此,文化因素不可能独立地起主导作用,而是转化为产业经济、成为生产方式并借助于整个生产特别是物质生产体系的支撑才能起作用。因此,文化与生产方式的高度融合,正是资本化生产方式本身的高度化、扩展化的结果。因此,我们既需要坚持马克思关于生产方式是推动历史的主要基础、生产方式内在矛盾是推动历史的根本动力的基本原理,同时又需要将这一原理扩展到所有的产业形态,及时发现和捕捉占主导地位的生产方式。

其二,消费社会与生产社会的关系。资本化生产所导致的相对过剩的经济危机不断推动着社会克服和缓解危机的冲动,扩大消费、以消费带动生产的模式是其必然产物。在资本主义基本矛盾作用下,产能过剩使生产不再成为矛盾的主要方面,而能否及时被大众购买和消费、转化为占主导地位的根本环节。但是,这绝不等于说消费就天然地成为社会的最终决定力量。因为消费的主导作用、支配作用从根本上说仍然来源于生产。什么产品生产能力相对不足,需求大于供给,什么产品就必然成为生产支配消费的最有力证据。什么产品相对饱和甚至过剩,消费能力就成为支配生产的主要因素。但是,消费引导从本质上依然是生产和资本剩余价值实现的需要。从这一意义上说,生产永远是决定消费的基础。没有生产,就不可能有消费。消费支配生产的现象不过是在生产相对过剩情况下生产利益实现的直接方式。低级的生产社会是生产能力相对不足的社会,是卖方市场的社会;而高级阶段是生产能力普遍过剩的社会,因而是买方市场社会。然而无论如何,消费社会不过是生产社会在高级阶段的转型产物。表象与本质的颠倒恰好是其实现方式。

其三,宏观整体社会结构与分散、多元、差异的微观社会的关系。消费社会使人们的日常生活领域而不是生产领域日益成为社会的主要存在领域。人们的在场方式、历史的场域发生了根本变化。日常生活的零散化、碎片化和差异化使整体的历史变成了多样、多元、差异的历史场景。人们更加关注自身存在的微观方式,关注历史事件的微观和多样的实现方式和在场方式,把宏观的历史决定论对于长尺度的规律把握转化为细致的微观结构的深度分析。的确,微观结构分析比宏观把握的历史观更贴近生活和微观主体自我状况,因而更有理论的亲和力和满足感。微观历史观研究的对象是个人、某些群体或微观历史事件,如马克思《波拿巴雾月十八日》所描述的那样;而宏观历史观主要研究整个人类历史的一般规律和本质过程。但是,无论如何,微观历史研究和宏观历史把握之间需要相互支持。宏观历史观更需要微观历史分析基础的支持;而微观历史研究也需要宏观历史观的指导。没有微观的宏观是空洞的,没有宏观的微观是盲目的。我们不能因为长期以来由于宏观历史观对于微观分析的缺失而造成的空洞性和抽象性,就彻底弃弃宏观研究框架,其实福柯的微观政治学对于"个体身体的自视"研究也在一种宏大叙事中实现的。历史观永远是微观分析所需要的宏大叙事。

其四,符号化、虚拟化与实体化的生活世界的关系。消费社会必然呼唤符号创造和意义创造的引领,进而在信息化和网络化时代进入虚拟社会。虚拟社会、符号社会以实体社会、指称对象为基础,但是"无限衍义"的功能使符号反过来支配指称对象、虚拟社会支配实体社会。将来的社会历史不完全是实体历史,也包括受虚拟世界创造、控制和演化的历史。真实世界和虚拟世界的社会界限也会越来越模糊。但是,可能性世界的虚拟形式和虚拟法则永远不可能完全取代真实历史的规律。

四、马克思主义出场学研究范式的未来

马克思主义出场学研究范式的出场是在中国大地上原创的产物,其时间也短暂,其使命也艰巨。虽然与上述其他研究范式相比,其规范的成熟程度和理论创新程度仍显不足,遵从的学术群体也颇有限制,但是已经显现出独有的旺盛的创新力和拓展力。假以时日,完全可以成为当代中国马克思主义理论创新的经典范式。

科学哲学家拉卡托斯曾经这样来描述一个进步的科学研究纲领的特征:对于以往纲领所能包容的合理因素都能够包容;对于以往纲领所遭遇的反常事实都能够给予解释;对于未来的趋势能够更好地预见。这一判断标准如果被移作评价马克思主义哲学研究范式本身,那么,我们可以尝试着做如下的规定:一种进步的研究范式,可以包容和揭示其他研究范式所具有的创新功能;可以避免、弥补或超越其他研究范式的内在局限和不足;可以比其他研究范式更具有创新的拓展潜力和对未来发展的包容力和预见力。如果我们将这三条规定加诸马克思主义出场学研究范式本身,那么我们会发现:虽然这一研究范

式目前显现的创新效能还无法满足这三条规定,但是,却比其他研究范式更接近这些标准。马克思主义出场学研究范式具有更大的发展潜力和未来空间。

首先,马克思主义出场学的解释框架可以完全包容各个其他范式的创新功能,既可以包容教科书、原理研究、马克思主义哲学史、文本文献学等偏爱于思想原则本身的解释和创新,也可以包容对于重大现实问题的反思、各个部门哲学、马克思主义中国化等具有现实维度的研究范式的创新功能,甚至揭示支撑对话的历史基础和成为评判的标准。马克思主义出场学在这一意义上,实际上成为所有研究范式集合的总体框架。思想逻辑或思想史与客观的历史场域本身,两者形成的结构始终是唯物史观考察的重点,也是马克思主义出场学关注的焦点。

教科书和原理研究都采用统一、确定、简约的逻辑阐释话语方式来表达对马克思主义哲学的概念、范畴、命题、原则、原理的理解。马克思主义出场学并不反对、相反支持这样的逻辑表达。问题只在于:出场学要求不仅阐释这些创新的观点,确立这些体系性的解释,而且更进一步阐释这些见解、观点、体系赖以出场的历史根据。马克思主义出场学更支持马克思主义哲学史以历史的视域来考察马克思主义哲学发生、发展和演化创新的历史,将这一历史作为思想的地平线变化、作为从当年到当代马克思主义历史线索包容在自己的解释坐标之中。但是,马克思主义出场学还要求将思想史建立在真正的客观历史场域的变化基础上,将前者的出场史看作是后者历史变化的结果。对于反思的问题学、部门哲学、马克思主义中国化等研究范式所偏好的实践、问题和本土化,马克思主义出场学将之转换为历史地平线转换的理论加以包容。出场学强调实践、现实、历史对于思想在场的先在性和基础性,因而包容了上述研究范式创新功能的本真意义。而强调历史场域由旧全球化时代向新全球化时代的大转换,使之成为推动马克思主义哲学不断与时俱进地创新、因空间转换而差异地创新就成为题中应有之义。

马克思主义出场学也是上述研究范式不可克服的反常事实(内在局限和问题)的规避者和解决者。也就是说,在述研究范式自身存在的局限和矛盾,在马克思主义出场学研究范式那里得到了很好的修正和解决。教科书和原理研究所必然存在着因教条化倾向在历史和思想双重地平线坐标上是被科学地规避的。在马克思主义出场学解释坐标中,尽管依然存在着相对与绝对、逻辑与历史的矛盾,但是这一矛盾的不断产生和不断解决恰好表现为历史的运动,即任何一个思想体系、形态的出场,都是在一定的历史场域之中出场的,因而必将随着历史场域的改变而改变,不会出现因一旦出场就永恒在场的教条化结果。反思的问题学范式中问题反思不够系统的内在局限,恰好在连续演化的历史地平线上得到完美地解决。部门哲学之"片面的深刻"也在出场问题的历史场域不断变换中自然破壁。马克思主义中国化的本土特殊情怀也必然在全球化二元分裂空间关系的场域解释中得到修正。

马克思主义出场学也是比其他研究范式对未来发展具有更大的包容力和更有长远的预见性。首先,这一范式具有更大的开放性,它将马克思主义哲学创新的指向托付于不断趋向的未来。它坚信任何一种理论形态都是在一定的历史场域、按照一定的历史路径和一定的出场方式支配下的出场形态,因而并不具有终结性和绝对性,必然在未来历史场域变化了的情况下发生改变。未来变化和发展不仅是完全可以预期的,而且是必然发生的。如果说,现代历史场域变化的基础是资本逻辑的演化,马克思的世界历史观是建立在对资本逻辑的政治经济学批判基础上,那么,我们只要根据资本创新逻辑的必然走向,就可以较为准确地预见新全球化时代历史场域和历史场景的必然变化,也因此就必然预见未来马克思主义出场形态的变化趋势。

当然,马克思主义出场学的局限可能恰好也正在于它的包容、宏观和总体性。而要详细研究和仔细勾画马克思主义哲学的创新趋势,正需要发挥其他研究范式来弥补。

五、努力推进当代中国马克思主义哲学创新事业

考察研究范式的目的是更自觉地运用好各个范式的创新功能推进整个中国马克思主义哲学的理论创新。如本书研究结果表明:就每一个研究范式而言,其都有独特的创新功能,也有内在局限;既有所长,也有所短。因此,就本

书研究达成发挥范式创新功能最大化目标而言,就需要范式的集合,而不是单一的范式。范式集合就需要科学,扬长避短,而不是长处相冲,短处叠加。因此,这一科学集合,就是以各个研究范式为基础科学组合而成的创新体系。

推动当代中国马克思主义哲学研究范式的创新事业是创新时代的需要。党的十八大以来,以习近平同志为核心的党中央瞄准中华民族伟大复兴的中国梦,弘扬中国精神,高度重视哲学社会科学理论创新,高度重视马克思主义哲学的创新在指导中国特色社会主义创新实践中的首要地位,多次发表有关讲话,提出了新时代哲学社会科学繁荣发展、创新推进的总方针、总战略。党的十八届五中全会,又将创新发展与协调发展、绿色发展、开放发展和共享发展一道,作为新时期治国理政的五大新发展理念。党的十九大,又进一步明确了理论创新的宏观指导和主要目标。创新时代需要理论创新、制度创新和科技创新。马克思主义哲学作为创新时代精神的精华,文明活的灵魂,作为党和国家指导思想的理论基础,其创新是整个指导思想创新的核心。因此,大力推进当代中国马克思主义哲学研究的创新,必须要充分运用方法论自觉的成果——研究范式的创新功能;而要充分运用研究范式的创新功能,使之效果最大化,必然要推进当代中国马克思主义哲学的创新事业。

推进当代中国马克思主义哲学研究的创新事业,也是构建走向世界的中国哲学社会科学创新体系的必然要求。当代中国正处在"世界走向中国"向"中国走向世界"时代大转折点上。走向世界的中国不仅要为世界贡献自己的物品,而且要充分展示中国道路;不仅要展示中国道路,而且充分展示中国道路蕴含的中国思想。构成中国思想的最精致、最核心、最看不见的精华就是哲学,特别是作为党和国家指导思想的理论基础的马克思主义哲学。中国思想不仅要有若干理论成果,更要建立民族的哲学社会科学创新体系,包括理论创新体系和话语体系。而马克思主义哲学是所有社会科学的灵魂,以其世界观、价值观和方法论宏观指导、指引着国家的社会科学和意识形态的创新发展。马克思主义哲学的每一个创新,都将极大地影响和推动着整个社会科学的创新。而作为方法论自觉的马克思主义哲学的研究范式,在未来发展中走向协同创新体系建设,必将作为社会科学创新体系建设的先导和示范,引领着社会科学繁荣和发展的未来。

推动当代中国马克思主义哲学研究范式的创新事业,也是各个马克思主义哲学研究范式进一步完善和发展的需要。因为各个研究范式既有所长亦有所短,只有科学集合成为一个完备的协同创新体系才能扬长避短,发挥最大、最佳的创新效能。这一需要也为遵循各个研究范式从事理论创新的学术群体的理论实践所屡屡证实。许多学者也在实践中反思寻找新的破解之路。建立研究范式协同创新体系,就是中国马克思主义哲学界共同心愿。作为推动者,平台多年来的辛勤努力也有力地证明这一方向是正确的。

推动创新事业,就需要科学谋划、做好顶层设计。凡事预则立不预则废。每一个研究范式的坚守群体之间究竟如何组合,究竟怎样扬长避短、各自发挥优势,怎样协同运行,需要有一个周密的顶层设计和规划安排。为此,需要全国29个马克思主义哲学博士点共同努力。本书研究所提供的建设性的意见及其研究平台为此所做的探索,为顶层设计和规划安排提供了重要的经验基础,但是,还需要有一个宏大的、周详的规划。这一设计和规划,是当代马克思主义哲学研究理论创新的最为重大的发展战略,理应变成国家意志,成为国家工程。

推动当代中国马克思主义哲学创新事业,需要有较为完备的学术组织来操持。以本书为基础建立的研究平台既是跻身于国家级研究中心分支机构行列的研究重镇,也是带有智库性质的决策、建议咨询机构,不过是以研究为基础、以咨询为目的二位一体的学术组织。目前,是在该领域唯一的、旨在促进全国马克思主义哲学研究范式协同创新体系建设的学术组织。研究平台所做的一切,也许与其宏大抱负和目标相比是微不足道的,但是毕竟是为这一目标的达成奠定了最初的基础。而且,实践表明:这一起步和基础还不算太差。我们相信:如果得到各方大力支持,那么平台一定能够强力推进创新事业建设,成为全国在该领域的一个典范。

推动当代中国马克思主义哲学创新事业、促进研究范式协同创新,任重而道远。需要有创新思想的学术群体,创新的平台和学术组织,创新的制度和体制,创新的发展战略和设计,创新的运作模式和足够的物质保障条件。需要有国家和省的各级政府的大力支持。需要有各个学术单位和学者一如既往给予无私的帮助。这是一个久久为功的持续性的事业。作为本书研究成果,为这一事业开了先河,而未来的路更长,需要政产学研各界协同努力走下去。

下　卷

当代中国马克思主义哲学创新学术史的范式图谱演化

揭示多元研究范式的历史成因、本质规定、基本特点、创新功能和内在局限为深描当代中国创新学术史范式图谱奠定了最为重要的微观基础。然而，遵循马克思《资本论》的思维逻辑，最终抵达深描当代中国马克思主义哲学创新学术史的范式图谱的目标，我们的研究思维不仅要从"完整的表象蒸发为抽象的规定"，更重要的还在于必须要"从抽象上升到具体"，达到在思维上、在方法论自觉意义上的"多种规定性的统一"。范式图谱就是多种研究范式相互关联、相互作用、历史演化的整体结构。为此，我们需要进一步解释各不相同的研究范式如何发生相互关联和相互作用而最终形成演化的范式图谱的宏观机制。这包括四个最为重要的步骤：从多元研究范式的竞争如何产生轴心范式及其纵横两轴；轴心范式及其纵横两轴如何构成了特定的当代中国马克思主义哲学创新学术图景；不同的轴心范式及其两轴形成不同的学术图景是如何转换并呈现出范式图谱；范式图谱如何在出场学结构中出场的。充分揭示这4个关键步骤或者从抽象上升到具体的逻辑环节，我们就抓住了这一内在逻辑通道，因而也就在本质向度上揭示了当代中国马克思主义哲学创新学术史的演化规律，也就能够成功超越从学术表象出发、用"人名、书名+事件"外在叙事来呈现的所谓学术史框架，把当代中国马克思主义哲学的创新学术史提升到方法论自觉的高度，为推动21世纪中国马克思主义的理论创新提供借鉴。

第十一章　从抽象上升到具体:范式研究如何上升成为创新学术史图谱

在对当代中国马克思主义哲学创新学术史的"完整的表象"加以本质分析,历史性地抽象出九大研究范式并对它们的历史成因、本质规定、基本特征、创新功能和内在局限作出系统分析之后,我们获得了关于当代中国马克思主义哲学创新学术史一个个"本质性的抽象规定"。这构成了范式图谱的微观基础。然而,各个研究范式的在场及其创新功能的发挥绝不是孤寂的和碎片化的,不是处在"散漫无机的完整性",相反是在不断相互关联、相互影响、相互竞争中彼此结合,最终形成了一个宏观整体,即范式图谱,在本质上共同支配着当代中国马克思主义哲学创新学术史。因此,我们的研究思维必须要更进一步,"从抽象上升到具体",看范式研究如何上升成为创新学术史的图谱。为此,我们要首先考察范式呈现与范式竞争的关系,一步步把握范式图谱的形成机制。

一、范式呈现与范式竞争

当我们在上卷中对九大研究范式即教科书、原理研究、马哲史、文本文献学解读、对话、反思的问题学、部门哲学、马克思主义中国化、出场学等范式做本质性的抽象规定时,一个重大问题也就必然产生:上述九大研究范式各自的知识生产规则、方法论,主导学术共同体的规则各不相同,那么不同的范式是怎样被切分、拼接、组装为整体化的学术装置的呢? 在它们之间的共时态关联是如何出现支配与服从关系、从而展现为一个完整的学术图景的呢? 它们究竟如何相互关联、彼此影响甚至结合为一个整体而起作用的？这就涉及范式呈现方式或在场方式，以及对于当代中国马克思主义创新学术史的作用机制问题。

当我们分门别类地考察各个研究范式的作用时，它们的相互关系暂时被舍象了，这些研究范式仿佛是一个个孤立在场的抽象存在物。我们只有在暂时舍象其相互关系的状态下，也才能达到对于这些研究范式的较为抽象而纯粹的规定。对这些纯粹的抽象规定加以系统分析，成为我们"从抽象上升到具体"的理性思维进程的逻辑起点。但是，一旦我们得到了这些抽象的规定，就不能止步于这些规定，而必须遵循从抽象上升为具体的逻辑线索，逐步将更为复杂的规定融汇进来聚合为一个"理性具体"即范式图谱来加以考察。因而，范式之间的呈现方式，即范式之间的关联方式，就必然要纳入我们的研究视野。

研究范式呈现之间是顺应理论创新的需要而内在关联的。比如，教科书研究改革范式与另一种同时代范式：原理研究范式之间是彼此孤立在场的吗？显然不是。首先我们看到：马克思主义中国化百年史进程中，受苏联斯大林时代教科书"至尊"风气的启发和鼓舞，出版一本充满中国气派、中国风格的马克思主义哲学教科书，曾经是毛泽东、李达等早期中国马克思主义者追求的理论目标。新中国成立之后，除了华岗主编的《辩证唯物论大纲》之外，20 世纪 60 年代，在全国六本马克思主义哲学教科书和书稿基础上，艾思奇主编《辩证唯物主义 历史唯物主义》一书，成为真正体现当时中国马克思主义哲学创新水平的中国版马克思主义哲学教科书。之后，很长一段时期，一直到改革开放之初的 20 世纪 80 年代，根据改革开放时代实践的新情况、新发展重新编写教科书即教科书改革，成为推动和沉淀中国马克思主义哲学创新学术的主要话语方式。虽然在百余年马克思主义中国化进程中，原理研究作为一种实际行动始终存在，如从李大钊、陈独秀到瞿秋白、毛泽东、李达等都撰写了大量的非教科书话语的专门论著，像李大钊和陈独秀的政论文、毛泽东的《实践论》《矛盾论》等。又如改革开放之初围绕"实践是检验真理唯一标准"主题，哲学界发表了一大批（据初步统计，有 2700 多篇）原理式论文和少量论著，如陈晏清:《"四人帮"哲学批判》(人民出版社1979年版),但是并没有变成一种方法论自觉的研究范式,更没有撼动教科书范式的主导地位。因此,一有机会,人们还是希望用某种教科书的方式固化思想成果,这成为思想创新发展最高成果的标志。如李达的《社会学大纲》就多次受到毛泽东同志赞赏,而在延安时期,毛泽东组织、艾思奇和陈伯达等人参与的"辩证唯物论"研究会所拟的"辩证唯物论"讲授大纲,也在某种程度上是仿照李达的《社会学大纲》、结合新的思想推出的。受苏联教科书范式"至尊论"的影响,早期中国的马克思主义者希望用自己的中国版马克思主义哲学教科书来标识中国理论成果。在某种意义上,这一阶段的原理研究的最高理想依然是教科书,只是最终为教科书改革提供新的学术思想内容。原理阐释本身没有上升到体系研究即对马克思主义哲学"是什么"和"如何是"的体系性理解层面。体系性阐释这一主要使命依然由教科书来承载。教科书范式的基本矛盾是在时代实践发展带动哲学思想创新变化的历史性与教科书话语逻辑的相对稳定性之间的矛盾,或者说是真理内容的时代性、开放性、相对性与教科书话语逻辑表达的绝对性、原则性的矛盾,以及多元阐释与一元体系的矛盾。而作为"后教科书时代"的原理研究范式历史出场和在场的成因,其历史根据是因为学界对马克思主义哲学本质的理解聚焦在体系理解上,而体系理解又呈现多样化,对体系的多样性理解又无法在一本教科书内共存,因而当某种体系的别样理解暂时无法进入定型化、共识化话语的教科书改革体系之时,就必然催生原理研究范式的常态化、普遍化。原理研究范式因而出场,呈现出鲜明的不同于教科书范式的研究特点与话语方式。例如:教科书范式包容的是一个共识原理理解体系,而原理研究范式则显现出多样化、个性化的理解体系,几乎每一位学者都可以用自己的理解来重新阐释体系,表现为"一"与"多"的差异,"共识"与"个性化"的差异;教科书研究范式采用的话语方式是断言式、原理式教科书话语,而原理阐释和体系研究则采用的是形式更加灵活的论文和专著,等等。可以看见,原理研究范式比教科书研究范式更加灵活、多样而更便于成为思想解放和理论创新的研究路径和话语方式。因此,它与教科书研究范式呈现一种张力关系,因为理论创新需要突破教科书研究范式的历史局限。也就是说,一种新的研究范式往往是针对以往既成的研究范式的内在局限和不足,在时代推动下进一步适应思想解放和理论创新要求的结果。因此,一种范式的出场,其根本原因之一正是因为先前研究范式内在局限限制了马克思主义哲学创新学术史的发展,而为了弥补先前的范式的内在局限,新的范式应运而生。因此,范式的呈现史,绝不是偶然的,更不是杂乱无章的,而是由问题导向,为了解决创新问题而应运而生、因时而长、有序出场的。范式出场、呈现的逻辑,就是创新问题适应改革开放以来当代中国马克思主义哲学创新发展的需要。

由此可见,范式之间的关联,首先映入我们眼帘的是范式呈现的历时态展开和线性逻辑。这是一种顺应思想解放、改革开放需要大力推进当代中国马克思主义哲学创新需要的演化逻辑。这一逻辑实际上就是在不断打破既往范式局限的基础上,由问题引领,九大范式呈现历时态的或线性方式渐次展开的过程,它们建立的是各个范式之间历史关联和因果关联。所谓历史关联,就是指各个范式是依次有序出场的,彼此构成一个环环紧扣、步步走高的历史链条。教科书范式、原理研究范式、马哲史范式、文本文献学范式、对话范式、反思问题学范式、部门哲学范式、马克思主义中国化范式、出场学范式,在逻辑上构成连锁式因果关联,前一个范式的内在局限和打破这一局限的时代创新冲动就是后一个范式出场的主要原因,而后一个范式呈现往往就是前一个范式内在局限限制当代中国马克思主义哲学创新学术史进一步发展问题的解决形式和突破形式。这一"范式"—"问题"—"新范式"—"新问题"—"更新范式"……的演化,就初步构成40多年当代中国改革开放以来马克思主义哲学的创新学术演化史的范式逻辑。因而历史关联本质上这也就是所谓的因果关联,主要指这一历时态逻辑对应和满足创新问题逻辑的需要,是由问题谱系的渐次出现、主要矛盾的渐次转换而决定的。作为范式出场的原因和根据,创新问题谱系的呈现是渐次出现的,主要矛盾是逐步暴露的,因而作为问题的解决形式的研究范式也是渐次出场、有序呈现的。它们的呈现仿佛像一个严密的链式逻辑,环环紧扣、渐次呈现,每一个范式都是针对着上一个范式的内在局限和创新障碍问题而所采取的解决形式或所选择的突破路径(见图3)。

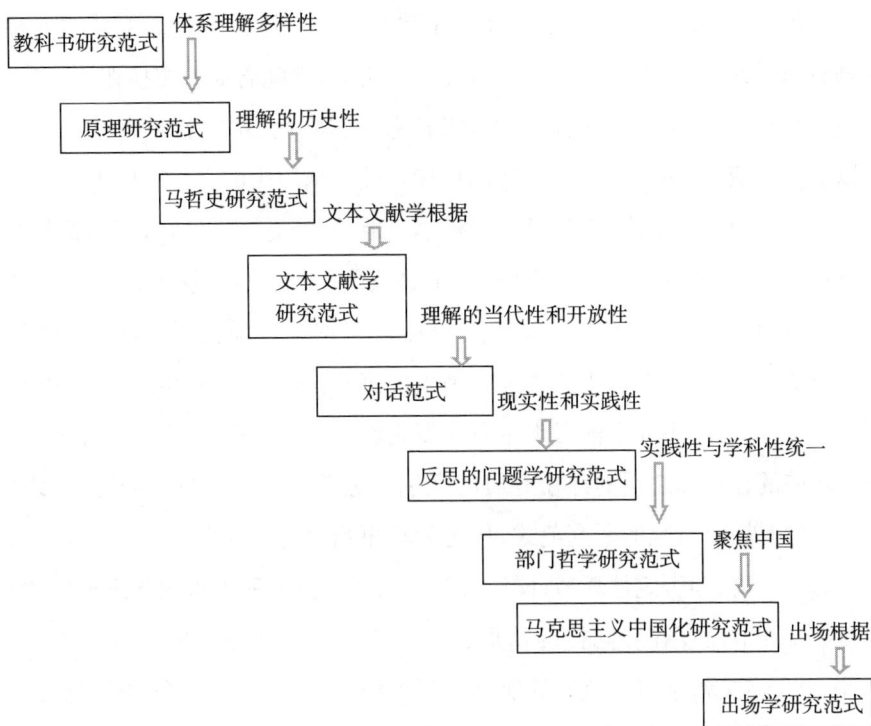

图3　九大研究范式的历时态展开逻辑

　　其实,许多新研究范式作为一种习惯、作为一种自在的研究路径,它们的存在甚至早于以往出场的范式。如原理研究作为一种路径早于教科书范式长达几十年。但是,将原理研究提升为一种方法论自觉的研究范式,却是在教科书范式之后,并且作为教科书范式的固定话语模式和单一体系理解的否定环节而出场。从肯定环节到否定环节,呈现出仿佛原理研究范式在逻辑上是教科书范式的自我否定的辩证实现。即教科书范式主张的体系创新,通过原理研究范式更容易实现,只是在话语形式上,却表现为教科书范式的否定性环节。这就是从抽象上升到具体、简单(作为直接性环节的肯定性)到复杂(作为间接环节的否定性)的过程。这一逻辑,既是改革开放以来的马克思主义哲学创新学术史的现实,又是我们理解和把握这一现实的思维进程,呈现历史和逻辑的统一。因此,对于这一历史的顺序,我们需要从本质性逻辑上去思考和理解,即作为方法论自觉的本质性环节关系去思考。可以作为对照借鉴的,是马克思《资本论》中"大写的逻辑"对于生产资本与商业资本关系的处理。在马克思看来,商业资本的存在已有几千年历史,伴随着商品交换在原始公社末期就存在,在前资本主义社会的奴隶社会、封建社会中它就一直存在,甚至可以说是构成、催生资本主义生产的直接基础。从历史的自然顺序来看,马克思应当先论及商业资本,再论及生产资本。但是,马克思依然在《资本论》第1卷分析"资本的直接生产过程"即生产资本分析,而在第2卷才分析"资本的流通过程"即触及商业资本问题,因为在生产资本之后,商业资本性质已经发生了质的变化,已经变成生产资本的剩余价值的转化形态,被生产资本性质所决定和支配,已经不同于前资本主义的商业资本了。同样,原理研究在教科书范式之前的存在和之后的存在有质的区别。之前作为一种自在的探索,之后作为一种方法论自觉的研究范式,作为教科书研究范式话语方式肯定环节之必然的对立物,即否定性环节,同时又是其教科书范式所追求的体系创新的必然的实现环节而存在。同样的情形也存在于文本文献学研究范式之中。之前,作为文本文献学研究范式的前身是"原著选读"。尽管两者研究的对象相似,似乎都是以马克思主义哲学原典为对象,都是一种解读行为。然而在本质上却存在着原则的差别。"原著选读"视野是原理式的、静态的。原初目的是帮助读者在学习马克思主义哲学原理时到原著中去找根据,掌握原著根据即证明教科书中的思想出场有据,因而其视野和支撑作用是原理式、静态的,在功能上是完全从属于教科书范式的。本质上为教科书范式服务的一种原理式从属工具。相反,文本文献学研究范式恰好是构成马哲史研究范式的文本根据,视野和支撑作用是历史的,地位是主导的。所谓历史的视野,即支持马克思主义哲学史将马克思主义哲学不是当作一种一经出场就固定不变的原理体系,而是当作随着时代和国情转移的开放发展的思想史视域。所谓主导的,即文本文献学解读的结果直接成为决定了马克思主义哲学史编写样态的根据。两者创新功能是直接联动的。

每一种新的研究范式都有助于开辟当代中国马克思主义哲学创新学术史发展的新枢纽、新前沿、新通道、新路径。原理研究冲破教科书范式的局限,开辟了更加自主创新表达对马克思主义哲学的理解。马克思主义哲学史研究范式则用与时俱进的历史视域纠正了教科书和原理研究范式所固有的原理化表达话语可能造成的对马克思主义哲学思想理解的固化和僵化,即非历史地、非发展地理解所造成的偏颇,从而为马克思主义中国化的与时俱进逻辑提供了学术根据。文本文献学解读则为马克思主义哲学史研究范式提供了更加深厚、更加扎实的文本文献理解基础,从而既为中国的马克思主义哲学创新理解提供更加准确科学的文本文献解读根据,又在与西方"马克思学"的批判性对话中维护了马克思主义思想和理论源头的中国解释学地位,发挥了既确保意识形态安全、又推动马克思主义哲学中国化与时俱进地创新两大功能。对话范式则强调马克思主义哲学的当代性的和战斗的唯物主义精神,反对文本文献学解读可能造就的"崇古主义""本本主义",反对将马克思和马克思主义哲学研究仅仅当作是一个"考古学"对象,强调在与当代西方思潮对话中彰显马克思主义的在场的当代性价值。这一范式的最大特点是与开放的时代语境相适应,积极应对来自国外思潮的挑战,在对话中坚守和发展中国的马克思主义。"反思的问题学"则恢复马克思主义以"改变世界"为宗旨的实践哲学品格,以问题为中心,打破以往范式单纯在思想、理论层面理解和谈论马克思主义哲学的局限,聚焦时代重大现实问题,以"正在做的事情为中心",强调马克思主义哲学"行动的指南"的实践品格,强调时代性,要用马克思主义哲学聚焦研究我们正在探索的改革开放的重大时代问题,从而用与时俱进地创新的马克思主义来指导前无古人的中国改革开放伟大实践进程。然而,反思的问题学研究范式虽然扭转了研究的路向,将之从单纯的思想、原理、理论研究转向时代重大现实问题的反思,但是对时代重大问题聚焦却并不够集中,缺乏学科性、系统性,理论知识积累功能。因此,将问题反思、现实研究与分门别类的部门学科知识结合起来,经济哲学、政治哲学、管理哲学、文化哲学、发展哲学、价值哲学、城市哲学等众多部门哲学应运而生,标志着部门哲学研究范式时代的到来。这是一个"小体系"的时代。部门哲学创新成果蔚为大观,它分门别类地然而是深化着人们对于部门问题的哲学认识,如政治哲学对于"正义""公平"的研究,价值哲学对于"社会主义核心价值观"的倡导,文化哲学对于"文化自信"的提出,发展哲学对于"发展合理性"的深度分析以及对于"新发展观"的探索,等等,都极大地扩展了马克思主义哲学的研究视野,使创新的广度和深度都得到了前所未有的提升,同时也强有力地回应着中国道路的探索,不断满足中国特色社会主义的实践对于马克思主义哲学知识生产和供给的需要。但是,部门哲学研究范式依然是有局限的。主要是部门哲学聚焦的现实对象有中国、有外国的,而当代中国马克思主义哲学的构建首先只有在聚焦中国现实、通过中国化路径才能达成。因此,马克思主义中国化地位凸显,成为一种方法论自觉的研究范式而出场。马克思主义中国化作为一种事实伴随着马克思主义在中国大地传播历程的百年史,前有李大钊、陈独秀、毛泽东、李达、艾思奇等人的努力,但是作为一种方法论自觉的范式存在只有在改革开放时代,经过陶德麟、何萍①、王伟光②、李景源③、杨焕景④、刘嵘⑤、杨春贵⑥、许全兴⑦、韩庆祥⑧、汪信砚⑨、任平⑩、徐素华⑪等人的不断探索和精心打磨,才真正使这一路径成为一种学术共同体的研究范式。可以说,在当代中国马克思主义哲学研究界,这一范式召唤着大批学者聚焦当代中国道路、中国逻辑问题,进行多方面的深度研究,特别是党的十八大到党的十九大之间,站在中国特色社会主义进入了新时代的历史方位上,以高度的文化自信和中国学术走向世界的雄心壮志,围绕马克思主义哲学中国化的文化资源、文化路径、文化融合、文化再造、中西马克思主义哲学对话和融合、中国话语的马克思主义哲学等问题,取得了长足的进展,出现了一大批论著。然而,马克思主义哲学

---

① 参见陶德麟、何萍:《马克思主义中国化的历史与反思》,北京师范大学出版社 2007 年版。
② 参见王伟光:《新大众哲学》,中国社会科学出版社、人民出版社 2014 年版。
③ 参见李景源:《毛泽东方法论导论》,当代中国出版社 1993 年版。
④ 参见杨焕景:《毛泽东哲学思想研究概述》,天津教育出版社 1988 年版。
⑤ 参见刘嵘:《毛泽东哲学思想概述》,广东人民出版社 1983 年版。
⑥ 参见杨春贵、万井容主编:《毛泽东哲学思想新论》,求实出版社 1989 年版。
⑦ 参见许全兴:《毛泽东与孔夫子》,人民出版社 2003 年版。
⑧ 参见韩庆祥、陈远章:《论马克思主义中国化时代化大众化》,天津人民出版社 2020 年版。
⑨ 参见汪信砚:《范式的追寻——作为范式的马克思主义哲学中国化研究》,人民出版社 2014 年版。
⑩ 参见任平:《当代中国马克思主义研究》,北京师范大学出版社 2017 年版。
⑪ 参见吴元梁主编,徐素华著:《马克思主义哲学形态史·第五卷(马克思主义哲学的中国化形态·上:毛泽东思想)》,中国社会科学出版社 2018 年版。

究竟如何中国化、马克思主义哲学究竟如何在时代语境和中国语境中出场的?
这一追问,召唤着马克思主义哲学出场学研究范式的呈现。马克思主义哲学
出场学研究范式以时代语境和中国语境为底板,深描思想的出场过程,进而将
马克思主义哲学中国化的与时俱进逻辑科学地阐释清楚,这就是方法论意义
上的思想的中国创造。由此为标志,当代中国马克思主义哲学的创新学术史
不仅在概念、原理、思想成果的意义上,而且在研究范式等方法论自觉意义上,
都开启了一个原创的新时代,这一新时代是与中国特色社会主义新时代完全
对应、并由后者需要催生的。

研究范式的共时态呈现:范式竞争与合作。当然,我们仅仅叙述了当代中
国马克思主义哲学创新学术史在研究范式的历时态呈现中的演进过程还是不
够的。因为新的研究范式的出场,并不意味着原先存在的研究范式就此被替代
和退场。相反,作为具有独特创新功能的研究范式,虽然有内在局限、有创新功
能边界的限制,但是在自己独特的创新功能那一方面,绝没有因为新范式的出
场而被完全替代、丧失。因而,新旧研究范式之间就呈现出共时态共在关系。

研究共时态呈现关系,比研究历时态呈现关系更接近范式图谱的本质真
相。因为,范式之间的相互共存,并不是相互分割、彼此断裂的,而是存在着既
统一、又竞争的关系的。研究这些范式的共存关系,能够引导我们去一步一步
地接近当代中国马克思主义哲学创新学术史的范式图谱。

从共存关系来看,毫无疑问,每一个范式都具有自己独特的创新功能,都
在以这样或者那样的方式推动整个马克思主义哲学的创新进程。但是,群星
闪耀的范式之间绝不是孤立地发挥推动理论创新的作用的。它们彼此之间相
互影响、相互作用,逐步构成了一个宏观整体结构。我们只有从它们的相互影
响、相互作用的关系出发,才能一步一步地揭示出范式图谱的宏观整体结构。

二、当代中国马克思主义哲学研究范式图谱的内在演进逻辑

从范式的共存关系来看,如何通过相互影响、相互作用而最终构成范式图

谱的呢？揭示这一进程,我们就实际上在揭示当代中国马克思主义哲学研究范式图谱的内在演进逻辑,也就在本质性地揭示当代中国马克思主义哲学创新学术史的规律性。

这一进程包括关键的四个步骤。

第一个步骤:范式竞争关系使范式之间的均衡关系被打破,某个范式脱颖而出,成为支配其他相关范式的主导,我们称之为"轴心范式"。轴心范式的形成是历史的和有条件的,它的地位也是相对的,在一个时期内,它将其他范式"俘获",变成它的纵横两轴,成为服务于它的从属范式。因此,研究范式竞争到轴心范式的形成,成为我们研究的第一个关键步骤。在这一步骤中,我们必须要考察:范式之间是如何发生竞争与合作(竞合)关系的? 竞合关系又如何打破了各自的孤立状态同时打破均衡状态,使一个范式逐渐地上升为轴心范式的?

第二个步骤:轴心范式如何上升、转变为学术图景。深描创新的学术图景一直是我们研究的重点环节。当代中国马克思主义哲学的创新学术史,就是由一个又一个创新的学术图景的连续统构成的。我们如果不能够在本质性环节上理解和把握学术图景的构成,那么我们也就不能本质性地把握范式图谱,也就不能本质性地把握当代中国马克思主义哲学创新学术史的规律。然而,只有从轴心范式及其纵横结构出发,上升到具体,才能形成学术图景。轴心范式及其纵横两轴是构成学术图景的本质性要素,而学术图景是轴心范式及其纵横两轴生成的总体结构。

第三个步骤:从单一的学术图景到连续转换的学术图景,形成范式图谱。范式图谱是由多个学术图景依次更迭造就的连续统。因此,单一学术图景是范式图谱的基本单元,而范式图谱是由学术图景之间规律性转换的关系结构构成的。在此,我们必然要研究:一个创新的学术图景在形成之后,它的基本特点、创新功能和内在局限是什么? 为何一个学术图景能够被后起的新的学术图景所替代? 或者说,学术图景为什么不是永恒在场的而是不断发生格式塔转换的? 这一转换究竟是任意的,还是有必然规律、依照从抽象上升为具体的逻辑来展开的? 范式图谱究竟怎样展开当代中国马克思主义哲学创新学术史的?

第四个步骤:从范式图谱研究到出场学。因为我们不仅要深描当代中国马克思主义哲学创新学术史的范式图谱,更要对这一范式图谱的出场根据作出说明,看在怎样的时代变化的语境中使创新的学术史出场,中国实践、中国道路、中国时代如何与马克思主义哲学的创新学术史构成共进线的? 只有在这一共进线逻辑中,我们对当代中国马克思主义哲学创新学术史的规律性阐释才真正达到应有的高度。

四个步骤环环相扣,构成从抽象上升为具体的总体逻辑链条。能否真正揭示当代中国马克思主义哲学创新学术史的本真结构,就要看这一链条是否能够被清晰地展现在我们面前。这就是当代中国马克思主义哲学研究范式图谱的内在演进逻辑。把握了这一逻辑,就本质性地把握了当代中国马克思主义哲学创新学术史。

因此,我们需要在上篇分析研究了九大研究范式的历史成因、基本规定、主要特征、创新功能和内在局限之后,在研究了它们之间的历时态关联关系之后,下篇着力需要从共时态关系入手,依次按照四个主要步骤来层层深入地加以研究,最终把握当代中国马克思主义哲学研究范式图谱的演进逻辑,进而本质性地把握当代中国马克思主义哲学创新学术史。

第十二章 从研究范式到轴心
范式及其纵横坐标

单一的研究范式通过历时态和共时态关联构成范式关联体。范式之间的竞合关系打破孤寂在场状态，打破范式之间的均衡状态，某个范式脱颖而出，成为起主导作用的范式，支配着其他两个范式，这就形成了轴心范式。其他范式就构成了轴心范式的纵横坐标。

一、研究范式竞争与轴心范式的崛起

范式之间发生共时态的竞合关系是必然的。因为继起的研究范式都是针对既存的范式的局限而出场的。因此，彼此的差异和对立，就是一种否定性、竞争性关系。共存意味着竞争。但是，因为各自范式的创新功能是不能相互替代的，从而又只会表现为又竞争、又合作的竞合关系。

范式之间竞合关系既是普遍的，又各自具有各自的特点，因而使创新学术史呈现多彩纷呈的风貌。从范式竞合关系的普遍性来看，九大范式之间的每一种范式都与其他范式之间存在着或远或近、或激烈或舒缓的竞合关系。显然，教科书范式在其中与其他八大范式之间的竞合关系是客观存在的。破除苏联教科书所导致的教条主义地理解马克思主义哲学的束缚、根据中国道路创新探索要求而大力推进马克思主义哲学的观念创新、学术创新，是其他八大范式的共同的原动力。而其他范式之间的竞合关系，如教科书范式与原理研究范式、文本文献学研究范式与马克思主义哲学史研究范式、对话范式与文本文献学研究范式、反思问题学研究范式与部门哲学和中国化研究范式等都存在着竞合关系。无论历时态逻辑如何拉长了链式逻辑的各个环节之间的距离,但是在共时态空间中,它们都共处于一个空间结构中,都处在普遍的相互作用的结构中。每一个范式都与其他八个范式相互作用,由此构成复杂的相互作用画面。我们可以细致地描述每一个范式对于其他八个范式之间相互作用的具体情形,正如马克思在《资本论》第 2 卷中对于生产资本、流通资本和货币资本三者循环关系的分析一样。

　　教科书范式成为原理研究范式的直接基础,但是反过来原理研究范式也突破了教科书话语的狭隘的单一体系眼界,在变革和否定性意义上实现不断拓展对体系多样性理解进程。当然,原理研究成果也不断被教科书改革所汲取,成为推动教科书改革的强大动力。如 2009 年出版的作为中央实施马克思主义理论研究和建设工程(简称"马工程")教材的《马克思主义哲学》,就汲取了学界对于"实践的唯物主义"探索的部分成果,将马克思主义哲学定义为"在科学实践观基础上的辩证唯物主义与历史唯物主义的统一"。在物质与实践关系论述上作了新的理解。教科书范式也与马克思主义哲学史研究范式互动,在深化马克思主义哲学史思想演化进程中,教科书不断汲取其研究成果,将思想历史的研究成果重新转化为原理逻辑。同样,"马工程"教材《马克思主义哲学》加大了百余年马克思主义哲学史叙事内容,着力阐释马克思主义哲学理论的开放性和发展性,等等。教科书范式更与文本文献研究范式直接对接,一如与以往"原著选读"对接一样。所不同的是,原初教科书范式直接将"原著选读"作为自己原理依据的论证工具,而文本文献学解读则不同,它反而将自己的研究成果冲破教科书静态逻辑,并且成为教科书改革的文本依据。对话范式则将对马克思主义哲学当代意义和当代价值的理解直接输入教科书,促进教科书改革关注对话前沿状况,形成双向互动、协同创新的格局。反思的问题学研究范式、部门哲学研究范式、中国化研究范式等都与教科书范式之间建构起理论与实践双向互动的对接关系,大大强化了教科书改革对于时代重大问题、对于中国道路、对于中国实践的聚焦关注。教科书与出场学研究范式之间的竞合关系还在建立之中。出场学无疑突破了教科书仅仅对思想出场本身逻辑的阐释眼界,而深入变化了的历史语境之中。而教科书范式也用出场形态对于出场学研究作了形态学逻辑引导。以上仅仅是教科书范式与其他八大范式之间相互作用的竞合关系的简略说明。其实每一个范式与其他八个范式的竞合关系都可以照此方式阐释一番,但本书上卷都有涉及,为了节省篇幅,其他就不再赘述了。

范式之间普遍的竞合关系也是我们研究的一个支点。因为,没有范式之间普遍的、全方位的竞合关系,范式之间就不可能生成一个整体的宏观结构即范式图谱,而只有历时态的链式结构。范式之间的竞合关系哪怕是最疏远的关系,也对范式的创新功能的发挥产生或互补、或变革、或拓展的莫大影响,否则就不可能形成范式图谱的整体化效应。所谓互补效应,即"无影灯之所以无影,因为其光束来自各异的角度"。正因为创新功能各异的范式相互补充,一个范式的视域死角或内在局限恰好为另一个范式所弥补,各美其美,也美人之美,补补相成,合成大观。所谓变革关系,是指新范式总是冲破旧范式的局限,变革其研究的视野,转换和创新其研究的路径,从而生发出创新的新前景、新空间、新成果。所谓拓展,即新范式总是拓展了原有研究的视野,如原理研究范式拓展了教科书范式关于体系理解的视野,将之一元体系拓展为多样化体系;马哲史研究范式又拓展了教科书范式和原理研究范式的那种纯粹静态逻辑思维,将之拓展为变化着的历史思维。文本文献学研究范式又拓展了马哲史研究范式对于每一个文本思想的深度耕犁和准确理解,从而使马哲史阐释更加科学、准确而符合原意,等等。而反思的问题学研究范式不仅对于对话范式内在局限是一个突破和变革,而且对于教科书范式、原理研究范式等的局限来说都具有根本性的变革作用和转向作用。因此,共时态的竞合关系不是像历时态考察那样仅仅考察次第出场的范式链条,而是从共时态角度考察全方位的相互作用关系。

从竞合关系的特点来看,我们可以从以下几个方面来加以分类阐释。

一是竞合关系的距离远近和紧密程度有明显差异。由于范式出场针对的对象不同,因而与所针对的范式之间的竞合关系较密切、较近,而与其他范式的竞合关系较远,从而呈现明显的断裂与连续痕迹。教科书范式与原理研究范式的竞合关系,比原理研究范式与反思的问题学研究范式竞合关系就要相对近些,因而其竞合关系密度显然也要大于其他关系。如此类推,文本文献学研究范式与马克思主义哲学史研究范式之间的竞合关系,反思的问题学与部门哲学和中国化研究范式的竞合关系等,都要近于对其他范式的竞合关系。

二是竞合关系的历时态递嬗和反馈与共时态相互作用方式有明显区别。前者呈现链式递嬗关系,环环紧扣、逻辑演进,而后者则出现的共时态、全方位相互作用。没有前者,我们不知道范式图谱的出场史逻辑;没有后者,我们不知道范式之间的全方位相互关系如何构成一个范式图谱的宏观整体结构,两者缺一不可。即便如此,我们依然需要区分两者的竞合关系的各自特点,以便更准确地把握共时态竞合关系何以可能生产范式图谱。

三是竞合关系在各个范式全方位相互作用普遍存在的过程中,出现所谓非均衡作用分布的"结晶现象"。即是说,犹如我们在一池盐水中撒入供结晶用的种子盐颗粒,那么,必然盐水从液态向固态转化即结晶过程绝不是均态成晶,而是盐水迅速攀上种子盐颗粒而非均衡地结晶。范式竞合关系造成的结构也是一样。一旦有了一个像相对强大的种子盐颗粒一样的范式,那么其他靠近的范式将聚合在这一核心上,而距离这一种子相对较远的范式则聚合在另一个种子上,于是以种子为核心,范式的均衡分布的链式结构不复存在,被一团一团以种子核心构成的范式群图像所瓜分。这就引出我们需要重点考察的对象:链式均衡分布的历时态结构何以在共时态结构中被打破,被瓜分为各个相对疏远化的范式族团,从而呈现非均衡分布。进一步,我们必须追问:这些种子性质和地位是如何形成的? 以种子为核心的范式族团是如何构成的以及它们的功能和影响是什么?

二、轴心范式的历史成因、基本规定、
主要特征和创新功能

范式竞合关系中形成的种子,我们称之为"轴心范式"。轴心范式的历史成因、基本规定、主要特征、创新功能和内在局限,都是我们需要认真加以分析、研究和回答的。

什么叫"轴心范式"？主要是指在一组（超过单一范式）范式中，其地位起主要决定作用、支配和影响其他范式的范式。具体来说，在不同的创新时期，不同的学术图景中，出场的研究范式不仅数量不同，而且研究范式之间的地位和功能也不相同。其中必有一个起主导的和支配作用的范式，它的存在在所有范式共时态关联中起着支配、决定其他范式性质和创新功能的作用。我们把这一主导范式称为"轴心范式"。

轴心范式的形成，其客观原因是为了进一步适应当代中国马克思主义哲学一个时期创新的需要。作为中国道路的哲学表达，每一个范式的创新功能都是为了适应中国改革开放和理论创新需要的。当在中国改革开放大潮中，马克思主义哲学学术思想的创新严重滞后于中国道路的探索，单个范式的创新功能已经不足以独立支撑理论创新使命的时候，时代就呼唤理论界的范式联手创新事业。例如，改革开放之初，教科书范式的创新步伐远不足以支持哲学研究和表达改革开放出现的新趋势、新问题、新概念、新内容、新领域、新体系等，应运而生的原理研究范式仍然不足以适应时代需要时，两个范式之间的联手便日益加强，最终成为一个组团。同样，当与国外"马克思学"展开激烈争辩和与国外马克思主义对话的对话范式不能独立担当重任时，马克思主义哲学史研究范式和文本文献学研究范式必然联手作战，成为整体展开与国外马克思主义对话的范式学术共同体组团。当反思的问题学研究范式对于重大现实问题的聚焦研究仍不能满足改革开放战线宽阔、领域全面、问题深入的实践需要时，部门哲学研究范式与中国化研究范式就必然向反思的问题学靠拢，形成在现实反思维度上的创新范式组团。

轴心范式的形成，其主观原因是轴心范式本身的创新优势和历史地位使然。往下我们会看到：教科书范式之所以成为第一个轴心范式，是因为它既有超然的历史地位，又有利于在党内和人民中进行理论宣传和统一思想等政治功能决定的。文本文献学研究之所以成为第二个轴心范式，是因为对文本的深度耕犁本身就是在对话中抢夺马克思主义理论源头话语权的需要，因而文本解读深度必然决定对话的水平；同时文本文献学解读水平也决定了马克思主义哲学史编修的水平。就前者而言，发生在改革开放之初，受到开放后国外

"马克思学"关于马克思早期思想研究著述中的有关"人道主义马克思主义"的影响,国内马克思主义哲学就"异化和人道主义"问题展开了一场遭遇战。论辩虽然发生在国内学界,但是实际上思想根源在国外,伴随着开放对西方思想的引进,本身成为一场对话式的遭遇战。虽然经由国内学者胡乔木、陈先达、靳辉明、黄楠森、庄福龄等学者发表系列论著,暂时取得了遭遇战的初胜,但是本身也暴露了国内学界对于马克思主义哲学史研究和关于马克思早期文本文献原典解读的深度功底的严重不足,从而极大地激发了国内学者对于马克思主义哲学史研究的高度关注和倾心努力,以及在这一基础上开启了对马克思恩格斯 MEGA2 文本文献学解读的学术历程。最终,拥有、建立关于马克思恩格斯原典文献系统,建立一支强大的、高水平的中国解读原典学者队伍,成为中国保卫马克思主义理论源头的意识形态安全、争夺引领性理论话语权的时代之必然。文本文献学解读水平决定了马克思主义哲学史和对话的水平,因而必然成为这一时代的轴心范式。

轴心范式的基本规定在于以下三点:第一,居于主导地位。轴心范式之轴心,首先在于它居于范式团组或共时态结构中的主导地位。毛泽东同志在《矛盾论》中曾经就主要矛盾和矛盾的主要方面作过深度阐释,认为事物的性质是由主要矛盾或矛盾的主要方面决定的。轴心范式也是如此。作为轴心范式,必定占据主导地位,决定团组的性质和样态。从新中国成立到改革开放初期,"教科书范式"就成为那一创新时期的轴心范式。教科书一直是马克思主义哲学中国化思想在场的主要方式。之所以如此,如上篇所说,既是源于从第二国际到苏联的一贯学术传统,更是因为马克思主义中国化、时代化、大众化的需要,渐次成为影响中国学术展开的传统路径。从第二国际到苏联,哲学教科书占据马克思主义哲学阐释和理论创新主导地位的进程大致分为三个阶段。第一阶段,第二国际时期。马克思恩格斯晚年,为了在工人阶级运动中更广泛地、更准确地宣传阐释马克思主义,必然采用全面系统的话语方式。如在《反杜林论》中,借助"积极批判"杜林的机会,对"共产主义世界观"作"系统而比较连贯的阐述",成为哲学教科书体系的主要理论范本。此后,狄慈根、拉布里奥拉、考茨基、梅林等第二国际理论家为了进一步完整准确地宣传马克思主义哲学,撰写了类似"教科书"的专门著作,如考茨基的《唯物主义历史观》、拉布里奥拉的《论历史唯物主义》等。这是前"教科书范式"宣传时期。第二阶段,前斯大林时期,也是教科书萌发期。普列汉诺夫《论一元论历史观之发展》(1895)、《唯物主义历史观》(1901),列宁的《卡尔·马克思》《马克思主义的三个来源和三个组成部分》等,都为全面阐释马克思主义哲学原理奠定了最重要的思想基础。列宁甚至称赞普列汉诺夫的著作"培养了整整一代俄国马克思主义者"①。自德波林之后,1921年布哈林《共产主义ABC》《历史唯物主义理论——马克思主义社会学通俗教材》成为真正具有教材性质和样态的出版物,在苏联过渡时期成为武装全党、教育干部的普及教材。在列宁和布哈林思想影响下,苏联学者出版了权威性版本的马克思主义哲学教科书:1922—1930年间,由沃里夫松(1922)、萨拉比杨诺夫(1925)、蒂缅斯基(1930)等人出版有关"辩证唯物主义"为书名的教科书,此外还有米丁、拉祖莫夫斯基主编的《历史唯物主义》(1932)、《辩证唯物主义》(1934)。1933年底,苏联共产主义学院哲学所出版了《辩证唯物主义和历史唯物主义》高校版哲学教科书,标志着教科书话语体系范式的形成。第三阶段,在斯大林时期,为了巩固执政党指导思想的主导地位,武装全党、教育人民,有必要以教科书的"标准"话语、完整体系方式阐释、宣传和普及马克思主义哲学原理。以批判德波林为契机,斯大林撰写了《论辩证唯物主义和历史唯物主义》作为《联共(布)党史》4章2节内容,进而成为苏联编写马克思主义哲学教科书的主要指导纲领。由于苏联在国际共产主义运动中的领导地位,这一时期教科书对中国马克思主义哲学的研究和阐释方式产生了极大影响。当然,日本马克思主义者河上肇的《马克思主义之哲学的基础》(1930),也对中国学者产生了一定的影响。李达在大力翻译国外相关著作之余,撰写的《社会学大纲》,毛泽东同志曾经赞誉说"这是中国人自己写的第一本马克思主义哲学教科书"。此外,瞿秋白的《社会科学讲义》(含《社会哲学概论》和《现代社会学》)、延安整风时期曾编写过的《辩证唯物主义》授课大纲等,都应当是我国马克思主义

① 《列宁全集》第19卷,人民出版社1989年版,第308页。

教科书的早期雏形。新中国成立初期(1952 年起),由于政治战略"一边倒"的需要,我国在中国人民大学大规模举办马列师资培训班,聘请苏联一批专家讲学,因此苏联教科书思想就从此通过中国知识界途径向整个社会普及。新中国成立初期,学界很少有自己的教科书出版,除了有个别学者如 1955 年就受到批判的华岗主编的《辩证唯物论大纲》之外,学界主要陆续翻译出版了一批苏联教科书,如《联共(布)党史》(包括其论述哲学的 4 章 2 节),苏共高级党校教材《辩证唯物论》,康斯坦丁诺夫主编的《马克思主义哲学教程》(上下编),米丁主编的《辩证唯物主义》《历史唯物主义》,罗森塔尔主编的《马克思主义哲学基础》等。在人民大众中普及"苏联教科书版"的同时,就将"苏联教科书版"马克思主义哲学研究范式深深嵌入中国读者心灵,成为长期影响学界的研究范式。对此,毛泽东同志在读书谈话中也有所警惕,对其教科书中有形而上学错误的地方都加以严厉批评,反对无条件将苏联教科书做教条化的跨界平移,要求"教科书中国化",体现中国化的理论创新。

因此,中国主张改革的教科书范式的出场,旨在打破苏联用僵化教条方式理解马克思主义哲学的教科书对人们思想的束缚,以思想解放和理论创新精神重写教科书。其动力来自三个因素:一是重写新的时代精神;二是重新理解马克思主义哲学本性和体系;三是重建学科体系。新中国成立以来,"教科书改革热"大致出现在三个时段:第一个时段是 20 世纪 60 年代,在毛泽东同志和中共中央直接关心支持下,在中央文教小组精心组织下,在融合了先后出现的六种教科书基础上,中央文教小组委托艾思奇主编《辩证唯物主义 历史唯物主义》,沿着李达《社会学大纲》之路,完成了马克思主义哲学中国化教科书编写任务,成为新中国成立后发行量最大、最为经典的教科书。第二个时段则是改革开放之初,由中国人民大学肖前、李秀林、汪永祥主编的《辩证唯物主义原理》《历史唯物主义原理》,而后高清海主编《马克思主义哲学基础》,创教科书改革的先河。第三个时段就是 2004 年以来"马工程"大规模开展教材体系建设时期,2009 年出版《马克思主义哲学》,成为标志着马克思主义哲学中国化的最新时代成果。教科书最大特点即思维(概念、范畴、规律)原理化、逻辑体系化、表达教科书化。所谓原理化,即教科书、特别是国家审定教科书一定要内容精炼、准确,条理分明,阐释力求达到共识,进入原理化。所谓体系化、逻辑化,即教科书追求表达思想内容的完整知识体系,要有一贯的逻辑。所谓教科书化,即呈现形式是教科书,话语一定要采取断言式,概念明晰、定义准确、论证周延、语言精炼、章节逻辑层次鲜明、内容环环相扣、内容循序渐进,由浅入深,由简入繁,符合学生渐次理解和逐步掌握的学习规律,把内容作为一门完整正确的知识体系来加以建构。因而对象性、明晰性、循序渐进性、逻辑性、体系性原则等特点特别鲜明。范式内在追求的目标是:任何创新思想只有表现为教科书才达到最高表现或终结形式,具有教科书崇拜倾向。教科书范式最大的创新功能在于:教化、宣传、普及作用无可替代,影响广泛、贡献巨大。由此我们可见,教科书范式之所以作为第一个轴心范式,有其深厚的历史传统和积极的创新功能,因而比起原理研究和原著选读来说,居于主导地位是具有历史必然性的。

轴心范式的第二个基本规定是:决定和支配其他相关范式的创新向轴心范式集聚、集中。支配与服从是保证轴心范式主导地位的题中应有之义。那么,轴心范式如何来起着支配作用的? 主要在于它规定着一个时期的理论创新的方向,影响和决定一个时期其他范式成果向轴心范式汇聚和集中,甚至在一个时期,它承载着其他范式研究问题的解答。前者如反思的问题学对于部门哲学和中国化两个范式的支配作用,就是在研究视域、研究方向和研究方法上支配作用。无论部门哲学还是中国化研究范式,都采用反思的问题学的基本视域和方法来做研究,即面向重大时代现实问题、以问题为导向、以反思性哲学批判为表达方式,等等,表现为家族相似性。它们实际上就是脱胎于反思的问题学,表现为这一范式的进一步拓展和延伸。后者如文本文献学研究范式,凡是对话范式和马克思主义哲学史研究范式所遭遇的问题,最终都由文本文献学研究范式来提供学术理据的支撑。

轴心范式的第三个基本规定,即是作为主导、造就统一的学术图景的基本根据。轴心范式对于其他范式的支配作用,是为了形成团组合力,然后在一个时期形成以轴心范式为核心的创新的学术机制,这一机制就是学术图景。一个时期的学术图景是由轴心范式决定的,也必然使这一时期的所有学术创新带有轴心范式的特点和规定,打上其烙印,因而学术图景常常以轴心范式来命名。关于这一点,我们在论及轴心范式的创新功能时还会详细涉及。

轴心范式的主要特点,与其基本规定相一致,就是轴心聚合性、地位主导性和整体建构性。所谓轴心聚合性,是轴心范式打破了原先各个范式均衡的格局,同时打破了原先范式处在散漫无机的各自孤立的状态,呈现出一个发生更为紧密关联的团组并凸显核心,这一团组的存在一方面向内聚合,发生比与其他范式更为密集的相互作用关联,另一方面又明显地与其他范式团组之间产生相对关系的疏远化,因而在团组与团组之间显现为明显的边界。边界不是完全的切割界,而是相互作用关系的非均衡性稀薄状态。团组内部的紧密的相互作用和团组与团组之间的相互作用的相对稀薄状态呈现鲜明的对比关系,可以引导我们去清晰地区分一个轴心范式与另一个轴心范式。正是这些核心和边界,组成犹如康德—拉普拉斯炽热的星云,最终形成一个又一个类似太阳系的以恒星为核心的范式星丛。核心的形成与团组边界的呈现之间是一个过程的两个关联体,构成轴心范式的主要标志。所谓地位主导性,即指轴心范式是占据主导地位的范式,它决定了团组的性质和边界,直接影响和支配着其他相关范式的创新功能的发挥。因此,非均衡分布的范式之间的相互作用关系,一个团组性质与另一个团组性质之间的差异、区别和边界,都是由轴心范式这一主导地位的范式决定的。由此才对应地生成出各种不同的学术图景。所谓整体建构性,即轴心范式绝不是随机地、任意地抓住其他相关范式构成团组,而是有机地、整体地构建团组,选择的结合对象不是随机的而是有条件、有针对性和相对稳定的。如教科书范式为轴心范式,所选择的团组构建对象就是原理研究范式和未成为文本文献学解读范式之前的原著选读。虽然后者还不是一个完全在方法论自觉意义上的研究范式,仅仅是一种工具性路径,但是处在演化之中。因此,教科书范式不排斥将它纳入团组。然而,与之呈现较大反对关系的马克思主义哲学史、反思的问题学研究范式等,就不可能与之组成团组。轴心范式的建构是整体而不是局部的,也就是说,它不仅建构自身,更建构相关范式的作用机制,建构整个团组性质和结构。进一步,轴心范式还整体建构一个学术图景,因而掌控着一个时期的理论创新的全部面貌和整体格局。

　　轴心范式的基本规定和主要特点决定着其创新功能。第一,定向放大创新功能。轴心范式不仅将自己的单一范式创新功能完整地释放出来,而且扩大到整个团组,用自己的创新方向和追求影响和支配着相关范式的创新功能的发挥,并且由此成为规范构成一个团组的创新协同之力。系统论的基本原理之一就是"系统质量大于单个要素的相加和"。这对于轴心范式也是适用的。不过这一系统创新增量是定向、定规和约定的。在均衡分布的链式相互作用中的范式创新功能,显然不能与构成轴心范式的团组创新功能相比。第二,决定整个学术图景的创新格局。此点稍后在分析学术图景时再详加分析。

　　轴心范式的历史局限一如一般范式的内在局限一样,不过是将其轴心范式的局限放大到整个团组而已。因而,由于这一放大,形成了轴心范式的内外两重矛盾关系。就内在矛盾而言,是团组内部作为轴心范式的局限与团组其他范式的矛盾。如在第一轴心范式教科书范式团组内部,教科书范式与原理研究范式之间本身就存在着矛盾和竞争关系,只不过是构成团组后其矛盾从外部变成内部而已,矛盾暂时被掩盖起来,但是矛盾依然客观存在,并不因为团组化而被完全消除。

三、轴心范式的纵横坐标

　　轴心范式作为团组核心,吸引相关范式加入团组,决定团组性质和样态,主导和支配其他加入团组的相关范式。在这一团组中,除了轴心范式外,其他范式究竟扮演什么样的角色呢? 我们在分析了轴心范式这一主要矛盾方面之后,还要研究处在团组中被支配、被决定的其他范式的状况,即矛盾的次要方面,才能知道轴心范式的团组的整体状况。如果我们不研究、不了解团组其他范式的状况,我们也不可能全面掌握轴心范式团组作为一个矛盾体的内在结构,因而也就不了解在当代中国马克思主义哲学创新学术史演化逻辑中,某一个时期的创新结构的本质性状况,因而也就不能了解整个创新学术史。

　　相对于轴心范式而言,团组内其他范式构成了被支配、被决定的纵横两轴。一个问题必然出现：为什么是纵横两轴？或者说，为什么轴心范式只是选择纵横两轴？

首先，这是由轴心范式要构建的创新格局目标决定的。所谓创新格局，实际上就是一个时期的创新风貌和基本格局。它具有时空二维性（如果空间具有三维，那么加上时间维度就是四维）。或者说，它的构成需要由具有空间性的范式和时间性的范式来组成一个完整的学术创新格局。也就是说，轴心范式需要通过"时间""空间"维度构成一个时期的创新格局和创新空间，因而纵横两轴就成为轴心范式所必选。

其次，轴心范式展开的学术图景，更需要有时空二维的范式构成。学术图景就是创新格局的整体化。轴心范式的创新格局不断扩大，影响面不断扩展，如果扩展覆盖为一个时期的整体，就是这个时期的创新的学术图景。这一学术图景，当然有时间性，因为是一个时期的样态；更有空间性，因为是一个整体的创新空间和创新格局。

所谓纵轴，当然就是具有"时间"之维的范式；所谓"横轴"，就是具有空间之维的范式。那么，在轴心范式团组中，哪些范式构成了纵横两轴呢？

例如，在教科书范式作为轴心范式的团组中，"原著选读"就构成了纵轴，而原理研究范式就成为了横轴。为什么"原著选读"成为纵轴，而原理研究范式就成为横轴呢？这是由原著本身的特点和原理本身的特点决定的。原著是马克思恩格斯等马克思主义哲学原典作者在不同时期留下的文本总称。不同时期的文本，本身就带有时间性。也就是说，至少从原著本身的问世来说，具有外在的时间性特点。时间性构成了历史性的基本条件，一切历史都是时间历史，但是真正的历史并不简单等于外在的编年史。原著虽然是在时间流中的思想产物，但是，如果不从这些文本中的思想本身的发展变化历史观点出发，那么上述原著的外在的时间特点依然不能化为真正的历史思维。也就是，外在时间的原著编排如果不能转化为文本思想的内在历史，那么依然是非历史的。因此，我们就可以理解：作为在时间历史中出场的原著，为什么构成了崇尚原理和相对静止的叙事逻辑的教科书范式的纵轴，仅仅作为支持教科书中各个原理的原著根据而存在。因此，原著选读，往往不是根据这些原典的思想史逻辑而选择编排的,恰好相反,是根据教科书的原理叙事逻辑内容的需要而剪裁的。它的潜在意图和逻辑,就是证明教科书范式中的原理话语是真理,而且是不容置疑的不变真理,因而每一本原著的文本篇章作为论据都是不变的真理。因而,选读标准本身,就是非历史的、原理化的和逻辑的。无论是全篇选读或者部分章节选读,都是服务、服从于作为轴心范式的教科书范式原理作为真理论证的需要。轴心范式决定原著选读的原则和标准,剪裁原著选读的结构和内容,而不是相反。因此,当我们读到教科书中引证的某一原典作家的话语作为原理根据时,这些引证本身指向原著选读的出场,也同样是非历史的。它们不能告诉我们这一引证是否被而后的原典作家的思想变化所否定或修正,因而引证具有"非法性"(来自文本文献学研究范式的批评)。这既是教科书范式的内在局限,也是原著选读的内在局限。正因为后者,为了超越这一局限,具有偏向逻辑思维特点的原著选读才蜕变为崇尚思想史思维的文本文献学研究范式。

同样,原理研究作为教科书这一轴心范式的横轴,是因为原理研究和话语阐释风格、规范和特点直接脱胎于教科书范式,其空间思维是一脉相承的。即是说,原理研究思维也是指向空间逻辑而不是历史逻辑。原理研究范式的历史成因来源于教科书范式,问题来源于教科书范式,竞争的主要对象是教科书范式,研究成果导入"效果史"最多的教科书范式,最终希望取代的依然是教科书范式。可以说,作为教科书范式的横轴,原理研究范式似乎发挥着教科书范式创新功能的创新先导和思想实验室的作用。一旦原理研究范式的成果基本成型,这成果的作者共同体会迫不及待地重编教科书,成为推动和参与教科书改革的源源不断的后备军。此一情形,我们只要看国内 20 世纪 90 年代到 21 世纪初关于实践唯物主义体系的研究和阐释就可以了。其中有陆剑杰《实践唯物主义理论体系的历史逻辑分析》(河南人民出版社 1994 年版)、肖前《实践唯物主义研究》(中国人民大学出版社 1996 年版)、王金福《实践的唯物主义》(苏州大学出版社 1998 年版)以及辛敬良《走向实践的唯物主义》(复旦大学出版社 2005 年版),其都希望将"实践的唯物主义"这一对马克思主义哲学体系的新理解重新编程为一种教科书。还有一些作者的专著本身就被当作高校的本科生、研究生教材来使用。当然,有一种情形不能忽视。当某种教材成为国家认定的唯一教材(如"马工程"教材的《马克思主义哲学》)之后,多样性的原理研究再不能直接转变为新教科书,那么,它们就可能作为教辅书而存在。如吉林大学的《哲学通论》《马克思主义哲学基础》,复旦大学的《马克思主义哲学导论》等,同样发挥着从新的角度阐释马克思主义哲学本性和体系的教科书功能。这种现象可以看作是原理研究对于教科书的反哺现象。

　　同样的情形存在于另一个轴心范式:反思的问题学研究范式的纵横两轴。马克思主义中国化研究范式构成纵轴,而部门哲学研究范式则构成横轴。之所以如此,是因为中国化是一个历史过程,因而具有时间历史的特点。马克思主义中国化研究百余年来,从自发到自觉,从自在到自为,形成具有鲜明历史性特点的研究范式。而部门哲学则是分门别类的研究视域,着眼于各个部门领域内知识逻辑建构,着眼于规范研究,所以其主要特点是空间性的。如经济哲学对于经济领域的哲学知识的叙事,具有知识规范性、建构性。政治哲学对"公平""正义"等问题的研究,同样旨在建构一种规范。但是,上述范式都作为反思的问题学研究范式的纵横两轴,是因为都具有反思的问题学性质,也就是说,都是以聚焦重大现实问题加以哲学反思为基本特征,因而是作为反思的问题学研究范式的结果形态和延伸形态,具有从属性。部门哲学不过是将反思的问题学研究范式加以在部门领域学科化、知识化和规范化,形成一个个拓展着的分门别类的"小体系";而马克思主义中国化则将反思的问题学历史化、时代化,当作一个与时俱进地关注中国道路和中国现实的历史过程来加以把握。离开或抽象掉反思的问题学特征,它们都不会存在。因此,它们之所以被反思的问题学研究范式所吸引、所汇聚,最后被限定为轴心范式的纵横两轴而存在,是因为它们范式特点的内在同一性和相关性。

　　我们如果考察文本文献学研究范式这一轴心范式所对应的纵横两轴:马克思主义哲学史研究范式作为纵轴,而对话范式作为横轴,那么会得出大致相同的结论。毫无疑问,马克思主义哲学史研究范式最先出场,它的伟大初心旨在打破苏联教科书僵化理解马克思主义哲学体系、希望用历史的眼光看待马克思主义哲学思想演变进程;同时也囿于改革开放之初遭遇的关于"人道主义和异化"的那场大讨论的激发。尽管在 1974 年,中山大学刘嵘、高齐云、叶汝贤等就开始了编写马克思主义哲学史的计划,中国人民大学甚至早在20世纪60 年代就成立"马列主义发展史研究所",但是马克思主义哲学史依然还是在突破教科书和原理研究范式所内在的非历史性局限才真正出场。教科书改革和原理研究范式的话语和标准答案存在的最大问题在于:容易忽略时代实践发展造就内容的变革性、变化性、历史性而强化教科书表达的原理性、绝对性、稳定性,由此走向极端便导致教条主义的僵化思维和在场的形而上学。此外,教科书和原理研究为了论证某个命题、原理的正确性,时常将马克思主义创始人在不同时期、不同语境、变化着的文本话语作非历史地、非法加以引证,就有可能将历史变化意识和充满批判精神的马克思主义哲学,重新变成"在场的形而上学"。为此,超越教科书改革,充满历史意识的马克思主义哲史研究范式应运而生。1981 年,在教育部大力支持下,人民出版社出版了由刘嵘、高齐云、叶汝贤等主编的全国第一本《马克思主义哲学史稿》,成为中国马克思主义哲学史学科和研究范式的开山之作。而后,以陈先达、靳辉明《马克思恩格斯思想史》《马克思早期思想研究》,陈先达《走向历史深处》,黄楠森主编《马克思主义哲学史》,孙伯鍨《探索者道路的探索》等著作为主要标志,开辟了马克思主义哲学史研究的新阶段。此外,以庄福龄、徐琳、余源培等为代表的资深学者和以梁树发、郝立新、张异宾(张一兵)、王东、何萍、孙承叔、徐俊忠等为代表的中年学者群星闪耀,使历史学派迅速形成。这一范式以历史性解读即从思想史发展的角度看马克思主义哲学发生、发展、演化的过程,从而避免了教科书改革和原理研究经常存在的非历史性理解和教条化解读的局限;以规律性解读,即从思想史逻辑中总结马克思主义哲学发展的规律,以开放心态指导当代马克思主义哲学创新;以对话性解读即每一研究都需要与西方"马克思学"展开对话,从而在论辩中得出结论,从而使研究视域更加开放。这一范式的创新功能也因此得以鲜明:历史性描述和开放性解读,使学者以发展的眼光看待马克思主义哲学的出场和在场,不把某一种理解的体系当作是永恒不变的形态,强调马克思主义哲学的与时俱进。创新性发展和差异化出场,使人们更加理解马克思恩格斯所说的"我们只知道一门科学即历史的科学"的含义。当然,这一范式所呈现的思想史图景对于文本文献理解的依赖性很大。没有扎实的文本文献学基础,就难以概括和提炼出科学的马克思主义哲学史。因此,随着马克思主义哲学史的繁荣和发展,人们对于马克思主义文本文献学研究范式的渴求就日益迫切起来。然而,如前所说,遭遇战表明:深入的马克思主义哲学史研究必然要以更为扎实的文本文献学解读为基础。深度耕犁文本文献原典成为编撰高水平马克思主义哲学史著作和教材的基本功。同样,作为横轴,对话范式在面对国外"马克思学"和国外马克思主义研究时,必须要以自己的深厚的、自主的、准确的文本文献学解读作为支撑。对话是发生在国别之间以"当代"为同时态的空间学术关系,因而具有空间性和当时性。它引导我们将马克思主义原典解读作为一种当代学术行为,发挥着思想对话的当代作用,而不是一种历史的旨趣。

概括地说,纵横两轴在轴心范式团组中起着从属但是增强和扩展轴心范式创新功能的积极作用,同时也具有弥补和修正轴心范式内在局限的积极功能。原理研究范式之对于教科书范式单一体系理解局限的修正,部门哲学范式之对于反思的问题学研究范式缺乏领域和学科系统知识规范的修正,都属于此类。因此,纵横两轴虽然处在团组矛盾的次要地位,然而却是不可缺少的必要环节,对于创新学术史整体的创新功能的发挥,同样起着强大支撑作用。而且,轴心范式团组内在矛盾的主次地位也不是一成不变的。内因是变化的根据,外因是变化的条件,外因通过内因起作用。一切矛盾的发生和演化都是因为轴心范式与纵横两轴关系引起的。一种轴心范式的主导地位之所以被另一个轴心范式所取代,首先是因为旧的轴心范式内在矛盾造成的或决定的。没有纵横两轴,没有纵横两轴与轴心范式之间又统一、又竞争,那么是不会导致这一轴心范式团组的主导地位让位于另一个轴心范式的团组的。同样,随着轴心范式团组主导地位的新旧更迭,学术图景也就发生新旧转换。创新学术图景的转换,也最终形成创新学术史的范式图谱。这就是我们为什么重视对轴心范式与纵横两轴这一对矛盾体加以深度分析的根本原因。

四、轴心范式的纵轴

在分析了轴心范式与纵横两轴的坐标之间矛盾一般情形之后,我们还要进一步具体分析两轴的特点与功能。这属于矛盾的特殊性分析范畴。只有将矛盾的每一个方面分析深入了,我们才能从抽象上升到具体,也才能最终得出一个关于矛盾的整体情形的结论。

纵轴,顾名思义,是从时间历史角度来看的从属于轴心范式的范式。它的特点是时间历史性的,它的地位是从属的,它的功能是从时间历史性角度来相助于轴心范式思考创新的。但是如前所说,纵轴的时间历史性是随着轴心范式的主导决定的偏好而呈现的,如果轴心范式偏好空间逻辑,那么纵轴就是在形式上和外观上是时间历史的;如果轴心范式偏好历史性思维,那么纵轴就会在实质上或内在思想层面上是历史的。当代中国马克思主义哲学创新学术史的展开历程,就是伴随着伟大社会变革时代的步伐,经历着由静态而动态、由空间而时间、由逻辑而历史不断深化的过程,因而纵轴的历史效应也越来越得到彰显。

第一个轴心范式——教科书范式的纵轴原著选读,就是在形式上是时间历史的。原典出场是有时间的,我们甚至也可以按照时间历史(编年史)来编排原著的顺序。但是这并不能保证原著所展现的就是一种思想史的逻辑。因为单纯的外在的时间性次序并不能保证原著内在思想之间的发生、发展、变化、演化的真实历史性。我们如果把每一本原著中的思想话语孤立地当作超历史的一般真理,甚至认为是一经出场就永恒在场、一经出场就是放之四海而皆准、不需要以随时随地的条件为转移就能简单跨界平移的绝对真理,那么这就是教条主义地理解了马克思主义哲学。原著选读的逻辑在潜意识上则不自觉地因循了这一思绪。因此,它必然自身就存在着矛盾:外在的、形式的时间历史性与内在的思想结构断裂的非历史性之间的矛盾。正是这一矛盾,推动着而后的马克思主义哲学史和文本文献学研究范式的诞生。

第二个轴心范式——文本文献学研究范式的纵轴,即马克思主义哲学史研究范式,就大大进了一步,从外在的时间历史进入思想史本身的逻辑。马克思主义哲学史,顾名思义,就是马克思主义哲学思想发生、发展、变化和演化的历史。马克思主义哲学史学科,就是研究和考察这一历史的专门知识体系。马克思主义哲学史研究范式,就是用历史眼光专门研究这一历史的专门知识体系构成的方法论路径和共同规范。它突破了教科书轴心范式团组所带有的非历史的局限,将历史思维第一次带进马克思主义哲学研究,为马克思主义哲学与时俱进的历史逻辑、为马克思主义中国化和时代化提供了最有力的阐释和论证。没有马克思主义哲学史研究范式,那么我们可能还限于教条主义思维之中,对于马克思主义哲学的与时俱进、对于当代中国马克思主义哲学或21世纪马克思主义哲学的命题的提出,就无从谈起。因此,"实践是检验真理唯一标准"对于打破"两个凡是"的教条主义禁锢起了莫大作用,但是如果没有马克思主义哲学史研究范式的衔接跟进,我们依然不能顺利地谈论马克思主义与时俱进逻辑,就更不能有马克思主义哲学的最新成果、当代中国马克思主义哲学、21世纪马克思主义哲学、"新时代马克思主义哲学"等时代命题的出场。

第三个轴心范式——反思的问题学研究范式的纵轴,即马克思主义中国化研究范式,原本是马克思主义哲学史的一个断代史,或者是在中国大地上这一独特本土空间的马克思主义哲学史,却因为带有反思的问题学思维特征而区别于一般的马克思主义哲学史范式。也就是说,中国化研究范式将马克思主义哲学史研究范式的历史思维从思想层面转入本土实践和问题层面,开展以面向中国本土革命和发展的重大实践问题为对象的研究。因此,中国化研究范式,无论其理论思维的展开如何绚丽,成就的三大飞跃多么辉煌,本质上还是中国实践、中国道路、中国问题的哲学表达,根底还是从面向中国实践、中国问题出发,以正在做的事情为中心,不是空谈理论逻辑,编排概念文章,而就是解决中国问题的实践哲学。马克思主义哲学中国化,就是将马克思主义哲学与中国实际结合的历史进程,重在面向中国实际、探索中国道路、解决中国问题,因而是实践探索史、问题解答史,中国理论是在这一实践探索中解答问题的理论。中国化理论是实践理论,是行动的指南。因此,中国化研究范式,与一般的马克思主义哲学史理论叙事、思想史逻辑梳理不一样,贯穿着反思的问题学范式的实践精神和主导规范。

第四个轴心范式——马克思主义出场学研究范式的纵轴,即将马克思主义发展史作为纵轴。之所以如此,是因为单纯的马克思主义哲学史已经不足以科学阐释马克思主义哲学史本身的历史逻辑,也就是说,马克思主义哲学的发生、发展、变化和演化不仅在哲学领域,也同时在政治经济学批判、社会主义批判和其他相关领域中相互作用,才真正实现。关于这一点,苏联的尼·拉宾在《马克思的青年时代》(见三联书店 1982 年版)一书中就曾经指出:马克思的哲学革命的发生是在哲学、政治经济学批判和社会主义批判多重语境相互作用中的结果。的确,在出场学视域中,马克思哲学革命即马克思主义哲学的发生不是哲学领域孤寂行动,而是在革命实践底板上多重思想领域综合作用的产物。同样,马克思主义哲学史的每一个发展行动也都不是简单的哲学行为,而是思想史整体行为,往往是在思想史研究或与其他思潮整体论战中的整体行动。我们只要看一看马克思如何在《资本论》的经济学语境中发展唯物史观,看一看恩格斯在《反杜林论》中如何整体批判杜林并对"共产主义世界观"较为系统连贯的阐述,就可以理解。更进一步,马克思主义发展史不仅仅是思想史,而且是实践史、奋斗史。出场学研究范式强调的基本原则之一就是:考察思想的出场,必须首先要揭示其让思想出场的历史场域、实践场域、时代场域。因此,在出场学轴心范式的支配和主导下,其纵轴就将单纯的马克思主义哲学史、思想史反身深入,穿透思想和文本层面,直达历史本身。这仿佛又回到了马克思恩格斯在《德意志意识形态》中所说的:在思辨终止的地方,历史才真正出场。因此,虽然马克思主义发展史范式是正在形成中的,但是它有了出场学的鲜明指向性:不仅在外延上将马克思主义哲学史拓展为整个马克思主义思想史,更重要的是它要研究的是整个马克思主义思想出场的实践逻辑和历史场域。

由原著选读的形式化、外在化的时间历史到马克思主义哲学史这一思想史范式,再到中国化这一实践哲学范式,最后进展到马克思主义发展史这一综合思想史和实践史的范式,纵轴延展越来越深入,其历史性的内涵也越来深刻,其所起的创新推动作用也越来越巨大。就马克思主义发展史而言,它要求将马克思主义看作是一个与时俱进的逻辑,不仅要看从当年马克思到当代马克思主义的与时俱进,更要揭示这一与时俱进逻辑的历史根据,看产生当年马克思思想的历史语境到当代马克思主义出场的历史语境的时代变化,然后再看这一时代变化如何影响、决定了从当年马克思到当代马克思主义的发展进程,从而为马克思主义的开放发展,为当代中国马克思主义哲学和 21 世纪马克思主义哲学的出场提供理论根据。这是一个历时态的综合的阐释逻辑,当年历史语境和当代时代语境,以及当年马克思和当代马克思主义,构成两条共进线、四个解释模块,因而构成了出场学范式指派马克思主义发展史的创新解释功能。

综上所述,我们可以得到几个结论。首先,纵轴的作用机制在于服从、服务于轴心范式,从时间历史性角度将轴心范式指派的创新导向贯彻到底。凡是一定的轴心范式,总是伴随着一定的纵轴,贯彻着轴心范式的时间历史意志,表现着时间历史创新作用,在同一层次上实现着对马克思主义哲学历史性品格的理解。随着轴心范式的层次深化推进,纵轴的历史性品格也是不断增强的。

其次,纵轴的作用还在于:支撑起团组学术格局的历史一维的功能。一个时期的轴心范式创新格局和创新图景,都需要历史之维来作为支撑。马克思恩格斯说过:我们只知道一门科学,即历史的科学。马克思主义是历史科学。历史性是马克思主义哲学、特别是历史唯物主义根本特征。创新是超越旧事物、创造新事物的历史性行动。没有历史,就没有过程,也就没有新与旧,也就没有创新指谓。因此,历史性是创新性的必要底板,创新性是历史性的必然结果。纵轴展开时间历史性,就为释放、解释轴心范式的创新驱动提供了可能性空间,也同时就架构起可能的创新格局。

再次,纵轴还具有反拨功能。凡是轴心范式具有某种反历史性或不彻底的历史性局限的,最终都将迟早会导致纵轴内部根本矛盾的集中爆发,从而促使整个轴心范式架构地位的衰落,让位于新的轴心范式。在新的轴心范式的作用下,新的纵轴历史性品格会更加深入,因而能够更好地推动理论创新。

也就是说,纵轴不仅具有从属性、执行轴心范式指派的创新功能,也同时具有修正性、反拨功能,推动轴心范式的新旧更迭。一个时期的轴心范式地位被推翻,不直接导致这一团组的解体,也不是纵轴颠覆轴心范式这一矛盾的主要方面取而代之,而是引出新的轴心范式的出场,使在整个学术图景中的轴心范式的支配和主导地位发生改变。在不只一个轴心范式存在的情况下,轴心范式之间也发生竞争,进而发生支配地位的新旧变化。

五、轴心范式的横轴

与轴心范式的纵轴一样,一定的横轴也服从、服务于一定轴心范式,成为在空间之维上存在的横向范式。它与纵轴相同的地位、作用和创新意义,我们就不再赘述。重要的是看横轴不同于轴心范式,也不同于纵轴的地方。

第一,横轴是空间指向的范式。空间指向,就是将轴心范式的创新引向即时的逻辑的建构,表现为共时态的,与共时态的相互作用性质高度一致。轴心范式的崛起是因为共时态相互竞合的产物,而横轴范式恰好就作为杠杆直接承接了这一作用的延伸,并将这一功能在轴心范式的偏好之内加以完成。历时态相互作用的结果是环环相扣的链式传导,而只有共时态竞合才导致真正的轴心范式的诞生。横轴的空间建构功能起了重要作用。没有横轴的空间建构,就没有轴心范式团组稳定的空间格局,也就没有轴心范式创新格局。

第二,横轴是轴心范式指派的共时态逻辑建构的主要完成者。教科书改革的最终目标,就是从深化对马克思主义哲学本质的理解抵达刷新体系理解。这一目标由原理研究范式在逻辑上率先加以完成。反思的问题学轴心范式所指向的以问题为中心的知识建构和逻辑建构,由部门哲学加以完成。文本文献学研究的轴心范式所指派的马克思主义哲学原典思想的逻辑结构,需要在对话范式中加以完成。同样,马克思主义出场学的理论建构,需要实践的解释学加以完成。

第三,横轴是轴心范式扩展占据整个学术图景的主要工具和主要杠杆。学术图景首先是一个空间的架构。空间的架构当然需要空间的范式来支撑。

横轴作为空间架构的范式,直接导向学术图景的空间建构。

第四,横轴对于轴心范式也具有支撑和反拨双重作用。支撑轴心范式的功能我们已经说得很清楚了。反拨作用则是指如果横轴的空间架构一旦与轴心范式的主导方向发生偏离,即发生冲突和矛盾,那么,严重的后果也会遭致轴心范式的解构。原理研究范式中许多新的关于马克思主义哲学本性和体系的理解并不都能够被教科书范式所接受,或者变成一种具有共识的教科书。如"实践的人道主义""人道主义的马克思主义"等。这些理解虽然新颖,有一定的时代创意,但是明显偏离主流意识形态和马克思主义哲学的本性,因而始终不能从论著转为教科书,甚至不能从"论坛哲学"转为"讲坛哲学",也无法实现两者的共存融通,因而其"创新"就不能顺畅地实现。反之,一些横轴空间建构超越了轴心范式的主导指向,引发矛盾,促使其走向新的轴心范式,这就是轴心范式格式塔转换的空间建构—解构的原因。如部门哲学的空间建构并不总能够促进反思的问题学进一步聚焦现实问题,有些重新把"小体系"教条化,重新走入单纯的一成不变的理论建构窠臼,如政治哲学研究将"正义"阐释重新纳入"先验"的规定,等等,因而与反思的问题学轴心范式的基本精神相背离,因而不能不被打破。打破这一教条化的努力使得学界重新去思考每一个体系出场的暂时性和历史性,因而就呼唤马克思主义出场学轴心范式的来临。

轴心范式及其纵横两轴架构的创新格局最终指向学术图景的建构,因此,在分析轴心范式及其纵横两轴之后,我们需要研究学术图景的生成。

第十三章　从轴心范式上升为学术图景

轴心范式及其纵横两轴布展的创新格局一旦扩展到整个马克思主义哲学创新的学术领域,成为主导和支配的力量,那么,就开始构建学术图景。学术图景的形成,是轴心范式创新布展格局的最终完成,也是一个时期占主导地位的创新格局和创新机制。学术图景具有自己的基本特征和主要创新作用。它一旦形成,其结构也具有致稳性和守成性,然而,在内在矛盾一旦超越了学术图景的结构稳定力,那么旧的学术图景必然被打破,而新的轴心范式必然架构新的学术图景,以进一步推动更大的创新。

一、轴心范式及其纵横坐标构建学术图景

轴心范式及其纵横坐标架构创新格局,一旦扩展到整个马克思主义哲学学术全局,那么就会形成我们所说的创新的学术图景。所谓学术图景,就是指一个时期某个学术领域研究的全局的基本结构、基本样态和基本风貌。所谓基本结构就是指在这一时期内该领域的所有学术要素及其相互关系的总和。所有的学术研究范式、学者和学者共同体、学术机构、学科、学术成果、学术传播媒介(出版社、杂志)等构成要素件,而这些要素的相互关系构成关系件。所谓基本样态,即在该时期该领域的学术研究采取什么研究范式、追踪什么样的学术问题前沿、采取何种组织化和非组织化的生产方式来生产知识。所谓基本风貌,就是指该时期该领域精神状况,究竟是思想解放、创新进取的抑或萎靡不振、保守退缩? 等等。创新的学术图景是指在该时期该领域知识创新的总体格局和生产方式。学术图景不仅是一个时期的轴心范式的结果形态和

表现形态,当然更是一个时期的该领域总体的知识生产方式。当代中国马克思主义哲学创新学术史,在这一意义上说,就是创新的学术图景的转换发展史。

那么,轴心范式及其纵横坐标为何要上升为创新的学术图景?究其原因,可以从两个方面来看。

从轴心范式及其纵横两轴的创新需要来看,轴心范式构成的超越单一范式创新功能相加和的团组创新格局,肯定要有利益最大化的冲动。创新动能如果不能实现利益最大化,那么轴心范式是不会停止脚步的。创新扩展的脚步无止境,除非遭遇其他轴心范式创新比较优势的阻碍。因此,从轴心范式的团组创新格局向创新的学术图景迈进,是这一利益功能最大化的表现。一旦实现这一转变,轴心范式主导作用和支配范围就从团组扩展到整个学术图景。

从创新的学术图景来看,一个创新的学术图景是一个创新的大格局,其中包括着若干范式甚至轴心范式。学术图景是一个时期的某领域的知识生产格局、生产方式。何种轴心范式能够脱颖而出,成为支配和主导创新学术图景的主要要素,则就获得了学术图景所有创新要素及其相互关系的所有创新功能的支持,因而创新功能的能级就会跃升。所有的研究力量都因此受到某一个轴心范式的主导影响甚至支配。所以,值得轴心范式去尽力争取上升为创新的学术图景。

由此,我们进一步追问:轴心范式与学术图景究竟是什么关系呢?显然,首先从现实的存在关系来看,是局部与整体的关系。在没有上升为学术图景之前,轴心范式不仅是自己团组的"种子",而且是学术图景架构的"种子"。而学术图景,就是这些种子赖以存在、生长并最终扩展为学术图景整体的环境、土壤和空间。其次,从矛盾关系来看,是主要矛盾与矛盾群的关系。在整个学术图景中,假定存在着不只一个轴心范式的情形下,那么,不仅一般的研究范式共时态竞合关系导致非均衡状态,轴心范式之间也存在着竞合关系,更加导致非均衡状态。必有一个轴心范式在竞合中上升为学术图景的主导范式,决定着学术图景的创新性质、创新功能和创新结构。也就是说,这一轴心范式不仅支配着自己的团组,而且影响和支配着学术图景内部其他的轴心范式的创新,支配着整个学术图景的创新运行。从矛盾论角度来看,就是一组矛盾或者矛盾群,其中必有一个可能生长为主导地位、决定学术图景性质的主要矛盾,其他则为次要矛盾。而一旦某一个轴心范式团组中的矛盾的主导方即轴心范式适应这一时期的创新需要,则可能成长为学术图景的主导范式。再次,从发展的可能性来看,是潜在构型与现实构型的关系。轴心范式有自己的团组创新格局,在没有成为占据学术图景的主导之前,对于学术图景架构来说是潜在构型,而一旦上升为学术图景,则潜在可能性迅速转变为现实构型。轴心范式不仅建构自己的团组创新格局,更建构学术图景的创新结构。复次,轴心范式与学术图景犹如自主活动与生产关系和生产方式的关系。轴心范式是自主创新的,相对活跃、相对积极,它的新旧更迭源源不断地提供了创新力,使创新力不断从低级到高级地增长,而学术图景作为知识生产方式则相对稳定、相对保守,两者之间就存在着动与静、积极与保守、变革与守成之间的矛盾。一旦学术图景不能满足时代对进一步提升创新力的要求,那么旧的学术图景必然被打破,而新的、具有更高创新功能的轴心范式必然取而代之,入主学术图景。

还是以教科书图景为例。教科书图景的横轴——原理研究话语方式脱胎于教科书,甚至起始于学者对于教科书某些内容、原理、命题的理解,话语方式依然源于教科书体系性构建和原理性表达,因此是教科书的共时态横轴延伸。但是,原理研究突破了教科书必须取得共识的规定,更能及时满足创新时代理论创新的需求,可以个性化、多样化、灵活地对"马克思主义哲学是什么"加以阐释,呈现三个超越性功能:第一,基于时代实践精神的启迪和学者个性化对马克思主义哲学本质和体系产生多样性理解。20世纪80—90年代,在实践标准大讨论和中国特色社会主义实践探索的激励下,学界提出了有别于对马克思主义哲学"辩证唯物主义、历史唯物主义"体系的理解,特别强调历史、实践、人、改变世界在马克思主义哲学革命和新世界观中的地位和作用,提出了诸如"历史唯物主义一体化""实践的唯物主义""实践本体论""人学""实践哲学""交往实践的唯物主义"等理解模式。第二,基于时代实践需要,强化马克思主义哲学创新对于各个时代实践领域创新的指导作用,拓展了原先教科书体系暂时难以包容的重大领域的创新内容,进而发展为部门哲学,如经济哲学(含财富哲学、资本哲学)、政治哲学、发展哲学、社会哲学、军事哲学、价值哲学、城市哲学,等等。第三,用时代新的伟大实践精神重新深度思考一些创始人思想和原理的不同内涵。原理研究的话语表达方式主要是论文和专著,而不再是教科书。但是,无论原理研究如何超越教科书阐释体系,但是其思维方式和话语方式仍然源于教科书,而研究的最终目的依然是希望能够通过重写教科书方式"皈返正统"。因而原理研究虽然作为"后教科书时代"的产物,但是在总体创新格局上依然服从、服务于教科书改革,整个学术创新依然呈现为以教科书为轴心的创新学术图景。

这一时期的学术图景的纵轴为经典原著选读。这一研究范式(后演变为文本文献学研究)是按照时序出场的原典选读,表现为历时态向度。但是,原著选读的"历史性"并没有表现在文本思想的出场差异上,相反,仅仅表现在外在的文本出场的时间顺序上。在本质上,原著选读仅仅是用来证明教科书所包含原理出场有据,即有原典根据而已。但是,原著选读也因为教科书改革所体现的时代内容而有新的改变。为了强化马克思主义实践观和人的哲学理解,因此展现马克思发动哲学革命的早期文本如《黑格尔法哲学批判》《论犹太人问题》《神圣家族》《巴黎手稿》(包括《1844年经济学哲学手稿》)、《关于费尔巴哈的提纲》《德意志意识形态》等被第一次纳入选读范围,极大地开阔了学者的眼界,与"人道主义与异化问题"一起,迅速成为学界争论的新热点。由教科书范式为轴心、由原理研究和原著选读为纵横两轴,就延展构型了改革开放以来的第一个学术图景。

可见,学术图景绝不是多元范式的简单叠加和自在组合,而是一个由轴心范式扩展整合的结果,也是抽象的规定上升为具体的逻辑再现。学术图景的创新功能也不是等同于一两个研究范式的功能扩大,而是在一种重构即更为复杂的构型过程中将同质性和"家族相似"的范式整合为一个完整的创新体系。在这一体系中,各个范式围绕轴心范式的指派而独立地承担着某种协同创新的功能。多种范式结构性的创新远超越单一范式,在更高层次上、更扩展空间上实现着理论创新。学术图景的创新功能因此远大于单一范式,而且与意识形态布展紧密结合,形成了一种社会意识创新结构。无论是构型还是解构,都会引起社会意识形态的某种变化。在轴心范式没有发生改变之前,相对应的纵横两轴就不会发生改变,相应地,对应生成的学术图景也就不可能发生改变。反之,一旦轴心范式的地位发生改变,那么,相应地,学术图景则必然发生转换。随着轴心范式不断发生格式塔转换,学术图景就发生新旧更迭,历史地呈现一个个既相互联系、又相互区别的知识生产机制,一种思想创新的知识型结构。

那么,轴心范式及其纵横两轴是如何上升为创新的学术图景的呢?原来,轴心范式及其纵横两轴上升之途,大致分为三个阶段。

第一阶段,是轴心范式自在构建自己的团组阶段。在这一阶段,从轴心范式自身来看,是现实构型阶段,而从学术图景角度来看,是新的学术图景的构型的潜在可能性阶段、萌芽阶段。虽然任何一个轴心范式的形成对于旧的学术图景来说都具有重要影响,都产生这样或那样的效果史,但是只要它还没有上升为学术图景,就是一个局部的存在物,就是处于矛盾群的次要矛盾地位的矛盾。只是由于它可能是新生事物,具有成为主宰学术图景的潜质。

第二阶段,轴心范式团组与其他轴心范式团组激烈争夺学术图景主导权阶段。正是在这一阶段,或者是原先固有的学术图景需要被更有创新实力、更有发展前景的轴心范式团组所归变革,或者是旧的轴心范式主导的学术图景要被新的轴心范式主导所取代,竞合关系起起落落、交替沉浮,最终才能够产生主导的轴心范式。

第三阶段,轴心范式入主学术图景,成为主导阶段。这时,轴心范式及其纵横两轴将全面接管学术图景,进而按照自己的团组创新格局来布展学术图景,建构学术图景,使之成为轴心范式的宏观整体的知识生产方式。仿佛一个灵魂入主了一部巨大无比的机器,开动起来,按照自己的意志来实现创新功能,使之成倍增强。

轴心范式一旦入主学术图景,就必然全面扩展自己的创新导向,主导和支配整个学术图景按照自己的取向来运行。因而,这一时期的学术图景就通常以轴心范式的基本规定来命名。如教科书范式入主学术图景时,这一学术图景就必然称之为教科书改革学术图景;文本文献学研究轴心范式入主的学术图景就是文本文献学学术图景;反思的问题学轴心范式造就的称之为反思的问题学学术图景,同理,出场学轴心范式造就出场学学术图景,等等。以次类推。这一命名规则表达了学术图景的主导范式的决定作用。

二、学术图景的基本特征和主要作用

轴心范式一旦入主学术图景,就会按照自己的创新导向定向地释放创新功能,使学术图景成为自己的知识生产方式。轴心范式与学术图景的关系,如前所说,类似于自主活动与知识生产关系和生产方式的关系。那么,学术图景的基本特征和主要作用究竟何在呢? 或者说,轴心范式团组为什么要入主、建构学术图景呢?

一般说来,作为一个时期一定的知识领域内的知识生产方式的总体样态,学术图景的基本特征有以下几点。

第一,从领域内知识生产的角度来看,学术图景是一个时期某个特定知识领域的总体结构、总体样态和总体风貌,因而也是其总体的知识生产方式。也就是说,学术图景本身不仅作为一种呈现在我们面前的知识消费形态、呈现形态或结果形态,而且也作为生产形态、生产方式而发挥作用的。它本身就具有功能强大的创新机制或知识生产机制。一方面,它包容着自主的创新力,不仅每一个范式,甚至学术图景自身,都是创新体。它可以将轴心范式团组所具有的创新导向转化为整个学术图景的创新导向。在这一意义上,学术图景存在着充满活力、不断增长的自主创新力。另一方面,学术图景架构一旦建立,就具有相对稳定性。两者之间的矛盾,构成学术图景的基本矛盾。

了解学术图景的基本矛盾,就是掌握了学术图景生成、发展、演化的基本脉搏。正如社会基本矛盾状况一样,可以说,一部学术图景形成和发展史,就是知识生产力、创新力与知识生产关系之间相互作用史、矛盾发展史,或曰知识生产方式内在矛盾的变革史。新旧轴心范式之所以起落转换,就是因为其创新力的大小、促进创新能力的增长的动力不同。同样,这种日益增长的创新力和创新功能,必须要找到适合于自己的创新发展的形式。一旦不适合,就严重束缚了自主创新的能力的实现,因而也就阻碍了创新进程的更大发展。因此,不能满足时代创新要求的架构、形式必然要被日益增长的创新能力的实现要求所颠覆,因此,新轴心范式团组必然就会颠覆旧的学术图景,因而就出现学术图景之间的新旧更迭。

第二,从轴心范式之间的复杂矛盾群关系来看,学术图景是一个时期轴心范式之间围绕学术创新而展开的共时态竞合关系的矛盾群总体结构和总体样态。因此,除了学术图景的基本矛盾之外,还存在着复杂的矛盾群关系。在一个学术图景中,必有一个轴心范式入主学术图景、占据主导地位和支配地位,建构总体结构,形成新的学术图景。其他范式、包括其他轴心范式团组虽然与主导的轴心范式相互对峙甚至对立,但都处在一个学术图景之内,因而又具有统一性,在学术图景中这些非主导的范式必然受其主导的轴心范式的支配和影响,从属于主导轴心范式。学术图景就是矛盾群之内部竞合关系的实现形式,也是矛盾群各个要素的暂时的共存形式和解决形式。

第三,从学术图景与范式图谱的关系来看,学术图景构成范式图谱的基本单元和基本要素。范式图谱,就是学术图景联系转换的总体过程。学术图景是一个阶段性的关键节点。它一方面既是范式为起点的重要实现目标,同时又构成范式图谱的基础。作为前者,几乎一切的范式都希望成为轴心范式,进而最终成为学术图景;作为后者,一切的范式图谱的状况都直接取决于学术图景的状况。关于这一点,我们还要详细加以说明。

学术图景的创新功能也具有自己的地位和特点。

首先,学术图景创新功能往往是一个时期整体的学术创新能力的总体结构,因而是大于所有轴心范式团组的力量简单和。学术图景仿佛像一个由轴心范式心脏和其他范式躯体结合起来的庞大的创新机器装置,将宰制一个时期的马克思主义哲学的创新格局,左右创新态势,以自己的价值取向和创新偏好来决定创新成果的产出特质和方向,最终成为哪一个时期学术创新的主要生产方式。正因为如此,轴心范式团组才有竞合主导学术图景的强烈利益冲动。

　　其次,新的学术图景形成往往标志着新的轴心范式创新导向的空间建构的完成,是图景变革、新旧转换和建构期向规范形成、稳定扩展作用期的转折点。之后,学术图景的创新功能就是在一个较为稳定的规范机制之中进行。当这一规范机制适合时代创新需要的时候,学术图景就兴盛,就强大,就稳固;反之,则就逐步衰亡。学术图景将一个轴心范式的创新功能在一个时期领域内总体框架中加以规范化、稳定化。它对于这一规范起着维护、定型、促进的作用。

　　最后,学术图景是造就和支撑创新学术史范式图谱之宏伟大桥的主要支柱。只有学术图景源源不断供给的创新能力,才构成整个40多年改革开放创新学术史范式图谱的创新之长河。

　　然而,学术图景只有不断转换、持续创新,才能构成范式图谱。问题在于:学术图景何以可能新旧更迭、不断创新地转换呢?

三、学术图景的稳定机制和当代演变

　　学术图景的创新功能虽然是巨大的,也保持自己的一个时期的相对稳定,然而却不是一经出场就永恒在场的存在。相反,学术图景却是不断更新和转换的。一个学术图景过时了,必然被新的学术图景所取代,因而发生着新旧更迭的历史过程。从抽象上升到具体的思维进程来看,这就是创新学术史的最具体然而最有规律性的展现。揭示学术图景新旧更迭的历史规律,就是展现创新学术史的范式图谱、全面揭示创新学术史的规律的有效切入点。

　　学术图景一旦形成,必然具有致稳性。这是一般生产关系都具有的根本特性之一,作为知识生产关系也是如此。究其原因,并不复杂,主要是两个方面的原因。从知识创新力来看,一种轴心范式之所以能够入主学术图景,是因为这一轴心范式比其他范式具有更大的创新效率和功能,在没有更高的创新功能的轴心范式出场之前,这一轴心范式构成的学术图景是不会退场的。反之,在没有更新的、具有更大更完善的创新功能的轴心范式支撑之前,新的学术图景是不会出场的。追求创新效益最大化,始终是学术图景内在的规定。

另一方面,从利益、权力和知识生产关系角度来看,入主学术图景的轴心范式获得了超越其他范式的支配权力,这一权力使这一轴心范式的学术共同体在研究、创新、传播自己的学术的时候获得比别的学者更多的资源,因而实现自己范式的创新功能就最为顺畅。一切创新持续性最终归结为资源的占有权和分配权。这是知识生产关系的本质之所在。一旦主导学术图景、将自己的创新导向和学术影响覆盖整个学术图景之后,不会自动和轻易放弃这一重大效益机制。在改革开放之初,当教科书轴心范式形成教科书改革的学术图景时,教科书最容易造就全国的学术影响。教科书改革最容易得到来自政府和社会、学界和出版界的通力支持。正因如此,轴心范式一旦成型,就不会放弃自己的主导权和支配权。一定会将之形成一个利益的固化结构,进而成为知识生产关系的稳定结构。在这一结构中,几乎绝大部分创新方式都采用轴心范式倡导的路径、规范和方式。因而,在教科书改革学术图景的鼎盛阶段,全国大约编写了730多种版本的马克思主义哲学的教科书,其出版发行数量达到14000多万册。肖前、李秀林、汪永祥主编的《辩证唯物主义原理》《历史唯物主义原理》(包括修订本)教材发行量均超过130万册。高清海教授主编的《马克思主义哲学基础》发行量累计也超过50万册。而伴随着这一进程的是,在全国学术论坛和讲坛上,阐释由教科书编写的马克思主义哲学的新理解、新概念、新思想、新体系等内容的成果创新占据所有创新成果总量的90%。教科书改革的学术图景在大力普及马克思主义哲学、统一全党思想、教育广大人民方面起着无可替代的关键作用,对于定型思想创新成果、推进理论创新也具有巨大的激励作用。

学术图景的致稳性还因为较好地满足国家马克思主义掌握社会意识形态领导权、推动理论创新的需要而得到党和国家的大力肯定,成为学术与政治关联的主要方式。当教科书改革成为学术图景时,党和国家肯定需要通过编写新教科书来反映时代发展的最新成果、满足指导时代实践的新要求。在中央实施马克思主义理论研究和建设工程中,编写出当代的马克思主义教材体系,就成为一大重点任务。而当反思的问题学成为学术图景时,我们党和国家在坚持马克思主义哲学基本理论的同时,又特别强调哲学社会科学研究必须以现实问题为导向,"以正在做的事情为中心",聚焦时代、聚焦实践、聚焦问题展开研究,以创新的中国理论指导创新的实践。因而,一个时期的学术图景的致稳性,还来自构建现实的意识形态的安全需要。

学术图景具有相对稳定的存在性质。在一个时期,只要时代对于理论创新的需要能够被这一学术图景所满足,只要学术图景的存在条件没有丧失,那么,学术图景就会以相对稳定的状态,以相对规范的方式大规模生产知识、创新知识。没有上升到学术图景的规范生产、规模生产的地步,任何轴心范式的创新功能不可能得到学术领域的普遍认可,也不可能成为大规模的知识生产的机制。因此,学术图景的致稳性,恰好是它的优长所在。这是恩格斯曾经指出的是辩证法"唯一保守的方面"。如果否弃这一相对于其创新条件的存在性而言的致稳性,那么,我们就陷入了某种历史虚无主义泥潭。

然而,正因为学术图景的致稳性,造成了创新的路径依赖。进而会造成这一范式必然形成某种固化的学术利益结构和创新套路,因而使内在驱动的创新功能走向自己的反面。例如,在 20 世纪 90 年代中叶之后,教科书范式的创新作用并没有随着教科书改革和编写种类数量的迅速增多而同步增强;相反,却迅速日益衰减,呈现反比例。即是说,教科书种均创新指数随着种类的迅速扩展而迅速下降,最终无限接近于零。后期编写的教科书内容几乎全盘照抄照搬先前的版本,只是在内容的繁简、难易上有所修改。编写目的已经从推动理论创新扭曲为其他非正常学术因素(为了学科专业建设、学术地位、教师职称评定等)。这说明:一种范式的创新轨迹是存在着由繁荣到衰减的周期性曲线的。可见,一种学术图景的创新驱动不可能是无限的,不可能无限供给超出其能力的创新成果。过度依赖这一范式是不行的。

也就是说,任何一个学术图景的创新驱动能力都是有限度的,其一旦形成都会造成某种利益、路径、格局固化的状况,造成学术图景内所有创新群体对于这一路径的依赖,从而使创新驱动衰减,因而与时代对于更进一步理论创新的需要之间产生脱节和矛盾,需要有更新的学术图景来替代旧的学术图景,发挥更多、更好的创新功能。因此,时代对于创新的更高要求,必然表现为一种或一组新范式的崛起,其中某一最具有创新驱动能力和支配能力的范式上升为轴心范式,进而通过轴心范式迅速成长为新学术图景的后备军。一旦通过新旧学术图景的竞合关系,最终新的取而代之,就必然呈现新旧学术图景的转换。这一转换,根本上表明了学术图景与时代创新需要之间的关系,直接表现为学术图景所容纳的创新能力释放与学术图景这一知识生产关系的关系。学术图景内在的变革机制和变革动力,就是学术图景内在存在着的不断增长的自主创新力与学术图景固有的稳定的知识生产关系的矛盾。当时代的学术创新呼唤总是不断推动着研究范式创新演化,从而不断生发出更强大、更深刻、更完善的创新能力的时候,最终总是要通过学术图景来汇总表达。当学术图景适应范式自主创新需要的时候,就能够促进范式的自主创新能力的充分发挥和全面释放;学术图景本身也就生机勃勃,充满权威性。而一旦学术图景榨干范式的创新潜力,就再也不能激发或者不能充分激发自主创新能力,从而不能满足时代创新要求时,时代的创新需要就必然会抛弃这一学术图景,那么学术图景的革命性转换时代就到来了。学术图景就是这样呈现出演化逻辑。

但是作为原有的范式或者轴心范式仍然存在着,并继续发挥着既定的创新功能,只是在新的学术图景中不再占据主导地位,退居为次要矛盾地位而已。那么,究竟各个学术图景如何产生、自身的创新规定如何呈现为一个整体的范式图谱,进而完整展现创新学术史的呢? 这就需要我们从学术图景的转换机制分析开始,展开一幅又一幅学术图景的画卷。

第十四章 从学术图景上升为
创新学术史图谱

在学术图景内部自主知识创新力发展与知识生产关系矛盾的推动下,学术图景的新旧更迭展现为一个创新学术史的雄浑画卷,这就是范式图谱。我们只有科学分析了每一幅学术图景的画面,才能最终得到连续的学术图景转换史,也就是创新学术史的范式图谱。

一、创新学术图景1:教科书改革图景

第一幅学术图景,显然是由教科书轴心范式主导的教科书改革学术图景。之所以是教科书改革图景,主要是因为这一学术图景被教科书范式所主导和支配,因而由教科书范式及其纵横两轴所主要构成。对教科书进行改革而实现创新,成为这一学术图景创新的主要指向和主要路径。

学术图景的演化也遵循着从简单到复杂、低级到高级的螺旋上升的规律。相对于而后的学术图景而言,教科书改革学术图景内在包含的轴心范式就是教科书轴心范式团组,其他范式还未正式出场,或者还处在"前范式"的状态之中。因此,相对而后的学术图景内在具有多个轴心范式而言,是较为抽象、简单而直接的起点环节。轴心范式团组直接接管了整个学术图景的大权,直接构建学术图景。或者说,是轴心范式团组与学术图景还没有充分分化的原点结构。

教科书改革图景的基本构成,是由主导的教科书轴心范式及其纵横两轴主导和支配下的其他潜在的研究范式的结合体。这一学术图景的内在结构包

括着两重矛盾关系。第一重矛盾关系,即教科书轴心范式与纵横两轴之间的关系。这一矛盾关系原先就存在,但是因为上升为学术图景后,其占据学术图景主导地位,因而主导关系而有所增强。也就是说,这一矛盾关系不仅影响它们自身,更影响整个学术图景的创新功能的发挥和演化。教科书轴心范式在学术图景中全力布展自己的创新规范,迫使整个学术图景充当自己的创新装置,一度高效地运转装置为之服务,产生相当的创新成果,成为这一图景中的学术主流。一时间几乎所有知名学者,都是编写教科书或与教科书轴心范式相关的主要人物。无人不向往,一有机会就通过编写教科书来表达创新思想、展现自己的学术在场。编写教科书在学界成为推动学术创新、使学术新思想出场甚至建树学术权威形象的主要路径和主要方式。但是,教科书轴心范式的内在局限也在同步放大。当在整个学术图景都按照一个体系、一个逻辑来阐释马克思主义哲学时,其他理解方式就会被遏制甚至扼杀。因此,原理研究对体系理解的多样性、对马克思主义哲学本性理解的开放性和创新性,与教科书范式之间的矛盾关系就会更加强烈,更在学术图景范围内影响全局。原理研究范式与教科书范式的一致性和扩展性,使学术图景定向的创新性大大增强。为此,许多教科书主编者围绕教科书改革内容而展开的研究,同时就推出许多原理研究的论著。这些论著直接与在编的教科书观点基本一致,也有部分发挥或发展的内容。但是,当对马克思主义哲学体系和本性不同的理解都作为教科书内容时,原理研究观点也随之而出现分野。如高清海教授主编的《马克思主义哲学基础(上下)》以主体、客体、主客体统一这一当年黑格尔和马克思都曾经推崇的"大写逻辑"作为自己教科书主线时,就与肖前等主编的《辩证唯物主义原理》《历史唯物主义原理》体系意见相左。因而,关于这两大体系之争,无疑就成为学术图景内原理研究讨论的主题。但是,当原理研究一再突破现存的教科书体系,而要求在更开放的意义上研究和阐释体系时,就必然加大与现存教科书的矛盾。这一矛盾的扩展,最终因为教科书范式创新功能衰减、式微而日益凸显,最终使这一学术图景崩溃,从"教科书时代"走向"后教科书时代"。

第二重矛盾关系,是在第一学术图景中教科书轴心范式团组与其他正在形成中的各种研究范式的矛盾关系。在 20 世纪 80 年代,当马克思主义哲学史研究刚刚起步没有成为自觉的研究范式,文本文献学解读还处在原著选读的襁褓之中,反思的问题学还在当事人头脑中热情激荡、还仅仅作为马克思主义"应用哲学"模糊面孔出场,对话范式还在"人道主义与异化问题"遭遇硝烟四起的氛围中采取抵抗守势而暂时还无力展开积极对话,等等,那时教科书轴心范式成为学术图景的主导,支配着这一切的研究活动。教科书范式所阐释的马克思主义哲学体系,成为最初马克思主义哲学史研究的指导和主线。至少第一本马克思主义哲学史教科书是围绕这一主线而展开的,说明在这一学术图景中,教科书轴心范式的主导作用的存在是不可否认的。原著选读还直接成为教科书体系的原典论据。"应用哲学"之所谓"哲学"就是教科书体系,无非是希望用现存的教科书体系和原理来应用到指导现代化实践之中,用实际来说明现存的教科书体系和原理的真理性,而没有转变为"以问题为中心"来创新理论、打破现存教科书体系,进而建立反思的问题学研究范式。"人道主义与异化"遭遇战还不能称之为对话,一是因为其被动性而不是主动积极对话;二是论战守成方的目的仅仅是为了"保卫现存教科书体系的马克思主义哲学",而不是开放性地去在对话中积极榨取一切思想合理资源以发展创新马克思主义哲学。因此,所有上述研究路径都暂时地围绕教科书范式而旋转,以此为轴心和依靠,来定向地展开某一方面的研究。这些多向的研究原初仿佛是教科书体系在各个方面的拓展,因而是教科书范式在学术图景中的逻辑完成。可见,当这些研究路径成为当教科书轴心范式创新功能强盛时,整个学术图景的相对应的创新成果就丰盛,创新学术史就繁荣。反之,当教科书轴心范式自身的功能衰减时,整个学术图景的创新功能同时衰减,并逐步出现内在的剥离和脱节裂痕。即是说,教科书轴心范式不再有能力完全控制学术图景这一装置,图景装置与教科书轴心范式离心矛盾加大,最终导致蜕变。马克思主义哲学史终于针对教科书轴心范式的非历史性这一内在局限而发生反叛,弘扬马克思主义哲学的历史性和开放性品格,进而在逻辑与历史关系上将颠倒了关系再颠倒过来:以往是教科书体系和原理研究体系决定马克思主义哲学史的历史逻辑,现在是马克思主义哲学史之历史性研究决定教科书体系和原理研究体系的逻辑。是历史产生逻辑而不是相反。因而,马哲史研究才走上自觉舞台,作为方法论自觉的研究范式才应运而生。同样,文本文献学解读的历史性、文本根据至上性意识才得以恢复,从而才摆脱教科书范式支配和一统天下的格局,成为自主创新、对马克思主义哲学本性和体系具有基础决定作用的范式,等等。

作为范式图谱历史和逻辑的起点,这一学术图景存在的年代最为久远,从20世纪30年代延安时期(包括李达编写的《社会学大纲》、艾思奇《大众哲学》等)一直延伸到改革开放的20世纪90年代中叶,大致有60年的历史。学术图景大致可分以下几个阶段。学术图景雏形期。在延安时代,毛泽东组织讨论、撰写"辩证唯物论讲授大纲"就是为延安抗日军政大学、陕北公学等师生讲授马克思主义哲学而编写的教材纲要,这是自觉地编写马克思主义哲学中国化教科书的雏形。这一时期的学术图景虽然没有正式形成,但是也在中国革命的关键时刻发挥了学术图景理论创新的重要作用。毛泽东组织编写中国马克思主义哲学教学大纲,是为了从马克思主义哲学认识论和方法论的高度来深刻反思陈独秀、王明等人教条主义、本本主义给中国革命带来两次大失败的严重教训,从中国革命实际出发,开启马克思主义中国化进程,把马克思主义哲学与中国革命实际紧密结合,探索正确的中国革命道路的需要。中国的马克思主义与马克思恩格斯原初语境相比有一个重大差别。马克思恩格斯的思想理论最初源自自己的民族大地,放眼世界历史。而中国的马克思主义始终面临一个重大选择:理论之根究竟是源自和依赖外国的先天传播,还是源自中国革命后天的实践创制?"十月革命一声炮响,给我们送来了马克思列宁主义"①,对于中国共产党人来说,特别是对于缺少文化知识的工农兵大众来说,是先验的思想"舶来品",而中国人要准确了解马克思主义必须通过各种"赫尔姆斯"(信使,如陈独秀、王明等人)来实现。按照这一逻辑,如果中国工农兵大众的革命实践与本本理论发生冲突,那么错误的一定是工农兵大众及其实践。纠偏的方式一定是强调"为中共更加布尔什维克化而斗争"。其

---

① 《毛泽东选集》第四卷,人民出版社1991年版,第147页。

结果,是中国革命遭受大挫折和大失败。在长征途中,中国共产党人和红军已经从军事和政治上纠正了教条主义,但是还来不及把它转变为一种哲学认识论和方法论来加以检讨。只有在延安时期,中国共产党人发动整风运动,彻底检讨哲学立场和态度,《实践论》解决了一个认识论立场转变和理论自信根基问题,指明了唯有实践才是一切认识发生的根本来源和基础,也是检验真理的唯一标准。中国化的马克思主义,只有在中国本土的实践中才能诞生。理论与实践一旦发生矛盾,错误的始终是理论。中国化马克思主义只能在后天的工农大众和革命军队的浴血奋战中一点一滴地通过本土化路径来诞生,理论的主体不是知识分子,而是工农大众,他们的实践和文化创造着自己的马克思主义。中国化马克思主义绝不是国外马克思主义在中国的简单平移,不是马克思主义一成不变的在场,而是在中国本土大地重新塑造和重新出场。中国化的不仅是话语层面的民族风格和中国气派,根本上是理论、思想、文化内容的中国化。这一石破天惊的论断,真正确立了中国化马克思主义理论自觉和文化自信的主体性,才是中国化马克思主义创制的前提条件和中国道路的真正起点。中国化的马克思主义,不仅要关注矛盾的普遍性,更要关注中国的矛盾的特殊性。要从中国革命矛盾特殊性出发,才能理解中国实际。没有《实践论》和《矛盾论》,就没有中国化马克思主义,也就没有成功走出的中国道路。因此,毛泽东组织编写马克思主义哲学教学大纲,深研马克思主义哲学的精髓,绝不是为理论而理论,而是为了打破教条、创造中国化的马克思主义哲学来指导中国革命道路。今天,站在中国道路的新时代高度,我们回望这一关键起点,无论给予怎样的高度评价都不过分。第二个时期是在新中国成立初期,我们"一边倒"地借用苏联教科书,普及宣传马克思主义哲学而形成的学术图景。这是教科书范式和思维入主学术图景、建构教科书学术图景时期。新中国成立初期,为了在全国大规模宣传普及马克思主义世界观和方法论、批判和清除旧中国大学和社会遗留下来的种种唯心主义、形而上学哲学思潮影响、建立和巩固在意识形态领域马克思主义哲学的指导地位,在全党统一思想、教育人民,需要用教科书形式来顺利达成这一目标。但是,当时由于文化落后、百废待兴,我们的马克思主义哲学研究的理论积累状况和人才积累状况都不足以支持编写出我们自己的教科书,因而一段时期主要援用苏联马克思主义哲学教科书和聘请苏联专家来在全国哲学领域普及宣传马克思主义哲学,培训中国师资,这是大规模向苏联借鉴学习期。按照苏联教科书思维来普及和理解马克思主义哲学,按照苏联教科书规范来研读教科书和做学术研究。毛泽东同志带头认真组织研读苏联的科学院哲学所主编的《马克思主义哲学基础》等教科书、苏联科学院《社会主义政治经济学》以及斯大林《联共(布)党史》4章2节、《论苏联的经济问题》等著作,对其中的许多观点做了许多眉批,对其包含的某些形而上学见解和观点也给予了尖锐批评。这一时期,既是教科书学术图景的建构期,也是中国化马克思主义哲学教科书编写的酝酿期。第三个阶段,则是中国化马克思主义哲学教科书问世和学术图景建构期。中苏论战之后,中国在批判苏联的"修正主义"基础上,加快了在意识形态领域肃清苏联思想的影响,建构中国自己的理论意识形态,保证意识形态安全,加快了编写中国化马克思主义哲学教科书的步伐。中央文教领导小组在中央书记处的指示下,和教育部(高教部)分别发文组织中国版的马克思主义哲学教科书的编写,在综合汲取了6个版本编写组成果的基础上,1961年,艾思奇主编的《辩证唯物主义 历史唯物主义》在人民出版社正式出版,成为中国马克思主义哲学教科书的经典版本。① 第四个阶段,是20世纪80年代初到90年代初,这是处在改革开放初期,随着思想解放、改革开放的实践潮头的席卷,为了紧跟时代,作"改革的哲学","哲学的改革"势在必行。于是,在中宣部、教育部支持下,中国人民大学肖前、李秀林、汪永祥主编的《辩证唯物主义》《历史唯物主义》以及李秀林、王宇、李怀春主编的文科版《辩证唯物主义与历史唯物主义》、陈先达的《马克思主义哲学原理》、肖明、董永俊主编的自学考试版《马克思主义哲学原理》、杨焕章主编的电大版《马克思主义哲学原理》等教科书家族先后问世,拉开了教科书改革大潮的大幕,奠定了新时期教科书改革学术图景的基础。这一时期,是教科书改革学术图景创新功能发挥最强的时期。作为学术图景的教科书范式所表达的马克思主义哲学样态,不仅成为所

① 参见本书第二章。

有教科书轴心范式内一切研究的基本规范,而且是其他潜在范式必须遵循的唯一规范。有关创新带动的效果,我们在第 2 章已经作了较详细阐释,在此不再赘述。第五个阶段,从 20 世纪 90 年代中叶到 21 世纪第一个 10 年,是教科书范式逐步泛化、教科书改革图景创新功能逐渐衰减期。泛化操作是教科书改革学术图景创新路径依赖、知识产生定向投射的必然结果。所有泛化的教科书编写都发生在 20 世纪 90 年代,40 多年改革开放涌现出的 700 多种教科书,60%是在这一时期问世的,其中使用对象包括博士生、硕士研究生、本科大学、专科、中专校、电大、党校、自学考试等众多读者,编写主体也分布在全国各个省市教育主管部门、各个大学、社科院、党校、国家机关、中专校等。编写的教科书除了考虑特殊对象性和教学需要的特殊性之外,在理论创新上的确乏善可陈。编写的目的已经不完全为了创新理论。这表明:一方面,教科书改革学术图景成为这一时期创新的主要路径和主要方式,被应用扩展到领域之极;另一方面,说明一旦一种学术图景抵达巅峰状态,就是它走下坡路、创新功能迅速衰减之时。而后,在 21 世纪初,这一学术图景被文本文献学解读学术图景所替代是必然的。借助中央实施马克思主义理论研究和建设工程的大力扶持,依然保持着轴心范式的创新功能。

综合地看,教科书改革学术图景五个时期创新功能或创新力曲线出版数量关系大致如下:

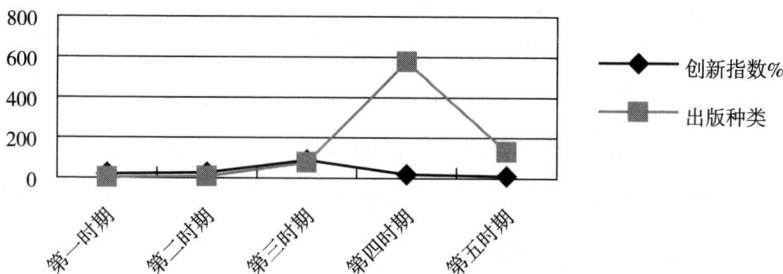

图 4　各时期创新情况与出版种类比较图

图 4 中所示,虽然在第一、第二时期的教科书出版数量并不多,但是创新指数并不低(20%—23%);而在第三个时期,则是教科书改革学术图景的辉煌

时期,出版数量大幅增长,而且创新指数也达到高峰(32%)。然而从第四个时期开始,出版数量突破570多种,创新字数却大幅降低,呈现明显的剪刀差。第五个时期,教科书改革学术图景让位于文本文献学解读学术图景,教科书出版种类数量大幅下降,然而仍然保持着一定程度的创新程度。曲线完整地表明了一个学术图景所具有的创新周期。

二、创新学术图景Ⅱ:文本文献学解读图景

当教科书改革学术图景创新指数大幅下降之时,即表明了它的创新衰减期的到来。而时代发展本身所迸发的创新需要日益增长,犹如江河奔腾一浪高过一浪,推动着创新学术史必须展现出更高的创新能力和成果来顺应时代实践的需要。因此,当教科书改革学术图景不能满足这种需要时,新的、具有更新创新功能的学术图景必将取而代之,这就是第二个学术图景:文本文献学解读图景。这一范式和图景是从张一兵的《回到马克思》(1999)开始的。

文本文献学范式原先起步于原著选读,特别是关于原典的解说。如20世纪60年代开始延展至90年代即文本文献学,关于原典文本的解说形式一直成为学界研读马克思主义哲学文本的一种常见方式。如乐燕平的《〈路德维希·费尔巴哈和德国古典哲学的终结〉解说(第三版)》(河北人民出版社1978年版)、靳辉明的《〈德意志意识形态〉讲稿》(1983)、杨适《〈1844年经济学哲学手稿〉述评》(人民出版社1982年版)等等。但是,原典解说虽然自成体系,但是在研究的方法论和旨趣上依然是依附教科书范式的,因为对它的阐释的目的依然在于论证教科书体系理解的真理性,而不是相反,将原典解读成为思想的根据,去重新编写、规划教科书体系。此外,原典解说是各自独立的,没有历史性的思维逻辑。因此,这与文本文献学解读范式探索马克思思想原初语境的追求是不一致的。

文本文献学解读成为第二个学术图景的轴心范式。之所以如此,主要取决于三个原因。第一,就文本文献学解读轴心范式与其纵轴关系来看,马克思主义哲学史研究越深入,就越对文本文献学研究范式产生深度依赖,使后者地

位凸显,进而成为新的轴心范式。马克思主义哲学史学者发现:他们对于马克思主义哲学史内容的叙事,总是被文本文献学解读的最新成果牵引而被不断刷新。因此,文本文献学解读成为马克思主义哲学史研究的前提条件和学术基础。这一内在关系,必然使文本文献学解读成为轴心范式。

第二,文本文献学解读就其与横轴的对话范式关系来看,文本文献学解读成为与西方"马克思学"争夺马克思恩格斯文本文献编纂和解读模式话语权的主要战场。马克思主义原典收集、整理、翻译和出版工作,进而开展文本文献学的解读和研究,是主动掌握马克思主义经典著作解释的话语权,坚持以马克思主义为指导,不断推进理论创新和学术创新,维护国家意识形态安全的迫切需要。目前,在这一领域,中国还面临很多挑战。首先,虽然从总体上看,我国虽然现在是翻译马克思主义经典著作最多最全的国家,但与其他有关国家相比,我国的马克思主义经典文献典藏还比较落后。马克思恩格斯的手稿原件,三分之二收藏在荷兰,三分之一收藏在俄罗斯(原苏联)。许多国家专门设立了收藏马克思主义文献、研究马克思主义理论的专门机构。例如,德国的国际马克思恩格斯基金会、俄罗斯的国家社会政治史档案馆(原马克思列宁主义研究院)、荷兰的阿姆斯特丹国际社会史研究所、比利时的布鲁塞尔马克思研究所、英国伦敦马克思纪念图书馆,等等。甚至日本,其收藏的马克思主义文献也远远多于我国。缺乏文献典藏支撑,掌握经典解释权和话语权就失去了基本前提。此外,文献研究、文本解读水平也相对落后,翻译、解读、研究专业人才严重匮乏,这就严重阻碍了掌握解释话语权的进程。其次,随着开放进程的加速,国外的各种马克思主义研究,如西方"马克思学"、西方马克思主义、后马克思主义都对我国的马克思主义研究有很大影响。他们对马克思主义经典文本作了深入详细的研究,对消除某些针对马克思主义的误解等方面有启发意义;但是,他们更多地对马克思主义提出了质疑和挑战。如何积极回应挑战、开展对话,就成为中国学界"保卫马克思"的一大任务。不在马克思恩格斯文本文献编纂和解读模式上争得中国话语权,那么,那么中国马克思主义研究就永远受制于人。因此,这一战场随着对话的深入必然要延伸到对马克思恩格斯文本文献编纂学和解读模式这一深层地带来展开。轴心范式与纵横两轴之间的关系也因此被限定：文本文献学解读水平和模式决定着中国马克思主义学者对话能力和马克思主义哲学史研究水平，而对话与马克思主义哲学史研究水平反过来强力推动着中国学者文本文献学解读水平的提升和解读模式的创新。

第三，作为学术图景主导的轴心范式，文本文献学解读具有的独特创新功能。首先，第一次真正以文本文献学方式考察马克思恩格斯思想的原初语境，把版本学、编纂学、目录学和校勘学等文献学研究方式看作是推动深度理解原典意义的有效方式，当作创新中国马克思主义哲学研究的基本路径之一。在这一范式看来，需要破除以往作为理解马克思原典方法论前提的错误预设，认为"文以载道"，无论文本结构如何变化都不会影响思想的意义。人们甚至将马克思恩格斯文本看作是现成在手状态、一成不变的在场，认为文本是被意义单向决定的，可以被随时随地现成地"据有"的，只要翻译一套全集，打开一部文本，马克思恩格斯的思想就会在一个现成的平面上跨时空地展现。殊不知文本文献结构也造就意义，决定思想意义的生成。这些思想意义在马克思恩格斯的文本文献样态中存在着大量的手稿、札记、笔记和其他文本文献形态中存在，如果人们的文本编撰方式发生改变，那么理论意义就可能相应改变。马克思恩格斯的思想绝不是"现成在手"而是需要"不断上手"的，或者说，需要重新解读、重新出场。以不同的话语和阅读方式面对相同的文本文献，其解读结果可能呈现出根本差异。不仅意义决定文本文献样式，文本文献样式承载意义；同时文本文献结构、样式也决定文本的意义。文本文献结构的改变可以相应改变文本意义。西方"马克思学"与中国学者由于编纂解读模式不同，因此，原初文本文献呈现的意义也大相径庭。西方马克思主义、人本主义、阿尔都塞、苏东学者以及中国以往的解读模式各不相同，因此，同一文本文献在不同的学者视域中展现出差异的意义，其原因就在于此。因此，中国马克思主义研究必须重视建立自己的编纂学和解读体系。近年来，在资深学者原著选读基础上，在以张一兵、王东、何萍、聂锦芳、魏小萍、韩立新、唐正东、胡大平、张亮、周嘉昕等为代表的一批中青年学者的深度耕犁下，文本文献学解读领域硕果累累，影响日隆。其次，以张一兵的《回到马克思》一书为标志，以批判非历史地引证文本文献为突破点,文本文献学研究范式主张回到马克思的原初历史语境,以对文本的深度耕犁来大力推动当代中国马克思主义研究的历史自觉和发展自觉。其三,文本文献学研究范式成为一种创新马克思主义哲学的当代方式。这一解读的前理解是时代的和创新的,是用创新视域的对话来让马克思"大声说话",让文本意义真正向当代人开放。其四,多层推进文本文献学研究。其中至少包括了文献学、认识论、文本解释学三个层面的研究。文献学是基础,版本、目录、编纂和校勘决定文本结构。认识论探索的是文本文献结构及其与意义结构的关联。文本解释学层面进一步追问解释的意义。在有没有文本原意、什么是文本原意问题上,学界展开激烈的争论。客观解释学、主观解释学和哲学解释学都在这一问题上有自己的主张。

以这一范式为核心形成的经典学派,带有较为浓郁的学院派风格。这不仅体现在他们"板凳须坐十年冷,文章不写半句空"的严谨学风,更体现在文献学研究所必然依赖的目录学、版本学、编纂学等的技术范型。这一范型也成为他们从事国际学术对话的优势基础。他们可以用同一种技术范型来相互交流和相互印证。也正因如此,这一派的某些学者有技术至上主义倾向,重技术而轻思想,可能导致"学术登场、思想退场"。文本文献学研究范式在真正激活了马克思主义哲学史历史灵魂的同时也激活了与以 MEGA2 整理出版为标志的西方"马克思学"的对话,进而形成了第二个学术图景。

与上一个学术图景相比,文本文献学解读学术图景呈现的最大特点在于:上一个学术图景主要是逻辑的、原理的、横向布展的,而这一学术图景有巨大的历史感为基础,偏重于对马克思主义哲学做历史的、演化的和纵向差异的研究。

文本文献学解读图景的主导原则是文本文献学研究轴心范式及其纵横两轴:马克思主义哲学史研究范式和对话范式。但是,这一学术图景还包含着刚刚从学术图景主导位置上退位的教科书轴心范式,因而呈现出一个学术图景包含着双重轴心范式的结构,因而其内部结构情形比原初教科书改革学术图景要复杂得多。就范式的历史链式关联来说,教科书范式对马克思主义哲学体系的单一性理解内在的教条化局限被原理研究范式对体系理解的开放性出

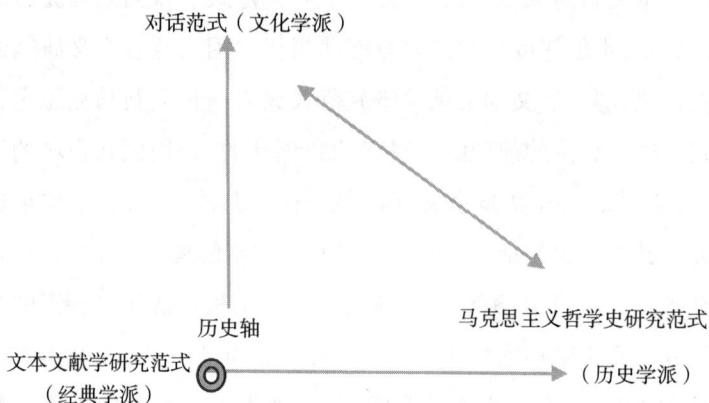

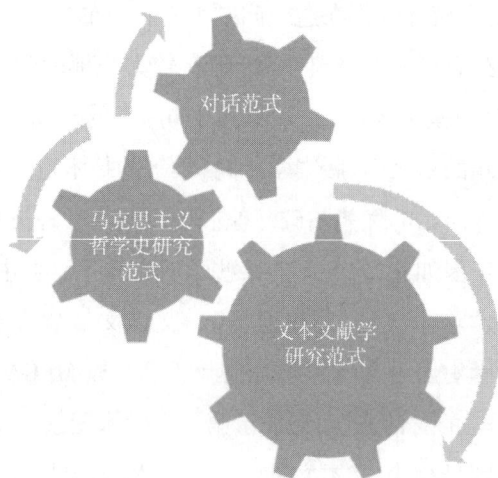

图 5

场所打破,而教科书范式和原理研究范式共同的非历史性的思维方式局限又被马哲史研究范式所打破,而马哲史对原典研究不够深入的局限又被文本文献学研究范式所弥补,文本文献学研究范式可能存在的所谓"本本主义""顽强的崇古意识"又被对话范式所主张的当代意识所取代。但是,在学术图景之中,文本文献学解读轴心范式处在一个共时态的矛盾群关系之中。

文本文献学解读图景内部至少发生着三重矛盾关系。第一重矛盾关系,即文本文献学研究轴心范式团组自身的内在关系,即这一轴心范式与马哲史和对话纵横两轴的关系。如前所说,一方面,文本文献学解读的深度和广度的成果直接为马哲史作出源源不断的创新知识供给。不仅如此,为了将文本文献学解读进展成果及时转化为马哲史,南京大学自2017年开始计划用20卷规模推出"基于文本阐释的马哲通史研究丛书",将文本文献更加细致的解读成果直接转为马哲史样态。此外,还用多卷本作马克思恩格斯思想流传史研究,等等。这些研究,必将大大促进文本文献学研究轴心范式对于马克思主义哲学史的促进功能。同样,文本文献学研究成为对话范式的理论底气和底蕴。而马克思主义哲学史研究和对话范式又源源不断地对文本文献学研究提出新的诉求。当文本文献学研究范式不断满足纵横两轴范式的创新要求时,轴心范式团组在学术图景中的作用就日益凸显,主导和决定作用就日益明显起来。在这一意义上,文本文献学研究轴心范式与纵横两轴之间建立了稳固的相互支持的连带关系。另一方面,文本文献学研究轴心范式又与纵横两轴之间存在着差异和向度上的不一致,具体表现为:单本原典解读与马克思主义哲学史思想流变之间的差异;"回到马克思"的崇古意识与对话范式的当代指向之间的矛盾,等等,因而使得文本文献学研究范式不时地遭受到来自纵横两轴的挑战和压力。文本文献学也因此作出反应:从2005年起,许多文本文献学解读专家(如南京大学学术共同体中的张一兵、唐正东、胡大平、刘怀玉、仰海峰等)将文本文献学解读对象从马克思主义哲学原典延伸至当代国外马克思主义学者甚至当代西方学者的文本文献解读,其中包括了卢卡奇、葛兰西、科莱蒂、哈贝马斯、鲍德里亚、齐泽克、大卫·哈维、杰姆逊、福柯、德里达、阿甘本、巴笛欧、阿德勒、拉康等。或者说,将对话范式对象纳入文本文献学研究范式之中加以一体化研究。然而,正是对话范式一度成为文本文献学解读图景中最活跃、最具有创新度的范式。创新指数超越所有其他范式。因为每一个新出现的对话对象,起初对于国内学者来说都是全新的,需要一段时期的理解和消化。知识的消费是需要周期的。而在开放大潮中,学术创新本身的需要,使学者争先恐后地去挖掘、介绍和研究国外学术思潮、学术人物的思想,大规模翻译出版国外学者的著作,频繁举办有国外学者参与的国际学术研讨会,逐步填平过去封闭时代造成的学术鸿沟,走出去、请进来地展开全方位的对话,使中国马克思主义哲学在对话中产生越来越多的思想创新火花。改革开放40

多年来,这一学术繁荣场景,在中国历史上为人所仅见。

第二重矛盾关系,即文本文献学研究轴心范式团组与学术图景内其他轴心范式的关系。其中主要是与教科书轴心范式团组的关系。这是第一个学术图景所未见的。这表明第二学术图景在复杂程度上超越第一学术图景的地方,正是由于这一关系,才潜在地包含着范式图谱的可能性。或者说,文本文献学研究轴心范式团组与教科书轴心范式团组的关系,就是范式图谱的原生的和潜在的形态。范式图谱仿佛就是这一轴心范式团组之间关系的展开形式。教科书轴心范式团组从学术图景主导巅峰跌落后,丧失了主要矛盾地位,下降为次要的从属矛盾,但仍然以轴心范式团组方式保持着创新的态势,不过不再是支配整个学术图景的创新装置而已。不仅如此,教科书范式团组的创新功能的发挥反而更多地受文本文献学研究轴心范式的支配和影响。教科书编写对于马克思主义哲学本性和体系的理解,更多地要参考文本文献学研究的结果,以后者为依据,而不是像先前那样两者关系正相反。

第三重矛盾关系,文本文献学研究轴心范式与其他正在形成中的范式的关系。就这些方面而言,处在襁褓中的新范式从依靠教科书轴心范式转而依靠文本文献学研究轴心范式,其创新的资源和方向有所调整。"应用哲学"从教科书范式汲取自己的理论原则转向更多地从马克思的原初语境获取思想资源。如正在形成中的政治哲学更多地研究马克思本人的"正义"论述,而不是停留在原初教科书一般唯物史观的论述上。经济哲学则更多地研究马克思政治经济学批判的文本,从《1844 年经济学哲学手稿》到《政治经济学批判第一分册》再到《资本论》及其手稿,深度参与到文本文献学解读研究活动之中,从经济哲学特定的角度去理解马克思的原初思想。当然,随着这些解读的深入,一个内在的矛盾始终需要解决,那就是:文本文献学研究范式主张的如何"回到马克思"与对话范式以及"应用哲学"所指向的"反思的问题学"范式所主张的如何"让马克思走入当代"之间存在着巨大张力。当年马克思与当代马克思主义之间客观上存在着历史间距。跨越这一历史间距的实践解释学只能告知我们:马克思主义是活的思想在场的真理体系,因而不能把马克思文本、思想研究仅仅当作一种历史兴趣。我们研究的目的始终是指向当代、指向实践的。因此,如何让马克思走入当代,创建当代中国马克思主义哲学,成为中国马克思主义哲学研究的一个根本宗旨。为此,必须让我们的双脚牢牢地站在中国的大地上,倾听来自中国实践的呼声。

三、创新学术图景 Ⅲ:反思问题学图景

张异宾(张一兵)的《回到马克思》的致思取向先后受到主张"让马克思走入当代"的对话范式、"激活马克思思想资源以指向现实"的"反思的问题学"研究范式的公开挑战。在这些范式主张者看来,文本研究如果远离当代、远离实践、远离对话,仅仅成为高墙深院中高冷的"技术范儿"们的历史旨趣,那么必然与马克思主义作为时代精神的精华、文明活的灵魂的本真意义相悖,与马克思改变世界的宗旨不合。也许今天看来这是对文本文献学研究范式的某种偏误,但是在当时的争论中却得到了学界的高度认同。在中国时代的实践蓬勃大潮催动下,马克思主义哲学走入生活、聚焦问题、反思实践,成为创新的主流。因此,反思问题学图景时代就到来了。

反思的问题学之所以成为第三个学术图景,是因为反思的问题学轴心范式主导学术图景的必然结果,这主要由于以下三个原因。第一,这是文本文献学解读图景主张的"回到马克思"做原典阐释的研究取向与马克思主义实践性、当代性之间的矛盾所致。至少从表面看来,如火如荼的中国特色社会主义伟大实践需要理论直接面向时代、面向实践创新理论以指导创新的实践,而文本文献学解读图景则面向过去,对原初语境和原典文本做深度耕犁的功夫,两者之间不仅在致思取向上、也在实际的精力分布上产生矛盾。更为关键的是,我们究竟如何对待马克思之后的马克思主义,特别是如何评价170多年来马克思主义的发展,如何看待作为马克思主义中国化伟大成果的中国特色社会主义。如果仅仅拘泥于原版的马克思,那么,就必然会非历史地否定、抹杀马克思之后的马克思主义,特别是否定和抹杀中国特色社会主义,造成"原初马克思"与"当代马克思主义"之间的断裂甚至对立。这是一个非常重大的原则问题。因此,在文本文献学研究轴心范式团组内部,对话范式就主张"让马克

思走入当代",与文本文献学研究范式意见相左。进而,反思的问题学研究范式进一步将研究马克思究竟是为了"回到当年"还是"走入当代"的争论推向极端,用面向时代和实践的"问题学"思维来回应时代实践问题焦虑对于单纯埋首文本研究而忽略现实学风的不满。说到底,反思问题学图景取代文本文献学图景,从根本上说,是时代和人民对于学术图景的取向作出最终选择的结果。

第二,转向反思的问题学图景也是文本文献学解读图景内在矛盾的解决形式。文本文献学解读绝不是如对话范式所指责的那样,"回到马克思"导致"顽强的崇古意识";相反,研究者从一开始表明应当用时代的视域重新观视和解读原典,得出与时代相契合的理论,以推动当代中国的马克思主义哲学的创新。可以说,从"时代视域"出发这一点成为关键。问题在于:什么是时代视域,以及如何判定什么是时代视域呢?同样,作为文本文献学研究轴心范式的横轴,对话范式展开的双方是中国马克思主义哲学与国外马克思主义乃至西方思潮,那么判定对话的时代性真理内容的标准又是究竟何在呢?最后的结论只能指向时代的实践。时代实践底板成为文本文献学研究范式时代视域的源泉,也同时成为判定对话双方思想撞击是否对准时代问题中心,以及何为真理的唯一标准。因此,没有反思的问题学研究范式主导的学术图景,也就没有冲破上一个图景的藩篱、推动理论进一步创新的可能。

第三,全面展开反思的问题学图景,也是反思的问题学研究轴心范式创新功能自身扩展的需要。与早期(20世纪80年代)初创的"应用哲学"相比,反思的问题学范式在理论与实践、思维与问题之间关系上是一次哥白尼式的革命性转换。脱胎于教科书和原理研究的应用哲学,尽管抱有面向现代化、面向实际的伟大初心,也力图想摆脱原先的教科书和原理体系,根据实际来创新理论,但最终还是成为了教科书和原理体系的派生物。这部分是因为原初教科书范式一统天下的主导作用十分强大,呈现"霸权"状态,成为马克思主义哲学唯一的解释;部分原因是改革开放的现代化实践的发展依然不够充分,还不足以颠覆教科书体系的主导地位。说到底,应用哲学不是根据实践去构画理论,而是以现成的理论去应用、剪裁实际,本质上还是以理论、以教科书体系为轴心的。因此，人们对应用哲学的体认，大致停留在与将马克思主义哲学"通俗化""大众化"相类似的理解上。而反思的问题学研究范式则不同，它彻底翻转了理论与实践的关系，因而用"以问题为中心"来取代"以理论为中心""学术学科为中心"的思维，这里的哲学不再是一种教科书体系在实际生活中的贯彻和应用，而是相反，根据实践、时代、问题的本身逻辑来提炼新的哲学、新的理论，创新发展面向中国经验的马克思主义哲学。作为反思的问题学研究范式的横轴，部门哲学需要迅速摆脱对教科书体系的依附状态，思想解放地在新的部门领域内自由翱翔。因此，也必然推动这一理论与实践关系的翻转。许多部门哲学体系是从实际出发，以马克思主义哲学世界观和方法论从一个概念、一个原理的点滴积累开始，创造出全新的哲学体系。创新力呈现前所未有的强劲势头。

反思的问题学图景的本质规定在于：第一，以问题为中心，成为这一图景的基本方法论规范。无论是反思的问题学研究范式，还是其横轴的部门哲学和纵轴的中国化研究范式，一个共同的方法论规定就是摆脱了原初的以理论为中心的束缚，转而以问题为中心，"以正在做的事情为中心"。第二，对问题学并不是采取经验层面、实证层面的皮相研究，而是以马克思主义哲学批判地反思。因而，这一学术图景十分注重作为问题的反思性或自反性。既反对提问方式和问题本身脱离实际的形而上学，主张问题和提问方式的实践性，又反对问题和提问方式的实证主义。因为实证主义对实践、经验的认知只有肯定的单向度而缺乏否定的向度，因而没有反思性。第三，反思的问题学图景创新总是呈现一种归纳推理逻辑，从问题—立场—经验—多个经验—普遍经验—抽象理论，进而成为中国马克思主义哲学的新内容。

反思的问题学图景具有更加复杂的内在矛盾关系和基本结构。矛盾群关系包括三个方面。第一，它自身的轴心范式团组内部的矛盾关系，包括它与纵横两轴：马克思主义哲学中国化研究范式与部门哲学研究范式。反思的问题学意识无疑构成这一轴心团组共同的方法论规范和基本路径。它们都主张以问题为中心；它们都要求对问题加以反思批判分析；它们遵守从问题和实践出发来重新构建理论，而不是教条地从原初教科书体系的原理出发一成不变地剪裁现实。这构成这一轴心范式团组的共同性和统一性。但是另一方面,它们之间依然有差异和对立。因为反思的问题学研究范式对于原初理论体系至上的反叛、强调以问题为中心、以解答问题为关键,往往是跨界的、非原初知识学科界定的。问题的产生和解答不可能恰好完全存在于哲学领域,而总是在哲学边界之外,广泛涉及科学技术界、经济学、政治学、法学、社会学、人类学等。解答问题往往需要对知识体系重组或重新编码,无论是关于全球化、新科技革命、信息化、生态、发展等问题都是如此。此外,知识重新编码的需要,使我们重新升起一种欲望,即分门别类地重建知识体系来系统地、有效地解答问题的欲望。这样,根据问题的性质,大致将之归于某个相对稳定的知识领域加以解答的冲动,就导致部门哲学的蓬勃兴起。部门哲学研究范式超越反思的问题学研究范式最显著的地方,就是将生活中的问题先转化为部门哲学问题,然后在部门哲学领域内运用系统知识建构来加以解答。这些知识体系不再是原初教科书体系的简单再版和单向辐射,而是根据问题中的哲学解答的重建。但是知识体系的重建,使部门哲学重新归于一种体系哲学,然而是实践哲学的体系。由于反思的问题学研究范式主导,在学术图景内的部门哲学始终是实践哲学而不是理论哲学。时代问题的发生也不仅仅是中国的,我们跟随问题的脚步往往引导我们偏离原初聚焦中国问题的初心。因此,如何更为精准地聚焦中国实践、中国道路、中国问题,得出自己的当代马克思主义哲学的结论,用当代中国马克思主义哲学深刻地表达中国道路和中国逻辑,就成为马克思主义哲学中国化研究范式所致思的目标。

第二,就是反思的问题学研究轴心范式团组与教科书、文本文献学等两个轴心范式团组的关系。这比上一个学术图景更加复杂,如果是第一个学术图景中的轴心范式主导是个别,第二个学术图景中的轴心范式主导是特殊,第三个学术图景中的轴心范式主导地位特性就成为普遍。就退出主导学术图景的轴心范式团组而言,原先主导过学术图景的两个轴心范式团组依然在团组内部发挥着重要的创新功能,并没有随着主导地位的衰落而完全丧失创新能力。但是,对于反思的问题学研究轴心范式团组在学术图景的主导地位而言,上述两个轴心范式团组表现为一定的从属性和被规定性。教科书范式原初的内在矛盾——不断变化的时代性内容与相对稳定的教科书话语表达之间、真理的相对性和发展性与原理和体系的相对完备之间的矛盾。这一矛盾永远存在，因为时代实践的内容发展变化无止境，那么推动教科书体系改革也无止境。在学术图景中，教科书范式更直接面对来自时代实践的源源不断的内容，从而加速了教科书体系向时代实践内容的靠拢，解决两者之间的脱节问题。因此，教科书范式、原理研究范式成为反思的问题学研究范式知识创新的结果形态，在图景内不断更新着自己的呈现样态。原理研究的大体系与部门哲学小体系在实践基础上重新双向对接。同样，在学术图景内，原著选读和原理研究纵横两轴的创新也不断随着反思的问题学研究范式造就的日新月异的创新变化而变化。人们更加注重带着时代实践、中国道路现实中的问题来到原著中寻找启迪的思路、可能的答案。文本文献学研究轴心范式群组的创新功能也是如此。可以说，我们援引英国默会知识论哲学家波兰尼的两个概念：文本文献学解读虽然"焦点意识"依然在原典文献，但是其"支援意识"却越来越深深地扎根于反思的问题学之中。人们日益带着时代问题、实践之争去解读文本文献、研究马克思主义哲学史、展开对话。

第三，反思的问题学图景与以往学术图景的关系。图景的新旧更迭，源于轴心范式的主导地位的更迭，但是又高于轴心范式，是创新的基本格局、基本架构的根本变革和总体转换。转换和再转换前后的图景关系的总和，构成范式图谱。一个学术图景被另一个图景所取代，只是因为后起的图景中的主导轴心范式的创新功能远远大于前者中的主导轴心范式，因而后起图景的创新总体功能也超越了前者、或者总体弥补了前者的根本局限，而被时代所推崇。

学术图景一个比一个更有效能，涉及学术图景的进步。科学哲学史家拉卡托斯在评价所谓"进步的科学纲领方法论"时曾经提出三个标准：一是包容和解释比以往科学纲领更多的科学事实；二是能够解决以往科学纲领中的反常事实；三是能够比以往纲领具有超前的预见性。如果将其变成学术图景的转换标准，那么应当称之为：衡量和判定所谓进步的学术图景的标准就是：其一，新的学术图景比被其所代替的学术图景具有更多的创新能力，能够包容更多的创新潜力和生产更多的理论知识成果。正是在这一标准的意义上，我们看到:时代是思想之母,实践是理论之源。时代和实践发展永无止境,导致理论创新永无止境。时代和实践对创新的需求日益增强,新情况、新问题、新课题层出不穷,要求学术图景的知识生产能力不断增长,如果不能满足这一要求,那么必然被淘汰。而一切创新之根源都来自时代、来自实践,因而面向时代和实践活生生的发展大潮的反思的问题学图景,必然造成比以往的学术图景具有更大的创新契机。正如陈先达教授曾经指出的:一切哲学都是首先来源于问题中的哲学,然后才转换为哲学中的问题。① 因此,对现实、时代、实践问题的认证,肯定是超量的,这正是进步的学术图景之根据,也是其标志。其二,能够解答以往学术图景不能或难以解答的反常事实。以现成理论体系为教条的"体系—学科中心主义"面对来自时代、实践的挑战是经常发生的。如果我们能够科学解答,那么理论就发生创新地发展;如果我们不能按照原有的理论体系去解答,那么就是"反常事实"。这些反常事实在中国共产党的理论创新史上多次发生。当陈独秀、王明教条地照搬经典作家的话语去剪裁中国事实而导致中国革命的失败时,相对于他们的教条主义理论,实践挑战就是"反常事实"。而当文本文献学解读坚守马克思恩格斯文本中的某些思想而不能见融于中国道路的伟大实践之时,依然是面对着"反常事实"。正如当年毛泽东同志在《实践论》中提出"一切真知都是从直接经验发源的""实践是检验真理的客观标准",才真正打破教条主义的迷梦,使"一切从实际出发"的马克思主义中国化道路从此真正确立起来。改革开放的伟大历史依然是从"实践是检验真理的唯一标准"这一确立马克思主义思想路线的大讨论开始的。它的思想之矛不仅指向"两个凡是",而且指向一切不适合当代中国道路开辟的一切以往的理论和话语,包括经典作家已有的某些文本结论。因此,如果我们今天的实践需要破除观念崇拜和教条主义,那么反思的问题学的学术图景肯定其思想解放、创新推动的功能远大于以往。文本思想无法包容的反常事实,如对社会主义市场经济的开拓,只有在实践中才能给予科学解答。我们不无根据地说,每当历史转折的重大关头,都是因为存在着关键的"反常事实",

---

① 参见陈先达:《历史唯物主义当代中国》,中国人民大学出版社 2019 年版。

需要我们在实践探索中创新理论来加以攻克。攻克反常事实,毫无疑问都带来理论的大创新、事业的大发展。其三,新的学术图景肯定具有比以往图景提供更多的创新预见力、更深远的创新前景。就像变革生产关系能够解放生产力、为生产力的发展提供更大的空间一样,进步的学术图景肯定更能够解放知识创新力、提供更广阔的发展空间。历史是如此,现实更是如此。就时代特点而言,这一时代的中国马克思主义是思想大解放、学术大繁荣、理论大创新的时代,其鲜明特点决定了学术图景必须要直面问题本身。众所周知,中国特色社会主义是前无古人的事业。创新发展是基本方式。实践创新所折射出的理论创新和学术创新,形成了所谓学术前沿。在前沿话语上,我们对前沿理论话语的研究成为一种对话,一种撞击心灵和头脑的对话。然而,对话不是悬搁在空中的幽灵碰撞,而是由时代为底板的思想对话。要真正理解前沿,不仅要了解话语样态,更要理解话语所反映和表现的时代底板。我们的对话是基于时代问题底板、为了解答时代问题而展开的时代对话。时代问题、历史语境是评价对话在场根据及有效性和真理性的真正尺度。对话是为了促进我们能够更真实地面向事情本身。因此,深描、对话、评价如果发生"脱域",即脱离问题本身,那么就将毫无价值。当然,中国特色社会主义实践变革和理论探索深广度都是史无前例的,因而解答时代问题的当代中国马克思主义也扩及到了前所未有的高度、深度和广度。其中,不仅有作为整体性的马克思主义基本原理的深化,也包括前所未有、不断涌现的新问题、新领域、新课题,引领当代中国马克思主义不断创新,形成学术的新概念、新理论、新话语。先有问题中的学术,后有学术中的问题。在实践中不断涌现的前沿问题逻辑在开拓和引领理论创新的逻辑。因此,我们如果没有对问题逻辑有一理解,那么,我们对理论学术前沿的深度理解也将是不可能的。

反思的问题学伴随着时代实践的迅猛发展而发展,颠覆观念至上论的权威,而返归历史、时代、实践、生活,弘扬马克思原初出场时倡导的以改变世界为宗旨、以行动指南为品格、实践哲学的本真性状态。那么,历史实践序列与思想序列之间的关系,究竟如何加以综合评价呢?或者说,思想史如何出场的?这就带着我们去叩问马克思主义出场学。

四、创新学术图景 Ⅳ：出场学图景

40 多年改革开放史，伴随着马克思主义哲学创新学术史，本身就呈现着一种宏观的出场学架构：中国道路与哲学表达的关系，就是出场学关系。追问让怎样一种当代中国马克思主义哲学形态出场，实际上就是在做一个出场学追问：评判标准只能是中国道路、中国实践，而研究视域需要聚焦于中国道路、中国实践何以产生以及产生什么样的当代中国马克思主义哲学形态。这因而就将时代的马克思主义哲学研究推向一个本质性深层追问的范式图景：出场学图景。

出场学图景就是以出场学轴心范式团组为主导的学术图景。这一学术图景的基本规定，有以下几个方面。

第一，出场学图景是所有以往范式的总体关系的安置结构，是包容着以往范式的体系。黑格尔曾经在《哲学史讲演录》的导言中说过：全部哲学史以往被看作是厮杀的战场和死人的王国。因为哲学体系一百次、一千次建立起来，又一百零一次、一千零一次地被摧毁、被解构。早上抬别人脚出门的人，晚上就被别人抬走。因而，没有一个哲学是活的。然而，正是在这一片否定性的体系之中，存在着不灭的真理颗粒，或具有生命力的基本范畴，它们内在地构成了一个逻辑体系，而所有死人王国的哲学中的基本范畴都构成了这一逻辑的必要环节。这就是逻辑与历史的统一。范式演化虽然没有像黑格尔对哲学史原初状况评价所说的那么严重，但是有一点相类似，在历史链条中似乎没有一个范式对于前此以往的范式不是否定性的，似乎所有范式最终都被否定，而只有最后出现的，才真正站住自身。就像黑格尔否定前此以往的哲学，是为了证明哲学大全的历史运动最终落到自身即成为黑格尔哲学的逻辑一样。而我们的研究不是这样的结论。在一个学术图景被否定之后，其原初主导的轴心范式团组依然存在，依然在轴心团组内发挥着创新功能，只不过不是主导学术图景的力量而已。此外，出场学图景对于以往范式的总体安置性，并不是简单地消灭了以往所有范式，将它们纳入自身成为一个逻辑的环节；而是仍然保留着它们的存在的独立外观,同时又将它们作为自己的学术图景的一个环节而发挥作用。这种以往范式以不同以往方式的双重性在场,包括出场学研究范式自身在内。

例如,教科书范式、原理研究范式、马克思主义哲学史研究范式、文本文献学研究范式、对话范式等作为一个序列,即思想本身的序列;而反思的问题学研究范式、部门哲学研究范式、马克思主义中国化研究范式作为另一个序列,即时代、历史、实践的序列,即思想出场的历史基础层面。连个序列之间的关系,就构成了一个出场学图景关系。其中以往每一个范式都可以作为出场学图景的一个不可或缺的重要环节而存在,但是,它们事实上并没有完全破产、被清算,仅仅作为碎片被出场学图景所吸纳。相反,它们依然保持着自己的范式的独立性,甚至轴心范式团组的独立性外观。出场学图景只是在汲取它们的功能而加以组合。

第二,作为范式、轴心范式和图景,出场学在发挥着不同的作用,因而有着不同的内在规定性。作为研究范式的出场学,主要是针对马克思主义哲学如何与时俱进地出场逻辑这一中心话题来阐释历史根据和出场形态的方法论。它当然不满足于现成地接受任何一本教科书体系、原理研究或者文本文献学对原初马克思思想在场样态的无反思描述。它致力于反思马克思的思想出场的根据和路径,进而穿透这一在场的思想样态背后去发现历史本身,然后再看这一历史如何造就了思想,出场过程和路径是什么,展现怎样的出场逻辑。作为轴心范式,出场学一方面以未来的马克思主义发展史为纵轴,另一方面则以实践解释学为横轴。马克思主义发展史不仅是思想史,更是实践史、现实史。因而,自身就包括出场学所需要的历史与逻辑两者关系。实践解释学同样自身也包括思想本身与实践关系。因而,它们既不同于淡出的主观性,也不同于片面的客观性,而是两者的合题。也就是说,实践解释学既不同于片面的文本文献学研究范式所仰仗的文本解释学,也不同于片面的反思的问题学,而是两者的统一。用实践、历史、时代来阐释文本、思想的出场路径和出场形态,构成一个出场学意义上的完型。作为学术图景的出场学,将出场学轴心范式主导全盘,支配和主导着整个学术图景的创新功能。出场学轴心范式不仅支配和主宰着自己的纵横两轴,而且支配和主导着其他所有的轴心范式团组,构成最为复杂的综合统一体。可以说,出场学学术图景将范式为起点的抽象上升到复杂的思维进程推至顶点,成为所有范式全体的完型。

因此,出场学学术图景的内在群组矛盾关系也是最为复杂的。它的内部包括最为齐全的轴心范式团组,以及指向未来可能出现的新生长的范式。第一,出场学与教科书两个轴心团组的关系。教科书体系以及纵横两轴依然在发挥着创新功能,比如"马工程"中依然有打造 21 世纪马克思主义哲学教材体系的重大使命。在各个大学的硕博士生培养的学科建设体系中,原著选读依然是最为重要的奠基性课程。原理研究更成为每一个学者阐释自己哲学思想的必备话语领域。但是在出场学学术图景中,上述研究不再有终极意义、自我封闭的意义或逻辑自洽的意义,而基础总是不完全的,总是要依赖出场学的学术图景的支撑。也就是说,无论教科书体系、原著体系还是原理体系,它们要想成为真理的体系,首先必须得到出场学的论证,看是否能够通过时代、实践、历史对这些体系的真理检验论证,进而给予足够的支持。没有出场学的历史根据的支持,一切教科书体系、原著体系和原理体系都仅仅是一种哲学真理的假设。其中,对于原典思想的真理性,不仅要看原典的原意,更要看是否切合时代的真义。即便是最经典的原著如马克思主义问世之作《共产党宣言》。马克思恩格斯在晚年所写的序言中面对早先话语与时代"脱节"和"过时"则毫不犹豫地进行自我批判。我们只能在"这些原理的实际运用,随时随地都要以当时的历史条件为转移"①的出场学语境中判定原典话语的真理性。没有了出场学的历史语境分析和出场条件分析,没有从与时俱进逻辑和与地俱进逻辑的分析,那些体系就变成"超历史的一般历史哲学",就没有教科书体系、原著体系、原理体系真理性的可能性。在这一意义上,出场学给出了教科书轴心范式团组哲学创新成真的条件,而教科书轴心范式团组只是在一定的出场语境条件下展现的马克思主义哲学的出场形态。

第二,上述原则也同样适用于出场学轴心范式与文本文献学研究轴心范

① 《马克思恩格斯选集》第 1 卷,人民出版社 2012 年版,第 376 页。

式之间的关系。文本文献学研究范式对于文本文献的历史性深度耕犁，如果仅仅停留在文本思想的层面，而没有穿透文本深入文本出场的历史语境层面，如果仅通过"思想构境"来关注马克思恩格斯文本写作时的心理思想活动而舍弃支撑他们的历史活动，那么，这样的阐释则永远是主观化的而不是客观化的，永远没有可能对文本文献的思想真理性作出恰当的判定。我们如果能够对文本文献原意的出场不仅通过作者心理思想活动、更通过支撑这些心理思想活动的背后的历史语境和出场路径分析，那么才能完整地理解马克思恩格斯的文本文献。如果我们深度解读文本文献思想还能够在时代实践底板上加以检验，那么我们就起码能够具备给予文本文献思想真理性客观判定的必要条件。马克思主义哲学史作为思想史依然需要出场学的解释。在一个时期的马克思主义哲学史为什么是这样一种形态的思想在场而不是别的，除了出场学告知的，我们就很难仅仅在思想史逻辑的链条中加以解答。对话范式也是如此。要让马克思走入当代，重新在与西方思潮的积极对话中彰显其马克思主义思想资源的当代性、在场性和真理性，这不仅仅是一个理论问题，更是一个实践问题，或者说是两者关系在场的可能性问题。对话之所以能够彰显马克思主义哲学的当代性，是因为马克思主义哲学是时代精神的精华，而对话对象也是时代精神的象征。西方思潮之所以能够在场并引起学界和大众关注，是因为它们往往是充当着时代的情感表征，提出的问题具有时代性，而解答问题的方式也具有一定的时代性，尽管它们往往是错误或折射的表达。马克思主义哲学与之对话，两者是时代精神精华与时代精神象征之间基于时代底板围绕着时代问题的对话。因而关键是时代性的问题和底板。没有对话背后的时代实践作为底板，就没有判定对话各方思想真理性的客观标准，对话就失去了意义。要使对话范式成为发展和彰显马克思主义哲学当代性的真理性的路径，这就必然要呼唤以时代实践作为思想出场底板的出场学作为其梦想成真的前提条件。因此，对话范式一定要依靠出场学，才能成为真正有意义的创新范式。从这一角度上来看，我们正需要对对话范式本身的局限加以反思。应该看到，改革开放以来，如果仅仅从历史的链式关系来看，作为对外开放的哲学表达，对话范式在所有研究范式中所造成的创新指数是最高的。这部分是因为改革开放之前我们的封闭造成了信息不对称,开放大门一经打开,西方学术思潮短时间蜂拥而至,对于原先的学术圈和读者而言都是"新"的即前所未闻的,因而造成了一时间的创新指数远高于其他范式。我们需要了解世界,更需要借助于西方学术思潮作为中国的马克思主义哲学之刃的磨刀石,作为被榨取营养成分壮大马克思主义哲学的时代的思想来源。但是,往往对话范式造就的某种结果却不无令人担忧。就国外马克思主义研究而言,40多年改革开放以来,在众多马克思主义哲学研究范式或领域中,其研究队伍规模增长最为迅速的就是这一领域。从全国改革开放之初不足10人,迅速扩展到至今逾上万人,增加了近千倍。而且许多青年学子热衷于对国外马克思主义某一人物、某一思想作简单的译介而博一出名,此后十数年追随这一学术思想,让自己的头脑成为其跑马场。在这些学者那里,对话成为那一思想在中国的单向度传播,所谓学术争论成为各个所信奉、热衷的思想家之间的互掐在中国代理人之间的重演。这一状况包括从西方马克思主义、东欧新马克思主义到后马克思主义,以及生态马克思主义、拉美马克思主义、英国分析的马克思主义到法国新实在论的马克思主义、意大利后现代马克思主义等,在国内学界形成了一个几乎无所不包的传播者族群。如果我们不能立足于出场学,我们就既无法看清国外马克思主义出场的时代语境和必然逻辑,从而将他们的思想还原于时代,给予一个正确的分析;更无法与中国语境作对照,看是否能够恰当地为中国实践所借鉴。在出场学看来,学者们对国外马克思主义某些思想、著作和人物微观化的细致而深入的研究,需要有一个出场学的时代底板和出场机制作为坐标的支撑。在梳理了国外马克思主义思想脉络后,主要的工作还在于对上述思想出场的原因和根据的分析,以及根据场域对比来评价和判定这些思想一旦转移到中国对于中国实践的意义。我们不能充当西方学术的传声筒,哪怕西方学术所指的是国外马克思主义。我们有民族的底板和中国的立场。我们的置身性造就我们的需要,我们的需要决定了我们的对话行动。这就是出场学原则。我们不是为了介绍而介绍,也不是为了对话而对话。我们的事业——坚持和发展中国特色社会主义以及中华民族伟大复兴,需要民族的自主思想创造,因而需要自主地汲取一切有价值的思想资源。在这一意义上,我们需要对话。

当然,文本文献学解读轴心范式也在某种意义上反哺着出场学,使之创新辐射强度更大,适用性范围在不断扩大。原初的出场学主要是限于自身,做当代马克思主义哲学形态出场根据研究,涉及的是与时俱进的逻辑分析。然而在轴心范式团组层面上,扩大到对当年马克思思想出场以及马克思主义发展史意义上的出场逻辑分析。进而,在学术图景层面上,再进一步扩大到对教科书体系、原理体系、原著体系、文本文献学解读体系、马克思主义哲学史体系、对话思想体系等几乎所有的范式形成的马克思主义哲学形态出场根据的分析,甚至扩展到对国外马克思主义、西方思潮出场的分析,成为一个较为普遍的研究范式。

第三,出场学与反思的问题学两个轴心范式团组的关系,在学术图景内也是比较特殊的。与前此以往两个轴心范式不同,反思的问题学穿越了思想文本表象而深入现实,是一个崇尚实践、时代、现实底板的轴心范式。如果说出场学是关于现实与思想、实践与认识、存在与意识两条共进线关系的研究范式,那么前面的轴心范式构成思想、意识、认识一线,而反思的问题学轴心范式则构成了现实、实践、存在一线。因而,从本质上看,是直接通向出场学的。它们的共同之处就是突破思想、文本、逻辑表象而深入到背后的历史、实践、现实。但是不同之处在于两点:一是反思的问题学轴心范式团组关注的仅仅是客观对象本身,而出场学则关注的是主观与客观关系的全体;反思的问题学引导思想如何进入现实对象,出场学阐释现实如何生产思想。反思的问题学是出场学的前阶,因为不突破思想、文本、逻辑而深入到实践、时代、历史本身,我们就不能更深入地理解思想、文本、逻辑。而出场学又是反思的问题学的完成和实现形式。因为仅仅分析了现实本身,并不能够完备地说明思想。要完备地说明思想,还要说明现实是如何需要思想、生产思想、让某种思想出场的。没有后者,反思的问题学就徒劳无功。

出场学学术图景的确立,是40多年改革开放马克思主义哲学创新学术史的伟大创造,也是至今为止方法论自觉的更高级形态,更是自范式以来从抽象上升到具体的更复杂形态。

五、创新学术图谱：四种学术图景转换逻辑

基于范式内在矛盾而产生的四种学术图景依次更迭和转换的总体过程，就是范式图谱，或曰创新学术图谱，即本质性的创新学术史本身。这一图谱，理性具体地展现了当代中国马克思主义哲学创新学术史，把新中国成立 70 多年、改革开放 40 多年马克思主义哲学创新繁荣发展的纷繁复杂的画面在本质上把握起来，展现出一个具有精妙秩序的规律性结构，使我们不由得为之赞叹：思维史如同自然史和人类史一样，都是一个伟大的规律性支配过程。人们可以发现规律，但是既不能消灭、也不能改变规律，只能按照规律的要求去加速或者延缓这一进程。

研究学术图景转换史，考察范式图谱，我们仍然需要分析以下几个问题：第一，学术图景之间为什么要转换？第二，学术图景之间是怎样转换的？第三，学术图景转换怎样整体呈现为范式图谱？或者说，范式图谱对比学术图景而言，有何种特质规定和创新功能？

学术图景为什么要转换？前面在阐释反思的问题学图景为何取代文本文献学解读图景时用拉卡托斯关于进步的科学研究纲领方法论时就已经初步作了解答。转换的根据主要在于：深层的原因是源于时代发展不断推动马克思主义哲学创新度不断走高的产物。在时代创新需要没有达到某种程度之前，一种学术图景是不会出现的；反之，一种学术图景所包含着的创新能力在没有完全释放之前、还能够适应时代要求的情况下，是不会退场的。一个学术图景出场与不出场，是时代创新选择的结果。总的来看，改革开放 40 多年来，马克思主义哲学创新学术史对于这一伟大时代的需要是适应的和基本满足的，这不仅表现为"实践是检验真理的唯一标准"这一马克思主义哲学话题的讨论成为思想解放、改革开放的伟大先导，而且表现为几乎在改革开放的每一次重大关口，马克思主义哲学的创新脚步都及时地推动了观念转变和思想解放，从而为改革开放在观念上破关除障、廓清地平做了清道夫，为改革开放做了必要的伟大思想启蒙的支撑。但是，也毋庸讳言，这一服务在总体上看还有许多不

足甚至许多滞后。党的十九大郑重宣告:中国特色社会主义进入新时代,这是新的历史方位。中国人民从站起来富起来到走向强起来,我们的国家、民族、人民需要新时代的马克思主义哲学,当代中国马克思主义哲学,21世纪马克思主义哲学。然而,新时代的马克思主义哲学学术形态还没有建立起来,学术史还没有跟上新时代的伟大转折。正是在这一方面,严重滞后于新时代的要求。因此,当以往的学术图景不能有效地满足时代创新需要时,就必然呼唤新的学术图景的诞生。时代创新总是被人民群众对美好生活的向往所推动的。学术图景之争的背后是时代创新需要的变化。而决定这一变化的根本动力是人民。推动理论创新、学术图景转折的根本原因是人民需要的变化。改革开放伟大实践为了人民,改革开放伟大成就也是被人民所创造、人民的洪荒伟力得以释放的结果。作为改革开放哲学表达的马克思主义哲学,本质上是为了人民、服务于人民的。因此,真正的哲学总是人民的哲学,是以人民为中心的。人民利益之根本即马克思主义哲学之根本;人民需要之所向即马克思主义哲学创新之所向;人民奋斗的宗旨即马克思主义哲学创新的追求;当代中国马克思主义哲学不过是中国人民心声的抽象表达。时代是出卷人,我们是答卷人,人民是阅卷人。

学术图景的转换也是学术图景之间比较、竞争、博弈的结果。为了适应时代、人民对于马克思主义哲学创新越来越强烈、越来越高的要求,创新程度低、创新幅度窄、路径限制大、创新深度浅的学术图景肯定就会被创新程度高、创新幅度宽、路径限制相对小、创新深度更深的学术图景所取代。文本文献学解读图景为什么能够取代教科书图景? 那是因为教科书图景创新的着力面窄、创新能力较低。无论是教科书体系还是原理体系和原著体系,都难以企及文本文献学研究范式的深度和广度,都难以与马克思主义哲学史研究范式的历史性相匹敌,更难以与对话范式的对象的新异性和扩展度相媲美。为什么文本文献学解读图景被反思的问题学图景所取代? 那是因为我们所处的时代是创新开拓的时代,中国特色社会主义道路开辟的是前无古人的伟大实践时代,新情况、新问题、新矛盾、新挑战层出不穷,是需要伟大理论而且一定能够造就伟大理论的时代,是需要伟大哲学创新而且一定能够造就伟大创新的时代。

因此,聚焦这一伟大创新实践时代的哲学本身的反思的问题学图景其创新度肯定是比单纯面向思想的文本文献学解读更高,层次更丰富,挑战应战更精彩,创新空间更广阔。因此,这一替代是必然的。为什么反思的问题学图景会被出场学图景所取代?因为时代实践本身的创新释放需要在思想出场层次上得到更全面、更完整、更高层次、更理性自觉的表达。出场学图景不仅全面包括了反思的问题学图景的一切不受反驳的创新成分,而且更将之推向由存在而思想、由实践而认识、由时代而理论的出场考察,即包括了反思的问题学图景所缺少的后阶,因而将创新学术史时代底板与思想出场的共进线完整截面展现出来,迄今为止代表着学术图景创新转换的最高形态。

四个图景是怎样转换的?其呈现出一个由简单到复杂、低级到高级、抽象到具体的规律性进程。四个学术图景之间的创新转换因而再一次显现出历史的链条。这仿佛是对范式转换历史链条的回归,但是在更高一级层次上的回归。学术图景转换的历史链条与范式转换的历史链条相比,理性具体的复杂性更高,本质性向度更深,创新转换带来的能量释放程度更大。它们之间的转换根据及其相互关系如图6所示:

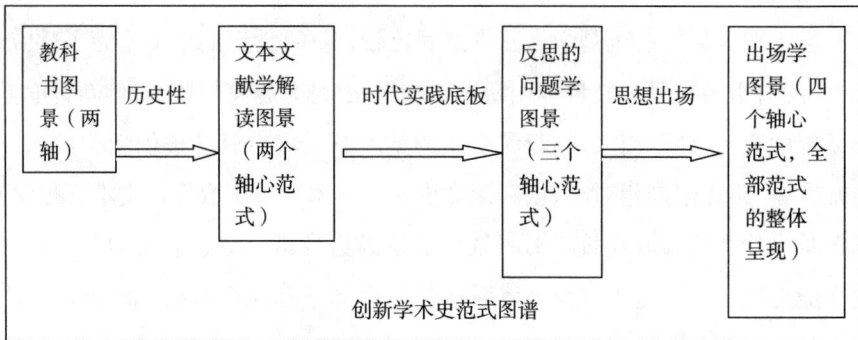

图6

如图6所示,教科书图景作为第一图景,抽象程度最高,内在要素最简单,处在图景层次上的抽象上升到具体、简单到复杂的逻辑和历史统一的起点位置上。其中,教科书图景几乎就等于教科书轴心团组。因为要从逻辑体系向历史开放体系转换,教科书图景因而让位于文本文献学解读图景。教科书范式又从图景退回轴心范式。文本文献学解读图景在历史性、开放性上呈现比教科书图景更大的创新功能。因而,比教科书图景内在要素更为复杂,矛盾群组出现了两个轴心范式团组,即文本文献学解读轴心范式团组,占据着主导图景的地位,同时存在着从图景位置退回的教科书轴心范式团组。在各自独立地发挥创新功能的同时,主导轴心范式还支配图景整体地按照历史性创新功能特质发挥作用。教科书轴心范式也要服从图景的支配。逻辑体系要按照历史本真意义来建构。因而文本文献学解读图景比教科书图景更复杂、更具体,创新程度也更高。然而,这仍然是在思想的历史和逻辑中运动,呈现的是思想的辩证法。问题是在思想之外,真实的历史还没有触及。壮阔东方潮,奋进新时代的中国人民,正在用创新实践绘就了一幅波澜壮阔、气势恢宏的历史画卷,谱写了一曲感天动地、气壮山河的奋斗赞歌。作为时代精神精华、文明活的灵魂的马克思主义哲学,绝不能仅仅埋首文本而不看实践、眼中只有既成的思想史而没有活生生的实践史,只有哲学中的问题而没有问题中的哲学。因此,时代的创新大潮推动着马克思主义哲学转向"以正在做的事情为中心",反思的问题学图景必然超越文本文献学解读图景而出场。时代底板、实践要求、人民需要,使反思的问题学图景包括部门哲学和中国化范式,成为一个时代的最强音。反思的问题学图景又显得更加复杂。如果说,在图景中主导的轴心范式支配另一个轴心范式还带有偶然性,正像《资本论》商品章中对商品交换价值在个别的商品交换中实现具有偶然性分析一样,我们在文本文献学解读图景内部分析文本文献学研究主导范式对于教科书轴心范式的支配作用的实现也具有某种偶然性。但是,这一偶然性在反思的问题学图景中,在分析反思的问题学主导范式对其他两个轴心范式的支配作用就演变为必然性和普遍性。然而,描述客观的现实历史进程与描述主观的思想史和逻辑一样,是从片面的主观性进展到片面的客观性,同样是片面的。辩证法需要的是主客观的统一,也就是要求从单纯的客观进程描述上升到从场域、时代、实践的客观历史进到思想的出场的分析,因而达到这一辩证的主客观统一。这就是出场学图景替代反思的问题学图景的根本原因。出场学图景是所有范式的大全,也是迄今为止的范式共时态关系的整体统一形式。当然,时代在发展,实践在持续,创新永无止境,这一图景依然不可能是最终的。中国马克思主义哲学创新浪潮一浪高过一浪。新时代吹响的创新集结号必然催生更新的范式涌现,因而推动当代中国马克思主义哲学创新学术史图景的进一步发展。停滞的观点,悲观的观点,自满的观点都是错误的。

改革开放 40 多年学术图景的转换整体,就构成了一个创新学术史的完整图谱。在范式图谱的意义上,一切图景就像座跨海大桥下支撑大桥的桥墩,而图谱就成为加载在桥墩之上的一座彩虹般的跨海大桥。图谱一旦形成,就成为一个整体,一个创新学术史的完整结构,一个具有历史和逻辑统一的创新学术史的规律性展开序列,就具有自己超越学术图景的质的规定。虽然我们依然从大桥的桥墩上看到更细致的元素,就是各种轴心范式和范式,仿佛成为其砖石要件,但不再是脱离大桥的整体功能而孤立散漫的存在体了。

范式图谱呈现出创新学术史上历史和逻辑统一的发展规律。它既不再是最初呈现在我们面前的那种表象的、充满人名和书名的编年史,即表象的历史;也不是抽象范式的散漫无机的完整性的状态,不是单纯范式意义历史更替链条的逻辑史。它严格地遵循着从抽象上升到具体、简单到复杂的思维逻辑,再现了历史的本质向度、规律性的理性具体。这一范式图谱一旦呈现,就显现出必然性和规律性的现实品格,把握住了创新学术史内在的、本质性的本体趋势。范式图谱的整体创新趋势,显现为过程中的规律性、必然性的指向,为我们深度理解和本质地把握创新学术史提供了可能。

范式图谱也是一个终极的创新整体。虽然学术图景是高级创新整体,但是毕竟是相对静态的、稳定的结构,与创新学术史的动态的、规律性结构具有差别。现实性的图景只有在展开过程中表现为必然性,即将本质的真理性展现为一个必然性的过程。这一必然性的过程所具有的创新功能,是朝向更高目标的规律性过程所释放出来的一种力量,仿佛是在原初学术图景之内又是完全超图景的不安宁的灵魂,它永恒地指向未来、指向他者,是既在场、又不在场的东西。在黑格尔那里,这就是绝对精神;在马克思《资本论》中,这就是资本。而在创新学术史中,这就是创新本身,背后站着时代、站着人民的不断增长的创新需要。学术图景只有在它的加持下,才暂时地获得大放异彩的机会,才有自己存在的理由。而一旦这一灵魂追向更高的存在,那么图景就退化为轴心范式,并被并入新的图景之中。

第十五章　从创新学术史图谱
上升为出场学逻辑

从一般意义上看,揭示范式图谱已经完美呈现本书着力研究的当代中国马克思主义哲学创新学术史的本质性、规律性结构,可以结项。但是,作为马克思主义出场学的倡导者,笔者认为在范式图谱之后,必须要再深度揭示范式图谱的出场根据和出场逻辑。尽管没有必要详加阐释,但是其基本的提示性原则和问题仍需要再作概要性说明。因而,我们需要说明创新学术图谱出场的语境,分析这一语境所内在包含着的发现的语境和辩护的语境。以及关于出场学不同角色之间的相互关联。创新学术史作为改革开放时代创新实践所开辟的中国道路的哲学表达与思想引领,与时代同行,风雨同舟,与时俱进,呈现共进线关系。描述这一共进线关系,就是阐释创新学术史的出场学逻辑。

一、创新学术图谱的语境

创新学术图谱展现的创新学术史给我们的出场学研究提供了一个现实的对象。我们不但要用马克思主义哲学反思和总结改革开放伟大实践经验与成就,同时更要反观改革开放伟大时代进程如何需要和推动马克思主义哲学创新相随、与时俱进,如何使创新的马克思主义哲学不断出场。

我们首先需要回答的问题是:第一,为什么在深描创新学术图谱之后,还需要穿透这一图谱去追问其生产的历史语境? 第二,什么是这一创新学术图谱的历史语境?

揭示创新学术图谱,展现当代中国马克思主义创新学术史,既然已经达成目标,为什么要深入其底蕴进行历史语境的考察? 这主要是因为理论彻底性的需要、充分揭示其规律性的需要。前此以往,我们最终虽然站在出场学图景上,对象性地看到了当代中国马克思主义哲学创新流变的规律性逻辑,但是,研究对象性自觉并不能够替代作为创新学术图谱的主体自觉。也就是说,创新学术图谱作为对象其机制已经被充分地揭示。在这一意义上,包括出场学图景在内,都构成了创新学术图谱的一个对象的成分,一个基石或大桥的桥墩。但是,作为主体自觉,创新学术图谱的客观根据依然还没有被揭示,这就需要创新学术图谱要有主体反思的自觉,自己将自己作为对象,反思,从而追问:作为一个图谱,出场的根据、历史语境何在? 借用海德格尔《形而上学》一书中的话语来说,如果说前此以往创新学术图谱作为主体观视创新学术史的主观框架和方法论逻辑看到的对象出场学图景是"在者",而自身作为主体自觉的出场学反思却是"虚无"。"为什么在者在而无反倒不在?"为什么出场学作为对象已经在流变的创新学术史中深深地被嵌入其中,构成了历史的一个环节、一个元素、一个阶段,而当这一流变史图谱呈现于我们面前时,我们追问的是自己:图谱呈现背后的故事,伟大的改革开放进程究竟如何作为历史语境生产了我们的知识图谱? 如果我们缺失了这一最后的重要说明,那么,尽管我们给出了创新学术图谱,但是在逻辑自洽、理论彻底性意义上,依然是存在缺憾的。

什么是创新学术图谱的历史语境? 在"抽象上升到具体"的思维行程中,出场学不仅呈现为研究对象即作为第四个学术图景的轴心范式,更作为这一行程最终环节的主体方法论,被用来深度自觉地阐释创新学术史的历史与逻辑统一。两者一个作为对象在场,一个作为研究方法而出场;一个作为学术图景的轴心范式,一个作为总体阐释创新学术史图谱的视域。

追问创新学术图谱生产的历史语境、场域,我们还需要进一步作出场学意义的细分。科学哲学家赖兴巴哈在1938年出版的《经验与预测》一书中提出要对科学发现产生过程中"发现的语境"与"辩护的语境"加以区分。认为前者是心理的、非逻辑、非理性、复杂的、经验的,后者则是逻辑的、理性的。人们在阐释一个科学思想发生学或出场过程时,常常是事后给予辩护的语境的说明,使得创新变成了一种合乎逻辑的、理性的、可以合理阐释的过程。然而,实际的创新往往充满了偶然性,是一个非逻辑、非理性的过程,因而是不可捉摸的。这一区分,似乎也适用于出场学研究。究竟出场学考察的是辩护的语境还是发现的语境?

从一个理论提出的本然过程来说,的确包含着个人的、心理的、偶然的和随机的成分。我们如果深入到提出某个新概念、新思想、新范式的作者心理意图做"思想构境"研究,亦无不可。但是,任何思想的出场并不完全是个人的、心理的、偶然的和随机的,也同时是时代的、社会的、必然的和规律的。语境分析着眼的既是个人与社会、心理与社会、偶然与必然、随机与规律之间展开的关系,之间存在的必要张力。恩格斯在《路德维希·费尔巴哈与德国古典哲学的终结》一书中就曾经指出:社会与自然最大的区别,就在于自然是自发的和盲目的发生的客观过程,而社会却是人们的行动充满着动机和主观意图。如果仅仅从个人角度来看,一个人的思想、观念之所以出场,具有他自己的动机和意图,充满着偶然性。动机几乎是我们看到的最常见的行为起点。将这一点当作解释社会事实的起点,直观地对待它,几乎成为一切历史唯心主义产生的认识论根源。但是如果我们不满足于直观,而是进一步向前追问,那么一定会出现一个问题:即人的思想、动机出场背后的动因是什么?如果一个人的动机是偶然的和主观的,而背后的动因一定具有某种产生动机的客观性,这就进入出场学问题域。如果我们再不限于个人的一时动机背后的动因考察,而是深入长时期、群体的和普遍的动机背后的动因,那么一定就会看到推动某个思想出场的客观的历史语境的存在。因此,发现的语境就包括着辩护的语境,包括着宏观的、社会的、使思想一定如此出场的客观条件。对创新学术图谱来说,这绝不是仅仅个人思想方法论所能奏效的。这是一个社会的思维图谱,因而其出场的语境是时代的和历史的。也就是说,是从客观的历史语境出发,逐步成为思想图式的过程,是社会存在走向社会意识的过程。当然,在这一走向过程中,应当有个人的心理、动机、随机和偶然等因素的一席之地。但是,就这一思想的产生的原因来说,没有客观基础和客观语境对于个人的刺激、激发和触动,没有社会对话和交往对于学者的启迪,那么其产生就是无法想象的。可以说,这是一个由宏观历史语境造就微观化个人的思想、再由个人的思想观念扩展为社会普遍意识和取得共识的过程。最终我们看到的是社会存在最终产生社会意识的过程,个人的思想在其中的中介转换过程,往往被忽略的,这是不应该的。但是将一个创新学术图谱的生产完全说成是若干个人的偶然的心理的汇集,这正如黑格尔曾经批评的那样,是"用小原因解释大事实"。

任何社会意识都是被意识到了的存在。一种社会意识之所以成为社会主导的和占支配地位的社会意识,包括创新学术图谱,都是因为存在本身使然。我们可以借鉴马克思在《波拿巴雾月十八日》一文中对于波拿巴二世政变上台的出场学分析作为经典案例。马克思不仅分析了为什么历史语境选择了一个原本并不出色的小人物借助农民之手登上了皇位,恢复了帝制。场域决定是一个综合的决定:既有历史文化遗留的影响(倚仗拿破仑一世的声望),小农本身阶级(马铃薯需要麻袋装起来保护其利益)守旧的特点和心理,更有在经济结构和政治结构之间互动的复杂的阶级关系。以阶级关系为主线的综合性分析,使历史结局的出场既充满规律性,又充满着历史偶然性的色彩。同样,我们对于创新学术图谱的出场学分析,也一定包括两者。20世纪西方社会学的一个主要思潮是反对所谓"宏大叙事",而主张微观分析,即深入个人的日常生活场域来捕捉思想发生于其个人社会位置的关系。这一研究视域的假设前提是所有宏观的社会结构必须要通过微观的场域来影响个人及其思想。无论是福柯的"微观政治学"还是布迪厄的"场域分析",都对出场学研究有一定的有益的启迪。的确,我们不应该完全忽略学者作为创新的主体的个人微观生活环境对于他提出创新思想的重要影响。但是,就宏观的出场过程来说,个人的、心理的、非理性的和偶然的创见一定在两个方面被社会存在所决定:一是动机出场的动因方面被决定。关于这一点,恩格斯的分析已经作了较为充分的说明。二是个人的创新见解一旦产生,如何转化为社会意识,即变成社会共识,成为范式(共同体的研究规范),进而成为轴心范式、学术图景,最终成为社会领域内占主导地位的范式图谱,就不能仅从个人的发现或发明这一角度来完全说明,而是要从社会存在的需要和选择来加以说明。因此,出场学研究更要考虑相对复杂的范式图谱的出场过程,把范式图谱的出场当作是一个完整序列的完整作品来对待。我们已经对于这一完整序列的过程的后篇作了从抽象上升到具体的历史与逻辑的分析,我们只要再与历史结构分析、微观的个人生活场域分析和心理(思想构境)分析相互衔接,就可以把所谓发现的语境与辩护的语境对接起来,在出场学的完整构图中加以融会。

表3　出场学分析的各个层次

	范式图谱	范式图谱分析
出场学分析的各个层次	学术图景	学术图景分析
	范式(思想成为共同体规范)	范式分析
	发现的个体心理研究	思想构境、心理分析等
	微观的个人生活场景	微观的场域分析
	宏观的历史语境	历史结构的分析

如表3所示,作为分析的与综合的出场学两者之间是呈现一个拉链式的对称而又相反的结构。从分析的角度来看,我们最初遭遇的是范式图谱,分析的要求使之还原为学术图景的转换史,进而还原到轴心范式和范式,进而进展到提出范式的个人的心理经验研究,再从此深入微观的个人的生活场景研究,最终走向宏观的历史语境分析。综合的过程正好相反。它要考察,在一个宏观的历史结构、场域中何以造就微观的个人的学术和生活场域,使得他的思想构境和心理活动产生裂变,进而提出某种新的思想、观念、范式,呈现发现的个体心理语境。进而,这些个人的微观的语境所产生的思想何以可能扩展为一个学术共同体的范式,范式的存在影响以及创新功能和内在局限。再进一步讲,分析范式之间的关联,如何造就轴心范式团组。进而造就学术图景,最终形成范式图谱。出场学研究的这一对称的结构合起来,才能够顺利地完成范式图谱的解释学。

创新的范式图谱在宏观意义上是新中国成立70多年以来,特别是40多年中国改革开放的伟大时代的创新的哲学表达和思想引领,两者呈现共进线关系。如前所述,学术图景的每一个大的阶段都与共和国的一个时代或阶段相适应。我们只要牢牢抓住这一主线,就能够深度阐释范式图谱的出场学逻辑。

二、创新学术图谱的出场学逻辑

出场学视域指出：以四大学术图景转换为主线所构成的当代中国马克思主义哲学创新学术史的范式图谱，是中国特色社会主义道路伟大探索的哲学表现。随着马克思主义中国化实践主题从革命转向建设、改革和发展各个历史阶段，因而其特殊的历史需求表现在马克思主义哲学创新学术史中，就必然使各个不同的研究范式应运而生，并呈现为不同的轴心范式和学术图景。

第一个学术图景是全球分裂和对抗条件下新中国社会主义建设实践需要的理论表现。西方资本全球化势力与反资本全球化的东方社会主义势力组成分裂和对抗的两大阵线。全球分裂必然表现为意识形态的对抗和冷战。新中国的成立，"一边倒"地加入东方阵线，也因此受到帝国主义封锁，处在意识形态冷战对立之中。中国共产党领导中国人民不仅推翻三座大山的经济、政治统治，建立新的经济制度和政治制度；也需要在思想领域结束旧文化意识形态的统治，在国家和社会层面全面发展、普及和巩固以马克思主义为指导思想的意识形态。为此，新中国主要采取了两大战略举措：一是开展大规模思想改造和批判运动，肃清旧社会遗留的、与帝国主义、封建主义、官僚资本主义制度相适应的旧思想、旧道德、旧学术的影响。不破不立、不塞不流、不止不行，没有批判西方在旧中国影响最大的杜威、胡适的实用主义和"第三条道路"思潮，没有批判以梁漱溟等为代表的唯心主义旧儒学，就不可能廓清意识形态地平，让马克思主义大规模传播并有效占领意识形态阵地；也就不可能大规模促使旧知识分子参与思想改造、转变立场、接受马克思主义。二是为了全面、准确、迅速地在全社会大规模普及宣传马克思主义，包括马克思主义哲学，国家必然需要利用最便捷、最可靠、最有效的教科书方式来积极实施这一意识形态战略。既然"十月革命一声炮响，给我们送来了马克思列宁主义"①，成功地指导中国共产党人实现了新民主主义革命，建立新中国；那么，新中国建设初期

---

① 《毛泽东选集》第四卷，人民出版社 1991 年版，第 471 页。

"一边倒"地继续用"拿来主义"即请苏联专家大规模培养中国学者、用苏联马克思主义哲学教科书来帮助中国完成普及宣传任务,就是一个合理的行动。然而,这一"拿来主义"所内含的苏联教科书中形而上学、僵化的教条主义必然产生消极影响,因而不能满足马克思主义中国化的理论要求。此外,20世纪50年代末爆发的中苏论战更加激发了中国共产党人摆脱苏联教科书话语一统天下的影响、建立自己的哲学话语体系的迫切愿望。这既是走不同于苏联的社会主义道路对指导思想方面提出的强烈要求,更是确保国家意识形态独立和安全的客观需要。因此,重编中国化马克思主义哲学教科书,即教科书研究范式就必然出场。当时的中央书记处指示中央文教小组、中宣部连同高教部出面组织这一知识生产。在6本教科书基础上,艾思奇主编的《辩证唯物主义 历史唯物主义》于1961年出版,此后又出了第二、第三版。为了与教科书式普及和宣传配套,也为了帮助高级干部和广大教师"学深一步",原著选读作为"提高课"在党的高级干部培训和高校专业学生培养中陆续开设。为了帮助学者们更深入理解教科书内容,同时开展马克思主义中国化探索,各种学术刊物应运而生,刊登辅导和原理研究的论文。原初的哲学类学术刊物主要刊登三类文章:一是哲学思想批判类,二是对教科书内容的理解和阐释类,三是对新中国现实运动、重大政策和实践经验的哲学解释类。随着中国社会主义建设道路的不断探索,根据中国化实践经验来丰富和发展马克思主义哲学,编写中国人自己的马克思主义哲学教科书,就成为理论界的主要使命。为实现这一理论目标,原理研究和原著选读就承担了更深入的研究责任,因而逐渐繁荣和发展起来。

然而,一个特殊时期历史语境和出场路径决定了其出场的学术图景所具有的内在局限。思想批判虽然初步完成廓清意识形态地平的任务,但是也加剧了在全球分裂和对抗语境中与西方学术之间的封闭性。对传统旧学术的批判清算,到"文化大革命"达到顶峰,造成相当严重的历史的虚无主义和文化断裂。从苏联翻译引进的马克思主义教科书体系和内容在普及和传播马克思主义哲学原理的同时也具有僵化教条倾向,对于中国而后的马克思主义哲学创新带来难以忽视的消极影响。原著选读和原理研究严重受政治斗争影响,始终在教科书改革研究范式支配的卵翼下未能尽快独立发展。因而,这一时期的学术图景的内在局限需要在历史场域转换中才能得到克服。

第二个学术图景是在新全球化时代来临的历史语境中中国改革开放以来思想出场形态。就历史场域变化来看,以美国信息革命开端和1974年"后福特主义"出现为标志,全球资本创新逻辑初步实现了从马克思当年大工业资本主导的旧全球化时代向以后工业资本为主导的新全球化时代的转变。主导资本从大工业转向金融资本、再向后工业其他资本主导形态转变。资本创新需要有一个较长的经济增长周期(长周期)来实现资本盈利最大化的冲动。因此,和平与发展就成为时代主题。在这一主题支配下,全球资本创新希望通过产业升级而重塑世界经济结构,即将制造业转移到世界边缘(欠发达)国家和地区,而腾出空间发展新支配性后工业资本产业(金融资本、知识资本、服务贸易、虚拟资本等),形成"全球的后工业资本——工业制造业"新两极化经济结构。在这一全球结构中,经济全球化交往超越了分裂,世界发展需求替代了全面战争,成为中国利用全球主题环境实现改革开放新战略、抢抓战略机遇而实现中国特色社会主义现代化的客观条件。于是,"改革的哲学、哲学的改革""现代化的哲学、哲学的现代化"就成为新时期中国马克思主义哲学创新发展的新使命。受历史惯性影响,最先打破"文化大革命"以来"左"倾教条主义桎梏的马克思主义哲学表达先声,胡福明的"论实践是检验真理的唯一标准"一文,采取原理研究范式,引发了全国原理研究热。这是新中国成立以来,原理研究的地位第一次抬升到几乎超越教科书范式的水平。随之而来,教科书改革狂潮跟进,再一次在学界夺回轴心范式地位。然而,随着思想解放、学术发展的日益深入,原理研究再也不满足于教科书改革对于马克思主义哲学理解的共识性、统一性束缚,因而出现了对马克思主义哲学本质和体系的多样性理解,从而冲破了教科书改革的时代局限,学界以论著而不是教科书进入了"后教科书时代"。此外,随着开放的深入,西方思潮蜂拥而至,关于马克思早期思想研究成为人们激烈争论的场所。原理研究的多样性理解不仅是源于改革开放的新实践,也源于人们在与西方思潮对话中的思考。因此,马克思主义哲学与西方思潮对话,激发了对话研究范式的迅速崛起;为了对话,系统阐释马克思主义哲学史,成为当务之急。而为了更准确、深入地理解马克思恩格斯原典,文本文献学研究范式也应运而生。于是,超越第一个学术图景,中国马克思主义哲学创新研究的当代出场形态,必然形成以文本文献学研究范式为轴心、以马克思主义哲学史和对话为纵横两轴的新学术图景。

然而,和平与发展的全球浪潮、改革开放的中国特色社会主义道路都是在不断探索的实践中向前迈进的。作为"时代精神的精华""文明活的灵魂",以"改变世界"为己任的马克思主义哲学,其安身立命之所当然是植根于活生生的时代实践。因而,突破文本视域、超越对话逻辑,紧贴时代实践的"反思的问题学"研究范式,直接脱胎于"实践标准"大讨论,直接扎根于中国道路探索实践,因而必然成为第三个学术图景的轴心范式。

因此,第三个学术图景是在改革开放的中国特色社会主义发展如日中天、中华民族伟大复兴进程日益加速时代的哲学产物。前无古人的改革开放事业不能从原典中找到现成答案,那么在探索中"以正在做的事情为中心",在不断解答新问题、攻坚克难中开拓新境界,形成新理念、新思想、新理论就成为"反思的问题学"意义上创新发展中国化马克思主义哲学的主要路径。改革开放伟大实践深入到哪一个领域,"反思的问题学"就同步、同态、同构地深入到那一个领域,形成关于该领域的部门哲学。既然发展成为执政兴国第一要务,我们需要研究如何摆脱"GDP"崇拜为特征的传统发展观,而要向"科学发展观"、进一步向"创新、协调、绿色、开放、共享"的新发展理念转变,那么,关于研究发展观的理论体系,就必然构成发展哲学。我们需要研究经济发展的逻辑、财富的逻辑、资本的逻辑,那么经济哲学就应运而生。既然我们社会呼唤公平正义,需要构建中国特色社会主义民主政治,那么,研究何为正义、如何公平、如何构建中国民主的政治哲学当然就必不可少。我们需要社会主义核心价值体系的建设,价值哲学就显得格外重要,等等。每一个部门哲学的兴起,都集中体现了"反思的问题学"的指向性,也同时为中国特色社会主义的各个重大领域实践提供了相应的理论准备。当然,所有的这些创新成果都是马克思主义中国化的时代产物,都为了原创中国理论和中国话语。因此,作为这一学术图景的纵轴,马克思主义中国化需要从历史的角度系统梳理和总结近"两个一百年"来马克思主义中国化的历史道路和基本经验,为今天的中国化马克思主义指导创新的实践服务。

第四个学术图景是在前三个学术图景基础上更高的方法论自觉,集中体现和反映了中华民族伟大复兴中国梦要求理论创新所能够达到的新境界和新高度。中国化马克思主义哲学原创不仅在于自己的具体理论成果上,而且更需要在自己的原创的方法论上达到理论自觉。作为第四个学术图景的轴心范式,它不仅以宏大的视野穿透了以往的思想史、学术史,而且更以揭示思想史、学术史背后的历史场域的演化逻辑和决定作用为己任,因而它具有仿佛内在地包容着中华民族五千年内在底蕴那样的巨大历史感;同时它又以出场形态研究包容着不断变化的思想形态,以往被教科书改革、原理研究、文本文献学研究甚至部门哲学等所内蕴的那些理论样式,不过在出场学视域中,这些理论样式都不是逻辑自洽、孤闭自在的,而是在一定的历史和空间场域决定下、受一定的出场路径支配的出场形态。因此,我们不能将马克思主义某种理论样式看作是一经在场就一成不变的"超历史哲学"。马克思主义永远需要在新的历史和空间场域中重新出场,保持创新活力。这一视域,在方法论上成为自觉阐释中国特色社会主义最新成果的理论条件。当然,这一研究范式具有真正的原创性,因而可以成为走向世界的中国学术的标志之一;同时它多方面涉及当代西方学术的问题,因而具有与西方思潮对话的超大空间。

从当代中国社会主义建设、改革、发展的历史场域转换到学术图景的转换,形成对范式图谱的历史唯物主义解释。[1] 范式图谱构变史,就是当代中国马克思主义哲学与时俱进的出场史。出场学用两线(历史时代实践的线索和中国马克思主义哲学研究范式图谱线索)、四个模块(原初时代语境、当下时代语境;原初范式图谱、当下范式图谱)来深度解释中国马克思主义哲学范式演化构变的创新学术史逻辑,从而把学术史研究转化为一种对当代中国马克思主义学术与时俱进的创新逻辑分析,使研究转变为一种科学。

---

[1]　参见陈先达:《历史唯物主义与当代中国》,中国人民大学出版社 2019 年版。

第十六章　创建 21 世纪中国马克思主义哲学

　　在深描当代中国马克思主义创新学术史之后,我们需要作一个总结,还需要评价,更需要前瞻。深描当代中国马克思主义哲学创新学术史的目的,在于深度总结其创新规律,跟上新时代的步伐,坚定学术自信更好地推动当代中国马克思主义哲学的创新。党的十八大以来,习近平总书记多次强调要构建中国特色哲学社会科学,特别是要发展 21 世纪中国马克思主义。党的十九大郑重宣告中国特色社会主义进入了新时代,这是新的历史方位。党的十九大最重大的思想成果,就是站在新时代新起点上,按照全党和全国人民的意愿,确立了习近平新时代中国特色社会主义思想作为党必须长期坚持的指导思想;最重大的实践成果,就是在习近平新时代中国特色社会主义思想指引下,全面规划和布展了新时代全面建成小康社会、全面建设社会主义现代化强国的中国道路。时代是思想之母,实践是思想之源。新时代需要新思想,新思想引领新时代。马克思曾经深情地说过:真正的哲学总是自己时代精神的精华,文明的活的灵魂。哲学总是在思想中把握的时代。任何一个自立于世界民族之林的强盛民族,一个负责任的大国,不仅需要具有强大的物质力量,同样需要具有强大的精神力量。不仅需要有创造世界先进物质器皿的硬实力,更需要有自觉、自信地原创民族的思想文化的强大软实力。当一个民族站在世界历史时代的高峰、肩负着伟大历史使命的时候,理论就成为这一民族之为民族的文化标识和精神脊梁。因而,世界民族必然都是理论自信地完成自己的伟大时代使命的民族。站在新时代新的历史方位上,创建 21 世纪马克思主义哲学的理论体系、学术体系、学科体系和话语体系,这就是新时代对于马克思主义哲学学术研究提出的重大使命。这是理论引领建设中国特色社会主义强国、中华民族伟大复兴的战略需要;是中国走向世界舞台中心、成为世界负责任大国为世界发展提供中国理论和中国方案的理论责任;更是未来决定中国命运、中国人民的命运、中国社会主义的命运、中国共产党命运的首要环节。

一、40 多年总结和评价:当代中国马克思主义哲学的出场史

我们在深描当代中国马克思主义哲学创新学术史、深度揭示其本质性的展开规律之后,需要对 40 多年改革开放以来的创新学术史作一个总结、给出一个评价。总的来说,作为党和国家思想的事业,40 多年马克思主义哲学的创新发展史就是当代中国马克思主义哲学创新出场史。它以"真理标准大讨论"拉开了改革开放的历史序幕,与改革开放的伟大事业风雨同舟,与时代同行,与民族同呼吸共命运,成为中国道路开拓的思想先导、理论支撑和精神引领。

改革开放是党和国家的一次伟大觉醒、一次伟大革命,更是决定党和国家前途命运的关键一招。同样,作为这一时代的精神自觉,新时期马克思主义哲学的创新从自发到自觉,经历了伟大觉醒,成就了方法论自觉,涌现了创新驱动的研究范式,对于以往的教条化理解的传统体系进行了深刻的革命性变革。这一创新学术史范式图谱,就是伟大觉醒和伟大革命的象征和标志,就是宏伟展现马克思主义哲学创新发展的里程碑。40 多年创新学术史,就是当代中国马克思主义哲学的出场史,就是一部波澜壮阔的创新史、体系变迁的改革史、范式自觉的觉醒史、整体变革的革命史。

40 多年当代中国马克思主义哲学的出场史,是一次伟大觉醒的伟大创新,是既变革社会、也变革马克思主义哲学的双重意义上的伟大革命,是自主创造马克思主义中国化哲学的当代过程,更是标志着中国特色、中国风格、中国气派的马克思主义哲学的伟大诞生。

1978 年的"实践是检验真理的唯一标准"大讨论既是马克思主义哲学用自己思想先导方式开启了党和民族伟大觉醒的开端,同时也是中国马克思主

义哲学自身变革的一次伟大觉醒和伟大革命。纵观马克思主义中国化的历史,经历着马克思主义在中国的传播、应用史,与中国革命、建设、改革、发展具体实际的结合史,其中更经历着一次次伟大觉醒史和伟大革命史。

第一次伟大觉醒发生在中国革命年代,以毛泽东同志为代表的早期中国马克思主义者在延安时期对于陈独秀、王明等人为代表的本本主义、教条主义的反思和批判。这一批判就是一次伟大启蒙和伟大觉醒,更是对理解、对待马克思主义的教条主义态度和方式(学风)的伟大革命。这一觉醒和革命,开启了实事求是、一切从实际出发的中国化马克思主义思想路线,开启了马克思主义中国化、大众化的新道路。促进了马克思主义中国化第一次伟大飞跃,产生了毛泽东思想;在实践上正确开辟了中国新民主主义革命的正确道路,引导了中国革命的伟大胜利。

1978 年 5 月 11 日,胡福明等人在《光明日报》发表的《实践是检验真理的唯一标准》文章引发的大讨论,直接引发了第二次民族的伟大觉醒。

作为时代变革的思想先导、伟大觉醒的先声,实践观则成为马克思哲学发动和引导时代变革的关键。170 多前,马克思指出:"人的思维是否具有客观的[gegenständlich]真理性,这不是一个理论的问题,而是一个实践的问题。人应该在实践中证明自己思维的真理性,即自己思维的现实性和力量,自己思维的此岸性。关于思维——离开实践的思维——的现实性或非现实性的争论,是一个纯粹经院哲学的问题。"①从实践出发看"人的思维对象性的真理性",摒弃一切超实践的经院哲学争论,一条哲学革命道路因而被开辟出来。可见,马克思正是从实践观上发动哲学革命,深刻批判"神圣世界的异化"和"非神圣世界的异化",使新世界观出场的。马克思批判地清算自己以往神圣和非神圣意识形态的信仰、解构德意志意识形态的思想霸权,从此走向历史深处,创立唯物史观;批判地解构古典政治经济学而揭破资本的秘密;批判地解构一切非科学的社会主义以创立科学社会主义,这构成了马克思思想的出场逻辑。80 多年前,毛泽东正是在《实践论》等著作中用马克思主义实践观来清算党内

① 《马克思恩格斯选集》第 1 卷,人民出版社 2012 年版,第 134 页。

教条主义,开创崇尚"实事求是"的马克思主义中国化的思想路线,进而创造了中国新民主主义革命道路。40 多年前,关于"真理标准大讨论"又在实践观上发动一场思想变革,破除"两个凡是"的僵化教条,从而为开创改革开放的中国特色社会主义道路拉开序幕。可以说,这一事件是马克思发动的哲学革命和毛泽东用《实践论》清算教条主义在当代中国的伟大继续,是用哲学变革开创时代变革卓越精神的伟大继续。

破除思想僵化,伟大觉醒的哲学批判就成为时代变革的清道夫。思想变革为政治变革廓清道路。这一场大讨论,在思想上起到拨乱反正、正本清源的作用,为党的十一届三中全会的顺利展开和领导集体的新旧更替奠定了思想基础。

造成伟大觉醒的思想之争的背后是道路之争。道路之争的检验标准,只能是中国人民走向现代化的需要和奋斗实践。究竟走传统社会主义和"文化大革命"老路还是走改革开放的中国特色社会主义道路? 最终选择权在人民。人民是历史的创造者,群众是历史的在场主体,民心所向决定一切。推动思想解放、历史转折的真正主体,不是思想,而是人民。以人民为中心,不是简单的一句口号或标签,而是历史的真谛。因此,思想出场,如果脱离了人民的根本利益,就一定会使自己出丑。

因此,真理标准大讨论造成伟大觉醒的第一个启示是:任何真正的哲学都是人民的哲学,都是以人民为中心的。人民利益之根本,即哲学根本;人民需要之所向,即哲学所向;人民奋斗的宗旨,即哲学追求。哲学不过是人民在场的话语方式。哲学批判原初的认识论命题,进而就转化为社会存在论或历史观问题:在中国人民站起来之后,究竟何种社会主义道路能够满足人民群众致富、民族现代化和国家富强的目标? 换言之,采取何种社会主义道路,能够尽快解放和发展生产力、实现人民富起来的愿望? 这是一个实践问题,更是一个以人民为中心的历史观问题。实践检验就不再局限于认识论意义上的真理,而转化为关切人民根本利益的历史观的真理。人民,只有人民,才最终作出了历史选择。社会主义不过是人民需要的满足方式。在人民强烈的需要面前,贫穷不是社会主义,速度慢了也不是社会主义。社会主义制度的优越性就在于能够更快更好地满足人民群众的强烈需要,而只有在选择一条适合中国的道路确定之后才能充分显现。"宁要、勿要"的"文化大革命"逻辑造成的危局证明老路违背人民意愿,不能走也走不通。人民对致富道路的选择决定了中国命运,造就了新的政治格局的强烈时代需要,进而造成冲破旧格局的思想解放运动。只有特殊历史场域才能造就真理标准大讨论的思想解放运动的出场,成为一个时代结束和新时代开启的重大转折。40多年中国奇迹证明这一道路选择是正确的。社会检验的主体是人民群众,实践当然也是人民群众的社会实践。开启中国特色社会主义道路的固然有邓小平等伟大政治家,但是,安徽小岗村的18户农民自发创造的联产承包责任制,特别是苏南乡镇企业异军突起,以及40多年来中国人民用双手书写的国家和民族的壮丽史诗,说明了人民群众之中蕴藏着巨大的走中国特色社会主义道路的积极性,蕴藏着创造历史的伟力。40多年的实践有力证明:改革开放是决定当代中国命运的关键抉择,是当代中国发展进步的活力之源,是党和人民事业大踏步赶上时代的重要法宝,是坚持和发展中国特色社会主义、实现中华民族伟大复兴的必由之路。

真理标准大讨论造成伟大觉醒的第二个启示是:实践检验无止境,解放思想无止境,真理发展无止境。在时代和历史迅猛发展的潮流面前,任何僵化的思想都将被淘汰。正如习近平总书记所指出:"一个国家、一个民族要振兴,就必须在历史前进的逻辑中前进、在时代发展的潮流中发展。"以实践标准为突破口的哲学批判不仅恢复了实事求是的马克思主义思想路线,为开辟中国特色社会主义道路奠定思想基础,更在探索中国道路中重构了当代中国化的马克思主义。关于实践观的讨论再一次成为当代马克思主义中国化的新起点。撬动历史大门的哲学杠杆也并没有止步于起点,其作用贯穿于40多年始终并日用日新,始终成为中国道路的哲学表达和思想先导。因此,这一起点在实践上意味着中国特色社会主义道路的开启,在理论上意味着当代中国化马克思主义创新的起步。中国道路与哲学表达之间,相互激荡、双向促进、同步创新、共同发展,呈现出双向繁荣、持续创新的出场史。在每一次中国道路需要改革深化之际,哲学批判都作为破除旧观念、布展新观念的哲学精神而始终在场,推进道路探索和创新理论。正是由于这一内在驱动,中国马克思主义哲学获得了极大的丰富和发展,在中国特色社会主义实践探索中不断走向 21 世纪。

邓小平南方谈话形成第三次伟大觉醒。要冲破传统社会主义模式和道路,首先要进一步破除各种固定的、僵化的关于社会主义观念模式。社会主义可以有市场,资本主义也可以有计划,我们关于社会主义和资本主义的传统原则区分的观念再一次被实践所打破。时代在变化,实践在发展,马克思主义总是在时代实践中与时俱进。因此,继主张历史性地、开放地看待马克思主义哲学的文本文献学解读图景和马克思主义哲学史范式之后,实事求是的思想路线再一次引导马克思主义哲学一切从实际出发,因此,"反思的问题学"学术图景就必然产生。这是实践再一次冲破传统观念模式的哲学表达。深度聚焦我们正在做的事情,以问题为中心,而不是以现成的教条化理论为中心,成为创新马克思主义哲学、推动当代中国马克思主义哲学在中国本土的实践中重新出场的关键。

科学发展观的提出是第四次伟大觉醒。我们既不能把从前的观念僵化,也不能将改革开放中形成的某些观念不加分析地僵化。发展是硬道理,但是发展需要合理化。只有以人为本、全面、协调、可持续的发展观,才是硬道理。确立以人为本,就是以人民为本,权为民所用,情为民所系,利为民所谋。所谓全面,就是要经济和社会、政治、社会、文化、生态共同发展。所谓协调发展,就是要补短、补软,推动经济与社会、生态协调发展。所谓可持续发展,就是要考虑发展的后劲,保护环境,注重协调和全面发展。这一伟大觉醒将社会发展的公平和正义提到了前所未有的高度,逐步成为社会的聚焦点。这在实际上更加推动了马克思主义哲学研究关注发展、正义、和谐和生态,部门哲学以及中国化的研究范式地位更加凸显。

党的十八大以来,中国特色社会主义进入新时代,当代中国马克思主义哲学经过了各个学术图景的伟大转换,展现出宏伟的创新学术图谱,使当代中国马克思主义哲学终于站在了中国大地上,与时代同在。"却顾所来径,苍苍横翠微"。伟大的改革开放时代造就的伟大的马克思主义哲学创新学术史同样值得我们骄傲和自豪。无论是九大研究范式各自的成果，还是我们整体的学术图景和范式图谱，都造就了让世界学者刮目相看的学术成就，同样达到了前所未有地靠近世界舞台中央、前所未有地接近哲学强国的目标、前所未有地具有创造哲学强国的信心和能力的地步。我们有充分的学术自信来表明，在自主创新马克思主义哲学理论的领域内，中国学者、中国学术已经大踏步地赶上了时代，赶到了世界学术最前沿。正在走向世界的当代中国马克思主义哲学所创造的一批新概念、新话题、新原理，传播于世界，造就着世界的哲学影响。中国学者正在摆脱"学徒状态"，而成为新时代作者。在世界学术界面前，我们可以自豪、可以骄傲、理论自信地高高举起中国学术的旗帜。

回顾40多年当代中国马克思主义哲学出场史，我们可以有若干的启示。

第一，真正的哲学永远是思想中的时代，是自己时代精神的精华、文明活的灵魂。哲学变革的最深刻根源总是厚植于伟大时代的变革土壤之中。用"实践是检验真理唯一标准"马克思主义哲学基本理论来开启一个改革开放的伟大时代绝非偶然，这既体现了伟大时代内在现实变革需要对思想的急切呼唤，也鲜明地表征了以改变世界为宗旨的马克思主义哲学的时代品格。40多年创新学术史表明：马克思主义哲学的当代性和在场性就表现在于在当代历史变革的重大关头总是成为时代的问答逻辑，作为时代精神精华、作为时代声音来出场和在场的思想武器，永远需要站在世界历史的时代前列，开启时代先河，开创世界历史道路，开拓新文明路向。时代问题之所在，就是马克思主义哲学聚焦之所向。当时代将思想解放、开辟中国道路的伟大重责赋予马克思主义哲学，那么这一哲学就应当毫不犹豫地站在时代最前沿，就一定要成为时代变革锐不可当的思想之矛，发挥伟大思想先导和解放作用。马克思主义哲学把时代问题转换为哲学问题，用自己的抽象哲学方式变革观念、推动创新，展现为方法论自觉的范式图谱。今天，新时代新征程面临若干重大时代问题，更强烈召唤马克思主义哲学聚焦新时代、跟上新时代、研究新时代、引领新时代，从而与时俱进地继续成为"充分地适应自己的时代"的思想先锋。

第二，哲学界应当勇于担当时代使命和重大责任，走在时代前列。真理标准大讨论不仅仅是重大学术事件，更是一场由学术讨论引发事关民族和国家前途命运的重大政治事件。"两个凡是"思想禁锢维系着的独特场域,是由独特时代的政治与思想关联的共谋格局。打破这一格局不仅需要有敏锐的思想洞察力,更要有为国为民的政治敏锐性和时代担当。没有追求真理的勇气、没有高度的政治敏锐性、没有时代担当的主体精神,就不会有这一场大讨论事件的历史发生。当不从思想解放入手就不能打破这一僵化格局,中国走向社会主义现代化强国就没有希望的关键之时,时代需要哲学率先发声、勇于担当打破思想禁锢的破冰重任,那么,哲学界就勇于出场,以大无畏、勇往直前的英雄气概,成为时代变革的思想先锋。40 多年来,马克思主义哲学正是在不断打破时代和观念的坚冰中为民族先锋、为时代导航。今天,哲学走进新时代,面临更加复杂和艰巨的时代语境,需要担负更加繁重的思想重责。强国时代呼唤强国哲学。"四个全面"需要新一轮思想解放,贯彻"五位一体"总体战略和主张创新、协调、开放、绿色和共享发展的新发展观需要哲学以更加高端的境界引领国家"以立带破""以破促立",规划指导一个全面现代化的民族建构起定型化的国家治理体系。走向世界的负责任的大国需要积极参与全球治理,构建合作共赢的人类命运共同体架构。在时代重大责任面前,哲学界没有逃避时代责任、躲进象牙塔孤芳自赏地玩纯学术游戏的权力,在全球思想撞击、激烈对话的文化语境中,中国哲学界更不可能不以"不忘本来、吸收外来、面向未来"的积极姿态原创中国理论和中国话语,而选择自我放逐、自我边缘化甚至放弃马克思主义文化领导权。

第三,以人民为中心的价值旨归。真理标准大讨论之所以是复调叙事的学术政治事件,根本原因在于它内在包含着真理检验与为民立场的价值旨归两个问题的有机统一。马克思主义是真理性和价值性的统一。越是真理,越符合无产阶级的利益。亿万人民是真理的主体,不仅是实践对象性的真理检验主体,也是真理造就成果的获益主体。诉诸实践的真理标准观越彻底,越符合人民的根本利益。反过来,只有心系人民,才能激起哲学家打破思想禁锢、以解放思想推动历史变革的理论勇气。历史变革表面上看是由思想解放推动的,但是在深层次上是由思想背后的人民需要推动的。人民,只有人民,才是创造历史的真正动力。思想的在场不过是人民利益的代言。因此,真理标准大讨论涉及的不仅是认识论中的真理标准问题,更是关系到国家和民族前途命运、关于中国道路的大问题,后者直接涉及人民的根本利益,这决定了理论观念的为民立场和价值取向。从符号学意义上看,真理标准是深藏着的为民所指意义的能指符号。今天,我们更能深切体会:为何哲学家义无反顾地顶着巨大风险和压力,大声疾呼恢复马克思主义实践观权威,因为真理性的认识总是与正确的思想路线一致,而正确的思想路线总是符合人民的根本利益,能够为民族、人民带来巨大的福祉;相反,错误的思想路线总是给党和人民的事业带来巨大的挫折,需要付出沉重代价。鲜明的为民立场、价值观也同样包含在实践检验的目的和标准之中。我们考察社会实践对一个思想、理念、口号和观点的检验不仅要看其对真理性的检验,更是要看对是否符合和满足人民根本利益需要的检验。因而,实践检验尺度是两者有机统一的。40多年创新学术史秉承这一为民哲学精神,迎接挑战、不断创新,呈现出波澜壮阔的发展史。今天,正在致力于决胜全面建成小康社会进程的中国人民对美好生活的新期盼,强烈需要我们的每一个思想观念、每一个战略布局、每一个规划和决策的制定和落实都要全面以人民为中心,接受人民的检验。正如习近平总书记所强调指出的:时代是出卷人,我们是答卷人,而人民是阅卷人。

第四,坚定理论自信和道路自信,坚持和发展中国特色社会主义。真理标准大讨论既是对马克思主义真理性的有力辩护,更是对中国特色社会主义道路的成功开启。40多年来,马克思主义中国化的当代进程在不断指引中国成功发展起来的同时显现出真理性的力量,坚定了我们的理论自信;同时这一大讨论所开辟的中国特色社会主义道路,既有别于封闭僵化的老路,更不同于改旗易帜的邪路,40多年来经过人民和历史实践的持续检验,取得了改革开放的巨大成就,创造了为全球瞩目的中国奇迹、中国道路、中国经验,因而为我们的道路自信提供了无与伦比的坚实根据。今天,中国特色社会主义进入新时代,21世纪马克思主义也与时俱进地发展为习近平新时代中国特色社会主义思想,新时代中国道路需要新思想引领,因此我们要更加坚定理论自信;而新时代中国道路则更需要我们在坚守本来、不忘初心的前提下更加解放思想地加以大力开拓。

第五,实践是发展的,真理也是发展的,马克思主义是与时俱进的。标准大讨论开辟的改革开放和中国特色社会主义在不同的时段具有变化着的内容和形式,绝不是一成不变的。40 多年来,改革和发展方式在实践探索中是不断发生调整变化。初期的"摸着石头过河"的探索性的改革方式,为今天加强科学指导、顶层设计、依法治国、建立国家治理现代化体系等理性方式所取代;早期粗放式发展方式为今天的创新、协调、绿色、开放、共享的发展方式所取代,渐进改革和发展中一切固化的不尽合理的利益结构正在被全面深化改革所破除。新时代社会主要矛盾的变化,为新时代思想和战略决策提出了新要求和新使命。我们既要实事求是地破除老的"两个凡是"僵化观念束缚,也要与时俱进地破除 40 多年来渐进改革进程中形成的暂时性、不尽合理的各种观念、制度和体制,站在新时代高度重新梳理和全面总结改革开放 40 多年来的实践检验史成果,为更好地走向新的未来服务。

第六,只有服务于时代,马克思主义哲学自身才能得到长足发展。真理标准大讨论不仅在实践上开辟中国道路,而且反推马克思主义哲学自身走向繁荣和发展的新时代。40 多年来,马克思主义哲学的创新、发展和繁荣前所未有地达到一个历史的高度。表现为从实践检验标准话题拓展开去,进入对马克思主义哲学本性和理解的各种拓展和深化;进入方法论自觉新境界,形成了教科书改革、原理和体系阐释、马克思主义哲学史、文本文献学解读、对话、反思问题学、部门哲学、中国化、出场学等研究路径和范式;以翻译研究 MEGA2 为契机,一大批马克思主义原典的重新出版;国内学界年均数以百计的专著和数以万计的研究论文,国外各种马克思主义作家著作翻译引进,对与马克思主义处于对话状态的非马克思主义西方思潮的评述,对中国道路和中国发展各个方面的深度分析,以及走出国门的各种原创的中国学术论著,等等,研究硕果累累;雨后春笋般出现的马克思主义哲学研究团队和一大批杰出中青年学者,以及他们所主持的学科、平台、会议和刊物等,构成了中国马克思主义哲学研究繁荣和发展的独特景观。真理标准大讨论以思想变革开启变革时代,同样变革时代更给马克思主义哲学大繁荣大发展注入了强劲活力,使之成为这一伟大时代的伟大思想标志。

二、21世纪中国马克思主义哲学的创建语境

总结新中国成立70多年,特别是40多年改革开放伟大时代中国马克思主义哲学创新学术史的历史经验和重大成就,是为了更好地适应新时代、迎接新挑战、承担新使命。在庆祝改革开放40周年大会上,习近平深情回顾了40多年改革开放波澜壮阔的伟大历程,系统阐述了改革开放所取得伟大成就和宝贵经验,郑重发出了"将改革开放进行到底"的新时代庄严宣言,全面部署了全面深化改革扩大对外开放的新时代行动纲领。

今天,我们的马克思主义哲学研究又来到一个"将改革开放进行到底"的新时代,面临一系列新情况、新问题、新使命,需要马克思主义哲学有更大的创新发展。新时代,我们面临着主要矛盾的变化、人民群众的需要的变化、国家面貌和党的面貌发生重大变化,我们百尺竿头更进一步,需要将当代中国马克思主义哲学推向21世纪。这就是新时代中国马克思主义哲学的当代使命。

从出场学来看,创新学术史图谱与时代发展之间永远呈现开放的、动态的、发展的辩证共进线关系。一个时期的适应甚至先导的思想,并不能代表永远在前、永远先进。时代在发展,实践在前行,哲学思想是灰色的,而生活之树常青。

创建21世纪马克思主义哲学,首先需要关注的就是创建语境。使命总是由时代语境所包含的时代问题和挑战决定的。一切理论总是问答逻辑,问题是一切科学理论的起点。没有问题就无须解答,也就无须解答的理论。没有不断出现的新情况、新问题、新挑战,也就没有新解答的冲动,就没有创新理论的需要。反之,时代在变化,实践在发展,新情况、新问题、新挑战层出不穷,就必然要不断推动,而且加速推动马克思主义哲学的创新进程。

党的十九大报告指出:"中国特色社会主义进入新时代,意味着近代以来久经磨难的中华民族迎来了从站起来、富起来到强起来的伟大飞跃,迎来了实现中华民族伟大复兴的光明前景;意味着科学社会主义在二十一世纪的中国焕发出强大生机活力,在世界上高高举起了中国特色社会主义伟大旗帜;意味着中

国特色社会主义道路、理论、制度、文化不断发展,拓展了发展中国家走向现代化的途径,给世界上那些既希望加快发展又希望保持自身独立性的国家和民族提供了全新选择,为解决人类问题贡献了中国智慧和中国方案。"①我们踏上了强国时代的新征程,而强国时代必须要建设哲学强国。德国著名诗人海涅说:"思想走在行动之前,就像闪电出现在雷霆之前一样。"恩格斯说:"一个民族要想站在科学的最高峰,就一刻也不能没有理论思维。"②马克思主义哲学是我们党指导强国实践思想的理论基础,因而哲学强国建设必须首先让当代中国马克思主义哲学强起来。中华民族站起来靠马克思主义,富起来靠与时俱进的马克思主义中国化新成果即中国特色社会主义,强起来更要依靠马克思主义哲学中国化最新成果的指导,靠创新马克思主义哲学学术体系的智力支持。我们从来没有像今天这样渴望创新,从来没有像今天这样需要创新的理论。

　　走在强国路上的中国,面临的问题是极其尖锐、多样和复杂的。正如邓小平同志当年预见的那样,发展起来的问题一点也不比不发展少。我们面对跨越"中等收入陷阱""塔西佗陷阱"和"修昔底德陷阱"等重大挑战。我们正在实现从高速度增长向高质量发展转型,我们正在面临十大转型或十大挑战。第一,中国正处在经济大国(世界第二大经济体)向经济强国的艰难转变中。经济新常态的到来,增速从高速转为中高速,动力需要转型,结构需要优化,发展方式需要转换,这都是建设经济强国的需要,客观上需要在整个国家综合治理中才能完成的重大工程。第二,资源配置方式:计划经济→市场起基础性配置作用→市场起决定性作用,需要建立国家经济治理新体系,重新划分市场与国家、社会边界和在资源配置的作用。改变经济社会形态,决定国家经济治理结构。要发挥好国内国际两个市场作用,要更好发挥政府的积极作用和社会的保障作用。资源配置方式是经济社会形态的主要支撑环节。西方强国市场经济历史经验:经历了从斯密的自由放任市场体系到凯恩斯主义的国家干预

---

　　① 习近平:《决胜全面建成小康社会　夺取新时代中国特色社会主义伟大胜利——在中国共产党第十九次全国代表大会上的报告》,人民出版社 2017 年版。
　　② 《马克思恩格斯选集》第 3 卷,人民出版社 2012 年版,第 875 页。

模型再到弗里德曼新自由主义模型。市场失灵、政府失灵和第三部门(市民社会)失灵,使新国家主义崛起。强调整体的国家治理就是现代经济治理的主要呼声。金融危机再一次证明国家经济治理的必要性。强国时代的经济治理需要解决三个问题:中国经济发展根本引擎是什么? 国内外资源的市场配置与政府和社会作用的边界及其相互关系是什么? 中国究竟如何在发挥好资本的积极推动经济和社会发展作用的同时应对资本的另类牵引、防止陷入中等收入陷阱? 第三,全面建成小康社会进入决胜阶段,这是对中国式新现代性是否能够实现的第一个"大考"的关键检验。现代化发展阶段的重大转变,人民群众的期盼从过去的单一因素、效率、脱贫向综合因素、公平、安全、生态、公共产品获得均衡性转变,发展的综合性、有机性、整体性关联大大增强,迫切需要对发展的目标和过程总体性科学把握。国家治理回应人民群众的利益关切,促使发展目标和标准的根本转变,更加强调经济发展与公平、安全、清廉、持续、生态等因素关联的整体性、协调性、有机性,把发展纳入国家治理的治理轨道。全面建成小康社会作为中国新现代性道路探索第一个重大试验,顺利成功之后进入新发展阶段使命更艰巨,道路更辉煌,人民的期盼就是我们党的奋斗目标:由大变强的中国必须回应人民群众的新期盼、新愿景。在全面建成小康社会决胜阶段,如何改变日益扩大的收入分配差距,走共享发展道路、防止跌入中等收入陷阱? 如何实现公平正义、解决城乡之间、地区之间、人群之间在公共产品和公共服务(公共政策、教育、医疗、社会保障、交通、文化、资源环境等)资源配置之间的不公平待遇? 如何保障人民群众的各种安全(人身安全、经济安全、社会稳定、环境安全)? 2020年中国成功战"疫",在全球范围内显示出党的领导、中国制度和中国道路的巨大优越性,更加坚定了道路自信、理论自信、制度自信、文化自信。第四,从封闭走向开放,从"世界走向中国"到"中国走向世界",开放环境也发生了从旧全球化到新全球化时代的重大变化,要打破以美国为首的西方霸权对中国变强的全面打压和严重阻挠,更要重构全球治理秩序,迫切需要中国重构与世界的关系,提出全球治理新理念、新思想、新战略。日益强盛的中国以开放的姿态走向世界,积极以负责任的大国形象深度参与世界经济、政治和文化秩序的重建,以推动"人类命运共同体"建设进程、全面高举"和平、发展、合作、共赢的旗帜"、倡议"一带一路"行动来谋划全球发展大格局。第五,空间关系与人居环境的重大转变,走出一条新型城镇化和城乡一体化道路,迫切需要执政党全面提升总体治理水平。第六,从同质性社会向差异性社会的转变,必须重新思考国家对社会和谐治理的方式。资本和市场造就了若干多元、多样、多变的社会存在,社会分层加剧,阶级、阶层、利益群体、多元的行为体,使社会出现了各种差异。多元、多样、多变的社会存在,冲破了在计划经济时代的利益的同质性社会,进入差异性社会。所谓差异性社会,即与多种产权并存的基本经济制度对应,人民群众在根本利益、长远利益、整体利益和全局利益上趋于一致,但是在眼前利益、局部利益、阶级、阶层和群体利益、市场交换利益上出现各种差异和分裂。差异性社会既不同于同质性社会,也不同于阶级对抗性社会。在差异性社会,各种差异性的利益诉求必然要通过经济表达、政治表达、社会表达、文化表达、生态权益表达等途径反映出来,使之要求"差异的正义"。第七,从同质性社会同质性政治向差异性社会的民主政治模式转变,需要总体设计和规划在中国共产党领导下将党的领导、依法治国和人民当家作主有机统一的中国特色民主政治体系。第八,差异性社会的文化表达,出现了中国特色社会主义的文化矛盾,需要国家在思想文化领域形成新的治理方式。如何看待和解决日益尖锐的社会主义文化矛盾? 如何坚持用社会主义核心价值观来引导? 如何建立以社会主义核心价值观为主体的社会主义文化统一战线? 如何营造社会主义和谐文化氛围? 如何加强和巩固马克思主义在意识形态领域指导地位、巩固人民的共同思想基础? 社会主义文化矛盾需要如何面对和治理? 等等问题,都需要在强国建设中积极给予回答。新时代需要国家治理要有强有力的核心价值观的引导能力和对差异性思想价值文化的驾控能力。第九,从工业文明传统路径转向生态文明、绿色发展路径。中国将成为积极推动全球生态文明、环境保护、绿色发展事业进程的负责任的大国。第十,如何从短期治理向建立长治久安的新时代党的治理机制转变。十大挑战、十大转型都是强国建设必须面对、需要解决的重大问题。解决问题需要实践探索,更要在实践探索中打破一切旧的观念,建立新的观念,需要新的理论,特别是需要不断创新的中国的马克思主义哲学加以指导,做好顶层设计。

强国时代问题中的哲学叩响马克思主义哲学大门,其创新使命至少在以下方面要回答时代之问。一是如何进一步从新时代主要矛盾的变化,以人民为中心,用辩证法和社会基本矛盾学说的创新解决不平衡不充分发展的问题,满足人民群众对美好生活的新期盼? 二是如何从对比西方的资本现代性道路造就的人与人全面异化、人与自然冲突、全球分裂三大矛盾着手,看新时代中国道路创造人类新文明? 如何用中国化的创新的唯物史观来加以阐释其内涵以及对于世界历史的开创性意义? 三是如何深度阐释人类命运共同体的哲学意蕴,为全球治理的正义性提供中国智慧? 当然,进一步的追问必将展开为一个包含丰富内容的、全面推进马克思主义哲学创新研究的空间。近年来,学界聚焦上述问题,已经开始从多方面作出解答,形成了一大批有价值的成果。

虽然经过创新学术史的范式图谱,当代中国马克思主义哲学创新取得了重大进展,初步展现出理论雄姿。但是,相对于新时代新征程决胜全面建成小康社会、全面建设社会主义现代化强国、实现中华民族伟大复兴中国梦的目标来说,我们的理论是相对滞后的,我们的创新步伐还跟不上,我们的依旧需要有加速创新的紧迫感和使命感。正如40多年改革开放跨越了千山万水,但仍需要跋山涉水一样,马克思主义哲学创新学术史范式图谱表明其创新发展经历了若干阶段,但仍将继续开拓前行。改革开放没有完成时,只有进行时,永远在路上。"船到中流当奋楫,人到半山须勇登。大河奔流开新路,层峦竦峙争高峰。"为了中华民族伟大复兴,为了建设社会主义现代化强国,我们的改革开放始终是制胜法宝、关键一招。作为改革开放伟大时代的哲学表达,当代中国马克思主义哲学同样把"将改革开放进行到底"的彻底革命的创新精神作为自己的第一品格,需要始终保持时代精神和创新气质,勇立潮头,奋勇向前。停滞的观点,无所作为的观点,消极的观点,都是错误的。

三、21 世纪中国马克思主义哲学的使命

那么,在新时代的新历史方位上,构建21世纪中国马克思主义哲学的使

命,究竟包括哪些具体内容呢？或者说,在深描新中国成立70多年来,特别是40多年改革开放当代中国马克思主义哲学常新学术史图谱之后,我们"接着讲"什么呢？

构建21世纪中国马克思主义哲学是创新和发展当代中国马克思主义哲学的总方向、总目标和总要求。21世纪中国马克思主义哲学是以往中国马克思主义哲学在新时代的伟大继续。将发端于改革开放伟大进程、生长于40多年伟大创新和变革之中的中国马克思主义哲学整体推进到21世纪,这是时代的必然指向、人民的深切愿望、党和国家的迫切要求。

在纪念马克思诞辰200周年、《共产党宣言》出版170周年、改革开放40多年、中国特色社会主义进入新时代之际,深刻总结马克思主义出场史170年经验,深度阐释"21世纪马克思主义哲学"命题,具有重大时代意义。近年来,学界围绕习近平总书记在庆祝中国共产党成立95周年大会上提出的包括马克思主义哲学在内的"21世纪马克思主义"这一极富理论创意的概念,从多方面、多视角发表了若干见解,迅捷而富有成效地展开了有关研究。然而,指认和判定"什么是"和"如何是"21世纪马克思主义,首先是一个反思的问题学:理论总是问答逻辑,真正时代理论总是对时代问题的反思和解答。揭示"21世纪马克思主义"因何出场、怎样出场的出场逻辑、能否成为"21世纪马克思主义"的主要标准和关键条件,在于看"21世纪马克思主义"是否能够解答21世纪三大重大时代问题、因而成为时代反思的问题学。第一,"21世纪马克思主义"如何成为对21世纪资本创新逻辑最新动态和总体结构深刻批判的科学理论;第二,"21世纪马克思主义"如何基于对21世纪资本创新逻辑造就的新历史场域、场景的批判分析,重新规划与探索21世纪后资本道路;第三,"21世纪马克思主义"如何基于对21世纪新全球化时代历史场域、场景批判分析,阐明"21世纪中国马克思主义"理论、制度、道路与全球马克思主义出场形态的关系。这是一个时代的判定标准。只有解答上述三大问题,才可能成为"21世纪马克思主义"。进而,在更深层次上,这涉及与时俱进的马克思主义出场学逻辑:坚持当年马克思《资本论》的基本原则,发展21世纪资本创新逻辑批判理论;坚持《共产党宣言》的唯物史观和后资本道路规划原则,发展21

世纪唯物史观和重新规划实践21世纪后资本道路;坚持马克思世界历史原则和东方道路思想,发展21世纪中国特色社会主义和全球马克思主义,就成为"21世纪马克思主义"的出场路径和当代使命。

(一)21世纪资本创新逻辑批判

用"世纪"为尺度命名马克思主义,体现着"思想中的时代"坐标:"每个原理都有其出现的世纪"。① 丈量马克思主义世纪变化的时代尺度,首先就是关于资本逻辑的批判。没有资本批判,就没有马克思。同样,没有21世纪的资本批判,也就没有21世纪的马克思主义。因此,对21世纪的资本逻辑深度展开经济学哲学批判,就必然成为21世纪马克思主义的首要出场路径和主要使命,也是检验其能否成真的第一时代尺度。

2008年爆发的金融危机是21世纪第一次全球资本危机,沿着"全球危机传导路线图",从历史根基处不断瓦解资本的全球结构和历史场域,强烈召唤在苏东剧变中被福山等西方新自由主义者宣布为"灰飞烟灭"的马克思主义在21世纪重新出场。这次危机已成为马克思主义深度观察和研究当代资本主义变化的最佳"窗口",也反过来成为21世纪马克思主义当代出场的时代根据和检验尺度:看马克思主义能否成为21世纪资本批判理论。对马克思主义而言,这次危机具有双重意义。

一方面,危机表明马克思《资本论》中科学揭示的资本本性、基本矛盾和一般规律等原则性结论,包括马克思在《资本论》中宣布的:"生产资料的集中和劳动的社会化,达到了同它们的资本主义外壳不能相容的地步。这个外壳就要炸毁了。资本主义私有制的丧钟就要响了。剥夺者就要被剥夺了。"②这一经典结论并没有过时。长期以来,特别是苏东剧变以后一个时期,西方新自由主义或者借口资本主义已经历史性地发生根本变化,摆脱了《资本论》所指认的危机困境,因而宣布《资本论》过时,或者宣布整个马克思主义已经"灰飞

① 《马克思恩格斯选集》第1卷,人民出版社2012年版,第227页。
② 《马克思恩格斯选集》第2卷,人民出版社2012年版,第299页。

烟灭",资本成为历史的终结者。金融危机爆发恰好是最好的反驳,证明马克思《资本论》基本原则依然是对的。特里·伊格尔顿(Terry Eagleton)的《马克思为什么是对的?》和托马斯·皮凯蒂(Thomas Piketty)《21世纪〈资本论〉》、大卫·哈维和詹姆逊对《资本论》的重读,等等,都深刻地阐明了这一点。这是资本本性和基本矛盾再一次充分暴露的危机,证明危机是资本全球化追求最大化剩余价值的本性和基本矛盾(生产的社会化与生产资料资本主义私人占有矛盾)的必然结果。因此,21世纪马克思主义必须要坚守马克思《资本论》的基本原则。

另一方面,这次危机不是传统资本的危机,而是新的资本形态的危机。这次危机在许多方面具有21世纪特征。因此,需要我们不能停留在《资本论》原有结论上,而是要对21世纪金融危机暴露出来的资本新形态、新特征、新趋势作出新分析、新批判,创新21世纪资本批判理论。例如,作为21世纪的第一次全球金融危机爆发的直接原因和鲜明特点是房地产等消费品资本化的危机:资本将大宗消费品的对象房地产通过证券化而转化为金融资本操控对象,成为资本化的存在,在列斐伏尔、大卫·哈维所说的"空间生产"领域的资本化过度投机成为金融危机的导火索。显然,当年马克思在《资本论》中曾经分析过地产成为资本的存在形式和转化形式之一,也曾经将房地产等大宗商品作为"商品资本"形态的一个发展形式来加以初步分析,认为工业资本的生产结果转化为赋值的商品资本,商品资本中包括了工业生产成本(C+V)和剩余价值(M),只有在商品成功销售后,商品价值才能够重新变回货币资本,完成资本的增值过程。生活在以工业生产为轴心时代的马克思,并没有预计到在后工业资本时代,消费者消费商品行为本身也被资本利用来投机增殖,即消费品资本化。这就是列斐伏尔屡次提到的所谓市民社会和日常生活殖民化,即我们的消费领域在完成资本化增值功能,因而成为后工业资本时代资本投机的主要领域之一。其中,空间产品消费属于消费社会中大宗商品消费,由于其投资额和消费额的相对集中,产生利润也相对丰硕,也由于空间生产这一使用价值形态属于不动产业或难以再生的业态,其泡沫生成比其他消费品更具有欺骗性。因而在消费社会,空间生产成为资本投机的首选。

　　第二个鲜明特点是市民社会日常生活消费化。资本最大限度地变现利润,彻底改变了在马克思和韦伯时代资本所信奉的节俭的新教伦理,转为夸耀性消费文化,社会因此进入鲍德里亚所谓的"消费社会"。消费社会被夸耀性、猎奇性消费文化所左右,加上消费品资本化,出现所谓日常生活资本化和殖民化。美国靠信贷来促进消费,靠消费来带动经济增长,地产商鼓动没有能力的消费者借贷买房,提前消费。为了刺激消费,资本通过证券化方式,将一些消费行为变成投资行为,变成可以增值的资本化行为,来吸引大众投资。于是消费与投资行为合一,使整个生活世界彻底被资本控制,生活世界在根本上丧失了自己的相对独立性,被彻底殖民化了。

　　第三个鲜明特点是全民一切房地产销售都成为金融手段,采取资产证券化的形式,经过风险评级的住房抵押贷款支持债券(MBS)、无限复制和扩大的担保债务权证(CDO)、信用违约互换(CDS)等金融衍生品,房地产炒卖于是变成了彻头彻尾的虚拟资本投机的中介和手段。空间生产从实体资本领域借助金融资本和全球互联网变成虚拟资本。金融资本成为全球经济命脉的控制者。

　　第四个鲜明特点是经济虚拟化、知识资本化成为金融危机发生的灵魂要件。金融链锁导致的金融危机也只是一种载体和躯壳。金融创新所内在蕴含的知识资本化和网络债券交易虚拟资本化才是灵魂,而且构成了支配新全球化时代的路线传导图的主宰。

　　第五个鲜明特点是借助全球金融和互联网,新全球化时代构成虚拟资本的全球控制体系,危机来临时也成为危机传导路线图。知识资本、虚拟资本借助于这一全球网络控制全球金融,进而控制全球实体经济。其中,资本创新链表现为"知识创新"—"金融创新"—"次贷地产"逻辑。于是,在新时代和新形态上,资本螺旋上升地重温着周期性地扩张和危机的旧梦。然而,与历史存在的差异就在于:这一危机本质上是资本创新逻辑的危机。也就是说,在21世纪初爆发的第一次大规模危机就以窗口形式凸显了资本的若干不同于19世纪,甚至也不同于20世纪的资本的若干新性质、新形态、新特征和新趋势,当然还存在着更多隐藏更深、被颠倒场景遮蔽的方面,需要21世纪的马克思主义深入分析研究。两个时代的资本逻辑差异造成的"历史间距",正是造就 21 世纪马克思主义的时代条件。因此,21 世纪马克思主义不能仅仅重复马克思的结论。上述两本书仅仅说金融危机证明马克思依然是对的、《资本论》的结论在今天依然是正确的,这是必要的,但是完全不够的。我们不能无视资本的新旧变化,用低于 21 世纪水平的马克思主义来阐释马克思主义。21 世纪的资本逻辑需要用 21 世纪的马克思主义资本批判理论才能穿透。

从 21 世纪马克思主义经济学哲学批判观点看,当年马克思所宣告的"被剥夺""被炸毁""被敲响丧钟"的资本依然"持续在场",金融危机呈现出来的若干新时代特征,两种现象的交汇点和根本原因在于"资本创新",或者说,21 世纪资本新特征、新趋势主要在于呈现了"资本创新逻辑"。具体而言,关于资本创新逻辑,我们需要把握以下几个关键点:

第一,何谓"资本创新"及其根源。"所谓资本创新,就是指资本为了摆脱危机,获取更多的利润,就不断地、拼命地发明创造新技术、新管理、新产品、新销售、新市场、新空间、新产业,最终实现资本形态和功能的创新发展,驱动资本形态从当年马克思所主要面对的大工业资本主导的旧全球化形态向后工业资本主导的新全球化形态转变。"①究其根源,资本创新源于资本既要追求利润最大化、又要摆脱(哪怕暂时性地摆脱)危机的"趋利避害"的本性需要。只要创新能够给资本带来更大更多的利润蛋糕,资本就会疯狂地去追求;只要创新能够帮助资本摆脱(暂时摆脱)危机困局,资本就会义无反顾地去实现。正是在这一意义上,资本具有创新的内生动力。资本的演化史表明:在资本的任何一个固定形态和固定阶段,它的固有外壳都会因为自己内在的基本矛盾和转化矛盾而被炸毁。如果没有创新,资本早就退场。只有通过创新行动,资本才能被暂时拯救,才能持续在场。即是说,只有通过不断的周期性毁灭和创新,资本的持续在场才能"凤凰涅槃"般地实现。

第二,资本创新的路径选择。就资本演化史而言,从 19 世纪到 21 世纪,为了摆脱危机、追逐更大更多的剩余价值,资本创新的路径选择是多样、多元

---

① 任平:《资本创新逻辑的当代阐释》,《学习与探索》2013 年第 3 期。

的,主要表现为:其一,从主要依赖绝对剩余价值生产转向手段越来越先进的相对剩余价值生产。如熊彼特所说:在原产业领域内通过生产工艺和销售方式的不断改进而实现的创新,例如通过技术更新、设备更新、生产流程再造、管理创新、销售模式和市场开拓方式等,实现新的创新。当资本在原来的生产技术、原来的设备设施、原来的管理、原来的产品、原来的销售模式和市场不能满足资本追逐更多利润需要并造就周期性的经济危机时,资本就必然强制性地在产业内部实现各种创新活动,以新要素和新方式来实现"供给侧结构性变革",力图摆脱危机,实现超额利润。其二,当一个有限空间不能满足资本的生产和销售需要而爆发危机时,为了摆脱危机,资本就采取如列宁、卢森堡、哈维所说的通过新空间拓展(领域的逻辑)来实现暂时摆脱危机的目的。也就是说,当资本在原一国或一域市场空间中受到限制、资本频繁爆发危机、再也无法扩大获利时,殖民主义、帝国主义就成为实现资本拓展空间的创新形式。其三,主导产业领域创新。资本抓住任何一个可能使资本焕发青春活力、获得更大的利润空间的要素,上升为主导产业要素,进而改变整个社会的资本供给侧结构、需求消费结构和资本形态,构造新的资本社会,于是就实现了创新资本主导的社会形态。资本"追求劳动部门的无限多样化,也就是追求生产内容的全面性"。① 为了逐利最大化,只要有可能、有条件,资本就必然将一切要素对象资本化,并将其中一切能够带来最大利润的要素对象领域变成产业的主导形态。因此,在后工业资本时代,金融资本、文化资本、知识资本等要素领域以及虚拟资本各个业态之所以能够迅速成为主导产业,都源于此因。

第三,资本创新逻辑推动的资本主导形态发生的深刻变化,表现为从马克思时代的大工业资本主导形态转向后工业资本主导形态。马克思时代面对的大工业资本主导形态,在马克思之后的周期性危机大浪筛淘和推动下,经过银行资本向工业资本的渗透、控制和参与,最终导致工业资本与银行资本的结合形成金融资本,形成金融资本全球化世界。进而,金融资本作为虚拟资本手段进一步向一切社会要素渗透和控制,使之变成一个又一个新的资本品,形成知

---

① 《马克思恩格斯全集》第47卷,人民出版社1979年版,第555页。

识资本和文化资本,扩展为社会资本、人力资本、消费品资本、生态资本,从实体资本转向虚拟资本等,不断变革,转变形态。一切都在资本中,资本在一切中。"一的一切"和"一切的一"结合,使资本最大限度地普遍化,使日常生活最大程度资本化。与一般产业内部技术创新不同,资本主导产业的每一次大更迭,不仅是经济结构表象的变革,而且几乎都伴随着历史场景的转换。21世纪,资本创新逻辑全面更换了资本全球化的场景机制和作用装置,借助于互联网和智能化、生物工程和材料科技等新科技革命手段,使"消费社会"取代"生产主义社会",使后福特主义小众化"弹性生产"机构取代福特制刚性的大规模标准化生产装置,使债券化等金融手段取代一切实体经济过程,使符号化、虚拟化经济取代实体经济作为主导要素,使文化创意产业取代钢铁工业成为引领性产业,使后现代取代经典现代性社会,使离散化、个性化、网络化的日常生活取代集中化的控制,因而造就出一幅当代资本主义的全球图景。

第四,资本创新也依然遵循着马克思历史观对于资本创新本性阐释的轨迹,但是带有 21 世纪的特点。正如经济创新概念倡导者熊彼特所客观指出的那样,马克思是资本创新的最早观察者和研究者。马克思在《共产党宣言》中指出:"资产阶级在历史上曾经起过非常革命的作用","资产阶级除非对生产工具,从而对生产关系,从而对全部社会关系不断地进行革命,否则就不能生存下去"。① 这被德里达看作是对资本的"最高褒奖"。在《资本论》中,马克思在研究资本的绝对剩余价值生产向相对剩余价值生产的时候,就特别仔细考察了资本存在的具体方法和方式的创新变革。如资本如何用机器生产来代替手工工业;如何由延长雇佣劳动者的绝对劳动时间而获取绝对剩余价值,到用不断改进技术的手段,"将科学并入生产过程"、用先进大机器进行生产,缩短生产时间和降低成本来创造相对剩余价值,这一过程就是资本创新过程。马克思还特别仔细地研究了资本的职能分工对于资本更多榨取剩余价值的促进作用,如最初由产业资本家直接包揽生产和流通全过程,到资本领域职能的相对分化,商业资本与工业资本各司其职,专业化分工促进了剩余价值总量的

---

① 《马克思恩格斯选集》第 1 卷,人民出版社 2012 年版,第 402、403 页。

迅速提升,这也是资本总体结构的创新。在恩格斯整理的《资本论》第 3 卷中,马克思还集中分析了从实体资本到银行资本、虚拟资本的创新转换形态中的表象形式(如银行资本 G—G')和本质关系,等等。可以说,马克思不仅深刻揭示了资本创新的本性,而且也具体分析了当时资本创新的几乎所有形式和方式。限于历史条件,马克思主要分析了大工业为主导形态的资本结构和资本矛盾,准确地预见到大工业资本即将崩溃、外壳被炸毁的前景。然而,马克思对于后工业社会资本的若干新的趋势,尚未加以系统展开研究。因此,对于 21 世纪马克思主义而言,一个重大课题就是要"接着讲",在 21 世纪重写《资本论》,科学解答资本创新逻辑,进而成为 21 世纪的马克思主义。

第五,资本创新史同时就是旧外壳炸毁史。从 21 世纪资本创新逻辑批判反观资本出场史,我们必然得出结论:资本外壳在历次重大危机中不断被炸毁。工业资本外壳遭遇周期性危机被炸毁,换上了金融垄断资本主义外壳后又进一步被新的矛盾所炸毁,逐步换上后工业资本主导的形态外壳,而它们又在全球金融危机中被炸毁。资本每一次重大创新和大转换,都意味着对原先主导形态外壳的炸毁。不炸毁旧的外壳,资本创新就不能实现,旧的危机就无法结束。然而,资本外壳的每一次炸毁,并不等于资本所有外壳被彻底摧毁。资本在拼命地寻找创新机遇中实现持续在场,因而不断焕发内在创新冲动,从而外在地释放出推动历史进步的杠杆作用。但是资本的持续在场是以外壳不断被炸毁为代价的。资本的幽灵出场、在场、退场、再出场,以不断毁灭来结束旧的在场,而以不断创新出场来秉持在场。

第六,资本创新逻辑表明:资本并不是完全在同一种形态中周而复始地经历危机、萧条、复苏、繁荣和高涨、再陷入危机,或者说,不是在一种生产形态层级上简单循环的危机,而是在创新跃迁层级中经历上述周期性危机,因而也是一种辩证的、螺旋上升的死亡之旅。其中连续地交替着创新与危机。每一次创新炸毁原有躯壳,资本就可能在新的空间中暂时摆脱旧躯壳的危机形态,因而造就一个时期的增长和繁荣,然而又在基本矛盾的铁律限制下最后陷入新形态的、更深刻的危机,从而逼迫资本再窥测方向、聚力创新以求一成。资本创新逻辑变换外壳的任务从来就只能是在历史条件制约下历史地提出和历史地实现的。资本幽灵仿佛是一个吸血鬼,只有靠不断榨干旧躯壳、不断寻找新躯壳来逐利和存活。但是最终只能跌入更深刻、更剧烈的危机。

第七,资本创新逻辑仅仅是资本的一般逻辑,并非每一微观资本都有如此的幸运,都愿意或能够实现创新,炸毁原有躯壳,实现"凤凰涅槃"。事实上,创新成功的永远是少数,而有无数资本因循守旧而崩溃,无数个体资本创新失败而归于消亡。这仿佛是一次大规模优胜劣汰的物种迁移。凡是现存的,都是闯过无数次创新逻辑考验的幸运儿。创新成功也是暂时的、分周期、层级的。无论如何,资本都难以逃脱最终死亡的命运。螺旋上升的死亡之旅是资本创新逻辑所展现的独特的辩证法。它既不同于在同一层级上循环的"否定的辩证法"或"瓦解的逻辑",也不同于发展的螺旋上升的辩证法。它的每一次创新上升同时就是否定,就是旧躯壳的炸毁和死亡。危机爆发依然是每一个资本创新周期终结走向死亡的外在标志。资本创新逻辑螺旋上升的终结目标依然是死亡。

上述七点关于资本创新逻辑新特点、新规律的批判性发现,可能是 21 世纪马克思主义的资本批判理论最重要的理论内容。我们正经历着西方霸权衰落东方道路崛起的全球百年未有之大变局,新冠疫情的全球肆虐正在加速这一变局进程。当然,全面揭示资本创新逻辑和 21 世纪资本创新图景以及必然陷入的深刻危机趋势,还需要经过系统的政治经济学哲学批判,在这一领域还有很长的路要走,这必然成为 21 世纪马克思主义的当代使命。

(二)21 世纪唯物史观:新全球化时代场域与场景分析与后资本道路设计

资本创新逻辑不仅仅是资本的经济学意义的演化史,更是构成当代历史的根基。同样,对资本创新逻辑的批判不仅在书写 21 世纪马克思主义政治经济学,更要发展 21 世纪唯物史观。因为,资本创新逻辑在深刻改变资本形态和结构的同时,就在深刻改变历史,改变资本全球化的时代语境,因而使新自由主义和后马克思主义都在大叫唯物史观的"过时"或"脱节"于时代。为此,保卫《资本论》绝不能拒绝 21 世纪资本变化、不去创新地发展 21 世纪资本批判理论,而保卫唯物史观,也绝不能拒绝分析 21 世纪历史语境的种种新变化,而不去发展唯物史观。我们对 21 世纪资本创新逻辑呈现螺旋上升的死亡之旅规律的揭示,还需要将之上升到 21 世纪马克思主义历史观批判的高度。因此,21 世纪马克思主义的第二个当代使命,就是科学阐释资本创新逻辑如何造就新全球化时代的历史场域和历史场景,进而形成 21 世纪的唯物史观。

从资本批判走向历史观的构建,也是遵循马克思唯物史观的出场逻辑。当年马克思是借助于对资本的政治经济学批判而走向历史深处、创建唯物史观的。同样,21 世纪唯物史观也只有在资本创新逻辑造就的历史场域被重新打开之时才能够被当代人真正理解。从《资本论》走向 21 世纪资本创新逻辑批判,与从当年旧全球化时代唯物史观走向 21 世纪新全球化时代唯物史观,两者是相互对应的平行线。资本创新逻辑造就了 21 世纪历史场域和场景。因此,我们不能停留在低于历史水平的理论阶段对待当代,拒斥和否认资本创新所造就的历史场景变化,也更不能步后马克思主义的后尘去否弃马克思历史观基本精神。从马克思主义出场学来看,问题的关键在于需要将当年马克思资本批判理论发展为 21 世纪资本创新逻辑批判,进而呼唤新时代唯物史观的出场。

我们考察 21 世纪资本创新逻辑与 21 世纪历史语境之间的关系,可以从以下三点着手:第一,在历史层面,资本创新逻辑造就资本全球化历史的新旧转换,即从旧全球化时代转向新全球化时代,促使资本现代性社会从启蒙和经典现代性经过后现代而走向新现代性。新的系列历史社会特征如风险社会等由此而来。第二,资本创新逻辑所造就的新全球化时代的历史语境,又大致分为历史场域和历史场景(景观)两个层面,两者既相互联系、又相互区别。历史场域是历史存在的深层结构,而历史场景是历史的表层、表象结构,在资本创新逻辑作用下往往是历史场域的颠倒的表象。第三,新全球化时代历史语境的深刻变化,造成新的社会分层结构、新的社会机理和新的历史合力,因而对后资本道路的规划出现新的态势和趋势。

关于第一点。资本创新逻辑直接造成的资本全球化历史场域的深刻变化,集中体现在新旧全球化时代的转变,主要特征包括:其一,资本的主导产业从工业资本向后工业资本转变,工业资本主导地位日益被金融资本、知识资本、社会资本、文化资本、生态资本、人力资本、空间资本甚至消费品资本所取代。其二,资本的全球统治结构从"工业资本—农业文明"或"工业资本—体力劳动"结构转变为"知识资本—工业文明"。欠发达国家和地区成为受发达国家知识资本支配的加工车间、资源和廉价劳动力供给地、资本和商品销售市场。其三,资本对全球控制方式的转变,从商品输出、资本输出+武力转变为知识资本、技术资本输出和货币资本+武力,科技、人才、文化、资讯的鸿沟决定一切。其四,全球内在张力发生根本转变,从现代性一元化向一元和多元双向转变。其五,全球思维从旧全球化时代的现代线性思维经过后现代多元思维而抵达新现代性社会结构。

关于第二点。资本创新逻辑造就新全球化时代不仅是 21 世纪资本的直接现实,更成为 21 世纪唯物史观面对的历史现实。新全球化时代不仅是资本创新逻辑的在场方式,更是构成我们今天面对的新历史场域。历史场域是历史语境的深层结构,深层结构又生长出表层结构,即历史场景(历史图景、景观社会)。历史场景既是历史场域的表现形式或实现形式,也是其或者拜物教式的颠倒的性质。也就是说,进入新全球化时代,全球资本创新逻辑不仅深刻地变革了资本的要素和形态,进而也整体变革了世界历史的图景,使之从当年马克思所面临的以工业资本占主导地位的历史场景发生了重大改变,出现了所谓消费社会、符号化、文化化、离散化、空间化、个体化、虚拟化等趋势,形成了新历史图景。

这些场景或图景是资本创新逻辑造就的新历史场域派生的,然而与历史场域呈现断裂或颠倒关系,更与当年唯物史观的理论图景之间存在着格格不入的矛盾。消费社会似乎颠覆了马克思唯物史观关于"历史本质上是物质生产和在生产的历史"的"生产主义"逻辑;社会符号化、虚拟化似乎超越了社会存在决定论的范畴;风险社会打破了历史决定论的规律;文化化颠覆了经济基础决定上层建筑和意识形态的逻辑;离散化、差异化摆脱了追求大规模、齐一性、简单化的大工业资本主导的社会结构模式;空间化导致资本社会走向网络化、深层次、脱域化的全球化,等等。上述历史场景的深刻改变与传统唯物史观理论图景之间的矛盾与冲突,成为新自由主义和后马克思主义攻击或抛弃唯物史观的主要论据,需要21世纪马克思主义在坚持唯物史观基本原则的同时深度分析与科学阐释上述历史场景的变化。我们既不能像教条主义那样,对这些21世纪的资本创新逻辑及其造就的历史场景变化置之不理,教条地看待当代历史,更不能像新自由主义和后马克思主义那样抛弃唯物史观的基本精神。唯一正确的路径就是创新。正是在这一时代入口处,21世纪的唯物史观才需要创新地出场。

穿越历史场景的直接表象,我们会发现:从传统工业资本主导的产品稀缺时代,一切由卖方市场决定,无论历史深层关系还是表层关系都表现为生产直接决定消费;而随着大规模产能相对过剩,买方市场时代来临,经济的表面结构就发生重大变化,消费反过来成为生产能否继续的条件,消费不仅引导,而且决定生产的命运。人们主要担忧的就不再是产能增长,而是担忧如何开辟消费需求市场,如何为产品找到合适的消费群体。因此,似乎消费社会就来临了。但是,这只是从杠杆上而不是从根本上改变生产决定消费的地位。消费引导生产甚至决定生产的历史图景恰好是资本基本矛盾的产物,既没有改变生产产能过剩这一根本因素的地位,也没有改变资本的基本矛盾。恰好产能相对过剩是资本逻辑的必然产物。因此,本质上唯物史观的基本原则依然是正确的,然而在资本创新逻辑中其作用机制和杠杆场景是颠倒的。我们需要的是21世纪唯物史观是将唯物史观原初语境与21世纪历史场景分析结合起来。

进一步来说,消费社会中的消费行为靠什么牵引? 当然是在市场上被大众所追捧的名牌产品。名牌之所以是名牌,因为它是一种具有普遍或扩大指意的符号。符号的所指(符指)就是意义,创造意义的符号所指具有无限衍义功能。不仅商品的交换价值,而且使用价值都在社会交往中被扭曲。某种商品使用价值的获得意味着夸耀性分层,即阶级身份。使用价值本身与符号的象征交换行为就成为显性标志。因此,我们才可以理解:鲍德里亚写《消费社会》,写《符号政治经济学批判》,称马克思的政治经济学批判在这里要转变为符号政治经济学批判。然而同样的,鲍德里亚与《符号学原理》的作者罗兰·

巴尔特同样没有看到:资本创新逻辑之所以能够将符号经济抬高到支配实体经济的程度,恰好只能用实体经济发展的程度来说明。实体经济支撑到什么程度,符号和虚拟经济才能实现到什么程度。如果不能支撑,那么符号和虚拟经济就一定会泡沫破灭。金融危机展现的就是这一符号虚拟神话的破灭史。符号的表面决定正像国家和法表面支配经济制度而实质上被其本质所决定的道理是一样的,是一种"用头脑立地"的颠倒的关系。

创造名牌的符号化机制是在一种总体的价值体系即文化中实现的。单个的符号价值只有在总体结构中存在才有意义。而这一总体结构就是文化。文化原先在工业资本统治时代是被工业生产等物质生产部门决定的非物质生产部门,是被经济基础决定的上层建筑。文化的性质、地位、功能是被决定的。马克思也曾经在《资本论》第 3 卷中分析过作为非物质生产部门的资本领域,包括演艺业、教育业、设计业等等。马克思认为总的说来文化产业也遵循资本逻辑规定,但是由于从属的和不发达的地位,其表现远不如物质生产部门典型,因而在分析资本逻辑时可以忽略不计。相反,当代的资本创新逻辑使文化产业成为国民经济"支柱产业",即资本主导产业,占有决定、支配其他产业的地位,"文化+"甚至比"互联网+"更有优势,发挥着引导、教化、组织和滋生一切经济产业部门的智慧功能,从而在社会场景中成为支配性的。不仅如此。文化资本成为轴心资本,文化既是中心性的,也是弥漫性的,它渗透于日常生活的每一个细胞,使终极的、整体的、中心的决定论被离散的、无处不在的碎片作用所取代。

资本的历史性创新也被一种空间逻辑所补充。正如大卫·哈维所说:马克思的历史观具有强烈的空间维度,其实就一种着眼于"历史向世界历史转变"、资本全球化空间批判的历史(地理)唯物主义。《德意志意识形态》《共产党宣言》和《资本论》都着眼于资本全球化的世界历史,因而唯物史观其实是唯物的世界历史观。但是,在大工业生产资本占据绝对优势地位的时代,为了揭示资本的总体运行规律,马克思在考虑《资本论》框架时将原先包括"世界市场"的 6 卷本压缩为 4 卷本,世界市场的空间分析就被直接涵盖在第 2 卷"资本的流通过程"和第 3 卷"资本的总过程"中了。时过境迁。资本为了摆脱危机,资本逻辑通过领域逻辑(空间逻辑)来拓展生存空间,经济的和超经济的强制手段帮助资本获得更大利益,使资本在全球实现霸权统治。帝国主义无非就是一种空间霸权的逻辑。因此,对资本全球化的空间维度独特功能和运行方式的揭示就成为 21 世纪资本批判理论必须加以突出的中心。民族、地区的个别资本已经被全球资本体系所控制。金融资本和网络资本本质上就是全球资本的高度发达形态。新全球化时代历史场域本质上是一种发达资本的全球空间形态。

资本在后工业社会的日常生活领域表现为离散化的个体。离散的个体是资本在日常生活领域实现消费品资本化的基本载体。由于这一个体在场,使资本有了"有生命的个人"的外观,似乎资本就是有生命的真实的个人,他们直接成为资本在场的证明,因而拜物教达到无以复加的地步。

关于第三点,资本创新逻辑不断地刷新着历史的在场者和在场关系。例如,从工业资本对工业劳动的统治、到创新的知识资本对于知识劳动的统治,资本越来越多地偏爱对脑力劳动者的雇佣剥削和对人力资本的利用。资本也以新的对立阶级覆盖和支配旧的对立阶级。新的历史便真正开始了。原先在大工业资本主导社会中社会阶级关系日益简单化地分为资产阶级和无产阶级的趋势,在后工业资本主导社会中重新差异化和复杂化。

在马克思之后,后资本道路的规划和设计主要呈现四种路向。第一种是沿着第二国际社会民主主义道路,欧洲、澳洲等以议会民主和分配正义两大旗帜为核心,放弃暴力革命和无产阶级专政为代价,用改良产权(国有化、合作制和混合所有制)和高额累进税、福利国家等社会主义制度措施来限制、修正资本弊端,进入所谓非传统西方、非东方的第三条道路(民主社会主义轨道)。第二种路向则由列宁领导的十月革命和中国革命相继引领,一大批原来的殖民地、半殖民地国家和地区民族独立后走社会主义道路,虽然经历苏东剧变的严重挫折,但是许多国家依然坚持在较为经典的社会主义道路上前行,其中包括中国在内都在用改革方式破除某些传统社会主义的教条框架,探索新的道路。当然,信奉红色革命的还有极端的第四国际和第五国际。第三种路向则是西方后现代马克思主义,后马克思主义设计的多元化、差异化、生态化后资本道路和策略。拉克劳和墨菲直观地从当代历史表象出发,对于反资本的社会力量、后资本道路规划等都作了重新阐释。他们主张推翻资本统治的激进民主所依靠的"人民"概念不再限于大工业造就的无产阶级等具有传统政治身份的利益群体,而是由一切被资本主义压迫的族性、性偏好者、绿色和平人士等组成的社会同盟。反资本运动不再等于传统意义的社会主义革命,而是一种激进民主的"社会运动"。随着美国大工业无产阶级力量(蓝领)在劳工中占比不足 20%,知识工人(白领)从 1956 年就历史地超过 50%,到这一世纪已经占到 75% 以上,那么,政党的阶级基础也日益模糊化。资本主义遭遇反全球化势力、生态主义势力、新潮性别文化等的共同抵抗,抵抗的政治学力量来自绿党政治、族性政治、性别政治甚至各种网络势力,他们都在构成某种泛化非资本化的政治趋势。第四种路向则是资本本身的自觉改良和向后资本道路的转变尝试。一次又一次资本危机和外壳被炸毁的惨痛教训必然会将资本退场的观念强烈地打入资本家的头脑。为了拯救资本生命,一部分自觉的精英不得不正视资本的本性弊端及其后果,从而将马克思主义资本批判从外部引入内部,成为自我反思和变革的强大动力,不仅推动着资本大量抛弃传统的若干旧外壳、旧形态、旧习惯、旧方式,实行资本创新逻辑,而且更大量引进后资本的社会主义措施来限制、改良、变革资本,企图从根本上改造资本,使资本变"红"(社会主义)、变"绿"(生态化)。从凯恩斯主义到社会保障,从合作经济到国家福利,从强调"自觉的资本主义"的企业的社会责任制度、推动裸捐到实行 ISO12000 的生态资本主义,等等。尽管各种路向的主张和纲领是不同的,但是,在批判资本、抵御资本逻辑和积极规划设计后资本道路上,却具有一致性。这一方面表明:资本创新逻辑并不能最终挽救资本必然灭亡退场的命运;另一方面表明:后资本道路的规划与设计可能性是多样化的。21 世纪马克思主义,在审慎地分析上述各种路向进程中,需要重新提出自己包容性更强、穿透力更深、预见性更远的理论纲领和行动方案。

(三)新时代中国道路、强国建设与 21 世纪马克思主义哲学

新时代中国道路所表征的当代中国马克思主义即中国特色社会主义的在

场根据,是 21 世纪中国马克思主义,特别是中国马克思主义哲学必须解答的主要问题之一。深刻阐明新时代中国道路、中国社会主义现代化强国建设规律、中华民族伟大复兴规律成为中国化马克思主义哲学当代在场的重大而独特的价值,是 21 世纪马克思主义哲学的又一重大使命。当代中国化马克思主义哲学不仅当然有条件成为 21 世纪马克思主义哲学,而且中国方案具有重大的独特的原创地位。尽管如此,我们依然不能不加限定地指认 21 世纪马克思主义哲学直接等于当代中国马克思主义哲学。其间,东方和西方、中国和国外的马克思主义哲学受其资本全球化造就的分裂的空间语境限定,历史语境、空间条件不同,因而其实践主旨、出场样态是截然有别的。正确体认并从这一空间语境的重大差别出发,正是马克思主义哲学中国化的出发点,也是中国化马克思主义哲学立足的基石。

资本全球化造就了东西方全球分裂的历史场景:西方霸权中心—东方欠发达边缘的两极结构,成为马克思主义在西方和东方采取不同出场形态的空间原因和历史根据。资本全球化即为一体结构,因而反资本逻辑的全球马克思主义本质上是一致的;但是由于资本全球化造就的全球分裂,又使东西方马克思主义哲学必然直接面对的历史语境不同、主要使命和根本任务不同,因而理论的出场形态也就不同。马克思主义哲学中国化之所以必要,主要是因为资本全球统治下的中国是一个欠发达的边缘大国,半殖民地半封建的基本国情需要采取的新民主主义革命道路不同于俄国,更不同于西方。中国道路是马克思主义哲学中国化自觉探索的产物,也是对资本全球化造就全球分裂的历史语境采取"挑战—应战"的革命性、结构性回应。所谓革命性的回应,就是指中华民族不屈服于帝国主义压迫,用革命方式争取民族独立和人民解放。所谓结构性的,就是尊重全球分裂造成的独特语境和独特国情,不能将国外马克思主义简单地跨界平移到中国,对中国革命加以外部反思,而是要将马克思主义一般原理与中国革命实际结合,重构中国现实,成为中国化马克思主义哲学。

从百余年马克思主义中国化进程到中国化马克思主义形成毛泽东思想、中国特色社会主义两大飞跃性成果,中国的马克思主义哲学一直走特色化、特殊化、具体化之路。在独特的中国语境中,中国化马克思主义哲学解答着资本全球化给予中国带来的独特难题,同时也在以中国方式应对资本全球化带来的普遍问题。例如,作为当代中国马克思主义出场形态,中国特色社会主义理论创新之一,就是辩证看待现代资本的历史作用。既充分利用现代资本推动世界历史,而不是全盘否定和拒斥,但是更要限制和消解资本消极作用,资本最终依然要退场。又如,西方原生态的启蒙现代、经典现代、后现代和新现代的道路与阶段,在中国构成"共时出场"的复杂局面,因而需要创造"中国新现代性"道路。西方生态主义运动主张的"环境保护+零增长"模式不适合中国这样的人口众多、人与自然高度交集这样的国情,因而中国需要走出一条独特的"环境支持"的绿色发展之路,等等。总之,中国化马克思主义哲学几乎在所有人类和全球共同遭遇重大问题上,都要形成自己的方案。因此,中国道路是中国特色社会主义之路。

结语:努力建构当代中国马克思主义 哲学研究的协同创新体系

在结束本书阐释之前,必须要再一次强调通过本书研究所要达到的深层目的,这基于我们共同拥有的一个明确的理念:我们开展范式图谱研究旨在同步、同态、同构地推进当代中国马克思主义哲学研究的协同创新体系的建构。这一目的和理念基于这样一个双重的认知:一方面,每一个范式的创新、每一个轴心范式的创新、每一个学术图景的创新直至整个范式图谱的创新功能都是不可忽略、不可替代的,它们之间客观上存在着互补性、协同性,存在着被组合构建成为一个协同创新体系的可能性;另一方面,而我们的时代赋予当代中国马克思主义哲学研究的创新使命,只有在其一个由范式、轴心范式、学术图景和范式图谱整体建构的协同创新体系中才能够完成。"无影灯之所以无影,是因为它的光束来自各异的角度"。为了实现新时代创建 21 世纪马克思主义哲学这一重大使命的需要,我们必须加快推进要素的联合,"各美其美,美人之美,美美与共,创新协同",构成协同创新体系,共担新时代理论创新重责,共创走向世界的 21 世纪马克思主义哲学。这是本著作开展这一研究的真实目的、坚持数十年始终如一的本真初心。

一、范式图谱研究:同步、同态、同构地推进当代中国 马克思主义哲学研究的协同创新体系建构

马克思恩格斯说过:"历史不过是追求着自己的目的人的活动而已。"[①]本

---

① 《马克思恩格斯全集》第 2 卷,人民出版社 1957 年版,第 118—119 页。

书对创新学术叙史的目的,在于揭示当代中国马克思主义哲学创新进程的本质和规律。但是,历史本身所指向的不仅是客观规律,也同时包括着我们的立场、价值和追求的目的。本书研究的目的致力于推动当代中国马克思主义哲学范式、轴心范式、学术图景之间的创新协同,为了构建一个同步、同态、同构的协同创新体系而奋斗。为了满足新时代中国道路的哲学表达和思想引领的需要,为了满足人民对美好生活需要,为了实现中华民族伟大复兴,我们必须要创建与新时代中国道路开拓相适应的 21 世纪中国马克思主义哲学,这是时代赋予我们的使命。

可以说,虽然经历着轴心范式和学术图景的整合协同,各个研究范式的共时态竞争关系转化为协同的整合的创新协同关系。但是毋庸讳言,分离、断裂和不协调的状况是客观存在的。由于历史态的范式链条的渐次否定性存在,使人们产生一个错觉:既然各个范式、轴心范式、学术图景之间关系是共时态竞争关系,那么必然是断裂的,没有协同的可能性。此外,既然范式的演化进程是从抽象上升到具体,最后出场的范式是创新水平最高的,那么必然可以替代所有前此以往的范式。所谓罢黜百家,独显一尊。或者认为,那么轴心范式必然全面取代一般范式;学术图景必然取代轴心范式,范式图谱必定取代学术图景,等等。其实不然。如前所说,轴心范式出场只是主导团组,并不完全取代范式发挥创新功能。同样,学术图景出场只是其中某个轴心范式主导了学术图景,而原先存在的轴心范式,或者从主导学术图景位置退出的轴心范式,依然在发挥着轴心范式才能具备的创新功能。范式图谱是学术图景转换的整体,更无理由完全否弃学术图景的在场并发挥创新功能。因此,从抽象上升到具体,并不否认全体范式、轴心范式、学术图景和范式图谱各个层级的创新功能的发挥。

问题在于:如何促进作为协同创新体系的自觉建构,而不是自在地呈现一种散漫无机的完整性状态。目前,就全国 29 个招收博士生的马克思主义哲学学科或方向来说,就全国马克思主义哲学学科之间关系来看,存在着一个不难发现的现象:就范式研究内部而言,即范式包括的学术共同体而言,其研究行为存在着对范式规范本身的明确认同、遵守和崇尚的自觉。但是,就范式之间或学术图景之间,则共时态的竞争意识大于协同意识,的确处在一种散漫无机的完整性状态。

为了促进协同创新体的建设这一本真初心,作者带领多个团队,自 1998 年至 2018 年,不懈奋斗了整整 20 年,在新时期创新学术史上留下了奋斗者的足迹。通过回顾几个重要的时间节点上的学术事件,作为对协同创新史一个侧面的素描,也可以说属于创新学术史的一个重要组成部分,来对我们努力的目的和意义加以深度说明。

在每一个学术图景时期,都有类似的协同创新体的存在。但是由于种种原因,这些协同创新体最后都烟消云散了。如 1986 年,在教科书图景时期,中宣部、教育部曾经希望全国 8 个马克思主义哲学博士点联合起来,做一本为研究生用的高端学术教科书。为此,中国人民大学肖前教授牵头,成立了联合编写组,包括了全国 8 个马克思主义哲学博士点学科负责人在内的 20 多位专家,连续召开了若干次全国高端学术研讨会。为了深度理解改革开放的伟大进程,也组织了专家学者到全国各地考察,深入实际感受大变革时代的脉搏。然而,参与编写的各位学者对马克思主义哲学的本性和体系的理解已经有了很大差异,呈现多样性,无法在一个体系里面阐述马克思主义哲学,分歧很大,结果编写出版的教科书是各家观点的汇集,已经不再是传统意义上的教科书了。从此,教科书协同创新体宣告解体。随之而来的,就是后教科书时代的来临。

类似的情形在而后的学术图景时期都存在过。如在文本文献学解读图景期,为了研究 MEGA2,重新翻译出版《马克思恩格斯选集》《马克思恩格斯文集》和《马克思恩格斯全集》,中共中央编译局曾经广邀全国学者参与研究,分发项目,参与翻译工作,形成了一个声势颇大的研究群体。但是随着对话范式的深度展开,翻译与研究之间因国外马克思主义和"马克思学"关于文本文献思想传入的影响,出现了许多关于译本内容的争论,先有朱光潜、后有俞吾金、段忠桥、吴晓明、魏晓萍、聂锦芳等曾针对《共产党宣言》《关于费尔巴哈的提纲》《德意志意识形态》等译本中的内容与译者进行争论。

1998 年,为了纪念改革开放 20 周年,更为了系统总结当代中国马克思主义哲学创新的前沿成果,促进协同创新,国内第一部《当代视野中的马克思主义哲学(1998)年卷》(60万字)问世。该书邀请在世的老中青三代学者(教授)围绕自己改革开放以来对马克思主义哲学本质和体系的理解,提供或撰写1—2篇具有代表性的论文,根据论文所代表的观点,按照不同理解编辑成8个类别,每一个类别作一个简要编者按,说明这一类别的基本成因和主要特征。这一倡议得到了学界名家们的高度赞同。一大批学术前辈如肖前、黄楠森、陈先达、高清海、陶德麟、韩树英、庄福龄、孙伯鍨、叶汝贤、陈筠泉等都给我们赐稿,当时崭露头角的中青年学者如李景源、孙正聿、孙利天、王东、丰子义、庞元正、韩庆祥、张一兵、俞吾金、吴晓明、欧阳康、徐俊忠、王金福、侯惠勤等人积极响应,还有一批青年才俊如唐正东、邹诗鹏、刘森林、王晓升等踊跃投稿。这本书实际上就是国内第一次尝试着对于当代中国马克思主义哲学创新学术史的前沿状况的深描,并借此机会推动学界对于相互差异性观点的相互尊重和彼此理解,达到促进创新协同体的建立。

2003年,《当代视野中的马克思》一书出版,第一次从出场学角度对当代中国马克思主义哲学的前沿状况作了系统和深入的分析,此书获江苏省哲学社会科学优秀成果一等奖。2007年,与《中国社会科学》杂志社共同主办的第七届"马克思哲学论坛",就是以"当代中国马克思主义哲学研究范式:创新与转换"为会议主题。来自全国60多个学术机构、120多名学者专家与会,就这一主题展开为期2天的学术研讨,与会专家提出了许多影响后来学术进程的真知灼见。会后,《当代中国马克思主义哲学研究范式:创新与转换》一书出版,成为国内第一部从范式角度出发研究当代中国马克思主义哲学创新学术史的专门著作。

2008年,在庆祝改革开放30年之际,人民出版社出版第二部《当代视野中的马克思主义哲学(2008)年卷》(80万字),以当代中国马克思主义哲学研究范式为分类标准,同样得到老中青三代学者的热烈响应和极大支持。编者按同样对每一种研究范式加了导语作为介绍和评论。可以说,这是站在改革开放30周年的时间节点上对当代中国马克思主义哲学创新学术史系统总结的专门性著作。

2010年,"当代中国马克思主义哲学研究范式的创新与转换"作为国家社会科学基金重点项目立项。在该项目首席专家倡导下,与原中央编译局合作,建立了协同创新体系的平台。

2012年,"当代中国马克思主义哲学创新学术史研究"这一项目成为推动全国学术团组开展相关研究工作的主要项目支撑,它加速推进了协同创新平台建设的进程。

这一平台的建立,旨在做五个一:第一是建立当代中国马克思主义哲学研究范式的数据资料中心,与全国29个马克思主义哲学博士点学科合作,收集当代中国马克思主义哲学各个范式所下辖的学术共同体中的学者每年出版的著作、发表的学术论文、在各种学术会议的发言稿,以及接受本中心的访谈纪要等。力图将研究中心打造成当代中国马克思主义哲学范式研究的权威数据库,成为中国的类似阿姆斯特丹"国际社会史研究所"的机构。第二是研究中心推出一本杂志《当代中国马克思主义哲学研究》,从2011年至今,每年就9个研究范式分别推出9个年度研究分报告,刊载在杂志上,紧紧跟踪当代中国马克思主义哲学年度发展的前沿,做前沿性的深描,对其取得的创新性成就、进展情况、新学者、新论著、新话题、新活动等都给予充分的研究。此外,研究中心每年借助于论坛和在学术报刊杂志上发表相关研究论文,以期引起学界同仁的关注。第三是建立评价中心,深描前沿状况、研究范式进展得失,旨在作出评价,以同步、同构、同态地指导当代中国马克思主义哲学创新的实践。研究平台每年年底召开学术成果发布会,诚邀全国29个博士点专家学者前来参会,共享研究成果,共同总结和反思一年的创新进展情况,共同探讨新的一年的创新方向和研究计划。这一机制,已经从研究平台力所能及的范围内成为创新协同体的某种雏形。第四是国际传播中心,改革开放以来,我们国内学者希望更多地了解国外学术进展,国际学界关注中国,特别是关注当代中国马克思主义哲学进展,他们也通过各种方式了解相关信息。本研究中心也借助这一平台,召开了国际学术会议,与国际学者保持相对密切的联系,邀请国际学者来访学、访问、交流,帮助国际学者深度了解、动态把握当代中国马克思主义哲学创新学术史的进展前沿。第五是协同创新中心。我们真诚地希望,通过努力,在建设好中国马克思主义哲学研究者们的信息共享平台和数据中心、研究中心、评价中心、国际交流中心的基础上,着力打造协同创新中心,为中国马克思主义哲学创新打造一个信息协同、研究协同、评价协同、传播协同的服务平台。范式图谱研究不仅揭示了创新学术史的本质规律,同时为我们的协同创新提供了一份带有规律性的协同结构图,有助于我们按图索骥,去更好地对待和处理范式之间、轴心范式之间、学术图景之间创新差异和联系,去更好地推动当代中国马克思主义哲学协同创新体系的建立,以共同承担起新时代创新理论的重大使命。

二、范式图谱研究:走向世界的当代中国马克思主义哲学话语选择

40 多年改革开放,中国人民完成了从站起来到富起来的关键阶段。马克思主义哲学也在解放思想、为民富民的理论创新道路上完成了向当代中国马克思主义哲学的华丽转身。进入新时代,我们正在豪情满怀地踏上夺取全面建成小康社会、建设社会主义现代化强国和实现中华民族伟大复兴中国梦的新征程,当代中国马克思主义哲学的创新学术史也必将发展为 21 世纪中国马克思主义哲学。我们需要结束长期以来学习、引进、消化吸收国外学术思想做"学徒"的状态,双脚站在中国的大地上,成为"新时代作者"即自主创新理论的民族主体,中国理论、中国话语、中国学术也必将走向世界。自鸦片战争以来"世界走向中国"的历史正在被"中国走向世界"的根本转折所取代。当代中国马克思主义哲学也在世界马克思主义哲学界面前高高举起自己的创新旗帜。

进入新时代,当代中国马克思主义哲学正在走向世界。全球金融危机的爆发不仅是资本创新逻辑维系的西方经济霸权的危机,也是其新自由主义思想价值的危机;中国崛起所改变的,不仅是世界经济秩序,也是思想文化软实力的比拼。作为中国特色社会主义的道路、制度、理论和文化,正在扩大自己对世界的影响。以美国为首的西方企图扼杀中国,正是害怕中国道路、中国制

度、中国成就的世界影响和全球效应,正说明中国道路、制度、理论、文化的优越性,以及对于世界上所有既想发展又要保持民族独立的发展中国家来说的重要借鉴意义。在"中国走向世界"崭新时代,中国马克思主义哲学不仅是民族的,也是世界的。对于人类文明和世界发展难题的解答而言,21世纪中国马克思主义哲学创新具有无比广阔的开放空间。前此以往一直在追求中国特色的马克思主义哲学,在转换语境中需要在走向世界中成为"后中国特色"的。在这一意义上说,中国化马克思主义哲学,在解答世界和人类问题进程中,在创新21世纪马克思主义哲学过程中,将会作出自己的贡献。然而,跨越全球分裂的鸿沟,中国化马克思主义哲学要成为21世纪全球马克思主义哲学,依然需要完成系列转换。

文化态度与坐标的转换。在文化态度上,中国化马克思主义哲学是坚守中国文化自信的产物;在文化坐标上,也是从马克思主义哲学一般转向中国特殊的产物。现在,走向世界的中国化马克思主义哲学需要在坚守中国文化态度的同时包容性地转换文化态度,站在全球资本批判和马克思主义哲学整体性的高度,从特殊上升到一般,将中国经验提升为世界理论。

问题反思的转换。作为问答逻辑,中国化马克思主义哲学是聚焦中国问题的理论反思,是解决中国难题的中国方案。许多中国问题是在中国特殊空间和历史语境中对世界问题的特殊解答,如中国道路所包含着的新现代性是对世界现代性难题解答的中国方案,中国生态文明和绿色发展思想是对全球生态危机和环境灾难的中国解答,等等。但是,这还是不够的。而21世纪马克思主义哲学,需要将中国问题转换为世界问题,从中国问题与世界问题的关联中提出解答理论。

立场的转换。解答中国问题的中国化马克思主义哲学无疑是坚守中国立场、主要成为中国人民求解放和谋发展、实现中华民族伟大复兴服务的指导思想。而21世纪的马克思主义哲学,则更需要从全球资本批判立场出发,致力于人类解放和整个历史未来的立场。

视域的转换。理论的核心是视域。21世纪马克思主义哲学的构建,需要从立场到视域的内在提升。视域作为理论架构的核心概念、方法论和价值取向,支配着整个理论的型塑过程。当代中国化研究视域是构建 21 世纪中国化马克思主义理论体系的内在要件,而当代马克思主义视域则是包括马克思主义哲学在内的 21 世纪马克思主义理论构建的核心。

理论形态的转换。中国化马克思主义理论概念、范畴、原理和内容体系都针对着中国问题,文化资源主要汲取中国优秀传统文化,因而其理论形态是适应于中国语境的出场形态的。而 21 世纪马克思主义哲学不仅要解答中国问题,而且要解答世界问题,要站在总体反资本全球化和设计人类未来后资本道路的高度,其概念、范畴、原理和内容体系更要针对全人类面对的共同问题和全球困境,因而其出场形态是不同的。

理论话语的转换。中国大众喜闻乐见的"中国话语的马克思主义"需要转换为全球理解和欣赏的多元话语的马克思主义。21 世纪马克思主义哲学不仅具有这一时代的精神和思想,更具有这一时代的话语方式。因此,只有经历了上述转换,我们才能有底气地说,中国化马克思主义哲学、当代中国马克思主义哲学将可以转换为 21 世纪全球的马克思主义哲学。崇尚实践性、人民性、科学性、创新性和开放性的 21 世纪中国马克思主义哲学,在走向世界进程中必将放射出更加夺目的灿烂光芒。

参考文献

一、著作

1．《马克思恩格斯全集》历史考订版（MEGA1），1927—1941 年版。

2．《马克思恩格斯全集》历史考订版，德国，（MEGA2），1—73 卷。

3．《马克思恩格斯全集》，人民出版社 1956—1985 年版。

4．《马克思恩格斯全集》，人民出版社 1995—2019 年版。

5．《马克思恩格斯文集》，人民出版社 2009 年版。

6．《马克思恩格斯选集》，人民出版社 2012 年版。

7．《列宁全集》，人民出版社 2013、2017 年版。

8．《列宁选集》，人民出版社 2012 年版。

9．《列宁专题文集》，人民出版社 2010 年版。

10．《斯大林全集》，人民出版社 1953—1958 年版。

11．《毛泽东选集》第一——四卷，人民出版社 1991 年版。

12．《毛泽东文集》，人民出版社 2003 年版。

13．《邓小平文选》，人民出版社 1996 年版。

14．《江泽民文选》，人民出版社 2006 年版。

15．胡锦涛：《论构建社会主义和谐社会》，人民出版社 2013 年版。

16．中共中央宣传部编：《习近平总书记系列重要讲话读本》，学习出版社、人民出版社 2014 年版。

17．《习近平谈治国理政》第一——三卷，外文出版社 2014、2015、2019 年版。

18．任平、王金福、王晓升主编：《当代视野中的马克思主义哲学》，苏州大学出版社 1998 年版。

19．任平、陈忠主编：《当代视野中的马克思主义哲学》，人民出版社 2008 年版。

20．柯锦华、任平：《当代中国马克思主义哲学研究范式：创新与转换》，社会科学文献出版社 2010 年版。

21．任平、曹典顺主编：《当代中国马克思主义哲学研究前沿》2011 卷，中央编译出版社 2012 年版。

22．任平、曹典顺、李惠斌主编：《当代中国马克思主义哲学研究》2012、2013、2014、2015、2016、2017、2018 卷，中央编译出版社 2013、2014、2015、2016、2017、2018、2019 年版。

23．中国社会科学院哲学所编：《中国哲学年鉴》(1982—2015)，中国社会科学出版社、哲学研究杂志社出版。

24．《中国高校人文社会科学研究通鉴 1996—2000》，中国人民大学出版社 2004 年版。

25．《中国高校人文社会科学研究通鉴 2001—2010》，武汉大学出版社 2013 年版。

26．康士坦丁诺夫主编：《马克思主义哲学原理》，人民出版社 1959 年版。

27．《艾思奇全书》(1)，人民出版社 2006 年版。

28．艾思奇：《大众哲学(修订本)》，人民出版社 2009 年版。

29．肖前、李秀林、汪永祥：《辩证唯物主义原理》，人民出版社 1982 年版。

30．肖前、李秀林、汪永祥：《历史唯物主义原理》，人民出版社 1983 年版。

31．肖前、李淮春、杨耕主编：《实践唯物主义研究》，中国人民大学出版社 1996 年版。

32．肖前、黄楠森、陈晏清：《马克思主义哲学原理》，中国人民大学出版社 2010 年版。

33．李秀林、王于、李淮春：《辩证唯物主义和历史唯物主义(修订本)》，中国人民大学出版社 1984 年版。

34．李秀林、王于、李淮春：《辩证唯物主义和历史唯物主义原理(第五版)》，中国人民大学出版社 2004 年版。

35．本书编写组：《马克思主义哲学》，高教出版社、人民出版社 2009 年版。

36．高清海：《马克思主义哲学基础》上、下，人民出版社 1985、1987 年版。

37．高清海：《哲学的创新》，吉林人民出版社 1997 年版。

38．赵家祥：《历史唯物主义教程》，北京大学出版社 1999 年版。

39．袁贵仁、杨耕主编：《当代学者视野中的马克思主义哲学：中国学者卷》，北京师范大学出版社 2008 年版。

40．孙正聿：《哲学通论》，复旦大学出版社 2008 年版。

41．孙正聿：《马克思主义辩证法研究》，北京师范大学 2012 年版。

42．辛敬良：《走向实践的唯物主义》，复旦大学出版社 2005 年版。

43．陆剑杰：《实践唯物主义理论体系的历史逻辑分析》，河南人民出版社 1994 年版。

44．任平：《走向交往实践的唯物主义》，人民出版社 2003 年版。

45．李连科：《世界的意义——价值论》，人民出版社 1985 年版。

46．袁贵仁：《价值学引论》，北京师范大学出版社 1991 年版。

47．李德顺：《价值论——一种主体性的研究》，中国人民大学出版社 1987 年版。

48．赵剑英、俞吾金等：《马克思的本体论思想》，社会科学文献出版社 2006 年版。

49．胡乔木：《关于人道主义与异化问题论文集》，人民出版社 1984 年版。

50．刘嵘、高齐云、叶汝贤主编：《马克思主义哲学史稿》，人民出版社 1981 年版。

51．陈先达、靳辉明：《马克思恩格斯思想史》，上海人民出版社 1983 年版。

52．陈先达：《走向历史深处：马克思历史观研究》，中国人民大学出版社 2010 年重印版。

53．陈先达、靳辉明：《马克思早期思想研究》，北京出版社 1983 年版。

54．陈先达：《被肢解的马克思》，上海人民出版社 1990 年版。

55．《陈先达文集》1—14 卷，中国人民大学出版社、北京师范大学出版社 2015 年版。

56．黄楠森、庄福龄、林利主编：《马克思主义哲学史》1—8 卷，北京出版社 1996 年版。

57．孙伯鍨：《探索者的探索——青年马克思恩格斯哲学思想研究》，南京大学出版社 2002 年版。

58．孙伯鍨、张一兵主编：《走进马克思》，江苏人民出版社 1999 年版。

59．顾海良主编：《马克思主义发展史》，中国人民大学出版社 2009 年版。

60．徐素华：《马克思恩格斯著作在中国的传播：MEGA2》，中国社会科学出版社 2013 年版。

61．卢卡奇：《历史与阶级意识》，杜章智、任立、燕宏远译，商务印书馆 2009 年版。

62．葛兰西：《狱中札记》，曹雪雨等译，河南大学出版社 2014 年版。

63．马克斯·霍克海默、西奥多·阿道尔诺：《启蒙的辩证法》，渠敬东、曹卫东译，上海人民出版社 2006 年版。

64．艾瑞克·弗洛姆、赫伯特·马尔库塞等：《西方学者论 1844 年经济学哲学手稿》，复旦大学出版社 1983 年版。

65．赫伯特·马尔库塞：《单向度的人》，刘继译，上海译文出版社 2014 年版。

66．路易·阿尔都塞：《保卫马克思》，顾良译、杜章智校，商务印书馆 2010 年中文版。

67．Norman Levine. *The Tragic Deception：Marx Contra Engels*，Clio Books，1975.

68．诺曼·莱文：《不同的路径：马克思主义与恩格斯主义中的黑格尔》，臧峰宇译，北京师范大学出版社 2009 年版。

69．尼·拉宾：《马克思的青年时代》，南京大学外文系俄罗斯语言文学教研组译，生活·读书·新知三联书店 1982 年版。

70．汉斯·海因茨·霍尔茨：《欧洲马克思主义的若干倾向——多中心论和理论与实践的辩证法》，施辉业、柯文、刘阳译，人民出版社 1983 年版。

71．王亚南：《〈资本论〉研究》，上海人民出版社 1978 年版。

72．张一兵：《回到马克思：——经济学语境中的哲学话语》，江苏人民出版社 1999 年版。

73．张一兵：《文本学解读语境的历史在场——当代马克思哲学研究的一种立场》，北京师范大学出版社 2014 年版。

74．聂锦芳：《清理与超越：重读马克思文本的意旨、基础与方法》，北京大学出版社 2005 年版。

75．韩立新：《〈巴黎手稿〉研究》，北京师范大学出版社 2014 年版。

76．广松涉：《〈资本论〉的哲学》，邓习仪译，张一兵审定，南京大学出版社 2013 年版。

77．《马克思主义发展史》编写组：《马克思主义发展史》，高等教育出版社、人民出版社 2013 年版。

78．陈先达等：《马克思主义基础理论若干重大问题研究》，经济科学出版社 2009

年版。

79．梁赞诺夫：《德意志意识形态·费尔巴哈》，夏凡编译，南京大学出版社 2008 年版。

80．英格·陶伯特：《MEGA：陶伯特版〈德意志意识形态·费尔巴哈〉》，李乾坤译，南京大学出版社 2014 年版。

81．岩佐茂、小林一穗、渡边宪正：《〈德意志意识形态〉的世界》，韩立新编译，北京师范大学出版社 2014 年版。

82．王东：《马克思主义与全球化：〈德意志意识形态〉的当代阐释》，北京大学出版社 2003 年版。

83．奥莉加·米古诺娃：《马克思恩格斯全集》历史考证版（MEGA）的历史、现状及意义，《国外书刊信息》2013 年 3 月 8 日。

84．张一兵：《回到列宁——关于"哲学笔记"的一种后文本学解读》，江苏人民出版社 2008 年版。

85．胡大平：《回到恩格斯》，江苏人民出版社 2011 年版。

86．孙承叔：《真正的马克思——〈资本论〉三大手稿的当代意义》，人民出版社 2009 年版。

87．韩立新：《新版〈德意志意识形态〉研究》，中国人民大学 2008 年版。

88．俞吾金：《重新理解马克思：对马克思哲学的基础理论和当代意义的反思》，北京师范大学出版社 2005 年版。

89．俞吾金：《国外马克思主义研究报告 2012》，人民出版社 2012 年版。

90．陈学明：《时代的困境与不屈的探索（国外马克思主义研究论丛）》，黑龙江大学出版社 2015 年版。

91．胡大平：《后革命氛围与全球资本主义》，南京大学出版社 2002 年版。

92．佩里·安德森：《西方马克思主义探讨》，高铦、文贯中、魏章玲译，人民出版社 1981 年版。

93．特奥托尼奥·多斯桑多斯：《帝国主义与依附》，杨衍永、齐海燕、毛金里、白凤森译，社会科学文献出版社 1999 年版。

94．伊林·费彻尔：《马克思：思想传记》，黄文前译，北京师范大学出版社 2012 年版。

95．鲁克俭等：《国外马克思学研究的热点问题》，中央编译出版社 2006 年版。

96．拉克劳、墨菲：《领导权与社会主义的策略——走向激进民主政治》，尹树广、鉴传今译，黑龙江人民出版社 2003 年版。

97．奈格里：《〈大纲〉：超越马克思的马克思》，张梧、孟丹、王巍等译，北京师范大学出版社 2011 年版。

98．尤尔根·哈贝马斯：《重建历史唯物主义》，郭官义译，社会科学文献出版社 2000 年版。

99．让·鲍德里亚：《符号政治经济学批判》，夏莹译，南京大学出版社 2008 年版。

100．让·鲍德里亚：《消费社会》，刘成富、全志钢译，南京大学出版社 2001 年版。

101．斯拉沃热·齐泽克：《意识形态的崇高客体》，季广茂译，中央编译局出版社 2002

年版。

102．大卫·哈维：《新帝国主义》，初立忠、沈晓雷译，社会科学文献出版社 2009 年版。

103．雅克·朗西埃：《哲学家和他的穷人们》，姜海燕译，南京大学出版社 2014 年版。

104．居伊·德波：《景观社会》，王昭风译，南京大学出版社 2006 年版。

105．斯图亚特·西姆：《后马克思主义思想史》，吕增奎、陈红译，江苏人民出版社 2011 年版。

106．戴维·麦克莱伦：《马克思以后的马克思主义》第 3 版，李智译，中国人民大学出版社 2004 年版。

107．弗朗西斯·福山：《历史的终结及最后的人》，黄胜强、许铭原译，中国社会科学出版社 2003 年中文版。

108．雅克·德里达：《马克思的幽灵》，何一译，中国人民大学出版社 1999 年版。

109．伊曼努尔·华勒斯坦等：《自由主义的终结》，郝明玮、张凡译，社会科学文献出版社 2002 年版。

110．特里·伊格尔顿：《马克思为什么是对的》，李杨、任文科、郑义译，新星出版社 2011 年版。

111．托马斯·皮凯蒂：《21 世纪〈资本论〉》，巴曙松、陈剑、余江、周大昕、李清彬、汤铎铎译，中信出版社 2014 年版。

112．佩里·安德森：《思想的谱系：西方思潮的左与右》，袁银传、曹荣湘等译，社会科学文献出版社 2010 年版。

113．刘放桐：《马克思主义哲学与现代西方哲学研究》，北京师范大学出版社 2012 年版。

114．唐正东：《斯密到马克思：经济哲学方法的历史性诠释》，南京大学出版社 2002 年版。

115．段忠桥：《为社会主义平等主义辩护——G.A 科恩的政治哲学追求》，中国社会科学出版社 2014 年版。

116．乔瑞金等：《英国的新马克思主义》，人民出版社 2013 年版。

117．曹玉涛：《分析马克思主义的正义论研究》，人民出版社 2010 年版。

118．复旦大学当代国外马克思主义研究中心编：《当代国外马克思主义评论》1—15 辑，复旦大学出版社 2000—2015 年版。

119．张一兵：《回到海德格尔：本有与构境》，商务印书馆 2014 年版。

120．孙正聿等：《当代中国马克思主义哲学专题研究》，吉林人民出版社 2010 年版。

121．约翰·罗尔斯：《正义论》，何怀宏、何包钢、廖申白译，中国社会科学出版社 1988 年中文版。

122．威尔·金里卡：《当代政治哲学（上、下）》，刘莘译，上海三联书店 2004 年版。

123．大卫·哈维：《新帝国主义》，付克新译，吴默闻校，中国人民大学出版社 2019 年版。

124．陈晏清等：《政治哲学的当代复兴》，中国社会科学出版社 2011 年版。

125．万俊人：《政治哲学的视野（中国人文讲演丛书）》，郑州大学出版社 2008 年版。

126．汪民安、陈永国、张云鹏主编：《现代性基本读本（上、下）》，河南大学出版社 2005 年版。

127．安东尼·吉登斯：《现代性的后果》，田禾译，译林出版社 2000 年中文版。

128．于尔根·哈贝马斯：《现代性的哲学话语》，曹卫东译，译林出版社 2004 年版。

129．赵剑英、庞元正主编：《马克思哲学与中国现代性建构》，社会科学文献出版社 2006 年版。

130．何传启：《第二次现代化理论——人类发展的世界前沿与科学逻辑》，科学出版社 2013 年版。

131．丹尼尔·贝尔：《后工业社会的来临——对社会预测的一项探索》，高铦等译，新华出版社 1997 年版。

132．让·弗朗索瓦·利奥塔：《后现代状况——关于知识的报告》，岛子译，湖南美术出版社 1996 年版。

133．阿尔温·托夫勒：《第三次浪潮》，朱志焱、潘琪、张炎译，生活·读书·新知三联出版社 1983 年版。

134．陈先达：《历史唯物主义与当代中国》，中国人民大学出版社 2019 年版。

135．张维为编：《国际视野下的中国道路与中国梦》，学习出版社 2015 年版。

136．贺新元：《中国道路：不一样的现代化道路》，福建人民出版社 2014 年版。

137．林战平：《中国转型经济研究》，山东人民出版社 2013 年版。

138．厉以宁：《中国经济双重转型之路》，中国人民大学出版社 2013 年版。

139．吴元梁：《马克思主义哲学形态的演变》，中国社会科学出版社 2010 年版。

140．何炼成：《中国市场经济的理论与实践》，西北大学出版社 1992 年版。

141．胡鞍钢、王绍光：《中国国家能力报告》，辽宁人民出版社 1993 年版。

142．人民论坛编：《大国治理：国家治理体系和治理能力现代化》，中国经济出版社 2014 年版。

143．江必新：《国家治理现代化——十八届三中全会〈决定〉重大问题研究》，中国法制出版社 2014 年版。

144．李春玲：《断裂与碎片——当代中国社会阶层分化实证分析》，社会科学文献出版社 2005 年版。

145．崔绪治、徐厚德：《现代管理哲学概论》，安徽人民出版社 1986 年版。

146．刘敬鲁：《西方管理哲学》，人民出版社 2010 年版。

147．邹广文：《当代文化哲学》，人民出版社 2007 年版。

148．李鹏程：《当代文化哲学沉思（修订版）》，人民出版社 2008 年版。

149．邴正：《马克思主义文化哲学》，吉林人民出版社 2007 年版。

150．陈云胜：《文化哲学的当代发展》，江西人民出版社 2007 年版。

151．弗朗索瓦·佩鲁：《新发展观》，张宁、丰子义等译，华夏出版社 1987 年版。

152．庞元正、丁冬红：《发展理论论纲》，中共中央党校出版社 2000 年版。

153．刘森林：《发展哲学引论》，广东人民出版社 2000 年版。

154．臧向文、曹志军主编：《当代社会主义发展哲学——社会发展动力新论》，中南工业大学出版社 1995 年版。

155．任平：《全球发展：模式、理论与选择》，中国劳动出版社 1999 年版。

156．王玉梁：《价值哲学》，陕西人民出版社 1989 年版。

157．李德顺：《价值论——一种主体性研究》，中国人民大学出版社 1987 年版。

158．袁贵仁：《价值学引论》，北京师范大学出版社 1991 年版。

159．张雄：《经济哲学：从历史哲学向经济哲学的跨越》，云南人民出版社 2002 年版。

160．张雄、鲁品越主编：《中国经济哲学评论 2018》，社会科学文献出版社 2018 年版。

161．陶德麟、何萍：《马克思主义哲学中国化：历史与反思》，北京师范大学出版社 2007 年版。

162．李景源主编：《21 世纪的马克思主义哲学创新：马克思主义哲学中国化与中国化马克思主义哲学》，江苏人民出版社 2011 年版。

163．汪信砚：《范式的追寻——作为范式的马克思主义哲学中国化研究》，人民出版社 2014 年版。

164．皮家胜：《马克思主义哲学中国化的解释学之维》，人民出版社 2014 年版。

165．林默彪：《诠释与反思：马克思主义哲学的中国化》，社会科学文献出版社 2011 年版。

166．王南湜：《中国哲学精神重建之路：马克思主义哲学中国化探讨》，北京师范大学出版社 2012 年版。

167．任平：《当代视野中的马克思》，江苏人民出版社 2003 年版。

168．魏强：《历史与构境：从解释学走向出场学之路》，苏州大学博士文库。

169．孙琳：《重构场域：出场学场域十论》，人民日报出版社 2014 年版。

170．冯颜利：《科学发展与社会和谐基础理论问题研究——马克思主义哲学出场学研究》，人民出版社 2012 年版。

171．罗伯特·芬奇、理查德·贝洛菲尔：《重读马克思》，东方出版社 2010 年版。

172．张盾、鲁品越：《新时代哲学探索》（上、下册），人民出版社 2014、2015 年版。

173．安启念：《马克思主义哲学中国化研究》，中国人民大学出版社 2006 年版。

174．陈学明：《永不消逝的幽灵》，人民出版社 2013 年版。

175．孔明安：《当代国外马克思主义新思潮研究》，中央编译出版社 2012 年版。

176．柯亨：《卡尔·马克思的历史理论——一种辩护》，段忠桥译，高等教育出版社 2008 年版。

177．Beverley Southgate：《历史的旨趣：在后现代性的地平线上》，张立波、唐闻笛译，北京师范大学出版社 2016 年版。

178．仰海峰：《西方马克思主义的逻辑》，北京大学出版社 2010 年版。

179．段忠桥：《为社会主义平等主义辩护》，中国社会科学出版社 2014 年版。

180．陈学明、张志孚：《当代国外马克思主义研究名著提要》上、中、下，重庆大学出版社 1996 年版。

181．康德：《判断力批判》，邓晓芒译，人民出版社 2017 年版。

182．张世英：《张世英文集 1——论黑格尔哲学三书》，北京大学出版社 2016 年版。

183．杨耕、吴晓明主编：《当代哲学经典》，仰海峰分册主编：《马克思主义哲学卷》（上），北京师范大学出版社 2014 年版。

184．杨耕、吴晓明主编：《当代哲学经典》，仰海峰分册主编：《马克思主义哲学卷》（下），北京师范大学出版社 2014 年版。

185．欧内斯特·曼德尔：《革命的马克思主义与 20 世纪社会现实》，中国人民大学出版社 2013 年版。

186．马琳：《海德格尔论东西方对话》，中国人民大学出版社 2010 年版。

187．赵剑英：《21 世纪中国的马克思主义》，中国社会科学出版社 2018 年版。

188．程恩富、侯惠勤：《创建国际一流的马克思主义研究机构》，中国社会科学出版社 2011 年版。

189．吴晓明：《哲学之思与社会现实——马克思主义哲学的当代意义》，武汉大学出版社 2010 年版。

190．汪信砚：《当代视域中的马克思主义哲学》，湖北人民出版社 2004 年版。

191．叶汝贤、孙麾：《马克思与我们同行》，中国社会科学出版社 2003 年版。

192．杨学功：《在范式转换的途中：马克思主义哲学研究评论集》，中央编译出版社 2012 年版。

193．郝永平、黄相怀：《天下为公》，人民出版社 2017 年版。

194．朱春艳：《新时期小康社会建构理论研究》，社会科学文献出版社 2017 年版。

195．董振华：《治国理政思想方法十讲》，人民出版社 2017 年版。

196．陈学明：《中国道路为世界贡献了什么》，天津人民出版社 2017 年版。

197．李德顺：《中国特色社会主义法治文化研究》，中国政法大学出版社 2016 年版。

198．周中之、石书臣：《中国特色社会主义理论发微（修订版）》，上海人民出版社 2016 年版。

199．王伟光、荆惠民、李慎明、邓纯东：《中国社会科学院马克思主义研究文集》，中国社会科学出版社 2016 年版。

200．邢元敏、魏大鹏、龚克：《中国政治文化报告（2017）》，社会科学文献出版社 2017 年版。

201．任晓伟：《中国特色社会主义的思想起源——近代以来中国社会主义思想的演进研究》，中国社会科学出版社 2017 年版。

202．尹树广：《语言哲学、国外马克思主义、现代西方哲学》，人民出版社 2016 年版。

203．戴劲：《哲学深渊——马克思与德国哲学家的对话》，上海三联书店 2016 年版。

204．强乃社：《论都市与社会》，首都师范大学出版社 2016 年版。

205．张寅：《资本的限度》，中信出版集团 2017 年版。

206．吴苑华：《重思历史唯物主义理论——基于英美学者理论的分析》，社会科学文献出版社 2016 年版。

207．孙亮：《重审马克思的"阶级"概念》，江苏人民出版社 2016 年版。

208．邹诗鹏：《从启蒙到唯物史观》，上海人民出版社 2016 年版。

209．杨耕：《重建中的反思》，北京师范大学出版社 2017 年版。

210．张云飞：《历史认识的真实性问题研究》，中国社会科学出版社 2017 年版。

211．刘森林：《历史唯物主义：现代性的多层反思》，中山大学出版社 2016 年版。

212．王宗礼、马俊峰主编：《马克思主义理论研究》，中国社会科学出版社 2016 年版。

213．陈新夏、杨生平：《马克思主义哲学评论（第 1 辑）》，社会科学文献出版社 2016 年版。

214．丰子义、杨学功、仰海峰：《全球化的理论与实践——一种马克思主义的视角》，江苏人民出版社 2017 年版。

215．安启念：《通往自由之路——马克思哲学思想研究》，中国人民大学出版社 2016 年版。

216．庞立生：《现代性图景与哲学的视界》，人民出版社 2017 年版。

217．高玉林：《资本的域界与约制》，复旦大学出版社 2016 年版。

218．燕连福：《原罪的颠覆——当代哲学视域下的马克思身体思想研究》，中国社会科学出版社 2016 年版。

219．陈忠：《空间与城市哲学研究——人文城市学》第一卷，上海社会科学院出版社 2017 年版。

220．王雨辰：《生态学马克思主义与后发国家生态文明理论研究》，人民出版社 2017 年版。

221．刘举科、孙伟平、胡文臻主编：《中国生态城市建设发展报告（2016）》，社会科学文献出版社 2016 年版。

222．丰子义、张梧、郗戈：《社会发展的全球审视》，北京师范大学出版社 2017 年版。

223．韩震、章伟文：《中国的价值观》，中国社会科学出版社 2016 年版。

224．张曙光：《价值与秩序的重建》，人民出版社 2016 年版。

225．范宝舟：《财富幻想的哲学批判》，上海人民出版社 2016 年版。

226．李佑新：《毛泽东论坛》，人民出版社 2017 年版。

227．单继刚等：《勤俭村遇上哲学》，中国社会科学出版社 2016 年版。

228．王伟光：《新大众哲学》，中国社会科学出版社 2018 年版。

229．韩震：《社会主义核心价值观与中国文化国际传播》，中国人民大学出版社 2017 年版。

230．杨耕、吴向东：《社会主义核心价值观理论和方法》（上、中、下），四川人民出版社 2016 年版。

231．汪信砚：《李达论著和思想研究》，人民出版社 2016 年版。

232．张允熠：《历史的抉择：中国人为什么要接受马克思主义》，人民出版社 2016 年版。

233．吴晓明:《论中国学术的自我主张》,复旦大学出版社 2016 年版。

234．汪信砚:《马克思主义哲学中国化》,北京师范大学出版社 2017 年版。

235．陶德麟、何萍、李维武、颜鹏飞、丁俊萍:《马克思主义哲学中国化研究》,北京师范大学出版社 2017 年版。

236．阎树群:《马克思主义中国化的历史与理论》,中国社会科学出版社 2017 年版。

237．王伟光:《马克思主义中国化的最新成果》,中国社会科学出版社 2016 年版。

238．辛鸣:《十九大后党政干部关注的重大理论与现实问题解读》,中共中央党校出版社 2017 年版。

239．戴伦·麦克莱伦:《马克思传》,王珍译,中国人民大学出版社 2006 年版。

240．朱春艳:《新时期小康社会建构理论研究》,社会科学文献出版社 2017 年版。

241．克里斯·斯金纳:《数字人类——第四次人类革命的未来图谱》,李亚星译,中信出版集团 2019 年版。

242．陈学明:《中国道路为世界贡献了什么》,天津人民出版社 2017 年版。

243．辛鸣:《中国战略新布局》,中国社会科学出版社 2016 年版。

244．田鹏颖、张晋铭:《中国发展新战略布局研究总论》,社会科学文献出版社 2017 年版。

245．汪民安主编:《生产第五辑:德勒兹机器》,广西师范大学出版社 2008 年版。

246．邢元敏、魏大鹏、龚克:《中国政治文化报告(2017)》,社会科学文献出版社 2017 年版。

247．王伟光、荆惠民、李慎明、邓纯东:《中国社会科学院马克思主义研究文集》,中国社会科学出版社 2016 年版。

248．任晓伟:《中国特色社会主义的思想起源——近代以来中国社会主义思想的演进研究》,中国社会科学出版社 2017 年版。

249．王伟光:《纵论意识形态问题》,社会科学文献出版社 2016 年版。

250．郭湛:《社会的文化程序》,黑龙江教育出版社 2016 年版。

251．袁祖社:《文化与伦理——基于公共性视角的研究》,人民出版社 2016 年版。

252．张文喜、臧峰宇:《马克思主义政治哲学史》,中国人民大学出版社 2017 年版。

253．马汉儒:《艾思奇哲学思想研究》,云南人民出版社 2016 年版。

254．潘欧文:《经济哲学读本》,金城出版社 2016 年版。

255．马俊峰、马应超:《马克思主义政治经济学热点问题研究》,中国社会科学出版社 2016 年版。

256．田鹏颖:《马克思社会技术思想论纲》,社会科学文献出版社 2016 年版。

257．陈立新:《历史意义的生存论澄明——马克思历史观哲学境域研究》,广西师范大学出版社 2016 年版。

258．袁祖社:《马克思主义人学理论与社会发展探究》,人民大学出版社 2016 年版。

259．闫孟伟:《多元文化背景下的正义与责任国际研讨会论文集》,南开大学出版社 2017 年版。

260．聂锦芳:《到马克思的故乡去》,南方出版传媒 2017 年版。

261．张奎良:《张奎良精粹》,黑龙江大学出版社 2017 年版。

262．李楠明:《思之路:李楠明哲学论文选集》,黑龙江大学出版社 2017 年版。

263．陈先达:《理论自信——做坚定的马克思主义信仰者》,吉林人民出版社 2016 年版。

264．陈先达:《文化自信中的传统与当代》,北京师范大学出版社 2017 年版。

265．陈先达:《马克思主义十五讲》,人民出版社 2017 年版。

266．孙正聿:《马克思主义哲学智慧》,现代出版社 2016 年版。

267．张一兵:《回到福柯——暴力性构序与生命治安的话语构境》,上海人民出版社 2016 年版。

268．刘福森:《马克思哲学的历史转向与西方形而上学的终结》,北京师范大学出版社 2017 年版。

269．孙正聿:《哲学:思想的前提批判》,中国社会科学出版社 2016 年版。

270．聂锦芳:《滥觞与勃兴:马克思思想起源探究》,中国人民大学出版社 2017 年版。

271．聂锦芳、李彬彬:《马克思思想发展历程中的"犹太人问题"》,中国人民大学出版社 2017 年版。

272．王旭东、姜海波:《马克思〈克罗茨纳赫笔记〉研究读本》,中央编译出版社 2016 年版。

273．姜海波:《马克思恩格斯〈神圣家族〉研究读本》,中央编译出版社 2017 年版。

274．李楠明:《列宁〈哲学笔记〉研究读本》,中央编译出版社 2017 年版。

275．袁贵仁:《马克思主义人学理论研究》,北京师范大学出版社 2017 年版。

276．汪信砚:《李达全集》,人民出版社 2016 年版。

277．复旦大学当代国外马克思主义研究中心:《当代国外马克思主义评论 13》,人民出版社 2016 年版。

278．复旦大学当代国外马克思主义研究中心:《当代国外马克思主义评论 14》,人民出版社 2017 年版。

279．张雄、鲁品越:《政治经济学批判专辑》,社会科学文献出版社 2016 年版。

280．张雄、鲁品越:《社会主义与市场经济专辑(2017)》,社会科学文献出版社 2017 年版。

281．田鹏颖:《马克思不过时》,社会科学文献出版社 2016 年版。

282．彭燕韩:《辩证法比较研究》,中国社会科学出版社 2016 年版。

283．黄枬森:《多维视角的哲学探索》,中国社会科学出版社 2016 年版。

284．张翼星:《理论风云中的思索》,中国社会科学出版社 2016 年版。

285．夏剑豸:《马克思主义哲学史专论》,中国社会科学出版社 2016 年版。

286．施德福:《马克思主义哲学史论稿》,中国社会科学出版社 2016 年版。

287．赵家祥:《马克思恩格斯的哲学变革之路》,中国社会科学出版社 2016 年版。

288．赵光武:《马克思主义哲学与复杂性探索》,中国社会科学出版社 2016 年版。

289．冯国瑞：《思维科学与马克思主义哲学刍论》，中国社会科学出版社 2016 年版。

290．李清崑：《唯物史观与哲学史——普列汉诺夫哲学思想研究》，中国社会科学出版社 2016 年版。

291．杨信礼等：《当代社会发展的哲学研究与论辩》，百花洲文艺出版社 2007 年版。

292．陈志尚：《哲学新探索》，中国社会科学出版社 2016 年版。

293．欧阳康：《社会认识论导论——探索人类社会的自我认识之谜》，北京师范大学出版社 2017 年版。

294．韩庆祥：《现实逻辑中的人——马克思的人学理论研究》，北京师范大学出版社 2017 年版。

295．丰子义：《现代化的理论基础：马克思现代社会发展理论研究》，北京师范大学出版社 2017 年版。

296．任平：《当代中国马克思主义研究》，北京师范大学出版社 2017 年版。

297．孙承叔：《资本与历史唯物主义——〈资本论〉及其手稿当代解读》，上海人民出版社 2017 年版。

298．杨耕：《哲学研究》，北京师范大学出版社 2016 年版。

299．吉林大学哲学基础理论研究中心编：《哲学基础理论研究》（第 10、11 辑），中国社会科学出版社 2016 年版。

300．杨学功：《超越哲学同质性神话——马克思哲学革命的当代解读》，北京大学出版社 2010 年版。

301．杨楹等：《马克思生活哲学引论——生活世界的哲学审视》，人民出版社 2008 年版。

二、论文

1．胡福明：《实践是检验真理的唯一标准》，《光明日报》1978 年 5 月 11 日哲学版。

2．周扬：《关于马克思主义的几个理论问题的探讨》，《人民日报》1983 年 3 月 16 日。

3．陈先达：《马克思异化理论的两次转折》，《中国社会科学》1982 年第 2 期。

4．黄楠森：《更完整严密构建马克思主义哲学体系的必要性与可行性》，《北京大学学报（哲学社会科学版）》2007 年第 6 期。

5．黄楠森：《论辩证唯物主义体系的不变性与可变性》，《中共中央党校学报》2001 年第 4 期。

6．高清海：《走哲学创新之路——关于哲学教科书体系改革的心路历程》，《开放时代》1996 年第 3 期。

7．高清海：《论现有哲学教科书体系必须改革》，《文史哲》1985 年第 5 期。

8．孙正聿：《历史唯物主义的真实意义》，《哲学研究》2007 年第 9 期。

9．孙正聿：《三组基本范畴与三种研究范式——当代中国马克思哲学研究的历史与逻辑》，《社会科学战线》2011 年第 3 期。

10．任平：《论当代中国马克思主义哲学研究范式的创新与转换》，《哲学研究》2012年第 3 期。

11．王南湜：《马克思哲学在何种意义上是一种实践哲学》，《马克思主义与现实》2007年第 1 期。

12．杨耕：《"实践唯物主义"的由来及其与"辩证唯物主义"的关系》，《北京社会科学》1988年第 1 期。

13．胡为雄：《新中国第一本马克思主义哲学教科书的编写》，《中国人民大学学报》2008年第 2 期。

14．陈先达：马克思恩格斯经典文本解读的双重视角，《中国社会科学》2014年第 11 期。

15．张一兵：《思想构境中的似文本：列宁哲学思想中的一种新认识》，《河北学刊》2007年第 3 期。

16．王东、李喆：《〈资本论〉哲学研究六十年》，《江汉论坛》2010年第 2 期。

17．任平：《交往实践观：〈资本论〉的哲学视域》，《中国社会科学》2003年第 2 期。

18．曹典顺：《语境与逻辑：当代中国马克思主义哲学教科书范式嬗变》，《马克思主义与现实》2012年第 2 期。

19．白刚：《理论自觉与范式转换——当代中国马克思主义哲学的自我建构》，《当代马克思主义哲学研究（2012）》，2012年。

20．俞吾金：《马克思仍然是我们的同时代人》，《文汇报》2000年2月11日。

21．任平：《马克思"反思的问题学视域"及其当代意义》，《中国社会科学》2006年第 6 期。

22．任平：《新全球化时代与21世纪马克思主义哲学的走向》，《哲学研究》2000年第 12 期。

23．任平：《中国特色生态文明的建构：问题、观念与模式》，《江苏行政学院学报》2015年第 4 期。

24．任平等：《论差异性社会与中国特色社会主义民主政治的未来》，《马克思主义研究》2010年第 5 期。

25．任平：《论中国特色社会主义文化矛盾与马克思主义文化领导权》，《马克思主义研究》2009年第 5 期。

26．曾祥云：《试析部门哲学与马克思主义哲学的关系》，《学习论坛》2013年第 5 期。

27．于桂凤：《论部门哲学研究范式对马克思主义哲学的学术创新价值》，《当代中国马克思主义哲学研究》，中央编译出版社2015年版。

28．于桂凤：《再论部门哲学研究范式的局限性》，《当代中国马克思主义哲学研究》，中央编译出版社2016年版。

29．杨生平：《部门哲学——哲学研究的新方向》，《贵州社会科学》2007年第 2 期。

30．景天魁：《社会哲学研究设想讨论纪要》，《哲学动态》1989年第 4 期。

31．张尚仁：《管理哲学的对象、意义和研究方法》，《人文杂志》1986年第 6 期。

32．赵景来：《当代政治哲学研究若干问题研究述略》，《马克思主义研究》2007 年第 5 期。

33．李德顺：《理解马克思主义政治哲学的理论基础和现实依据》，《河北学刊》2006 年第 5 期。

34．郭湛：《小体系的年代——关于哲学发展的一点想法》，《光明日报》1986 年 4 月 28 日。

35．臧峰宇：《政治哲学的"规定"及其当代性》，《江苏大学学报》（社会科学版）2013 年第 6 期。

36．于洪生：《领导哲学的学科定位及其基本功能分析》，《理论探讨》2004 年第 4 期。

37．钟国兴：《经济哲学的定位问题》，《光明日报》1998 年 4 月 3 日。

38．罗予超：《作为部门哲学的政治哲学及其现实政治意义》，《湖南师范大学学报》1997 年第 4 期。

39．任平：《21 世纪发展哲学：主题、模式与趋向》，《江海学刊》1998 年第 1 期。

40．邱耕田：《发展的意义：基于发展哲学视域的一种分析》，《天津社会科学》2008 年第 1 期。

41．李维武、何萍：《马克思主义文化哲学论纲》，《武汉大学学报》1989 年第 4 期。

42．丁立群：《文化哲学的双重界定》，《天津社会科学》2014 年第 1 期。

43．卜祥记、孙丽娟：《马克思社会学说的经济哲学分析及其当代意义》，《学习与探索》2010 年第 1 期。

44．叶小红：《马克思主义人学视阈中的财富观》，《高校理论战线》2013 年第 2 期。

45．田启波：《马克思主义发展哲学与可持续发展思想》，《马克思主义研究》2001 年第 2 期。

46．丰子义：《人学视野中的社会管理理念创新》，《中国特色社会主义研究》2013 年第 5 期。

47．曾祥云：《"应用哲学"质疑》，《学术界》2013 年第 5 期。

48．邹诗鹏：《"领域纷呈"、"家族相似"与人学的总体性——近年来国内领域性哲学研究态势评析》，《学术界》2002 年第 2 期。

49．彭永捷：《中哲、西哲、马哲互动与建立中国新哲学》，《中国社会科学》2004 年第 1 期。

50．陈晏清、王南湜：《社会哲学的视野与意义——关于当代中国哲学发展进路的一种思考》，《南开学报》1995 年第 5 期。

51．马俊峰：《大变革时代的价值哲学：访马俊峰教授》，《哲学动态》2016 年第 8 期。

52．祝福恩：《应用哲学一朵绚丽的奇葩——评〈管理哲学〉》，《理论探讨》1990 年第 6 期。

53．王金福：《哲学的死亡与复活——从马克思、恩格斯反哲学的立场看"部门哲学"、"应用哲学"的兴起》，《学术月刊》2013 年第 2 期。

54．陈忠：《哲学本性与"部门哲学"、"应用哲学"的合法性——以"城市哲学"为例兼与王金福教授商榷》,《学术月刊》2013 年第 2 期。

55．杨耕:《当前马克思主义哲学研究中的三个重大议题》,《中国社会科学》2007 年第 5 期。

56．孙正聿:《改革开放以来中国哲学发展的历史与逻辑》,《吉林大学社会科学学报》2008 年第 5 期。

57．任平:《关于马克思主义中国化若干重大关系问题的反思》,《江苏行政学院学报》2009 年第 2 期。

58．任平:《出场与差异:关于马克思主义时代化、中国化、大众化路径的哲学反思》,《江苏行政学院学报》2010 年第 4 期。

59．杨耕:《论马克思主义哲学的中国化》,《北京大学学报》(哲学社会科学版)1998 年第 3 期。

60．陶德麟:《马克思主义哲学中国化研究的方法论问题》,《学术月刊》2003 年第 11 期。

61．何萍:《开展以中国现代化为中心论题的马克思主义哲学中国化研究》,《马克思主义与现实》2005 年第 5 期。

62．汪信砚:《近年马克思主义中国化研究中存在的问题》,《中国特色社会主义研究》2007 年第 4 期。

63．汪信砚:《视野·论域·方法——马克思主义哲学中国化问题研究的方法论问题》,《哲学研究》2003 年第 12 期。

64．何萍:《马克思主义哲学中国化研究的世界视野》,《学术月刊》2003 年第 11 期。

65．邹化政:《马克思主义哲学与中国儒学精神》,《社会科学战线》1991 年第 2 期。

66．杨学功:《建构马克思主义哲学当代新形态》,《吉林大学社会科学学报》2004 年第 5 期。

67．赵剑英:《建构中国化马克思主义哲学新形态的再思考》,《南京大学学报》(哲学·人文科学·社会科学版)2005 年第 6 期。

68．杨竞业:《新范式·新路向·新未来——马克思主义哲学中国化研究的重要倾向》,《吉林大学社会科学学报》2009 年第 1 期。

69．汪信砚:《当代中国马克思主义哲学的研究范式》,《中国社会科学》2008 年第 2 期。

70．姜喜咏:《广义的马克思主义哲学中国化研究论纲》,《山东社会科学》2010 年第 3 期。

71．陶德麟:《对马克思主义中国化研究中的两个问题的理解》,《中国社会科学》2009 年第 1 期。

72．安启念:《从实践需要看理论还是从理论原则看实践——马克思主义中国化中的两种思想路向》,《武汉大学学报》(人文科学版)2009 年第 4 期。

73．张泽强:《理解马克思主义中国化主体需要注意把握的几个关系》,《思想理论教育》2014 年第 2 期。

74．俞吾金：《对马克思主义中国化主体的反思》，《探索与争鸣》2009 年第 1 期。

75．王越芬、王馨悦：《对马克思主义中国化主体的再思考》，《东北师范大学学报》（哲学社会科学版）2012 年第 3 期。

76．孟凤英：《论马克思主义中国化主体的逻辑构成及其内在特质》，《湖北社会科学》2014 年第 10 期。

77．胡海波：《马克思主义哲学中国化的"精神家园"路向》，《现代哲学》2009 年第 3 期。

78．汪信砚：《当前我国马克思主义哲学研究的三个误区》，《哲学研究》2005 年第 4 期。

79．何萍：《中国马克思主义者论苏联马克思主义哲学普遍性——论中国马克思主义哲学与苏联马克思主义哲学源流关系》，《武汉大学学报》（人文科学版）2008 年第 6 期。

80．李广昌：《马克思主义哲学中国化中的教科书哲学问题》，《广东社会科学》2009 年第 4 期。

81．余洲：《马克思主义哲学中国化视野中的教科书体系问题浅析》，《中国软科学》2012 年第 12 期。

82．陈食霖：《苏联哲学教科书与马克思主义哲学中国化》，《山东社会科学》2011 年第 6 期。

83．魏书胜、胡海波：《马克思哲学与孔子哲学的内在契合》，《社会科学战线》2009 年第 4 期。

84．阮青：《九十年代关于马克思主义与儒学关系问题的研究》，《孔子研究》1998 年第 3 期。

85．刘怀玉：《"价值重估"之后马克思主义哲学"再中国化"思考》，《华中科技大学学报》（社会科学版）2009 年第 1 期。

86．张三萍：《对话与对立——第三代新儒学与马克思主义的关系》，《福建论坛》（人文社会科学版）2011 年第 8 期。

87．李维武：《毛泽东〈实践论〉的中国性格》，《中国社会科学》2007 年第 4 期。

88．李佑新、陈龙：《毛泽东的实事求是与湘学的经世务实传统》，《湘潭大学学报》（哲学社会科学版）2008 年第 1 期。

89．王南湜：《中国哲学精神重建之路：马克思主义哲学中国化探讨》，北京师范大学出版社 2012 年版。

90．孙正聿：《改革开放以来中国哲学发展的历史与逻辑》，《吉林大学社会科学学报》2008 年第 5 期。

91．吴昕炜：《新世纪马克思主义哲学中国化研究的新问题——读〈马克思主义哲学中国化的理论与历史研究〉》，《马克思主义研究》2011 年第 8 期。

92．庄友刚：《空间生产的当代发展与资本的生态逻辑》，《马克思主义与现实》2014 年第 3 期。

93．高峰：《城市空间生产的运作逻辑：基于新马克思主义空间理论的分析》，《学习与探索》2010 年第 1 期。

94．韩庆祥、张艳涛:《当代马克思主义哲学研究的"中国图景"——近十年马克思主义哲学研究新进展》,《马克思主义与现实》2009 年第 4 期。

95．张正光:《延安时期知识分子对马克思主义哲学中国化的探索》,《安徽师范大学学报》(人文社会科学版)2010 年第 4 期。

96．刘晓虹:《"马克思主义哲学中国化"学术研讨会综述》,《华东师范大学学报》(哲学社会科学版)1998 年第 5 期。

97．姜喜咏:《广义的马克思主义哲学中国化研究论纲》,《山东社会科学》2010 年第 3 期。

98．李维武:《从 20 世纪中国哲学的视域看马克思主义哲学中国化》,《学术月刊》2003 年第 11 期。

99．汪信砚:《西学东渐与马克思主义哲学中国化》,《中国社会科学》2012 年第 7 期。

100．张金荣:《近代西学东渐对马克思主义在中国传播的推动作用》,《湖南师范大学社会科学学报》2010 年第 4 期。

101．邹诗鹏:《马克思主义哲学中国化的生存论阐释》,《吉林大学社会科学学报》2009 年第 1 期。

102．鉴传今等:《当代语境中的马克思主义哲学中国化》,《哲学研究》2006 年第 6 期。

103．许全兴:《马克思主义哲学中国化的若干新思考》,《中共中央党校学报》2004 年第 1 期。

104．余满晖:《近年来中国化马克思主义哲学新形态当代建构问题研究综述》,《探索》2009 年第 4 期。

105．郭建宁:《关于马克思主义哲学中国化的几个问题》,《北京大学学报》(哲学社会科学版)2002 年第 6 期。

106．汪信砚:《中国哲学传统的三重变奏》,《学术月刊》2013 年第 9 期。

107．王雨辰:《用"马克思主义哲学中国化"的范式研究西方马克思主义哲学》,《哲学研究》2008 年第 1 期。

108．李佃来:《中国化范式与重写马克思主义政治哲学学术史》,《河北学刊》2014 年第 3 期。

109．马俊峰:《马克思主义哲学中国化的几个问题》,《学术研究》2006 年第 3 期。

110．陈晏清、杨谦:《马克思主义哲学中国化的实践版本与理论版本》,《哲学研究》2006 年第 2 期。

111．姜喜咏:《确立中国化马克思主义哲学新形态建构的两大"内在性"问题》,《理论学刊》2008 年第 11 期。

112．王向清:《学术层面马克思主义哲学中国化的逻辑进程》,《学习论坛》2008 年第 1 期。

113．何中华:《马克思主义哲学中国化四问》,《东岳论丛》2012 年第 10 期。

114．王南湜:《马克思主义哲学中国化:从现实性到理想性》,《毛泽东邓小平理论研究》2008 年第 1 期。

115．桑明旭：《如何看待"作者之死"》，《哲学研究》2017 年第 5 期。

116．郭祥才：《跨越式发展新探》，《浙江社会科学》2005 年第 6 期。

117．林默彪：《马克思主义哲学中国化形态的诠释与建构》，《中共福建省委党校学报》2011 年第 1 期。

118．许全兴：《以新的哲学观重新观照马克思主义哲学中国化的历史》，《河北学刊》2007 年第 4 期。

119．任平：《论马克思主义的当代出场路径》，《哲学研究》2004 年第 10 期。

120．任平：《论马克思主义的出场形态》，《河北学刊》2005 年第 2 期。

121．任平：《论马克思主义哲学研究的出场学视域》，《中国社会科学》2008 年第 4 期。

122．任平：《论马克思主义出场学的两个循环》，《学术月刊》2008 年第 9 期。

123．任平：《论马克思主义出场学视域中的历史构境》，《南京大学学报》2010 年第 2 期。

124．任平：《论马克思主义出场学的辩证视域》，《马克思主义研究》2012 年第 6 期。

125．任平：《论马克思主义出场学的当代使命》，《江海学刊》2014 年第 2 期。

126．任平：《论资本创新逻辑批判与马克思主义出场学的当代视域》，《哲学研究》2014 年第 10 期。

127．曹典顺：《出场学的存在与逻辑》，《江海学刊》2014 年第 2 期。

128．张天勇：《马克思主义"出场学范式"研究综述》，《当代中国马克思主义哲学研究 2013》，中央编译出版社 2014 年版。

129．张天勇：《马克思主义哲学出场学范式的发展逻辑》，《当代中国马克思主义哲学研究 2014》，中央编译出版社 2015 年版。

130．李惠斌：《出场、占位及其批判——一种对于马克思主义的出场学研究》，《哲学研究》2013 年第 11 期。

131．胡宇：《当代中国政治的出场学研究》，《社会科学研究》2011 年第 4 期。

132．魏强：《批判与超越：出场学视域中的文本理解》，《山西师范大学学报》2015 年第 1 期。

133．陈德祥：《出场学视域中的马克思主义中国化、时代化、大众化及其关系》，《求索》2014 年第 4 期。

134．孙琳：《"场域"概述——浅议走向出场学的哲学视域》，《学理论》2011 年第 1 期。

135．李龙：《论中国武术的出场形态》，《西安体育学院学报》2011 年第 4 期。

索　引

A

安身立命之所　574
安置性　554

B

包容性　154,605,614
本质规定　13,488,489,549
表象　3,9,12,13,19,20,22,30,31,57,58,
173,176,188,273,278,279,473,475,
480,488,489,559,564,597,598,600,
602,605
部门哲学　2,3,15,19,20,23,25,26,28,
29,31,35,112,133,249,275,318—326,
332—343,345—348,352—380,482,483,
489,492,495,496,500,501,503,504,
508,513,515,520,521,525,549—551,
555,563,574,575,581,585

C

场域　2,22,312,454—456,458,460,461,
463,465,468,479,480,483,518,558,
563,567,569,570,575,583,599
崇古意识　26,215,544,545,548
抽象规定　12,13,20,489,490
抽象上升到具体　13,488—490,493,516,
529,559,562,564,567,570,609
出场　3,7,8,12,13,17,19—22,24—26,
30,32,33,35—37,62,77,116,159,160,
162,163,173,174,178,187,188,209,
214,228,239,240,258,272,274—276,
279,280,282,287,310,312,335,352,
359,361,434,448—451,453—472,475,
476,478,481—483,488,491—494,496,
497,499—502,504,507,511—521,525,
529,533—535,537,542,544,553—560,
562,563,566—569,572,575,578—583,
591,592,598,600,602,606,607,609
出场方式　451,453,463,464,468,470,
478,483
出场路径　7,227—229,238,242,258,275,
280,281,310,352,448,449,452,453,
459—461,463,464,466,468,470,475,
476,478,555,557,572,575,592
出场史　5,18,22,187,482,503,575,577,
580,582,591,598
出场形态　7,26,227,229,274,280,449,
452,453,459—461,464,466,467,470—
472,475,483,502,555,556,573—575,
591,606,607,615
出场学　3,14—16,18,20,22,23,25,26,
28—33,77,173,227,252,261,281,448—
453,455—461,463,464,466,468—473,
478,479,482,483,488,489,492,499,

501,502,518—521,527,553—559,562,
563,566—571,575,585,586,600,611

出场学逻辑　566,570,571,591

出场学研究范式　31,35,448,453,459,
460,469,481,482,497,501,518,555

出场语境　215,227—229,280,452,454,
461,463,466,467,470,475,476,556

穿透表象　22

创新功能　15,17,20,24,26,27,29—32,
35,66,133,162,163,165,166,168,175,
180,238,253,256,271,283,342,362,
409,469,470,478,479,481—484,488,
489,494,497—500,502—504,508—510,
512,514,515,520,523—532,534,535,
538—540,542,546,548,550,551,554—
556,560,563,564,570,608,609

创新逻辑　3,15,16,140,271,450,453,
460,472,473,483,573,575,591,592,
594—605,613

创新学术史　1—3,5—8,12,14,15,19—
22,29—35,239,487—490,492,493,
497—500,510,515,529,532,533,535,
540,554,559,560,562,564,566,567,
571,575—577,581,582,584,586,590,
610,613

创新学术图景　488,515,523,525,533,
540,547,554

创新学术图谱　560,566—569,571,581

从后思索　7,15,402

D

大众哲学　40,41,55,496,536

单一路径　14

单一视域　14

当代中国马克思主义哲学　3,6—11,13—
18,20,22,30,34,38,62,64,65,69,75,
77,80,81,92,97,105—107,110—112,
116,123,133,140—142,158,168,171,
173,194,195,198—201,206—210,234,
236,258,274,275,286,296,314—316,
318—322,326,353,365,381,386,391,
396,400,409,413,415,418,419,422,
423,432,436,440,446—448,483—485,
487,488,492,496—499,504,517,519,
547,550,554,561,567,575—577,581,
582,586,587,590,591,606,608,609,
611—613,615

当代中国马克思主义哲学创新学术史　2,
3,6,10,11,13,18—20,22,30,31,33,35,
168,171,173,488,489,492,494,497—
499,510,516,523,560,564,566,571,
576,577,611,612

邓小平理论　52,100,124,141,225,286,
397,399,408,411,418,427,428,431

地平线　280,367,450,467,468,473,482,
483

对话　3,7,11,14,15,20,23,24,26,28,31,
35,113,121,187,215,226,238—263,
266—268,270—272,275,281,310,325,
329,332,353—357,359,361,379,399,
412,420,422,443,451,452,454,456,
458,459,469—471,482,489,495,496,
501,504,505,514,515,535,541—545,
547,548,551,553,557—559,568,573—
575,583,585

对话范式　3,28,234,238—241,247—249,
252—254,256—261,281,397,492,495,
500—502,504,508,513,515,520,535,
541,543—548,555,557,558,561,610

多元差异的研究范式　9

F

反思　2,3,7,11,12,14,15,17—20,23,26,

28,31,32,35,68,70,73,80,99,103—
106,110,113,114,117,130,140—143,
150,153—155,157,161,165,166,168,
180,182,185—188,227—229,231,237,
238,245,246,252,253,257,258,261,
273—276,278—285,288—293,296,297,
300,302,303,305,307,309,311,314—
320,323,325,328—330,332—339,347,
352,356,360,361,367,371,372,377—
379,381,385—390,393,395—397,400—
406,408—412,414,416,419,421,422,
430,436,437,441,443,445,449—451,
453,458,465,468,470,477,482,485,
489,492,495,496,500—504,508,509,
513,515,517,520,521,527,530,535,
536,546—553,555,557,559—563,566,
567,574,578,581,585,591,605,606,
612,614

反思的问题学范式 31,259,274,282,483,
518,548

返本开新 26,113,218,234,470

范式 1—3,5,10—18,20—33,35—55,59,
61—67,69,75,76,80—112,117—123,
125—147,149,150,153,155,156,158,
160—173,175—182,184—191,193,194,
196,197,209,214,220,227,229,230,
234—240,247,248,252,253,256—261,
269,272,274,275,280—283,287,292,
296,297,303,311,314—316,318,319,
321,325,330,332,333,336,341,342,
348,352—354,356,361,365,366,370,
373,374,377—381,386,390,391,393,
396,397,404—406,409,413,414,417,
418,421—423,429,431,438,442,446—
448,450—453,456,458—461,470,473,
481—485,488—540,542—551,554—
560,562—564,568—571,573—575,577,

581,582,585,608,609,611—613

范式呈现 489—492

范式结构 29,525

范式竞争 489,497,498,500

范式史学 20

范式图谱 3,5,7,11,14—17,19—22,27,
30—33,35,133,173,487—490,497—
499,502,503,515,528,529,532,533,
536,546,551,560,564,566,569—571,
575,577,582,590,608,609,613

方法论 10—13,15,16,19,22,24,33,38,
40,41,47,51,61,75,84,87,88,100,103,
105,106,114,118,122,130,135,150,
152—157,164,166—169,171,173,174,
177—183,185,188,195,197,199,201,
210,214,215,217,226,250,253,261,
267—269,283,289,290,297,298,313,
316,323,324,328,334—336,339,343,
358,361,365,367,373,375—379,387,
389—391,398,406,423,427,441,445,
451,456,459,472,484,489,496,497,
517,536,537,540,542,549,551,555,
560,567,568,575,614

方法论自觉 1—3,5,7—9,11—13,15,19,
20,22,25,30,31,33,178,279,376,377,
451,484,488,491,493,494,496,497,
509,536,559,575,577,582,585

G

改革开放 2,6,8—11,15,16,19,21,25,
27,31—36,44,68,70—72,82,84,85,88,
95,98,104—106,114,116,124—126,
130,134,137,141,149,171,184,186,
190,191,210,217,218,240,241,253,
256,279,286,288,290,294,302,318—
321,339,340,372,374,385—387,395,

402,405,406,408,415,432,444—447,
451,458,466,490,492,493,495,496,
504,505,507,514,525,529,530,536,
538,539,545,548,552,554,557—561,
564,566,567,570,573,574,577,579—
582,584—586,590,591,610—613

感性具体　13,173

管理哲学　318,322,323,326,332,333,
336,338—340,343,346,359,369,379,
380,495

国外马克思主义　2,9,10,19,23,24,124,
151,154,166,174,199,228,234,235,
249,256,271,273,307,325,425,504,
515,537,545,548,558,559,606,610

H

和而不同　240,249

和合　206

话语　2,3,7,9,11,17,18,24—26,29,34,
36—38,76—80,83,95,125—129,132,
133,135,136,141,142,149,153,155,
159,161,166,167,171,174,190,193,
194,197,201—203,205,209,210,212—
214,226,228,230,231,235,240,243,
246,248,249,255,259,269,272,273,
279,285,288,301,313,315,324,354,
355,369,374,378,380,393,395,400,
408,418,422,423,438,445,446,448—
450,453,456,457,459,462,465—467,
471,477,482,484,490,491,493—496,
501,504—506,508,512,514,516,524,
525,537,541,542,551—553,556,567,
572,574,576,579,583,613,615

话语选择　613

J

简单上升为复杂的过程　29

教科书改革范式　35,70,71

教科书研究范式　3,16,25—28,31,35,36,
38,43,44,46,48,53,54,66,69—71,75,
76,79—82,95—103,125,126,134,166,
343,413,491,494,572

解读方式　238

经济哲学　112,116,164,175,240,265,
318,321,322,324—326,331—334,336,
338—340,343,345—347,352,355,356,
358,361—363,366,369,372,375,376,
495,513,525,546,574

K

科学哲学　237,323,324,481,551,567

空场　96,345,349,462,464—466

宽容　240,248,325

廓清地平　560

L

理论创新　2,3,9,11,13—21,25—28,33,
35,36,38,67,70,95,161—163,173,186,
189,191,205—209,234,274,280,311,
322,342,353,355,362,366,369,370,
378,386,409,428,429,439,444—446,
450,452,459,481,483—485,488,490—
492,497,504,505,507—509,519,524,
525,530,531,536,539,541,552,553,
561,575,607,608,613

理论原创空间　2,9,19

理论自觉　2,9,157,270,273,291—293,
352,378,382,386,537,575

理性反思　335,360

理性具体　12,13,20,176,490,560,562,
564

历史辩证法　149,155,164,194,197

历史场域　22,33,163,455,459,461,470,

472，473，475，482，483，518，573，575，
580，591，592，600，601，604

历史描述 11，12，173，175，457

历史哲学 39，58，62，152，237，323，329，
331，332，343，367，465，472，476，556，575

领域哲学 275，318，319，345，353

M

马克思主义哲学史研究范式 31，35，80，
145，148—150，158，162，175，182，190，
191，405，495，500，501，503，504，508，
513，517，543，555，561

马克思主义中国化、时代化、大众化 2，5，
389，459，505

马克思主义中国化研究范式 3，31，35，
253，513，517，555

毛泽东思想 9，82，141，286，381，397，399，
408，411，418，428，496，578，606

N

内史 33，169，170，443

P

派别 137，170，184，345，378

批判性反思 311，337

平行线 600

普适性 76，430，447

谱系 3，7，18，227，320，449，454，457，468，
492

Q

前提批判 129，139，140，193，273，277，
458，473

R

人道主义 24，94，118，119，155，165，177，

186，193，230，342，505，514，521，525，535

人的哲学 142，237，323，326，352，525

融会 241，254，316，405，471，570

儒学 245，386，387，399，438，571

S

善治 298

舍象 490

社会形态 75，87，94，166，170，265，289，
296，301，328，329，587，596

社会哲学 40，69，91，112，114，115，318，
322—324，326，328，329，336，340，343，
345，347，358，363，367，368，378，506，525

社会治理 298，313

时代 2，3，5—9，11，13，14，16—18，20—
22，25，26，29—36，38—44，51，61—68，
70，71，74，77—80，82，89，96，102，103，
109，110，112，113，115，116，119，120，
122，124，127，128，134，141，143，148，
150，151，155—163，166，167，171，172，
174，177，178，180—188，191，196，197，
207，214，216—220，225—228，234—238，
240，241，245，252—255，258，259，261，
263，265，266，271，272，274，275，278—
284，286，287，290，300，305，307，311，
315—317，319，321，325，334，340—342，
350—353，355—358，360—362，364，
371—373，376，381，382，384，385，389，
391，395，399，408，409，411—413，415，
417—421，423，428，432，438，444—450，
452，453，457—459，462—464，467，468，
470—475，477—479，481—484，490—
492，494—497，499，501，504，505，507，
508，513，514，516—519，521，524，525，
528—532，534，536—538，540，543，545，
547—564，566，568，570，573—596，599—

606,608—610,613—615

时代精神　53,66,67,69—71,85,98,114,
128,132,133,187,237,258,279,286,
287,316,344,361,362,380,382,395,
396,418,471,507,557,563,582,590

时代精神的精华　61,62,85,113,127,162,
187,258,275,440,462,471,484,547,
557,574,576,582

实践　2,5—9,11,14,15,18,22,25,29—
31,33,34,36,42,46,47,49—52,56—64,
67—71,73—75,77—91,93,95—104,
106—116,118—120,122—133,138—
142,149—151,154,155,162,165,169,
170,174,176,177,180,185,186,192,
195,197,198,200,207,214,216—218,
220,222,224,225,228,229,236,237,
240,241,243,247,249,250,254—256,
258,259,262,270,274,276,278—284,
286—288,290—295,297,298,300,301,
303,305,312,313,315,316,319—321,
324,326—329,331,333—354,356,360,
362—366,370—375,378—381,383—
388,392,393,397,400,405—407,409,
410,415,416,423—432,438,443—449,
451—456,458,459,462,468—471,473,
482,484,485,490,491,495,496,499,
501,504,512,514,517,518,520,521,
524,525,530,531,535—538,540,546—
563,566,571—587,589,592,606,612,
615

实践哲学　25,69,81,85,88,96,108,122,
133,139,140,157,167,247,329,352,
353,364,367,370,404,414,426,431,
458,495,517,518,524,550,553

事件　9,12,19,22,31,145,153,176,191,
200,205,231,238,318,442,454,480,
488,579,582,583,610

视域　10,13,14,16,18,24,26,33,38,96,
97,112,113,116,139,163,175,177—
179,181,185,188,190,193,197,199,
200,203,205—210,212—221,225—229,
234—237,239,250,271,274—279,281,
282,286,289,300,307,308,316,324,
330—332,347,367,408,413,414,420,
442,444,448,450—453,457—460,463,
464,470,471,473,475,482,494,495,
502,508,513,514,518,542,543,548,
554,567,569,571,574,575,614,615

视域融合　248,342,355,439,458

T

他者　243,246,433,434,465,564

态势　8,266,300,325,353,528,546,600

特殊语境　188

提问方式　160,166,168,170,171,188,
275—279,282,283,549

挑战—应战　606

退场　7,98,186,448,449,456,457,462,
464,465,479,497,529,543,560,595,
598,605,607

脱节的时代　7,448,449

W

完整表象　19

文本　2,8,9,12,14,15,19,20,22—24,26,
28,29,31,32,35,37,63,68,80,96,102,
118,121,122,127,138,149,153,155—
161,163—165,174—179,182,184,185,
187—191,193—227,229—238,246,252,
253,258,261—267,271,272,280,281,
336,342,343,346,362,363,378,392,
429,430,445,451,452,466,467,470,
471,482,489,492,494,495,501,502,

504,505,509,511,512,514,515,518,520,525,527,535,536,539—548,550—552,555—557,559—563,574,575,581,585,610

文本结构 26,203,211,219,234,235,264,542,543

文本文献学研究范式 26,31,156,190,191,193—201,204,205,209,210,212,214—216,220,225,229,280,494,500,502—504,508,512,513,515,516,540,543—548,555,557,561,574

文本学 3,63,174,182,187,190,194,197,199,205,219,221—224,229,231—233,261,262,280,308,452

文化 2,3,6,8,9,11,17,23,24,45,53,60,61,66,69,103,107,108,113—115,121,124,133—135,140—144,159—161,164,167,170,171,186,188,218,238—245,249,254,256,260,269,271,275,279,283—286,288—296,299,301,302,304,306,307,316,319—322,325—328,331—335,338—347,352,354—359,361,367,368,372—376,379,380,384—388,391,393,397—399,401,404—406,410—412,414,416,417,419,420,424—426,430,432,435—439,442,445,449,450,455,457,459,468,469,474—479,495,496,536,537,569,571—573,576,579—581,583,587—589,594,596,597,601,603,605,613—615

文化哲学 68,137,142,155,167,169—172,288,318,321—326,328,332—335,338,339,343—347,352,353,356—363,366—370,372—376,378,379,399,414,426,495

文化秩序 17,588

文化自觉 2,9,80,291—296,325,361,372

文明 8,11,59,63,67,106,122,123,243,279,281,285,287,289,291,298,301,303—307,325,326,334,343,344,346,362,372,380,406,452,462,479,484,547,563,574,576,582,589,590,601,614

文献学 2,3,9,14,15,19,20,23,24,26,28,29,31,32,35,153,182,185,188—191,193,196—201,204,206,209,210,212,214,216,217,219—221,229,230,233,234,252,261,263,266,280,336,346,451,452,482,489,492,494,495,501,504,505,509,515,520,525,527,535,536,539—548,550—552,555,556,559—563,575,581,585,610

稳定机制 529

问题反思 2,9,19,275,281,319,450,452,483,495,614

X

西方马克思学 182,234

西学东渐 414,415,433,435,441

协同创新体系 17,27,34,484,485,608,609,612,613

新现代性道路 588

行为方式 60,106,305,461

行为规范 3,20

学科体系 2,7,11,34,228,323,337,395,507,576

学术创新力 29—33

学术共同体 13,15,489,496,504,530,545,570,609,612

学术史坐标 14

学术体系 2,7,11,34,395,576,587

学术图景 3,16,21,22,29—33,173,241,242,488,489,498,504,508—511,515,520—540,542—556,559—562,564,565,

567,569—575,581,582,608—610,613

Y

演化逻辑　2,3,7,116,492,510,532,575

原理研究　2,3,14—16,19,20,23,25,27,
28, 31, 35, 36, 38, 95—108, 111, 112,
117—123,125—134,160,161,164,165,
175,188,190,482,483,489—495,500—
502, 504, 508—515, 520, 521, 524, 525,
534—536, 543, 544, 548, 551, 555, 556,
572,573,575

Z

政治哲学　112—114, 142, 188, 267, 270,
296,297,300,302,313,318,321—326,
329—339,343,345—347,352,356,358,
359,361—363,366,368,369,372,375,
376,378—380,422,459,495,513,521,
525,546,574

中国道路　2,3,5,6,8,9,17,53,80,96,99,
100, 110, 114, 115, 123, 141, 142, 183,
283—288,290—292,294,324,325,372,
380, 395, 405, 408, 412, 446, 484, 496,
499—501,504,513,517,537,550—552,
554, 566, 574, 576, 577, 580, 582, 584,
585,588,590,605—607,609,613,614

中国化马克思主义　346,395,459,469—
471,537,575,578,580,606,615

中国化马克思主义哲学　9, 26, 166, 173,
181,183,184,389,390,404,412,415,
418—422,426,439,440,538,572,574,
575,606,607,614,615

中国化研究范式　172,253,381,382,386,
393, 395, 396, 399, 401, 405, 406, 409,
413, 418, 420, 421, 423, 431, 432, 441,
444, 447, 500, 501, 503, 504, 508, 517,
549,550

中国马克思主义　2,3,7

中国特色　11,107,114,115,127,143,241,
251, 256, 257, 287, 324, 354, 378, 380,
393,399,418,422,438,576,577,589,614

中国特色社会主义　2,6,8,9,11,15,19,
33, 36, 82, 104, 106, 107, 113, 119, 124,
125, 141, 142, 166, 174, 196, 227, 254,
255,284,286,288—290,292—294,298,
306, 316, 327, 347, 375, 382, 386, 388,
395, 399, 406, 408, 411, 418, 428, 444—
447, 451, 458, 459, 466, 468, 472, 484,
496, 497, 524, 547, 553, 558, 561, 571,
573—576,579—581,584—587,589,591,
592,605—607,613

中华民族伟大复兴　2, 5, 9, 11, 33, 292,
484, 558, 574, 575, 577, 580, 586, 590,
606,609,613,614

轴心范式　3, 20—22, 29—33, 186—188,
233,488,498,500,503—505,508—513,
515—530, 532—535, 539—551, 554—
557,559,563—565,567,569—571,573—
575,608,609,613

轴心范式的创新功能　32, 509, 529, 531,
539,551

轴心范式的横轴　512,520,548

轴心范式的基本规定　505,510,526

轴心范式的历史成因　31,503

轴心范式的纵轴　516,520

后　记

　　研究当代中国马克思主义哲学创新学术史旨在"当代人治当代史"——动态地深描当代马克思主义哲学学者、学术、学科发展的前沿态势,揭示中国化、时代化、大众化的马克思主义哲学与时俱进地创新发展的规律,并以方法论自觉的研究同步、同态、同构地助力推动马克思主义哲学的创新进程。这一研究自 1998 年我主编《当代中国马克思主义哲学研究》一书汇集改革开放 20 周年马克思主义哲学创新发展成果开始,至今已历 20 余年。其间,经历了一系列标志性的学术事件:苏州大学哲学系与《中国社会科学》杂志社共同举办以"反思与前瞻:马克思主义哲学研究范式的创新与转换"为大会主题的第七届"马克思哲学论坛",在中国社会科学出版社主编出版同名论集;在改革开放每 10 年主编出版一部马克思主义哲学创新研究的标志性论文集,包括 2008 年版、2018 年版《当代中国马克思主义哲学研究》;于 2010 年、2012 年主编领衔分别申报获得国家社科基金重点项目"当代中国马克思主义哲学研究范式创新研究"、重大项目"当代中国马克思主义哲学创新学术史";2011 年在江苏师范大学建立"当代中国马克思主义哲学范式研究中心",建立"当代中国马克思主义哲学范式文献中心",从 2012 年起与中央编译出版社合作编辑年度出版《当代中国马克思主义哲学研究》年刊,至今已出版 9 部;每年召开高层论坛,发布年度研究报告,其中包括 1 个总报告和关于 9 个研究范式的分项报告,并围绕当代中国马克思主义哲学范式创新进展展开深度讨论。这一研究在全国学界引起了良好的学术反响。

　　所有上述研究工作都离不开与我长期紧密合作、作出重要学术贡献的苏州大学和江苏师范大学的同仁组成的研究团队。他们不仅主要承担着文献中心建设、年度报告和刊物编辑出版、学术论坛组织等重要工作,而且在本著作上、下两卷,共十七部分的撰写中,团队成员也分工承担了部分重要章节的写作:曹典顺、张丽霞(第二章、第三章、第五章),冯建华(第四章),张天勇(第六章、第七章部分),于桂凤(第八章、第九章)。其余各章(含第七章部分)以及对全书的修改工作由我完成。对团队成员们的竭诚合作,谨深表谢意! 同时,对人民出版社哲学与社会编辑部的方国根编审以及郭彦辰、武丛伟、戚万迁编辑在本书的编辑出版方面所付出的辛勤劳动也一并表示由衷的感谢!

进入新时代新征程,创新学术史正在被按下快进键。本书研究开创了新学术史研究的先河,未来的路更长。如果说,改革开放 40 多年来一大批学者充满理论自信的不懈努力使中国学术摆脱近代以来"学徒状态"而充满自信,"中国学术正在走向世界",那么,本书正是对群星灿烂的中国马克思主义哲学学者群和他们的思想成长史的某种剪影和追踪。这是对走向世界的中国学术时代风貌的历史深描。我用深邃的理性逻辑为这一产生伟大思想的时代点赞,热切期待着有更多读者关注这一研究,更多同仁加盟这一研究领域。

任平　于姑苏园

2020 年 1 月

责任编辑：方国根　郭彦辰　武丛伟　戚万迁

图书在版编目（CIP）数据

当代中国马克思主义哲学创新学术史研究/任平　等　著. —北京：人民出版社，
　2021.7

ISBN 978－7－01－023088－7

Ⅰ.①当…　Ⅱ.①任…　Ⅲ.①马克思主义哲学-发展-研究-中国
　Ⅳ.①B27

中国版本图书馆 CIP 数据核字（2021）第 019310 号

当代中国马克思主义哲学创新学术史研究
DANGDAI ZHONGGUO MAKESIZHUYI ZHEXUE CHUANGXIN XUESHUSHI YANJIU

任平　等　著

人民出版社　出版发行
（100706　北京市东城区隆福寺街 99 号）

北京汇林印务有限公司印刷　新华书店经销

2021 年 7 月第 1 版　2021 年 7 月北京第 1 次印刷
开本：710 毫米×1000 毫米 1/16　印张：40.75
字数：580 千字

ISBN 978－7－01－023088－7　定价：125.00 元

邮购地址　100706　北京市东城区隆福寺街 99 号
人民东方图书销售中心　电话（010）65250042　65289539